Christian Habicht

ATHEN

Christian Habicht

ATHEN

Die Geschichte der Stadt
in hellenistischer Zeit

Verlag C.H. Beck München

1995

Mit neun Stammtafeln hellenistischer Herrscherhäuser

Die Deutsche Bibliothek – CIP-Einheitsaufnahme

Habicht, Christian:
Athen : Die Geschichte der Stadt in hellenistischer Zeit /
Christian Habicht. – München : Beck 1995
ISBN 3 406 39758 1

ISBN 3 406 39758 1

Satz: Fotosatz Otto Gutfreund GmbH, Darmstadt
Druck- und Bindearbeit: Ebner, Ulm
Gedruckt auf alterungsbeständigem (säurefreiem),
aus chlorfrei gebleichtem Zellstoff hergestelltem Papier
Printed in Germany

Romae nutriri mihi contigit atque doceri...
adiecere bonae paulo plus artis Athenae.

Mir war's bestimmt, in Rom heranzuwachsen
und Unterricht und Lehre zu empfangen...
dann brachte mich das treffliche Athen
in Kunst und Wissenschaft ein wenig weiter.

Horaz, Briefe 2, 2, 41 und 43,
übersetzt von F. Frölich

Vorwort

Mit diesem Buch ziehe ich die Summe aus langjähriger Beschäftigung mit der Geschichte Athens in der hellenistischen Zeit. Vorarbeiten waren die beiden Bücher *Untersuchungen* von 1979 und *Studien* von 1982 sowie etwa dreißig Aufsätze; diese sind jetzt in einem Band vereinigt: *Athen in hellenistischer Zeit. Gesammelte Aufsätze*, München 1994. Dank dieser für die Fachwelt bestimmten Vorarbeiten war es möglich, die vorliegende Darstellung von mancher Umständlichkeit freizuhalten und, so hoffe ich, lesbarer zu machen.

Dank reicher Inschriften- und Münzfunde ist man über manche Seiten des öffentlichen Lebens der Stadt im Zeitalter des Hellenismus besser unterrichtet als in früheren Jahrhunderten. Andererseits kann ein zusammenhängender Bericht über das Geschehen nicht überall gegeben werden, da die Quellenlage ungleichmäßig und auf weite Strecken unzureichend ist.

Die Kapitel dieses Buches beleuchten am Beispiel Athens, wie die griechischen Städte im Zeitalter des Hellenismus darum rangen, sich in einer durch das Auftreten großer Mächte völlig veränderten Welt zu behaupten. Dabei lösten Erfolge und schwere Rückschläge, Perioden der Unabhängigkeit und Zeiten der Unfreiheit einander ab. Wie die anderen Städte, die nicht (wie Korinth) physischer Zerstörung durch eine dieser Mächte zum Opfer fielen, hat auch Athen sich als lebensfähiger Organismus zu behaupten gewußt, wie hoch die Einbußen an politischer Macht auch sein mochten, die die Stadt erlitt. Was sie den Besten derer, die sie politisch überwanden, bedeutete, sagt Horaz in den dem Buch vorangestellten Worten.

Mein Dank gilt allen, die mein Vorhaben durch Zusendung ihrer Arbeiten oder durch mündlichen Austausch gefördert haben. Sie sind zu zahlreich, als daß sie hier namentlich genannt werden könnten. Das Manuskript, für dessen Erstellung ich Julia Bernheim dankbar verpflichtet bin, wurde im Frühjahr 1994 abgeschlossen; seither wurden nur noch geringfügige Änderungen und Ergänzungen vorgenommen. Unvollkommenheiten, deren der Verfasser sich lebhaft bewußt ist, sollten nur ihm selbst angelastet werden.

Princeton, N.J., im Dezember 1994 *Ch. Habicht*

Inhalt

ANHANG

Abkürzungen

Zeitschriften sind nach dem System von ‹L'Année philologique› abgekürzt mit Ausnahme der folgenden:

AM: Athenische Mitteilungen
HSCP: Harvard Studies in Classical Philology

Außerdem finden neben den sich von selbst verstehenden Abkürzungen die folgenden Anwendung:

Accame, Dominio: S. Accame, Il dominio Romano in Grecia, Rom 1946
Aleshire, Asklepieion: S. Aleshire, The Athenian Asklepieion, Amsterdam 1989
ANRW: Aufstieg und Niedergang der römischen Welt, hg. v. W. Haase und H. Temporini
AP: Anthologia Palatina
APF: s. Davies
Beloch, GG: K. J. Beloch, Griechische Geschichte, IV 1–2, Berlin ^{2}1925–1927
Bosworth, Conquest: A. B. Bosworth, Conquest and Empire. The Reign of Alexander the Great, Cambridge 1988
Bruneau, Recherches: Ph. Bruneau, Recherches sur les cultes de Délos à l'époque hellénistique et à l'époque impériale, Paris 1970
Bugh, Horsemen: G. Bugh, The Horsemen of Athens, Princeton 1988
Clinton, Officials: K. Clinton, The Sacred Officials of the Eleusinian Mysteries, Philadelphia 1974
Daux, Delphes: G. Daux, Delphes au IIe et au Ier siècle, Paris 1936
Davies, APF: J. K. Davies, Athenian Propertied Families 600–300 B. C., Oxford 1971
Day, Economic History: J. Day, An Economic History of Athens under Roman Domination, New York 1942
Deubner, Feste: L. Deubner, Attische Feste, Berlin 1932
Dorandi, Academia: T. Dorandi, Filodemo, Storia dei filosofi, Platone e l'academia, Neapel 1991
Dorandi, Ricerche: T. Dorandi, Ricerche sulla cronologia dei filosofi ellenistici, Stuttgart 1991
Faraguna, Atene: M. Faraguna, Atene nell' età di Alessandro, Rom 1992
Ferguson, HA: W. S. Ferguson, Hellenistic Athens, London 1911
FGrHist: Die Fragmente der griechischen Historiker, hg. v. F. Jacoby
Gauthier, Cités: Ph. Gauthier, Les cités grecques et leurs bienfaiteurs, Paris 1985
GHI: M. N. Tod, Greek Historical Inscriptions II, Oxford 1948
Gruen, Hellenistic World: E. Gruen, The Hellenistic World and the Coming of Rome, 2 Bände, Berkeley-Los Angeles 1984
Habicht, Gottmenschentum: Ch. Habicht, Gottmenschentum und griechische Städte, München 1956, ^{2}1970
Habicht, Studien: Ch. Habicht, Studien zur Geschichte Athens in hellenistischer Zeit, Göttingen 1982

Habicht, Untersuchungen: Ch. Habicht, Untersuchungen zur politischen Geschichte Athens im 3. Jahrhundert v. Chr., München 1979

Hammond, Macedonia: N. Hammond, A History of Macedonia, III (with F. Walbank), Oxford 1988

Holleaux, Études: M. Holleaux, Études d'épigraphie et d'histoire grecques, 6 Bände, Paris 1938–1968

IG: Inscriptiones Graecae

ISE: L. Moretti, Iscrizioni storiche ellenistiche, 2 Bände, Florenz 1967–1975

Kroll, Coins: J. H. Kroll, The Greek Coins (Agora XXVI), Princeton 1993

Maier, Mauerbauinschriften: F. G. Maier, Griechische Mauerbauinschriften, 2 Bände, Heidelberg 1959–1961

Marasco, Democare: G. Marasco, Democare di Leuconoe, Florenz 1984

Mikalson, Calendar: J. D. Mikalson, The Sacred and Civil Calendar of the Athenian Year, Princeton 1975

Mitchel, Lykourgan Athens: F. W. Mitchel, Lykourgan Athens, Cincinnati 1970

Osborne, Naturalization: M. J. Osborne, Naturalization in Athens, 4 Bände, Brüssel 1981–1983

PA: J. Kirchner, Prosopographia Attica, 2 Bände, Berlin 1901–1903

PCG: Poetae Comici Graeci, Hg. R. Kassel und C. Austin, 7 Bände, Berlin 1983–

Pélékidis, Éphébie: Ch. Pélékidis, Histoire de l'éphébie attique, Paris 1962

Reinmuth, Inscriptions: O. Reinmuth, The Ephebic Inscriptions of the Fourth Century B.C., Leiden 1971

Rhodes, Commentary: P. J. Rhodes, A Commentary on the Aristotelian *Athenaion Politeia*, Oxford 1981

Robert, OMS: L. Robert, Opera minora selecta, 7 Bände, Amsterdam 1969–1990

Roussel, Délos: P. Roussel, Délos Colonie Athénienne, Paris 1916; erweiterter Nachdruck 1987

Schwenk, Athens: C. Schwenk, Athens in the Age of Alexander. The Dated Laws and Decrees of the ‹Lykourgan Era›, Chicago 1985

SEG: Supplementum Epigraphicum Graecum

StV: Die Staatsverträge der antiken Welt, III, bearbeitet von H. Schmitt, München 1969

Syll.: W. Dittenberger, Sylloge inscriptionum Graecarum, 4 Bände, Leipzig ^{3}1915–1924

Tracy, IG II^{2}2336: St. V. Tracy, IG II^{2}2336. Contributors of First Fruits for the Pythais, Meisenheim 1982

Tracy, ALC: St. V. Tracy, Attic Letter Cutters of 229 to 86 B. C., Berkeley 1990

Tracy, ADT: St. V. Tracy, Athenian Democracy in Transition: Attic Letter Cutters of 340 to 290 B. C., Berkeley 1995

Walbank, Commentary: F. W. Walbank, A Historical Commentary on Polybius, 3 Bände, Oxford 1957–1979

Walbank, Macedonia: s. Hammond

Wilhelm, Akademieschriften: Ad. Wilhelm, Akademieschriften, 3 Bände, Leipzig 1974

Will, Histoire: Ed. Will, Histoire politique du monde hellénistique, 2 Bände, Nancy ^{2}1979

Williams, Athens: J. M. Williams, Athens Without Democracy (322–307), Diss. Yale 1982, Univ. Microfilm, Ann Arbor 1985

Einleitung

Mehr als achtzig Jahre sind vergangen seit der letzten Darstellung der nachklassischen Geschichte Athens in William Scott Fergusons schönem Buch *Hellenistic Athens* von 1911. Seither sind viele neue Quellen bekannt, neue Einsichten gewonnen worden, so daß eine neue Behandlung längst ein Desiderat war. Es hat indessen seine Gründe, daß sie noch nicht vorliegt. Zum einen galt das Interesse der Forschung ganz überwiegend dem 5. und dem 4. Jahrhundert, der eigentlich großen Zeit Athens: der Abwehr der Perser, dem Aufbau des Attischen Reiches, der Kultur der Perikleischen Zeit und der Entstehung der Demokratie, sodann dem Ringen mit Sparta um die Hegemonie über Griechenland. Nach der Katastrophe von 404 fesselten Athens Wiederaufstieg, die Gründung des Zweiten Seebundes, die Fortentwicklung der Demokratie und endlich die Auseinandersetzung mit König Philipp von Makedonien. Die Niederlagen Athens gegen die Makedonen in den Jahren 338 und 322 machten der Geltung der Stadt als Großmacht für immer ein Ende. Weiten Kreisen, Historikern wie Laien, bedeutete dies zugleich das Ende der Geschichte Athens – als ob es wissenswerte Geschichte nur im Kreis der politisch tonangebenden Mächte gäbe –, weshalb man sich von den Städten ab- und den Monarchien zuwandte.

Der zweite Grund für die geringe Beachtung der nachklassischen Zeit liegt darin, daß die Quellenlage nicht nur viel schlechter ist als für die Klassische Epoche, sondern fast unüberschaubar. Texte der Autoren fehlen fast völlig; die vorliegenden Quellen sind zumeist Inschriften, in besserem oder schlechterem Erhaltungszustand. Es gibt sie zum Glück in weit größerer Zahl als für frühere Zeiten, aber sie sind in zahllosen Publikationen verstreut und können, da sie nicht die Nachwelt belehren wollen, nicht so gelesen und interpretiert werden wie der vollständig überlieferte und im Zusammenhang erzählende Bericht eines Historikers. Die Einarbeitung in die Quellen der hellenistischen Zeit erfordert viele Jahre und ist schon deshalb nie abgeschlossen, weil neue Inschriften fast täglich gefunden werden und so das gewonnene Bild unaufhörlich vervollständigen und berichtigen.

Die Lückenhaftigkeit der Quellen und die Zufälligkeit ihrer Erhaltung oder ihres Verlustes machen es über weite Strecken unmöglich, den Verlauf der Geschichte Athens in den drei Jahrhunderten von Alexander dem Großen bis auf Antonius und Octavian auch nur in den Grundzügen zu erkennen; erhebliche Lücken bleiben. Dafür erlauben aber gerade die Inschriften oft einen genaueren Einblick in wesentliche Bereiche des Staatswesens.

Manche Zweige des öffentlichen Lebens, an dem jeder erwachsene männliche Bürger aktiven Anteil nahm, sind durch sie besser bekannt als in früheren Zeiten, zum Beispiel Zusammensetzung und Tätigkeit des Rats und seiner Ausschüsse, der Verlauf großer Feste mit literarischen und sportlichen Wettkämpfen, die Aktivitäten der Epheben oder das Leben in den Garnisonen Attikas. Der nachhaltigste Eindruck, den das Studium der Inschriften vermittelt, ist der einer sich selbst musterhaft verwaltenden Gemeinschaft. Auch wenn Athen nicht immer souverän war, sondern in der äußeren Politik oft Makedonien, später Rom zu folgen hatte, haben die Athener ihre inneren Angelegenheiten doch immer allein geregelt, in beispielhafter guter Ordnung und mit bemerkenswerter Stabilität der Institutionen. So sah z. B. das sehr ausführliche Präskript der Volksbeschlüsse, das die wesentlichen Daten jeder Volksversammlung festhielt, in der Zeit des Augustus noch genau so aus wie mehr als dreihundert Jahre zuvor, und nur die Namen und Daten waren variabel.[1] Solche Kontinuität über einen Zeitraum, der für uns bis zum Großen Kurfürsten zurückreichte, ist mehr als eine Formsache: Sie spiegelt den Willen der Bürgerschaft, Verfahrensnormen, die sich bewährt hatten, zu bewahren: den täglichen Wechsel des Vorsitzenden der Ekklesie, den monatlichen Wechsel des geschäftsführenden Ratsausschusses, den jährlichen Wechsel des Sekretärs, die Verantwortlichkeit des Antragstellers für seine Vorlage und die Verantwortlichkeit des Präsidiums für die von ihm zur Abstimmung gestellten Anträge.

Vielerlei Zeugnisse dieser geordneten und konsequent beibehaltenen Staatsverwaltung haben sich über mehr als zwei Jahrtausende hinweg bis in unsere Tage erhalten. Zu ihnen gehören in Stein geschriebene Listen aller fünfhundert Ratsherren eines gegebenen Jahres[2] und andere, die alle fünfzig Ratsherren der jeweils einen Monat lang die Geschäfte führenden Phyle eines bestimmten Jahres enthalten.[3] Zu diesen Zeugnissen gehören weiter Hunderte von Bleimarken von der jährlichen Musterung des Kavalleriekorps durch den Rat und der Wertschätzung der einzelnen Pferde.[4] Für einen Zeitraum von einhundertundzwanzig Jahren besitzen wir die dichten Reihen der Jahr um Jahr ausgegebenen Silbermünzen des «Neuen Stils» mit jährlich wechselnden Symbolen, den Namen der beiden für die Prägung jeweils zuständigen Magistrate und der Angabe des jeweiligen Prägemonats.[5] Es sind weitere Zeichen dieser Kontinuität, daß für mehr als eineinhalb Jahrhunderte das Amt des öffentlichen Herolds von Angehörigen

[1] Dem zehn Zeilen langen Präskript von IG VII 4253 vom Jahre 331 entspricht genau das sieben (längere) Zeilen umfassende Präskript von SEG 30, 93, aus dem Jahr 19 v. Chr.

[2] Vom Verzeichnis des Jahres 336/5 (Agora XV 42) sind nahezu alle 250 Namen der fünf erhaltenen Phylen noch lesbar, von anderen Verzeichnissen umfangreiche Teile aller zehn (bzw. seit dem Jahr 307 zwölf) Phylen (Agora XV 43. 61. 62. 72).

[3] Es sind Agora XV 44. 85. 86. 89. 130. 137. 194. 206. 212. 214.

[4] Unten S. 163.

[5] Unten S. 243–6.

einer einzigen Familie versehen wurde,[6] daß die beiden höchsten Priesterämter, das des Hierophanten und das des Daduchen, beide zum eleusinischen Kult gehörend, durch Jahrhunderte von Angehörigen je eines Geschlechts, der Eteobutaden bzw. der Keryken, bekleidet wurden.[7] Während athenische Bürger oft als Richter oder Schlichter von fremden Staaten berufen wurden, war das Justizwesen Athens nie darauf angewiesen, auswärtige Richter einzuladen, um die Unparteilichkeit der Urteile zu gewährleisten; Athen hob sich darin, wie auch die andere große und musterhaft verwaltete Republik, Rhodos, von fast allen anderen griechischen Staaten vorteilhaft ab.[8] Diese beiden Staaten waren ihres eigenen Gewichts auch hinreichend sicher, so daß sie darauf verzichten konnten, römische Große darum zu bitten, als ihre Patrone zu fungieren, d. h. als Sachwalter ihrer Interessen im Senat und in der höheren Gesellschaft Roms.[9]

So wohlgeordnet das Staatswesen im Inneren war, so prekär war zumeist die äußere Situation der Stadt. Durch König Philipp II. war die Mehrzahl der griechischen Staaten in Abhängigkeit von der durch ihre militärische Macht überlegenen Monarchie Makedonien geraten. Die Entstehung neuer Monarchien auf dem Boden des Alexanderreiches hatte daran nur dies geändert, daß manche Staaten, unter günstigen, aber unbeständigen Umständen, zwischen den miteinander rivalisierenden Reichen lavieren und so bisweilen ihre Unabhängigkeit wiedergewinnen konnten, wie es Athen 287 und 229 gelang. Dauernd unabhängig aber blieben seit Alexanders Tod unter den griechischen Staaten nur Rhodos und der Ätolische Bund. Athen fand am Reich der Ptolemäer bis in den Ausgang des 3. Jahrhunderts wiederholt eine Stütze, doch reichte sie nicht immer aus, die Unabhängigkeit der Stadt von Makedonien zu gewährleisten.

Der Niedergang der ptolemäischen Macht und die wieder einmal von Makedonien drohende Gefahr bestimmten Athen im Jahre 200 zu einem Hilferuf an Rom. Es war ein verhängnisvoller Schritt, ungeachtet der Tatsache, daß der Senat sich schon zuvor, und ohne dabei an Athen zu denken, zum Krieg gegen den makedonischen König entschlossen hatte. Denn wenn die Römer auch nicht um der Athener willen mit Heeresmacht nach Griechenland kamen, so konnten sie doch später darauf verweisen, daß die Athener sie eingeladen hatten. Athen legte sich danach so rasch auf die Linie der römischen Politik fest, daß die Stadt schon bald an der Seite Roms gegen andere Griechen stand.[10]

[6] B. D. Meritt–J. S. Traill, Agora XV, S. 14–15 (wo einzelne Daten jetzt zu korrigieren sind).

[7] Clinton, Officials.

[8] L. Robert, Xenion, Festschrift Pan. I. Zepos (1973) 765–782, auf S. 778 (OMS 5, 137–154).

[9] J.-L. Ferrary, Rapports préliminaires des 10. Internationalen Kongresses für griechische und lateinische Epigraphik, Nîmes 1992, 80.

[10] Nabis von Sparta, der Ätolische Bund, die griechischen Verbündeten des Königs Perseus, der Achäische Bund.

Es ist daher nicht zu verkennen, daß die Politik Athens seit dem späteren 3. Jahrhundert opportunistisch, ganz am eigenen Interesse orientiert war. Noch in den sechziger Jahren hatte die Stadt, an der Spitze einer Koalition im Krieg gegen den makedonischen König Antigonos, mit den eigenen Interessen zugleich denen anderer griechischer Staaten gedient. Der unglückliche Ausgang des Krieges lud zum Umdenken ein. Als dreißig Jahre später die Befreiung von 229 selbständige Politik wieder ermöglichte, wurde die Beschränkung auf die eigenen Interessen bereits deutlich, und sie wurde von Polybios gerügt.[11]

Die Bürgerschaft Athens mochte mit diesem Kurs wenig Ruhm ernten, doch war er realistisch und diente dem äußeren und dem inneren Frieden zugleich. Beim Ausbleiben größerer Kriege stieg die Lebenserwartung der männlichen Bürger und verbesserte sich die Lebensqualität der gesamten Einwohnerschaft Attikas.

Nichts rechtfertigt die in der Literatur gelegentlich begegnende Behauptung, das politische Engagement der Bürger habe in der hellenistischen Zeit nachgelassen. Sie ist nichts weiter als eine Folgerung aus dem falschen Satz, mit den militärischen Niederlagen gegen die makedonischen Armeen sei die Geschichte Athens zu Ende gegangen. Auch nach diesen blieben die Pflege des Rechtwesens und der staatlichen Kulte, die Versorgung der Stadt, das Finanzwesen und alle anderen Zweige der Verwaltung ausschließlich Sache der Bürger, dazu in Zeiten der Unabhängigkeit auch die äußere Politik, in jedem Falle genug, die regelmäßige Mitarbeit der Bürger an den Aufgaben zu gewährleisten, die erledigt werden mußten. Wenigstens 36 Sitzungen der Volksversammlung gab es in jedem Jahr und tägliche Sitzungen des Rates, ausgenommen die bedeutenderen Festtage. Die alljährlich revidierte Liste der Geschworenen enthielt nach wie vor die Namen von sechstausend Bürgern, aus denen die in den einzelnen Gerichtshöfen tätig werdenden von Fall zu Fall ausgelost wurden, zuweilen mehr als 1500 für ein einziges Gericht. Für verschiedene Beschlüsse des Volkes, darunter die relativ häufige Verleihung des Bürgerrechts an Fremde, war die Anwesenheit von sechstausend Stimmberechtigten erforderlich, und der Befund läßt es als nahezu gewiß erscheinen, daß dieses Quorum in den meisten Versammlungen ohne Schwierigkeiten erreicht wurde. Dieses Quorum symbolisiert die Gesamtheit der Bürgerschaft. Über Angelegenheiten, für die es vorgeschrieben war, wurde nicht in der sonst üblichen Weise durch Handaufheben abgestimmt, sondern geheim, d. h. mit Stimmsteinen.[12]

Durch die drei Jahrhunderte der hellenistischen Zeit blieb der Stadt ihre führende Rolle im Bereich der geistigen und künstlerischen Kultur erhal-

[11] Polybios 5, 106, 6–8.

[12] Ph. Gauthier, Quorum et participation civique dans les démocraties grecques, Cahiers du Centre Glotz 1, 1990, 73–99, für Athen 77–84.

ten. Nur auf dem Feld der neu entstehenden philologischen Wissenschaft, die die Werke der klassischen Autoren, Textkritik und Texterklärung, zu ihrem Gegenstand machte, lief ihr die von den ptolemäischen Königen in Alexandreia zusammengebrachte Gemeinschaft von Gelehrten im Museion den Rang ab, bis im Jahre 145 v. Chr der regierende König alle Intellektuellen von dort und aus Ägypten verbannte. Geradezu einzigartig in Niveau und Vielfalt aber war in Athen die Pflege der Philosophie, seitdem die beiden gegen Ende des 4. Jahrhunderts gegründeten Schulen Epikurs und Zenons mit den beiden älteren Platons und des Aristoteles wetteiferten.

I. Im Windschatten der makedonischen Expansion (338–323)

1. Die führenden Politiker

Die Niederlage, die die Athener und die mit ihnen verbündeten Thebaner im Sommer 338 bei Chaironeia in Böotien durch die Feldherrnkunst König Philipps II. und die Kampfkraft seiner makedonischen Phalanx erlitten, war für beide Mächte ein schwerer Aderlaß und ein tiefer Schock. Das weitere Schicksal beider aber war durchaus verschieden. Die Thebaner ließen sich wenige Jahre später, auf die falsche Kunde vom Tode des jungen makedonischen Königs Alexander, zu einer improvisierten Erhebung gegen die ihnen aufgezwungene fremde Besatzung hinreißen und hatten dafür im Spätsommer 335 mit der völligen Zerstörung ihrer Stadt fürchterlich zu büßen. Die führenden Politiker Athens dagegen verhielten sich, ungeachtet ihrer Meinungsverschiedenheiten, weitaus besonnener. Sie blieben, wenn auch nur mit knapper Not, dem thebanischen Abenteuer fern und weitere vier Jahre später auch der Erhebung des spartanischen Königs Agis, die mit dessen Niederlage gegen Alexanders europäischen Statthalter Antipatros bei Megalopolis in Arkadien im Frühjahr 330 zusammenbrach. Zustatten kam Athen in diesen fünfzehn Jahren auch, daß sich schon zu Lebzeiten König Philipps, seit 336, der Schwerpunkt der Ereignisse vom griechischen Mutterland entfernt und sich zunächst nach Kleinasien, ab 332 noch weiter in den Osten verlagert hatte. Nach der Katastrophe Thebens war Griechenland daher in eine Art Windschatten geraten, und erst die Rückkehr Alexanders aus Indien führte 324 erneut Stürme herauf, die durch seinen überraschenden Tod im Juni 323 nicht etwa gestillt, sondern weiter angefacht wurden.

Vorausgegangen waren fünfzehn Jahre des Friedens, in denen sich die Stadt, trotz gelegentlicher Spannungen mit Alexander, Antipatros oder der Königinmutter Olympias, nahezu ausschließlich dem materiellen Wiederaufbau und der moralischen Regenerierung widmen konnte. Da traf es sich glücklich, daß vier bedeutende Männer, alle in der Vollkraft ihrer Jahre, sich eben dieser Aufgabe mit großer Hingabe annahmen. Sie waren fast gleichen Alters, alle zwischen 390 und 385 v. Chr. geboren, mithin um die Fünfzig zur Zeit der Schlacht bei Chaironeia. Es sind Lykurg, Demosthenes, Demades und Hypereides, alle nicht nur politisch aktiv, sondern ausnahmslos auch begnadete Redner. So verschieden sie in Charakter, Temperament und politischen Ansichten auch waren, sie alle waren in erster Linie athenische Bürger, Patrioten, die das Beste für ihre Stadt wollten. Sooft sie auch in wichtigen politischen Fragen verschiedener Meinung waren, so hart sie einander in der Volksversammlung zuweilen auch bekämpfen mochten, um ihre Ansicht bei der Menge der Bürger durchzusetzen, so haben sie in diesen Jahren doch immer auch Hand in Hand arbeiten können, ehe drohende Ankündigungen Alexanders aus seinem Heerlager im Jahr 324, die Ankunft seines vor dem König flüchtenden Schatzmeisters Harpalos im Juli dieses Jahres und der Tod Lykurgs um eben diese Zeit der Phase der Ruhe und der Gemeinschaft der vier Politiker mit einem Schlage ein Ende machten. Von ihnen starb nur Lykurg eines natürlichen Todes, die drei anderen wurden Opfer der Politik, Demosthenes und Hypereides in der Folge eines Todesurteils, das Demades auf Verlangen des Antipatros bei der Volksversammlung durchgesetzt hatte (322), Demades selbst fand den Tod drei Jahre später am Hofe dieses Antipatros, dem er zwar das Regiment über Athen verdankte, gegen den er aber gleichwohl konspiriert hatte.

Demosthenes ist der bekannteste dieser vier Männer, in gleicher Weise berühmt als der unversöhnliche Feind König Philipps und als der nach dem Urteil der Antike wie der Moderne bedeutendste griechische Redner. Als Politiker suchte er gegen den nahen makedonischen Nachbarn mehrmals Rückhalt bei dem entfernteren Perserkönig, und persisches Gold, das für den griechischen Widerstand gegen Makedonien bestimmt war, ist mehr als einmal durch seine Hände gegangen, zu einem Teil auch in diesen verblieben. Es war sein persönliches Verdienst, daß er 338 die Athen lange feindlichen Thebaner in letzter Minute für das Bündnis gegen Philipp gewann, für das er bei Chaironeia auch sein Leben aufs Spiel setzte. Auch nach der Niederlage hielt die Bürgerschaft zu ihm, indem sie ihn, gegen erhebliche Widerstände, dazu auserwählte, für die Gefallenen des Krieges die Grabrede zu halten.[1] Die Kritik an seiner Politik verstummte acht Jahre später definitiv, als Demosthenes sich mit seiner Rede *Vom Kranz* so wuchtig verteidigte, daß er seinen langjährigen Widersacher und damaligen Ankläger Aischines nicht nur vor Gericht bezwang, sondern so demütigte, daß er ins Exil ging. Auch nach Chaironeia stand Demosthenes in hohem Ansehen, aber er spielte nicht länger die führende Rolle, die es ihm erlaubt hatte, die Koalition gegen König Philipp zu schmieden. Er mußte sie abgeben an Demades, dem der Friede mit Philipp zu verdanken war, und vor allem an Lykurg, der damals zur beherrschenden Figur im Staat aufstieg und diese Stellung bis zu seinem Tode behauptete, so daß man die Jahre von 338 bis 324 geradezu als das Zeitalter Lykurgs bezeichnet hat.

Lykurg war ein konservativer, tief religiöser Mann aus vornehmer Fami-

[1] N. Loraux, L'invention d'Athènes, 1981, 125–127, unterstreicht den pessimistischen Ton der erhaltenen Rede, der keine Zukunftshoffnung anklingen läßt. Ob sie von Demosthenes stammt, ist strittig.

lie, der in die reiche Familie des Kallias von Bate eingeheiratet hatte.[2] Bald nach Chaironeia wurde ihm die Oberleitung der Staatsfinanzen übertragen, die er zwölf Jahre lang, von 336 bis 324 (eher als von 338 bis 326), innegehabt hat. Vier Jahre lang übte er sie direkt aus, danach, da eine Wiederholung der Amtsführung nicht zulässig war, für die erste oder für zwei weitere Amtsperioden durch Strohmänner. Lykurg war ein administratives und finanzpolitisches Genie. Er vervielfachte die Staatseinkünfte, benutzte einen Teil dazu, die Wehrkraft der Stadt zu Lande und zu Wasser zu stärken, einen anderen zur Verschönerung Athens mit repräsentativen Bauten und einen dritten zur Vermehrung der finanziellen Reserven. Ihm schwebte ein Staat vor, der wirtschaftlich, militärisch und sittlich stark genug war, die Beschränkungen seiner Selbständigkeit wieder abzuwerfen. Unnachsichtig ging er vor Gericht gegen alle vor, die seinen Standards nicht genügten, Staatsschuldner, Profitmacher, Defaitisten, und zog ihr Vermögen ein, wenn sie verurteilt waren. Er erwarb sich den Ruf eines ebenso starren und harten wie eines integren Politikers. In diesen Jahren hat er die Voraussetzungen geschaffen, die es Athen nach Alexanders Tod ermöglichten, der makedonischen Macht mit Aussicht auf Erfolg im Krieg entgegenzutreten.

Demades war in wesentlichen Stücken Lykurgs Gegenpol. Aus ärmlichen Verhältnissen stammend, war er dank seiner Redegabe als Anwalt so vermögend geworden, daß er politischen Einfluß gewann. Diesen verstand er wie kein anderer, besser auch als Demosthenes, in materiellen Nutzen zu verwandeln, so daß er einen Rennstall unterhalten und ein Gespann in Olympia zum Siege führen konnte. Unter den berühmten Rednern war er, der immer unvorbereitet sprach und daher nichts Schriftliches hinterlassen hat, vielleicht der Begabteste, jedenfalls aber der Wendigste. Sein Gewissen ließ ihm einen weiteren Spielraum als dem Lykurg oder Hypereides das ihrige, und Demades war immer fähig, sich einer veränderten Lage anzupassen. Keiner verstand es wie er, eine unerwartete neue Situation auf die kürzeste, treffendste und zugleich ganz bildhafte Formel zu bringen. Demades ist von der älteren Forschung viel gescholten worden, die kaum ein gutes Haar an ihm gelassen hat. Aber wenn er auch häufiger als andere Tadel verdienen mag, so stehen dem auch große Verdienste gegenüber. Er war nicht der Makedonenfreund, nicht der «vaterlandslose Geselle», als der er oft hingestellt wird. Er war gewiß eher als andere bereit, sich mit der fremden Übermacht abzufinden oder sich mit ihr zu arrangieren, aber er hat bei Chaironeia im Glied gekämpft und auch als Politiker immer zuerst die Interessen Athens verfolgt. Mehr als einmal hat er seinem Vaterland zum Frieden verholfen (338, als Gefangener Philipps, und 322) oder ihm

[2] Der Grabhügel der Familie, im Gebiet des Staatsgrabs *(Demosion Sema)* ist kürzlich gefunden worden und hat neue Inschriften zur Genealogie der Familie erbracht, Horos 5, 1987, 31–44.

den Frieden erhalten (335 und 331). Der Flecken auf seinem Namen ist, daß er sich dazu hergab, die (unvermeidliche) Acht über Demosthenes und Hypereides zu beantragen.

Hypereides, aus vermögender Familie, war durch und durch Weltmann und als solcher allen guten Seiten des Lebens zugetan. Es war kein Zufall, daß er die neben Aspasia berühmteste Hetäre des Altertums, Phryne, vor Gericht verteidigte, als sie wegen angeblichen Religionsfrevels auf den Tod verklagt war (er soll ihren Freispruch damit besiegelt haben, daß er die Geschworenen ein sonst verhülltes Stück ihrer übernatürlichen Schönheit sehen ließ, die bei den Griechen zu allen Zeiten als ein Merkmal des Göttlichen galt). Anders als die drei zuvor Genannten, denen er als Redner nicht nachstand, hat Hypereides so gut wie nie Staatsämter bekleidet; er hat aber 338 dem Rat angehört und deshalb bei Chaironeia nicht mitkämpfen können. Aber mit schwierigen diplomatischen Missionen hat ihn die Bürgerschaft immer wieder betraut, und stets hat er durch den Erfolg das in ihn gesetzte Vertrauen gerechtfertigt. Mit Lykurg teilte er die persönliche Integrität. Den Demades hat er einmal verklagt, als dieser Ehren für einen Mann beantragt hatte, der seine Vaterstadt Olynth an König Philipp verraten hatte. Politisch und persönlich stand er dem Demosthenes lange nahe, bis die Freundschaft in der Korruptionsaffäre um Alexanders ungetreuen Schatzmeister Harpalos zerbrach und Hypereides als einer der Kläger des Demosthenes auftrat, da dieser zwanzig Talente von Harpalos empfangen haben sollte. Demosthenes wurde verurteilt und ging ins Exil. Erst die nationale Erhebung nach Alexanders Tod führte ihn zurück und die beiden einstigen Freunde wieder zusammen. So wie Demosthenes 338 den für die Freiheit Gefallenen die Grabrede gehalten hatte, wurde 323 Hypereides vom Volk gewählt, dem Feldherrn Leosthenes und den in den ersten Monaten des Lamischen Krieges Gefallenen den Epitaphios zu halten. Diese Rede, ein Schwanengesang athenischer Größe, ist weitgehend erhalten.

Um eine halbe Generation älter als diese vier war Phokion, ein Mann konservativer Prägung, der Schüler Platons in der Akademie gewesen war und in seiner langen Laufbahn, im Unterschied zu den bisher Genannten, vor allem Feldherr war. Er hatte das militärische Handwerk bei einem der bedeutendsten Strategen, Chabrias, gelernt und ist nicht weniger als fünfundvierzigmal von den Athenern zum Feldherrn gewählt worden. Kennzeichnend für ihn war die vorsichtige, auf die Vermeidung von Verlusten abgestellte Kriegführung. Ruhm erwarb er sich vor allem in drei Feldzügen der Jahre 349, 348 und 341 auf Euböa und bei der Verteidigung der Stadt Byzanz im Jahre 340 gegen König Philipp. Seine Laufbahn verschaffte ihm auch politisches Gewicht, das er, seiner Art entsprechend, zur Dämpfung nationaler Leidenschaften einsetzte, besonders in Bemühungen, mit der Großmacht Makedonien friedlich auszukommen. So trat er in der Auseinandersetzung zwischen Demosthenes und Aischines um die sogenannte

Truggesandtschaft im Jahre 343/2 für den letzteren ein. Alexander der Große hat ihn hoch geschätzt, Plutarch ihn einer Biographie für wert gehalten. Phokion war unbestechlich, und er hat sich nie gescheut, seinen Mitbürgern unwillkommene Ratschläge zu geben und bittere Wahrheiten zu sagen. Im Alter von achtzig Jahren führten die Umstände ihn an die Spitze des Staates, und nicht viel später, in den Wirren der Diadochenzeit, verstrickte er sich, indem er dem erklärten Volkswillen zuwiderhandelte, in sein Verhängnis.

2. Gefährdeter Friede

Als sich die Sommernacht auf das Schlachtfeld von Chaironeia herabsenkte, bedeckte sie, neben anderen Gefallenen, auch eintausend Athener.[3] Zweitausend weitere waren gefangen in die Hände Philipps geraten. Die Verluste waren hoch für einen Staat, der höchstens dreißigtausend erwachsene männliche Bürger zählte, die Alten und Untauglichen eingeschlossen. So hoch der Verlust, so niederschmetternd der Eindruck der Niederlage auch war, Athen rüstete sich sofort energisch zur Verteidigung. In aller Eile wurden die Befestigungen verstärkt und hierfür sogar die privaten Grabstätten auf dem Kerameikos geplündert.[4] Jeder der zehn Phylen wurde ein Bauabschnitt der Mauern und die Summe von zehn Talenten zugewiesen; einer der zehn Kommissare war Demosthenes für seine Phyle Pandionis. Diese Arbeiten wurden in den folgenden Jahren in erheblichem Umfang fortgesetzt.[5] Als Mitglied des Rats beantragte Hypereides, den ansässigen Fremden das Bürgerrecht, den waffenfähigen und kampfwilligen Sklaven die Freiheit zu geben und auch die fünfhundert Ratsherren zu bewaffnen.[6] Diese Anträge scheiterten an einem Einspruch, der auf ihre Gesetzwidrigkeit hinwies. Getreu ihrer Tradition gewährte die Stadt allen aus ihrer Heimat flüchtigen Verbündeten Aufnahme, besonders den Bürgern von Theben, aus Akarnanien und von der Insel Euböa. Die athenische Flotte war unversehrt und weiterhin eine scharfe Waffe.

Angesichts dieser Entschlossenheit war Philipp klug genug, es nicht auf weitere Feindseligkeiten ankommen zu lassen, sondern den Frieden mit Athen durch Entgegenkommen zu suchen. Dabei wurde Demades zum Vermittler, der wie Demosthenes an der Schlacht teilgenommen hatte, anders als dieser aber gefangengenommen worden war. Den König, der sich

[3] Sie erhielten auf dem Staatsfriedhof ein gemeinsames Massengrab, *Polyandreion* (Pausanias 1, 29, 13). Von einem zeitgenössischen Epigramm zu ihren Ehren ist ein Bruchstück inschriftlich (Peek, GVI 27), der vollständige Text in der *Anthologia Palatina* (7, 245) erhalten. Für einen einzelnen der gefallenen Bürger ist jüngst ein eigenes *Epigramm* bekanntgeworden (Horos 3, 1985, 132–133).

[4] Lykurg, *Leokr.* 43. D. Ohly, AA 80, 1965, 341–343.

[5] Maier, Mauerbauinschriften 1, 36–48.

[6] Lykurg, *Leokr.* 36–37.

siegestrunken vor den Gefangenen produzierte, machte er durch eine freimütige Äußerung auf sich aufmerksam – er, dem die Rolle Agamemnons zugefallen sei, führe sich auf wie Thersites. Philipp, der sich getroffen fühlte, ließ ihn sofort frei und bediente sich seiner zur Vermittlung des Friedens.

Dieser beließ Athen die volle Autonomie in den inneren Angelegenheiten, verpflichtete die Stadt jedoch zur Auflösung ihres Seebundes und zur Mitgliedschaft in dem von Philipp geplanten griechischen Bund, womit ihr die politische Handlungsfreiheit genommen war. Die Athener verloren an den König ihre Besitzungen in der nördlichen Ägäis, wurden dafür aber mit dem Erwerb von Oropos an der attisch-böotischen Grenze entschädigt, indem Philipp diese Stadt mit ihrem Territorium und dem Heiligtum des Amphiaraos den Böotern fortnahm und Athen zuteilte.[7] Athen blieb im Besitz der Inseln Salamis, Delos und Samos, das seit 365/4 von athenischen Bürgern besiedelt war, sowie von Lemnos,[8] Imbros und Skyros.[9] Alle Gefangenen wurden ohne Lösegeld freigegeben und durch Philipps Sohn Alexander nach Athen geleitet. Der König, sein Sohn und einige prominente Helfer wurden daraufhin mit Ehren bedacht.

Im folgenden Winter, 338/7, kam zu Korinth, wohin Philipp Delegierte aller griechischen Staaten berufen hatte, in Abwesenheit Spartas, das die Einladung ignorierte, der allgemeine Friede zustande. Ihm folgte die Gründung eines hellenischen Bundes. Alle Mitgliedstaaten entsandten Vertreter in den Bundesrat *(Synhedrion)*, das legislative Organ. Philipp war der Bundesfeldherr *(Hegemon)* und konnte als solcher Sitzungen einberufen und Anträge stellen. In Athen sind Bruchstücke der Bundessatzung gefunden worden.[10] Der Bundesrat beschloß auf Philipps Antrag den gemeinsamen Krieg gegen Persien, so als ob das, was tatsächlich nur Philipps Interesse und Isokrates' Idee war, ein gemeinsames Anliegen der Bundesmitglieder wäre. Viele Griechen hätten es vorgezogen, mit dem Perserkönig gegen Philipp zu paktieren. Das persische Reich war seit langem keine Gefahr mehr für Griechenland, wurde es doch weniger durch die eigene Stärke zusammengehalten als durch die Dienste einer großen Anzahl griechischer Söldner, die als Landsknechte des Großkönigs das Brot fanden, das sie daheim nicht finden konnten. Der griechischen Öffentlichkeit wurde der bevorstehende Krieg als Sühnekrieg für den Feldzug des Xerxes gegen Griechenland im Jahre 480 hingestellt. Eine makedonische Vorausabteilung unter den Feldherrn Attalos und Parmenion ging alsbald in Kleinasien an

[7] [Demades], Ὑπὲρ τῆς δωδεκαετίας 9 (hiernach auf Veranlassung Philipps). D. Knoepfler tritt demgegenüber dafür ein, daß Oropos erst 335, nach der Katastrophe Thebens, und mithin durch Alexander, an Athen gegeben worden sei (Aristote et Athènes, ed. M. Piérart, Paris 1993, 295–296).

[8] Hesperia 9, 1940, 325, Nr. 35.

[9] *Athpol.* 62, 2.

[10] StV 403, wo auch alle Zeugnisse der literarischen Quellen zusammengestellt und besprochen sind.

Land und eröffnete die Feindseligkeiten. König Philipp plante, selbst die Kriegführung in die Hand zu nehmen. Ehe es dazu kam, wurde er im Sommer 336, als er die Hochzeit seiner Tochter Kleopatra mit König Alexander von Epirus ausrichtete, in Aigai (Vergina) ermordet. Was immer die wirklichen Gründe für das Attentat gewesen sein mögen, sie sind allein in den makedonischen Kreisen des Hofes zu suchen.

Der von Philipp begonnene und 334 von Alexander fortgeführte Krieg in Asien rückte Athen für zwölf Jahre aus dem Brennpunkt des politischen Geschehens. Nicht, daß die Stadt an diesem Krieg ganz unbeteiligt gewesen wäre; sie mußte zwanzig Trieren zu Alexanders Flotte, wohl auch Reiter zum Heere abstellen, und 333 gerieten bei Issos viele athenische Bürger, die als Söldner für Dareios gekämpft hatten, in makedonische Gefangenschaft. Die Rücksicht auf alle diese Bürger (von denen die Schiffsbesatzungen zugleich Geiseln waren), bestimmte und belastete auf Jahre hinaus das Verhältnis der Stadt zum König. Auf der anderen Seite haben sowohl Philipp in seinen letzten Jahren wie auch Alexander, mit Ausnahme seines letzten Lebensjahres, sich aller Eingriffe in die inneren Verhältnisse Athens enthalten.[11] Daß Alexander nach der Einnahme von Susa den Athenern die 480 von Xerxes geraubte ältere Statuengruppe der Tyrannenmörder zurückgegeben habe, ist eine Legende.[12]

Nicht alle politischen Aktivitäten der athenischen Bürgerschaft in dieser Zeit lassen eindeutige Erklärungen zu. Zu den rätselhaftesten gehört ein im Frühjahr 336, wenige Monate vor Philipps Ermordung, auf Antrag des Eukrates verabschiedetes Gesetz, das 1952 auf der Agora von Athen gefunden wurde.[13] Es sollte die Demokratie vor einem möglichen Umsturz, vor Tyrannis und Oligarchie, schützen, indem es jedermann Straffreiheit zusicherte, der denjenigen töte, der einen Umsturz versuchen oder sich an einem solchen beteiligen sollte. Insoweit wurden nur ältere Vorschriften eingeschärft. Es folgten sodann aber Drohungen an die Adresse der Mitglieder des Adelsrates (Areopag) für den Fall, daß sie sich im Falle einer Beseitigung der Demokratie nicht jeder politischen Aktivität enthielten. Es konnte bisher nicht befriedigend geklärt werden, warum die Bürgerschaft damals die Erneuerung der alten Schutzbestimmungen für wünschenswert

[11] Die Behauptung, daß zur Zeit Alexanders eine makedonische Besatzung in Athen gelegen und die politische Ruhe gesichert habe, ist ebenso falsch wie die weitere, daß Antipatros damals «der wirkliche Herrscher Athens» gewesen sei und seine Freundschaft den in der Stadt wohnenden Aristoteles geschützt habe (I. Düring, Aristoteles, RE-Suppl. 11, 1968, 180).

[12] M. Moggi, ASNP 1973, 1–42, in ausführlicher Erörterung der Sache, die von verschiedenen antiken Autoren verschiedenen Königen zugeschrieben wird.

[13] B. D. Meritt, Hesperia 21, 1952, 355–359, Nr. 5. M. Ostwald, The Athenian Legislation against Tyranny and Subversion, TAPhS 86, 1955, 103–128. Siehe jetzt die abgewogene Erörterung von R. W. Wallace, The Areopagos Council to 307 B. C., 1989, 179–184, und Faraguna, Atene 270–272.

hielt, d.h., warum man damals Befürchtungen für den Fortbestand der Demokratie hatte, und auch nicht, warum sich ein spezifischer Verdacht damals gegen die gewesenen Archonten, aus denen der Areopag sich zusammensetzte, richtete, denn das Gremium konnte weder als makedonenfreundlich, noch als undemokratisch oder als unpatriotisch gelten und ist wenig später, im Jahr 330, von Lykurg öffentlich gelobt worden.[14] Der Antragsteller Eukrates ist später (322) als Feind der Makedonen zusammen mit Demosthenes und Hypereides ums Leben gekommen, und es darf jedenfalls als sicher gelten, daß das Gesetz ein Stück demokratischer Ideologie war, wie sie eben damals mit der Schaffung eines Kultes der Demokratie sichtbaren und offiziellen Ausdruck fand.[15]

Die Nachricht von der Ermordung König Philipps wurde in Athen mit Jubel aufgenommen; auf Antrag des Demosthenes beschloß der Rat ein Dankopfer, das Volk postume Ehren für den nach der Tat umgekommenen Attentäter. Bei Kundgebungen ließen die Athener es indessen nicht bewenden; sie knüpften Kontakte mit anderen griechischen Staaten, mit persischen Repräsentanten und mit Attalos an, einem der beiden makedonischen Heerführer in Kleinasien, der sich anscheinend selbst Hoffnungen machte, den vakanten Thron zu erhalten. Mit diesen Aktivitäten brach Athen den Bundesfrieden.[16] Der vorherrschenden antimakedonischen Stimmung gab Hypereides Ausdruck mit der Anklage gegen Philippides, die kurz nach der Ermordung König Philipps verhandelt wurde.[17] Jedoch sehr bald kam die Ernüchterung, als nämlich klar wurde, daß Alexander nicht nur unangefochten in der Nachfolge des Vaters war, sondern auch sofort die richtigen Maßnahmen traf, seine Stellung auch als Hegemon der Griechen zu sichern. Athen mußte froh sein, durch eine von Demades zu ihm geleitete Gesandtschaft die Bestätigung des Friedens zu erhalten.

Aber weniger als ein Jahr später wagte die Stadt sich sehr weit vor, bis an den Rand einer Katastrophe, und dies nur auf das Gerücht hin, daß Alexander im Kampf gegen die Illyrier gefallen sei. Damals erhoben sich die Thebaner gegen die makedonische Herrschaft, und der persische König sandte größere Geldmittel zur Unterstützung der Gegner Makedoniens nach Griechenland. In Athen lehnten die Behörden die Annahme persischen Geldes ab, aber Demosthenes als Privatmann nahm eine größere Summe entgegen und hat, zusammen mit anderen, Waffen und Material nach Theben geliefert. Ausgegangen war die Erhebung Thebens von thebanischen Flüchtlingen, die zuvor in Athen Zuflucht gefunden hatten. Die athenische Volksversammlung bekundete ihre Solidarität durch ein zwei-

[14] Lykurg, *Leokr.* 12. 52.

[15] A.E. Raubitschek, Demokratia, Hesperia 31, 1962, 238–243.

[16] Bosworth, Conquest 188.

[17] Hypereides' Worte (4, 7), Philippides habe König Philipp für unsterblich gehalten, zeigen an, daß der König tatsächlich nicht mehr lebte.

seitiges Bündnis mit Theben, das sich nach den Umständen nur gegen Makedonien richten konnte. Damals dürfte es auch gewesen sein, daß der Athener Iphikrates, der Sohn eines berühmten Generals, an den Hof des neuen persischen Großkönigs, Dareios' III., abreiste.[18] Da man den Hegemon des Hellenenbundes, dem man den Treueid geleistet hatte, tot wähnte, waren Demosthenes und Lykurg entschlossen, alles zu versuchen, um die makedonische Vorherrschaft abzuschütteln. Ein athenisches Korps wurde zur Unterstützung der Thebaner aufgeboten, aber es hatte die Grenzen Attikas noch nicht überschritten, als die erste Kunde kam, Alexander lebe und stehe mit seiner Armee bereits vor Theben.

Es dauerte nicht lange, bis die Nachricht von der Eroberung und der völligen Zerstörung der Stadt eintraf, etwa Anfang Oktober 335, während der Feier der Großen Mysterien. Kurz darauf wurde den Athenern, die sich schwer kompromittiert hatten, die ultimative Forderung Alexanders zugestellt, ihm die am stärksten belasteten acht Bürger, unter ihnen Demosthenes und Lykurg, auszuliefern, ebenso diejenigen Thebaner, die sich aus der eroberten Stadt nach Athen hatten retten können. Es gereicht der Stadt zur Ehre, daß sie ungeachtet der Drohungen, mit denen Alexanders Botschaft schloß, der Forderung nicht nachgab, sondern sich aufs Verhandeln legte, und es gereicht Alexander zur Ehre, daß er den Vorstellungen der Gesandten – es waren Demades und Phokion – nachgab. Bei seiner Entscheidung mag mitgesprochen haben, daß es ihn trieb, dem ins Stocken geratenen Krieg gegen Persien durch persönliche Führung einen neuen Impuls zu geben.

So ist Athen damals um Haaresbreite einer drohenden Katastrophe entgangen. Demosthenes, Lykurg und ihre Gesinnungsgenossen waren von nun an erheblich vorsichtiger, während Demades und Phokion, denen die Erhaltung des Friedens zu verdanken war, an seinem Fortbestand unmittelbar interessiert waren. Allen Beteiligten war klar geworden, daß man einstweilen mit der makedonischen Hegemonie leben müsse. Sich mit ihr auf die Dauer abzufinden war dagegen allenfalls eine Minderheit der Bürgerschaft bereit. Wollte man aber die Freiheit eines Tages zurückgewinnen, so bedurfte es zuvor der durchgreifenden Erneuerung auf vielen Gebieten, im Materiellen wie im Ideellen. Es war Lykurg, der hierfür das umfassende Konzept und als Leiter der Staatsfinanzen zugleich die Möglichkeit hatte, es zu verwirklichen.

Für den Geist dieser Erneuerung ist nichts anderes so bezeichnend wie die Reform in der Ausbildung der jungen Bürger (Epheben) durch das Gesetz des Epikrates. Sie gehört so gut wie sicher ins Jahr 336/5, denn die neue Ordnung wird in vier Inschriften zuerst für 335/4 sichtbar und ist auch in zahlreichen weiteren Inschriften aus den unmittelbar folgenden

[18] Arrian, *Anab.* 2, 15, 2–4. A. B. Bosworth, A Historical Commentary on Arrian's History of Alexander I, 1980, 233–234.

Jahren bezeugt. Sie ist im Kapitel 42 der aristotelischen Schrift vom Staat der Athener eingehend beschrieben, die jedenfalls zwischen 335 und 324 verfaßt wurde. Das neue Gesetz verwandelte die schon lange bestehende, aber in den Einzelheiten nahezu unbekannte Institution der Ephebie in einen zweijährigen vormilitärischen Dienst für alle körperlich tauglichen Bürger, die das Alter von 18 Jahren erreicht hatten. Als die beiden ersten von 42 wehrpflichtigen Jahrgängen lebten die Epheben in diesen beiden Jahren zusammen. Während des ersten waren sie, in Munychia und Akte, zur Bewachung der Häfen im Piräus eingesetzt und unterstanden insoweit dem militärischen Befehl der beiden Strategen, die dort das Kommando führten. Der eigentliche Leiter des Ephebenkorps aber war der vom Volk gewählte Kosmet, dem für jede der zehn Phylen ein Sophronistes zur Seite stand. Die Epheben einer jeden Phyle nahmen die Mahlzeiten, für die der Staat den Sophronisten die Mittel anwies, gemeinsam ein. Waffenmeister bildeten die jungen Bürger im Gebrauch der Hoplitenwaffen, von Bogen und Speer und in der Handhabung der Katapulte aus. Am Beginn des zweiten Jahres führten die Epheben dem im Theater versammelten Volk vor, daß sie gelernt hatten, in der Formation zu manövrieren. Jeder erhielt sodann auf Staatskosten Schild und Lanze. So ausgerüstet bezogen die Epheben während des zweiten Dienstjahres ihre Standorte in den attischen Festungen (Eleusis, Panakton, Phyle, Rhamnus, Sunion) und patrouillierten im Landgebiet von Attika. Der Eid, den sie nach dem Eintritt ins Ephebenkorps ablegten, war durch Schriftsteller schon bekannt, ehe 1938 der authentische, nur in Einzelheiten abweichende Text in einer Inschrift aus Acharnai zutage kam. Die Epheben schworen, das Vaterland und seine Güter zu verteidigen, das Glied und den Nebenmann nicht zu verlassen, den Befehlshabern und den Gesetzen zu gehorchen und die staatliche Ordnung zu verteidigen.[19]

Das Ziel der Reform ist den überlieferten Einzelheiten, in Verbindung mit dem Text der Eidesformel der Epheben, leicht zu entnehmen. Sie sollte durch Einbeziehung der ärmeren Schichten die Basis für die Rekrutierung

[19] Zur Reform des Epikrates siehe Rhodes, Commentary 493–510, wo die Ansichten der älteren Forschung zusammengefaßt sind. Die Inschriften des ersten Jahrzehnts bei Reinmuth, Inscriptions Nr. 1 (334/3) bis 15. Seither bekanntgewordene Texte sind AE 1988, 19–30 (Jahrgang 333/2 der Kekropis); ABSA 84, 1989, 333–344 (Jahrgang 333/2 der Erechtheis) und vielleicht Traill, Demos and Trittys, 1986, 3–5 (Kekropis, ca. 332/1); s. aber K. Clinton, AE 1988, 30. Unveröffentlicht sind zwei weitere Texte der späten dreißiger Jahre aus Panakton (Kavasala), von denen einer SEG 38, 67, angezeigt ist, sowie eine 1993 in Rhamnus gefundene Weihung der Epheben der Oineis von 332/1 (Petrakos, Ergon 1993, 7). Der Ephebeneid, dessen Text jedenfalls älter als die Reform von 336/5 ist, bei Tod, Greek Historical Inscriptions 204. Strittig ist noch die Frage, ob alle jungen Bürger zum Dienst in der Ephebie verpflichtet waren, wie die Zeugnisse des Aristoteles und Lykurg besagen (so zuletzt N. V. Sekunda, ABSA 87, 1992, 329, und Faraguna, Atene 277), oder nur die der drei oberen Klassen, d. h. nur die Söhne der Bürger mit Hoplitenzensus unter Ausschluß der Theten (so zuletzt Rhodes, Commentary 503).

der Hopliten erweitern und diese besser befähigen, den attischen Boden und die demokratische Verfassung zu schützen. In der Zeit, in der eine monarchisch verfaßte Hegemonialmacht die Souveränität des Demos beschränkte, enthielt das Bekenntnis zum demokratischen Prinzip die Ankündigung, daß der athenische Demos nicht bereit war, sich mit dieser Beschränkung abzufinden. Die Reform enthüllt aber auch, daß die führenden Kreise der Stadt zur Einsicht gelangt waren, daß die Bevormundung abzuschütteln erst versucht werden konnte, wenn das Aufgebot der Bürger physisch und psychisch besser für die unvermeidliche Auseinandersetzung gerüstet war. Das wesentliche Ziel der athenischen Politik in dem auf die Reform der Ephebie folgenden Jahrzehnt war es, die Bürgerschaft hierfür vorzubereiten. Es gibt keinerlei Anzeichen dafür, daß es darüber wesentliche Meinungsverschiedenheiten zwischen den führenden Politikern gegeben hätte, wenn es auch an Differenzen über den einzuschlagenden Weg nicht gefehlt hat. Ungeachtet ihrer verschiedenen ideologischen und politischen Standpunkte haben z. B. Lykurg und Demades in der Finanzverwaltung und in Kommissionen Hand in Hand gearbeitet[20] und haben beide mehrmals am gleichen Tage Mehrheiten für ihre Anträge in der Volksversammlung gefunden.[21] Als 335, nach der Katastrophe Thebens, eine Ehrenstatue für Demades beantragt wurde, der die Stadt vor schlimmen Folgen der Unbesonnenheit mehrerer Politiker bewahrt hatte, widersprach neben anderen Lykurg, freilich ohne Erfolg. Da werden persönliche Animositäten zwischen den führenden Männern deutlich. Sie wurden offen ausgetragen, aber sie verhinderten nicht, daß die miteinander rivalisierenden oder verfeindeten Männer sich doch wieder zusammenfanden in dem Bemühen, Athen aus der Rolle eines Vasallenstaates herauszuführen.

Für längere Zeit konnten sie darauf hoffen, daß der persische Widerstand gegen Alexander ihnen helfen würde, diesem Ziel näherzukommen. Die athenischen Söldner, die bei Alexanders erstem Sieg über die Perser, am Granikos im Frühjahr 334, in Gefangenschaft gerieten, trugen zwar diesen Widerstand mit, dürften aber in ihrer Mehrzahl schon lange im persischen Dienst gestanden haben, d. h. schon vor dem Beschluß der griechischen Staaten des Korinthischen Bundes, durch den Hegemon Alexander Krieg gegen Persien zu führen. Alexander konnte ihnen im Grunde keinen Vorwurf daraus machen, daß sie (und andere Griechen) auf der persischen

[20] Von 334–330 war Demades Schatzmeister der Militärkasse, während Lykurg bzw. der damals für ihn amtierende Strohmann die Oberleitung der Staatsfinanzen innehatte. Unmittelbare Zusammenarbeit beider ist für 334/3 bezeugt (Bosworth, Conquest 206). Lykurg und Demades gemeinsam in Kommissionen als Repräsentanten ihrer Phylen: FD III 1, 511 von 330, IG VII 4259 von 329/8.

[21] Beide in ein- und derselben Sitzung der Ekklesie erfolgreich mit Anträgen: 334/3 (Schwenk, Athens Nr. 23–25), 332/1 (Schwenk, Athens Nr. 36–37) und 328/7 (IG II^{2}399 und Schwenk, Athens Nr. 53; zur Datierung Habicht, Chiron 19, 1989, 1–5). Dies sind nur die bezeugten Fälle, deren es tatsächlich viel mehr gegeben haben muß.

Seite kämpften, aber er sandte sie gleichwohl in Ketten zur Zwangsarbeit nach Makedonien. Die jüngst im makedonischen Akanthos in einem Grab der hellenistischen Zeit gefundenen acht männlichen Skelette mit Fußfesseln können die Reste solcher Gefangener sein.[22] Athen hat beim König mehrmals um ihre Freilassung gebeten, die endlich nach Jahren, im Frühjahr 331, gewährt wurde. Der Grund der harten Behandlung dürfte sein, daß ihr Eintreten für die persische Sache im Widerspruch zu Alexanders erklärtem Ziel eines nationalen Rachekrieges gegen Persien stand. Dieser Widerspruch war um so eklatanter dadurch, daß vor allem Athen im Jahre 480 das Opfer des persischen Angriffs und der von den Persern angerichteten Zerstörungen gewesen war. Daran erinnerte Alexander selbst eben damals, indem er aus der Beute der Schlacht dreihundert persische Rüstungen als Weihgeschenk für die Göttin Athena nach Athen sandte, und zwar mit der inschriftlichen Weihung «Alexander, Sohn Philipps, und die Griechen mit Ausnahme der Spartaner von den Asien bewohnenden Barbaren.» Da er jedoch den Athenern gleichzeitig die Rückgabe ihrer gefangenen Bürger verweigerte, ist diese Weihung von der Mehrzahl der Athener zweifellos als anstößig empfunden worden.[23]

Alexander seinerseits hatte Anlaß, sich über Athen zu beklagen, denn im ersten Kriegswinter lief die persische Flotte die Insel Samos an und versorgte sich dort mit Proviant und Wasser. Samos aber war seit dreißig Jahren eine athenische Besitzung und in der Hand athenischer Siedler. Für die Sicherheit der Insel sorgte einer der jährlich amtierenden Strategen mit dem Titel des «Strategen für Samos.» Daß dieser die Unterstützung der Perser geschehen ließ, sei es widerspruchslos, sei es ohnmächtig, kann Alexander nicht entgangen sein. Der Vorfall, ein Verstoß gegen die Bundespflichten Athens, könnte zehn Jahre später seine Entscheidung beeinflußt haben, den Athenern Samos abzunehmen.[24]

Nach dem Sieg bei Issos im Herbst 333 fiel mit König Dareios' Lager auch eine mehrköpfige Gesandtschaft aus Athen in Alexanders Hände, die sich beim Perserkönig aufgehalten hatte. Unter ihnen war Iphikrates, der Sohn des gleichnamigen berühmten Feldherrn. Es ist nicht sicher bekannt, wann diese Gesandten Athen verlassen hatten, vermutlich vor der Erstürmung Thebens im Jahr 335. Aus Achtung vor dem Vater behandelte der

[22] AAA 19, 1986 [1990], 178–184.

[23] Die athenischen Gefangenen Alexanders: Arrian, *Anab.* 1, 16, 6; 29, 5; 3, 6, 2. Alexanders Weihung: Arrian, *Anab.* 1, 16, 7 mit der Beurteilung Mitchels, Lykourgan Athens 8. Rüstungen wurden der Athena von alters her durch die ionischen Tochterstädte Athens (im 5. Jahrhundert auch durch die Mitglieder des Seebundes) alle vier Jahre an den Großen Panathenäen geweiht, etwa Anfang August. Alexander dürfte diese Tradition im Auge gehabt und die Weihung zur öffentlichen Bekanntgabe an den Großen Panathenäen des Sommers 334 bestimmt haben.

[24] Arrian, *Anab.* 1, 19, 8 und dazu Bosworth (Anm. 16) 1, 141. Für die weiteren Schicksale der Insel s. unten S. 41 ff.

König Iphikrates ehrenvoll und sorgte, als er einer Krankheit erlegen war, für die Überführung seiner Gebeine in die Heimat.[25]

Es war aber in jenen Jahren nicht nur Alexander, der die Gedanken der Bürger von Athen beherrschte. Der Fall eines athenischen Athleten, Kallippos, vom Sommer 332 zog weite Kreise. Dieser hatte zu Olympia im Fünfkampf gesiegt, war dann aber beschuldigt worden, den Sieg von seinen Mitbewerbern erkauft zu haben; er und sie waren vom Kampfgericht mit Bußen belegt worden. Gerade so wie olympische Siege Ruhmesblätter für die Heimatstadt des Siegers waren, fiel hier der Makel von Kallippos' Vergehen auf die ganze Stadt. Die Sache wurde damit zur nationalen Angelegenheit. Überzeugt, daß Kallippos Opfer einer Intrige geworden war, wählte die Bürgerschaft Hypereides zum Vertreter seiner Sache. Er sollte die elischen Behörden zur Aufhebung des Urteils bewegen. Als diese fest blieben, spitzte sich der Konflikt zu; Athen weigerte sich, die Buße zu zahlen, daraufhin wurden die athenischen Bürger von der Teilnahme an zukünftigen Wettkämpfen ausgeschlossen. Erst als die delphischen Behörden den Athenern erklärten, die Orakelpriesterin Pythia werde ihnen kein Orakel erteilen, solange die Strafe nicht bezahlt sei, gaben die Athener nach. Aus den Strafgeldern der Schuldigen wurden, wie schon nach einer ähnlichen Betrugsaffäre vom Jahre 388, sechs bronzene Zeusbilder, Zanes genannt, im Heiligtum von Olympia aufgestellt und mit zur Redlichkeit mahnenden Inschriften versehen.[26]

Es mag mit dieser Angelegenheit zusammenhängen, daß die Athener im Jahre 331 einer anderen Orakelstätte, der von Dodona in Epirus, ihre Aufmerksamkeit zuwandten. Daraus ergab sich eine andere Staatsaffäre, in der wiederum Hypereides zum Fürsprecher der Stadt wurde. In Befolgung eines Orakelspruchs hatten die Athener das Kultbild der Dione in Dodona aufwendig geschmückt, damit aber Alexanders Mutter Olympias herausgefordert, die dem epirotischen Königshaus angehörte und damals für ihren in Italien weilenden Bruder und Schwiegersohn Alexander in Epirus die Regierung führte. Sie sandte eine Delegation nach Athen mit einem Beschwerdebrief, in dem sie ausführte, das Gebiet der epirotischen Molosser, in dem Dodona lag, unterstehe ihr. Die Beschwerde wurde in der Volksversammlung behandelt, und dort stand Hypereides als Anwalt der Stadt auf. Er wies unter anderem darauf hin, daß Olympias ihrerseits erst kürzlich, als ihr Sohn Alexander von einer lebensbedrohenden Krankheit genesen war, der Heilgöttin Hygieia auf der Akropolis zu Athen eine Weihung dargebracht habe; er forderte die gleiche Freiheit für Athen in Dodona. Als

[25] Arrian, *Anab.* 2, 15, 3.

[26] Pausanias 5, 21, 2–7. Hypereides, fr. 11–112 Jensen. [Plutarch], *mor.* 850 B. H.-V. Herrmann, Zanes, RE-Suppl. 14, 1974, 977–981. Apollon von Delphi hatte mit der Intervention seiner Diener seinem göttlichen Vater, dem Zeus von Olympia, zur Genugtuung verholfen.

wenig später die Nachricht vom Tode des epirotischen Königs in Italien eintraf, sandten die Athener Kondolenzgesandtschaften sowohl an Olympias wie an ihre Tochter Kleopatra, die Witwe des Königs.[27]

Diese Gesandtschaften fielen bereits wieder in eine Zeit großer Spannungen, denn im Sommer 331 hatten die Spartaner unter König Agis, unterstützt von mehreren griechischen Staaten, Krieg gegen Makedonien begonnen, und Athen war nahe daran gewesen, ihm als Verbündeter Spartas beizutreten. Die Ausführung eines bereits gefaßten Beschlusses, Agis mit einem Flottenkontingent zu unterstützen, unterblieb nur dank eines geschickten Manövers des Demades, der für die Finanzierung der Operationen hätte sorgen sollen.[28] Während selbst Demosthenes von einem solchen Engagement abriet, sprachen andere Politiker sich für den Beitritt zum Kriege aus. In diesen Zusammenhang gehört wahrscheinlich die im Corpus des Demosthenes überlieferte Rede *Über die Verträge mit Alexander* eines unbekannten Sprechers. Dieser wendete sich an die Volksversammlung und setzte sich mit der Forderung eines Vorredners auseinander, die Athener sollten die Verträge mit Alexander und den allgemeinen Frieden peinlichst einhalten (1, 12, 21), indem er vertragswidrige Handlungen und Friedensbrüche Alexanders und der Makedonen anprangerte, vor allem die Einsetzung von Tyrannen in den peloponnesischen Städten Messene, Pellene und Sikyon, weiter die Aufbringung von für Athen bestimmten Getreideschiffen aus dem Schwarzmeergebiet und die unautorisierte Einfahrt einer makedonischen Triere in den Piräus. Jetzt sei die geeignete Zeit gekommen, das Rechte zu tun (9), und wenn die Mehrheit bereit sei, ihm zu folgen, werde er beantragen, den Friedensbrechern den Krieg zu erklären (30).[29]

Ähnliche Vorwürfe enthält um diese Zeit oder nur wenig später auch eine Rede des Hypereides. Ihr Ton ist jedoch wesentlich milder; Hypereides nennt nicht konkrete Einzelheiten, sondern beklagt sich nur allgemein darüber, daß Alexander und Olympias gelegentlich Rechtswidriges und Unzumutbares verlangten, und er fordert, daß man sich derartigen Ansinnen gegenüber im Synhedrion des Korinthischen Bundes zur Wehr setzen müsse, woran es jedoch der athenische Delegierte Polyeuktos habe fehlen lassen.[30]

Inzwischen hatte Antipatros, den Alexander als seinen Statthalter für Europa zurückgelassen hatte, König Agis und seine Verbündeten bei Me-

[27] Hypereides 3, 19–26. J. Engels, Studien zur politischen Biographie des Hypereides, München 1989, 189–191.

[28] [Plutarch], *mor.* 818 E.

[29] [Demosth.] 17. Ich folge der konventionellen Datierung, während W. Will für einen Ansatz auf September/Oktober 333, kurz vor der Schlacht von Issos, eingetreten ist, RhM 125, 1982, 202–13. Ihm hat sich Faraguna angeschlossen (Atene 254. 332, Anm. 32).

[30] Hypereides 3, 20 und 24, frühestens vom Jahre 330 und daher so gut wie sicher aus der Zeit nach dem Ende des Agiskrieges.

galopolis in Arkadien in einer großen Schlacht besiegt, die Agis das Leben kostete (wohl Frühjahr 330). Mit ihr fand auch diese Auflehnung griechischer Staaten ein gewaltsames Ende. Der große Sieg Alexanders bei Gaugamela über König Dareios am 1. Oktober 331 ließ endlich auch alle Hoffnungen, die man in Athen auf die persischen Waffen gesetzt hatte, zerrinnen.[31] Nur von der eigenen Kraft konnte seither eine Befreiung von der makedonischen Vorherrschaft erhofft werden. Die Politiker Athens wetteiferten darin, die Stadt für den möglichen Fall einer solchen Kraftprobe vorzubereiten.

3. Das Zeitalter Lykurgs[32]

Das auffallendste Merkmal der Geschichte Athens in den vierzehn Jahren von der Schlacht bei Chaironeia bis zum Tode des Lykurg (324) ist die Vielfalt politischer Aktivitäten und die Vielzahl von Bürgern, die als politisch aktiv bezeugt sind. Zwar ist, dank der großen Zahl erhaltener Reden und der wachsenden Zahl von Inschriften, die Überlieferung umfassender als für die meisten anderen Phasen attischer Geschichte, so daß sich nicht geradezu behaupten läßt, diese Jahre seien reicher an politischen Initiativen gewesen als andere, für die es sehr viel weniger Material gibt. Aber es bleibt beeindruckend, daß für diesen knappen Zeitraum in der ja gleichwohl nur sehr lückenhaften Überlieferung die Namen von mehr als fünfzig Bürgern noch nachweisbar sind, die damals als Antragsteller von Beschlüssen des Rates oder der Volksversammlung bzw. von Gesetzen hervorgetreten sind.[33] Ebenso eindrucksvoll ist, was aus diesen wenigen Jahren von Reformen, öffentlicher Bautätigkeit und Maßnahmen zur Stärkung der Wirtschaft und der Finanzkraft Athens verlautet. Die Niederlage von Chaironeia stimulierte die Kräfte Athens, statt sie zu lähmen.

In allen diesen Dingen wirkte eine beachtliche Zahl von Angehörigen der oberen Schichten zusammen,[34] und neben Lykurg, der meist und vermutlich zu Recht als der führende Kopf dieser Entwicklungen angesehen

[31] Die Zeit der Schlacht von Megalopolis ist nicht genau bestimmt; die Ansätze der Forschung schwanken zwischen Herbst 331 und Frühjahr 330. Dagegen steht das Datum der Schlacht von Gaugamela auf den Tag genau fest, dank der astronomischen Tagebücher von Babylon (A. Sachs – H. Hunger, Astronomical Diaries and Related Texts from Babylonia, I, 1988, 179: 24. Ululu), womit zugleich Plutarchs Angabe (*Camillus* 19, 5; *Alexander* 31, 8) bestätigt wird. Vgl. P. Bernard, BCH 114, 1990, 515–517.

[32] Im folgenden sind neben Mitchel, Lykourgan Athens, Faraguna, Atene, und Bosworth, Conquest 204–215, vor allem S. Humphreys, Lycurgus of Butadae: An Athenian Aristocrat (Essays in Honor of Ch. G. Starr, 1985, 199–252), und Schwenk, Athens, benutzt. Vgl. auch E. Burke, Lycurgan Finances, GRBS 26, 1985, 251–264.

[33] Ihre Namen sind der Liste von M. H. Hansen, GRBS 24, 1983, 159–179, zu entnehmen.

[34] Humphreys (Anm. 32) 204.

wird, waren profilierte Bürger im gleichen Sinne tätig. Zu ihnen gehörten jedenfalls Polyeuktos und Xenokles von Sphettos, Pytheas von Alopeke, Epikrates von Pallene (der Urheber der Reform der Ephebie), Eukrates, der Initiator des Gesetzes zum Schutz der Demokratie, ferner Hegemon, Aristonikos von Marathon und Kephisophon von Aphidnai.[35]

Auf dem Feld der Finanzen gilt es als eine der großen Leistungen Lykurgs, daß er die jährlichen Einnahmen des Staates auf die stattliche Höhe von 1200 Talenten brachte. Das ist etwas mehr als das Zweieinhalbfache des Jahrestributs, den die Stadt im 5. Jahrhundert von den Mitgliedstaaten des Seebundes erhoben hatte. Während diese Zahl eindeutig überliefert und glaubhaft ist, läßt sich nicht wirklich sagen, wie Lykurg eine solche Steigerung der Staatseinnahmen erreichte. Es sind in diesen Jahren Minen neu erschlossen bzw. verlassene Minen wieder ausgebeutet worden, was zu gesteigerten Staatseinnahmen aus ihrer Verpachtung führte.[36] Dazu kamen zusätzliche Pachteinnahmen aus dem neuen Staatsland in Oropos,[37] ferner eingezogene, oft sehr hohe, Vermögen Verurteilter und gesteigerte Erträge aus dem Handel, z. B. durch die in Höhe von 2 % des Warenwerts erhobenen Ein- und Ausfuhrzölle.[38] Die athenischen Bürger zahlten keine direkte Steuer, wohl aber die Metöken, d. h. die ansässigen Fremden, denen außerdem eine jährliche Abgabe in Höhe von zehn Talenten auferlegt war, mit der der Bau der Schiffshäuser und des Waffenarsenals finanziert wurde. Auch Stiftungen vermögender Bürger, zu denen Lykurg finanzstarke Athener aufrief und anhielt, schlugen zu Buch. Endlich entsprach der Steigerung der Einnahmen eine Verringerung des Ausgaben, so der Schaugelder *(Theorika)*, die den Armen den Besuch der öffentlichen Feste und Aufführungen ermöglichen sollten.[39] Es ist gewiß ein Ausdruck des wirtschaftlichen Aufschwungs, daß in der Zeit Lykurgs die regelmäßige Prägung von Bronzemünzen begann.[40]

[35] Siehe das Kapitel «Prosopografia» bei Faraguna, Atene, 211–243 sowie für Aristonikos: Hansen (Anm. 33) 161; Epikrates: Davies, APF 4904; Eukrates: Hansen 167; Hegemon: Hansen 168; Kephisophon: Davies, APF 8410; Polyeuktos: P. Treves, RE Polyeuktos (1952) Nr. 4, 1614–16; Pytheas: Ch. Habicht, ZPE 77, 1989, 83–87 und Ch. Veligianni, Hellenica 40, 1989, 245–247; Xenokles: C. Ampolo, PP 34, 1979, 167–78, und Ch. Habicht, Hesperia 57, 1988, 323–27.

[36] Hypereides 3, 36.

[37] L. Robert, Hellenica 11–12, 1960, 194–202. M. K. Langdon, Hesperia 56, 1987, 47–58. M. B. Walbank, ZPE 84, 1990, 95–99. Faraguna, Atene 218, Anm. 21. 343, Anm. 26. Oben S. 24. Vgl. O. Hansen, Eranos 87, 1989, 70–72.

[38] Das konfiszierte Vermögen des Bergwerksbesitzers Diphilos betrug nicht weniger als 160 Talente, [Plutarch], *mor.* 843 D. Epikrates soll im Laufe von nur drei Jahren angeblich 300 Talente aus seinen Minen erwirtschaftet haben, Hypereides 3, 35.

[39] J. Buchanan, Theorika (1962) 72–74. Für die kostenlose Abtretung von Land durch Deinias als *Geschenk für Lykurg* s. [Plutarch], *mor.* 841 D. Zur privaten Opferwilligkeit vieler Bürger in diesen Jahren Faraguna, Atene 381–399.

[40] Kroll, Coins 27.

Die Steigerung der Staatseinnahmen schuf die Voraussetzung für die wesentlichen Aktivitäten dieser Jahre: die Hebung der Wehrkraft Athens zu Wasser und zu Lande und die Verschönerung der Stadt durch Nutz- und Prachtbauten. Schon bald nach der Niederlage von Chaironeia begann auf Antrag des Demosthenes die Instandsetzung des themistokleischen Mauerrings, den Konon mit Hilfe persischen Geldes zu Beginn des 4. Jahrhunderts repariert hatte, mit der Ergänzung eines Wassergrabens vor der Mauer, und auf Antrag des Kephisophon die der Piräusbefestigungen.[41] Schon 347/6, im Archontat eines jüngeren Themistokles, war im Piräus mit dem Bau neuer Docks begonnen worden, die nach 24 Jahren, 323/2, fertiggestellt wurden. Die Zahl der Kriegsschiffe, der traditionellen Trieren und der sich mehr und mehr durchsetzenden größeren Tetreren, wuchs von Jahr zu Jahr.[42] Die athenische Jugend wurde bewußter und intensiver als zuvor für den militärischen Dienst vorbereitet, seitdem das Gesetz des Epikrates über die Ephebie in Kraft getreten war.[43] Die Kosten für die Unterhaltung des etwa eintausend Mann starken Korps (pro Jahrgang etwa 500 Epheben) sind auf jährlich mindestens 40 Talente geschätzt worden, wozu dann noch die Kosten der von Staats wegen gestifteten Ausrüstung mit den Waffen kamen.[44]

Niemals seit den Tagen des Perikles, ein Jahrhundert früher, hatte Athen eine so vielseitige und so ausgedehnte Bautätigkeit erlebt wie in den Jahren von Lykurgs Verwaltung. Es war zugleich die letzte aus eigener Kraft finanzierte Bautätigkeit großen Stils, denn die allein vergleichbaren späteren Phasen aktiven Bauens wurden von fremden Bauherren finanziert, im 2. Jahrhundert v. Chr. von den hellenistischen Königen des attalidischen und des seleukidischen Hauses, im 2. Jahrhundert n. Chr. von Kaiser Hadrian. Es war, als wolle die Bürgerschaft nach der Niederlage gegen Philipp von Makedonien ihre ungebrochene Vitalität manifestieren.[45] So wurden zunächst, wie erwähnt, die Mauern neu befestigt, die Docks erweitert und eine Rüstkammer gebaut.[46] Im Zuge dieser Wehrmaßnahmen wurde 335/4, auf gemeinsamen Antrag des Lykurg und des Aristonikos, ein Geschwader

[41] Aischines 3, 27–31. Maier, Mauerbauinschriften 1, 1959, 36–48.

[42] N. G. Ashton, ABSA 72, 1977, 1–11. J. Tréheux, RPh 63, 1989, 284.

[43] Oben S. 27f. mit Anm. 19.

[44] Bosworth, Conquest 209–10.

[45] Zum Folgenden siehe allgemein die Vita des Lykurg, [Plutarch], *mor.* 841 D, und das Dekret zu seinen Ehren, IG II^2 457 b 5–9 und [Plutarch], *mor.* 852 C. Ferner Mitchel, Lykourgan Athens, 33–48, und R. E. Wycherley, The Stones of Athens (1978), 19–20 (die Mauern), 60–62 (Pnyx), 66–67 (Apollon Patroos), 181–83 (Asklepieion), 207–11 (Theater), 215 (Stadion), 226 (Lykeion). Für den Bau des Stadions siehe auch IG II^2 624 (Schwenk, Athens Nr. 48). Faraguna, Atene 257–269.

[46] Für die Rüstkammer A. Linfert und J. Mausbach, Die Skeuothek des Philon im Piräus, 1981. Sie wurde im Jahre 347/6 begonnen; IG II^2 1668. Vitruv, *De architectura*, Praefatio 7, 12. Ein Stück von ihr ist 1988 gefunden, damit zugleich ihr genauer Standort bestimmt worden, BCH 113, 1989, 589.

von Schnellseglern unter Diotimos zur Bekämpfung der Seeräuber ausgesandt, das erfolgreich gewesen sein muß, denn im Jahre darauf beantragte Lykurg die Ehrung des Diotimos.[47]

Im Sommer 330 wurde das von Lykurg auf dem ihm von Deinias überlassenen Gelände erbaute Stadion mit der Feier der Großen Panathenäen eingeweiht. Dort fanden von da an die Wettkämpfe der Athleten, Reiter, Gespanne und Künstler, die bisher auf dem Marktplatz stattgefunden hatten, den ihnen gemäßen repräsentativen Rahmen. Aus eben dieser Zeit ist ein die Kleinen Panathenäen behandelndes Gesetz des Aristonikos von Marathon zum Teil erhalten.[48] Das ehrwürdige Dionysostheater am Fuße der Akropolis erhielt durch Lykurg ein in Stein erbautes neues Auditorium und die kostbar ausgestattete Prohedrie mit den bevorzugten Sitzen für die Würdenträger des Staates.[49] Auch das Gymnasion Lykeion mit seiner Palaistra wurde von Lykurg errichtet. Der Versammlungsort der Ekklesie auf der Pnyx befand sich seit längerem im Umbau, der auch der Vergrößerung diente; diese Arbeiten auf der sogenannten Pnyx III, die wohl in den vierziger Jahren begonnen hatten, kamen um 325 zum Abschluß.[50] Auf der Agora erhielt Apollon Patroos einen Tempel, und das Heiligtum des Asklepios wurde mit einer 50 Meter langen Säulenhalle geschmückt.[51] Auch das noch heute wohlerhaltene und architektonisch neue Wege weisende Lysikratesdenkmal am Fuß der Akropolis stammt aus dieser Zeit. Es wurde 335/4 von Lysikrates aus Anlaß des Sieges geweiht, den er als Ausstatter des Knabenchors an den Großen Dionysien über die konkurrierenden Chöre errungen hatte.[52]

Außerhalb der Stadt gab es in dieser Zeit größere Bautätigkeit vor allem in zwei bedeutenden Heiligtümern, dem der Demeter und Kore in Eleusis und in dem des Amphiaraos in Oropos. Einzelheiten über die Arbeiten im eleusinischen Heiligtum enthält vor allem eine lange Bauinschrift des Jahres 329/8.[53] Nach Eleusis gelangten die Prozessionen und die Pilger von Athen auf der *Heiligen Straße*. Wenige Jahre nach Lykurgs Tod errichtete sein Kollege Xenokles von Sphettos, der ihn zuvor vier Jahre lang in der

[47] IG II^2 1623, 276–308; [Plutarch], *mor.* 844 A mit IG II^2 414 (Schwenk, Athens, Nr. 25).

[48] IG II^2 334 (Schwenk, Athens, Nr. 17) und dazu L. Robert, Hellenica 11–12, 1960, 189–203.

[49] M. Maaß, Die Prohedrie des Dionysostheaters in Athen, München 1972.

[50] Siehe zuletzt H. A. Thompson, The Pnyx in Models, Hesperia-Suppl. 19, 1982, 133–147, wo die ältere Literatur zitiert ist. Zur Erbauungszeit der Pnyx III: S. 144–145.

[51] H. A. Thompson, Hesperia 6, 1937, 77–115 und, z. T. in Auseinandersetzung mit ihm, Ch. W. Hedrick, AJA 92, 1988, 185–210.

[52] Die Inschrift des Denkmals: IG II^2 3042. Eingehende Behandlung von Hans Riemann, Lysikratesmonument, RE-Suppl. 8, 1956, 266–347. H. Bauer, AM 92, 1977, 197–227.

[53] IG II^2 1672. Siehe ferner 1673–75. 1933. Mitchel, Lykourgan Athens 45.

obersten Finanzverwaltung vertreten hatte, eine steinerne Brücke über den Kephisos, die der Sicherheit der Pilger diente.[54] Mit der Stadt Oropos an der böotisch-attischen Grenze war nach Chaironeia auch das Heiligtum des Heilheros Amphiaraos an Athen gekommen. Unter der Leitung des Wasserbaumeisters Pytheas haben die Athener dort sogleich die sanitären Verhältnisse verbessert[55] und zu Ehren des Heros ein neues penteterisches Fest mit gymnastischen und hippischen Agonen gestiftet, das 329/8 zum ersten Mal gefeiert wurde.[56]

In der ersten Hälfte der zwanziger Jahre wurde auch Athen von einer mehrere Jahre andauernden Getreideknappheit empfindlich betroffen, die ganz Griechenland und der Ägäis in den Jahren zwischen 331 und 324 schwer zu schaffen machte. Für Athen bezeugen mehrere Autoren und zahlreiche Inschriften den Ernst der Situation.[57] Die Rede des Demosthenes gegen Phormion vom Jahre 327/6 läßt erkennen, daß der Preis für den Scheffel Weizen von fünf auf sechzehn Drachmen stieg und daß Notmaßnahmen getroffen wurden, um jedermann einen Mindestanteil an der Versorgung zu sichern.[58] Zahlreich sind die Beschlüsse zu Ehren von Kaufleuten, die damals die Not lindern halfen. Ein einzigartiges Zeugnis aus Kyrene ist 1925 bekanntgeworden.[59] Es ist eine aus einem dieser Jahre stammende Liste, die nach der knappen Überschrift *Wem die Stadt während des Getreidemangels in Griechenland Getreide gab* an die fünfzig Staaten aufführt[60] sowie zu jedem einzelnen die gelieferte Menge, und zwar in absteigender Größenordnung von 100000 Scheffeln für Athen bis zu 900 Scheffeln für Knossos auf Kreta (nach einer früheren Lieferung von 10000 Scheffeln). Nach Makedonien wurden 72000, nach Epirus 50000 Scheffel geliefert, aber es ist Athen, das die Liste der bedürftigen Staaten anführt. Mit dieser mehrere Jahre anhaltenden Versorgungskrise hängt auch der

[54] IG II² 1191. AP 9, 147, mit der in Anm. 35 zitierten Literatur.

[55] IG II² 2338. Vgl. Habicht und Veligianni, beide zitiert in Anm. 35.

[56] L. Deubner, Feste 229. D. Knoepfler (Anm. 7) 279–302.

[57] IG II² 360, 8–9. [Plutarch], *mor.* 851 B. P. Garnsey, Famine and Food Supply in the Graeco-Roman World, Cambridge 1988, 154–166. Faraguna, Atene 225–230. 330–331.

[58] Demosthenes 34, 37ff.; vgl. [42], 20.31. Auch IG II² 360, 30 und 68 bestätigt, daß der normale Preis des Scheffels fünf Drachmen betrug.

[59] Abh. Akad. Berlin 1925 Nr. 5, 24–26 Nr. 3 (SEG 9, 2). Text revidiert und kommentiert von A. Laronde, Cyrène et la Libye hellénistique, Paris 1987, 30–34, mit einer Karte (S. 34), die die Getreide empfangenden Orte und die jeweiligen Mengen graphisch illustriert. P. Brun, ZPE 99, 1993, 185–196. Vgl. allgemein G. Marasco, Sui problemi dell'approvvigionamento di cereali in Atene nell'età dei Diadochi, Athenaeum 62, 1984, 286–294.

[60] Für Makedonien ist Olympias, für Epirus ihre Tochter Kleopatra genannt. Kleopatra hatte noch kurz zuvor, zwischen 334 und 331, Getreide nach Griechenland exportiert (Lykurg, *Leokr.* 26). Auch in der Theorodokenliste von Argos (ca. 330 v. Chr.) vertritt Kleopatra die Krone der epirotischen Molosser, BCH 90, 1966, 156ff., col. I 11, mit dem Kommentar von P. Charneux S. 177–182.

Beschluß der Volksversammlung von 325/4 zusammen, am Adriatischen Meer einen Stützpunkt zu gründen. Erklärtes Ziel war die Sicherung von Getreidetransporten und der Schutz vor etruskischen Seeräubern. Eine Flotte wurde zu diesem Zweck ausgerüstet und unter dem Kommando des Strategen Miltiades von Lakiadai ausgesandt, doch verlautet weiter nichts vom Verlauf des Unternehmens.[61]

Alle diese Jahre von Alexanders Feldzug im Orient sahen die athenische Bürgerschaft in reger und vielseitiger Aktivität. Redner und Inschriften aus diesen Jahren vermitteln übereinstimmend den Eindruck, daß die Niederlage von Chaironeia nicht zur Resignation, sondern nur zur größeren Anspannung der Kräfte geführt hatte. Bereits erwähnte Zeichen dafür sind die Instandsetzung und Verstärkung der Befestigungen, der Ausbau der Kriegsflotte und die Reform der Ephebie, die den Wehrwillen hob und die Wehrkraft stärkte. Die Niederlage gegen König Philipp hatte das Nationalgefühl tief getroffen, aber nicht gelähmt, sondern im Gegenteil stimuliert. Der patriotische Geist fand seine Nahrung eben am Gegensatz zu Makedonien, obwohl doch Athen seit 336 Mitglied eines vom makedonischen König geführten hellenischen Bundes war, dessen Spitze sich gegen Persien richtete. Die fortdauernde Feindseligkeit offenbarte sich in dem Jubel über die Nachricht von der Ermordung Philipps, weiter in der den Thebanern zugedachten Unterstützung ihrer Erhebung gegen Alexander und in der Agitation für den Beitritt zum Krieg des spartanischen Königs Agis gegen Makedonien im Jahre 331.

Es ist nur ein anderer Aspekt dieser Feindseligkeit, daß athenische Bürger, die Symptome von Schwäche oder Feigheit zeigten, von anderen zur Rechenschaft gezogen wurden. Dabei tat sich Lykurg persönlich hervor. Sehr bald nach der Schlacht von 338 verklagte er Autolykos, einen früheren Archon, deswegen, weil er Frau und Kinder aus der von Philipp bedrohten Stadt in Sicherheit gebracht hatte. Acht Jahre nach diesen Ereignissen zog er einen anderen Bürger, Leokrates, vor Gericht, da dieser sich nach Chaironeia mit seinem Geld und seinen Angehörigen nach Rhodos und von dort nach Megara abgesetzt hatte. Das Volk hatte darauf mit der Androhung der Todesstrafe für weitere Fluchtversuche reagiert. Leokrates blieb, in richtiger Einschätzung der in der Bürgerschaft vorherrschenden Stimmung, Athen viele Jahre lang fern und führte seine Geschäfte von dem zwischen Athen und Korinth gelegenen Megara aus. Endlich kehrte er im Jahre 330 in der Erwartung zurück, über seinen Fall sei inzwischen Gras gewachsen. Lykurg aber wollte ein Exempel statuieren und verklagte ihn wegen Landesverrat auf Grund des Gesetzes, das eben wegen seiner Flucht verabschiedet worden war. In der noch erhaltenen Anklagerede beantragte er, Leokrates wegen eines Delikts schuldig zu sprechen, das noch nicht

[61] IG II^2 1629, 145–271 (GHI 200). Vgl. J. Engels, Studien zur politischen Biographie des Hypereides, München 1989, 247–251.

strafbar gewesen war, als es begangen wurde. Obwohl mithin der Anklage die Legitimation fehlte, hätte Lykurg, dank seiner an die vaterländische Gesinnung der Richter appellierenden Beredsamkeit, sein Ziel um ein Haar erreicht: Leokrates wurde bei Stimmengleichheit der Richter freigesprochen und damit vor dem Tode bewahrt.[62]

Noch bezeichnender für die die Mehrheit der Bürgerschaft beherrschende Stimmung war, nur wenig später im gleichen Jahr 330, der berühmte Kranzprozeß, in dem Demosthenes als Anwalt des Beklagten kaum von diesem sprach, dafür jedoch in großer Breite von sich selbst, und in dem er Rechenschaft ablegte über seine frühere, zum Krieg gegen König Philipp und zur Niederlage von Chaironeia führende Politik. Er fand damit die überwältigende Zustimmung der Geschworenen, so daß sein Gegenspieler Aischines, der den Prozeß angestrengt hatte, nicht einmal den fünften Teil der Richterstimmen erhielt und als politisch toter Mann Athen für immer verließ. Demosthenes war im Prozeß gar nicht der Beschuldigte gewesen, sondern Ktesiphon von Anaphlystos, der 336 beantragt hatte, Demosthenes wegen seiner Verdienste um den Staat und insbesondere um die Erneuerung der Mauern an den Großen Dionysien mit einem vergoldeten Kranz zu ehren. Gegen diesen Antrag hatte Aischines eine Klage wegen Gesetzwidrigkeit deshalb eingebracht, weil Demosthenes zu diesem Zeitpunkt für seine Tätigkeit als Kommissar für den Mauerbau noch nicht die vorgeschriebene Rechenschaft abgelegt hatte. Die auf Ktesiphon gestellte Anklage zielte in Wahrheit auf eine Demütigung des Demosthenes ab. Warum über sie erst nach sechs Jahren verhandelt wurde, ist unbekannt. Es könnte sein, daß die Niederlage des Agis gegen Alexanders europäischen Statthalter Antipatros Aischines dazu verführte, die so lange ruhende Sache wieder aufzunehmen, wobei er darauf gerechnet haben mag, daß der erneute Erfolg der Makedonen die antimakedonische Politik des Demosthenes auch in den Augen der Richter diskreditieren mußte. Tatsächlich war der Ausgang der Sache ein politischer Triumph für Demosthenes und zugleich ein klares Indiz dafür, daß die Gegnerschaft zu Makedonien weiterhin populär, der athenische Nationalismus eben gegen Makedonien gerichtet war.[63] Das eindeutige Verdikt der Richter mutet wie eine Trotzreaktion an und ist um so bemerkenswerter, als man in Athen damals jedenfalls nicht mehr darauf hoffen konnte, gegebenenfalls militärische Unterstützung von persischer – oder spartanischer – Seite zu erhalten.

Dieser ausgeprägt nationalistischen Stimmung entsprach eine ebenso

[62] Lykurg, *Leokr.*, passim. Für Autolykos vgl. PA 2746.

[63] Die Prozeßreden der Protagonisten sind erhalten: Aischines, 3 *(Gegen Ktesiphon)*; Demosthenes, 18 *(Vom Kranze)*. Erschöpfender Kommentar von H. Wankel, Demosthenes, Rede für Ktesiphon über den Kranz, Heidelberg 1976. Gegenüber der herrschenden Meinung tritt Ed. Harris dafür ein, daß Demosthenes (und nicht Aischines) das Recht auf seiner Seite hatte (Persuasion. Greek Rhetoric in Action, hg. v. I. Worthington, London-New York 1994, 140–150).

kräftige Betonung des demokratischen Gedankens. Sie hatte sich schon bald nach Chaironeia im Gesetz des Eukrates zum Schutz der Demokratie vor jedem möglichen Umsturzversuch ausgesprochen (oben, S. 25), und sie äußerte sich im Juni 332 auch darin, daß die vor dem Ausscheiden aus ihrem Jahresamt stehenden Ratsherren die Aufstellung einer Bronzestatue der personifizierten Demokratie beschlossen.[64]

Es war zu Lykurgs Zeit, bald nach der Zerstörung Thebens durch Alexander, daß Aristoteles, nach mehr als zwölfjähriger Abwesenheit, nach Athen zurückkehrte. Zu den Arbeiten der folgenden Jahre gehörte die Darstellung des athenischen Staatswesens, die auf einem 1891 bekanntgewordenen Londoner Papyrus fast vollständig erhalten ist. Es ist das einzige erhaltene Werk aus der Serie von 158 derartigen Schriften über einzelne griechische Staaten, die aus dem Kreis des Aristoteles damals hervorgegangen sind. Verfaßt wurde es, vielleicht von Aristoteles selbst, zwischen 335 und 330 v. Chr.[65] Der erste, längere Teil beschreibt in den Kapiteln 1–41 die Entwicklung der Verfassung Athens bis in die ersten Jahre des 4. Jahrhunderts; der zweite Teil, Kapitel 42–69, gibt eine systematische Beschreibung der Institutionen und ihres Funktionierens zur Zeit der Abfassung der Schrift.[66] Daß Lykurg Aristoteles eingeladen habe, sich wieder in Athen niederzulassen, ist vermutet worden, aber nicht sicher.[67] Der Auftrag an Lysipp, eine Statue des Sokrates anzufertigen,[68] kann schwerlich von einem anderen als von Lykurg erteilt worden sein, und ihre Aufstellung im Pompeion kommt der offiziellen Rehabilitierung gleich. Eine andere Initiative Lykurgs führte dazu, daß der Text der Dramen der drei großen Tragiker (Aischylos, Sophokles und Euripides) in einer offiziellen Rezension aufgezeichnet wurde, um die Tragödien vor unautorisierten Zudichtungen (Interpolationen), wie Schauspieler sie gelegentlich vornahmen, zu schützen.[69]

64 A. E. Raubitschek, Demokratia, Hesperia 31, 1962, 238–243. Er erörtert zahlreiche weitere Zeugnisse für den Kult der Demokratia in Athen zu dieser Zeit und weist darauf hin (S. 238), daß das die Stele des Eukrates schmückende Relief ausdrückt «that the Demos representing all the people of Athens is honored by and thus especially attached to one peculiar form of government, Demokratia.»

65 Rhodes (siehe die folgende Anmerkung) 51–58; die Erwähnung des Archons von 329/8 in 54, 7 gilt als Einschub von einer späteren Hand.

66 Eingehender Kommentar von P. J. Rhodes, A Commentary on the Aristotelian *Athenaion Politeia*, 1981, neuerdings die von M. Piérart herausgegebene Sammlung von Studien, Aristote et Athènes, 1993.

67 Vgl. Mitchel, Lykourgan Athens 38.

68 Diog. Laert. 2, 43.

69 Galen, *Corpus Medic. Graecor.* V 10, 2, 1, p. 79, Wenkebach. R. Pfeiffer, History of Classical Scholarship from the Beginnings to the End of the Hellenistic Age, Oxford 1968, 82 und 192. Lykurg ließ auch in dem von ihm verschönerten Dionysostheater Statuen dieser drei Dichter aufstellen. Ihnen gesellten sich später weitere Dichterstatuen zu, die der Athener Menander und Philippides, des Phanes von Chios, des Diodoros von Sinope (Habicht, Untersuchungen, 14–15); allgemein Pausanias 1, 21, 1. Die Basis der

Eine philologische Arbeit dieser Art liegt auf der Linie ähnlicher Vorhaben des Aristoteles und seiner Schüler, ohne daß sie deswegen von dort hätte inspiriert sein müssen.

Lykurg nahm noch teil an der Debatte über die Zuerkennung göttlicher Ehren an Alexander, die im Laufe des Jahres 324 in Athen geführt wurde,[70] muß aber wenig später gestorben sein; den Aufruhr um Harpalos hat er offenbar nicht mehr erlebt. Seine Leistungen für Athen werden im allgemeinen durchaus positiv beurteilt, doch hat sich jüngst Sally Humphreys sehr kritisch geäußert. Sie erhebt vor allem den Vorwurf, daß Athen sich zu seiner Zeit von der Umwelt abgekapselt und auf eine konstruktive Außenpolitik verzichtet habe. Lykurg, sagt sie, habe es an Weitblick und politischer Einsicht gefehlt.[71] Diese Kritik scheint im Lichte der realen politischen Situation, wie sie nach der Niederlage von Chaironeia und der Zerstörung Thebens bestand, ungerechtfertigt. Die auf den Tod Lykurgs folgenden Ereignisse zeigten sehr bald, daß Athen sich keineswegs auf Dauer von der politischen Bühne verabschiedet hatte.

4. Die Krise[72]

Die Rückkehr Alexanders des Großen aus Indien beendete die Zeit der Ruhe, die Athen während der Jahre seiner Expedition in den Osten genossen hatte. Zwar berührte die Aktivität des nach Persien und Mesopotamien zurückgekehrten Königs alle griechischen Staaten mehr oder weniger stark, doch kam es außer mit Ätolien nur zwischen ihm und Athen zu einer schweren und sich rasch verschärfenden Krise, die auf einen Krieg hinauslief. Durch den überraschenden Tod des Königs im Juni 323 wurde sein Ausbruch nicht etwa abgewendet, sondern nur beschleunigt. Die beiden die Krise auslösenden Momente waren die Flucht von Alexanders Schatzmeister Harpalos nach Athen[73] und des Königs Ankündigung, er werde die

von den Söhnen des Praxiteles, Kephisodotos und Timarchos, gearbeiteten Statue Menanders ist erhalten, IG II^2 3777.

70 [Plutarch], *mor.* 842 D.

71 Humphreys 219: «... increasing tendency of the city to act out a representation of polis life for her contemporaries in the Hellenistic World rather than seek a role in the new configuration of power. And this, surely, is the most significant criticism to be made of his politics... «; «absence of any constructive foreign policy... a lack of political insight and imagination.»

72 Wesentliche neuere Arbeiten sind S. Jaschinski, Alexander und Griechenland unter dem Eindruck der Flucht des Harpalos, 1981; W. Will, Athen und Alexander. Untersuchungen zur Geschichte der Stadt von 333–322 v. Chr., 1983; Bosworth, Conquest 215–228, 278–290. R. Sealey, Demosthenes and His Time, 1993, Kapitel 8.

73 Zu Harpalos und die Verstrickung Athens in sein Schicksal s. H. Berve, Das Alexanderreich auf prosopographischer Grundlage, 2, 75–80. E. Badian, Harpalus, JHS 81, 1961, 16–43. Jaschinski (Anm. 72). I. Worthington, The Chronology of the Harpalus

seit vierzig Jahren von athenischen Siedlern okkupierte Insel Samos den in alle Welt zerstreuten Samiern zurückgeben.[74] Für zusätzliche Spannungen sorgte des Königs Wunsch, von seiten der griechischen Staaten mit Ehren bedacht zu werden, wie sie traditionsgemäß nur den Göttern zukamen.

Ob Alexander den Athenern zürnte, weil sich die persische Flotte während des Krieges gegen ihn einmal in Samos verproviantiert hatte (oben S. 30), ist unbekannt. Etwa im März 324 oder wenig später hat er, in Susa oder bald nach dem Verlassen dieser Stadt, im Heerlager öffentlich bekanntgemacht, daß er Samos den Samiern zurückgeben werde.[75] Das muß noch vor dem Beginn des Sommers in Athen bekanntgeworden sein, wo man etwa zu dieser Zeit über Alexanders Wunsch nach göttlichen Ehren zu debattieren begann.[76] Den Anstoß zu direkten Verwicklungen aber gab die unerwartete Ankunft des Harpalos in Athen im späten Frühjahr 324. Aus vermutlich berechtigter Furcht, von Alexander für Verfehlungen zur Rechenschaft gezogen zu werden, hatte Harpalos sich mit reichen Schätzen aus Babylon abgesetzt und war auf dem Wege über Tarsos mit einer Anzahl von Kriegsschiffen und einem Heer von Söldnern etwa im Juni in Athen angelangt, wo ihm jedoch der im Piräus kommandierende Stratege Philokles den Einlaß versagte. Harpalos fuhr daraufhin weiter zum Vorgebirge Tainaron in Lakonien, das seit längerer Zeit zum Sammelplatz beschäftigungsloser Söldner geworden war, setzte dort Schiffe und Mannschaften ab und erschien erneut, diesmal mit nur drei Schiffen und 700 Talenten Silber vor Athen, jetzt als ein Bittflehender, dem nun, etwa Mitte Juli 324, Einlaß gewährt wurde. Er war einige Jahre zuvor mit dem athenischen Bürgerrecht belohnt worden,[77] zum Dank für die Unterstützung der Stadt mit Getreidelieferungen, und hatte schon aus diesem Grund Anspruch auf Aufnahme, so heikel das Ansinnen für den athenischen Staat auch sein mußte.

Affair, SO 61, 1986, 63–76. R. Lane Fox, Chios. A Conference at the Homereion in Chios 1984 (1986), 117–120.

[74] Für die Verwicklungen um Samos Ch. Habicht, AM 72, 1957, 156–169; Chiron 5, 1975, 45–50. R. M. Errington, ebenda 51–57. E. Badian, ZPE 23, 1976, 289–294. K. Rosen, Historia 27, 1978, 20–39. W. Transier, Samiaka. Epigraphische Studien zur Geschichte von Samos in hellenistischer und römischer Zeit, 1985, 19–26; 163–164. G. Shipley, A History of Samos 800–188 B.C., 1989, 161–168.

[75] Siehe das nur wenig jüngere Dekret der Samier für Alexanders Waffenmeister Gorgos aus Iasos, der sich bei Alexander für die Rückkehr der Samier einsetzte, Syll.[3] 312, erneut gedruckt mit eingehendem Kommentar von A. J. Heisserer, Alexander the Great and the Greeks. The Epigraphic Evidence, 1980, 169–203. Es heißt dort auch, daß andere Griechen Alexander zu seiner Entscheidung beglückwünschten, und jedenfalls ein anderer seiner Offiziere ist wie Gorgos für die Sache der Samier eingetreten und wenig später von ihnen geehrt worden (AM 44, 1919, 6 Nr. 5G). Gorgos hat etwas später, im Herbst 324, Alexander zum Kriege gegen Athen gedrängt (Ephippos, FGrHist 126, F 5).

[76] Habicht, Gottmenschentum 28–36; 246–250. Bosworth, Conquest, 288–290.

[77] Python, TGrF 1, Nr. 91, F 1, 16.

Etwa zur gleichen Zeit war als Abgesandter des Königs Nikanor, der Schwiegersohn und Adoptivsohn des Aristoteles, in Griechenland eingetroffen, um an den Olympischen Spielen (Ende Juli bis 1. August 324) Alexanders Order zu verkünden, daß alle griechischen Staaten ihre in der Verbannung lebenden Mitbürger wieder aufzunehmen hätten. Seinem Inhalt nach war dieses sog. Verbanntendekret bereits bekannt, da Alexander es schon im Frühjahr vor dem Heer verlesen hatte. Eben deshalb waren, in Erwartung seiner Durchführung, zahllose Heimatflüchtige nach Olympia geströmt, die die Bekanntgabe mit enthusiastischem Beifall begrüßten. Dort war auch Demosthenes zugegen, als offizieller Führer der athenischen Festgesandtschaft *(Architheoros)*, und er hat die Gelegenheit wahrgenommen, mit Nikanor für die Stadt zu verhandeln, denn die Lage war kritisch geworden. Alexander hatte die Räumung von Samos verlangt,[78] das Athen herzugeben nicht gewillt war, und zugleich die Auslieferung des Harpalos.[79]

In der samischen Frage hat Demosthenes offenbar einen Aufschub erreichen können, bis eine athenische Gesandtschaft mit dem König gesprochen hätte, und jedenfalls unterblieb die sofortige Vollstreckung des königlichen Willens. Dem Verlangen nach Auslieferung des Harpalos entzogen sich die Athener, indem sie den Schatzmeister entkommen ließen; er ist wenig später von einem seiner Unterführer auf Kreta ermordet worden. In der Frage der Göttlichkeit Alexanders gab Demosthenes, der sich zuvor jedem derartigen Beschluß widersetzt hatte, jetzt nach, offenbar in der Absicht, mit diesem Entgegenkommen Alexander in der samischen Frage günstiger zu stimmen. So beschloß die athenische Bürgerschaft, auf Antrag des Demades, Alexander wie einen Gott zu verehren. Dann aber stellte sich heraus, daß von den siebenhundert Talenten, die Harpalos nach Athen gebracht hatte und die, als er festgesetzt wurde, auf Demosthenes' Rat hin auf der Akropolis deponiert worden waren, die Hälfte verschwunden war. Der Skandal war ungeheuer, die wegen der samischen Frage ohnehin erregte Bürgerschaft wurde durch diese Entdeckung weiter aufgebracht. Die Stadt schwirrte von Verdächtigungen, die sich gegen viele Politiker, in erster Linie gegen Demosthenes, richteten. Im September wurde dem Areopag, d. h. dem aus den gewesenen Archonten gebildeten Rat, die Untersuchung der Sache übertragen. Sie zog sich sechs Monate hin, bis zum März 323. Um diese Zeit kehrte die zu Alexander entsandte Gesandtschaft mit der Nachricht zurück, der König lasse in der samischen Frage nicht mit sich

78 Es kann dahingestellt bleiben, ob diese Forderung nur die Konsequenz aus dem Verbanntendekret oder, was mir wahrscheinlicher vorkommt, ein besonderer, wenn auch etwa auf der gleichen Linie liegender Akt war.

79 Nicht weniger als drei Stellen erhoben die Auslieferungsforderung etwa gleichzeitig: Alexanders Beauftragter Philoxenos, Antipatros und Olympias; Hypereides 1, 8, Zeilen 10–24. Diodor 17, 108, 7. Pausanias 2, 33, 4.

reden. Es mag dieser Bescheid gewesen sein, der den Areopag veranlaßte, jetzt die in der Angelegenheit der Gelder des Harpalos seiner Ansicht nach Schuldigen zu benennen, an ihrer Spitze Demosthenes, der 20 Talente von jenem Geld an sich genommen haben sollte, und Demades. Gegen die namhaft Gemachten begannen förmliche Prozesse. Zu den Anklägern des Demosthenes gehörten Hypereides, der ihm so lange nahegestanden hatte, und Deinarch; beider Anklagereden sind noch erhalten bzw. weitgehend erhalten. Demades war, ohne den Prozeß abzuwarten, ins Exil gegangen. Demosthenes wurde zu einer hohen Buße verurteilt und, da er sie nicht zahlen konnte, ins Gefängnis geworfen, aus dem er jedoch bald entwich. Im Exil, zu Aigina oder Troizen, muß ihn die Nachricht vom Tod Alexanders erreicht haben, der am 10. Juni 323 in Babylon gestorben war.

Inzwischen aber hatte sich der Konflikt um Samos ebenfalls zugespitzt. Zwei samische Volksbeschlüsse aus den Jahren 321 bis 319 haben darüber neuerdings unerwartete Aufschlüsse gebracht. Der erste, ein Ehrendekret für Antileon von Chalkis, beschreibt folgenden Sachverhalt:[80] Eine Anzahl von Samiern war vom samischen Festlandsgebiet Anaia in Kleinasien (nahe dem heutigen Kuşadasi) auf die Insel zurückgekehrt. Daraufhin wies ein athenischer Volksbeschluß, durch eine von dem staatlichen Schnellsegler *Paralos* überbrachte Botschaft, den athenischen Strategen für Samos an, sie alle, einschließlich der Kinder, gefangenzunehmen und nach Athen zu schicken. Dort angekommen, wurden die Samier eingekerkert und zum Tode verurteilt. Sobald er davon erfuhr, intervenierte Antileon wegen der alten Freundschaft zwischen seiner Stadt und Samos: Er sandte aus seinem Privatvermögen Geld nach Athen an den Rat der Fünfhundert und die für Exekutionen zuständige Behörde der *Elfmänner*. Damit rettete er den Samiern das Leben; er sorgte sodann für ihren Transport nach Chalkis. Zum Dank ehrten ihn die bald darauf in Samos wieder etablierten Samier mit einer Bronzestatue im Heiligtum der Hera und mit einem goldenen Kranz anläßlich der Wettspiele zu Ehren der Könige.

Der samische Beschluß muß aus einem der Jahre 321 bis 319 stammen, da nur während dieser Zeit das Fest der Könige, Philipp Arridaios und Alexander IV., in Samos bestand. Im Namen dieser Könige hatte 321 der Reichsverweser Perdikkas, in Vollstreckung von Alexanders Willen, die Insel ihren ursprünglichen Bewohnern zurückgegeben, und dies muß die Ursache für die Stiftung des Königsfestes gewesen sein. Im Namen der gleichen Könige aber hatte der neue Regent, Polyperchon, schon zwei Jahre später diese Entscheidung widerrufen und Samos den Athenern zugesprochen. Auch wenn dies nicht wirksam wurde, die Athener nicht auf die Insel zurückkehrten, die Samier vielmehr in ihrem Besitz blieben, kann der Kult der Könige jene Entscheidung nicht überdauert haben.

Die geschilderten Vorgänge aber haben sich früher abgespielt, zu einer

80 Ch. Habicht, AM 72, 1957, 156–164, Nr. 1.

Zeit, als es den athenischen Strategen für Samos noch gab und die athenischen Kleruchen die Insel noch innehatten, d. h. nicht erst 321, sondern jedenfalls vor dem für Athen unglücklichen Ausgang des Lamischen Krieges im September 322.[81] Die ersten Samier, eben die, die der athenische Stratege gefangennahm, sind offensichtlich schon unter dem Eindruck der seit dem Sommer 324 bekannten Absicht Alexanders, die Insel den Athenern zu nehmen, in ihre Heimat zurückgekehrt, vielleicht noch zu seinen Lebzeiten, vor dem Juni 323, und sodann dem athenischen Strategen in die Hände gefallen.[82]

Der zweite, ungefähr gleichzeitige Beschluß ehrt Nausinikos von Sestos am Hellespont, der die Samier während ihrer Rückkehr auf die Insel mit zwei Kriegsschiffen unterstützt hatte.[83] Lücken im inschriftlichen Text machen es zweifelhaft, ob er ihnen nur beim Transport zwischen dem Festland und der Insel behilflich war[84] oder außerdem auch in einem Krieg gegen die sich noch in Samos aufhaltenden athenischen Kleruchen.[85]

Der dem Strategen für Samos übermittelte Befehl des athenischen Volkes, die nach Samos zurückkehrenden Samier festzunehmen, und das über sie verhängte, wenngleich am Ende nicht vollstreckte Todesurteil, zeigen mit aller wünschenswerten Klarheit, daß Athen sich dem Spruch Alexanders nicht zu fügen gedachte, sondern entschlossen war, um Samos zu kämpfen.[86] Die Stadt hat sich daher, sobald im Sommer 324 Alexanders Absicht bekanntgeworden war, auf die Möglichkeit eines Krieges eingestellt und sich für diesen Fall heimlich vorbereitet. Sie suchte Bundesgenossen dort, wo sie unter den von Alexanders Maßnahmen besonders Betroffenen zu finden waren. Der Ätolische Bund bot sich an, denn Alexander hatte den Ätolern gedroht, persönlich an ihnen die Zerstörung der akarnanischen Stadt Oiniadai zu rächen.[87]

Mit den Ätolern knüpften die Athener Verbindung durch Leosthenes an, einen zuvor, wie es scheint, amtlosen Bürger,[88] der sich in diesen Monaten

[81] Dies hat R. M. Errington als erster richtig erkannt (Chiron 5, 1975, 51–57), während ich bei der Veröffentlichung des Beschlusses für das spätere Datum eingetreten war.

[82] Ob dies kurz vor oder kurz nach Alexanders Tod geschah, bedeutet nicht viel.

[83] Ch. Habicht, AM 72, 1957, 164–169, Nr. 2.

[84] So Habicht a. O. In den Zeilen 8–9 ist das von mir erwogene Wort π[ορθμόν] mit J. und L. Robert, Bulletin épigraphique 1960, 318, gegenüber dem von mir eingesetzten π[αράπλουν] vorzuziehen.

[85] E. Badian, ZPE 23, 1976, 289–294, der π[όλεμον] ergänzen möchte. Gegen ihn hat sich wiederum Transier (Anm. 74) 163–164, gewandt.

[86] Diodor 18, 8, 7: Ἀθηναῖοι τὴν Σάμον κατακεκληρουχηκότες οὐδαμῶς τὴν νῆσον ταύτην προίεντο.

[87] Diodor 17, 111, 3. 18, 8, 6. Plutarch, *Alexander* 49.

[88] Wie Jaschinski (Anm. 72) 51–54, und Bosworth, Conquest 293–294, höchst wahrscheinlich gemacht haben, ist er nicht identisch mit Leosthenes, dem Territorialstrategen für Attika in der vielbehandelten Inschrift von Oropos, AE 1918, 73–100, Nr. 95–97

als Organisator und Diplomat, sodann als Heerführer hervortat. Sein Aufstieg ist mit dem damals bestehenden Söldnerproblem eng verknüpft, das in der Folge von Alexanders Befehl vom Jahre 324 entstanden war. Dieser besagte, daß alle Satrapen ihre Söldner zu entlassen hätten. In Kleinasien sammelte Leosthenes eine größere Zahl dieser beschäftigungslos gewordenen und umherirrenden Söldner und brachte sie nach Tainaron, das bereits zum Sammelpunkt von Söldnern geworden war. Von ihnen dort zu ihrem bevollmächtigten Strategen gewählt, stellte Leosthenes sich den athenischen Behörden zur Verfügung. Auf seine Bitte hin unterstützte der Rat ihn insgeheim mit einer Summe von fünfzig Talenten und einer Sendung von Waffen. Unter Zustimmung des Rates, aber noch als Privatmann knüpfte Leosthenes nun heimlich Kontakte zu den Ätolern an.[89] Um die Zeit von Alexanders Tod verfügte er am Tainaron über ein Heer von achttausend kampferprobten Söldnern. Er muß um diese Zeit zum Hoplitenstrategen seiner Vaterstadt für das Jahr 323/22 gewählt worden sein. Geldmittel standen in Athen aus dem von Harpalos zurückgelassenen Schatz zur Verfügung, diplomatische Kontakte zu verschiedenen griechischen Staaten waren unter der Hand geknüpft worden. Athen verfügte über eine Kriegsflotte von mehreren hundert Schiffen. Die Stadt war, als die Kunde vom Tode des Königs in Babylon eintraf, zum Krieg bereit. Mit dem Tod des Königs verschob sich allerdings sofort das Kriegsziel: nicht mehr um den Besitz von Samos allein würde gekämpft werden, sondern um die Freiheit des Staates von der makedonischen Bevormundung und um die Freiheit der anderen am Kriege teilnehmenden griechischen Staaten. Im Herbst 323 begann der Hellenische Krieg, wie er von den verbündeten Griechen genannt wurde, der Lamische Krieg, wie er späterhin heißen sollte.

(Reinmuth, Inscriptions Nr. 15). Es scheint mir auch erwiesen, daß diese Inschrift nicht in das Jahr 324/3, sondern in eines der Jahre zwischen 329/8 und 326/5 gehört: A. W. Gomme, The Population of Athens in the Fifth and Fourth Centuries B. C., 1933, 67–69. Gehrke, Phokion, 1973, 78–79. Bosworth, Conquest 294.

[89] Diodor 17, 111, 3. 18, 8, 7–9, 4.

II. Unter fremder Herrschaft (323–307)[1]

1. Der Hellenische Krieg[2]

Sobald sich die Nachricht vom Tode Alexanders des Großen bestätigt hatte, wurde in den meisten griechischen Staaten das Verlangen übermächtig, sich von der makedonischen Vorherrschaft zu befreien, die mit Alexanders Verbanntendekret gerade für neue Spannungen gesorgt hatte. Es gab Ausnahmen wie Sparta, das noch unter den Folgen des Agiskrieges litt, oder Böotien, wo die einzelnen Städte das Territorium der zerstörten Stadt Theben unter sich aufgeteilt hatten und deshalb am Fortbestand der gegebenen Ordnung interessiert waren. Aber in den meisten Staaten gärte es. In Rhodos wurde die makedonische Besatzung vertrieben, in Athen konnte Leosthenes nun offen agieren, und er fand das Ohr der Volksversammlung, in der Demades und der fast achtzigjährige Stratege Phokion als Sprecher der Grundbesitzer vergeblich vor dem Krieg warnten, zu dem Leosthenes, Hypereides und andere drängten. Athen schloß Bündnisse mit den Ätolern, den Phokern und Lokrern in Mittelgriechenland, mit Sikyon in Achaia und anderen Staaten auf der Peloponnes. Die Ätoler waren besonders wichtig wegen ihrer Volkszahl und weil sie die Thermopylen kontrollierten, den von Makedonien nach Griechenland führenden Paß. Auf der Peloponnes warb Demosthenes für den Beitritt zu einer gegen Makedonien gerichteten Koalition und war als Flüchtiger erfolgreich, wo Athens offizielle Gesandte nichts bewirkt hatten. Er wurde jetzt auf Antrag seines Verwandten Demon rehabilitiert, kehrte im Triumph, der an die Rückkehr des Alkibiades aus der Verbannung im Jahre 408 erinnert, nach Athen zurück und söhnte sich mit Hypereides aus. Die Volksversammlung beschloß den Krieg für die Befreiung Griechenlands und der von makedonischen Garnisonen besetzten Städte, die Mobilisierung der Flotte und die Mobilmachung des Heeres in der Weise, daß die Jahrgänge im Alter bis zu

[1] Will, Histoire I² 27–74. Williams, Athens, 1985. H.J. Gehrke, Phokion, 1976. L.A. Tritle, Phocion the Good, 1988.

[2] Die wesentlichsten Quellen für den sog. Lamischen Krieg sind Diodor 18, 8–18; Plutarch, *Phokion* 23–29; Demosthenes 27–31, ferner die Rede des Hypereides auf die Gefallenen (or. 6). Dazu kommen zahlreiche Stellen verschiedener Autoren und mehrere attische Inschriften von 323/2, die sich auf die Bündnisse mit den Ätolern Phokern, Sikyon, den Lokrern beziehen (StV Nr. 413, wo jedoch das Bündnis mit den Lokrern, Hesperia 2, 1933, 397, Nr. 17, fehlt). Noch immer wertvoll ist A. Schaefer, Demosthenes und seine Zeit III² 1887, 351–398. F. Stähelin, RE Lamischer Krieg (1924) 562–564. G.A. Lehmann, ZPE 73, 1988, 121–149.

40 Jahren aufgeboten wurden, d. h. die Hälfte der 42 waffenfähigen Jahrgänge. Die Mitglieder von drei Phylen sollten den Schutz Attikas übernehmen, die der anderen sieben Phylen für die Offensive verfügbar sein.[3]

Die Stimmung in Athen war denen, die gute Beziehungen zu prominenten Makedonen hatten, nicht günstig. Weil er beantragt hatte, die Göttlichkeit Alexanders anzuerkennen, wurde Demades wegen «Einführung eines neuen Gottes» zu einer Buße von zehn Talenten verurteilt und, da er sie nicht zahlen konnte, seiner bürgerlichen Ehrenrechte entkleidet. Andere Politiker wie Pytheas und Kallimedon mit dem Spitznamen «die Krabbe» verließen die Stadt und begaben sich ins Lager der Makedonen zu Antipatros. Auch Aristoteles, dessen Freundschaft mit Antipatros bekannt war, verließ gegen Ende des Jahres 323 Athen und übersiedelte ins Haus seiner Mutter in Chalkis auf der Insel Euböa, die mit Ausnahme der Stadt Karystos am Bündnis mit Makedonien festhielt. Gegen ihn war wie gegen Demades eine Asebieklage eingereicht worden, weil er, fast zwanzig Jahre früher, ein Gedicht auf seinen Schwiegervater, den Tyrannen Hermeias von Atarneus, verfaßt hatte, das wegen einiger rühmender Wendungen als Hymnus, wie er den Göttern vorbehalten war, ausgelegt wurde. Aristoteles ist in Chalkis im Oktober 322 gestorben, nachdem er noch hatte erleben müssen, daß ihm in Delphi die früher von der Amphiktionie beschlossenen Ehren aberkannt wurden; er schrieb darüber an Antipatros, das gräme ihn nicht allzu sehr, sei ihm aber auch nicht gleichgültig.[4]

Die verbündeten Griechen bildeten einen gemeinsamen Rat *(Synhedrion)*, der im Hauptquartier der Streitkräfte zusammentrat und zu dem jede Stadt einen Delegierten stellte.[5] Zum Oberbefehlshaber wurde Leosthenes gewählt. Er ergriff sofort die Offensive, besiegte die Böoter, die sich ihm in den Weg stellten, besetzte die Thermopylen und vereinigte sich mit dem Aufgebot des Ätolischen Bundes. Aus Makedonien erschien Antipatros, um das zum Anschluß an die Griechen bereite Thessalien zu schützen, doch waren seine Streitkräfte denen der Verbündeten an Zahl nicht gewachsen. Er erlitt durch Leosthenes eine Niederlage und zog sich in die

[3] Diodor 18, 10, 2. Für die Stärke der athenischen Flotte s. N. G. Ashton, ABSA 72, 1977, 1–11; J.S. Morrison, JHS 107, 1987, 88–97. N.V. Sekunda, ABSA 87, 1992, 348–354. Von den für das Jahr 323 registrierten 417 Kriegsschiffen sind bei weitem nicht alle zum Einsatz gekommen.

[4] Aelian, *var. hist.* 14, 1 und dazu I. Düring, Aristotle in the Ancient Biographical Tradition, 1957, 401, T 67 c, dazu S. 339–340. Düring merkt an, daß die Aussage gut zu einem Passus in der Nikomachischen Ethik des Aristoteles passe, der Brief daher sehr wohl echt sein könne. Aristoteles hat keinen anderen als Antipatros zu seinem Testamentsvollstrecker eingesetzt (Diog. Laert. 5, 11). Zu der delphischen Ehrung s. W. Sporri, Épigraphie et Littérature: à propos de la liste des Pythioniques à Delphes, in: Comptes et Inventaires dans la Cité Grecque, ed. D. Knoepfler, 1988, 111–140, besonders 129–130.

[5] IG II^2 467, 8–10.

Stadt Lamia zurück, wo es zu der langwierigen Belagerung kam, von der der Krieg späterhin seinen Namen erhielt. Antipatros hoffte auf Entsatz, denn schon vor dem Abmarsch aus Makedonien hatte er Boten zu zwei der obersten Heerführer Alexanders mit der Bitte um Waffenhilfe entsandt. Dies waren Krateros, den Alexander vor seinem Tode ausersehen hatte, als sein Stratege für Europa Antipatros abzulösen, und der sich mit elftausend Veteranen auf dem Marsch in Kleinasien befand, und der Satrap am Hellespont, Leonnatos, ein mit der königlichen Familie verwandter Mann, einer der sieben sog. «Leibwächter» *(Somatophylakes)* Alexanders, dem Ambitionen auf den Thron Makedoniens nachgesagt wurden.

Einstweilen aber war Antipatros auf sich allein gestellt. Er wies Sturmangriffe der Griechen auf die Stadt Lamia ab, war aber in Gefahr, ausgehungert zu werden. Seine Lage wurde so mißlich, daß er Verhandlungen anknüpfte. Leosthenes verlangte nichts Geringeres als die bedingungslose Kapitulation; Antipatros lehnte ab. Während man in Athen und in den anderen griechischen Staaten die ersten großen Erfolge überschwenglich feierte, nahm der Kleinkrieg vor Lamia seinen Fortgang. In einem der Gefechte wurde Leosthenes tödlich verwundet. Sein Tod war für die Sache der Verbündeten ein schwerer Schlag, denn kein anderer Führer kam ihm an Energie und Prestige gleich. An seine Stelle trat der Athener Antiphilos.

Während des Winters wurden Leosthenes und die anderen Gefallenen Athens aus den ersten Monaten des Krieges auf dem athenischen Staatsfriedhof, dem Kerameikos, feierlich bestattet. Die Gedenkrede zu ihren Ehren, den Epitaphios, hielt Hypereides, so wie einst Perikles zu Ehren der im ersten Jahr des Peloponnesischen Krieges, Demosthenes zu Ehren der bei Chaironeia Gefallenen gesprochen hatte. Große Teile dieser schon in der Antike berühmten Rede sind auf Papyrusblättern erhalten. Der Redner pries Leosthenes als den Urheber und Feldherrn des Krieges, die Stadt Athen als Vorkämpferin für Hellas. Leosthenes und die anderen Bürger haben ihr Leben für die Freiheit Griechenlands gegeben. Im Falle der Niederlage hätte die makedonische Überheblichkeit statt der Macht des Rechts überall triumphiert.[6] Der scharf herausgearbeitete Grundgedanke ist die Antinomie von Monarchie und Republik, der der Gegensatz zwischen despotischer Willkür und der Herrschaft von Recht und Gesetz entspricht. Dieser Epitaphios ist die letzte große Rede aus Athen, die noch erhalten ist, der Schwanengesang auf die Freiheit Griechenlands.

Denn auf dem Kriegsschauplatz bahnte sich der Umschwung an. Die Verbündeten konnten ihre Streitmacht über so lange Zeit nicht zusammenhalten; die Ätoler zogen ab, da die verbleibenden Kräfte für die Überwin-

[6] Hypereides 6, 3, 5; 16; 20. Zu Beginn des Krieges war er in Rhodos auf Gesandte des Antipatros getroffen, die diesen als rechtschaffen priesen. Er hatte ihnen geantwortet: «Wir wissen, daß er es ist, aber wir wollen auch keinen rechtschaffenen Despoten.» [Plutarch], *mor.* 805 A.

dung des Antipatros ausreichend erschienen. Dann aber war im Frühjahr 322 Leonnatos zur Stelle. Ehe er sich mit Antipatros vereinigen konnte, griffen die Griechen ihn an; die thessalische Reiterei unter Menon von Pharsalos erfocht einen glänzenden Sieg, Leonnatos wurde auf einen Hügel abgedrängt und fiel nach tapferem Kampf. Es gelang aber seiner gar nicht zum Einsatz gekommenen Infanterie, sich am folgenden Tage mit Antipatros zu vereinigen. Dieser war damit gerettet; zwar behaupteten die Griechen das Feld, aber sie konnten seinen Rückzug nach Norden nicht verhindern.

Inzwischen war der Krieg auch zur See entbrannt. An der Spitze von 170 Schiffen suchte der athenische Admiral Euetion die Flotte des Antipatros am Hellespont zu überwältigen. Aber der Reichsverweser Perdikkas hatte von Phönikien aus Alexanders Flotte unter dem fähigen makedonischen Admiral Kleitos entsandt, die sich mit der des Antipatros vereinigen konnte. In zwei Seeschlachten, zuerst bei Abydos am Hellespont, sodann bei der Kykladeninsel Amorgos, zertrümmerte der auch an Zahl der Schiffe überlegene Kleitos die athenische Armada, um den 1. Juli 322.[7] Wenig später fiel auch die Entscheidung zu Lande. Krateros hatte sich mit seiner Armee mit Antipatros vereinigt und sich seinem Oberbefehl unterstellt. Dem Heer von 40000 makedonischen Hopliten stellten sich Anfang August 322 nur noch 25000 Griechen bei Krannon in Thessalien zur Schlacht. Wieder blieb im Gefecht der Kavallerie die thessalische Reiterei siegreich, aber die makedonische Phalanx überwand das Heer der Griechen, das sich noch in guter Ordnung zurückziehen konnte. Der Krieg war verloren, das Oberkommando der Verbündeten bat um Verhandlungen. Antipatros bestand auf getrennten Verhandlungen mit jeder einzelnen Stadt. Das hatte die Auflösung der Kampfgemeinschaft zur Folge; jede Stadt beeilte sich nun, zu möglichst günstigen Bedingungen zum Frieden zu kommen. Die Ätoler und die Athener waren sehr bald isoliert.

Aus Athen wurden jetzt die Männer, die vom Kriege abgeraten hatten, Demades und Phokion, als Gesandte zu Antipatros und Krateros geschickt, mit ihnen der Philosoph Xenokrates von Chalkedon, Platons zweiter Nachfolger in der Leitung der Akademie.[8] Es war jetzt Antipatros, der auf bedingungsloser Kapitulation bestand. Als sie gewährt war, stellte

[7] Die Seeschlachten, vor allem diejenige am Hellespont, sind in mehreren athenischen Volksbeschlüssen der folgenden Jahre erwähnt: IG II² 398. 492 (?). 493. 505. 506. Hesperia 8, 1939, 30, Nr. 8, 18–21 (?). 40, 1971, 174, Nr. 25. Vgl. Ad. Wilhelm, Attische Urkunden 5, 1942, 175–181 (Akademieschriften 1, 791–797).

[8] Demades wurden in aller Eile die bürgerlichen Ehrenrechte wieder zugesprochen, die ihm wegen seines Antrags, Alexander als Gott zu verehren, nach Alexanders Tod aberkannt worden waren. Phokion hatte trotz seines Widerstandes gegen den Krieg als einer der athenischen Strategen seine patriotische Pflicht getan und ein makedonisches Korps, das bei Rhamnus in Attika gelandet war, geschlagen.

er folgende Bedingungen für den Frieden: Aufnahme einer makedonischen Garnison in der Hafenfestung Munychia, Auslieferung der für den Krieg verantwortlichen Politiker sowie eine Verfassungsänderung, die die Demokratie dem Namen nach bestehen ließ, den Kreis der Bürger mit politischen Rechten aber auf diejenigen beschränkte, die mindestens 2000 Drachmen Vermögen ihr eigen nannten. Dieser *Census*, zu dem die Vertreter Athens selbst die Anregung gegeben haben dürften,[9] reduzierte die Zahl der vollberechtigten Bürger von 21000 auf 9000. Athen verlor erneut die Stadt Oropos mit dem Heiligtum des Amphiaraos. Dagegen überließ Antipatros die Entscheidung über Samos dem Urteil der Könige, d.h. praktisch dem Reichsverweser Perdikkas, da beide nicht geschäftsfähig waren. Er traf sie deshalb nicht selbst, weil Samos zu Asien gerechnet wurde und nicht zur Strategie Europa, und er vermied damit zugleich das Odium der Sache.

An die Spitze der Stadt traten jetzt Phokion und Demades. Demades gab sich für das her, was unabänderlich war: Auf seinen Antrag verurteilte die Volksversammlung die politischen Gegner des Antipatros zum Tode, an ihrer Spitze Demosthenes, Hypereides und Eukrates, den Urheber des Gesetzes von 336 (S. 25). Auf der Peloponnes machten Häscher des Antipatros Jagd auf sie; Hypereides und Demosthenes (dieser von eigener Hand) starben im Oktober im Abstand von einer Woche, am 9. bzw. am 16. Pyanopsion des athenischen Kalenders. Das gleiche Schicksal hatten verantwortliche Politiker anderer griechischer Staaten, soweit sie nicht, wie Euphron von Sikyon, in den Kämpfen gefallen waren.[10] Von Exzessen scheint Antipatros sich jedoch freigehalten zu haben. Auch im übrigen Griechenland ordnete er die Verhältnisse in seinem Sinn; nur die Ätoler waren noch nicht unterworfen. Er und Krateros, dem er seine Tochter Phila vermählte, begannen den Krieg gegen sie, brachen ihn jedoch alsbald ab, damit sie auf Entwicklungen in Asien reagieren konnten, wo 321 der Reichsverweser Perdikkas nach einem vergeblichen Angriff auf Ägypten ermordet worden war.

In Athen war gegen Ende September 322 die makedonische Besatzung in die Piräusfestung eingerückt.[11] Sie wurde sofort zum verhaßten Symbol der nicht nur erneuerten, sondern jetzt viel direkteren Fremdkontrolle, war aber zugleich der Bürge für den Bestand des neuen athenischen Regimes. In moralisierender Betrachtung sah der spätere Historiker Diodor (in der Zeit Caesars) in Athens Knechtung die späte Strafe für die Mitschuld am Religionsfrevel, den eine volle Generation zuvor die Phoker in Delphi

[9] Gehrke, Phokion 91; zustimmend R.W. Wallace, The Areopagos Council to 307 B.C., 1988, 201.

[10] IG II² 448, 52–56.

[11] Am 20. Böedromion, auf den Tag genau dreizehn Jahre nachdem die Kunde von der Zerstörung Thebens nach Athen gelangt war.

begangen hatten.[12] Dem Philosophen Xenokrates wurde als Anerkennung seiner Dienste als Mitglied der Friedensgesandtschaft zu Antipatros das athenische Bürgerrecht angeboten, doch lehnte er es mit der Begründung ab, er wolle nicht Bürger der Stadt auf Grund einer Verfassung werden, die abzuwenden er sich bemüht habe.[13]

Nach einiger Zeit, gegen Ende des Jahres 322, kam dann vom Hof der Könige die Entscheidung über Samos: die athenische, von Demades geführte Delegation war abschlägig beschieden worden. Es blieb bei Alexanders Anordnung, die athenischen Kleruchen mußten die Insel räumen, die Samier kehrten nach 43jähriger Vertreibung zurück.[14] Zu denen, die damals nach Athen zurückkehren mußten, gehörte auch die Familie des auf Samos geborenen Philosophen Epikur, der damals gerade zwanzig Jahre alt war.[15]

Die Niederlage von 322 traf Athen weitaus härter als die von 338. Die Flotte war vernichtet, und mit Athens Geltung als Seemacht war es für immer vorbei.[16] Dazu kam der Verlust der Außenbesitzungen Oropos und Samos[17] sowie – einschneidender als alles andere – die Anwesenheit der fremden Garnison im Piräus. Und doch konnten die Athener den Kopf hoch tragen; sie hatten sich für die Freiheit ihrer Stadt mutig erhoben, waren im Kriege Vorkämpfer der anderen Griechen gewesen und hatten tapfer gekämpft. Ihre Leistung ist nie schlimmer verkannt worden als von dem jungen Ulrich von Wilamowitz-Moellendorff, der im Alter von 32 Jahren so urteilte: «als die Athener nach Alexanders tode vollständig den kopf verloren und sich einbildeten, weil der könig sterben konnte, die tote

[12] Diodor 16, 64, 1.

[13] Plutarch, *Phokion* 29, 6. D. Whitehead, Xenocrates the Metic, RhM 124, 1981, 238–241.

[14] Diodor 18, 18, 9. Diog. Laert. 10, 1 und der «Demadespapyrus» (Berliner Klassikertexte 7, 1923, Zeile 188 ff., 213 f.) mit den Bemerkungen von H. v. Arnim, WS 43, 1922–23, 87–88. Aus den folgenden zwei Jahrzehnten stammen etwa 35 samische Volksbeschlüsse, in denen Bürgern verschiedener Staaten der griechischen Welt für die Fürsorge gedankt wird, die sie den versprengten Samiern während des Exils erwiesen hatten. Zur Deckung der mit der Rückkehr und der Neugründung ihres Staatswesens verbundenen Kosten haben die Samier in der griechischen Welt um Anleihen gebeten; zu denen, die Beiträge gaben, gehörten der spartanische Staat ([Aristoteles], *Ökonomik* II 2, 9) und der angesehene milesische Bürger Sosistratos (AM 87, 1972, 199, Nr. 4). Habicht, Chiron 5, 1975, 45–50.

[15] Diog. Laert. 10, 1. Er war in der Stadt 325/4, zusammen mit dem gleichaltrigen Menander, dem Ephebenkorps beigetreten.

[16] Beloch, 66 IV I^2, 73. M. Amits Buch «Athens and the Sea; a Study in Athenian Sea-Power», 1965, endet mit dem Jahr 322. In einer Fluchtafel dieser Zeit hat Ad. Wilhelm die Namen von zehn Trierarchen oder mit der Verwaltung der Flotte befaßten Bürgern erkannt und ihren Anlaß daher in einem die Flotte betreffenden Rechtsstreit des Jahres 323/2 erkannt (JÖAI 7, 1904, 122–126). Die Verwünschung seiner Prozeßgegner durch den unbekannten Verfasser ist nur zu wirksam geworden.

[17] Es hatte daher seine Berechtigung, wenn Demades damals sagte, er steuere das Wrack Athens.

freiheit lebendig schreien zu können ...»[18] Das gegensätzliche und, wie mir scheint, zutreffende Urteil hat kürzlich A. B. Bosworth so formuliert: «Sobald Alexanders Tod bekannt wurde, erhob sich das Volk auf den Ruf zur Freiheit und ... brachte die Opfer, die der Krieg von ihm forderte, in einer seiner größten Tage würdigen Weise.»[19]

2. Unruhige Nachkriegsjahre

Während des Krieges hatten in Asien erhebliche politische Veränderungen stattgefunden, die auf Griechenland und Athen stark zurückwirkten.[20] Alexanders Marschälle hatten in Babylon Vereinbarungen über die Nachfolge des Königs und über die Verteilung der wichtigsten Reichsämter getroffen. Als Könige sollten gemeinsam regieren Alexanders Halbbruder Philipp Arridaios und Alexanders gleichnamiger Sohn, den die Iranierin Roxane einige Monate nach dem Tode des großen Königs gebar. Da Philipp geistesschwach, Alexander unmündig war, führte der Makedone Perdikkas als Reichsverweser die Geschäfte. Neben ihm erhielten die einflußreichsten Stellungen Krateros, der auf dem Wege war, Antipatros in Makedonien und Europa abzulösen (S. 49), Ptolemaios mit der Satrapie Ägypten, Lysimachos mit Thrakien, Leonnatos mit dem hellespontischen Phrygien und Antigonos mit Zentralphrygien. Dieser war der erste, der sich gegen die Selbstherrlichkeit des Perdikkas auflehnte. Da er ihm aber nicht gewachsen war, suchte er in Europa Hilfe bei Antipatros und Krateros, die

[18] Antigonos von Karystos, 1881, 182.

[19] Conquest 211: «Once Alexander's death was known, the *demos* rose to the call of liberty and ... the Athenians rose to the sacrifices war demanded of them in an effort not unworthy of their greatest days.»

[20] Für das Folgende siehe Beloch, GG 1, 61–133. Will, Histoire 1, 19–65. Hammond, Macedonia III 95–150. Für das Doppelkönigtum Habicht, Vestigia 17, 1973, 367–377. Die Chronologie der Ereignisse von 321 bis 312 ist schwierig und äußerst kontrovers. Die Grundlagen hat Beloch gelegt; die wichtigsten neueren Beiträge sind R. M. Errington, JHS 90, 1970, 49–78; derselbe, Hermes 105, 1977, 478–504; B. Gullath – L. Schober, Festschrift S. Lauffer, 1986, 329–378 und A. B. Bosworth, Chiron 22, 1992, 55–81. Gegenüber Beloch treten Errington und Gullath-Schober dafür ein, daß die Konferenz von Triparadeisos nicht im Sommer 321 stattfand, sondern erst ein Jahr später und der Seesieg des Antigonos über Kleitos am Bosporos nicht im Sommer 318, sondern erst im Sommer 317. Dagegen stützt Bosworth die Daten Belochs. Einigkeit besteht darüber, daß König Philipp Arridaios und Eurydike im Herbst 317 ums Leben kamen. Für die Ereignisse in Athen ist Erringtons «niedrige Chronologie» berichtigt worden: der demokratische Umsturz und die Hinrichtung Phokions erfolgten im Frühjahr 318 (J. M. Williams, Hermes 112, 1984, 300–305; Gullath-Schober 338–349; Bosworth 68–69); Die Neugründung Thebens durch Kassander fällt nach Beloch und Bosworth in den Sommer 316, nach Errington und Gullath-Schober dagegen in den Sommer 315. Kassanders Feldzug gegen Lemnos, an dem athenische Streitkräfte beteiligt waren, wird von Errington (Hermes a. O. 398) in den Herbst des Jahres 313 datiert.

nach dem Siege von Krannon gerade im Kriege gegen die Ätoler standen. Sie brachen ihn sofort ab und verbanden sich zur Bekämpfung des Perdikkas außer mit Antigonos weiter mit Ptolemaios und Lysimachos. Hier zeichnete sich zuerst das Schema ab, das für die Diadochenkämpfe der folgenden Jahre typisch werden sollte: gegen den jeweils Stärksten schließen die anderen Großen sich zusammen, zuerst gegen Perdikkas, dann gegen Antigonos. Dabei waren die einen, wie vermutlich Krateros und jedenfalls Antigonos, selbst darauf aus, die dominierende Stellung zu gewinnen, während andere, wie Ptolemaios und Lysimachos, ihre Anstrengungen darauf richteten, keinen einzelnen übermächtig werden zu lassen.

Ehe die Armee aus Europa zur Stelle war, griff Perdikkas Ptolemaios in Ägypten an. Er hatte einen so verlustreichen Mißerfolg, daß er von zweien seiner Offiziere ermordet wurde, von denen einer Seleukos war, der zum Gründer des größten Diadochenreiches werden sollte. Das Heer bot Ptolemaios die Regentschaft an, der lehnte jedoch ab. Gleichzeitig mit der Katastrophe des Perdikkas hatte indessen sein Verbündeter, der Grieche Eumenes, einst Alexanders Sekretär, in Kleinasien einen großen Sieg über Krateros erfochten, der selbst in der Schlacht gefallen war, nach Leonnatos und Perdikkas der dritte der großen Marschälle. Antipatros, der sich in Kleinasien von Krateros getrennt hatte und nach Syrien weitergezogen war, traf dort mit der aus Ägypten zurückkehrenden Armee des Perdikkas zusammen, die ihn schon in Abwesenheit zum neuen Regenten gewählt hatte. In einer Konferenz der Führer beider Heere zu Triparadeisos in Mittelsyrien wurde dies im Sommer 320 bestätigt und dem Antipatros, der jetzt 78 Jahre alt war, auch das Archiv des Perdikkas übergeben mit der an diesen gerichteten Korrespondenz, unter der sich auch Briefe des Demades aus Athen befanden. Die Heeresversammlung verurteilte die Führer der Partei des Perdikkas zum Tode, an ihrer Spitze Eumenes, und übertrug den Krieg gegen sie dem Antigonos. Ihm stellte Antipatros seinen Sohn Kassander als Gehilfen, wohl auch als Kontrolleur, zur Seite. Mit den Königen kehrte er sodann nach Makedonien zurück.

In Athen war unterdessen als Folge des Lamischen Krieges eine neue Ordnung verwirklicht worden. Sie bezeichnete sich selbst als die «Verfassung der Väter» *(patrios politeia)*, wurde jedoch von ihren Gegnern, den Demokraten, schon wenige Jahre später geradezu als Oligarchie charakterisiert.[21] Ihr wesentlichstes Merkmal war, daß sie durch die Einführung eines Census zwei Klassen von Bürgern geschaffen hatte, solche mit vollen, andere mit minderen, nämlich nur den privaten, Rechten. Die letzteren besaßen weder das Stimmrecht, noch waren sie zu den Ämtern wählbar.

[21] So IG II² 448, 60–62 von 318. Eine «modifizierte Oligarchie» nach H. J. Gehrke, Phokion, 1976, 95. Für die Einzelheiten der Verfassung s. Ferguson, HA 22–27. Mitchel, Hesperia 33, 1964, 346–7. Gehrke, Phokion, 90–97. Williams, Athens 113–129. Wallace, The Areopagos Council to 307 B. C., 1988, 201–4.

Sie standen damit den für ehrlos erklärten Bürgern gleich, den *atimoi*, denen wegen Verfehlungen die politischen Rechte aberkannt worden waren. Antipatros bot den Entrechteten, die auswandern wollten, Land in Thrakien an, und viele mögen von dem Angebot Gebrauch gemacht haben. Daß aber Athen damals ein Drittel seiner Bevölkerung verloren haben könnte,[22] scheint ausgeschlossen. Es ist unbekannt, ob weiterhin Diäten an die Geschworenen und an die Besucher der Volksversammlung ausgezahlt wurden. Die Ephebie, wenn sie überhaupt fortbestand, muß Epheben im gleichen Verhältnis verloren haben wie die Bürgerschaft Vollbürger verlor, d. h. etwa vier Siebentel. Die wesentlichen Änderungen im Ämterwesen waren, daß der Ratssekretär *(Grammateus)* jetzt durch einen sog. «Aufschreiber» *(Anagrapheus)* ersetzt wurde, der mit dem Beginn des auf den Umsturz folgenden Amtsjahres an seine Stelle trat, d. h. etwa elf Monate danach, im Juli 321. In den Urkunden der beiden Jahre 321/0 und 320/19 wird er meist vor dem *eponymen* Archon genannt, was ebenso wie die bekannten Aktivitäten der *Anagrapheis* dafür spricht, daß sie sehr einflußreiche Männer des neuen Regimes waren, mithin gewählte, nicht erloste Beamte. Auch das neue Amt der «Gesetzeswächter» *(Nomophylakes)* ist entweder eben damals oder wenig später, unter Demetrios von Phaleron, ins Leben getreten. Die Befugnisse der u. a. für die Verkehrswege zuständigen zehn «Stadtwächter» *(Astynomen)* wurden auf die ebenfalls zehnköpfige Behörde der Marktaufseher *(Agoranomen)* übertragen.[23]

Das neue Regime hatte seine führenden Männer in Demades, dessen Forum die Volksversammlung war, in der er in den folgenden Jahren vor allem als Antragsteller von Beschlüssen in Erscheinung trat, und in dem greisen Phokion, der seit dem Jahre 371/0, in dem er die gesetzliche Altersgrenze von dreißig Jahren überschritten hatte, insgesamt 45mal zum Strategen gewählt wurde, d. h. mit wenigen Ausnahmen Jahr um Jahr. Die aktiven Feinde Makedoniens waren auf Antrag des Demades geächtet worden; ihre Gebeine durften nicht in attischer Erde begraben werden (die des Hypereides sind von Angehörigen heimlich in Attika bestattet worden). Auch die Ehren für Euphron von Sikyon, der 323 seine Stadt als erste der Peloponnes dem Bündnis der Griechen zugeführt hatte und der vom Volk Athens dafür noch vor dem Jahresende mit dem Bürgerrecht beschenkt worden war, wurden kassiert und die Tafeln, auf denen sie aufgezeichnet waren, zerstört (oben, Anm. 10). Aber nicht von allen, die an ihrer Seite gekämpft hatten, haben die Athener sich damals abgewandt. Guter athenischer Tradition getreu, gewährten sie 321/20 etwa fünfzig Thessalern, die von Antipatros nach dem Ende des Krieges aus ihrer Heimat vertrieben worden waren, Zuflucht, und wohl im gleichen Jahr auch Dolopern, die

[22] Williams, Athens 112.

[23] IG II² 380.

das gleiche Schicksal erlitten hatten.[24] Die Flüchtigen erhielten das Privileg, in Athen Grundbesitz zu erwerben, und daher wurden ihre Namen, zum Nachweis der Berechtigung, dem Text des Volksbeschlusses angefügt und mit diesem öffentlich aufgestellt. Wie Stephen Tracy erkannt hat, ist von der Liste der aufgenommenen Thessaler in IG II² 2406 ein Bruchstück mit neun Namen von Thessalern erhalten, und von einem läßt sich mit Bestimmtheit sagen, daß er Bürger der Stadt Pherai war.[25] Das Bruchstück eines anderen Volksbeschlusses aus dem Frühsommer 321 ist deshalb bemerkenswert, weil es in Oropos gefunden wurde, das doch schon fast ein Jahr zuvor verlorengegangen war. Man wird vermuten dürfen, daß es sich um eine für Oropos bestimmte Kopie eines Dekrets handelte, das in irgendeiner Weise mit den Modalitäten des Übergangs befaßt war.[26] Der Antragsteller, Hegemon, gehörte zum Kreis um Phokion und war schon 338 einer der den Makedonen vorurteilsfrei begegnenden Politiker gewesen.[27]

In den wenigen Jahren ihres Bestehens ist diese gemäßigte Oligarchie recht großzügig in der Gewährung des Bürgerrechts an Fremde gewesen, denn nicht weniger als sechs Bürgerrechtsdekrete liegen noch ganz oder teilweise vor, was nach allen Analogien nur ein Bruchteil der tatsächlichen Verleihungen gewesen sein kann.[28] Geehrt wurden in dieser Zeit auch mehrere Fremde, die sich nach der einen oder anderen Seeschlacht des Krieges schiffbrüchiger oder in Gefangenschaft geratener Athener angenommen, sie versorgt bzw. ausgelöst und auf eigene Kosten nach Athen transportiert hatten.[29] Immer stärker empfand die breite Öffentlichkeit die Anwesenheit der makedonischen Garnison im Piräus als lästig und unwürdig, und entsprechend stark wurde der Druck auf die Regierenden, sich bei Antipatros um ihren Abzug zu bemühen. Phokion verweigerte sich strikt jeder derartigen Initiative, aber Demades, anscheinend im Vertrauen auf eine seinerzeit von Antipatros gegebene Zusage, entsprach dem Willen des Volkes und ließ sich, zusammen mit seinem Sohn Demeas, zum Gesandten an Antipatros wählen, der seit dem Frühjahr aus Asien zurück war. Als indessen beide im Sommer 319 in der makedonischen Residenz Pella eintrafen, wurde ihnen keine Gelegenheit gegeben, ihr Anliegen vorzubringen, sondern sie sahen sich von Antipatros in Haft genommen und der Anschuldi-

[24] IG II² 545 in der Herstellung von Ad. Wilhelm, Abh. Akad. Berlin 1939, 20–21. Zur Datierung s. auch J. Pečírka, The Formula for the Grant of Enktesis in Attic Inscriptions, 1966, 83–84. Die Doloper: IG II² 546.

[25] St. V. Tracy, ADT 84. 87–90.

[26] IG II² 375.

[27] Gehrke, Phokion 100–101. Er ist später mit Phokion zusammen hingerichtet worden.

[28] Osborne, Naturalization 1, 88 ff., D 29–34, vielleicht auch Hesperia 62, 1993, 249.

[29] Hesperia 40, 1971, 174, Nr. 25 von ca. Juni 319 und, etwa aus derselben Zeit, IG II² 398.

gung des Hochverrats ausgesetzt, die der Korinther Deinarch vor einem Tribunal vorbrachte. Diesem präsidierte, da Antipatros im Sterben lag, sein aus Kleinasien zurückgekehrter Sohn Kassander. Die Anklage war begründet, denn unter den Papieren des Perdikkas waren an ihn gerichtete Briefe des Demades gefunden worden, die ihn aufforderten, nach Griechenland zu kommen und das Land von dem alten Despoten (Antipatros) zu befreien. Den beiden Athenern half die Berufung auf ihren Gesandtenstatus nichts; Kassander ließ sie hinrichten.

Wenig später starb Antipatros, und sein Tod veränderte die politische Lage erneut sehr nachhaltig. Unter Übergehung seines Sohnes Kassander hatte er einen älteren makedonischen General namens Polyperchon zu seinem Nachfolger in der Regentschaft bestimmt. Kassander war jedoch nicht bereit, sich mit der ihm zugedachten Rolle des zweiten Mannes zufriedenzugeben. Er entfernte sich heimlich vom Hof und richtete an alle Kommandeure der von Antipatros in Griechenland eingesetzten Garnisonen die Aufforderung, sich ihm zur Verfügung zu stellen. Nach Athen sandte er Nikanor, der vielleicht sein Neffe war, und der Hafenkommandant Menyllos trat dem Nikanor seine Stelle tatsächlich ab.[30] Auch an Ptolemaios und andere Magnaten wandte Kassander sich mit der Bitte um Unterstützung.

Um dem Abfall zu Kassander zu steuern, erließ Polyperchon im Namen der Könige im Herbst 319 die folgenreiche Proklamation, mit der er die Griechen für sich zu gewinnen hoffte.[31] Darin wurde Antipatros die Schuld an dem Unglück gegeben, das Griechenland 322 getroffen hatte. Die Griechen wurden zur Freiheit aufgerufen und allen, die seit 334 von makedonischen Feldherrn verbannt worden waren, die Rückkehr in ihre Heimat und die Rückgabe ihres Besitzes zugestanden. Den Staaten wurde für ihre Aufnahme eine Frist bis Ende März (30. Xandikos des makedonischen Jahres) gesetzt. Der Stadt Athen wurde erneut der Besitz von Samos zugestanden, da König Philipp ihnen die Insel «gegeben» (d. h. belassen) habe. Alle Griechen sollten untereinander Frieden halten. Mit der Ausführung des Edikts wurde der Regent Polyperchon beauftragt.

In Athen schlug diese Proklamation wie eine Bombe ein, winkte doch, mit Unterstützung der königlichen Regierung, die Freiheit und die Wiedergewinnung von Samos.[32] In der Bürgerschaft verlor Phokion sofort

30 Nach der bis vor kurzem einhelligen Meinung war Nikanor kein anderer als der Schwiegersohn des Aristoteles, der in Olympia Alexanders Verbannntendekret bekanntgemacht hatte (S. 43). Jetzt macht A. B. Bosworth den attraktiven Vorschlag, in ihm vielmehr einen Sohn des Makedonen Balakros und der Phila zu sehen, mithin einen Neffen Kassanders (CQ 44, 1994, 57–65).

31 Diodor 18, 56, 1–8 (wo in 56, 3 statt τιμῶντες mit L. Robert, RPh 50, 1926, 66, vielmehr τηροῦντες zu lesen ist).

32 Für das Folgende Gehrke, Phokion 108–120. Die Hauptquellen sind Diodor, Plutarch, *Phokion* 30–38 und Nepos, *Phocion*. Zur Chronologie der athenischen Vorgänge

einen Großteil seines Rückhalts; an ihm vorbei schickte das Volk Gesandte nach Pella mit der Aufforderung, Athen im Sinne des Edikts zu helfen. Man beriet auch darüber, wie man sich aus eigener Kraft des Nikanor und der Garnison in Munychia entledigen könne. Nikanor erschien, unter dem Schutz des ihm von Phokion zugesicherten freien Geleits, in einer im Piräus abgehaltenen Sitzung des Rats. Der Territorialstratege Derkylos riet zu seiner Festnahme, aber Phokion lehnte ab – unter den gegebenen Umständen war Nikanor seine wichtigste Stütze. Die Volksversammlung beschloß nun, Nikanor unter Führung des Strategen Phokion aus der Festung zu werfen, aber Phokion blieb weiterhin passiv. Statt dessen brachte Nikanor in einer überraschenden Aktion mit rasch angeworbenen Verstärkungen den gesamten Piräus in seine Gewalt. Phokion und andere wurden daraufhin beauftragt, mit ihm zu verhandeln und auf Erfüllung der königlichen Order zu dringen. Nikanor aber verwies auf Kassander, der ihn eingesetzt habe und ohne dessen Instruktionen er nichts tun könne (Kassander aber war inzwischen in Kleinasien). Als nun aber auch ein Schreiben der Olympias ihn zur Räumung aufforderte, wurde er schwankend; er versprach die Räumung, schob aber die Erfüllung des Versprechens hinaus.

Nun erschien Polyperchons Sohn Alexander mit einem Heer. Sein Kommen nährte in der Bürgerschaft die Überzeugung, durch ihn werde man Munychia und den Piräus zurückgewinnen. Da war es Phokion, der ihn statt dessen bestimmte, sich mit Nikanor zu verständigen. Ohne die Athener vorzulassen, knüpfte Alexander Gespräche mit Nikanor an. Es war nun klar geworden, daß Phokion dem klaren Willen des Volkes zuwiderhandelte. Im März oder April 318 wurden er und die Männer seiner Regierung abgesetzt und angeklagt. Er hatte die Wahl, bei Nikanor oder bei Alexander Zuflucht zu suchen, und entschied sich für diesen. Alexander gab ihm ein Empfehlungsschreiben an seinen Vater Polyperchon auf den Weg. An diesen aber ging auch eine von Hagnonides geleitete Gesandtschaft der nun in Athen tonangebenden Kreise ab. In Phokis trafen beide Seiten mit Polyperchon zusammen, der nun seine Unfähigkeit und Niedertracht zur Schau stellte. Er ließ Phokion fallen, aber anstatt ihm persönliche Sicherheit zu gewähren, ließ er ihn und seine Anhänger nach Athen bringen. An die Athener schrieb er, in seinen Augen sei Phokion ein Verräter, aber sie seien frei und unabhängig, und ihnen stehe die Entscheidung zu. «Ein Gefangener seiner eigenen Politik, ließ er Phokion fallen, um vor den Griechen sein Gesicht nicht zu verlieren.»[33] In der Stadt bestimmten jetzt die gerade erst aus der Verbannung zurückgekehrten radikalen Demokraten um Hagnonides den Gang der Dinge. In einer tumultuarischen und

oben Anm. 20. Das Dekret von Eleusis zu Ehren des Derkylos (IG II² 1287) ist von F. W. Mitchel mit überzeugenden Gründen dem Jahr 319/8 zugewiesen worden, Hesperia 33, 1964, 337–351.

33 Gehrke, Phokion 118.

die rechtlichen Normen grob mißachtenden Volksversammlung wurden Phokion und seine Anhänger auf den Antrag des Hagnonides hin zum Tode verurteilt und sogleich zur Exekution ins Gefängnis geführt. Anfang Mai 318 (am 10. Munychion des attischen Kalenders) trank Phokion den Schierlingsbecher, im Alter von 83 Jahren.[34]

Unter den geschilderten Umständen vollzog sich im Frühjahr 318 die Rückkehr Athens zur Demokratie. Man behielt die neuen Ämter der Oligarchie zwar bis zum Ablauf des Jahres um den 1. Juli noch bei (der *Anagrapheus* ist noch am letzten Tag des Jahres 319/8 erwähnt[35]), aber mit verminderten Befugnissen, und ersetzte sie sodann durch die traditionellen Beamten. Im Herbst wurden die unter der Oligarchie aufgehobenen Ehren des Euphron von Sikyon (S. 51) durch einen von Hagnonides beantragten Beschluß feierlich erneuert; das damals aufgestellte Denkmal enthält auch den älteren Beschluß von 323, den man nach der Zerstörung der Stele vom Original im Archiv abschrieb.[36] Kurz zuvor, an den Großen Panathenäen, etwa Anfang August, weihte Polyperchons Sohn Alexander der Göttin eine Hoplitenrüstung, wie dies Alexander der Große 334 in größerem Rahmen getan hatte (S. 30), und bei der gleichen Feier wurde der Stratege Konon, Nachkomme des berühmteren gleichnamigen Admirals aus der Zeit der Jahrhundertwende, vom Volk bekränzt, was deshalb bemerkenswert ist, weil er auch im abgelaufenen Jahr neben Phokion eine politische Rolle gespielt hatte.[37]

Im übrigen hielten Polyperchon und Alexander nicht, was die Athener sich von ihnen erhofft hatten. Sie waren zwar Herren der Stadt und des Landgebiets, und unter ihrem Schirm herrschte dort die Demokratie.[38] Aber Nikanor kontrollierte nach wie vor den Hafen (eine Belagerung durch Polyperchon führte zu nichts) und hielt ihn zur Verfügung Kassanders, der sich binnen kurzem, aus Asien mit Streitkräften des Antigonos kommend, Athen zuwenden sollte. Auch in Kleinasien war es zu stürmischen Auseinandersetzungen zwischen den Machthabern gekommen, und wie immer in diesen Jahren wirkten die Ereignisse in Ost und West in

34 Es ist bezeichnend, daß einer der Ankläger, Demophilos, 323 auch als Ankläger des Aristoteles hervorgetreten war (Athen. 15, 696 B. Diog. Laert. 5, 5) und daß Hagnonides 318/7 Anklage gegen Theophrast erhob (Diog. Laert. 5, 37). Nach dem Lamischen Krieg hatte Hagnonides es Phokion zu verdanken gehabt, daß er sich in der Verbannung auf der Peloponnes aufhalten durfte (Plutarch, *Phokion* 29, 4. AM 67, 1942, 41, Nr. 49).

35 Hesperia 10, 1941, 268, Nr. 69.

36 IG II^2 448, 1–34 der ältere, 35–87 der jüngere Beschluß.

37 IG II^2 1473, col. I 6–8 (Alexander). 1479, A 18–21 (Konon). Für Konons Rolle vor dem demokratischen Umsturz s. Diodor 18, 64, 5.

38 Im Mai/Juni 318 wandte Polyperchon sich schriftlich an die athenischen Behörden mit dem Verlangen, daß zwei seiner Helfer mit dem Bürgerrecht Athens ausgezeichnet werden möchten; der dementsprechende Volksbeschluß ist IG II^2 387; vgl. Gullath-Schober (Anm. 20) 343, Anm. 44.

raschem Wechsel aufeinander ein. Antigonos, der in Triparadeisos mit dem neuen Titel des Strategen von Asien den Auftrag erhalten hatte, die Anhänger des Perdikkas zu bekriegen, war darin sehr erfolgreich gewesen, hatte aber auch begonnen, seine Macht auf Kosten anderer Satrapen auszudehnen. Im Frühjahr 318 verdrängte er Arridaios fast vollständig aus seiner Satrapie am Hellespont und nötigte Kleitos, den Satrapen von Lydien, den Sieger in den Seeschlachten des Lamischen Krieges, zur Flucht nach Makedonien, wo Kleitos sich mit Polyperchon verbündete; er war in Athen, als Phokion verurteilt wurde. Auf der anderen Seite erschien Kassander bei Antigonos mit der Bitte um Unterstützung, die deshalb gern gewährt wurde, weil Antigonos vor allem daran lag, die jetzt von Polyperchon vertretene Zentralgewalt möglichst zu schwächen. Er gab Kassander, dem auch Ptolemaios von Ägypten Hilfe versprach, ein Heer und Schiffe.

Im Gegenzug lud nun Polyperchon Alexanders Mutter Olympias ein, Epirus zu verlassen, nach Makedonien zu kommen und die Erziehung ihres königlichen Enkels zu übernehmen. Ihr großes Ansehen unter den Makedonen mußte zu Polyperchons Gunsten ins Gewicht fallen, und sie haßte Kassander ebensosehr, wie sie seinen Vater Antipatros gehaßt hatte. Um auch in Asien ihre Autorität gegenüber der zunehmenden Selbständigkeit des Antigonos geltend zu machen, ernannten Polyperchon und Olympias den Eumenes zum Vertreter der königlichen Interessen in Asien mit dem Auftrag, Antigonos zu bekriegen, da dieser schon offen von den Königen abgefallen sei. Dieser Vorwurf war darin begründet, daß Antigonos in Ephesos einen größeren für die Könige bestimmten Geldtransport beschlagnahmt und für den Unterhalt seiner Söldner verwendet hatte. Eumenes selbst kam gerade wieder zu Kräften, nachdem er einige Zeit zuvor von Antigonos besiegt und lange in einer kappadokischen Bergfestung belagert worden war. Mit ebensoviel List wie Kühnheit und Glück entwand er sich seiner fast aussichtslosen Lage und sah sich plötzlich vom Feind der Könige (gemäß dem Urteil von Triparadeisos) zu ihrem Wächter bestellt. Er landete nun seinen größten Coup: Mit Hilfe der Vollmachten von Polyperchon und Olympias gewann er in Kilikien das Korps der dreitausend Eliteveteranen, der sog. «Silberschilde» *(Argyraspides)*, für sich, zusammen mit dem großen Silberschatz, den sie für die Könige bewachten. Im Besitz dieser Mittel konnte er ein großes Heer anwerben, mit dem er Antigonos erneut im Feld entgegentreten konnte.

So standen mit dem Beginn des Jahres 317 zwei große Lager einander gegenüber: auf der einen Seite Polyperchon als Regent mit den Königen und Olympias, verbündet mit Kleitos und Eumenes, auf der anderen Seite Antigonos, Kassander und Lysimachos, der Satrap von Thrakien. Athen war in Polyperchons Hand, der Piräus in derjenigen Kassanders. Im Februar gab es Kämpfe, an denen ausgesuchte athenische Soldaten *(epilektoi)* rühmlich beteiligt waren.[39] Während Polyperchon auf der Peloponnes griechische Staaten von Kassander abzuziehen und für sich zu gewinnen suchte, schickte Antigonos sich an, die Meerengen zu überschreiten und in Makedonien einzufallen. Ihn dabei zu unterstützen, sandte Kassander, der inzwischen im Piräus eingetroffen war, Nikanor mit den Schiffen, die er von Antigonos erhalten hatte, zum Bosporos. Ihn daran zu hindern, schickte Polyperchon den Kleitos aus. Diesem gelang es, sich am Bosporos mit dem sich noch in einer Stadt seiner hellespontischen Satrapie haltenden Arridaios zu vereinigen. Im Juli oder August 317 kam es am Bosporos zu zwei Seeschlachten: Kleitos besiegte Nikanor, aber unmittelbar darauf war Antigonos zur Stelle, der seine Armee mit Hilfe von Byzanz bei Nacht auf die europäische Seite übergesetzt hatte. Er überfiel die auf ihren Lorbeeren buchstäblich schlafenden Truppen des Kleitos, während Nikanor mit dem Rest seiner Flotte die ankernden Schiffe des Kleitos versenkte. Kleitos' gesamte Streitmacht wurde vernichtet, er selbst auf der Flucht von Soldaten des Lysimachos erschlagen.

Die Niederlage war ein schwerer Schlag für die Sache des Regenten. Sein Prestige in Griechenland war schwer erschüttert, überall erhoben die Anhänger Kassanders ihr Haupt. Antigonos überließ es jetzt diesem allein, den Krieg in Griechenland zu führen. Kassander wandte sich sofort nach Athen. Er scheiterte zwar zunächst bei der Bestürmung der Insel Salamis, gewann aber Ägina, einige Zeit später auch Salamis[40] und die Festung Panakton an der Grenze Attikas zu Böotien. Als nun noch Polyperchon vor Megalopolis eine schwere Schlappe erlitt, breitete der Abfall zu Kassander sich aus. In Athen verlor das demokratische Regime den Boden unter den Füßen; offen wurde in der Volksversammlung die Forderung erhoben, mit Kassander zu verhandeln.[41] Man knüpfte Verhandlungen mit den Bürgern im Piräus an, besonders denjenigen Anhängern Phokions, die zu Nikanor geflüchtet waren und sich so gerettet hatten, und mit den Offizieren des Kassander dortselbst. Die wesentliche Rolle dabei spielte der Athener Demetrios von Phaleron, der beim Sturz Phokions in Abwesenheit zum Tode verurteilt worden war. Er war ein gebildeter Weltmann

[39] Hesperia 4, 1935, 35, Nr. 5; kommentiert von P. Roussel, RA 1941, II 220–222; vgl. IG II² 1209.

[40] Pausanias 1, 35, 2. Polyän 4, 11, 13.

[41] Diodor 18, 74. Zwei fragmentarische Beschlüsse von Samos aus dem ersten Jahrzehnt nach der Rückkehr der Samier auf ihre Insel (321) lassen gerade so viel noch erkennen, daß die Athener damals einen Handstreich auf die Insel unternommen haben, der am Widerstand der Samier scheiterte, die dabei offenbar von einem Strategen eines der Machthaber unterstützt wurden (AM 72, 1957, 182–186, Nr. 18–19). Dies ist am ehesten möglich gewesen nach dem Edikt Polyperchons, das die Insel den Athenern erneut zusprach, und nach dem Sturz Phokions, aber vor dem Fall des demokratischen Regimes, mithin zwischen Frühjahr 318 und Sommer 317, allenfalls noch während der Jahre 315–311 (unten S. 71–3).

aus der Schule des Aristoteles und Theophrast. Im Sommer 317 kam die Einigung mit Kassander zustande.[42] Athen trat als Verbündeter auf seine Seite. Stadt und Hafen waren damit wieder vereinigt, doch sollte Kassander für die Dauer des Krieges eine Besatzung im Piräus unterhalten dürfen. Im übrigen wurde Athen seine Selbständigkeit in den inneren Angelegenheiten garantiert. Nur eine kleine Zahl der am stärksten belasteten Politiker wurde hingerichtet, an ihrer Spitze Hagnonides, der Ankläger Phokions. Phokions Gebeine wurden nach Attika überführt und von Staats wegen feierlich beigesetzt. Die Demokratie blieb dem Namen nach bestehen, doch wurden die Besitzlosen erneut durch einen Census ausgeschlossen, der allerdings nicht so rigoros war wie derjenige von 322; er betrug nur die Hälfte des damaligen Vermögenssatzes, nämlich eintausend Drachmen, und schloß mithin nur eine geringere Zahl von Bürgern von den politischen Rechten aus. Als Vertrauensmann Kassanders und von ihm ernannt trat Demetrios von Phaleron an die Spitze des Staates, dem er zehn Jahre lang vorstehen sollte.[43] Wenig später kam es zwischen Kassander und dem von Siegesstolz geschwellten Nikanor zu einem Konflikt, der mit Nikanors Verurteilung durch Kassanders Heer und seiner Hinrichtung endete. Kassander gab der Stadt den Hafen zurück, behielt aber die Kontrolle über die ihn beherrschende Festung Munychia und wandte sich nach Makedonien, wo neue Entwicklungen seine Aufmerksamkeit erforderten.

3. Demetrios von Phaleron

Demetrios, Sohn des Phanostratos, aus dem Demos Phaleron, der im Sommer 317 als Vertrauensmann Kassanders an die Spitze des athenischen Staates trat, wurde etwa 360 v. Chr. oder wenig später geboren.[44] Mit der berühmten Generalsfamilie des Konon und Timotheos war er vielleicht

[42] IG II² 1201. Diodor 18, 74.

[43] Mißverstanden ist Diodors Text (18, 74, 3), der von einer Wahl zu sprechen scheint, von A. Heuß, Stadt und Herrscher des Hellenismus, 1937, 53, der in ihm eine Mitwirkung des Volkes bei der Bestellung zum Regenten erkennen zu können meint. Tatsächlich ist nur gemeint, daß Kassander ihn auswählte.

[44] Die Zeugnisse über das Leben des Demetrios von Phaleron und die Reste seiner Schriften sind gesammelt von F. Wehrli, Die Schule des Aristoteles, 4, Demetrios von Phaleron (²1968); sie werden hier zitiert «fr.» mit folgender Nummer. Die historischen Fragmente finden sich auch FGrHist 228, F 1–52 mit Jacobys Kommentar. Zur Vita des Demetrios Davies, APF 107–110. Ferner besonders H. J. Gehrke, Das Verhältnis von Politik und Philosophie im Wirken des Demetrios von Phaleron, Chiron 8, 1978, 149–193 (mit Literatur 192–193); vgl. Anm. 61. Neue Einsichten sind von zwei noch nicht veröffentlichten Monographien zu erwarten, von denen ich dank der Liebenswürdigkeit ihrer Verfasser nähere Kenntnis habe: R. Bernhardt, Luxuskritik und Aufwandsbeschränkungen in der griechischen Welt, und I. Mikalson in dem Demetrios gewidmeten Kapitel seines Buches über die volkstümliche Religion des hellenistischen Athen.

verschwägert (fr. 1–2). In der Schule des Peripatos, bei Aristoteles und besonders bei dessen Nachfolger Theophrast, als dessen Schüler er bezeichnet wird, erhielt er eine gründliche und vielseitige Bildung, die ihn zu einer überaus regen literarischen Produktion auf den verschiedensten Gebieten befähigte, die auch in den Jahren seiner Herrschaft über Athen wohl nie ganz stockte. Sein Schriftenverzeichnis (fr. 74–76 und alle folgenden Fragmente) weist Arbeiten zur Philosophie, Philologie, Rhetorik, zu Geschichte, Staatstheorie und Politik auf, aber auch eine Liste athenischer Archonten, ein Werk über Traumdeutung sowie zahlreiche Reden.

An seiner politischen Rolle schieden sich die Geister, aber als Schriftsteller wurde er jahrhundertelang gelesen und bewundert. Cicero, der mit ihm die konservative Grundhaltung und die geistigen und literarischen Interessen gemein hatte, sah in ihm den einzigen Griechen, der zugleich als Staatsmann und Gelehrter hervorragte.[45] Der Schule des Aristoteles und seinem Lehrer Theophrast blieb Demetrios sein Leben lang treu; er hat dem Theophrast, der als Fremder (er stammte aus Eresos auf der Insel Lesbos) in Attika Grundbesitz nicht erwerben konnte, während seiner Regierung zu einem Grundstück verholfen, das den Unterrichtsbetrieb zumindest erleichterte (fr. 5). Seit den Tagen, in denen Aristoteles als Prinzenerzieher am makedonischen Hof gewesen war, galten er und seine Schüler als Freunde des Königshauses sowie des Antipatros und des Kassander. Sie wurden daher von nationalistisch gesinnten Athenern immer mit Argwohn betrachtet. In Zeiten nationaler Erregung, wie nach Alexanders Tod 323, als Aristoteles es für geraten hielt, nach Chalkis auszuweichen, oder nach dem Sturz des Demetrios, 307/6, gerieten sie mehrmals in Gefahr, doch fanden sich auch immer andere Athener, ebenso gute Patrioten wie die Nationalisten, die sich schützend vor sie stellten.

Es kann mithin nicht überraschen, daß Kassanders Wahl auf einen Mann aus diesen Kreisen fiel. Demetrios selbst war Mitglied der Gesandtschaft gewesen, die 322 mit Antipatros über den Frieden verhandelt hatte und der als prominentere Mitglieder Phokion, Demades und der Philosoph Xenokrates angehört hatten. Aber Demetrios' Bruder Himeraios hatte zu den nationalistischen Politikern gehört, deren Auslieferung Antipatros damals gefordert hatte und die er, als sie gefangen vor ihn geführt wurden, hinrichten ließ. Als Phokion, dem er nahestand, zu stürzen drohte, rettete Demetrios sich zu Kassanders Kommandeur Nikanor. Die Unterwerfung der Stadt unter Kassanders Willen bedeutete den Verzicht auf jede eigene äußere Politik, deren Kurs vielmehr Kassander vorschrieb. Dieser Verzicht ist von denen, die noch der imperialistischen Vergangenheit Athens nachhingen (wie Demosthenes' Neffe Demochares), gegeißelt worden, hat

[45] Cicero, *De legibus* 3, 14. Für weitere positive Urteile Ciceros s. fr. 16. 62. 73 und 135. Rühmend auch Strabon 9, 398.

aber der Stadt zehn Jahre der Ruhe und des kaum gestörten Friedens beschert.[46]

Es ist nicht bekannt, welchen Titel Demetrios geführt hat; die Autoren nennen ihn bald «Kommissar» *(epimeletes)*, bald «Vorsteher» *(epistates* oder *prostates*), während in der Forschung auch «Gesetzgeber» *(nomothetes)* vorgeschlagen wurde.[47] Im Jahre 309/8 war er, zusätzlich zu seinen anderen Funktionen, eponymer Archon Athens. Dagegen ist ungewiß, ob er jemals das Amt des Strategen bekleidet hat, denn die stets auf ihn bezogene Ehreninschrift IG II² 2971 bezieht sich tatsächlich auf seinen gleichnamigen Enkel, den König Antigonos Gonatas von Makedonien nach dem Chremonideischen Krieg mit der Leitung der Stadt betraute.[48]

Da ihm das Feld der äußeren Politik verschlossen war, waren es die inneren Angelegenheiten, mit denen Demetrios' Wirksamkeit verknüpft ist. Als Gesetzgeber, Reformer und Verwalter hat er sich einen Namen gemacht. Es liegt auf der Hand und ist auch bezeugt,[49] daß die Gesetzgebung in den Beginn seines Wirkens gehört, zumal Teile derselben der Sicherung seiner Stellung dienten. Da er selbst Archon war, dürfte das Archontat, wenigstens das eponyme Amt, unter ihm durch Wahl statt durch Losung besetzt worden sein. Die Behörde der sieben *nomophylakes* («Gesetzeswächter») ist entweder von ihm geschaffen oder in ihren Zuständigkeiten wesentlich aufgewertet worden. Ihre Aufgaben waren, die Beamten zur Einhaltung der Gesetze zu veranlassen (was in der Demokratie die Sache des Rates der Fünfhundert gewesen war), und im Rat sowie in der Volksversammlung durch ihre Intervention zu verhindern, was ihnen gesetzwidrig oder für die Stadt nachteilig erschien. Das hatte zuvor nur über eine Klage, die aber bis zum Urteil nur aufschiebende Wirkung hatte, erreicht werden können.[50] Auch die *nomophylakes* waren gewählte Jahresbeamte.

Besondere Beachtung haben immer Demetrios' Gesetze zur Beschrän-

[46] Vom Jahr 315/4 sind jüngst zwei umfangreiche Beschlüsse der Landgemeinde Acharnai bekanntgeworden; ihnen fehlt jede Andeutung unruhiger Zeitverhältnisse (AE 131, 1992 [1993], 179–193.

[47] Marasco, Democare 184–185, gibt die Nachweise.

[48] St. Tracy, Boiotia antiqua 4, Montréal 1994,151–161. Es ist fraglich, wieviel Vertrauen die Nachricht des Polyän verdient (4, 7, 6), daß der ältere Demetrios 308/7 Stratege gewesen sei. Aber im Dekret des Demos von Aixone zu Ehren des Demetrios (IG II² 1201) ist in Zeile 11 vielleicht (mit De Sanctis, Ferguson, Heuss und Gehrke) στρατηγός zu ergänzen. Noch offen ist, ob die vom Demos von Sphettos errichtete Statuenbasis dem älteren oder dem jüngeren Demetrios von Phaleron gilt (BCH 93, 1969, 56–71). Der Bildhauer Antignotos, der sie fertigte, ist sonst unbekannt.

[49] In der parischen Marmorchronik zum Jahr 317/6, FGrHist 239, B 13.

[50] Gehrke (Anm. 44) 151–162. Mit der Demokratie traten 307 die Klagen wegen Gesetzwidrigkeit und wegen Schädlichkeit von Beschlüssen wieder ins Leben, denn die erstere wurde 306 gegen das Gesetz des Sophokles angewandt (S. 81 f.). Die *nomophylakes* müssen mithin 307 abgeschafft worden sein.

kung des Luxus gefunden, scheinen sie doch zwei gegensätzliche Tendenzen in sich zu vereinigen: die jeder Zurschaustellung großen Reichtums abholde demokratische Gleichheitsidee und die durchaus undemokratische Reglementierung des Privatlebens der Bürger. Tatsächlich entsprang jedoch, wie Bernhardt (Anm. 44) ausführen wird, auch die Kritik an der Zurschaustellung von Reichtum und Luxus eben nicht, wie die Forschung meist annimmt, demokratischer Ideologie, sondern aristokratischen Vorstellungen, nach denen kein einzelner seine Standesgenossen überragen durfte. Reglementieren ließ sich überhaupt nur im Bereich der kultischen und sepulkralen Sphäre, über die der Staat die Aufsicht besaß, wodurch Eingriffe in den häuslichen Bereich auf das hierunter fallende Sepulkralwesen und häusliche Kultakte wie Hochzeiten und Gastmähler beschränkt bleiben mußten. Verboten wurde jeder übermäßige Aufwand bei Hochzeiten, Beisetzungen und Gastmählern. Die Zahl der Gäste bei einem Essen durfte nicht mehr als dreißig betragen, und die Einhaltung dieser Bestimmung wie der anderen einschlägigen Vorschriften wurde einer neuen Behörde, den auch außerhalb Athens bekannten *Gynaikonomen* («Frauenwarten»), übertragen, deren Befugnisse sich allerdings auch auf die Männerwelt erstreckten.[51] Bestattungen mußten künftig vor Tagesanbruch erfolgen; die Zahl und der Preis der Leichentücher wurden beschränkt. Besonders einschneidend war, daß künftig nur noch ganz bescheidene, unansehnliche Grabdenkmäler zugelassen waren und die größeren Monumente, Vollplastiken oder Reliefs, mit einem Schlage verschwanden.[52] Für immer verschwanden die großen Marmorvasen mit den reichen Palmettenbekrönungen, die herrlichen Reliefs mit Abschiedsszenen und die eindrucksvollen Grabstelen. Aus dem 3. Jahrhundert gibt es ein einziges Grabrelief und eine kleine Anzahl von Grabstelen, aber sie gelten ausnahmslos Fremden und verraten damit, daß nur Bürger von den Beschränkungen des Gesetzes betroffen waren.[53] Mit der reichen attischen Grabmalkunst war es ein für allemal vorbei, denn augenblicklich verschwand die private Nachfrage nach Skulpturen. Viele Künstler, die mit Friedhofsarbeiten ihr Brot verdient hatten, müssen ausgewandert sein, und in der Tat ist ein bemerkenswertes Produkt attischer Grabmalkunst wenig später in Demetrias in Thessalien gefunden worden.[54] Das Gesetz blieb

[51] Philochoros, FGrHist 328, F 65. C. Wehrli, MH 19, 1962, 33–38. B.J. Garland, Gynaikonomoi. An investigation of Greek censors of women, Diss. John Hopkins Univ., Baltimore, 1981.

[52] Cicero, *De legibus* 2, 64–66. A. Brueckner, Der Friedhof am Eridanos, 1909, 25–26. J. Kirchner, Die Antike 15, 1939, 93–97. H. Möbius, Die Ornamente der griechischen Grabstelen klassischer und nachklassischer Zeit (^{2}1968) 44–45. J. Twele, AJA 74, 1970, 204. R. Stichel, AA 107, 1992, 433–440 und die S. 433, Anm. 1, genannte Literatur.

[53] J. Kirchner, AE 1937, 338–340.

[54] A. Conze, Die attischen Grabreliefs, 3, 1906, Nr. 1563. Möbius (Anm. 52) 60. Ch. Wolters, La Thessalie, ed. B. Helly, 1979, 86–87.

jahrhundertelang in Kraft, was doch ein Anzeichen dafür ist, daß es die überwiegende Billigung der öffentlichen Meinung fand, die der kleinen Zahl ganz Reicher nicht länger erlauben wollte, ihren Reichtum in provozierender Weise zur Schau zu stellen.

War diesen damit eine Form der Selbstdarstellung genommen, die ihnen lange teuer gewesen war, so nahm ihnen andererseits ein weiteres Gesetz des Demetrios eine Bürde ab, unter der sie lange gelitten und über die sie oft geklagt hatten, die Last der Choregie, d. h. die Pflicht, die Chöre für die mehrmals jährlich stattfindenden dramatischen Aufführungen auf eigene Kosten einzustudieren und während dieser Zeit die Mitglieder des Chores zu unterhalten.[55] Kritik an den Liturgien, besonders an der Choregie, war seit der Mitte des 4. Jahrhunderts vielfach geübt worden, so von Isokrates, Lykurg, Aristoteles und Theophrast. Demetrios selbst sagte, so mancher aufwendige Dreifuß bezeuge nur den Ruin von Familien, die sich mit seiner Herstellung finanziell übernommen hatten.[56] Diese Aufgaben wurden künftig von einem alljährlich gewählten *Agonotheten* (Wettbewerbsleiter) wahrgenommen, dem die Auslagen aus der Staatskasse ersetzt wurden, wenngleich es ihm auch freistand – und vielleicht oft erwartet wurde –, aus eigenen Mitteln mehr als das Erforderliche zu tun, d. h. für besonderen Glanz oder für einen zusätzlichen Wettbewerb zu sorgen.

Es ist anzunehmen, daß auch die andere der die Reichen belastenden Liturgien beseitigt wurde, die *Trierarchie*, d. h. die Pflicht, allein oder mit wenigen anderen gemeinsam, eine Triere auszurüsten und immer seetüchtig und segelfertig zu halten. Die Rolle der athenischen Kriegsflotte war nach 322 äußerst bescheiden geworden, und wenn auch der Name der Trierarchie fortbestand oder erneut eingeführt wurde,[57] die Liturgie in der alten, die Reichen schwer belastenden Form gab es gewiß nicht mehr. Insoweit ist die Verfassung der hellenistischen Zeit, auch die der späterhin erneuerten Demokratie, im Interesse der vermögenden Schichten modifiziert worden.

Mehrere Nachrichten über Aktivitäten des Areopags, d. h. des aus den gewesenen Archonten bestehenden alten «Adelsrats», den die radikale Demokratie weitgehend entmachtet hatte, machen es wahrscheinlich, daß er durch Demetrios zu neuem Ansehen und neuer Autorität gekommen ist. Vor ihm mußten sich damals wegen Religionsfrevels die Philosophen Theodoros mit dem Beinamen «der Gottlose», für den der Regent persönlich eingetreten sein soll, und Stilpon von Megara verantworten. Ob er jedoch Strafgewalt besaß, ist unbekannt. Er hatte auch, zusammen mit den

55 U. Koehler, AM 3, 1878, 229–241.

56 Wehrli fr. 136. FGrHist 228, F 25. Es waren jährlich 28 Bürger, die die Choregie versehen hatten.

57 IG II^2 1491, 26 und 30 von 305/4; ISE 29 von 225/4.

Gynaikonomen, Funktionen in der Kontrolle der gesetzlichen Aufwandsbeschränkungen.[58]

Ausgehend von der Beobachtung, daß seit dem Jahre 315/4 oft Archontendaten auf den Hypothekenpfandsteinen *(Horoi)* erscheinen, hat man auf ein 316/5 verabschiedetes Gesetz geschlossen, nach dem Verträge über Hypotheken und andere Rechtsgeschäfte künftig datiert bei Dritten zu hinterlegen seien.[59] Die Kritik hat jedoch, u. a. mit dem Hinweis darauf, daß es aus späterer Zeit viele undatierte *Horoi* gibt, diese Annahme widerlegt.[60] Zwar haben neuere Funde Fergusons Beobachtung, daß derartige Datierungen erst seit 315/4 vorkommen, weiter erhärtet, aber eine Erklärung dafür ist bisher nicht gefunden worden.

Es ist lange allgemeine Überzeugung der Forschung gewesen, daß die philosophischen Lehren Platons, des Aristoteles und des Theophrast die Gesetzgebung des Demetrios unmittelbar inspiriert hätten, wenn auch die Ansichten darüber weit auseinandergingen, auf wen von diesen die einzelnen Gesetze zurückzuführen seien. Demgegenüber hat Gehrke gezeigt, daß zwischen jenen Lehren und den Gesetzen des Demetrios nicht unbeträchtliche Unterschiede bestehen, die es schwer machen, über eine allgemeine Tendenz hinaus an direkten Einfluß zu glauben. Er hat auch darauf hingewiesen, daß es andererseits viele Gemeinsamkeiten mit Gesetzen anderer griechischer Staaten gibt, und darauf, daß sich manche seiner Gesetze ungezwungen aus der Situation, in der er und die Stadt sich befanden, ableiten lassen. Seither haben Williams, Bernhardt und Mikalson, in Auseinandersetzung mit Gehrke, einen zwischen ihm und der älteren Forschung vermittelnden Standpunkt eingenommen.[61] Sie betonen, daß zwar von spezifischen Entlehnungen aus Aristoteles, Theophrast oder anderen nicht gesprochen werden kann, die Reformen sich aber in ihrer Tendenz mit Lehren verschiedener Philosophen und griechischer Reformer des 4. Jahrhunderts decken.

Im Bereich der Verwaltung gehört zu den wichtigsten Maßnahmen des Demetrios die Volkszählung, die er vornehmen ließ. Sie ergab in Attika 21 000 Bürger, 10 000 ansässige Fremde und 400 000 Sklaven (diese Ziffer ist zweifellos korrupt).[62] Die für die Bürger gegebene Ziffer enthält, nach übereinstimmender Ansicht der Forschung, die über achtzehn Jahre alten männlichen Bürger. Sie spielt seit langem eine Schlüsselrolle in den Unter-

[58] R. W. Wallace, The Areopagos Council to 307 B. C., 1989, 204–205. S. Said, in: Aristote et Athènes, ed. M. Piérart, 1993, 179–181.

[59] Ferguson, Klio 11, 1911, 265–276. St. Dow-A. H. Travis, Hesperia 12, 1943, 159–165.

[60] M. I. Finley, Studies in Land and Credit in Ancient Athens 500–200 B. C., 1952, 177–181. Gehrke (Anm. 44) 176–177.

[61] Gehrke, Bernhardt und Mikalson in den oben in Anm. 44 zitierten Arbeiten. Williams, AncW 15, 1987, 87–98.

[62] Ktesikles, FGrHist 245, F 1.

suchungen über die Bevölkerungszahl Attikas im späteren 4. Jahrhundert v. Chr. Diejenigen, die sie akzeptieren, rechnen mit einer Gesamtbevölkerung Attikas (Bürger, Fremde, Sklaven beiderlei Geschlechts) von etwa 150000 Köpfen.[63] Andere Forscher rechnen mit einer wesentlich höheren Bürgerzahl von 31000 und kommen auf eine Gesamtbevölkerung von etwa 250000 Köpfen.[64]

An die Bautätigkeit Lykurgs hat Demetrios, der Perikles wegen der hohen Kosten, die der Bau der Propyläen verursachte, kritisierte (fr. 137), wenigstens insoweit angeknüpft, als während seiner Regierungszeit in Eleusis die Säulenhalle vor dem Tempel der Göttinnen Demeter und Kore vollendet wurde, und zwar von dem Baumeister Philon aus Eleusis, der zuvor die Rüstkammer (Skeuothek) im Piräus (S. 35) erbaut hatte.[65]

Besonders erfolgreich war Demetrios in der Finanzpolitik, was auch von seinen Gegnern widerwillig eingeräumt wurde. Diäten für den Besuch der Volksversammlung und für die Tätigkeit als Geschworener wurden nicht mehr gezahlt, sowenig wie die Schaugelder *(Theorika)*, die allen Bürgern den Besuch der Theateraufführungen ermöglichen sollten. Die Staatseinnahmen sollen zu seiner Zeit jährlich 1200 Talente betragen haben (fr. 34), was genau der Summe entspricht, die auch für Lykurg angegeben wird (S. 34). Der gleiche Gewährsmann, Demetrios' Mitschüler und Gegner Duris von Samos, sagt auch, daß Demetrios für die Verteidigung und Verwaltung der Stadt wenig ausgegeben, den Lebensstil anderer durch die Luxusgesetze eingeschränkt, selber aber im Luxus geschwelgt habe. Ein anderer politischer Gegner, Demochares, sagt, er habe sich damit gebrüstet, daß eine große Warenmenge zu mäßigen Preisen angeboten wurde. Er wirft ihm deshalb die Mentalität einer Krämerseele oder eines Zöllners vor, der unbekümmert um alle griechischen Ideale einem fremden Herren hörig sei und sich dessen nicht einmal schäme.[66] Diese Kritik wurde einige Zeit nach dem Sturz des Demetrios geschrieben, denn sie bezieht sich schon auf dessen politische Rechtfertigungsschrift *Über die zehn Jahre*, mit der Demetrios seinen Kritikern geantwortet hatte.

[63] In der höchst lebhaften Diskussion der letzten Jahre ist es im wesentlichen E. Ruschenbusch, der an diesen Zahlen festhält; ZPE 54, 1984, 253–269; 72, 1988, 139–140; 75, 1988, 194–196, ferner Williams, Athens 226–240, und Sekunda ABSA 87, 1992, 311–355.

[64] Der aktivste Anwalt der höheren Ziffern ist M. H. Hansen, besonders in Demography and Democracy. The number of Athenian citizens in the fourth century B. C., 1986, in Historisk-filosofiske Meddelelser 56, 1988, 7–13; zuletzt ZPE 75, 1988, 189–193. Die ältere Literatur (Beloch, Gomme, Jones, Rhodes u. a.) kann in den genannten Arbeiten leicht gefunden werden.

[65] Vitruv, *De architectura* 7, praef. 17. K. Clinton, Φίλια ἔπη, Festschrift G. Mylonas, 2, Athen 1987, 260.

[66] Fr. 132 (Demochares, FGrHist 75, F 4) mit dem Kommentar von Marasco, Democare 181–190.

Tatsächlich konnte er auf das Erreichte mit Genugtuung zurückblicken, denn wenn er selbst auch nicht populär gewesen war, so spricht doch der Fortbestand seiner wesentlichsten Reformen unter ganz veränderten politischen Konstellationen dafür, daß er mit ihnen Veränderungen zum Wohl und im Interesse der Allgemeinheit bewirkt hatte. Nach seinem Sturz hat Kassander ihn ein Jahrzehnt lang, bis zu seinem eigenen Tod, beschirmt; danach ging Demetrios an den Hof Ptolemaios' I. von Ägypten. Hier ist er als einflußreicher Berater des Königs nochmals zu produktiver Wirksamkeit gekommen. Seiner Initiative wird die Gründung der Bibliothek in Alexandreia und die Stiftung des dortigen «Museums», einer Akademie von Gelehrten und Dichtern im Solde des Königs, zugeschrieben.[67] Dem alternden König empfahl er, seinen Sohn Ptolemaios (genannt *Keraunos*, «der Blitz»), dessen Mutter Eurydike eine Tochter des Antipatros war, zu seinem Nachfolger zu machen, doch entschied der König sich für den jüngeren Ptolemaios, den Sohn der Berenike. Als dieser 283 zur alleinigen Regierung kam, soll er Demetrios von Phaleron auf dem Lande interniert haben, wo er an einem Schlangenbiß gestorben sei.

Es gibt weiter Indizien dafür, daß Demetrios das Stadtrecht von Alexandreia, das demjenigen von Athen entsprochen haben soll, mitbestimmt haben könnte, zumal wenn die in einer Papyrusurkunde aus dem frühen 3. Jahrhundert erwähnten Gynaikonomen wirklich nach Alexandreia gehören.[68] Aber sicher ist auch dies nicht.

Dem Wirken der Tyche hat Demetrios eine eigene Schrift gewidmet, jener Göttin, die Schicksal und Zufall, Glück und Mißgeschick zugleich und die in ihrem Handeln völlig unberechenbar ist, aber nachhaltig ins Leben der Menschen und der Völker eingreift. Aus diesem Werk hat Polybios einen Abschnitt bewahrt, der des Verfassers Staunen darüber ausdrückt, in wie kurzer Zeit das zuvor allmächtige Reich der Perser in seinem ganzen Umfang durch das zuvor unbedeutende Makedonien ersetzt wurde. Er knüpft daran die Prophezeiung, daß die Tyche eines Tages auch die Herrschaft der Makedonen beenden werde.[69] Man wüßte gern, wann Demetrios diese Betrachtung geschrieben hat, aus der man den Reflex eigenen Erlebens herauszuhören meint.

Während seiner Regentschaft blieb Athen lange Zeit von den heftigen

67 Die Zeugnisse dafür sind spät und schwach, aber nicht unbedingt unglaubwürdig; s. R. Pfeiffer, History of Classical Scholarship from the Beginnings to the end of the Hellenistic Age, Oxford 1968, 96–104.

68 P. Hibeh Nr. 196 mit dem Kommentar von E. G. Turner, sowie J. Bingen, CE 32, 1957, 337–339, und P. M. Fraser, Ptolemaic Alexandria 2, 1972, 179, Anm. 27. Gleichheit der Gesetze von Athen und Alexandreia: P Oxy 2177; Demetrios als Gesetzgeber für Ptolemaios I.: Aelian, *var. hist.* 8, 17.

69 Wehrli fr. 81 aus Polybios 29, 11, 1–6. Der Schluß erinnert an die Weissagung des Scipio Aemilianus im Anblick der rauchenden Trümmer Karthagos, so werde auch Rom einst dahinsinken.

Kämpfen verschont, die mehrere der Diadochen während dieser Jahre einander in Kleinasien, Syrien, Mesopotamien und Iran lieferten, solange nämlich Kassanders Herrschaft auf der Balkanhalbinsel nicht wesentlich erschüttert wurde. Über Polyperchon und seinen Sohn Alexander gewann Kassander bald die Oberhand, doch ging dies nicht ohne schwere Erschütterungen im Königshaus ab.[70] Nach der Niederlage des Kleitos am Bosporos und um die Zeit, in der Kassander Athen gewann, vollzog Eurydike, die Gemahlin des Königs Arridaios, eine folgenreiche Schwenkung. Sie bestimmte ihren Gemahl, Kassander an Stelle Polyperchons zum Regenten zu ernennen. Dieser reagierte auf seine Absetzung mit Gewalt. Er fiel, begleitet von Olympias, in Kassanders Abwesenheit mit einem epirotischen Heer in Makedonien ein. Im Herbst 317 traten ihm der König und die Königin im Feld entgegen, mußten aber erleben, daß ihr makedonisches Heer aus Anhänglichkeit an Olympias zur Gegenseite überlief. Sie gerieten in Gefangenschaft. Olympias ließ sie auf grausame Weise töten und wütete sodann in fürchterlicher Weise gegen ihre und Kassanders Anhänger. Sie tötete Kassanders Bruder Nikanor und schändete das Grab seines Bruders Iollas, von dem das Gerücht behauptete, er habe im Auftrag seines Vaters Antipatros aus Makedonien Gift nach Babylon gebracht, mit dem Alexander der Große vergiftet worden sei. Durch ihre Raserei verscherzte sie sich viele Sympathien, was sich alsbald zeigte, als nämlich Kassander im folgenden Frühjahr (316) von der Peloponnes her erschien, Polyperchons Streitkräfte ausschaltete und Olympias in Pydna einschloß. Nach sehr langer Belagerung zwang Hunger die Königin, im Frühjahr 315 zu kapitulieren. Entgegen einer ihr zunächst gegebenen Zusage ließ Kassander sie von seinem Heer zum Tode verurteilen und hinrichten. Der junge König Alexander und seine Mutter Roxane waren jetzt in seiner Hand. In der alten Königsstadt Aigai (Vergina) ließ er Philipp Arridaios und Eurydike feierlich beisetzen.[71] Er nahm sodann Thessalonike, eine Tochter Philipps II. und Halbschwester Alexanders des Großen, zur Frau und begann mit dem Wiederaufbau der zwanzig Jahre zuvor von Alexander zerstörten Stadt Theben.

An diesem nahmen die Athener lebhaftesten Anteil, und nicht nur deshalb, weil sie nun zur Gefolgschaft Kassanders gehörten. Mit den Thebanern verbündet hatten sie 338 gegen König Philipp und die Makedonen bei Chaironeia gekämpft, und 335 waren sie drauf und dran gewesen, Theben zu Hilfe zu kommen, als die Nachricht von der Zerstörung der Stadt

[70] Für die schwierige Chronologie der folgenden Ereignisse vgl. Gullath-Schober (Anm. 20) 363–377.

[71] Sie sind wahrscheinlich die Inhaber des 1977 aufgedeckten großen Grabes, doch ist dies kontrovers. R. M. Errington, Geschichte Makedoniens, 1986, 246, Anm. 5 mit der Literatur. E. Borza, In the Shadow of Olympus. The Emergence of Macedon, Princeton 1990, 260–266.

eintraf. Als jetzt Kassander die in alle Welt verstreuten Thebaner zur Rückkehr aufrief und an den Wiederaufbau der Stadt ging, bekränzten die Athener sich, wie es beim Empfang einer Freudenbotschaft üblich war. In den folgenden Jahren halfen sie tatkräftig; es heißt, daß sie den größeren Teil des neuen Mauerringes erbaut hätten, während andere Staaten, darunter weit entfernte in Italien und Sizilien, mit Geld halfen.[72] Die ihrer Heimat beraubten Thebaner hatten in der griechischen Welt ebensoviele Sympathien genossen wie die einst von den Athenern vertriebenen Samier, ehe sie zurückkehren konnten.

Inzwischen hatte, während Kassander Olympias in Pydna belagerte, Antigonos im Iran den Eumenes nach langen und schweren Kämpfen überwunden und anschließend alle Satrapen des Ostens von sich abhängig gemacht oder, im Falle des Seleukos von Babylonien, vertrieben (Seleukos fand Zuflucht bei Ptolemaios in Ägypten). Die Folge dieser Machtsteigerung war, daß sich jetzt Ptolemaios, Lysimachos, Kassander und Asandros, der Satrap von Karien, gegen ihn zusammenschlossen (315 v. Chr.), während Antigonos sich im Gegenzug mit Polyperchon und Alexander verbündete, der weiterhin einen Teil der Peloponnes behauptete. Um in der griechischen Welt die Stellung seiner Gegner zu untergraben, erließ er in Tyros die berühmte Proklamation, daß alle Griechen frei, autonom und frei von Garnisonen sein sollten, der er sofort große Publizität gab.[73] An den Operationen des sich jetzt entspinnenden Koalitionskrieges nahm in den folgenden Jahren auch eine bescheidene athenische Flottenstreitmacht teil. Im Jahre 315/4 operierte ein athenisches Geschwader im Bereich der Kykladen; unter dem Kommando des Thymochares von Sphettos, dem Vater der später berühmten Brüder Kallias und Phaidros, gelang ihm die Eroberung der Insel Kythnos und die Gefangennahme des Piraten Glauketes.[74] Im Jahre darauf forderte Kassander in Briefen an Demetrios von Phaleron und an seinen eigenen Kommandeur in Munychia, Dionysios, die Entsendung von zwanzig Kriegsschiffen für eine Operation gegen die Insel Lemnos. Sie war alter athenischer Besitz gewesen, aber offenbar 318 an Antigonos verlorengegangen. Lemnos war eine wichtige Station auf dem Wege vom Bosporos in die Ägäis. Kassanders Operation wurde durch eine Flotte des Ptolemaios unter dem Kommando des aus Babylon vertriebenen Seleukos und durch die athenischen Schiffe unter dem Admiral Aristoteles unterstützt. Die Garnison der Insel lehnte den Abfall von Antigonos ab,

[72] Diodor 19, 53–54. 63, 4. Plutarch, *mor.* 814 B. Für ein Verzeichnis von Spendern (Städte und Fürsten), die zum Wiederaufbau der Stadt beigetragen haben, s. M. Holleaux, REG 8, 1895, 7–48 (Études 1, 1–40).

[73] Diodor 19, 61, 3–4. A. Heuss, Hermes 73, 1938, 133–194.

[74] IG II^2 682, 9–13. H. Hauben, ZPE 13, 1974, 62. L. Robert, RN 1977, 23–4 (OMS 6, 185–186). Wenn der oben (Anm. 41) erwähnte Überfall Athens auf Samos in diesen Krieg gehört, kann man an das Geschwader des Thymochares denken, der dann jedoch dort erfolglos geblieben wäre.

woraufhin das Land verwüstet und eine der beiden Städte der Insel eingeschlossen wurde. Seleukos segelte alsbald weiter nach Kos, woraufhin ein Flottenführer des Antigonos, Dioskurides, leichtes Spiel hatte, die Athener unter Aristoteles von der Insel zu vertreiben und die Mehrzahl seiner Schiffe samt den Besatzungen zu fangen.[75] Derselbe Dioskurides machte damals, wohl im September 314, der athenischen Herrschaft über Delos ein Ende und erklärte die Insel im Namen des Antigonos für frei; sie konnte die Freiheit fast eineinhalb Jahrhunderte lang behaupten.[76]

Aus dem Januar oder Februar 313 stammt einer der ganz wenigen aus der Zeit des Demetrios von Phaleron erhaltenen athenischen Volksbeschlüsse, ein Dekret zu Ehren des Satrapen von Karien, Asandros, offenbar als Dank für die Unterstützung athenischer Operationen. Als Mitglied der Koalition in Kleinasien stand Asandros unter starkem Druck des Antigonos, dem er nicht gewachsen war. Er war genötigt, mit diesem einen Vertrag zu schließen, demzufolge er ihm sein Heer übergeben, die griechischen Städte seiner Satrapie für frei erklären und die Satrapie künftig als eine Art Lehen von Antigonos verwalten solle. Als Bürgschaft für die Einhaltung des Vertrages gab er seinen Bruder Agathon als Geisel. Nach wenigen Tagen aber wurde er anderen Sinnes, bemächtigte sich der Person des Bruders wieder und rief Seleukos und Ptolemaios an, ihm rasch Hilfe zu bringen. Antigonos sandte sofort zwei seiner Heerführer gegen ihn, Medeios von Larisa und Dokimos, die sogleich Milet eroberten und, im Sinne der Politik des Antigonos, für frei erklärten.[77]

Ein Gespräch zwischen Antigonos und Kassander am Hellespont über die Möglichkeit eines Friedensschlusses führte zu nichts. Im Fortgang des Krieges nahmen die Athener an Kassanders Versuch teil, die Stadt Oreos auf Euböa zu erobern, der schließlich scheiterte. Ebenso aber scheiterte Antigonos' Versuch, die Meerengen zu überschreiten und Kassander in Makedonien anzugreifen, denn die Stadt Byzanz, auf deren Hilfe er für den

75 Diodor 19, 68, 3–4. Die Chronologie der Jahre 315–312 ist in vielem noch nicht eindeutig geklärt. Gegenüber den im Text gegebenen Daten setzt z. B. R. M. Errington (Hermes 105, 1977, 496–500) manche Ereignisse ein Jahr später: das Freiheitsdekret des Antigonos 314, Kampf um Lemnos ca. Oktober 313, Belagerung von Oreos 312. Das ist vielfach attraktiv, aber Probleme bleiben, z. B. die Befreiung Milets im Jahre 313/2. Vgl. Will, Histoire 1², 40. Auch setzt Tréheux, RA 31–32, 1948, II 1031, die Inselfahrt des Dioskurides (Diodor 19, 62, 9), die bei Errington ins Jahr 313 zu stehen kommt, in den September 314.

76 J. Tréheux, RA 31–32, 1948, 1008–1032, bes. 1031.

77 Das Dekret für Asandros, beantragt von dem *Anagrapheus* des Jahres 321/0, ist IG II^2 450; die beschlossenen Ehren gingen über die Norm weit hinaus: eine Reiterstatue auf der Agora und das Recht der Speisung im Prytaneion. Für die weiteren Ereignisse Diodor 19, 68, 2. 68, 5–7. 75, 1–6. Für Milet hat die Befreiung Epoche gemacht; in ihrer Liste der jährlichen Oberbeamten findet sich zum Namen des *Stephanephoren* von 313/2 der Zusatz: «Unter diesem wurde die Stadt durch Antigonos frei und autonom und ihr die Demokratie zurückgegeben» (Milet I 3, 123, Zeile 2–4).

Übergang angewiesen war, verweigerte sie auf das Drängen des Lysimachos hin. Gleichwohl verstärkte Antigonos den Druck auf Kassander durch Entsendung seines Neffen Polemaios mit einer großen Flotte von 150 Schiffen. Dieser eroberte oder gewann auf Euböa Chalkis, Eretria und Karystos sowie nahe der attischen Grenze Oropos, von wo aus er sich gegen Attika selbst wandte.[78] Die Athener, so berichtet Diodor an dieser Stelle, hatten schon zuvor an Antigonos heimlich die Aufforderung geschickt, die Stadt zu befreien, wobei es sich nur um die private Initiative athenischer Bürger gehandelt haben kann, nicht aber um eine in der Ekklesie beschlossene Gesandtschaft, und sie zwangen jetzt, als Polemaios an der Landesgrenze stand, den Regenten Demetrios zum Abschluß eines Waffenstillstands und zur Entsendung von Gesandten, die mit Antigonos über ein Bündnis verhandeln sollten. Die Stadt war mithin drauf und dran, die Seite zu wechseln, was ohne weiteres auch den Sturz des Demetrios von Phaleron bedeutet hätte.[79]

Diesen rettete zunächst der Waffenstillstand, sodann eine große Schlacht im fernen Syrien, wo im Jahre 312 Ptolemaios von Ägypten einen bedeutenden Sieg über Antigonos' noch unerfahrenen Sohn Demetrios bei Gaza erfocht. Die Niederlage war ein schwerer Rückschlag für Antigonos, der sich, nach langwierigen Verhandlungen, im Jahre 311 bequemen mußte, Frieden mit der Koalition zu schließen. Es wurde vereinbart, daß Kassander Stratege Europas sein – d.h. die einstige Stelle seines Vaters einnehmen – solle, bis König Alexander volljährig sei. Lysimachos wurde im Besitz von Thrakien, Ptolemaios in dem von Ägypten und der Cyrenaika bestätigt. Antigonos sollte Herr von ganz Asien sein, Seleukos wurde übergangen.[80]

Mit diesem Friedensschluß war der Druck von Kassander und von Athen und dem Regiment des Demetrios von Phaleron erst einmal genommen. Schon im folgenden Jahr (310) befreite Kassander sich selbst und die anderen Machthaber von einer anderen Belastung, indem er den jungen König Alexander und seine Mutter Roxane beseitigen ließ. Als daraufhin Polyperchon den siebzehnjährigen Herakles, einen illegitimen Sohn Alexanders des Großen von der Iranierin Barsine, aus Pergamon kommen ließ, um ihn als Prätendenten auf den makedonischen Thron gegen Kassander aufzustellen, gelang es dem letzteren, ihn umzustimmen, so daß Polyperchon Herakles und Barsine umbringen ließ (309).

Athen wurde im Jahre 310/09 von einem fernen Krieg in eigentümlicher

[78] Diodor 19, 75, 6–8. 77, 2–7. 78, 2–3. Für die athenische Waffenhilfe vor Oreos IG II^2 682, 13–18.

[79] Diodor 19, 78, 4.

[80] Diodor 19, 69, 1. 80, 1–86, 5 (Gaza). 105, 1–4. Welles, RC 1 (der Friede). StV Nr. 428. Es war eine Folge der Schlacht von Gaza, daß Seleukos, mit Hilfe des Ptolemaios, seine alte Satrapie in Kämpfen gegen die Feldherrn des Antigonos zurückeroberte und damit den Grundstein zu dem größten Reich legte, das im Laufe der nächsten dreißig Jahre aus der Monarchie Alexanders des Großen hervorgehen sollte.

Weise berührt, vom Kriege zwischen Agathokles, dem Tyrannen von Syrakus, und Karthago. Agathokles gewann für einen gemeinsamen Feldzug in Afrika als Verbündeten den Makedonen Ophellas, der schon am Alexanderzug teilgenommen hatte, damals aber Statthalter des Ptolemaios in der Cyrenaica war. Ophellas, der mit der Athenerin Euthydike aus der Familie des Marathonsiegers Miltiades verheiratet war, wandte sich im Zuge seiner Rüstungen für diesen Feldzug nach Athen, wo er viele Bürger für sein Heer anwerben konnte, vor allem wohl solche, die 317 ihre politischen Rechte verloren hatten. Er ist im Herbst 309, bald nach seiner Vereinigung mit Agathokles, von diesem beseitigt worden; seine Soldaten traten dessen Heer bei.[81]

Zu dieser Zeit, 309/8, versah Demetrios von Phaleron das Amt des eponymen Archons. Er veranstaltete im Frühjahr 308 das Fest der Dionysien mit besonderer Pracht und ließ sich im Verlauf der großen Prozession mit Gedichten feiern und als *Heliomorphos* besingen, d.h. als einen «sonnengestaltigen» Mann.[82] Während seines Amtsjahres geriet Athen in neue Gefahr. Vielleicht in Reaktion auf die Einigung Kassanders mit Polyperchon hatte Ptolemaios sich seinerseits mit Antigonos verständigt und griff nun selbst nach Griechenland hinüber. Im Frühjahr 308 eroberte er die Insel Andros und gewann sodann am Isthmos und auf der Peloponnes die Städte Korinth und Sikyon, die ihm von Polyperchons Schwiegertochter, Alexanders Witwe Kratesipolis, übergeben wurden. Noch näher an Athen entriß er Kassander die Stadt Megara. Im Besitz von Andros und Megara war er für Athen gefährlich. Er schloß jedoch noch im Sommer 308 mit Kassander wieder Frieden.[83]

Aber weniger als ein Jahr verging, ehe Kassander Stadt und Hafen und sein Statthalter die ihm verliehene Herrschaft verlor. Im Juni 307 drang der Prinz Demetrios, vom Vater Antigonos beauftragt, Griechenland, und zuerst Athen, im Sinne der Proklamation von 315 zu befreien, an der Spitze einer großen Flotte in den deshalb unversperrten Hafen ein, weil man die Schiffe für solche des Ptolemaios hielt. Piräus wurde erstürmt, die Herr-

[81] Diodor 20, 40, 1–42, 5. Plutarch, *Demetrios* 14. StV Nr. 432. Daß Ophellas nach Athen «wegen eines Bündnisses» (περὶ συμμαχίας, Diodor 20, 40, 5) geschickt habe, kann wohl nur in dem im Text genannten Sinn verstanden werden. Die Anwesenheit einer Gesandtschaft aus Karthago in Athen (IG II² 418) könnte mit der Aktivität des Ophellas dort zusammenhängen, denn die Inschrift, die von ihr Kunde gibt, von Koehler in die Jahre 330–300 datiert, ist von einem zwischen 320 und 298 aktiven Steinmetzen aufgezeichnet worden (Tracy, ADT 138). Theophrast mag von athenischen Söldnern des Ophellas erfahren haben, daß dessen Heer sich beim Marsch durch Afrika mehrere Tage lang von den Früchten des Lotosbaums (tatsächlich des Zürgelbaums) ernähren mußte (*Historia plantarum* 4, 3, 2). Zum Feldzug des Ophellas s. Ed. Will, REA 66, 1964, 320–333. A. Laronde, Cyrène et la Libye hellénistique, 1987, 203. 206–207. 357–358.

[82] Duris, FGrHist 76, F 10.

[83] Diodor 20, 37, 1–2.

schaft des Demetrios von Phaleron brach sofort zusammen; der Regent wurde mit allen Ehren ins Exil nach Theben geleitet, die Garnison Kassanders in der Festung Munychia eingeschlossen. Erst nachdem Demetrios, für den sich nun bald der Beiname Poliorketes, «der Belagerer», einbürgern sollte, die Stadt Megara erobert hatte, begann er mit der Bestürmung der Munychia. Sie fiel im August 307, als schon der neue Archon Anaxikrates im Amt war, und wurde sofort geschleift.[84]

So endete nach zehn Jahren die Herrschaft des Demetrios von Phaleron über seine Vaterstadt. Er hatte ein friedfertiges und mildes Regiment geführt und nahm für sich selbst in Anspruch, die Demokratie nicht nur erhalten, sondern «berichtigt» zu haben.[85] Aber es war doch die Herrschaft eines einzigen Mannes gewesen, den ein fremder Fürst ausgewählt und eine fremde Garnison gestützt hatte. Da war es nicht einmal so erheblich, daß viele Bürger durch den Census die politischen Rechte verloren hatten, denn auch die anderen waren nicht imstande, von ihren Rechten freien Gebrauch zu machen. «Dem Namen nach hatten sie eine oligarchische, tatsächlich aber eine monarchische Verfassung.»[86] So war es nur allzu natürlich, daß die von dem Eroberer sogleich proklamierte Freiheit und Rückkehr zur Demokratie mit großem Jubel begrüßt, daß ihm und seinem Vater Antigonos mit Ehren gedankt wurde, wie Athen sie noch keinem Sterblichen verliehen hatte. Eine neue Epoche hatte begonnen, fünfzehn Jahre nachdem die Stadt in die Knechtschaft gefallen war.

84 Diodor 20, 35, 1–46, 3. Plutarch, *Demetrios* 8–10. FGrHist 239, B. 20–21.

85 Diodor 18, 74, 3: ἦρχεν εἰρηνικῶς καὶ πρὸς τοὺς πολίτας φιλανθρώπως. Strabo 9, p. 398: οὐ μόνον οὐ κατέλυσε τὴν δημοκρατίαν ἀλλὰ καὶ ἐπηνώρθωσε.

86 Plutarch, *Demetrios* 10, 2. Pausanias 1, 25, 6 bezeichnet die Herrschaft des Demetrios kurzweg als «Tyrannis.»

III. Zwischen Freiheit und Unfreiheit (307–287)

1. Die halbfreie Demokratie

In einer zu Beginn des neuen attischen Jahres, im Juli 307, berufenen Versammlung der athenischen Bürger erklärte Prinz Demetrios die Stadt für frei. Eine Besatzung sollte es weder in der Stadt noch im Piräus geben. Zugleich versprach er im Namen seines Vaters Antigonos der Bürgerschaft eine große Getreidespende und die Lieferung von Schiffbauholz. Die im Frühjahr 317 beseitigte demokratische Verfassung trat erneut ins Leben, die mit ihr nicht zu vereinbarenden Neuerungen des Demetrios von Phaleron, wie der Bürgerzensus und die Behörde der *nomophylakes*, wurden beseitigt, während andere seiner Reformen, wie die Aufhebung der Choregie und die den Luxus beschränkenden Gesetze, in Kraft blieben. Der Regent selbst war zur Unperson geworden, seine Statuen wurden zerstört, seine Anhänger zur Rechenschaft gezogen. Sie wurden beschuldigt, an der Beseitigung der Volksherrschaft (wörtlich: «Auflösung des Volkes», κατάλυσις τοῦ δήμου, Katalysis tu demu) beteiligt gewesen zu sein. Die Abrechnung mit ihnen verlief jedoch unblutig, denn die am stärksten Belasteten hatten und nahmen Gelegenheit, vor der Verhandlung in die Verbannung zu gehen, und die, die sich dem Prozeß stellten, wurden freigesprochen. Todesurteile wurden gegen die Abwesenden, unter ihnen auch der gestürzte Regent, verhängt, aber eben nicht vollstreckt. Zu denen, die sich dem Prozeß entzogen, gehörte der in Athen als Gerichtsredner berühmt und reich gewordene Deinarch von Korinth, der auch noch Zeit hatte, seinen Besitz zu veräußern; zu denen, die wegen ihrer Freundschaft zu Demetrios von Phaleron in Gefahr schwebten, dank einflußreicher Fürsprache aber verschont blieben, der Dichter Menander.[1]

Mit postumen Ehren wurde jetzt, auf Antrag des Stratokles von Diomeia, der 324 verstorbene Lykurg bedacht, und der überlieferte Ehrenbeschluß preist ihn als eine Symbolfigur des demokratischen und nationalistischen Athen.[2] Er gipfelt in dem Satz: «Oft hat er über seine Amtsführung

[1] Demetrios von Phaleron, fr. 52–57. Zur Person von Menanders Fürsprecher D. Potter, Historia 36, 1987, 491–495.

[2] IG II^2 457 die inschriftliche, fragmentarische Version; [Plut.], mor. 852 A-E die literarisch überlieferte, vollständigere, aber auch leicht abweichende Fassung. Der Stele sind zwölf mit Inschriften versehene Kränze beigegeben, die auf Kranzverleihungen für Lykurg während seiner Laufbahn anspielen (Ad. Wilhelm, SAWW 202 Nr. 5, 1925, 1–4). Von der für Lykurg beschlossenen Statue ist ein Teil der Basis erhalten, IG II^2 3776. Lykurgs Sohn Habron amtierte 307/6 in der Nachfolge des Vaters als Finanzverwalter

in der freien und demokratischen Stadt Rechenschaft abgelegt, stets erwies er sich als der Überprüfung gewachsen und unbestechlich.» Während man auf diese Weise den verdienten Mitbürger nachträglich ehrte, erwies man den beiden Machthabern, denen die Rückkehr zu Freiheit und Demokratie zu verdanken war, Ehren, wie die Stadt sie aus freien Stücken noch keinem Sterblichen verliehen hatte.[3] Als «Rettern» bzw. «rettenden Göttern» wurden ihnen Opfer dargebracht, Wettspiele veranstaltet und ein Priester für ihren Kult bestellt. Zu den bisherigen zehn Abteilungen der Bürgerschaft traten zwei neue Phylen, Antigonis und Demetrias, und sie erhielten die beiden ersten Stellen. Gleichzeitig wurde die Zahl der Mitglieder des Rates, zu dem jede Phyle alljährlich fünfzig Mitglieder stellte, von fünfhundert auf sechshundert Mitglieder erhöht. Als Eponymen der neuen Phylen wurden den Herrschern Statuen auf der Agora, auf dem Podest der Phylenheroen, das ihretwegen erweitert werden mußte, errichtet[4] und andere Statuen neben denen der Tyrannenmörder Harmodios und Aristogeiton, die nicht nur als Befreier von der Tyrannis der Pisistratiden, sondern in der populären Tradition zugleich als Vorkämpfer der Demokratie galten. Endlich wurden, um von geringeren und vorgeschlagenen, aber nicht ratifizierten Ehrungen zu schweigen, zu den beiden «heiligen Trieren», den Schnellseglern Paralos und Ammonias, zwei neue hinzugefügt und nach Antigonos und Demetrios benannt.[5]

Ähnliche Ehren hatte der spartanische Admiral Lysander im Jahre 404 in Samos erhalten, nachdem er die dort von den Athenern vertriebenen Oligarchen zurückgeführt und wieder in Herrschaft und Eigentum eingesetzt hatte, danach Alexander der Große in einigen kleinasiatischen Griechenstädten, die ihn als Befreier von der persischen Herrschaft feierten. Im Mutterland dagegen hatte es Vergleichbares bisher nicht gegeben. Dort wurde die Reaktion Athens auf die Befreiung von 307 daher vorbildhaft: Für ungewöhnliche Verdienste wie die Befreiung einer Stadt von fremder Herrschaft oder ihre Rettung aus äußerster Gefahr konnten von nun an dem, der sie vollbrachte, Ehren zuerkannt werden, wie sie bis dahin allein den Göttern vorbehalten gewesen waren. Wer in dieser Weise geehrt wurde, hatte in den Augen der ehrenden Stadt eben das getan, was man früher allein von den Göttern erwartet hatte. Nur drei Jahre nach den Athenern beschlossen die Rhodier derartige Ehren für König Ptolemaios, als dieser entscheidend daran beteiligt war,

(IG II² 463, 36) und 306/5 als Schatzmeister der Militärkasse (IG II² 1492, B 123), war mithin in den ersten Jahren nach der Befreiung ein führendes Mitglied der Regierung.

3 Für das Folgende siehe die ausführliche Behandlung durch Habicht, Gottmenschentum, 44–55. Auf Alexanders Wunsch war 324 ein staatlicher Kult für ihn eingerichtet worden, doch war der Beschluß unter Druck zustande gekommen. Die Athener haben ihn nach dem Tode des Königs sofort aufgehoben und seinen Urheber Demades bestraft.

4 T. L. Shear, Hesperia 39, 1970, 171–176. 196–198.

5 Philochoros, FGrHist 328, F 48.

sie vor der Eroberung durch Demetrios, Athens «rettenden Gott», zu bewahren.[6]

Das Ausscheiden Athens aus dem makedonisch-griechischen Herrschaftsbereich Kassanders und der Eintritt in den syrisch-kleinasiatisch-ägäischen Machtkreis des Antigonos brachte die Stadt erneut in Verbindung mit den ionischen Gemeinden, die seit langem gewohnt waren, in Athen ihre Mutterstadt zu sehen. Daher war dort die Reaktion auf die Vorgänge von 307 stark und positiv; durch Gesandtschaften, die Kränze und Ehrenbeschlüsse überbrachten, gaben viele ionische Städte ihrer Mitfreude über die in Athen eingetretenen Veränderungen Ausdruck. In diesen Jahren bis 301 bezeugen Inschriften solche Resonanz für Milet, Ephesos, Priene, Kolophon sowie für die ionischen Inselstaaten Chalkis und Tenos.[7] Zugleich öffnete sich der Herrschaftsbereich des Antigonos dem athenischen Handel, und so ist im Jahre 305/4 die Einfuhr von Getreide «aus Asien» nach Athen bezeugt.[8]

Um Athen noch fester an sich zu binden, gab Antigonos der Stadt auch die Inseln Lemnos und Imbros zurück, die er ihr, als sie unter Kassanders Kontrolle stand, entrissen hatte.[9] In seinem Namen hatte Demetrios den Athenern 150000 Scheffel Getreide und Bauholz für 100 Kriegsschiffe versprochen, und diese Gaben wurden in der versprochenen Höhe von Antigonos athenischen Gesandten übergeben, dazu noch eine größere Geldsumme.[10] Die neue athenische Regierung, die damit rechnen mußte, daß Kassander versuchen würde, Stadt und Hafen wieder in seine Gewalt zu bringen, sah es als eine ihrer ersten Aufgaben an, die Mauern der Stadt, des Piräus und die Stadt und Hafen verbindenden sog. «Langen Mauern» zu verstärken bzw. instandzusetzen, wo dies nötig war. Ein von Demochares, dem Neffen des Demosthenes, noch im Jahre 307/6 beantragter Beschluß des Volkes traf die hierfür notwendigen Anordnungen und setzte zugleich im einzelnen fest, welche Arbeiten von den sich um die Kontrakte bemühenden Unternehmern auszuführen waren. Das ganze Programm war, wie schon 339, in zehn Sektionen geteilt, die vielleicht wie damals im

[6] Unten S. 84.

[7] Milet: IG II² 1129. 1485, A 24. Ephesos: IG II² 1485, A 9. Kolophon: zahlreiche Inschriften, besprochen von Ad. Wilhelm, Anatolian Studies W. H. Buckler, 1939, 345–352. Priene: die von Ad. Wilhelm, Attische Urkunden 5, 1942, 166–175, besprochenen Texte. Chalkis: IG II² 563. Hesperia 6, 1937, 323 Nr. 4. Tenos: IG II² 466, dessen Interpretation durch G. Reger, CQ 42, 1992, 366–368, viel zu weit geht: von aktiver Teilnahme der Tenier an der Befreiung Athens kann keine Rede sein.

[8] Hesperia 5, 1936, 201. Auch Sizilien, wo Agathokles herrschte, war unter den Gebieten, in denen Athener Getreide aufkauften, IG II² 499 von 302/1.

[9] Lemnos: IG II² 1492, B 133 (305/4). 550. ISE 8, 8–9 (303/2). Imbros: IG II² 1492, B 133 (305/4). Diodor 20, 46, 4.

[10] IG II² 1492, B 97–99. 119–121 mit den Bemerkungen von R. Meiggs, Trees and Timber in the Ancient Mediterranean World, Oxford 1982, 494, Anm. 87. Diodor 20, 46, 4. Plutarch, *Demetrios* 10, 1.

Zusammenhang mit der ursprünglichen Zehnzahl der Phylen standen, sei es, daß die organisatorische Umverteilung der Demen noch nicht bewältigt war, die mit der Errichtung der beiden neuen Phylen Antigonis und Demetrias verbunden war, sei es, daß man aus anderen Gründen an der Zehnzahl festhielt. Die Dauer der erforderlichen Arbeiten war auf fünf Jahre veranschlagt, und ein Terminplan wurde den Unternehmern gleichfalls vorgegeben.[11]

Bezeichnend für den neuen Geist der Zeit ist an diesem Beschluß auch der Umstand, daß die Namen der Unternehmer und die Höhe der Beträge, zu denen sie die verdungenen Arbeiten übernahmen, öffentlich aufgezeichnet werden sollten, «damit jeder athenische Bürger, der es will, sehen und inspizieren kann, was mit den Mauern geschieht.»[12] Hier tritt der der radikalen Demokratie eigene Zug nach Transparenz der Verwaltungsakte so klar zutage wie die Wertschätzung, die der Kontrollfunktion der Bürger beigemessen wurde. Das gleiche zeigte sich wenige Jahre später, 304/3, als eine öffentliche Aufzeichnung der Gesetze abgeschlossen war.[13]

Aber der wohl augenfälligste Wandel, der im Vergleich dieser sechs Jahre zu dem vorausgegangenen Jahrzehnt ins Auge springt, ist die fast exzessiv zu nennende Publikationssucht im Zusammenhang mit der Tätigkeit der Volksversammlung. Aus den zehn Jahren des Demetrios von Phaleron hat sich nur ein substantielles Dekret des Volkes, das für den Satrapen Asandros (S. 72), erhalten, aus den sechs Jahren des ausgehenden Jahrhunderts liegen dagegen weit mehr als einhundert Volksbeschlüsse, mehr oder weniger vollständig, noch immer vor. Auch sie sind nur ein Bruchteil dessen, was in diesen Jahren vom Volk beschlossen wurde, und nur ein kleiner Teil dessen, was davon nicht nur auf Holztafeln im Archiv aufgeschrieben, sondern auf Marmorstelen dauerhaft aufgezeichnet und öffentlich ausgestellt war. Die Diskrepanz kann nicht mit dem Zufall der Überlieferung erklärt werden, sondern sie ist das Resultat verschiedener Bedingungen. Von 317 bis 307 war die Aktivität der Ekklesie offensichtlich bescheiden, die Zurückhaltung, Beschlossenes für die Dauer öffentlich aufzustellen, dagegen sehr groß. Von 307 bis 301 konstatiert man dagegen eine fast hektisch anmutende Betriebsamkeit der demokratischen Volksversammlung und eine große Bereitschaft, die Beschlüsse für jedermann sichtbar auszustellen. Ein, aber eben nur ein Grund für dieses veränderte Verhalten ist der, daß es sich bei der großen Mehrzahl der nach 307 verabschiedeten Beschlüsse um Ehrungen einzelner oder fremder Staaten handelt, die sich

[11] IG II² 463, neue Ausgabe mit ausführlichem Kommentar von Maier, Mauerbauinschriften 1, 48–67. Für die veranschlagte Dauer s. Zeile 106–107. Vgl. noch IG II² 550 und, aus dem Jahr 306/5, IG II² 505. 506. 554, 14–16. Der Rat der Fünfhundert ist auch in IG II² 466, 45 (wohl von 307/6) noch erwähnt.

[12] IG II² 463, 29–31.

[13] IG II² 487, 6–10.

um Athen verdient gemacht hatten. Oft waren es Männer im Dienst des Prinzen (bald des Königs) Demetrios, und alle Geehrten hatten ein Interesse daran, daß die ihnen zuerkannten Ehren publiziert wurden.

Es war in diesen Jahren besonders ein Mann, der sich darin hervortat, Ehrendekrete zu beantragen, vor allem für Funktionäre des Demetrios Poliorketes, Stratokles von Diomeia, der gleiche, der auch beantragt hatte, Lykurg postum zu ehren (S. 76). Von Stratokles sind nicht weniger als 26 noch erhaltene Beschlüsse beantragt worden – tatsächlich muß die Zahl ein Mehrfaches betragen haben –, nur zwei von diesen in den Jahren nach 301.[14] Eine solche Dichte von Zeugnissen der Aktivität der Ekklesie hat es weder vorher noch später gegeben. Bezeichnend für sie ist auch, daß aus jedem der Jahre 307/6, 306/5, 304/3 und 303/2 zwischen zwei und vier Beschlüsse noch vorliegen, die an ein und demselben Tag, d. h. in einer einzigen Sitzung der Ekklesie, verabschiedet worden sind.[15]

Einige dieser Beschlüsse sind gefaßt worden, weil Demetrios die Athener schriftlich wissen ließ, daß dieser oder jener aus seinem Gefolge sich um Athen verdient gemacht habe.[16] Mit seiner Willfährigkeit, solchen Wünschen durch seine Anträge an das Volk zu entsprechen, wie auch durch die von ihm spontan vorgeschlagenen Ehrungen des Antigonos, Demetrios und ihrer Helfer, hat Stratokles sich rasch den Ruf einer servilen Kreatur der neuen Machthaber erworben. Es wurde nämlich durch ihn besonders deutlich, daß Athen nicht eigentlich frei, nicht unabhängig geworden war, sondern nur freier in den Dingen, die den Herrschern gleichgültig waren, daß die Stadt aber, wo deren Wünsche und Interessen im Spiel waren, sich ebenso zu fügen hatte wie unter Demetrios von Phaleron den Interessen Kassanders. Wie die Athener zu dessen militärischen Unternehmungen Waffenhilfe geleistet hatten, wann immer diese gefordert wurde, so leisteten sie jetzt dem Demetrios die gleichen Dienste, sobald er es verlangte.

Die athenischen Politiker hatten unter diesen Umständen nur wenig Spielraum, aber die Bereitwilligkeit, mit der Stratokles den Wünschen der neuen Herren dienstbar war, erregte doch Anstoß, schadete dem Ansehen der Stadt und provozierte einen ernsten Konflikt mit demjenigen demokratischen Politiker, der sich in den ersten drei Jahren offenbar mit Stratokles in die politische Führung teilte, mit Demochares von Leukonoe, dem Mann, der 307/6 die Verstärkung der Befestigungen betrieben hatte. Als

[14] Eine Liste bei W. B. Dinsmoor, Archons 13–14, ergänzt von Ch. Habicht, AJAH 2, 1977, 39, Anm. 15; seither ein neuer Beschluß in Horos 4, 1986, 11 ff.

[15] IG II² 460. 461 von 307/6. 471. 472 von 306/5. 486. 597. Hesperia 7, 1938, 297, Nr. 22 und Horos 4, 1986, 11 ff. von 304/3. IG II² 493. 494 von 303/2 und, von einem anderen Tag desselben Jahres, IG II² 495. 496 (+ 503). 497.

[16] So vor allem drei, vielleicht alle vier, der in Anm. 15 genannten Dekrete vom Ende des Jahres 304/3. Schon Polyperchon hatte im Jahr 319/8 die Ehrung von zwei Männern seines Gefolges in Athen auf diese Weise erwirkt, IG II² 387.

Demochares während des Winters 304/3 einen besonders servilen Akt des Stratokles mit beißender Ironie geißelte, büßte er für seinen Freimut mit Verbannung, aus der er erst im Jahre 286/5, nach einer erneuten Befreiung der Stadt von König Demetrios, zurückkehrte.[17] Zur Zeit dieses Zusammenstoßes hatte sich allerdings das politische Klima in Athen, wo man 307 Demetrios voller Jubel als Befreier und Erneuerer der Demokratie begrüßt hatte, unter dem Eindruck der autokratischen Allüren des in der Stadt anwesenden Königs schon wesentlich gewandelt.

Zunächst aber bestand Einvernehmen zwischen den beiden demokratischen Politikern. Demochares, der sich damals um die Verteidigungsbereitschaft Athens verdient machte, erlangte doch um die gleiche Zeit eine traurige Berühmtheit durch sein Eintreten für das Gesetz des Sophokles von 307 oder 306. Dieses Gesetz unterwarf die philosophischen Schulen der Kontrolle des Staates, indem es ihre Zulassung an die Bewilligung von Rat und Volk knüpfte. Das Volk hatte den Antrag angenommen, der unverfänglicher klang, als er war, zumal es auch Bürger gab, die den Philosophen, weil sie Intellektuelle waren, feindlich gegenüberstanden oder weil sie meinten, sie würden den jungen Männern die Köpfe verdrehen, d. h., wie man es Sokrates vorgeworfen hatte, die Jugend verderben. Für sie sprach in einer damals aufgeführten Komödie der Dichter Alexis: Er lobte den Prinzen Demetrios und den Gesetzgeber, weil das Gesetz die Philosophen aus Attika vertrieben und in die Wüste («zu den Raben») geschickt habe.[18] Tatsächlich hatten die Philosophen, an ihrer Spitze Theophrast, Athen sofort verlassen, denn was sie lehrten der Kontrolle der Bürgerschaft zu unterwerfen, war mit ihrer Berufsauffassung schlechthin unvereinbar.

Mit ihrem Auszug aber wurde die Sache zum ärgerlichen Skandal, der dem Ansehen der Stadt ebenso zu schaden drohte wie seinerzeit Prozeß und Hinrichtung des Sokrates. Ein früherer Schüler des Aristoteles, Philon, erhob gegen Sophokles Klage wegen Gesetzwidrigkeit seines Antrags. In der nun folgenden Gerichtsverhandlung sprach Demochares, der die treibende Kraft hinter Sophokles gewesen sein könnte, zugunsten des Angeklagten und sparte nicht mit scharfen Ausfällen gegen Aristoteles und andere Philosophen.[19] Der Klage wurde jedoch mit großer Mehrheit statt-

[17] Plutarch, *Demetrios* 24. [Plutarch], mor. 851 E im Antrag seines Sohnes Laches vom Jahre 270 auf postume Ehrung seines Vaters. Darin wird Stratokles, der Urheber der Verbannung, als einer der «Zerstörer der Demokratie» bezeichnet (καταλύσαντες τὸν δῆμον), d. h. mit demselben Vorwurf belegt, unter dem er 307/6 die Anhänger des Demetrios von Phaleron vor Gericht gezogen hatte.

[18] PCG, 2, 73, fr. 99. Bei Alexis ist freilich nicht die Schule des Aristoteles angesprochen, sondern die Akademie Platos mit ihrem Vorsteher Xenokrates. A. Meineke hat diese Verse so charakterisiert: «Worte eines alten, den Philosophen grollenden Mannes, weil sie seinen Sohn verdorben hätten» (*Fragmenta Comicorum Graecorum* 3, 1840, 421).

[19] Marasco, Democare 140, fr. 2.

gegeben, das Gesetz kassiert und Sophokles mit einer Buße belegt. Die Philosophen kehrten nach Athen zurück und sind seither in ihrer Freiheit vom Staat nicht wieder behelligt worden.[20]

Wenn der Antrag des Sophokles auch auf alle bestehenden und etwa noch zu gründende Schulen gestellt war, so war doch niemandem zweifelhaft, daß er vornehmlich auf die Schule des Aristoteles und Theophrast zielte, die schon lange, und nicht grundlos, der Ablehnung der radikalen Demokratie geziehen und der Freundschaft zum makedonischen Königshaus, zu Antipatros, Kassander und Demetrios von Phaleron beschuldigt wurde. Der Vorstoß radikaler Demokraten und nationalistischer Politiker ist daher in der Zeit gleich nach dem Sturz des von Kassander abhängigen Regimes verständlich, aber es hat auch Bedeutung, daß Alexis neben und vor Sophokles den Prinzen Demetrios nennt und damit andeutet, daß dieser entweder beteiligt oder dem Gesetz jedenfalls geneigt gewesen sei. Der Ausgang der Sache ist ein Ruhmesblatt für das damalige Athen, denn eben die Bürger, deren Kontrolle Sophokles die Philosophen unterwerfen wollte, lehnten diese Rolle ab und kassierten als Geschworene sein Gesetz. Wenige Monate später ist der athenische Bürger Epikur aus Kolophon in seine Heimat zurückgekehrt und hat dort seine Schule, die dritte nach der Akademie und dem Peripatos, eröffnet.[21]

Wie zu erwarten gewesen war, fand Kassander sich mit dem Verlust Athens nicht ab. Mehr als einmal versuchte er, die Stadt zurückzuerobern, im sog. «Vierjährigen Krieg» (307–303). Ein Angriff auf Attika ist für das Jahr 306 bezeugt. Die Athener wiesen ihn ab teils aus eigener Kraft, vor allem aber dank der Waffenhilfe, die die Ätoler ihnen brachten.[22] Höchst gefährlich dagegen wurde die Belagerung und Bestürmung der Stadt im Jahre 304 durch die Streitkräfte Kassanders. Sie verwüsteten Attika und eroberten die attischen Festungen Phyle und Panakton sowie die Insel Salamis. Die Stadt wurde eingeschlossen, und Athen wäre damals vielleicht gefallen, wenn nicht der aus Rhodos zurückkehrende König Demetrios im Sommer oder Herbst Hilfe gebracht hätte, indem er durch seine Landung bei Aulis Kassander zum Rückzug hinter die Thermopylen zwang.[23] Es ist

[20] Diog. Laert. 5, 38; 79. Pollux, *Onomastikon* 9, 42. Athen. 13, 610 F. J. P. Lynch, Aristotle's School, 1972, 103–104. 117–118. Ch. Habicht, Hellenistic Athens and Her Philosophers, 1988, 7–10.

[21] Diog. Laert. 10, 2; 15 (Apollodor, FGrHist 244, F 42).

[22] Von Kampfhandlungen dieses Jahres sprechen die folgenden attischen Inschriften von 306/5: IG II² 467, 22. 470, 11–14. 469, 8–10. Die Waffenhilfe der Ätoler war dem athenischen General und Staatsmann Olympiodoros zu verdanken, und sie gehört eher in dieses Jahr als ins Jahr 304 (Pausanias 1, 26, 3); sie wird von Pausanias als die wesentliche Ursache der Rettung der Stadt bezeichnet. IG II² 503, 11–13 kann sich auf Kampfhandlungen 306 oder 304 beziehen. Von 306/5 liegt auch eine Weihung athenischer Bürgersoldaten vor (IG II² 1954).

[23] Plutarch, *Demetrios* 23. Diodor 20, 105–6. IG II² 492, 8–9. Horos 4, 1986, 19 ff.;

offenbar damals gewesen, daß die athenische Reiterei in der Nähe des Dipylon-Tores bereits über die Mauer unter Führung von Kassanders Bruder Pleistarchos eingedrungene Feinde zurückgeworfen und sodann an dieser Stelle ein Siegeszeichen *(Tropaion)* errichtet hat.[24] Die Ankunft des Demetrios zwang Kassander auch zur Aufgabe seiner Eroberungen in Attika. Zusammen mit athenischen Streitkräften, unter denen das Elitekorps freiwilliger Epilektoi (der «Ausgewählten») besonders genannt wird, hat Demetrios im folgenden Jahr (303) Kassander und den damals in Kassanders Dienst stehenden Polyperchon auf der Peloponnes erfolgreich bekriegt.[25] Nicht näher datierbar innerhalb dieser Jahre ist die nur von Pausanias berichtete Abwehr eines Angriffs auf den Piräus und die Feste Munychia durch den Athener Olympiodor, der die zu Lande über Eleusis eingedrungenen Makedonen zurückschlug – wenn dies die richtige Interpretation des vielerörterten Satzes ist.[26]

Wichtiger als der im einzelnen weitgehend unbekannte Verlauf der Kampfhandlungen ist der ihnen von den maßgebenden athenischen Kreisen beigelegte Sinn. Kassander, so drücken es die athenischen Urkunden dieser Jahre aus, ist das Prinzip des Bösen, denn er strebt danach, Griechenland «zu verknechten».[27] Umgekehrt kämpfen die Athener, unter der Führung des Königs Demetrios und seiner Helfer, für die Rettung, die Freiheit und die Demokratie der Stadt und der übrigen Hellenen.[28] Mit diesen Äußerungen machten die Athener sich die Proklamation zu eigen, die Demetrios bei seinem ersten Eintreffen 307 durch den Herold hatte verkünden lassen: Er sei im Auftrag des Vaters gekommen, die Garnison

ebenda 11 ff., Zeile 13–15. Hesperia 6, 1937, 323 Nr. 4. Ancient Macedonian Studies in Honor of Ch. F. Edson, 1981, 359–360 und die daran anknüpfende Diskussion Hesperia 58, 1989, 297–301 und 59, 1990, 463–466. Ferner ISE 7, ein Dekret der athenischen Freiwilligen zu Ehren des Demetrios Poliorketes. IG II² 499, 20. Vgl. H. Hauben, ZPE 14, 1974, 10.

[24] Pausanias 1, 15, 1 und die ganz in der Nähe gefundene Fluchtafel mit den Namen des Pleistarchos, Eupolemos, Kassander und Demetrios von Phaleron. Die Fundamente des Tores, auf denen das Siegeszeichen errichtet wurde, sind 1982 gefunden worden (T. L. Shear, Jr., Hesperia 53, 1984, 19–24). Vgl. Ch. Habicht, Pausanias und seine Beschreibung Griechenlands, 1985, 78–80.

[25] Die in Anm. 23 genannten Inschriften, vor allem ISE 7, beziehen sich auch auf die Kämpfe dieses Jahres. Die im Krieg gegen Kassander gefallenen Athener erhielten ein Staatsbegräbnis auf dem Kerameikos, Pausanias 1, 29, 7.

[26] Pausanias 1, 26, 3, in der Interpretation von Habicht, Untersuchungen 95–112, die jedoch von U. Bultrighini, RFIC 112, 1984, 54–62, bestritten wird. Im Sinne Habichts seither E. Lanciers, RBPh 65, 1987, 63.

[27] So in dem Volksbeschluß Ancient Macedonian Studies (Anm. 23), Zeile 7–8: [ἐ]πὶ δουλείαι. IG II² 469, 9–10: [ἐπὶ δουλείαι τ]ῆς πόλεως.

[28] Für die Rettung (σωτηρία) Hesperia 10, 1941, 55, Nr. 19, Zeile 7. Horos 4, 1986, 11 ff., Zeile 17 (ergänzt). Für die Freiheit (ἐλευθερία): IG II² 558, 14 (der Hellenen). 559, 9 (ebenso). Horos 4, 1986, 11 ff., Zeile 14 (der Athener). Für die Demokratie (δημοκρατία): IG II² 559, 10. RFIC 70, 1942, 12. Horos 4, 1986, 11 ff., Zeile 15.

zu vertreiben, die Athener zu befreien und ihnen ihre Gesetze und die angestammte Verfassung zurückzugeben.[29]

So lauteten die offiziellen Verlautbarungen. Sie dürften in der auf die Befreiung von 307 folgenden Zeit der Meinung der meisten Athener entsprochen haben. Aber bei einem größeren Teil der Bürgerschaft muß mit den Jahren ein Stimmungsumschwung eingetreten sein, der ihr Verhältnis zu den Königen differenzierter, problematischer und illusionsloser machte. Dazu trugen die sich außerhalb Attikas abspielenden Geschehnisse ebenso bei wie auf andere Weise der Aufenthalt des Demetrios in der Stadt während der Winter 304/3 und 303/2 sowie die Servilität seiner athenischen Parteigänger. Die großen Ereignisse dieser Jahre, von denen die Stadt stärker oder schwächer betroffen wurde, erwuchsen alle aus dem rastlosen Herrschaftsstreben des Antigonos. Es waren nach der Befreiung der Stadt vor allem der große Seesieg des Demetrios über Ptolemaios bei Salamis auf Zypern im Jahre 306,[30] in dessen Folge Antigonos den Königstitel annahm und ihn auch seinem Sohn zugestand,[31] sodann der von Ptolemaios abgewehrte Angriff beider Könige auf Ägypten gegen Ende des Jahres 306,[32] weiter die aus der Weigerung der Rhodier, an diesem Feldzug teilzunehmen, hervorgehende einjährige Belagerung von Rhodos durch Demetrios, Frühjahr 305 bis Frühjahr 304, bei der die schon früher miteinander verbündeten Machthaber Ptolemaios, Lysimachos und Kassander der bedrängten Insel Hilfe leisteten.[33] Auch diese drei sowie Seleukos nahmen damals innerhalb kurzer Zeit sämtlich den Königstitel an. Das letzte bedeutende Ereignis dieser Jahre war sodann im Frühjahr 302 in Korinth die Neugründung des Korinthischen Bundes durch Demetrios, der an den Hellenenbund des Jahres 338/7 unter Führung König Philipps anknüpfte und die von Kassanders Herrschaft befreiten Teile Griechenlands unter der Hegemonie des Antigonos und Demetrios vereinigte.[34]

Die Athener stellten zur siegreichen Flotte in der Schlacht dreißig Trieren, die unter dem Kommando des vornehmen Aleuaden Medeios von

[29] Plutarch, *Demetrios* 8, 7.

[30] Diodor 20, 47–52. Plutarch, *Demetrios* 15–17.

[31] Das genaue Datum der Schlacht ist unbekannt, ebenso auch das der nur wenig späteren Annahme des Königstitels durch Antigonos. Dieser ist in einer athenischen Urkunde vom 22. Tag der zehnten Prytanie 306/5, d. h. etwa April 305, noch ohne den Titel (IG II² 1492, B 97–99), am letzten Tag dieser Prytanie, d. h. maximal acht Tage später, mit dem Titel des Königs genannt (IG II² 471). In den Versen des Alexis, in denen der Sieg besungen wird, führt Antigonos schon den Königstitel, PCG 2, 85, fr. 116.

[32] Diodor 20, 73–76. Plutarch, *Demetrios* 19.

[33] Diodor 20, 81–88. 91–100. Plutarch, *Demetrios* 21–22. Marmor Parium, FGrHist 239 B 23. Pap. Berol. 11632, ed. F. Hiller von Gaertringen, SBBerlin 1918, 752–762.

[34] Erhebliche Teile der Gründungsurkunde sind erhalten und, zusammen mit der sonstigen Überlieferung, herausgegeben und kommentiert von H. H. Schmitt, StV Nr. 446 (S. 63–80). Den Auftrag zu dieser Gründung hatte Antigonos schon 307 erteilt (Diodor 20, 46, 5).

Larisa auf dem linken Flügel kämpften. Medeios war schon zwanzig Jahre früher einer der Flottenführer Alexanders des Großen in Indien und Gastgeber des letzten Mahls gewesen, an dem der König mit seinen Gefährten teilgenommen hatte. Er hatte Demetrios 307 nach Athen begleitet und ist 302 von den Athenern geehrt worden.[35] Demetrios zeigte sich der Stadt nach dem Siege dadurch erkenntlich, daß er aus der riesigen Beute zwölfhundert Hoplitenrüstungen nach Athen schickte, womit er zugleich Alexander übertrumpfte, der nach seinem Sieg am Granikos der Athena dreihundert Rüstungen geweiht hatte.[36] Unter den zahlreichen Gesandtschaften aus Griechenland, die sich während des Winters 305/4 darum bemühten, die Feindseligkeiten auf Rhodos beizulegen, befand sich auch eine athenische Delegation.[37] War diesen allen auch kein Erfolg beschieden, so verglichen sich die Parteien doch im Frühjahr 304 – zu Athens Glück, denn die Stadt befand sich in arger Not und rief König Demetrios um Hilfe an. Seine Ankunft befreite sie vom Druck Kassanders, und die militärischen Erfolge des Königs führten damals nicht nur zur Rückgabe der von Kassander geräumten Festungen Panakton und Phyle an die Stadt, sondern auch dazu, daß Demetrios ihr Oropos und das Heiligtum des Amphiaraos erneut übereignete.[38]

Insoweit hatten die Athener Gründe, mit Demetrios zufrieden zu sein. Aber die längere Anwesenheit des Königs in der Stadt zeigte die Schattenseiten der Abhängigkeit von ihm. Plutarch hat fein kommentiert, daß die Annahme des Königstitels die Machthaber veränderte. Der Vorgang, so sagt er, war nicht nur ein Namens- und Titelzuwachs, sondern er verwirrte auch den Sinn der Männer, hob ihr Selbstgefühl und gab ihrer Lebens- und Redeweise etwas Pompöses und Hochfahrendes.[39] Was den Athenern an Demetrios ins Auge fiel, war sein ungezügelter Umgang mit Frauen, zumal mit Hetären. Unter diesen war die gebürtige Athenerin Lamia, die bei Salamis in Gefangenschaft geraten war, lange seine erklärte Favoritin. Sie

35 Für die Karriere des Medeios unter Alexander s. Berve, Alexanderreich 2, 261–262, Nr. 521, für seine späteren Schicksale Habicht, Ancient Macedonia 1, 1970, 265–269. Die athenische Ehrung ist IG II^2 498. Auch sein Neffe Oxythemis stand im Dienst der Könige und ist in Athen durch das Dekret IG II^2 558 und durch die in Anm. 45 zitierten Akte geehrt worden.

36 Plutarch, *Demetrios* 17, 1. Für Alexanders Weihung oben, S. 30.

37 Diodor 20, 98, 2–3. Plutarch, *Demetrios* 22, 8.

38 ISE 8, 14. Die Intervention des Philosophen Menedemos wegen Oropos bei Demetrios gehört dagegen in spätere Zeit; s. D. Knoepfler, La Vie de Ménédème d'Érétrie de Diogène Laërce, Basel 1991, 197, Anm. 74. Eine noch nicht veröffentlichte Inschrift aus Rhamnus lehrt, daß König Demetrios selbst damals einen Athener für zwei Jahre zum Strategen für den Schutz von Attika bestellte (Ergon 1993, 7). Dieser, Adeimantos mit Namen wie einer der engsten Vertrauten des Königs, hatte zwar die gleiche Stellung schon früher innegehabt, zweifellos aber zu ihr von der Bürgerschaft bestellt. Inzwischen hatte Demetrios sich an ihre Stelle gesetzt.

39 Plutarch, *Demetrios* 18, 5.

war wie die meisten dieser Frauen feingebildet und voll Mutterwitz; von ihr hatte Demetrios eine Tochter. Aber auch andere bedachte er während seines Aufenthaltes in der Stadt mit seiner Gunst. Genannt werden Leaina, Mania und Myrrhine. Für sie verschwendete er große Summen, für die, wenigstens gelegentlich, die Stadt aufzukommen hatte. Er ließ es zu, daß Lamia und Leaina von den Athenern als Verkörperungen der Aphrodite gefeiert und mit kultischen Ehren bedacht wurden. Lamias Einfluß auf den König soll seinen engsten Vertrauten ein Dorn im Auge gewesen sein.[40] Obwohl sein Umgang mit Hetären stadtbekannt war und er sich offensichtlich gar keine Mühe gab, etwas zu verbergen, hat er doch in dieser Zeit, obwohl er schon länger mit Antipatros' Tochter Phila verheiratet war, auch eine vornehme Athenerin zur Frau genommen, Euthydike, die Witwe des Ophellas, die diesen offenbar nach Afrika begleitet hatte (S. 73 f.), da es heißt, sie sei nach dessen Tod nach Athen zurückgekehrt.[41]

Es ist aber unter den Zeitgenossen nur der dem König feindliche Dichter Philippides, der ihm zum Vorwurf macht, er habe die Akropolis und den Parthenon zum Bordell gemacht. Dazu muß man freilich wissen, daß Philippides damals am Hofe des Lysimachos lebte, den Plutarch als den Machthaber bezeichnet, der Demetrios am erbittertsten haßte. Und es war Lysimachos selbst, der mit Anspielung auf Lamia sagte, zum erstenmal sehe man eine Dirne auf der tragischen Bühne, was ihm von Demetrios die Antwort eintrug, seine Dirne besitze mehr Menschenverstand als Lysimachos' Penelope.[42] Daher ist vielleicht der Vorwurf des Philippides übertrieben, aber des Königs Wandel muß doch Anstoß erregt haben. Es heißt auch, daß sich ein besonders schöner Knabe, den der König im Bade überraschte, seiner Nachstellung nur dadurch entziehen konnte, daß er sich das Leben nahm. Ein anderer vornehmer Junge, dem Demetrios gewogen war, brachte es dahin, daß der König den städtischen Behörden schrieb mit dem Ergebnis, daß dem Vater des Jungen eine hohe Geldbuße erlassen wurde.[43]

Nichts zeigt klarer als dieser Vorgang, wie es mit der angeblichen Freiheit der Stadt in Wirklichkeit bestellt war, wo immer Interessen des Demetrios berührt waren. Das aber war noch nicht das Ende jener Episode. Die

[40] Zeitgenossen, die über die athenischen Hetären des Königs berichteten, sind Demochares (FGrHist 75, F1), Philippides (PCG VII 347, fr. 25) und Lynkeus von Samos (Athen, 3, 101 E. 4, 128 A), wenig spätere Autoren Machon (ed. Gow) fr. 12, 13, 15 und Phylarch (FGrHist 81, F 12). Das meiste findet sich bei Athenaios in den Büchern 3, 4, 6, 13 und 14 und ist in Kaibels Register unter den Namen der einzelnen Hetären leicht zu finden.

[41] Plutarch, *Demetrios* 14, 1.

[42] Philippides, PCG VII 347, fr. 25. Lysimachos' Ausspruch und Demetrios' Antwort: Plutarch, *Demetrios* 25, 9.

[43] Plutarch, *Demetrios* 24, 6–12. Es handelt sich um Kleainetos, Sohn des Kleomedon, von Kydathenaion, einen Nachkommen des bekannten Demagogen Kleon.

wegen der erzwungenen Nachgiebigkeit beschämte Volksversammlung beschloß nun, kein Bürger solle mehr mit einem Schreiben des Königs vor sie treten. Das brachte nun diesen so auf, daß der Beschluß widerrufen, seine Urheber bestraft wurden. Es war in diesem Zusammenhang, daß Demochares gegenüber Stratokles die freimütige Äußerung machte, die ihm die Verbannung eintrug (S. 80f.). Stratokles aber war in seinem Eifer, dem König zu Willen zu sein, unermüdlich. Nachdem Demetrios von der Gründung des Hellenenbundes zu Korinth im Frühjahr 302 nach Athen zurückgekehrt war, wünschte er, unverzüglich in die *eleusinischen Mysterien* eingeweiht zu werden. Dafür waren drei Stufen erforderlich: im achten Monat (Anthesterion) erhielt man die geringeren, im dritten Monat (Boëdromion) die höheren Weihen, nach denen man ein weiteres Jahr lang noch Anwärter auf die volle Mitgliedschaft war. Der zuständige Priester Pythodoros weigerte sich, die drei Stufen zu einem einzigen Akt zusammenzuziehen, aber Stratokles wußte Rat für das Drängen des Königs. Auf seine Anträge hin wurde der Munychion (der zehnte Monat) des Jahres 302 (April) zum Anthesterion erklärt, so daß Demetrios die ersten Weihen erhalten konnte, woraufhin der gleiche Monat eilends zum Boëdromion umbenannt und der König zu den größeren Weihen zugelassen wurde.[44] Diese Travestie der religiösen Zeremonien muß viele Athener tief verletzt haben, und ihren Zorn faßte Philippides in beißende Worte (Anm. 42). Ebenso scharf äußerte sich Demochares über die ungewöhnlichen Ehren, die nicht nur den Hetären Lamia und Leaina erwiesen wurden, sondern auch einflußreichen Helfern des Königs wie Adeimantos von Lampsakos, Oxythemis von Larisa und Burichos, da sie das herkömmliche Maß weit überstiegen.[45] Der von den Autoren vermittelte Eindruck, daß Stratokles der Urheber der meisten dieser Beschlüsse war, wird von dem inschriftlichen Befund bestätigt (Anm. 14).

Bald nach seiner Rückkehr von der Gründungsversammlung des neuen Hellenenbundes in Korinth nahm Demetrios im Frühsommer 302 die Operationen gegen Kassander, die er im Vorjahr mit großem Erfolg auf der Peloponnes geführt hatte, wieder auf. Von Chalkis aus umsegelte er die von Kassander gesperrten Thermopylen und landete in Thessalien, wo er zunächst Larisa Cremaste, sodann das bedeutendere Pherai erstürmte. Dort erreichten ihn Boten des Vaters Antigonos, der sich in Kleinasien von

44 Philochoros, FGrHist 328, F 69–70. Plutarch, *Demetrios* 26, 1–5. Diodor 20, 110, 1. Clinton, Officials 50.

45 FGrHist 75, F 1. Ausführlich hierzu Habicht, Gottmenschentum 55–58. Ihre Charakterisierung als Lakaien (κόλακες, Schmeichler) wird ihnen nicht gerecht, wie besonders L. Robert (Hellenica 2, 1946, 15–33) für die Person des Adeimantos gezeigt hat, der eine Berühmtheit seiner Vaterstadt Lampsakos, ein Vertrauter des Theophrast war, der Vertreter des Königs Demetrios im Bundesrat von Korinth, geehrt jedenfalls in Eretria und Athen. Auch Oxythemis und Burichos gehörten zu den vorzüglichsten Helfern des Demetrios.

Lysimachos, Seleukos und Ptolemaios angegriffen sah, er möge ihm mit seiner Armee zu Hilfe kommen. Demetrios gehorchte; er schloß einen provisorischen Frieden mit Kassander, ging nach Kleinasien hinüber und kämpfte 301 in der Schlacht bei Ipsos in Phrygien an der Seite des Vaters gegen die Koalition der anderen Könige, in deren Reihen Ptolemaios nun doch fehlte – er war auf das Gerücht eines großen Sieges des Antigonos umgekehrt –, dafür aber auch Truppen Kassanders standen. Es heißt, daß durch Demetrios' ungestüme Verfolgung der ihm gegenüberstehenden Kavallerie die Phalanx des Antigonos ihres Flankenschutzes beraubt wurde und dadurch die Schlacht verlorenging. Antigonos, der bis zuletzt auf die Rückkehr des Sohnes gewartet hatte, war unter den Toten.[46]

Der Sieg gab Seleukos, dem das nördliche Syrien zufiel, einen Zugang zum Mittelmeer und machte Lysimachos zum Herrn von Kleinasien. In seine Hand waren viele Athener gefallen, die im Heer des Demetrios gekämpft hatten. Nähere Einzelheiten gibt das Dekret zu Ehren des Dichters Philippides von 283. Er, der bei König Lysimachos in hohem Ansehen stand, verwendete sich bei diesem mit Erfolg für seine Landsleute. Er sorgte für die Bestattung der Gefallenen und erwirkte von Lysimachos die Freiheit der Gefangenen. Von diesen arrangierte er für diejenigen, die es wollten, die Einreihung in dessen Armee, während er die anderen mit Kleidern und Zehrgeld ausstattete, so daß sie die Heimreise antreten konnten. Da allein deren Zahl mit mehr als dreihundert angegeben wird, so dürften mindestens eintausend Athener im Heer des Demetrios gekämpft haben. Endlich erreichte er von Lysimachos auch die Freilassung derjenigen Landsleute, die Antigonos und Demetrios in Kleinasien, aus welchen Gründen auch immer, in Gewahrsam gehalten hatten.[47] In der von ihm gegründeten Stadt Antigoneia in Nordsyrien hatte Antigonos auch Athener in größerer Zahl angesiedelt. Seleukos zerstörte die Stadt im Jahre 300 und gründete in der Nähe seine neue Residenz Antiocheia am Orontes. Dorthin siedelte er auch diese Athener um.[48]

Mit der Niederlage von Ipsos endete die erste Phase der Herrschaft des Demetrios über Athen.

2. Tyrannis

Die Kunde von der Schlacht bei Ipsos kann Athen nicht vor September 301 erreicht haben, denn noch am 22. Metageitnion, dem zweiten Monat des

[46] Für die Ereignisse dieses neuen Koalitionskrieges siehe vor allem Diodor 20, 106–113 und Plutarch, *Demetrios* 28–29.

[47] IG II^2 657, 16–29.

[48] Pausanias von Damaskus, FGrHist 854, F 10, 6. Vgl. Habicht, Chiron 19, 1989, 9 mit Anm. 8.

im Juli beginnenden athenischen Jahres, ist Stratokles' beherrschender Einfluß auf die Volksversammlung bezeugt.[49] Da Diodors annalistisches Werk vom Winter 301/0 an verloren ist, ist die allgemeine Geschichte der folgenden Jahrzehnte nur höchst dürftig bekannt, so auch die Geschichte Athens, für die fast allein Plutarchs Biographie des Demetrios noch nennenswerte Informationen bietet. Es ist indessen klar, daß es mit Stratokles' Einfluß augenblicklich zu Ende war, sobald man in Athen zuverlässige Kunde von dem Verlauf des Krieges in Kleinasien hatte. Die Volksversammlung trat zusammen und beschloß, künftig keinen König mehr in ihren Mauern aufzunehmen.[50] Das war die unverblümte Absage an Demetrios. Dieser hatte in Athen eine seiner Frauen, die epirotische Prinzessin Deidameia, zurückgelassen, eine Schwester des Pyrrhos, aber auch Kriegsschiffe und eine größere Menge Geld. Es war daher unschwer anzunehmen, daß er sich zunächst nach Athen wenden werde. Daher wurden ihm Gesandte entgegengeschickt, ihm den Beschluß des Volkes mitzuteilen.

Tatsächlich war der König, der in Ephesos einige tausend Mann seines Heeres gesammelt hatte und dessen Flotte noch intakt war, auf dem Wege nach Athen, als ihn auf einer Kykladeninsel die Abgesandten der Stadt trafen und unterrichteten. Die Mitteilung war ein Schlag und eine herbe Enttäuschung für ihn. Gleichwohl machte er den Gesandten nur maßvolle Vorwürfe, verlangte allerdings die Rückgabe seiner Schiffe (die Athener hatten Deidameia bereits nach Megara geleitet) und erhielt sie auch.[51] Während die meisten der zuvor von ihm kontrollierten Staaten jetzt seine Besatzungen vertrieben und auf die Seite seiner Gegner traten, fiel zwar auch Athen von ihm ab, erklärte aber durch den erwähnten Beschluß seinen Willen, neutral zu bleiben. Kontakte zu anderen Königen waren dadurch natürlich nicht ausgeschlossen und wohl allein schon zur Sicherung der Versorgung der Stadt nötig.[52] Binnen zwei Jahren nach der Schlacht von Ipsos sind solche Kontakte auch bezeugt, bezeichnenderweise zu Kassander und Lysimachos, den Gegnern des Demetrios. Am 21. Metageitnion, um den 1. September 299, genau zwei Jahre nach dem letzten bekannten Auftreten des Stratokles (Anm. 49), waren Gesandte zu «König Kassander» von dessen Hof nach Athen zurückgekehrt und hatten dem Volk Bericht erstattet,[53] und im gleichen Jahr war eine größere Getreidespende, die der Dichter Philippides[54] für seine Vaterstadt von König

[49] IG II² 640.

[50] Plutarch, *Demetrios* 30, 4.

[51] Plutarch, *Demetrios* 30, 1–31, 2.

[52] G. Marasco, Athenaeum 62, 1984, 288–289. Näheres über die politische Orientierung Athens in diesen Jahren bei Ed. Meyer, Klio 5, 1905, 180–183.

[53] IG II² 641. Es ist bezeichnend, daß die athenischen Urkunden der Jahre 307–301 Kassander, der damals der Feind der Stadt war, den Königstitel immer vorenthalten hatten.

[54] Derselbe, der sich um die gefallenen und gefangenen Athener nach der Schlacht von Ipsos in selbstloser Weise gekümmert und der Stratokles scharf angegriffen hatte.

Lysimachos erhalten hatte, zur Verteilung unter alle Bürger gelangt. Das Jahr des Archons Euktemon, 299/8, war dank dieser Spende und auch nach Ausweis einer Weihung an Eueteria, die Göttin der Prosperität, sowie eines Dekrets zu Ehren der «Getreidewächter» ein Jahr ausreichender Versorgung gewesen.[55]

Dies ist deshalb von Bedeutung, weil es in dieser Zeit, wenig früher oder wenig später, eine akute Hungersnot gab, in deren Verlauf sich ein populärer Demagoge, damals Befehlshaber des Söldnerkorps, mit Namen Lachares zum Tyrannen der Stadt aufwarf.[56] Er war dazu von Kassander ermuntert, vielleicht auch bei der Aktion unterstützt worden. Da Kassander im Frühjahr 297 starb, dürfte Lachares' Regiment spätestens 298/7 begonnen haben, wahrscheinlich schon im Frühjahr 300, in der Zeit des im Elaphebolion (März/April) gefeierten Festes der Dionysien. Denn es ist überliefert, daß Menander seine Komödie *Die Leute von Imbros* unter dem Archon Nikokles, 302/1, geschrieben und zur Aufführung für die Dionysien bestimmt hatte, daß die Aufführung aber «wegen des Tyrannen Lachares» unterblieb.[57] Es muß sich um die Dionysien des Jahres 300 handeln, da an denen des Vorjahres und noch etwa sechs Monate danach Stratokles noch die beherrschende Figur der Politik war. Die Worte lassen sich am ungezwungensten so verstehen, daß eben die mit der Erhebung des Lachares verbundenen Wirren die Aufführung, vielleicht gar die Feier der Dionysien überhaupt, verhinderten.[58]

Einige Einzelheiten über diese Wirren sind in einer fragmentarischen Chronik enthalten, die auf einem Papyrusblatt von Oxyrhynchus gefunden wurde.[59] Danach kam es, im Anschluß an einen Feldzug, innerhalb des

[55] Die Zeugnisse sind angeführt bei Habicht, Untersuchungen 19.

[56] Für den Namen Lachares gab es in Attika bis 1959 nur wenige kaiserzeitliche Belege (St. Dow, CP 52, 1957, 106–107). Seither ist ein athenischer Bildhauer Attalos, Sohn des Lachares, bekanntgeworden, vermutlich der von Pausanias 2, 19, 3 genannte athenische Bildhauer Attalos (AJA 63, 1959, 280). Er hat jedenfalls in Pheneus in Arkadien und in Argos gearbeitet.

[57] Zum Text dieses Zeugnisses zuletzt M. Gronewald, ZPE 93, 1992, 20–21, und W. Luppe, ZPE 96, 1993, 9–10.

[58] Die Chronologie ist strittig, weil mehrere der ohnehin wenigen Zeugnisse verschiedener Auslegung fähig sind. Die im Text vertretene Ansicht ist im wesentlichen von W. S. Ferguson begründet worden (CPh 24, 1929, 1–31). Ich habe sie früher bekämpft (Untersuchungen 1–21), bin aber unter dem Eindruck der Kritik von Osborne (Naturalization 2, 144–153) und Heinen (GGA 233, 1981, 177–184) zur Überzeugung gelangt, daß sie den Aussagen der Überlieferung am ehesten gerecht wird. Danach dürfte auch der Sturz des Lachares schon in das Frühjahr 295 (nicht erst ins Frühjahr 294) gehören, wenn auch weiterhin die Übereinstimmung zwischen Vorgängen bei seinem Sturz (Plutarch, *Demetrios* 34) und dem Dekret der Stadt für Herodoros vom Frühjahr 294 (IG II² 646) so frappant bleibt, daß man lieber an Gleichzeitigkeit als an den Abstand von einem Jahr glauben möchte. Die einzelnen Quellenzeugnisse sind in den genannten Arbeiten leicht zu finden.

[59] Pap. Oxy. 2082 = FGrHist. 257a.

athenischen Strategenkollegiums zu einem schweren Zerwürfnis zwischen dem Hoplitenstrategen Charias und dem Befehlshaber der Söldner, Lachares. Gegen Charias scheint der Vorwurf erhoben worden zu sein, daß er nicht imstande sei, das hungernde Volk zu versorgen. Er zog sich, offenbar zu seinem Schutz, auf die Akropolis zurück, wurde aber überwunden. Während seine Mitkämpfer vereinbarungsgemäß entlassen wurden, war er selbst mit drei anderen, die vielleicht ebenfalls Strategen waren, in den Parthenon geflüchtet. Die vier wurden vor die Volksversammlung geführt und von ihr auf Antrag des Apollodoros in gesetzwidriger Weise, summarisch, d. h. durch eine gemeinsam über alle vier vorgenommene Abstimmung, verurteilt und hingerichtet – in derselben Weise, wie es im Jahre 406 im Prozeß gegen die Feldherrn der Schlacht bei den Arginusen geschehen war.[60]

Es ist wichtig, daß die Ekklesie, auch wenn sie sich im Verfahren über gesetzliche Bestimmungen hinwegsetzte, das Urteil fällte, da der Bericht lehrt, daß der Tyrann das wichtigste Verfassungsorgan der Demokratie bestehen ließ. Auch der Zyklus, nach dem die zwölf Phylen in ihrer offiziellen Reihenfolge jeweils ein Jahr lang den Sekretär des Rates stellten, blieb in Kraft. Ebenso sind die Strategen während seiner Herrschaft vom Volk gewählt worden,[61] so daß ziemlich deutlich ist, daß Lachares geherrscht hat, ohne die äußeren Formen des demokratischen Systems zu verändern. Ist er tatsächlich, wie es scheint, im Frühjahr 300 an die Macht gekommen, so muß die im Jahre 299 zu Kassander geschickte Gesandtschaft, die im Sommer des Jahres aus Pella zurückgekehrt war, von ihm an seinen Mentor abgeordnet worden sein. In die Zeit seiner Herrschaft fallen dann sowohl die Getreidespende des Lysimachos im Jahre 299, die eben in der Hungersnot des Vorjahres motiviert gewesen sein dürfte, wie die von König Lysimachos im ersten Halbjahr 298 nach Athen gesandten Gaben für die Feier der Panathenäen.[62] Dies ist angesichts des zwischen Kassander und Lysimachos immer bestehenden guten Einvernehmens[63] nicht verwunderlich.

60 FGrHist 257 a, F 2: [μιᾶι] ψήφωι, so evident richtig ergänzt (gegenüber dem nichtssagenden [τῆι] ψήφωι) von G. De Sanctis, RFIC 64, 1936, 140. Vgl. in Xenophons Bericht über den Arginusenprozeß μιᾷ ψήφῳ in Hellenika 1, 7, 34. J.H. Lipsius, Das attische Recht und Rechtsverfahren 1, 1905, 185–186. Nach Osborne gehört dieser Konflikt erst ins Jahr 298/7 (Naturalization 2, 148). Der unter den Verurteilten genannte Ameinias ist Ameinias von Xypete, der zusammen mit zwei anderen im Anschluß an einen Feldzug geehrt worden ist, frühestens 301/0 und eben in diesem Jahr, wenn er im Frühjahr 300 hingerichtet wurde. Er könnte ein anderes Mitglied des Strategenkollegiums gewesen sein (B.D. Meritt, Hesperia 11, 1942, 279).

61 IG II^2 682, 21–24. Für den Zyklus der Ratsschreiber Habicht, Untersuchungen 11, Anm. 43.

62 IG II^2 657, 14–16.

63 Diodor 20, 106, 3.

Ein Dekret der Kavallerie zu Ehren der Schatzmeister der Athena aus dem Jahr des Archons Hegemachos (300/299) stammt ebenfalls aus der Zeit des Lachares, wenn die hier vertretene Chronologie richtig ist.[64] Es ist dann ein weiteres Indiz für das Fortbestehen traditioneller Verfassungsformen. Im gleichen Jahr wurde die dorische Säulenhalle im Heiligtum des Asklepios am Fuße der Akropolis errichtet.[65] Aus einem der Jahre um 300 v. Chr. liegt weiter eine lange Liste mit etwa 150 Namen vor, deren Träger aus etwa fünfzig verschiedenen Staaten stammen, eine besonders große Zahl aus Thrakien.[66] Es handelt sich zweifellos um eine Liste von Söldnern. Sie ist jünger als das Jahr 315, da in Zeile 111 die damals gegründete Stadt Kassandreia erwähnt ist, und die Jahre von 307 bis 301 kommen deshalb nicht in Betracht, weil in Zeile 91 Lemnos, das zwischen 307 und 301 athenisch war, als selbständiger Staat erscheint. Es kann sich mithin durchaus um Söldner des Lachares handeln, der ja zur Zeit seines Staatsstreichs Befehlshaber des Söldnerkorps war.[67] Das Datum der Urkunde läge dann zwischen 301 und 295.

Während Lachares die Herrschaft über die Stadt Athen ausübte, ging ihm der Piräus verloren, denn die ihm feindlichen Kräfte, unter denen Soldaten und Bürger aus der Stadt genannt werden, setzten sich dort fest und sagten ihm den Kampf an. Die Sezession erfolgte jedenfalls noch vor Kassanders Tod im Frühjahr 297.[68] Als König Demetrios erschien, um erneut den Kampf um Athen aufzunehmen, was nicht später als im Sommer 296 gewesen sein kann, befand der Piräus sich in der Hand der Gegner des Tyrannen.[69] Dessen Tage waren nun gezählt, auch wenn er sich noch bis ins folgende Frühjahr halten konnte. Eine Andeutung, daß es in der Stadt zu einer Erhebung gegen ihn kam, die fehlschlug, oder zu einem Anschlag auf sein Leben, gibt Pausanias, indem er auf dem Staatsfriedhof Gräber «tapferer Männer» beschreibt, «denen das Glück nicht hold war, als sie sich auf den Tyrannen Lachares stürzten.»[70]

Sein Sturz erfolgte von außen, im Frühjahr 295 durch König Demetrios. Diesem war nach der Niederlage von Ipsos außer der Flotte eine Reihe bedeutender Küstenstädte verblieben, in Griechenland Korinth, in Kleinasien Milet und Ephesos, in Phönizien Tyros und Sidon, ferner Zypern und die Gemeinden des von Antigonos 314 gegründeten Inselbundes der Kykladen. Es kam ihm zustatten, daß zwischen Seleukos und Ptolemaios ein Konflikt über das südliche Syrien und Palästina ausbrach, der Seleukos

64 IG II² 1264.

65 IG II² 1685, neu herausgegeben und kommentiert von S. B. Aleshire, Asklepios at Athens, 1991, 13–32; zum Namen des Archons S. 29.

66 IG II² 1956, die Thraker in Zeile 1–46.

67 FGrHist 257 a, F 1.

68 FGrHist 257 a, F 2–3.

69 Polyän 4, 7, 5.

70 Pausanias 1, 29, 10.

veranlaßte, seine Unterstützung zu suchen. Bei einer Zusammenkunft in Rhosos in Syrien empfingen ihn Demetrios und seine Gattin Phila auf dem übergroßen Schiff, das die Athener ihm auf sein Verlangen nach der Schlacht von Ipsos zurückgegeben hatten, und vermählten ihm ihre Tochter Stratonike.[71] Wenig später schloß Demetrios auch mit Ptolemaios Frieden. Er konnte sich nun freier bewegen, und der Tod Kassanders, dem derjenige seines die Nachfolge antretenden Sohnes Philipp schon vier Monate später folgte (297), weckte höhere Erwartungen in ihm, zumal sich in Makedonien zwei noch nicht ganz erwachsene Söhne Kassanders um den Thron stritten.

Sein erstes Ziel aber war Athen, wo er auf die Hilfe der Separatisten im Piräus zählen konnte. Aber vor der Küste Attikas verlor er in einem Sturm den größten Teil seiner Flotte. Er gab sofort nach Phönizien Anweisungen für neuen Schiffbau und wandte sich selbst, nach ergebnislosen Gefechten vor Athen, zur Peloponnes. Vor der Stadt Messene, die er belagerte, wurde er durch ein Katapultgeschoß schwer verwundet.[72] Im Frühjahr 295 aber wandte er sich erneut nach Attika; er eroberte die Festungen Eleusis und Rhamnus, die Inseln Salamis und Ägina und verwüstete das Land. Durch eine Blockade zur See schnitt er der Stadt jegliche Zufuhr ab und bewirkte so eine Hungersnot, wie Athen sie vermutlich noch nie erlebt hatte. Es heißt, daß Epikur sich und den Seinen täglich die Bohnen abzählte, daß eine Handvoll Kapern als ein hohes Gut angesehen wurde, und daß es zwischen einem Vater und seinem Sohn zu einem Kampf um eine tote Maus gekommen sei.

Lachares verteidigte sich lange und tapfer. Um seine Soldaten zu befriedigen, ließ er auch Edelmetall von den Weihgeschenken in den Heiligtümern einschmelzen, und er beraubte die Statue der Athena im Parthenon des goldenen Gewandes, das Phidias für sie gefertigt hatte, so daß man sagen konnte, Lachares habe Athena entkleidet. Auch ein in der Zeit des Perikles geschaffener Bronzekopf der Athena Nike, der seiner Vergoldung beraubt gefunden wurde, zeugt von diesem Sakrileg des Lachares. Die Volksversammlung, die nach dem Abfall von 301 allen Grund hatte, die Wiederkehr des Demetrios zu fürchten, faßte den Beschluß, jeden am Leben zu strafen, der es wagen sollte, von Versöhnung mit dem König zu sprechen.[73]

[71] Plutarch, *Demetrios* 31, 5–32, 3. OGI 10. Das Schiff mit den dreizehn Ruderbänken: Plutarch a. O. 31, 1 und 32, 2.

[72] In diesen Zusammenhang dürfte der 1990 in Messene gefundene Bündnisvertrag der Stadt mit Lysimachos gehören (P. Themelis, Praktika 1990 [1994] 83–84).

[73] Hauptquelle ist Plutarch, *Demetrios* 33–34. Ferner zu den Eroberungen des Königs Polyän 4, 7, 5; zur Hungersnot Demetrios, PCG V 11; zum Goldraub Pausanias 1, 25, 7; 29, 16. Plutarch, *mor.* 379 C; zum Kopf der Nike H. A. Thompson, HSPh-Suppl. 1, 1940, 207–208. Lachares hat aus dem Gold auch Münzen geprägt (J. N. Svoronos, Journal international d'archéologie numismatique 21, 1927, 159–168). Vgl. G. Philipp, Gymnasium 80, 1973, 501–502. Zur Flucht des Lachares Polyän 3, 7, 1.

Hoffnung auf Entsatz regte sich in der Stadt, als eine Flotte des Ptolemaios, der sich inzwischen mit Seleukos und Lysimachos wiederum gegen Demetrios verständigt hatte, in Stärke von 150 Schiffen vor der Küste sichtbar wurde. Aber sie zog sich sofort zurück, als die dreihundert Schiffe starke neue Flotte des Demetrios herankam. Jetzt gab Lachares seine Sache verloren; er flüchtete verkleidet nach Theben. Die Athener waren gezwungen, wollten sie nicht Hungers sterben, Demetrios die Tore zu öffnen (etwa April 295).

3. König Demetrios

Zugleich mit der Öffnung der Tore sandten die Athener eine Delegation zu König Demetrios. Dieser ordnete an, das Volk solle sich im Theater versammeln, und ließ das Gebäude von Bewaffneten umstellen. Es war eine pathetische Szene, als er von den oberen Rängen durch die Cavea schweigend zur Bühne hinabschritt. Das Auftreten des Königs steigerte noch die schweren Befürchtungen, die jedermann hatte. Aber wider alle Erwartung zeigte Demetrios sich milde und tadelte die Athener für ihr Verhalten nur sanft und in fast freundlichem Ton. Sogleich ließ er einhunderttausend Scheffel Getreide an die hungernde Bevölkerung verteilen und ordnete sodann die Einsetzung von Ämtern an, «die dem Volk besonders erwünscht waren.» Voller Erleichterung dankten ihm Redner aus der Bürgerschaft und beantragten neue Ehren für ihn, ja der Demagoge Dromokleides ging so weit zu beantragen, daß ihm Piräus und Munychia übergeben würden, wogegen sich kein Widerspruch erhob. Aus eigener Machtvollkommenheit legte Demetrios, um der Möglichkeit eines künftigen Abfalls vorzubeugen, eine Garnison auf den Musenhügel am südlichen Stadtrand.[74]

Dieser Bericht Plutarchs wird durch verschiedene andere Zeugnisse ergänzt. Ziemlich genau ein Jahr nach dem Fall der Stadt beschlossen die Athener hohe Ehren für Herodoros von Lampsakos (oder Kyzikos), der früher dem Antigonos gedient hatte und jetzt zu den Vertrauten des Demetrios gehörte. Die zum König wegen des Friedens geschickten Gesandten hatten berichtet, daß er ihnen bei ihren Bemühungen hilfreich gewesen sei und für den Abschluß eines Freundschaftspaktes mit dem König sowie für den Fortbestand der Demokratie gewirkt habe. Herodoros erhielt ganz seltene Auszeichnungen, unter anderem das Recht der öffentlichen Speisung im Amtsgebäude der Prytanen auf Lebenszeit, eine Bronzestatue auf der Agora neben den Standbildern der Tyrannenmörder und denen der «Retter» (Antigonos und Demetrios) sowie das Bürgerrecht der Stadt. In ihnen sah die Bürgerschaft den Dank, der seiner hohen Stel-

[74] Plutarch, *Demetrios* 34, 1–7.

lung und seinen offensichtlich mehr als gewöhnlichen Verdiensten angemessen war.[75]
Größer noch waren die Ehren, die für den König beschlossen wurden. Sie werden, zusammen mit den früheren Ehren von 307, von Plutarch außerhalb des chronologischen Zusammenhanges, nämlich im sachlichen Kontext einer Zusammenfassung aller den Königen in Athen erwiesenen Ehren, berichtet.[76] Ein Tag des Jahres und ein Monat, der Munychion, wurden zu Ehren des Königs benannt bzw. umbenannt, und dem Fest der Dionysien wurde ein Demetriosfest angefügt, das im Jahre 292 auch inschriftlich bezeugt ist.[77] Keine dieser Ehren scheint über die Zeit des erneuten Abfalls der Stadt hinaus (287 v. Chr.) in Kraft geblieben zu sein, während der 307 geschaffene Kult der «Retter» Antigonos und Demetrios ebenso fortbestand wie die nach ihnen benannten Phylen.

Es mag sein, daß hinsichtlich des Piräus der von Dromokleides beantragte Volksbeschluß nur die bereits bestehenden Verhältnisse sanktionierte, denn es scheint, daß der König den Piräus bereits kontrollierte (was für die Festung Munychia deshalb noch nicht gelten muß), als die Stadt fiel.[78] Im Piräus war seither ein erheblicher Teil der königlichen Flotte stationiert.[79] Die Verhältnisse der Folgezeit lehren auch, daß Demetrios auch die Festungen Attikas besetzt haben muß, obwohl die trümmerhafte Überlieferung davon schweigt. Es läßt sich auch nicht konkret sagen, was der Satz bedeutet, er habe «Ämter eingesetzt, die beim Volk beliebt waren». In Verbindung mit der Erwähnung der Demokratie im Beschluß zu Ehren des Herodoros kann allerdings nicht bezweifelt werden, daß die Verfassung Athens damals eine demokratische Verfassung gewesen ist, die dann allerdings schon rund fünfzehn Monate später von einer Oligarchie abgelöst wurde (s. unten). Es steht fest, daß der Rat der Sechshundert aufgelöst und durch einen aus neuen Mitgliedern gewählten Rat ersetzt wurde, denn ein Volksbeschluß vom 10. Munychion 296/5, d. h. aus dem zehnten Monat des Jahres, war der erste Tag der vierten Prytanie. Danach muß die erste Prytanie etwa am 11. Elaphebolion, d. h. zur Zeit des Falls der Stadt, begonnen und muß jede der restlichen neun Prytanien etwa neun Tage gezählt haben.[80] Ebenso sicher ist, daß es zur Neuwahl der Strategen gekommen ist, denn Phaidros ist unter dem Archon Nikias, 296/5, zweimal zum Strategen für die Rüstung gewählt worden. Er hatte mithin das Amt unter Lachares erhalten, verlor es durch den Umsturz, kandidierte erneut und wurde zum zweiten Mal, für den Rest des Jahres, gewählt.[81]

75 IG II² 646 (Osborne, Naturalization D 68).

76 Plutarch, *Demetrios* 12, 1–2, analysiert von Habicht, Gottmenschentum 50–55.

77 IG II² 649, mit dem neuen Fragment neu ediert von Dinsmoor, Archons 7–8, Zeile 42.

78 Vgl. Pausanias 1, 25, 7.

79 Plutarch, *Demetrios* 43, 4.

80 IG II² 644. Beloch, GG IV 2, 247.

81 IG II² 682, 21–23.

Etwa in der gleichen Zeit wie Herodoros ist auch ein Unbekannter mit dem Bürgerrecht und einer Bronzestatue geehrt worden. Diese sollte allerdings nicht, wie zumeist, auf der Agora oder der Akropolis aufgestellt werden, sondern im Theater. Das ist ein recht sicheres Anzeichen dafür, daß es sich um einen in Athen wirkenden Dichter, einen Dramatiker, handelte, vermutlich um Diodoros von Sinope, einen angesehenen Komödiendichter dieser Zeit, von dem es bekannt ist, daß er athenischer Bürger geworden ist. Politische Verdienste, am ehesten solche im Zusammenhang mit den Ereignissen von 295, können auch in seinem Falle eine Rolle gespielt haben.[82]

Nach der erneuten Gewinnung Attikas wandte Demetrios sich zur Peloponnes, um auch dort wieder Fuß zu fassen. Der spartanische König Archidamos, der ihm entgegentrat, wurde bei Mantinea besiegt, und es schien, als solle das noch nie eroberte Sparta unter Demetrios' Angriff fallen, als der König von der Stadt abließ, da ein anderer Schauplatz ihm größere Aussichten eröffnete.

Dies war Makedonien, wo der Zwist zwischen den beiden jugendlichen Söhnen Kassanders ihm die Möglichkeit der Intervention bot. Der ältere Sohn, Antipatros, hatte die Mutter Thessalonike wegen angeblicher Begünstigung des jüngeren Sohnes ermordet, der jüngere den Epiroten Pyrrhos zu Hilfe gerufen, und eine Landesteilung war vereinbart worden. Der jüngere Sohn, Alexander, hatte aber zuvor auch an Demetrios einen Hilferuf ergehen lassen, auf den dieser jetzt zurückkam. Ihm wurde bedeutet, seine Dienste seien nicht mehr erforderlich, und Demetrios gab sich den Anschein abzuziehen. Aber bei einem Abschiedsessen, das er in Larisa für Alexander gab, ließ er diesen mit seinem ganzen Gefolge niedermachen. Alexanders Heer trat in seine Dienste, und nun vertrieb Demetrios den älteren Bruder Antipatros aus Makedonien und machte sich selbst zum König des Landes. Antipatros fand Zuflucht bei Lysimachos, wurde jedoch von diesem bald beseitigt. Mit seinem Ende war das Haus des Antipatros und Kassander ausgestorben. Mit Lysimachos schloß Demetrios einen Vertrag, in dem er als Gegenleistung für die Anerkennung als König Makedoniens auf die kleinasiatischen Gebiete verzichtete, die Lysimachos ihm entrissen hatte (294).[83] An Makedonien hing zugleich die Herrschaft über Thessalien, und in Thessalien, am Golf von Volos, hat Demetrios 293 seine neue, rasch aufblühende Residenz Demetrias gegründet, die von nun an bis zum Ende der Dynastie der Antigoniden im Jahre 168 neben Pella die zweite, die griechische Hauptstadt der makedonischen Könige wurde.[84]

[82] IG II² 648 (Osborne, Naturalization D 69); für die Identität Habicht, Untersuchungen 13–15; vgl. Osborne, Naturalization 2, 153.

[83] Walbank, Macedonia III 210–218.

[84] Strabo 9, 436. F. Stählin – E. Meyer – A. Heidner, Pagasai und Demetrias, 1934, 178ff. Habicht, Gottmenschentum 75–76, sowie jetzt vor allem die «Demetrias» betitel-

Die Gewinnung des makedonischen Königtums durch Demetrios hatte erhebliche Konsequenzen für Athen. Eine Folge war, daß der König nicht, wie er es 304/3 und 303/2 getan hatte, in der Stadt residierte. Wenn dies eine Erleichterung für die Bürgerschaft war, die eine Wiederholung der Exzesse jener Jahre nicht wünschen konnte, so war die Kehrseite die, daß Demetrios seinen Einfluß in der Stadt nun mit Mitteln verankerte, die mit der kurz zuvor erneut verkündeten demokratischen Freiheit unvereinbar waren. Der Athener Olympiodoros war 294/3 und 293/2 eponymer Archon der Stadt, gegen den demokratischen Grundsatz, der eine Wiederholung des Amtes verbot. Und er muß das Amt durch Ernennung oder durch eine gesteuerte Wahl erhalten haben, da das Los schwerlich auf eine so bedeutende Figur gefallen sein konnte, und gewiß nicht zweimal hintereinander. Olympiodoros war im «Vierjährigen Krieg» ein erfolgreicher Mitstreiter des Königs gegen Kassander gewesen und hatte sich in jenen Jahren großen Ruhm erworben. Es ist daher so gut wie sicher, daß er 294 als Vertrauensmann oder als Kommissar des Königs eingesetzt wurde und Kompetenzen hatte, die weit über die normalen des eponymen Archons hinausgingen. Und mit seinem Amtsantritt im Sommer 294 kehrten auch, an Stelle der Ratssekretäre *(Grammateis)*, für die folgenden drei Jahre die sog. «Aufschreiber» *(Anagrapheis)* wieder, die von 321 bis 318 das Markenzeichen der Oligarchie gewesen waren (S. 55). Daher wurden diese Jahre später, als die Stadt 287 erneut frei geworden war, direkt als Jahre der Oligarchie bezeichnet.[85] Es stimmt hierzu auch, daß König Demetrios im Jahre 292, von Theophrast hierzu angeregt, die Rückkehr der 307 verbannten oligarchischen Politiker und ihrer Parteigänger anordnete, unter denen auch der Korinther Deinarch (S. 56f.) zurückkehrte.[86] Dem Namen nach dürfte sich auch das athenische Staatswesen dieser Jahre als «Demokratie» bezeichnet haben (ganz so, wie sich die kommunistischen Staaten Europas als «Demokratien», ja in sinnwidriger Doppelung des wesentlichen Elements, als «Volksdemokratien» bezeichneten). Aber die genannten oligarchischen Momente wogen schwer genug, daß radikale Demokraten geradezu von Oligarchie sprachen.

Diese 294 zu beobachtenden Abweichungen von der erst fünfzehn Monate früher erneut proklamierten Demokratie dürften Konsequenzen der Gewinnung der makedonischen Krone durch Demetrios gewesen sein. Eine ähnliche Politik hat der König eben damals in Böotien verfolgt. Die-

ten Bände der deutschen Forschungen in Thessalien, herausgegeben von V. Milojčić u. a.: 1 (1976); 2 (1978); 3 (1980); 5 (1987).

85 Im Psephisma des Laches für seinen verstorbenen Vater Demochares, [Plutarch], *mor.* 851 F, und in dem Beschluß zu Ehren des Kallias, Hesperia-Suppl. 17, 1978, 4, Zeile 79–83. Habicht, Untersuchungen 22–33: «Die Oligarchie im frühen dritten Jahrhundert.»

86 Philochoros, FGrHist 328, F 167. Dionys. Halic., *De Dinarcho* 2–3. [Plutarch], *mor.* 850 D.

ses Land, mit Ätolien verbündet, lag zwischen dem Königreich im Norden und den festländischen Besitzungen des Demetrios in Attika und auf der Peloponnes. Es war daher schon 294 das Ziel seiner Aggression; durch überraschenden Angriff zwang er den Böotischen Bund zur Gefolgschaft und schlug in den beiden folgenden Jahren Aufstände nieder. 291 eroberte er nach langer Belagerung Theben. Als seinen Gouverneur für das Land setzte er, mit dem Titel «Kommissar» *(Epimeletes)*, den Historiker Hieronymos von Kardia ein, der zuvor dem Eumenes, dann seinem Überwinder Antigonos gedient hatte und nun in seinen Diensten stand, später noch in denen seines Sohnes Antigonos Gonatas.[87] Nicht der Titel, aber die Funktion des Hieronymos in Böotien dürfte derjenigen des Olympiodoros in Athen entsprochen haben.[88]

Mit dem Sommer 292 endete das zweite Archontat des Olympiodoros. Man hört danach von ihm erst wieder im Frühjahr 287, als er an die Spitze des Aufstands gegen Demetrios trat. Es mag zwischen ihm und dem König zu einer Verstimmung gekommen sein, und jedenfalls scheinen seit 292 willfährigere Politiker im Vordergrund zu stehen und die Interessen des Königs zu vertreten, wie eben Dromokleides und, noch einmal nach seinen großen Jahren von 307 bis 301, Stratokles. Er erscheint, um den 1. Juni 292, nochmals als Antragsteller eines Ehrenbeschlusses.[89] Dieser gilt dem Philippides von Paiania (nicht identisch mit dem Komödiendichter Philippides, dessen Demos Kephale war), der nach einer langen und glanzvollen politischen Laufbahn von mehr als fünfzig Jahren die hohen Ehren erhielt, die hochverdienten Politikern im Alter zuerkannt werden konnten.[90]

Wann immer Demetrios in diesen Jahren nach Athen kam, wurde er Gegenstand neuer Huldigungen. Am weitesten ging ein Kultlied, das auf ihn gesungen wurde, als er, im Jahre 291 oder 290, von der Insel Korfu zurückkehrte, die ihm Lanassa in die Hände gespielt hatte, die Tochter des Agathokles, die sich von ihrem Gatten Pyrrhos vernachlässigt fühlte. Der Hymnus wurde anläßlich der Großen Mysterien zu Eleusis gedichtet und angeblich sowohl öffentlich aufgeführt wie auch von Privaten in ihren Häusern gesungen. Eine Paraphrase dieses sog. Ithyphallikos hat Demochares in seinem historischen Werk gegeben; den vollen Text hat Duris von

87 Walbank, Macedonia III 219–221. J. Hornblower, Hieronymus of Cardia, Oxford 1981, 5–17.

88 Vergleichbar ist auch die Stellung des jüngeren Demetrios von Phaleron, den Antigonos Gonatas nach dem Chremonideischen Krieg zum *Thesmotheten* von Athen einsetzte (S. 154ff.).

89 Dinsmoor, Archons 7–9 (IG II² 649, vermehrt um die rechte Seite der Stele). Vom gleichen Tag sind zwei ganz fragmentarische Dekrete, IG II² 389 und Hesperia 7, 1938, 97 Nr. 17, deren Antragsteller ebenfalls Stratokles gewesen sein könnte.

90 Für die Laufbahn des Philippides s. Davies, APF S. 549–550; für den Typ dieser Art von Ehrendekreten, die der gesamten Laufbahn eines verdienten Bürgers gelten, s. Habicht, Studien 124–127. Gauthier, Cités 77–92.

Samos, auch er wie Demochares ein Feind des Demetrios, in seine Geschichte eingelegt, und so ist er durch Athenaios erhalten geblieben.[91] Der Inhalt der Verse ist: Die größten und der Stadt liebsten Götter sind zugegen – Demetrios und Demeter hat der Augenblick zusammengeführt. Demetrios ist heiter, wie es den Gott ziert, schön und lachend anwesend; die Freunde umringen ihn wie die Sterne die Sonne. Er wird (mit Anspielung auf den Sieg von Salamis) als Sohn Poseidons bezeichnet und Sohn der Aphrodite genannt (Anspielung auf den attischen Kult seiner Gemahlin Phila als Aphrodite). Die anderen Götter sind entweder weit entfernt, oder sie haben keine Ohren; sie existieren vielleicht gar nicht oder kümmern sich nicht im geringsten um die Menschen. «Dich aber sehen wir leibhaftig hier, nicht aus Holz und nicht aus Stein. Zu Dir beten wir. Als erstes, Liebster, schaffe Frieden, Du hast die Macht dazu. Ich spreche von der Sphinx, die nicht nur Theben, sondern ganz Hellas im Würgegriff hat, der Ätoler nämlich, der wie die alte Sphinx auf dem Felsen sitzt und Menschenraub an uns verübt, gegen den ich mich nicht wehren kann, ist es doch ätolische Art, die Nächsten zu berauben, jetzt aber auch schon die Entfernteren. Vor allem züchtige ihn; wofern aber nicht, so finde einen Ödipus, der diese Sphinx entweder vom Felsen stürzt oder zu Asche macht.»

Für Duris sind die Verse ein Beweis, wie tief die Athener, einst die Sieger von Marathon, gesunken sind. Sie, die einst ihren Mitbürger töteten, weil er als Gesandter der Stadt vor dem Großkönig den zeremoniellen Kniefall, die Proskynese, ausgeführt hatte,[92] legten nun selbst gegenüber Demetrios weit größere Servilität an den Tag. Ähnlich ist die Kritik des Demochares. Die wesentliche Aussage des Kultliedes ist indessen die, daß der König um Hilfe gegen die den Felsen von Delphi beherrschenden Ätoler angerufen wird, die zugleich mit Theben (stellvertretend für die Stadt steht die Sphinx) verbündet sind.

Die gleiche Situation ist in einem auf Antrag des Dromokleides angenommenen Beschluß der Athener vorausgesetzt, den Plutarch im Wortlaut mitteilt:[93] das Volk solle einen Bürger wählen, der nach Darbringung eines Opfers unter günstigen Auspizien den «Retter» um ein Orakel bitten solle, wie die erneute Weihung der Schilde am besten zu bewerkstelligen sei. Dabei handelt es sich um Schilde aus der Perserbeute von 480/79, die die Athener

[91] Demetrios und Lanassa: Plutarch, *Pyrrhos* 10, 6–7. Der Ithyphallikos: Demochares, FGrHist 75, F 2. Duris, ebenda 76, F 13. Athen. 6, 253 B-F. Habicht, Gottmenschentum 232–233 mit der älteren Literatur. Marasco, Democare 199–203. I. Marcovich, Studies in Graeco-Roman Religion and Gnosticism, 1988, 8–19.

[92] Gemeint ist Timagoras und die Gesandtschaft des Jahres 367 v. Chr. Die Gründe seiner Verurteilung waren jedoch andere, als Duris angibt; G. Reincke, RE Timagoras (1936) 1073.

[93] Plutarch, *Demetrios* 13, 1–3. Zum Folgenden Habicht, Untersuchungen 34–44: «Ein Psephisma des Dromokleides von Sphettos.»

am Apollotempel in Delphi aufgehängt hatten. Der Tempel war 373, vielleicht durch Brand, zerstört worden und danach von einer Gemeinschaft griechischer Staaten wieder erbaut worden. Kurz vor der Weihung des neuen Tempels, im Jahre 340, hatten die Athener die Schilde dort wieder angebracht, sei es, daß diese der Zerstörung entgangen waren, sei es, daß man sie durch andere Stücke aus der Perserbeute ersetzte. Ihre Inschrift «Die Athener von den Persern und den Thebanern, als diese gegen die Griechen kämpften» erinnerte an die einstige Waffengemeinschaft der Thebaner mit den Barbaren und war in der Situation des Jahres 340 den Thebanern anstößig. Dies gab sofort Anlaß zu erheblichen Verwicklungen und wiederum, als seit dem Beginn des 3. Jahrhunderts die Ätoler die Vorherrschaft über Delphi antraten und ein Bündnis mit den Thebanern schlossen. Auf deren Vorhaltungen hin müssen die Schilde entfernt worden sein, und auf ihre Wiederanbringung am alten Platz zielt der Beschluß des Dromokleides. Und zwar ist es König Demetrios, der dafür sorgen soll, durch Überwindung der Ätoler und Thebaner. Wird er hier aufgefordert, die Voraussetzungen für die erneute Weihung der Schilde zu schaffen, was nur in gewaltsamer Auseinandersetzung geschehen konnte, so geht die Aufforderung im Kultlied, er möge die ätolische Sphinx vom delphischen Felsen stürzen und sodann für Frieden sorgen, in die gleiche Richtung. Der Antrag des Dromokleides muß ziemlich genau in die gleiche Zeit gehören, und Dromokleides ist ja als einflußreicher und im Sinne des Königs tätiger Politiker in diesen Jahren bereits bekannt (S. 94). Durch den Hymnus wie durch den Beschluß wird Demetrios als helfender Gott angerufen und aufgefordert, gegen die Feinde im Norden zu Felde zu ziehen. Und es hat Bedeutung, daß Dromokleides' Antrag ihn ausdrücklich um ein Orakel bittet: die traditionelle Orakelstätte, Delphi, ist eben in den Händen der Feinde, und der Orakelgott Apollon für die Athener daher unerreichbar. Für ihn tritt der neue, leibhaftige und anwesende Gott Demetrios ein.

Eben diese Situation Delphis hat im Sommer 290 auch dazu geführt, daß König Demetrios in Athen ein *Pythien* genanntes Fest veranstaltete, da das traditionelle Fest der Pythien in Delphi jetzt von den Ätolern ausgerichtet und kontrolliert wurde.[94] Würde eine Siegerliste dieser athenischen Pythien gefunden, so hätte man ein Bild (oder wenigstens einen Eindruck), welche Wirkung die Einladung zu diesen Wettspielen in der griechischen Welt hatte.

Im folgenden Jahr 289 begann Demetrios den in Athen erhofften Feldzug gegen die Ätoler. Nach dem Einfall in ihr Land stieß er weiter gegen Epirus vor, um sich mit Pyrrhos zu messen. Der war ihm seinerseits entgegengezogen, doch verfehlten die Heere einander, so daß Pyrrhos in Ätolien auf das von Demetrios zurückgelassene makedonische Korps unter dem Befehl des Pantauchos stieß. Es kam zur Schlacht, in der Pyrrhos und

94 Plutarch, *Demetrios* 40, 7–8. Walbank, Macedonia III 224.

Pantauchos einander im Zweikampf verwundeten, Pyrrhos endlich einen vollständigen Sieg errang und fünftausend Gefangene machte. Er gewann damit ein gewaltiges Prestige, das er publizistisch auszumünzen verstand.[95] Vor allem in Makedonien wurde er bewundert und von vielen als das einzige würdige Abbild Alexanders des Großen angesehen.[96] Demetrios hatte einen empfindlichen Rückschlag erlitten, der noch gravierender war, da eine schwere Krankheit ihn für längere Zeit niederwarf. Die Quellen sprechen auch davon, daß sein Charakter sich gewandelt habe. Kritisiert wurden der Pomp und Bombast seines Auftretens, die orientalische Tracht, der luxuriöse Lebensstil, vor allem aber, daß er, der früher so offen und umgänglich gewesen war, unzugänglich wurde, sich abschloß, bei Audienzen oft hochfahrend und ausfallend wurde. Eine athenische Gesandtschaft hielt er zwei Jahre lang hin, ohne sie vorzulassen, obwohl er angeblich den Athenern noch besondere Aufmerksamkeit schenkte. In Makedonien erregte es besonders böses Blut, als er dabei beobachtet wurde, wie er ein Bündel von Bittschriften, die ihm gerade überreicht worden waren, von einer Brücke ungelesen in den Strom warf.[97] In Makedonien und in den von ihm beherrschten Landesteilen Griechenlands wurde seine Herrschaft zunehmend als drückend und willkürlich empfunden. Sobald sie in Makedonien ernstlich erschüttert wurde, mußte es auch in Griechenland zur Erhebung kommen.

Zwar konnte der wieder genesene Demetrios den bis nach Edessa vorgedrungenen Pyrrhos fast mühelos wieder vertreiben, aber sein Stern begann gleichwohl zu sinken. Er trug sich mit dem großen Plan, auch das asiatische Reich seines Vaters zurückzuerobern, und rüstete in großem Stil für eine Offensive gegen Lysimachos. In Athen, Chalkis und Korinth wurden Kriegsschiffe für ihn gebaut. Alarmiert durch diese Vorbereitungen verständigten die anderen Machthaber sich wieder gegen ihn: Lysimachos, Ptolemaios, Seleukos und Pyrrhos bildeten eine Abwehrfront, ja sie gingen ihrerseits zur Offensive über. Ptolemaios entsandte eine Flotte in die Ägäis und scheint dem Demetrios 287 die Kontrolle über den Inselbund der Nesioten entrissen zu haben, den dessen Vater 314 gegründet hatte.[98] Lysimachos und Pyrrhos fielen von zwei Seiten, von Osten und Westen, nach Makedonien ein. Beim Versuch, ihnen entgegenzutreten, mußte Demetrios erleben, daß große Teile seines Heeres zum Feind überliefen. Er flüchtete nach Kassandreia, wo sich seine Gattin Phila aus Verzweiflung das Leben nahm. Lysimachos und Pyrrhos teilten Makedonien unter sich.

Dem Demetrios waren seine griechischen Besitzungen geblieben, und von dort sammelte er seine Truppen und seine Helfer. Zum ersten Male,

95 Plutarch, *Demetrios* 41, 1–5; *Pyrrhos* 7, 4–8, 5. D. Kienast, RE Pyrrhos (1963) 123.

96 Plutarch, *Demetrios* 41, 5; *Pyrrhos* 8, 2.

97 Plutarch, *Demetrios* 41, 5–42, 7.

98 Walbank, Macedonia III 228.

heißt es, legte er damals die Tracht eines Privatmannes an. Sein Mut war ungebrochen, da traf ihn ein neuer Schlag: Athen erhob sich gegen ihn und überwältigte seine Garnison in der Stadt (Frühjahr 287). Die Rückschläge, die er in Makedonien erlitten hatte, wurden zum Signal für alle freiheitsliebenden Athener, die fremde Herrschaft abzuschütteln und an die Politik von 301 anzuknüpfen.[99] Unter Führung des Strategen Olympiodoros, der zuvor Mitstreiter und als Archon der Jahre 294–292 der Vertrauensmann des Demetrios gewesen war, erstürmten sie, mit ganz geringen Verlusten, das Museion. Als erster erstieg Leokritos die Mauer; er fiel als Held, und die Athener weihten seinen Schild mit einer seinen Namen und seine Tat verzeichnenden Inschrift Zeus «dem Befreier» *(Zeus Eleutherios)*. Er wie die anderen Gefallenen erhielten ein Ehrengrab auf dem Staatsfriedhof.[100] Unterstützt wurden die Bürger von einem Teil der vermutlich aus Söldnern bestehenden Garnison, von denen ein gewisser Strombichos noch zwanzig Jahre später für seine dabei geleisteten Dienste gelobt wurde.[101] Dagegen war der Piräus weiterhin in der Hand der königlichen Besatzung, und der König selbst war mit seiner Armee von der Peloponnes her im Anmarsch, um die Stadt zurückzuerobern.[102] Es war um die Zeit der Getreideernte (ab Mitte Mai), und die erste Sorge der Behörden war, diese einzubringen, ehe sie in die Hand des Feindes fiel. Dabei half Kallias von Sphettos, Bürger Athens aus einer wohlhabenden und angesehenen Familie, dessen Vater Thymochares hohe militärische und politische Funktionen wahrgenommen hatte (S. 71). Kallias selbst freilich war in den Jahren der Oligarchie aus politischem Protest ins Exil gegangen und hatte damals seinen Besitz durch Konfiskation verloren. Er stand 287 im Dienst des Königs Ptolemaios I. und landete, dessen Instruktionen folgend, mit eintausend Elitesoldaten in Athen. Er kam von der Insel Andros, die Ptolemaios wie auch andere

99 Die wichtigsten Quellen für die Vorgänge sind die Dekrete zu Ehren der Brüder Kallias (vom Jahre 270) und Phaidros von Sphettos (von ca. 255 v. Chr.), das erste, mit wichtigen neuen Tatsachen, veröffentlicht von T. L. Shear, Jr., Hesperia-Suppl. 17, 1978, das zweite IG II² 682. Alle übrigen Quellen, Inschriften sowie die Nachrichten der antiken Autoren (Plutarch, Pausanias u. a.), sind übersichtlich zusammengestellt bei Shear a. O. 87–97. Die wichtigste Literatur seit seiner Veröffentlichung: Habicht, Untersuchungen 45–67. M. J. Osborne, ZPE 35, 1979, 181–194. H. Heinen, GGA 233, 1981, 189–194. E. Lanciers, RBPh 65, 1987, 52–86. Walbank, Macedonia III 228–233. Gegenüber Shears Datierung der Erhebung auf das Frühjahr 286 hat sich die Auffassung, die sie ins Frühjahr 287 setzt (Habicht, Osborne), allgemein durchgesetzt.

100 Pausanias 1, 26, 2. 29, 13.

101 IG II² 666. 667. Von einer der Statuen Olympiodors hat sich eine römische Kopie des Kopfes erhalten, dessen Original in der Zeit des Demosthenesporträts entstanden sein dürfte (G. M. A. Richter, The Portraits of the Greeks, abridged and revised by R. R. R. Smith, Ithaca, N. Y. 1984, 169–170 und Abb. 131).

102 Gegenüber der Annahme Fergusons (HA 149), Demetrios sei von Norden, auf dem Weg über Panakton und Phyle, gekommen, hat das Dekret zu Ehren des Kallias gelehrt, daß er vielmehr von Korinth her anrückte.

Kykladeninseln wohl gerade erst annektiert hatte. Mit seiner Hilfe und derjenigen des Hoplitenstrategen der Stadt – es war Kallias' eigener Bruder Phaidros – gelang es, die Ernte noch rechtzeitig einzubringen. Beide Brüder, so sagen es die später zu ihren Ehren gefaßten Beschlüsse des Volkes, trugen damit wesentlich zur Rettung der Stadt bei.

Mit den Streitkräften des Demetrios im Piräus kam es alsbald zu Gefechten, und in einem derselben wurde Kallias leicht verwundet. Dann war Demetrios selbst mit seiner Armee zur Stelle und schloß die Stadt ein. Aber schon kurz darauf kam es zum Friedensschluß, in dem Athen die gerade wiedergewonnene Freiheit behauptete. Für die Zustimmung zum Frieden warb Phaidros in der Ekklesie, und es bedurfte offensichtlich guten Zuredens, ihn der Volksversammlung schmackhaft zu machen, denn in ihm wurde die Stadt zwar als frei anerkannt, doch blieben die makedonischen Besatzungen im Piräus und in den Forts von Attika. Und daß Demetrios der Stadt die Freiheit zugestand (oder jedenfalls die Belagerung aufhob), war nur zwei besonderen Umständen zu danken, einmal seiner Ungeduld, das lange vorbereitete Unternehmen gegen Lysimachos in Kleinasien zu beginnen, zum anderen der Intervention des Ptolemaios zugunsten der Stadt. Dieser hatte einen hohen Funktionär, Sostratos von Knidos (berühmt vor allem als Stifter oder Architekt des Pharos von Alexandria) als seinen Unterhändler zu Demetrios abgesandt. Im Piräus führten beide Friedensgespräche, bei denen die Athener von Sostratos zwar gehört wurden, selbst aber nicht Partei waren. Der Rat und die Strategen, unter diesen Kallias' Bruder Phaidros, hatten Kallias, der zwar Offizier des Ptolemaios, aber auch athenischer Bürger war, mit dieser Aufgabe betraut. Der Friede wurde zwischen Demetrios und Ptolemaios geschlossen, und der ägyptische König (in der Person des Sostratos) vertrat dabei, nach Anhörung des athenischen Sprechers, auch die Interessen der Stadt. Er vermochte jedoch nicht, die Räumung des Piräus und der attischen Festungen durchzusetzen. Der Friede beließ der Stadt die Freiheit, blieb aber hinter ihren Erwartungen zurück; insbesondere die fremde Kontrolle über den Hafen wurde immer als Stachel empfunden, solange sie dauerte – noch volle 58 Jahre.[103] Der Abschluß der Feindseligkeiten fiel noch ins Jahr des Archons Kimon, daher nicht später als Juli 287. Demetrios segelte ohne Verzug nach Kleinasien ab und ließ als seinen Stellvertreter in Griechenland seinen Sohn Antigonos zurück. Es war künftig dieser, mit dem Athen sich auseinanderzusetzen hatte; die (zweite) Herrschaft des Demetrios über die Stadt war vorbei.

103 Phokions Sohn Phokos war besonders verhaßt wegen seiner Liebedienerei gegenüber dem makedonischen Kommandanten der Munychia, Athen. 3, 168 E.

IV. Die Kultur im öffentlichen Leben der Stadt

Eine allgemeine Geschichte der Stadt Athen in hellenistischer Zeit ist nicht der Ort (noch ist der Autor hinreichend kompetent), die literarischen Hervorbringungen ihrer Dichter und Schriftsteller kritisch zu würdigen oder über die erhaltenen Werke ihrer Künstler sachverständig zu urteilen. Die folgenden Darlegungen verzichten daher auf jeden derartigen Versuch. Sie bemühen sich statt dessen darum, eine Vorstellung davon zu geben, welche Rolle die Kultur im öffentlichen Leben der Stadt spielte. Gefragt wird unter anderem danach, wieweit es Athener waren, wieweit Fremde, die das kulturelle Leben prägten und bestimmten; ob schöpferisch tätige Athener außer in ihrer Mutterstadt auch im Ausland wirkten; ob sie ganz und gar ihrer Kunst oder Wissenschaft lebten oder daneben am politischen Leben der Stadt aktiv teilnahmen. Auch soll, soweit dies möglich ist, nach dem Widerhall gefragt werden, den ihr Wirken hatte, innerhalb Attikas und gegebenenfalls auch jenseits seiner Grenzen, ferner danach, ob sie Förderung genossen und wenn ja, welcher Art diese war und wer die Patrone waren.

Die Beantwortung dieser Fragen leidet wie die Behandlung der politischen Geschichte unter der Dürftigkeit des Materials, da nahezu die ganze hellenistische Literatur athenischer Autoren und anderer, die von Athen sprachen, untergegangen ist. Verloren sind alle Zeugnisse athenischer Maler und die große Masse der von athenischen Bildhauern gefertigten Skulpturen. Die verstreuten Zeugnisse müssen in möglichster Vollständigkeit, im Bereich der ganzen griechischen Welt, gesammelt und geprüft werden, und allgemeine Folgerungen, auf die es hier vor allem ankommt, dürfen nur mit größter Vorsicht gezogen werden. Sie stehen auch dann unter dem Vorbehalt, daß neue Zeugnisse archäologischer, epigraphischer oder numismatischer Natur sie als unzureichend oder falsch erweisen können.

Wenn auch keine hellenistische Tragödie erhalten ist, die den Vergleich mit einer klassischen erlaubte, kein Dialog eines Philosophen, der an einem Dialog Platons gemessen werden könnte, so läßt sich doch von vornherein mit Sicherheit aussprechen, daß die kulturelle Aktivität Athens in dieser Zeit jedenfalls nicht geringer, vermutlich sogar lebhafter war als je zuvor. Und schöpferisch tätige Athener begegnen allenthalben, in jedem Winkel der durch Alexander den Großen weit nach Osten ausgeweiteten griechischen Welt.

1. Drama

Die durch Handschriften erhaltenen, weil von den antiken Philologen als Meisterwerke angesehenen Tragödien und Komödien stammen aus der Klassischen Zeit, dem 5. Jahrhundert. Nur Aristophanes reicht mit seinen letzten Stücken noch in den Anfang des folgenden Jahrhunderts hinein. Erhalten sind sieben Tragödien des Aischylos, sieben des Sophokles, achtzehn des Euripides und neun Komödien des Aristophanes. Nur ein einziger der späteren Dramatiker kommt den Genannten an Weltruhm gleich, Menander, geboren 342 v. Chr., im gleichen Jahr wie der Philosoph Epikur. Es ist auch der einzige von allen Nachklassikern, von dem ein vollständiges Stück, der *Dyskolos* («Menschenfeind»), erhalten geblieben ist, allerdings nicht (wie die Dramen der Klassiker) durch Handschriften, sondern auf einem Papyrus, der erst nach dem Zweiten Weltkrieg bekanntgeworden ist. Zuvor gab es von Menander, sieht man von den erhaltenen lateinischen Bearbeitungen seiner Stücke durch Plautus und Terenz ab, erhebliche Teile anderer Komödien und eine Sammlung einzeiliger Sentenzen, die schon in der Antike zu geflügelten Worten geworden und eben darum zusammengestellt worden waren. Eine derselben, «Der nicht geschundene Mensch wird nicht erzogen», hat Goethe im griechischen Originaltext *Dichtung und Wahrheit* vorangestellt.

Wenn sich von Menanders großer Produktion so wenig, von der aller anderen hellenistischen Dramatiker nur kürzere oder längere Auszüge erhalten haben, aber kein vollständiges Stück, so ist zunächst zu sagen, daß auch von den Werken der genannten vier Klassiker sich nur ein bescheidener Bruchteil gerettet hat. Das Mißverhältnis in der Erhaltung älterer und jüngerer dramatischer Dichtung ist gleichwohl kraß genug. Es ist so gut wie sicher, daß dafür nicht eine (vielleicht) geringere Qualität der jüngeren Stücke als vielmehr der Geschmack des Publikums verantwortlich war, der größeren Gefallen an den Werken der alten Meister fand. Es ist nämlich keineswegs ausgemacht, daß die Stücke Menanders und seiner Zeitgenossen denen des Aristophanes an literarischer Qualität nachstanden. Es mag sein, daß Menander weniger originell als Aristophanes war und daß die fast nur ihren Namen nach bekannten Tragödiendichter der Zeit es mit ihren klassischen Vorläufern nicht aufnehmen konnten – es mag so sein, aber die Probe kann eben nicht gemacht werden. Gewiß aber würde man mit der Annahme irren, das nachklassische Publikum sei am Theater weniger interessiert gewesen als die ältere Generation. Vielmehr wurden im 3. und 2. Jahrhundert in Athen weiterhin jährlich viele Tragödien und Komödien geschrieben, von athenischen Dichtern und von Fremden, die in Athen seßhaft geworden waren, weil dort die Voraussetzungen für eine erfolgreiche Laufbahn besser waren als irgendwo sonst. Jahr um Jahr wurden zahlreiche Dramen an den Festen der Dionysien (im Frühjahr) und der Lenäen (im Winter) aufgeführt.

Neue Stücke jeweils lebender Dichter beherrschten das Programm, doch wurde seit dem frühen 4. Jahrhundert jährlich auch eine alte Tragödie, seit dem späten 4. Jahrhundert jeweils auch eine alte Komödie aufgeführt.[1]

Steinurkunden, mit deren Aufzeichnung im Jahr 279/8 begonnen wurde und die sodann eineinhalb Jahrhunderte fortgeführt wurden, sind in beachtlichem Umfang erhalten. Sie unterrichten Jahr für Jahr über die dramatischen Agone, indem sie mitteilen, welche Stücke (Titel und Verfasser) jeweils aufgeführt wurden, welche siegreich waren, welche die nächsten Plätze einnahmen, und welcher Schauspieler den Preis gewann. Die Nennung des eponymen Archons gibt jeweils an, um welches Jahr es sich handelt. Es kam häufiger vor, daß ein Fest nicht bzw. daß es ohne dramatische Aufführungen stattfand; dann besteht die dem Namen des Archons folgende Eintragung eben nur aus dieser Mitteilung. Wurde dagegen das volle Programm abgewickelt, so beanspruchte allein die Aufzeichnung der Komödien 15 Zeilen Text. Man sieht z. B., daß in dem betreffenden Jahr eine ältere Komödie wiederaufgeführt und sechs neue erstmals inszeniert wurden. Die Dichter der im 2. Jahrhundert wiederaufgeführten Stücke waren vor allem Menander, Philemon, Poseidippos und Philippides, d. h. die erfolgreichsten Autoren der frühhellenistischen Zeit. Es sind die Meister der sog. «Jüngeren Komödie», die bereits zu den beherrschenden Klassikern geworden waren, nicht die Meister der sog. «Älteren Komödie» aus dem 5. Jahrhundert wie Aristophanes oder Eupolis, und schon gar nicht die der «Mittleren Komödie», die ohnehin schwer von der jüngeren abzugrenzen ist, Autoren wie Alexis, die älter als Menander, aber noch in seiner Zeit produktiv waren. Die sechs neuen Komödien, die in dem betreffenden Jahr dargeboten wurden, sind in der Reihenfolge aufgezeichnet, in der sie bewertet worden waren.[2]

[1] Die maßgebende Sammlung der griechischen Komödiendichtung ist *Poetae Comici Graeci*, seit 1983 herausgegeben von R. Kassel und C. Austin. Bisher liegen vor (mit Ausnahme Menanders) die Autoren von Agathenor bis Xenophon. Für die noch fehlenden Dichter muß man zurückgreifen auf Th. Kock, *Comicorum Atticorum Fragmenta* (CAF), 3 Bände, Leipzig 1880–1888. Für Menander: A. Koerte – A. Thierfelder, *Menandri quae supersunt*, 2 Bände, 1955–59; E. W. Handley, The Dyskolos of Menander, London 1965; A. W. Gomme und F. H. Sandbach, Menander. A Commentary, Oxford 1973; S. Jäkel, Menandri Sententiae, Leipzig 1964. Für die Stellung der Frau in der Neuen Komödie siehe E. Fantham, Phoenix 29, 1975, 44–74, für das soziale Milieu der Charaktere Menanders L. Casson, The Athenian Upper Class and New Comedy, TAPhA 106, 1976, 29–59. Ausführliche Behandlung der Theaterpraxis durch A. Pickard-Cambridge, The Dramatic Festivals of Athens², rev. by J. Gould and D. M. Lewis, 1968.

[2] IG II² 2319–2325. Ad. Wilhelm, Urkunden dramatischer Aufführungen in Athen, Wien 1906. B. Snell, Zu den Urkunden dramatischer Aufführungen, Nachrichten von der Gesellschaft der Wissenschaften zu Göttingen 1966, Nr. 2. C. Ruck, IG II² 2323. The List of Victors in Comedies at the Dionysia, Leiden 1967. H.-J. Mette, Urkunden dramatischer Aufführungen in Griechenland, Berlin 1977. H.-G. Nesselrath, Die attische Mittlere Komödie, Berlin 1990.

Inhaltlich ist die hellenistische Komödie von anderer Art als die klassische. Äußerungen zu politischen Tagesereignissen, die bei Aristophanes viele Stücke geradezu beherrschen, sind sehr selten und dürften auch dort, wo sie vorkommen, nur Randerscheinungen sein. Ausnahmen sind Philippides' Schmähungen auf Stratokles (S. 87) oder die Verunglimpfung des demokratischen Politikers Demochares (S. 80f.) durch den Komödiendichter Archedikos, der während der Oligarchie der Jahre 322–319 selbst eine politische Rolle spielte und dem makedonischen Regenten Antipatros nahestand, der sie geschaffen hatte. Archedikos' Anwürfe wären rasch vergessen worden, hätte nicht der in Athen lebende Historiker Timaios von Tauromenion (Taormina) sie in seine Universalgeschichte aufgenommen und eben damit wieder seinen Nachfolger Polybios zu scharfer Polemik gereizt.[3] Auch bei anderen Dichtern dieser Zeit treten bekannte Persönlichkeiten des Tages auf, nicht nur Politiker, sondern z. B. Philosophen oder stadtbekannte Köche, aber eigentlich politische Verse oder gar den Versuch, auf die Politik einzuwirken, gibt es so gut wie nie. In Menanders Werk spielt die Politik keine Rolle; gleichwohl ist er nach dem Sturz des Demetrios von Phaleron, nur weil er dessen Freund war, in Gefahr geraten, vor Gericht gestellt zu werden.[4]

Auch darin unterscheidet die jüngere Komödie sich von der des Aristophanes, daß sie frei ist von den bei ihm so zahlreichen Obszönitäten. Offensichtlich hatte der Geschmack des Publikums sich gewandelt, vielleicht auch, bis zu einem gewissen Grade, dessen Zusammensetzung, denn vor dem Ende des 4. Jahrhunderts waren die Subventionen (*theorika* oder Schaugelder) eingestellt worden, die auch den Ärmsten und den entfernt Wohnenden den Besuch des Theaters hatten ermöglichen sollen. Die Folge könnte gewesen sein, daß ebendiese den Vorstellungen künftig fernblieben und die Dichter es nicht länger nötig hatten, ihrem Geschmack Konzessionen zu machen, wenn sie mit ihren Stücken erfolgreich sein wollten.[5] Aber die Meidung des Politischen wie des Obszönen dürfte noch eine andere Ursache darin haben, daß die hellenistischen Komödien in der ganzen griechischen Welt aufgeführt wurden, wie an zahlreichen Siegerlisten aus vielen griechischen Städten und von Inseln wie Delos oder Samos abzulesen ist. Das außerattische Publikum war naturgemäß an athenischer Politik nicht interessiert und dürfte jedenfalls hier oder dort reservierter als das athenische gegenüber krasser Deutlichkeit im Bereich der Sexualität gewe-

[3] Für Archedikos s. Habicht, Der Komödiendichter Archedikos, Hesperia 62, 1993, 253–256, im allgemeinen G. Philipp, Philippides, ein politischer Komiker der hellenistischen Zeit, Gymnasium 80, 1973, 493–503.

[4] Diog. Laert. 5, 79. D. Potter, Historia 36, 1987, 491–495.

[5] J. Buchanan, Theorika, Locust Valley, N. Y. 1962, 82. Die Frage, ob auch Frauen als Zuschauer bei den Aufführungen in Athen zugelassen waren, ist strittig (Pickard-Cambridge [Anm. 1], Kapitel 4); sie wird bejaht von J. Henderson, TAPhA 121, 1991, 133–147.

sen sein. Für Menanders einzigartige Popularität durch die Jahrhunderte sieht man einen Grund eben auch darin, daß seine Stücke moralisch akzeptabel sind.[6] Sie sind ohne spezifisch athenischen Hintergrund und stellen alltägliche Menschen vor mit ihren Leidenschaften und Eigenheiten, ihren Stärken und Schwächen. Sie sprachen jedermann zu jeder Zeit an und erlaubten den Zuschauern, sich mit den Helden zu identifizieren. Menander beurteilt die Menschen nicht nach den Vorzügen oder Nachteilen ihrer Geburt (Adel, Reichtum, Stand usw.), sondern nach dem, was sie sind, nach ihrem Charakter. Man hat von ihm gesagt, er habe ein neues Menschenbild geschaffen, indem er stets auf das Allgemein-Menschliche (τὸ ἀνθρώπινον) abstellt, und daß er deshalb zu Recht *Vater der Humanität* genannt werde.[7] Er trat 322/1, noch als Ephebe, zum ersten Male im Wettbewerb der Dichter auf und errang damals an den Lenäen seinen ersten Sieg; im Jahre 316, zur Zeit des Demetrios von Phaleron, war er mit dem *Dyskolos* erfolgreich. Er starb im Alter von nur fünfzig (oder zweiundfünfzig) Jahren. Zu seinen Lebzeiten war er weniger populär als der eine oder andere seiner Konkurrenten, am sofort einsetzenden Nachruhm hat er sie alle weit in den Schatten gestellt. Ein anonymes Epigramm auf ihn schließt mit den Worten «Unvergänglich bist du, und es hebt sich der Ruhm der Athener / hoch zu den Wolken empor bis in den Himmel – durch dich.»[8]

In der hellenistischen Epoche sind etwas mehr als fünfzig Komödiendichter bekannt, die Athener waren oder in Athen wirkten.[9] Soweit sie Bürger der Stadt waren, treten sie uns, dank der erhaltenen Inschriften, auch in der Erfüllung ihrer Bürgerpflichten entgegen, so in verschiedenen Ämtern: im Kollegium der Archonten, als Priester eines Gottes, Münzmeister eines Jahres, oder in besonderer Mission, z. B. als Delegierte der Stadt im internationalen Rat der Amphiktionie von Delphi, der das Heiligtum des Apollon und die zu seinen Ehren gefeierten pythischen Festspiele betreute. Sie haben auch Geld beigetragen, wann immer die Stadt für einen besonderen Zweck zu einer freiwilligen Umlage *(epidosis)* aufrief.[10] Wie auch in anderen Künsten waren oft Vater und Sohn im gleichen Metier tätig, und von einer Familie aus Phaleron lassen sich vier direkt aufeinan-

[6] A. W. Gomme – F. H. Sandbach, Menander, A Commentary (1973) 26.

[7] W. Schadewaldt, Der Gott von Delphi und die Humanitätsidee, Rede zur Verleihung des Reuchlinpreises 1963, 12, wieder abgedruckt in Schadewaldt, Hellas und Hesperien 1, Zürich ²1970, 673–674.

[8] AP 9, 1987, in der Übersetzung von H. Beckby.

[9] Sie können der Liste von C. Austin, ZPE 14, 1974, 201–225, leicht entnommen werden.

[10] IG II² 1714, 10 (Thesmothet). 2336, 123 (Asklepiospriester). Chiron 21, 1991, 10 (Münzmeister). I Délos 1928 (Gymnasiarch). FD III 2, 69, 3 und 277, 2 (Amphiktionie, der Betreffende ist allerdings ein Tragödiendichter aus Athen). IG II² 2332, 206 (Epidosis).

derfolgende Generationen komischer Dichter nachweisen, die in Athen und außerhalb erfolgreich waren.[11]

Seit dem frühen 3. Jahrhundert haben sich die Komödiendichter und andere in Literatur, Musik, Tanz und Schauspiel Tätige zu Gilden zusammengeschlossen, die sich «Werkleute um Dionysos» *(technitai peri ton Dionyson)* nannten, als Huldigung an den Gott der musischen Darbietungen. Die Übersetzung «Festkünstler» trifft am ehesten, was sie waren. Derartige Vereinigungen entstanden an verschiedenen Stellen, doch war die athenische die älteste und bedeutendste, mit der allerdings die Gilde der Techniten vom Isthmos lange rivalisierte. Die Götterfeste waren die Gelegenheiten, bei denen die Techniten miteinander wetteiferten, sowohl Dichter wie Schauspieler und alle Arten von Musikern. Die Ausübung ihres Berufes war daher Gottesdienst, ihr Auftreten überall erwünscht, wo größere Feste abgehalten wurden. Die Techniten waren daher fast ständig auf Reisen, von einer Stadt zur anderen, von einem Heiligtum und Theater zum anderen. Sie bedurften aus diesem Grund besonderen Schutzes und spezieller Vergünstigungen. Sie erhielten von der Amphiktionie in Delphi, von Königen, Städten und Städtebünden besondere Privilegien wie Unverletzlichkeit der Person und der Habe *(asylia, asphaleia)*, Befreiung von Steuern und Dienstleistungen.[12] Bei der Feier der athenischen Prozession nach Delphi, der *Pythais* des Jahres 98/7, nahmen für die Stadt 23 Festgesandte, eine Anzahl von Rittern und 66 Epheben teil, dazu der Verein der dionysischen Techniten mit mehr als einhundert Festkünstlern.[13]

Hinter den Dichtern der Komödie stehen die der Tragödie und des Satyrspiels an Zahl zurück; bekannt sind mehr als sechzig für die hellenistische Zeit, davon gut die Hälfte Athener.[14] Ihre Produktion ist noch weit vollständiger untergegangen als die der Komödienschreiber; nur neun

[11] E. Preuner, RhM, 1894, 362–369. Timostratos war erfolgreich in Athen, sein Sohn Ariston in Samos, sein Enkel Poses in Tanagra, sein Urenkel Ariston in Oropos (PCG VII 560, T 1 und T 5; 783, T 1–3 und 7).

[12] F. Poland, Technitai (RE, 2. Reihe, Band 5 B, 2473–2558). Ein vollständiges Verzeichnis aller bekannten Techniten gibt I. E. Stefanis, Dionysiakoi Technitai, Heraklion 1988.

[13] Siehe die Liste der Techniten in FD III 2, 48, vermehrt um BCH 62, 1938, 362–368; jetzt Hesperia-Suppl. 15, 1975, 60–63, Zeile 14–52. Vgl. P. Ghiron-Bistagne, Recherches sur les acteurs dans la Grèce antique, Paris 1976.

[14] Für das Folgende siehe K. Ziegler, RE Tragoedia (1937) 1899–2075, wo die hellenistische Tragödie auf den Spalten 1967–1981 behandelt ist. Ziegler wendet sich (1967–1970) gegen «die herkömmliche, in Wahrheit durch nichts gerechtfertigte Geringschätzung der nachklassischen, insbesondere der hellenistischen Tragödie». Er zitiert ein besonders krasses Urteil von J. Geffcken: «rasch verwelkende Treibhausgewächse, die übel genug nach Verwesung rochen.» A. Lesky, Die tragische Dichtung der Hellenen, Göttingen ^{2}1964, 222–224. G. M. Sifakis, Studies in the History of the Hellenistic Drama, London 1967.

Bruchstücke mit insgesamt 22 Versen sind erhalten, meistens Einzeiler, die als Sentenzen umliefen. Das ist alles, was von mehreren tausend Stücken übriggeblieben ist, die alle nur deshalb untergingen, weil ihre Diktion einer späteren Zeit, die von der attizistischen Mode beherrscht war, mißfiel, nicht aber, weil sie qualitätsarm gewesen wären. In der hellenistischen Tragödie wurden, wie die etwa fünfzig bekannten Dramentitel erkennen lassen, vielfach neue Stoffe behandelt, und die Werke haben zu ihrer Zeit ebenso nachhaltig gewirkt wie einst die Tragödien der Klassischen Zeit. Sie fanden daher sofort Nachahmung in anderen Kulturkreisen; so ist seit 240, seit dem Ende des Ersten Punischen Krieges um Sizilien, die römische Tragödie ins Leben getreten, als ein Ableger des zeitgenössischen griechischen Dramas; ja, im 2. Jahrhundert v. Chr. hat der Jude Ezechiel die Geschichte des Moses und des Auszuges aus Ägypten in einer Tragödie in griechischer Sprache unter dem Titel *Exagoge* («Herausführung») behandelt. Von ihr sind durch den Kirchenvater Eusebius von Caesarea noch 269 Trimeter erhalten.[15]

Auch die Tragödiendichter führten ihre Stücke überall in der griechischen Welt auf und wurden wie die Komödiendichter auch außerhalb Athens vielfach geehrt, durch Ehrenbeschlüsse, Verleihung des Bürgerrechts, Statuen usw. Zeugnisse solcher Ehrungen für attische Tragödiendichter dieser Zeit liegen z. B. vor aus Delos, Oropos, Theben, Thespiai, Tanagra, Orchomenos in Böotien und Delphi. Ebenso reisten die tragischen Schauspieler, üblicherweise mit ihrer Technitenvereinigung, von Ort zu Ort. Ein erfolgreicher Akteur aus dem arkadischen Tegea gewann mit verschiedenen Stücken des Euripides Preise in Athen, Argos, Delphi und Dodona.[16] Und ebensowenig wie einst Sophokles, der zur Zeit des Perikles im Kollegium der Strategen gedient hatte, waren die Dichter weltabgewandte Literaten, sondern dienten ihrer Stadt wie andere Bürger auch, sei es als Münzmeister oder in anderen Ämtern. Besonders hoch, zu den höchsten Stellungen, die es zu seiner Zeit gab, stieg Dionysios von Anaphlystos auf, der im Jahre 111/0 athenischer Gouverneur der Insel Delos und fünf Jahre später Hoplitenstratege und in dieser Eigenschaft Führer der großen staatlichen Prozession nach Delphi, der *Pythais* von 106/5, war.[17]

Es war, wie erwähnt, seit dem 4. Jahrhundert die Regel geworden, daß an den großen Festen, außerhalb und vor Beginn des eigentlichen Wettbewerbs der neuen Dramen, je eine alte Komödie und Tragödie wiederaufge-

[15] Text bei Snell, TGF 1, 1971, 288–301; deutsche Übersetzung mit Einleitung, Literaturverzeichnis und Anmerkungen von E. Vogt 1983 (Jüdische Schriften aus Hellenistisch-Römischer Zeit IV). Ezechiel hat noch andere Tragödien über alttestamentarische Themen verfaßt.

[16] Syll.³ 1080.

[17] Habicht, Hermes 119, 1991, 198; 204; 212; 216.

führt wurde. Bei diesen Stücken konkurrierten nicht die (lange verstorbenen) Dichter, sondern die Schauspieler miteinander um den Preis. Aber es kam auch vor, daß den Großen der Vergangenheit mehr Raum zugemessen wurde. Eine zufällig erhaltene Inschrift aus der Mitte des 3. Jahrhunderts, aus dem Jahr des Archons Alkibiades, lehrt, daß in jenem Jahr nicht weniger als neun alte Stücke erneut aufgeführt wurden, nämlich drei «alte» Komödien (von Diphilos, Menander und Philemon), drei Satyrspiele und drei Tragödien. Menanders Stück war *Phasma* (Phantom), für das auch im Jahre 167 v. Chr. eine Aufführung bezeugt ist. Die Vorführung der alten Tragödien verhalf einem Schauspieler zum Sieg, der in einem Stück des Sophokles auftrat, wie denn damals Sophokles und vor allem Euripides weitaus populärer waren als Aischylos.[18]

2. Die philosophischen Schulen

Prächtige Feste von internationalem Rang wie die alle vier Jahre gefeierten Großen Panathenäen machten Athen in bestimmten zeitlichen Intervallen immer wieder zum Anziehungspunkt für die Griechen von nah und fern.[19] Zu jeder Zeit aber war die hellenistische Stadt ein starker Magnet für Intellektuelle, die sich in ihr bilden oder weiterbilden wollten. Sie verdankte dies den vier florierenden und miteinander konkurrierenden philosophischen Schulen. Es waren die *Akademie* Platons, der aus ihr hervorgegangene *Peripatos* («Umgang») des Aristoteles,[20] die *Stoa* («Wandelhalle») Zenons[21] und der *Kepos* («Garten») Epikurs.[22] Sie alle waren im Laufe des 4. Jahrhunderts entstanden, in den Jahren 387, 335, 306 bzw. 301, und sie

[18] Hesperia 7, 1938, 116 Nr. 2. A. Körte, Hermes 73, 1938, 123–127. IG II^2 2323, 206.

[19] Für das Folgende siehe Habicht, Hellenistic Athens and Her Philosophers, 1988, jetzt: Athen in hellenistischer Zeit. Gesammelte Aufsätze, München 1994, 231–247. Eine knappe, strikt auf die Quellen gestützte Darstellung der wichtigsten Lehrmeinungen der bedeutendsten Philosophen dieser Zeit gibt P. O. Kristeller, Greek Philosophers of the Hellenistic Age, New York 1993. Die wesentlichsten Quellen zur Geschichte der hellenistischen Philosophie sind der Index Academicorum, jetzt in der kommentierten Ausgabe von T. Dorandi, Filodemo. Storia dei filosofi. Platone e l'academia, Neapel 1991; der Index Stoicorum, jetzt in der Ausgabe von Dorandi, Filodemo. Storia dei filosofi. La Stoa da Zenone a Panezio, Leiden 1994; Die Schule des Aristoteles, hg. v. F. Wehrli, 10 Bände und 2 Supplementbände, Basel 1944–1978; Stoicorum Veterum Fragmenta, hg. v. H. v. Arnim, 3 Bände, Leipzig 1923–1938; Epicuro, Opere, hg. v. G. Arrighetti, Turin ^{2}1973; Diogenes Laertios, hg. v. H. Long, 2 Bände, 1964. A. A. Long und D. N. Sedley, The Hellenistic Philosophers, 2 Bände, Cambridge 1987. T. Dorandi, Ricerche sulla cronologia dei filosofi ellenistici, Stuttgart 1991.

[20] P. Lynch, Aristotles' School, Berkeley 1972.

[21] A. Erskine, The Hellenistic Stoa. Political Thought and Action, London 1990.

[22] Eine schöne Würdigung Epikurs und der Epikureer gibt U. von Wilamowitz-Moellendorff, Der Glaube der Hellenen, 2, Berlin 1932, 286–290.

alle blühten während der gesamten hellenistischen Zeit, wenn auch die Schule des Aristoteles seit dem späteren 3. Jahrhundert gegenüber den drei anderen abfiel.

Wie in anderen griechischen Staaten war auch in Athen die intellektuelle Erziehung der Jugend Sache der privaten Initiative. Auf diesem Feld war nichts geregelt und nichts vorgeschrieben. Der Staat unterhielt keine Schulen, sondern schützte nur das Recht der Individuen, Unterricht zu geben und zu empfangen und zu diesem Zweck auch Vereinigungen zu gründen, solange deren Tätigkeit sich im Rahmen der gesetzlichen Vorschriften bewegte. Höhere Bildung bedeutete Rhetorik und Philosophie. Da man in rhetorischen Fähigkeiten die besten Voraussetzungen für eine berufliche Tätigkeit sah, florierten die Rhetorenschulen. Philosophie dagegen wurde nicht als berufsbildend angesehen, sondern eher als ein Hobby Wohlhabender, die keinem Erwerb und keiner Karriere nachgingen. Wer Philosophie studieren oder lehren wollte, kam früher oder später nach Athen als dem ganz konkurrenzlosen Zentrum. Dort waren nicht nur die besten Lehrer der einen oder anderen Schule, sondern solche aller philosophischen Richtungen tätig. Noch Augustin nannte in seinem *Gottesstaat* Athen «Mutter oder Amme aller freien Künste und so vieler und so bedeutender Philosophen.»[23]

Es ist heute, entgegen einer früher herrschenden Meinung, weithin anerkannt, daß die verschiedenen Schulen säkulare Institutionen, nicht religiöse Gemeinschaften, waren, und daß sie ihre Aufgabe in der Vermittlung von Wissen und höherer Bildung sahen, nicht in einer Art von Gottesdienst. Sie waren vom Staat unabhängige Vereinigungen, die in ihrer Freiheit nur einmal, durch das Gesetz des Sophokles vom Jahre 306 (S. 81), ernstlich gefährdet waren, nach dessen alsbaldiger Beseitigung nie wieder. Sie waren durchaus kosmopolitisch, indem die Mehrzahl der Schulleiter und die große Mehrzahl der Studierenden Fremde waren, die sich in Athen niedergelassen hatten, zumeist Griechen aus allen Teilen der von Griechen besiedelten Welt, aber auch eine nicht unbeträchtliche Zahl von Angehörigen fremder Nationen (Phöniker, Karthager, später Römer), die nur ihre griechische Bildung den gebürtigen Hellenen gleichstellte. Der Stoa standen für fast zweihundert Jahre Fremde vor, ehe ein athenischer Bürger zu ihrem Leiter gewählt wurde; der Schule des Aristoteles hat sogar nie ein Athener vorgestanden.

Im allgemeinen scheint der Unterricht frei erteilt worden zu sein, ausgenommen die frühen Stoiker, die eine Studiengebühr erhoben. Wer zu einer dieser Schulen gehörte, war trotzdem ganz frei, auch den Unterricht von Lehrern anderer Schulen zu besuchen, und es kam vor, daß jemand von der einen Schule in eine andere überwechselte. Nur bei den Epikureern war dies verpönt. Ihr Gründer Epikur rühmte sich, Autodidakt zu sein, und er

[23] *De civ. dei* 18, 9.

scheint von seinen Schülern unbedingte Loyalität verlangt zu haben. Nur ein gewisser Metrodoros (nicht der berühmte Freund Epikurs aus Lampsakos) habe jemals diese Schule verlassen, heißt es – er schloß sich der Akademie an. Umgekehrt stießen viele, die in einer der anderen Schulen begonnen hatten, zu den Epikureern. Bei diesen wurde, unter anderem, gelehrt, daß der Weise sich der Politik fernhalten und überhaupt so unauffällig wie möglich leben solle. Auf die Frage, warum denn so viele zum *Kepos* Epikurs abfielen, aber kein Epikureer zu einer der anderen Schulen, soll der Akademiker Arkesilaos geantwortet haben: «weil man jemanden entmannen, den Vorgang aber nicht umkehren kann.»

Daß Schulen und Individuen miteinander konkurrierten, lag in der Natur der Sache. Im persönlichen Umgang jedoch gab man sich freundlich und kollegial.[24] Es war natürlich nicht jedem Bürger der Stadt klar, welchen Nutzen die Beschäftigung mit der Philosophie habe oder haben könne, und nicht jedermann verstand die Feinheiten der verschiedenen Lehren oder die zwischen ihnen bestehenden Unterschiede. So war es nur natürlich, daß die Philosophen und ihr Tun ein beliebtes Thema der Komödie waren, und die erhaltenen Fragmente der hellenistischen Komödien sind voll von witzigen, meist gutartigen Verspottungen ihres Treibens.[25] Das sind deutliche Zeichen, daß man in ihnen etwas Besonderes sah, wie ja auch heutzutage Karikaturisten vor allem die Mächtigen, die Tagesberühmtheiten und die Exzentriker aufs Korn nehmen. Aber die Öffentlichkeit nahm die Philosophen gleichwohl ernst.[26] Klare Beweise sind das Gesetz des Sophokles, das sie staatlicher Kontrolle unterwarf, wie die jenes Gesetz zu Fall bringende Verfassungsbeschwerde, die ihnen die Freiheit des Lehrens und Forschens zurückgab, vor allem aber der Umstand, daß die Bürgerschaft oft Philosophen zu Mitgliedern wichtiger Gesandtschaften wählte, selbst solche, die nicht athenische Bürger waren, eine geradezu sensationelle Abweichung von allen Grundsätzen des demokratischen Staatslebens. Zu den Philosophen, die Athen in diplomatischer Mission vertraten, gehörten die Akademiker Xenokrates, Krates, Arkesilaos und Karneades, die Peripatetiker Aristoteles, Prytanis und Kritolaos und der Stoiker Diogenes. Von diesen acht Männern war nur Krates gebürtiger Athener und Karneades als einziger der übrigen eingebürgert. Von den drei Schulhäuptern, die im Jahre 155 die Stadt im römischen Senat verteidigten, um die Streichung oder Minderung

[24] «All these philosophers were gentlemen and hence able to be in earnest without being enemies», Ferguson, HA 233.

[25] Einige Beispiele: Epikrates, PCG V, F 10. Philemon, PCG VII, F 74 und F 88. Damoxenos, PCG V, F 2. Anaxippos, PCG II, F 4. Vgl. A. Weiher, Philosophen und Philosophenspott in der attischen Komödie, Diss. München 1913.

[26] Es war ein ganz persönlicher Tribut an den Gründer der Akademie und seinen Neffen und Nachfolger, daß um das Jahr 200 v. Chr. ein athenischer Bürger seine Söhne Platon und Speusippos nannte (Habicht, Studien 187–188).

einer bereits verhängten hohen Geldbuße zu erreichen, war keiner Athener.[27]

Athenisches Bürgerrecht ist jedoch den führenden Philosophen, die nicht Athener waren, oft angeboten worden. Der Stoiker Chrysipp, der Akademiker Karneades und der Epikureer Philonides gehören zu denen, die es annahmen. Andere lehnten ab: Xenokrates (S. 50) sowie die Stoiker Zenon, Kleanthes und Panaitios, dieser mit dem Bemerken, dem besonnenen Menschen genüge es, Bürger einer Stadt zu sein.[28] Die hellenistischen Könige und Machthaber wetteiferten miteinander, den in Athen tätigen Philosophen ihre Verehrung durch Geschenke zu erweisen oder sie ständig an ihren Hof zu ziehen. Aristoteles folgte für mehrere Jahre einer Einladung König Philipps II. und wurde mit der Erziehung des Prinzen Alexander betraut. Er und sein Nachfolger Theophrast wie auch dessen Schüler Demetrios von Phaleron standen in guten Beziehungen zum Regenten Antipatros und seinem Sohn Kassander, und es war Theophrast, der gegen Ende seines Lebens, im Jahre 292, von König Demetrios erreichte, daß die als Freunde Kassanders und Gegner des Demetrios verbannten Bürger nach Athen heimkehren konnten.[29] Demetrios von Phaleron kam, längere Zeit nach seinem Sturz als Regent, bei Ptolemaios I. zu größerem Einfluß (S. 69). Von den auf das Haus des Antipatros in Makedonien folgenden Königen der Dynastie der Antigoniden hat Antigonos Gonatas sich darum bemüht, Zenon für seinen Hof zu gewinnen, mußte sich aber mit dessen Schüler Persaios zufriedengeben. Antigonos Doson betraute den Peripatetiker Prytanis mit der Aufgabe, der Stadt Megalopolis in Arkadien Gesetze zu geben.[30] Die Attaliden von Pergamon warben um die Akademiker Arkesilaos und Lakydes mit Geschenken, doch lehnte der letztere eine Einladung, ganz an den Hof Attalos'I. zu kommen, mit der Bemerkung ab «Statuen betrachtet man am besten aus einer gewissen Distanz.» Ebenso verfuhr Chrysipp mit der Aufforderung eines Ptolemäers, nach Alexandreia zu kommen.[31] Diese Weigerungen, Athen mit der Atmosphäre einer königlichen Residenz zu vertauschen, lassen erkennen, wie hoch diese Philosophen die ihnen in Athen eingeräumten Freiheiten bewerteten (sie waren sich wohl auch der Erfahrungen bewußt, die Platon am Hofe Dionysios' II. von Syrakus hatte machen müssen), und werfen ein Licht auf die Bedingungen, die das geistige Leben dort vorfand. Die Folge war, daß die Stadt nicht nur vorübergehend als Bildungszentrum

[27] Alle Zeugnisse für diese berühmte *Philosophengesandtschaft* bei H. J. Mette, Lustrum 27, 1985, 66–70.

[28] Plutarch, fr. 86, hg. v. Sandbach.

[29] Plutarch, *mor.* 850 CD.

[30] FGrHist 584, F 4. Diog. Laert. 7, 6. Timon, Supplementum Hellenisticum, hg. v. H. Lloyd-Jones und P. Parsons, Berlin 1983, Nr. 780. Polyb. 5, 93, 8.

[31] Arkesilaos: Diog. Laert. 4, 48. Lakydes: ebenda 4, 60. Chrysipp: ebenda 7, 185.

blühte, sondern durch die Jahrhunderte als das «intellektuelle Mekka»[32] attraktiv blieb.

Die Lehrgegenstände der Schulen umfaßten weit mehr, als man heute unter dem Begriff Philosophie versteht. Neben Erkenntnistheorie, Ethik, Logik und anderen vom modernen Menschen der Philosophie ohne weiteres zugerechneten Gebieten widmete sich die hellenistische Philosophie auch der Physik, Mathematik, Botanik, Zoologie, Meteorologie sowie den Bereichen der Religion, Musik, Poetik und Rhetorik, Politik, Ökonomie und Psychologie. Die einzelnen Schulen und die einzelnen Individuen, vielseitig wie sie zumeist waren, mochten dabei ihren Schwerpunkt hier oder dort haben. So nahm in der platonischen Akademie die Erkenntnistheorie einen immer größeren Raum ein und mündete im 2. Jahrhundert v. Chr. mit Karneades in eine radikale Skepsis, die jeglicher Erkenntnis bestenfalls Wahrscheinlichkeit zuzuerkennen bereit war. In der Schule Epikurs dagegen lag der Akzent weniger auf zunehmender Sublimierung der Erkenntnistheorie als auf der praktischen Bewährung des einmal für richtig Erkannten im Zusammenleben Gleichgesinnter, d. h. der Schulmitglieder, und dies gab der Gemeinschaft der Epikureer etwas den Charakter einer Sekte.[33] Wie bei Epikur, so stand auch in der Stoa die Ethik durchaus im Mittelpunkt der philosophischen Bemühungen. Die Schule des Aristoteles, die sich unter ihrem Gründer und seinen Nachfolgern Theophrast und Straton stark den Naturwissenschaften gewidmet hatte, gab diese danach fast ganz auf. Daß hierzu, wie überhaupt zum allgemeinen Niedergang des Peripatos, der Verlust der Bibliothek des Aristoteles und Theophrast beigetragen habe, wie man vermutet hat, ist ebenso zweifelhaft wie die Annahme, daß den späteren Peripatetikern die Werke der beiden ersten Schulhäupter nicht mehr zugänglich gewesen wären.[34]

Daß die Schulen private Vereinigungen waren, ist sicher. Weniger sicher ist, wessen Eigentum sie waren, ob das des jeweiligen Scholarchen oder das Eigentum bestimmter Mitglieder. Auch ist nicht immer klar, was alles, neben dem Grundstück und den Gebäuden samt ihrer Einrichtung, zum Eigentum der Schule gehörte, wie es besonders mit dem Eigentumsrecht der Bücher stand. Die Verhältnisse mögen von Schule zu Schule und von Fall zu Fall verschieden gewesen sein. Einige Antworten auf diese Fragen lassen sich den erhaltenen sechs Philosophentestamenten entnehmen. Diese stammen von Platon, Epikur, Aristoteles und dessen Nachfolgern Theophrast, Straton und Lykon und sind alle bei Diogenes Laertios erhalten. Sie geben auch Auskunft darüber, daß Wahl des Schulhaupts die Regel, Designation durch den Vorgänger die Ausnahme war.[35]

[32] A. A. Long, Elenchos 7, 1986, 439.
[33] H. Dörrie, Epikur, Der Kleine Pauly (1967) 315.
[34] H. B. Gottschalk, Hermes 100, 1972, 335–342.
[35] H. B. Gottschalk, Notes on the Wills of the Peripatetic Scholarchs, Hermes 100,

Wenngleich die Schulen private Einrichtungen waren, so hat ihnen der athenische Staat doch endlich bescheinigt, daß ihre Tätigkeit im öffentlichen Interesse lag, indem er nämlich verfügte, daß jeder Ephebenjahrgang regelmäßigen Unterricht der Philosophen zu besuchen habe, allerdings nicht den der für weltfremd gehaltenen Epikureer. Dekrete zu Ehren der aus dem Dienst scheidenden Epheben sprechen davon regelmäßig seit 123/2, noch nicht 128/7, und wenige Jahre darauf wurde jeder Jahrgang verpflichtet, der öffentlichen Bibliothek einhundert Bücher zu stiften.[36] Aber die Ephebie dieser Zeit war längst nicht mehr die vormilitärische Ausbildungsanstalt für alle Bürgersöhne wie in der Reform von 335 (S. 27), sondern die auf ein Jahr verkürzte Ausbildung Freiwilliger, für die sich nur noch eine Minderheit einschrieb, die Söhne wohlhabender und angesehener Familien, Athens *jeunesse dorée*, und an die Stelle der militärischen Ausbildung war mehr und mehr sportliches und intellektuelles Training getreten.

Nur eine Generation nach der Einführung dieser Neuerungen war die Rolle der philosophischen Schulen in Athen im wesentlichen ausgespielt. Als die Stadt im Jahre 88 an der Seite des pontischen Königs Mithridates in den Krieg gegen Rom eingetreten war (unten, S. 299ff.), suchten neben anderen Bürgern auch prominente Philosophen wie Philon von Larisa, der Leiter der Akademie, Zuflucht in Rom. Zwei Jahre später eroberte der römische Feldherr Sulla die Stadt, die beträchtliche Zerstörungen erlitt. Der junge Cicero, der sie mit seiner Begleitung nur wenige Jahre danach besuchte, fand die Stätte der Akademie verlassen.[37] Der Peripatos war längst in seinen «Todesschlaf» versunken.[38] Es waren die Stoa und die Schule Epikurs, die fortwirkten und weiterhin starken Widerhall fanden, in der Zeit der ausgehenden Römischen Republik und im Kaiserreich. Die Stoa hat auf die politische Welt dadurch stark eingewirkt, daß sie auch für den Weisen die Teilnahme am politischen Leben zuließ.[39] Dagegen lebte der Weise Epikurs in der Stille, nicht ungesellig, aber öffentlicher Wirksamkeit abhold. Auch dieses so ganz andere Modell zog viele an.

3. Bildende Kunst

Das Schicksal ist mit den Erzeugnissen antiker Bildhauer etwas glimpflicher umgegangen als mit den Schöpfungen antiker Maler. Während diese, sieht

1972, 314–342. H. Glucker, Antiochus and the Late Academy, Göttingen 1978, chapter V: The School Property, 226–255.

[36] IG II² 1006, 19–20; 62–65, seither öfter, noch fehlend in Hesperia 24, 1955, 220ff. Für die Bücherspende IG II² 1009, 7–8 von 117/6 und spätere Dekrete.

[37] Cicero, *De finibus* 5, 1–4.

[38] Ulrich von Wilamowitz-Moellendorff, Antigonos von Karystos, Berlin 1881, 83.

[39] Kristeller (Anm. 19) 83.

man ab von der Vasenmalerei, die ihren Höhepunkt in viel früherer Zeit hatte, nahezu ausnahmslos zerstört und für immer verloren sind, hat sich ein kleiner, in der Summe jedoch recht ansehnlicher Bruchteil antiker Skulpturen, in mehr oder weniger vollständigem Zustand, durch die Jahrhunderte gerettet. Neue Funde werden weiterhin gemacht. Viele der erhaltenen Skulpturen stammen aus der hellenistischen Zeit, vom Hermes des Praxiteles, der an der Schwelle der Klassik zum Hellenismus steht, über den sogenannten «Thermenherrscher» des 2. Jahrhunderts v. Chr. bis zur späthellenistischen Laokoongruppe. Neben der Großplastik in Marmor und Bronze spielt auch die Kleinplastik der *Terrakotten* eine wesentliche Rolle. Viele Erzeugnisse in Stein, Erz oder Ton rühren von athenischen Meistern her, viele sind in Athen, von Bürgern oder Fremden, gefertigt worden.

Es fehlt jedoch unter den erhaltenen Stücken eine Gattung der klassischen Zeit, die auch den modernen Menschen noch unmittelbar anspricht, die Grabkunst. Es sind vor allem die herrlichen Reliefs des 5. und 4. Jahrhunderts, die die verstorbene Person und die um sie Trauernden vorstellen, unter denen zuweilen ein kleiner Negersklave oder ein Hund ist. Gemeint sind weiter die vollplastischen Figuren wie der großartige Stier vom Grabmal des Dionysios aus Kollytos im Kerameikos[40] oder Marmorvasen mit reich verzierter Bekrönung. Diese sublimierte Kunst kam 317 zu einem abrupten Ende, als Demetrios von Phaleron nur noch äußerst bescheidene, unansehnliche Denkmäler zuließ (S. 65). Dies war ein schwerer Schlag für die attische Kunst, denn das Verbot machte nahezu allen privaten Aufträgen für Skulpturen ein Ende. Als zehn Jahre später die Demokratie wiederhergestellt wurde, blieb jenes Gesetz gleichwohl in Kraft, gewiß ein Anzeichen dafür, daß die öffentliche Meinung die Beschränkung in der Zurschaustellung privaten Reichtums billigte. Die Folge aber war, daß sich unter den Grabdenkmälern des hellenistischen Athen keine Meisterwerke befinden.

Die athenischen Bildhauer, denen damit verwehrt worden war, für die Toten zu arbeiten, schufen weiterhin für die Lebenden und die Götter. In großer Zahl entstanden Bilder von Zeitgenossen, seien es bedeutende Persönlichkeiten des politischen und kulturellen Lebens oder berühmte Athleten, weiter Statuen von Göttern und Göttinnen sowie Figuren aller Art. Athen behielt für lange Zeit die Führung auf dem Felde der Bildhauerkunst.

Etwas mehr als einhundert in der Bildniskunst, in Marmor oder Bronze, tätige Athener sind für die hellenistische Zeit bekannt.[41] Soweit der Befund

[40] Der Inhaber dieses besonders stattlichen Grabes ist jüngst als ein Vetter des Redners Hypereides identifiziert worden (Habicht, AM 106, 1991, 239–242).

[41] Für die Zeit von 320 bis auf Augustus sind Namen und Zeugnisse zusammengestellt von A. Stewart, Attika. Studies in Athenian Sculpture of the Hellenistic Age, London 1979, 157–174. Die Liste ist um einige ältere Meister zu ergänzen, deren Wirksamkeit noch in die Jahre 338 bis 320 hinabreicht, und um einige von Stewart übersehene Fälle. Ferner gibt es neue Zeugnisse für bereits bekannte Bildhauer. Neuerdings B. Sismondo

erkennen läßt, arbeiteten viele ausschließlich in Athen, eine noch größere Zahl jedoch ausschließlich in der Fremde (in vielen dieser Fälle fehlen vermutlich nur die Zeugnisse für eine Wirksamkeit auch in Athen). Etwa fünfzehn sind als sowohl in Attika wie außerhalb tätig bezeugt. Unter diesen sind vor allem die Angehörigen von zwei berühmten Bildhauer-familien, die eine aus Kropidai (Eucheir, Eubulos und Eubulides), die andere aus Thorikos (Polykles, Timarchides, Timokles und Dionysios). Besonders zahlreich sind die auswärtigen Zeugnisse für athenische Bildhauer in den bedeutenden panhellenischen Heiligtümern Delphi und Delos (die Insel wurde 167 v. Chr. athenisches Staatsgebiet), ferner in Rhodos, Böotien und, seit etwa 180 v. Chr., in Rom,[42] doch ist bei den dort gefundenen Statuenbasen athenischer Meister nicht ohne weiteres gesagt, daß die Werke dort entstanden sind, wo die Postamente gefunden wurden, denn in vielen Fällen handelt es sich um importierte oder als Kriegsbeute aus Griechenland verschleppte Stücke. Auch am Königshof der Attaliden in Pergamon arbeiteten athenische Bildhauer.

Die bekannten Namen der Künstler sind zum Teil den antiken Schriftstellern entnommen, vor allem der *Naturalis Historia* des älteren Plinius, der die Bücher 34 und 36 dieses Werkes weitgehend der Bildhauer- und Erzgießerkunst gewidmet hat, und Pausanias' *Beschreibung Griechenlands*, der allein in Olympia etwa zweihundert Siegerstatuen beschreibt und zu den meisten die Namen der Künstler nennt, die sie geschaffen haben.[43] Indessen treten uns die meisten Namen athenischer Bildhauer der hellenistischen Zeit in Inschriften von der Art «Timarchides, Sohn des Polykles, ein Athener, hat dies gemacht» entgegen, d. h. in Signaturen der Künstler auf den Postamenten ihrer Statuen; sie sind meist das einzige, was von diesen übriggeblieben ist. Auf Delos sind, vor und nach 167, durch ihre Signaturen sechzehn athenische Bildhauer der hellenistischen Zeit mit rund fünfzig Werken bezeugt.[44] Aus Delphi gibt es mindestens fünfzehn, aus Rhodos wenigstens dreizehn derartige Zeugnisse. Athenische Meister sind in zehn verschiedenen Städten der Peloponnes nachweisbar, aber auch in Olbia am Bug[45] und in Apollonia in der Cyrenaica.[46]

Auch für die bildenden Künstler gilt, was sich schon für die dramatischen Dichter und die Philosophen ergeben hat: Sie nahmen am Staatsleben aktiv teil. Sie dienten der Stadt als Ratsherren, Aufseher über den Hafen Piräus, Münzmeister, als Priester und Kultbeamte *(hieropoioi)* oder als Delegierte im Rat der Amphiktionen von Delphi. Recht häufig wurden sie von anderen

Ridgway, Hellenistic Sculpture 1 (The styles of 331–200 B. C.), Madison 1990.

[42] Stewart (Anm. 41) 41–47.

[43] H.-V. Herrmann, Die Siegerstatuen in Olympia, Nikephoros 1, 1988, 119–183.

[44] J. Marcadé, Au Musée de Délos, Paris 1969, 56–61.

[45] Inscriptiones Ponti Euxini I² 271. Inscriptiones Olbiae (1917–1965), hg. v. E. I. Levi, 1968, Nr. 65.

[46] SEG 20, 708.

Staaten durch Dekrete, Standbilder u. a. geehrt, wie dies z. B. bezeugt ist für Eubulides, Eubulos, Polykles, Praxiteles aus Sybridai und Telesinos.[47] Man hat den bestimmten Eindruck, daß sie, wenigstens in ihrer Mehrzahl, zu Familien des gehobenen Bürgertums, nicht zu den besitzlosen Schichten gehörten.

Berühmte hellenistische Porträts athenischer Künstler waren unter anderen das des Demosthenes von Polyeuktos, entstanden im Jahre 280, im Zusammenhang mit der postumen Ehrung des Redners,[48] das ebenfalls postume des Hypereides von Zeuxiades,[49] das Bild Menanders von Kephisodot, dem Sohn des großen Praxiteles,[50] sowie das des stoischen Philosophen Chrysipp von Eubulides,[51] weiter der auf der Agora von Athen gefundene Kopf des Akademikers Karneades[52] und der in einer Kopie aus Ostia erhaltene des Kynikers Antisthenes von Phyromachos.[53] Ein attischer Künstler dieses Namens aber war vor allem berühmt wegen seiner Statue des Asklepios, die er für das Heiligtum des Gottes in Pergamon geschaffen hatte. Der bithynische König Prusias II., der im Jahre 155 dieses Heiligtum verwüstete, raubte das Bild, wurde aber ein Jahr später, nach einer römischen Intervention, zum Frieden mit König Attalos II. und zu Reparationszahlungen gezwungen und hat sicherlich damals auch das Kultbild des Gottes zurückgeben müssen.[54] Für den Hof in Pergamon war auch der athenische Erzgießer Nikeratos im 3. Jahrhundert v. Chr. tätig, dessen Sohn Mikion, wenigstens für einige Zeit, im Sold des Königs Hieron II. von Syrakus stand und für ihn Porträts und Weihgeschenke geschaffen hat, die Hieron nach Olympia weihte.[55]

Der erste athenische Meister, von dem bekannt ist, daß er für einen römischen Großen in Rom arbeitete, war Timarchides aus Thorikos. Im Auftrage des Marcus Aemilius Lepidus (*censor* 179 v. Chr.) fertigte er die

47 Stewart (Anm. 41) 106–109. Ein neues Zeugnis für Timarchides als *hieropoios* in Athen um 150 v. Chr. in AM 97, 1982, 178–180, wo Ch. Habicht den Stammbaum der Familie in Auseinandersetzung mit anderen Rekonstruktionen wieder so hergestellt hat wie Johannes Kirchner vor langer Zeit. Vgl. Anm. 58.

48 G. M. A. Richter, The Portraits of the Greeks, abridged and revised by R. R. R. Smith, Ithaca, N. Y. 1985, 108–113.

49 Ebenda 150–151.

50 Ebenda 159–164.

51 Ebenda 101–108.

52 Ebenda 152–155.

53 Ebenda 87–89. Zu den Bildhauern des Namens Phyromachos, die alle Athener sein dürften, vgl. jetzt den von B. Andreae herausgegebenen Sammelband Phyromachos-Probleme, 1990, und darin besonders die Beiträge des Herausgebers, 7–11. 45–100, und denjenigen von N. Himmelmann, 13–23. Vgl. weiter H. Müller, Phyromachos im pergamenischen Nikephorion, Chiron 22, 1992, 195–226. F. Queyrel, Phyromachos: Problèmes de style et de datation, RA 1992, 367–380.

54 Habicht, Hermes 84, 1956, 101–110; derselbe, CAH VIII^2, 373–375.

55 Für Nikeratos siehe Stewart (Anm. 41) 7–8, für Mikion ebenda 8.

Kultstatue für den von Lepidus errichteten Tempel der Juno Regina.[56] Seine Söhne Polykles und Dionysios waren die Künstler eines Jupiterbildes für den Tempel dieses Gottes, den Metellus Macedonicus, der Sieger über den makedonischen Prätendenten Andriskos im Jahre 148, wenig später im Zusammenhang mit seinem Triumph erbauen ließ.[57] Zwei weitere Angehörige dieser Familie, die Vettern Dionysios und Timarchides, haben wenig später, zwischen 130 und 120 v. Chr., in Delos die mit Ausnahme des Kopfes wohlerhaltene Statue des Römers Ofellius Ferus gefertigt.[58] Die athenische Kunst schickte sich an, die römische Welt zu erobern.

Wie im Kreis der dramatischen Dichter Söhne oft dem Beruf des Vaters folgten, so war es auch unter den athenischen Bildhauern sehr häufig, daß der Sohn Schüler und Gehilfe seines Vaters war, dann sein Partner und endlich sein Nachfolger in der Kunst. Von den beiden Familien aus Kropidai und Thorikos war schon die Rede; andere ließen sich nennen, und Angehörige der Familie des Praxiteles sind über einen Zeitraum von vierhundert Jahren als Bildhauer bezeugt.[59]

Die Kunsthistoriker unterscheiden zwei Phasen hellenistischer Bildhauerei, zunächst eine Art von Barock, sodann beginnend etwa um 160 v. Chr., einen neuen Klassizismus von zunehmender Sterilität, für Athen sodann den nahezu totalen Zusammenbruch mit der Eroberung der Stadt durch Sulla und den von den Römern verursachten Zerstörungen des Jahres 86 v. Chr. Die Porträtkunst wendet sich vielfach ab von der Behandlung der Zeitgenossen und zurück zu Persönlichkeiten der spätklassischen und der frühhellenistischen Zeit, die immer und immer wieder abgebildet werden. Man konstatiert sowohl in der Großplastik wie unter den Terrakotten einen stetig zunehmenden Qualitätsverfall in der Themenwahl, im Geschmack und in der Ausführung der Bildwerke, ja eine «plötzliche Dekadenz».[60]

So wie die Bürgerschaft die Anfertigung und Aufstellung von Statuen verdienter Mitbürger beschloß, so zuweilen auch die Weihung gemalter Porträts in eines der Heiligtümer oder ein anderes öffentliches Gebäude. Dieser Ehre wurden z. B. Leosthenes, der Feldherr des Lamischen Krieges, und Kallippos von Eleusis teilhaftig, der das athenische Kontingent befehligt hatte, das 279 zur Verteidigung von Delphi gegen die Kelten beitrug. Beider Porträts hat Pausanias noch nach Jahrhunderten gesehen, das des Leosthenes und seiner Söhne von der Hand des Arkesilaos im Heiligtum

[56] Plinius, *nat. hist.* 36, 35.

[57] Plinius, ebenda.

[58] I Délos 1688. Siehe jetzt die eingehende Behandlung von F. Queyrel, BCH 115, 1991, 389–464, der in der Rekonstruktion des Stammbaums der Familie mit der Ansicht von Kirchner und Habicht (Anm. 47) übereinstimmt.

[59] Stewart (Anm. 41) 102.

[60] Dorothy B. Thompson, Hesperia 34, 1965, 34–71, bes. 47 und 68–69. Stewart (Anm. 41) 34–64.

des Zeus in Piräus, das des Kallippos von Olbiades im Rathaus auf der Agora von Athen.[61] Es muß sich in beiden Fällen um staatliche Aufträge an die Künstler gehandelt haben.

4. Prosa: Historiographie, Theophrasts *Charaktere*

Auch die historische Literatur der hellenistischen Zeit ist, mit Ausnahme mehrerer Bücher des Polybios, fast vollständig untergegangen und nur noch in Bruchstücken greifbar. Drei der einst für die athenische Geschichtsschreibung repräsentativen Autoren sollen hier vorgestellt werden, soweit Nachrichten und Werkreste es gestatten, sich ein Bild von ihnen zu machen. Den beiden älteren, Philochoros und Timaios, folgt der um ein Jahrhundert jüngere Apollodor. Philochoros und Apollodor waren athenische Bürger, Timaios ein sizilischer Grieche, der aber ein halbes Jahrhundert lang in Athen gelebt hat und dort zum Historiker geworden ist. Philochoros und Timaios wurden die maßgebenden Autoren für die Geschichte ihrer Heimat, der eine für Attika, Timaios für den griechischen Westen. Apollodor steckte sich einen weiteren Rahmen; in seinem vielseitigen gelehrten Werk nimmt die Weltchronik einen zentralen Platz ein.

Philochoros, bald nach dem Jahr 350 in Athen geboren und in hohem Alter, um das Jahr 260, vom makedonischen König Antigonos Gonatas als Parteigänger des ägyptischen Königs Ptolemaios am Leben gestraft, war der letzte und vermutlich der bedeutendste jener athenischen Lokalhistoriker, die man *Atthidographen* nennt.[62] Von seinem Leben ist so gut wie nichts bekannt, außer daß er im Jahre 306/5, als Athen sich noch der durch Demetrios Poliorketes gerade erneuerten Demokratie erfreute, offizieller Seher *(mantis)* war, der den Behörden in der Deutung von Vorzeichen zu Diensten war. Das Altertum kannte von ihm auch ein Werk über die Wahrsagekunst und viele andere, fast ausnahmslos auf Attika bezogene Schriften über kultische Angelegenheiten, Opfer, Feste, Wettkämpfe usw. Das Hauptwerk aber waren seine siebzehn Bücher *Atthis*, die von den mythischen Anfängen bis auf die eigene Zeit, offenbar bis zum Jahre 261, reichten. In ihnen war die zeitgenössische Geschichte in größter Breite behandelt, so daß die vierzig Jahre seit der Schlacht von Ipsos 301 (S. 88) fast die Hälfte des Werkes, nämlich acht Bücher, einnahmen.

Aber gerade diese zeitgenössischen Teile sind, im Unterschied zu den

[61] Pausanias 1, 1, 3. 1, 3, 5.

[62] Grundlegend ist F. Jacoby, FGrHist 328, mit einem Kommentar von siebenhundert Seiten; vgl. denselben Atthis, Oxford 1949. Einzelne Fragmente sind im folgenden mit F bezeichnet. Eine knappe Würdigung des Autors gibt P. J. Rhodes, Studia Hellenistica 30, 1970, 79–81.

älteren, von denen sich zahlreiche, teils ergiebige Fragmente erhalten haben, nahezu völlig untergegangen. Diese Bücher «sind für uns so gut wie völlig verschwunden, weil sie eine Zeit behandelten, für welche die alexandrinischen Gelehrten, die ihn (Philochoros) zur Ausdeutung der großen attischen Redner ausgiebig benutzt haben, kein Interesse hatten.»[63] Was gerettet wurde, läßt erkennen, daß Philochoros weit mehr als seine Vorgänger, oder überhaupt als erster, Gelehrter und Forscher war. Der antiquarische Grundzug, der aller Lokalgeschichte überall eignet, ist in den Resten unverkennbar. Man hat Grund, in Philochoros einen Mann von religiös-konservativer Haltung zu erkennen, der aber, allen Anzeichen zufolge, kein aktiver Politiker war, was die Umstände seines Todes, nach dem Ende des Chremonideischen Krieges, um so rätselhafter macht.

Zum Zeitgenössischen, das sich in den Fragmenten noch erkennen läßt, gehören die Erwähnung der Gynaikonomen (S. 65) aus dem wohl mit dem Jahr 321/0 beginnenden siebenten Buch[64] sowie Ereignisse aus den Jahren der ersten Herrschaft des Demetrios Poliorketes über Athen, 307–301,[65] vor allem die zwar zurückhaltende, aber unverkennbare Kritik an dem manipulierten Verfahren, mit dem willfährige Politiker die Einweihung des Königs in die eleusinischen Mysterien ermöglichten,[66] endlich die Erwähnung der während Demetrios' zweiter Herrschaft von Theophrast erwirkten Rückkehr der Verbannten im Jahre 292/1.[67]

Timaios, etwa 350 bis 254 v. Chr., war Philochoros' genauer Alters- und Zeitgenosse.[68] Beide lebten fünfzig Jahre lang in der gleichen Stadt und müssen einander gekannt haben. Der Sohn eines reichen und in seiner sizilischen Heimatstadt Tauromenion (Taormina) angesehenen und beherrschenden Mannes namens Andromachos hat seine Heimat früh, um 316, für immer verlassen, kurz bevor oder kurz nachdem der Tyrann Agathokles von Syrakus sie eroberte und dem Timaios damit die Hoffnung abschnitt, die politische Stellung seines Vaters zu erben. In Athen fand er Aufnahme, dort hat er sich bis an sein Lebensende der Aufgabe gewidmet, die Geschichte Siziliens und Großgriechenlands zu schreiben. Ihre großen

[63] R. Laqueur, RE Philochoros (1938) 2436.

[64] F 65.

[65] F 66. 67. 70. 165–166.

[66] F 70, oben S. 87.

[67] F 167, vgl. F 67; oben S. 97.

[68] Auch für Timaios ist Jacoby grundlegend, FGrHist 566, mit dem Kommentar S. 526–594 und den Anmerkungen S. 311–347. Wertvoll ist auch A. Momigliano, Atene nel III secolo a. C. e la scoperta di Roma nella storia di Timeo di Tauromenio, Terzo Contributo alla Storia degli Studi Classici e del Mondo Antico, 1966, 23–53 (ursprünglich Rivista storica italiana 71, 1959), wo jedoch die Annahme einer Herrschaft des Antigonos Gonatas über Athen seit 277 (S. 31) utopisch, die Bezeichnung der Eröffnung des Chremonideischen Krieges als «Rebellion Athens» mithin ganz verkehrt ist (Habicht, Untersuchungen 68–75). Die Ausführungen im Text verdanken den beiden genannten Autoren viel.

Themen waren das Ringen zwischen Griechen und Karthagern um den Besitz der Insel und ihrer Teile sowie die Rolle der griechischen Tyrannen, die zumeist eben im Kampf gegen die Karthager zu ihrer beherrschenden Stellung gelangten. Die 38 Bücher von Timaios' Geschichte des Westens wurden für immer das Standardwerk über den Gegenstand, und nur das verbohrte Stilurteil des Attizismus hat ihren Verlust verschuldet. Die letzten fünf Bücher waren der Herrschaft des 289 verstorbenen und dem Verfasser zutiefst verhaßten Agathokles gewidmet.

Der mit dem Tode dieses Tyrannen und späteren Königs schließenden Darstellung hat Timaios in hohem Alter noch eine Fortsetzung folgen lassen, Roms Auseinandersetzung mit König Pyrrhos von Epirus. Er hat diese Darstellung jedoch noch ein Jahrzehnt weitergeführt, bis zum Beginn des ersten römisch-karthagischen Krieges 264 v. Chr. Es war Timaios, der vom entfernten Athen aus, in der Rolle des distanzierten Beobachters, als erster die Bedeutung Roms erkannt und als erster die künftige Weltgeltung der Römer geahnt hat. In ihm haben die Römer selbst ganz folgerichtig den ersten Historiker ihres Volks gesehen. «Karthager und später Römer... sind ihm wichtiger als Alexander, die Welt des Ostens, die Kämpfe der Diadochen und das Schicksal des Mutterlandes.»[69] Timaios wußte mehr von den Römern als seine Vorgänger und hat die Griechen vertrauter mit ihnen gemacht als alle Autoren vor ihm. Seine Welt war die der Stadt, nicht die der hellenistischen Monarchie.[70]

In den Annalen der Historiographie hat Timaios das Verdienst, der Olympiadenrechnung Geltung verschafft zu haben. Sie erlaubte es, jedes Ereignis durch Angabe des betreffenden Olympiadenjahres (ausgehend vom ersten von vier Jahren der ersten Olympiade 776/5) ohne Zuhilfenahme anderer Mittel wie Archonten- oder Konsullisten zu datieren.[71] Timaios ist, Pedant der er war, mit seinen Vorgängern oft scharf ins Gericht gegangen, was ihm den Spitznamen *Epitimaios* (Tadler) eintrug. Er ist seinerseits von Polybios höchst ausführlich kritisiert worden, sehr scharf, gehässig und oft unsachlich. Aber auch Polybios macht durch die Art seiner Polemik deutlich, daß er mit ihr an einer weit verbreiteten Hochschätzung kratzt; ja, er selbst hat doch ein Empfinden für die Bedeutung des Timaios gehabt, denn an ihn hat er angeknüpft, als er seiner Geschichte eine mit dem Jahre 264, dem Beginn des Ersten Punischen Krieges, einsetzende Vorgeschichte voranstellte.

Eine der erfreulichsten Erscheinungen des athenischen Geisteslebens war der vielseitige Gelehrte («Grammatiker» in der Sprache seiner Zeit, des

[69] Jacoby im Kommentar S. 535. Den «Urvater der römischen Historiographie» hat ihn K. Hanell genannt, in: Histoire et historiens dans l'antiquité (Entretiens sur l'antiquité classique 4, Genf 1956) 152.

[70] Momigliano (Anm. 68) 36.

[71] Timaios hat auch eine Abhandlung über die olympischen Sieger verfaßt.

2. Jahrhunderts) Apollodor.[72] Er war athenischer Bürger, Sohn des Asklepiades, und zunächst in seiner Heimatstadt Schüler des Philosophen Diogenes von Babylon, der damals der Stoa vorstand. Er ging dann, vielleicht als Diogenes 155 an der «Philosophengesandtschaft» nach Rom teilnahm, für längere Zeit nach Ägypten, wo er sich bei dem eminenten Homerkenner Aristarch fortbildete. Im Jahre 145 wurde er wie alle Intellektuellen durch den Bann des Königs Ptolemaios VIII. Euergetes II. vertrieben. Er fand Zuflucht am Hofe König Attalos' II. von Pergamon und hat diesem seine 144/3 abgeschlossene Chronik gewidmet. Nach dessen Tod (138), vielleicht erst nach dem Tode des letzten pergamenischen Herrschers (133), hat er erneut und anscheinend ohne größere Unterbrechung in seiner Heimatstadt Athen gelebt, wo er unter anderem mit dem etwa gleichaltrigen Stoiker Panaitios von Rhodos freundschaftlich verkehrte. Es dürfte in dieser letzten Lebensphase gewesen sein, daß er, der jedenfalls seit dem Erscheinen der Chronik ein berühmter und vielgelesener Autor war, von der delphischen Amphiktionie geehrt wurde.[73]

Apollodor war ein vielseitiger Schriftsteller, der unter anderem größere Werke «Über die Götter», zur attischen Komödie und, wohl im Zusammenhang mit diesen Studien, eine Schrift über athenische Hetären verfaßte, weiter einen von Strabo ausgiebig benutzten Kommentar zum homerischen Schiffskatalog im zweiten Buch der Ilias. Sein bedeutendstes und einflußreichstes Werk aber war die 1040 Jahre umfassende Chronik, von der Zerstörung Trojas, die er wie vor ihm Eratosthenes auf das Jahr 1184 berechnete, bis zum Jahr 145/4, in drei Büchern, denen er später ein die jüngsten Ereignisse besonders ausführlich behandelndes viertes Buch nachfolgen ließ, das jedenfalls bis zum Jahr 120/19 (Archon Eumachos von Athen) reichte. Dieser Nachtrag ist schon bald darauf, schwerlich später als 110 v. Chr., dem sogenannten «Ps. Skymnos», in Wahrheit Pausanias von Damaskus,[74] bekannt gewesen, der in Vers 21 eine Stelle dieses Nachtrags zitiert. Geschrieben war die Chronik in iambischen Trimetern, dem Versmaß des griechischen Dramas, da dieses sich wegen seiner Einprägsamkeit

[72] Grundlegend F. Jacoby, Apollodors Chronik, Berlin 1902. Kommentierte Sammlung der Reste seiner als historisch anzusprechenden Werke FGrHist 244. Im Jahr des Archons Lysiades (um 150) sind in einem Verzeichnis von Kultbeamten unmittelbar nacheinander Apollodoros und Asklepiades aus dem Demos Piräus genannt, vielleicht Verwandte Apollodors (er selbst dürfte damals in Ägypten gewesen sein), was aber bei der großen Häufigkeit beider Namen in Athen ganz unsicher ist (IG II² 1938, 63–64).

[73] Plinius, *nat. hist.* 7, 123. Zu anderen von den Amphiktionen geehrten Leuchten des geistigen Lebens gehörten einige Jahrhunderte früher Aristoteles und sein Neffe Kallisthenes, Historiker und Opfer Alexanders des Großen, FD III 1, 400; vgl. W. Spoerri, in Comptes et inventaires dans la cité grecque, ed. D. Knoepfler, Neuchâtel 1988, 111–140.

[74] A. Diller, TAPhA 86, 1955, 276–279. Zur Abfassungszeit F. Gisinger, RE Skymnos (1927) 674–675.

zum Auswendiglernen besonders eignete. Man wird sie gleichwohl, ihres Inhalts wegen, in den Zusammenhang der prosaischen Historiographie stellen dürfen.

Vorbild der Chronik Apollodors war diejenige des Eratosthenes von Kyrene, der ein Jahrhundert früher gelebt hatte und ein Gelehrter von ähnlicher Universalität wie Aristoteles und Theophrast gewesen war, der aber, wenngleich er in seiner Jugend in Athen am Unterricht der Philosophen teilgenommen hatte und später auch philosophische Werke verfaßt hat, nicht eigentlich Philosoph war und keiner der philosophischen Schulen zugerechnet werden konnte. Er selbst empfand, von den Philosophen verschieden zu sein, und nannte sich, als erster überhaupt, «Philologe» (φιλόλογος), d. h. «Freund des Wortes», «Freund des Wissenschaft».[75] Nach frühem Studium in Athen war er von König Ptolemaios III. Euergetes (nach 246) nach Alexandreia berufen und dort, als Nachfolger des Apollonios von Rhodos, zum Leiter der königlichen Bibliothek bestellt worden. Eratosthenes war produktiv und führend in vielen Wissenschaftszweigen, in Mathematik, Astronomie, Geographie und Grammatik, und auch als ein eleganter und feiner Dichter geschätzt.[76] Er war aber auch der Begründer der Chronographie als einer wissenschaftlichen Disziplin und hat als solcher bestimmend auf Apollodor gewirkt. Dieser begann seine Chronik wie Eratosthenes mit der Zerstörung Trojas, hat sie aber über den Tod Alexanders des Großen (323), mit dem der Vorgänger geschlossen hatte, um zwei Jahrhunderte fortgeführt und dessen Werk durch sein eigenes schließlich verdrängt.

In Apollodors Chronik war zwar das Politische gebührend berücksichtigt, doch überwogen die Nachrichten über Schriftsteller, Philosophen und Gelehrte, was unter den erhaltenen Resten unverhältnismäßig kraß hervortritt, weil eine besonders große Zahl von Auszügen Philodems Geschichte der Akademie entnommen ist. Apollodor verzichtete auf die von Timaios in die Geschichtsschreibung eingeführte Olympiadenchronologie (S. 123) und kehrte zur Datierung nach den Archonten Athens zurück. Das zwang den Leser zwar zur Benutzung einer Archontentafel, ersparte ihm aber umständliches Ausrechnen der einzelnen Jahresdaten.

Für die weite Verbreitung, die das Werk bis in die christliche Zeit hinein überall fand, ist nichts so bezeichnend wie ein Brief Ciceros vom März des Jahres 45 an Atticus.[77] Mit der Abfassung der *Academici libri* befaßt, bittet er den Freund um nähere Auskunft, welche Vorgänge denn eigentlich im

[75] Sueton, *De grammaticis* 10.

[76] G. Knaack, RE Eratosthenes (1907) 358–388. J. Mau, Eratosthenes, Der kleine Pauly (1979) 344–346. FGrHist 241. Zu seiner Erdmessung Strabo 2, 5, 7 (p. 113 C); O. Neugebauer, A History of Ancient Mathematical Astronomy, 1, Berlin-New York 1975, 305, Anm. 27; 2, 734–735.

[77] Cicero, *Att.* 12, 23, 2.

Jahre 155 v. Chr. zur «Philosophengesandtschaft» geführt hätten. Er glaubt sich zu erinnern, daß es ein Streit um Oropos an der athenisch-böotischen Grenze war (was richtig ist), möchte aber auch wissen, wer damals die Epikureer in Athen waren (die an der Gesandtschaft nicht beteiligt waren), wer ihrer Schule vorstand und wer die angesehensten Politiker der Stadt damals waren – Atticus möge doch gegebenenfalls bei Apollodor nachschlagen.

Eine gute Vorstellung von der Sachlichkeit und Informationsfülle des Werkes geben die sich auf Philosophen des 3. und 2. Jahrhunderts beziehenden Fragmente, die Philodem entnommen sind.[78] Das Werk, von dem man gern mehr hätte als nur Fragmente und relativ kurze Exzerpte, gibt einen ansehnlichen Begriff von der Qualität gelehrter Forschung, wie sie einst vom Peripatos in Athen ausgegangen und durch den Peripatetiker Demetrios von Phaleron, nach seinem Sturz als Regent Athens, nach Alexandreia gelangt war, von wo sie durch Forscher wie Apollodor auch nach Athen zurückgekehrt ist.

Zu den ganz wenigen im Original erhaltenen Werken der hellenistischen Literatur, die in Athen entstanden sind, gehört eine kleine Schrift des Theophrast, die *Charaktere*.[79] Ihr Verfasser, der in Eresos auf der Insel Lesbos geborene Schüler des Aristoteles, der dem Meister im Jahre 322, im Alter von fünfzig Jahren, in der Leitung der Schule nachfolgte und ihm an Vielseitigkeit, Fülle und Qualität seiner Produktion nicht viel nachstand, hat mit dieser kleinen Schrift seine breiteste und nachhaltigste Wirkung erzielt, sowohl in der Antike wie, seit ihrer Wiederentdeckung, in der Neuzeit, wenn auch sein wissenschaftlicher Ruhm auf seinen philosophischen und naturwissenschaftlichen Werken beruhte. Als Kenner der Botanik, die gerade damals neue Erkenntnisse und Impulse durch die Berichte von Teilnehmern des Alexanderzuges erhalten hatte,[80] war Theophrast in der Antike unerreicht. Von seinen botanischen Arbeiten haben sich zwei größere Werke erhalten, die *Historia plantarum* in neun und die etwas späteren *Causae plantarum* in sechs Büchern.[81]

In den *Charakteren* hat Theophrast eine Typenreihe von dreißig menschlichen Physiognomien gegeben. Geschildert werden, wie es in jener Zeit selbstverständlich war, ohne Ausnahme männliche Typen, jeder nach der bei ihm besonders hervortretenden Eigenschaft. Die Skizzen, deren jede einzelne etwa eine Druckseite füllt, heißen z. B. «Der Abergläubische», «Der Geizige», «Der Schmeichler», «Der alte Narr» usw. Alle Cha-

78 FGrHist 244, F 47. 53–60.

79 Gut orientiert über Theophrast der Artikel Theophrastos von O. Regenbogen, RE-Supplement 7, 1940, 1354–1562; zu den *Charakteren* 1500–1511.

80 H. Bretzl, Die botanischen Forschungen des Alexanderzuges, Leipzig 1903.

81 Ausgaben der *Historia* von A. Hort, 2 Bände, 1916; von S. Amigues, bisher Bücher 1–4, 2 Bände, 1988–1989, der *Causae* von B. Einarson und G. Link in drei Bänden, 1976–1990.

raktere sind durch menschliche Schwächen ausgezeichnet, keiner durch positive, tugendhafte Eigenschaften. Allerdings ist auch keiner als durchaus widerwärtiger, ganz und gar schlechter Mensch gezeichnet; die Beschreibungen sind Karikaturen durch das Wort statt mit dem Zeichenstift. Die philologische Analyse hat vielfach Berührungen mit der *Nikomachischen Ethik* des Aristoteles und mit den in der Neueren Komödie auftretenden Typen gefunden.

Das Werkchen ist in der neueren Zeit erst nach und nach ganz bekanntgeworden. Die fünfzehn ersten Stücke wurden im frühen 15. Jahrhundert veröffentlicht, die Nummern 16–28 im 16. Jahrhundert, die beiden letzten erst 1786. Der athenische Hintergrund schimmert überall durch, in der Erwähnung athenischer Behörden wie der Bevollmächtigten für die Prozession an den Dionysien (26), in Anspielungen auf sakrale Aktivitäten der Epheben (27) oder auf die Parade der Reiter (21). Die Liturgien, besonders Choregie und Trierarchie, sind mehrmals erwähnt (22. 23), als zur Zeit der Abfassung oder wenigstens kurz zuvor noch bestehend. Die Anspielung auf die große und allgemeine Hungersnot der zwanziger Jahre (23) geht dagegen über den Rahmen Athens hinaus.

Die Frage der Abfassungszeit ist viel diskutiert worden, vor allem seit Conrad Cichorius sie auf das Jahr 319 festlegen zu können meinte.[82] Neuere Arbeiten rechnen mit einem größeren Spielraum und vor allem damit, daß die Niederschrift der einzelnen Stücke sich über mehrere Jahre hingezogen haben könnte. Denn neben Partien, die ein demokratisches Regiment und das Funktionieren der Volksgerichte vorauszusetzen scheinen (z.B. 12. 26), stehen andere, die die Stadt in Kassanders Hand zeigen. Dies ist vor allem «Der Gerüchtemacher» (8), der von einem Sieg Polyperchons und des Königs zu wissen behauptet, durch den Kassander in Gefangenschaft geraten sei, zur Bestürzung der Regierenden in Athen. Das kann nicht früher als 317 geschrieben worden sein und schwerlich viel später. Wenn andererseits «Der Aufschneider» (23) behauptet, der Regent Antipatros habe ihn schon dreimal brieflich zum Besuch Makedoniens eingeladen, so muß dies nicht notwendig vor Antipatros' Tod im Herbst des Jahres 319 geschrieben worden sein. Der im «Schwätzer» (7) erwähnte Prozeß des Jahres 330 um den Kranz des Demosthenes und die dabei geführte Redeschlacht wird dagegen deutlich als ein schon länger zurückliegendes berühmtes Ereignis charakterisiert. Es ist möglich, daß Teile des Werkes vor 322 geschrieben wurden; andere sind dagegen frühestens 317 entstanden. Als Rahmen wird man die Jahre 324 bis 315 anzunehmen haben.

Der besondere Reiz der Schrift liegt darin, daß sie ein anschauliches Bild

[82] C. Cichorius in der Ausgabe der Philologischen Gesellschaft, Leipzig 1907, LVII-LXII. F. Rühl, RhM 53, 1898, 324–327. Neuerdings A.E. Boegehold, TAPhA 90, 1959, 15–19.

von dem Alltagsleben des athenischen Bürgers vermittelt, von der Art, wie er sich in der Volksversammlung, auf dem Markt, vor Gericht oder beim Gastmahl aufführte. Zugleich zeigt Theophrast die konventionellen Verhaltensnormen auf, eben dadurch, daß seine Charaktere hier oder dort von ihnen, geringfügig oder erheblich, abweichen und sich eben dadurch als Vertreter eines bestimmten Typs zu erkennen geben.

Theophrast ist zwischen 288 und 286 gestorben, kurz vor oder kurz nach der Befreiung der Stadt von der Königsherrschaft im Frühjahr 287. Die gesamte Bürgerschaft soll ihn, den Fremden, zu Grabe geleitet haben.[83]

[83] Diog. Laert. 6, 41.

V. Die unabhängige Stadt (287–262)

1. Im Kreis der Mächte

Die Freiheit, die Athen sich im Frühjahr 287, dank eigener Kraft und fremder Hilfe des Königs Ptolemaios, erkämpft hatte, blieb der Stadt fünfundzwanzig Jahre lang erhalten, wenn auch die letzten derselben eben der Bewahrung der Freiheit im Krieg gegen König Antigonos Gonatas von Makedonien galten. Es ist jetzt sicher, entgegen früheren und bis vor kurzem herrschenden Annahmen, daß innerhalb dieser Jahre die Freiheit nicht erneut verlorenging, Attika nicht wieder zum makedonischen Herrschaftsgebiet und Athen nicht zur zweiten, griechischen Hauptstadt des Königs Antigonos geworden ist. Es ist andererseits aber auch, entgegen früheren und bis vor kurzem vorherrschenden Ansichten, so gut wie sicher, daß die Athener während dieses Vierteljahrhunderts zu keiner Zeit die Verfügung über den Piräus wiedergewonnen haben, daß dieser vielmehr bis 229 v. Chr. ohne Unterbrechung in makedonischer Hand blieb.[1]

Bei seinem eiligen Aufbruch nach Kleinasien hatte König Demetrios seinen Sohn Antigonos als Statthalter der ihm in Griechenland verbliebenen Besitzungen zurückgelassen, von denen neben dem Piräus Demetrias im Golf von Volos und Korinth mit seiner Festung Akrokorinth die wichtigsten waren. Demetrios geriet ziemlich bald, nach wechselvollen Kämpfen gegen König Lysimachos, die ihn von Westen nach Osten durch ganz Kleinasien führten und seine Truppen zusammenschmelzen ließen, in Syrien in die Gefangenschaft des Königs Seleukos und ist 283 in dessen Gewahrsam gestorben. Noch zu der Zeit, als er in Kleinasien stand, versuchten die Athener, sich der Festung Munychia und des Piräus wieder zu bemächtigen. Sie bestachen den Kommandeur der Söldnergarnison, der ihnen Einlaß versprach, den Plan jedoch seinem Befehlshaber Herakleides verriet, so daß 420 Athener, als sie nachts durch das verabredungsgemäß geöffnete Tor eingedrungen waren, in die Falle einer überlegenen Streitmacht gerieten und sämtlich niedergemacht wurden, unter ihnen zwei Stra-

[1] Für alles Nähere s. Habicht, Untersuchungen 68–112. Dort ist (S. 72) zu korrigieren, daß die Begegnung des Königs Antigonos mit dem Philosophen Arkesilaos nicht in die Jahre vor 287, sondern nach 262 gehört (D. Knoepfler, MH 44, 1987, 241, Anm. 36), diejenige des Hierokles und Menedemos (S. 99) nicht 273 oder 272, sondern erst nach 268 (G. Reger, CQ 42, 1992, 373–377). Auch einige attische Festungen blieben weiterhin in makedonischer Hand (IG II^2 657, 34–36), darunter zunächst auch das wichtige und nahegelegene Eleusis.

tegen und sieben namentlich benannte Offiziere. Sie wurden auf dem Staatsfriedhof beigesetzt.[2] Nur wenig später ist in einem Beschluß des Volkes die Wiedervereinigung von Stadt und Hafen als das große Ziel und die hauptsächliche Zukunftshoffnung der Bürgerschaft bezeichnet.[3] Dem makedonischen Kommandanten im Piräus fiel um das Jahr 280 Mithres, der Schatzmeister des kurz zuvor gefallenen Königs Lysimachos, in die Hände, ein Anhänger und Gönner des Philosophen Epikur und seiner Lehre. Um ihn auszulösen, ist Epikur selbst tätig gewesen und ist damals sein engster Vertrauter Metrodoros zu Fuß von der Stadt in den Piräus gegangen, um über seine Freilassung zu verhandeln.[4]

Die Fortdauer der fremden Besetzung des Piräus ließ den Gegensatz zu Makedonien und seinen Königen, Demetrios, dann dessen Sohn Antigonos Gonatas, bestehen. Von den Gegnern der Antigoniden dagegen konnte die Stadt Unterstützung erwarten. Pyrrhos von Epirus, der gemeinsam mit Lysimachos Demetrios aus Makedonien vertrieben hatte, soll sogleich nach der Befreiung der Stadt in Athen erschienen sein, der Athena auf der Akropolis geopfert und den Athenern geraten haben, künftig keinen König mehr in die Stadt einzulassen.[5] Lysimachos war der andere und bedeutendere Feind des Demetrios, und mit ihm haben die Athener sogleich Verbindung aufgenommen. Gegen Ende des Winters 286/5 ist sein Vertrauter Artemidoros von Perinth von den Athenern mit Ehren ausgezeichnet worden, und die Bürgerschaft errichtete dem König eine Statue, die Pausanias noch viele Jahrhunderte später gesehen hat.[6] Ein anderer hochgestellter

[2] Polyän 5, 17, 1. Pausanias 1, 29, 10. Beloch 66 1, 238–239. Vgl auch ISE 13. Makedonische Befehlshaber dieser Jahre und «Freunde» des Königs im Gebiet von Athen und Korinth: Plutarch, *Demetrios* 51, 1.

[3] Hesperia 7, 1983, 102, Nr. 18, 30–31. Es geht zu weit, aus diesen eine bloße Hoffnung ausdrückenden Worten die sichere Erwartung einer binnen kurzem bevorstehenden Wiedervereinigung herauszulesen und auf ein entsprechendes Abkommen mit der Besatzungsmacht zu schließen, wie dies Ph. Gauthier versucht hat, REG 92, 1979, 356–365; ähnlich jetzt G. Reger, CQ 42, 1992, 372. Beide rechnen mit einer friedlichen, aber vorübergehenden Wiedervereinigung von Stadt und Hafen im Jahr 281. Die Hoffnung auf eine Wiedervereinigung des Hafens mit der Stadt ist von der Ekklesie auch im Sommer 283 ausgesprochen worden, IG II^2 657, 34, und zweifellos noch öfter.

[4] P. Herc. 1418, col. 32 a; die umfangreiche Literatur ist genannt im Catalogo dei papiri Ercolani, ed. M. Gigante, Neapel 1979, 312–314; zum Wortlaut des Textes s. zuletzt C. Militello, CronErc 20, 1990, 75 und 82. S. auch H. Streckel, Epikuros, RE-Suppl. 11, 1968, 591–592.

[5] Plutarch, *Pyrrhos* 12, 6–7.

[6] Der Beschluß für Artemidoros ist in zwei Ausfertigungen erhalten, IG II^2 662 (mit dem neuen Fragment Hesperia 26, 1957, 29 Nr. 2) und 663. Die Nationalität des Artemidoros hat Habicht durch Heranziehung des ephesischen Dekrets zu seinen Ehren (I Ephesos 1464) erkannt, Chiron 2, 1972, 107–109. Die Statue des Lysimachos Pausanias 1, 9, 4. Zur Geschichte des Königs jetzt Helen S. Lund, Lysimachos, New York 1992, und C. Franco, Il regno di Lisimaco. Strutture amministrative e rapporti con le città, Pisa 1993.

Höfling, Bithys, ist in eben diesen Jahren wie Artemidoros mit dem athenischen Bürgerrecht beschenkt worden.[7] Mehrmals gingen Gesandte zu König Lysimachos ab, der ja schon früher, zu Beginn der neunziger Jahre, vor dem Beginn der zweiten Herrschaft des Demetrios, Wohltäter der Stadt gewesen war (S. 91). Zweimal ging Demosthenes' Neffe Demochares als Gesandter zu ihm, sobald er 286 aus dem Exil zurückgekehrt war, das im Jahre 303 über ihn verhängt worden war.[8] Auch der athenische Dichter Philippides von Kephale, der schon früher als Freund des Königs Mittler zwischen ihm und der Stadt gewesen war, ist damals in ähnlicher Weise tätig gewesen und hat vom König Geld und Getreide für seine Vaterstadt erlangt. Er ist kurz vor Lysimachos' Tod, im Jahre 283, auf Antrag seines Demengenossen Nikeratos, von der Bürgerschaft geehrt worden, nachdem er im Jahre zuvor als Leiter der Festspiele (Agonothet) den Feiern besonderen Glanz gegeben hatte.[9]

Der Übergang Athens aus dem Kreis der Satelliten in den der Gegner der Antigoniden führte nach der Befreiung der Stadt auch sofort zur Normalisierung der Beziehungen mit dem aufstrebenden Ätolischen Bund im Nordwesten Griechenlands. Dieser hatte bald nach der Jahrhundertwende die Kontrolle über das Heiligtum von Delphi und die delphische Amphiktionie usurpiert und damit auch die Feindschaft der Athener hervorgerufen (S. 98f.). Der Staatsmann Olympiodor, von altersher ein Freund der Ätoler, dürfte bei der Wiederanknüpfung freundschaftlicher Beziehungen eine Rolle gespielt haben. In den Jahren zwischen 287 und 280 sind fünf Ehrungen athenischer Bürger in Delphi bezeugt.[10] Wenig später nahm auch ein athenischer Vertreter den Sitz im Kreis des Amphiktionenrats wieder ein, der Athen von alters her zustand. Vielleicht schon seit dem Tode Alexanders des Großen, sicher aber seit der Besetzung Delphis durch die Ätoler hatten die Athener von ihrem Stimmrecht und Einfluß dort keinen Gebrauch mehr gemacht. Auch an den Pythien des Jahres 286 waren die Athener schon wieder beteiligt,[11] und nichts erinnerte mehr daran, daß erst wenige Jahre zuvor König Demetrios in Athen eigene «Pythien» veranstaltet hatte.

Der engste und hilfreichste Verbündete der Stadt aber blieb auch weiter-

7 IG II² 808. Datierung und Identität des Geehrten sind jetzt, nach langer Diskussion, zugunsten des Höflings des Lysimachos entschieden, dank einer neuen Urkunde des Königs aus eben diesen Jahren, die ihn gleichfalls nennt; M. Hatzopoulos, Une donation du roi Lysimaque, 1988.

8 [Plutarch], *mor.* 851 E.

9 IG II² 657, bes. 33–36 und 43–45.

10 R. Flacelière, HSCP-Suppl. 1, 1940, 473 (Olympiodor). FD III 2, 71–72. 198–200.

11 Habicht, Untersuchungen 73–75. Für die Athener an den Pythien von 286 s. Ad. Wilhelm, Pragmat. Akad. Athen. 1936, Bd. 4, 13 (Akademieschriften 2, 527). Das in Delphi gefundene Bruchstück eines athenisch-ätolischen Bündnisses (StV Nr. 470) gehört am ehesten in diese Zeit der erneuerten Freundschaft.

hin der Königshof von Alexandreia.[12] Dort regierte bis 285 Ptolemaios I. Soter allein, danach zwei Jahre lang gemeinsam mit seinem Sohn von Berenike, Ptolemaios II. Philadelphos, der durch den Tod des Vaters im Jahre 283 Alleinherrscher wurde. Er hat zu Ehren des Vaters und Dynastiegründers ein Fest der Ptolemaia geschaffen, das offenbar zunächst als einmaliges Totenfest gedacht war und als solches 282 begangen wurde, ehe es zu einem periodischen, alle vier Jahre wiederkehrenden Fest umgewandelt wurde, zu dem die ganze griechische Welt eingeladen wurde.

Beide Könige haben Athen in großzügiger Weise unterstützt und vor allem zur Versorgung der Stadt mit Getreide beigetragen, die, solange Athen König Demetrios unterstand, offenbar von Makedonien aus gewährleistet worden, seit dem Abfall der Stadt jedoch prekär geworden war.[13] Im Juli 286 ist der ptolemäische Offizier Zenon vom Volk von Athen geehrt worden, weil er einer Getreidesendung des Königs nach Athen wirksamen Schutz gewährt hatte.[14] Eine auf Antrag des Demochares nach Alexandreia abgeordnete Gesandtschaft kam mit 50 Talenten Silber vom König zurück.[15] Der Oberbefehlshaber der königlichen Flotte, König Philokles von Sidon, hat in einem dieser Jahre in Athen eine Weihung dargebracht und ist von der Stadt als Wohltäter mit der Verleihung des Bürgerrechts und anderen Ehren ausgezeichnet worden.[16]

Das 1978 bekanntgewordene Dekret des Jahres 270/69 für den Athener Kallias (S. 102) hat für das athenisch-ptolemäische Verhältnis viele neue Einzelheiten bekanntgemacht. Nach seiner Teilnahme an den Kämpfen zur Befreiung der Stadt ist Kallias mit athenischen Gesandten nach Alexandreia gereist und hat diese vor dem alten König bei ihren Anliegen tatkräftig unterstützt. Er ist dann nach dem Thronwechsel in seine Heimat zurückgekehrt, sehr bald aber, auf dringende Vorstellungen der Strategen hin, die ihm die heikle Versorgungslage Athens vor Augen stellten, mit dem Ersuchen, der Stadt möglichst rasch mit Geld und Getreide zu helfen, auf eigene Kosten zu Ptolemaios gereist. Er traf ihn in Zypern und erwirkte die Bewilligung von weiteren fünfzig Talenten Silber und von zwanzigtausend Scheffeln Weizen, die königliche Beauftragte den Abgesandten der Stadt in Delos zumaßen.[17] Als der König die erste Feier der Ptolemaia vorbereitete,

[12] Für das Folgende vgl. Habicht, Athens and the Ptolemies, Classical Antiquity 11, 1992, 68–90.

[13] G. Marasco, Athenaeum 62, 1984, 286–294.

[14] IG II² 650 mit den Bemerkungen von Habicht, Untersuchungen 48–52 und Osborne, ZPE 35, 1979, 189–190.

[15] [Plutarch], *mor.* 851 E.

[16] ISE 17. Hesperia 9, 1940, 352, Nr. 48. I. Merker, Historia 19, 1970, 141–150. Vgl. H. Hauben, Philocles, King of the Sidonians, Orientalia Louvaniensia Analecta 22, 1987, 413–427.

[17] Zeilen 40–55 des Dekrets für Kallias, Hesperia-Suppl. 17, 1978, 2–4. Bald nach der Befreiung des Jahres 287 setzte, nach etwa zehnjähriger Unterbrechung, die athenische

beschloß die Volksversammlung zu Athen, sich mit einer Festgesandtschaft *(theoria)* zu beteiligen, und wählte Kallias zu ihrem Anführer. Er nahm an, erließ der Stadt aber die für diesen Zweck bewilligten Reise- und Aufwandskosten in Höhe von fünfzig Minen (fast ein Talent) und finanzierte die Mission aus eigenen Mitteln. Danach stand, wohl im Sommer 282, die erste Feier der Großen Panathenäen seit der Befreiung der Stadt an, und wieder konnte Kallias den König zur Hilfe bewegen, nämlich dazu, erforderliches Kultgerät beizusteuern.[18] Einer der beiden Agonotheten dieses Jahres, vielleicht eben der Agonothet der Panathenaia, war übrigens Kallias' Bruder Phaidros.[19]

Kallias muß alsdann in den königlichen Dienst zurückgekehrt sein, denn zur Zeit seiner Ehrung durch die Ekklesie, im Jahre 270, war er vom König als Befehlshaber eines Truppenkorps in Halikarnaß an der Westküste Kleinasiens stationiert, gleichwohl aber in der Lage, athenischen Gesandten, die zum König unterwegs waren, behilflich zu sein.[20]

Die genannten Zeugnisse beleuchten nicht nur die Intensität, sondern auch die über siebzehn Jahre ungebrochene Kontinuität der freundschaftlichen Beziehungen zwischen Athen und den Königen von Ägypten. Mit dem Jahre 270, aus dem der Beschluß zu Ehren des Kallias stammt, steht man schon fast am Vorabend des Chremonideischen Krieges, der beide Mächte dann sogar als Waffengefährten im Kriege gegen Makedonien vereint sah. Ferguson ist seinerzeit, weil ihm wesentliche Zeugnisse noch fehlten, erheblich in die Irre gegangen, so mit der Annahme, die ptolemäische Flotte habe sich 287 aus den Ereignissen herausgehalten, und besonders mit der Behauptung, seit der Befreiung der Stadt hätten die Athener wegen der ihnen von Lysimachos bezeigten Freundschaft von den Ptolemäern allenfalls Böses erwarten können.[21] Richtig ist vielmehr, daß kein anderer Machthaber den Athenern jederzeit so hilfreich zur Seite stand wie die beiden ersten Könige des Ptolemäerhauses.

Es ist nicht leicht zu sagen, wie sich nach 287 Athens Verhältnis zu Böotien, seinem Nachbarn im Norden, gestaltete. Um die Mitte der neunziger Jahre waren die Böoter mit den Ätolern verbündet und dem von Demetrios beherrschten Athen feindlich gewesen (S. 99f.). Das Land war jedoch von Demetrios 291 definitiv unterworfen worden, der dort den Historiker Hieronymos von Kardia als seinen Regierungskommissar ein-

Silberprägung wieder ein, doch war das verwendete Silber von geringerer Qualität als das der attischen Minen von Laurion. Man hat daher ansprechend vermutet, die Münzen dieser Jahre seien vielleicht aus dem von den Königen Lysimachos und Ptolemaios (I. und II.) geschenkten Silber geprägt worden (Kroll, Coins 10).

[18] Zeilen 55–70 des Dekrets für Kallias.

[19] IG II^2 682, 63–64 für Phaidros, IG II^2 3079 für Glaukon, den Bruder des Chremonides.

[20] Zeilen 70–78 des Dekrets für Kallias.

[21] Ferguson, HA 149, Anm. 2. 153.

setzte.[22] Als sich Athen 287 von Demetrios losriß, verlor es die Stadt Oropos mit ihrem Territorium erneut an den Böotischen Bund,[23] dem Oropos sodann für die nächsten 115 Jahre angehören sollte. Und nach seiner Niederlage gegen Ptolemaios Keraunos zur See im Jahre 280 hat sich Antigonos Gonatas nach Böotien zurückgezogen.[24] Wenn dies dafür zu sprechen scheint, daß er die Kontrolle über Böotien hatte behaupten können, so ist auf der anderen Seite sicher, daß im Sommer 281 bereits gute Beziehungen zwischen dem Böotischen Bund und Athen bestanden, denn damals hat eine aus sechs Infanterieobristen *(taxiarchoi)* bestehende athenische Delegation am böotischen Bundesfest der Basileia in Lebadeia teilgenommen.[25] Ganz ungewiß ist auch, ob – und gegebenenfalls wann – die nördlichen Grenzfestungen Attikas, Panakton und Phyle, die jedenfalls im Jahre 287 von makedonischen Garnisonen besetzt waren, wieder unter die Hoheit des athenischen Staates kamen.

Dagegen ist es sicher, daß Eleusis, die stärkste Festung im nördlichen Attika, einige Zeit nach der Befreiung der Stadt wieder athenisch wurde. Das Verdienst hieran wird dem erst 286/5 aus dem Exil zurückgekehrten Demochares zugeschrieben, «der dem Demos Eleusis (wieder) verschafft hat, indem er die Volksversammlung zur Einnahme bestimmt und diese ausgeführt hat.»[26] Die frühere, auf eine Urkunde aus dem Archontat des Diotimos gegründete Annahme, daß dies vor April 284 geschehen sei,[27] ist allerdings hinfällig geworden, da der Archon nicht der des Jahres 285, sondern vielmehr derjenige von 354/3 ist.[28] Es ist auch nur sehr wenig, was für diese Zeit über die Festungen der Küstenstrategie, Rhamnus und Sunion, bekannt ist. Durch den 1967 veröffentlichten Beschluß des Demos von Rhamnus zu Ehren des Strategen Epichares weiß man jetzt wenigstens, daß Rhamnus schon vor dem Beginn des Chremonideischen Krieges wieder unter athenischer Kontrolle gewesen ist, wenn es auch offenbleiben muß, seit wann.[29] Sunion dagegen war zu Beginn des Krieges in der Hand der Makedonen, weshalb der ptolemäische Stratege Patroklos nicht dort landen konnte, sondern sich mit der Sunion vorgelagerten Insel Gaida-

[22] Plutarch, *Demetrios* 39, 3–7. J. Hornblower, Hieronymus of Cardia, Oxford-New York 1981, 13–14.

[23] R. Étienne – P. Roesch, BCH 102, 1978, 374. B. Gullath, Untersuchungen zur Geschichte Boiotiens in der Zeit Alexanders und der Diadochen, Frankfurt 1982, 199.

[24] Memnon, FGrHist 434, F 8.6.

[25] ISE 15. Zum Fest der Basileia s. L. Moretti, Iscrizioni agonistiche greche, 1953, 105–107. Vgl. Gullath (Anm. 23) 199–207.

[26] Plutarch, mor. 851 F: Ἐλευσῖνα κομισαμένῳ τῷ δήμῳ καὶ ταῦτα πείσοντι ἑλέσθαι τὸν δῆμον καὶ πράξαντι.

[27] Habicht, Untersuchungen 25, Anm. 25; 78, Anm. 15.

[28] Dies wird K. Clinton demnächst nachweisen. Ich bin ihm für die gewährte Einsichtnahme in sein Manuskript sehr zu Dank verpflichtet.

[29] AD 22 A, 1967, 38–52 (SEG 24, 154), mit einem neuen Fragment, PAA 1985, 9–10; 13–14.

ronisi begnügen mußte.[30] Die Insel Salamis, die König Demetrios im Jahre 295 eingenommen hatte, ist offenbar bis 229 von einer makedonischen Garnison besetzt gewesen.[31] Die athenischen Inseln im Thrakischen Meer, Lemnos und Imbros, die Antigonos im Jahre 307 den Athenern zurückgegeben hatte,[32] sind der Stadt nach der Schlacht von Ipsos wieder verlorengegangen und offenbar im Zuge der Eroberung Makedoniens durch Lysimachos 288 an diesen gekommen. Mit dem Siege über ihn von 281 wurde Seleukos jedenfalls Herr von Lemnos, und er hat die Insel in den wenigen Monaten, die zu leben ihm noch vergönnt war, den Athenern zurückgegeben.[33]

Obwohl sich die Beziehungen Athens zum Ätolischen Bund offenkundig normalisiert hatten, sobald Athen sich der Herrschaft des Demetrios entledigt hatte, soll die Stadt, nach fast einmütiger Ansicht der Forschung, im Jahre 280 an einem Krieg gegen die Ätoler und König Antigonos teilgenommen haben, den eine Koalition griechischer Staaten unter Führung des spartanischen Königs Areus führte und über den allein der kaiserzeitliche Historiker Justin berichtet. Athen ist als Teilnehmer nicht erwähnt, die Teilnahme der Stadt von Beloch nur erschlossen worden, dem fast die gesamte spätere Forschung gefolgt ist. Beloch bezog die Erwähnung eines Krieges in einer athenischen Urkunde aus dem Jahr des Archons Menekles auf diese Zeit und sah in ihr den Beweis für die Teilnahme Athens am Kriege. Tatsächlich aber war Menekles Archon im Jahr 267/6 und handelt es sich um den Chremonideischen Krieg.[34] Die These muß aufgegeben werden; abgesehen von dem gescheiterten Überfall auf den Piräus (S. 129) hat Athen seit 287 Frieden gehabt.

Zu den Waffen haben aber auch die Athener, zusammen mit anderen Griechen, im Jahre 279 gegriffen, als es galt, einer fremden Invasion nach

30 H. Lauter, Marburger Winckelmannsprogramm, 1988, 32–33. Der Archon von IG II² 1270 aus Sunion war [Mnesi]demos, 298/7, nicht [Peithi]demos, 268/7, denn eine gleichartige, noch unveröffentlichte Inschrift von dort enthält seinen Namen unversehrt. IG II² 1281 (ISE 19) gehört erst in die Jahre nach 229 (Tracy, ALC 52).

31 ISE 14, S. 30.

32 Diodor 20, 46, 4–5. IG II² 1492, 133. Beloch GG 1, 152 mit Anm. 1.

33 Phylarch, FGrHist 81, F 29. IG II² 682 (mit Hesperia 10, 1941, 338). Habicht, Gottmenschentum 89–90. W. Orth, Königlicher Machtanspruch und städtische Freiheit, München 1977, 36–38.

34 Eingehende Widerlegung bei Habicht, Untersuchungen 83–85. Zweifel an der Teilnahme Athens an diesem – im übrigen mißglückten – Feldzug hatte von älteren Historikern nur Niese, Geschichte 2, 1899, 11 geäußert, von neueren G. Marasco, Sparta agli inizi dell'età ellenistica: Il regno di Areo I, Florenz 1980, 66. Meiner früheren Darlegung ist anzufügen, daß Spartas Entschluß zum Kriege davon mitbestimmt gewesen sein mag, daß die Ätoler in eben diesem Jahr 280 Herakleia in Trachis, an den Thermopylen, eine spartanische Gründung des Jahres 426 (Thukydides 3, 92–93), zum Eintritt in ihren Bund gezwungen hatten (Pausanias 10, 20, 9).

Griechenland Einhalt zu gebieten.[35] Die vor zweihundert Jahren bestandene Persergefahr schien wiedergekehrt zu sein, als damals ein kriegsgewohntes Volk in Griechenland einfiel. Ein großer Schwarm von Kelten wälzte sich in mehreren Haufen gegen die Balkanhalbinsel. Eine dieser Abteilungen, unter Bolgios, besiegte und tötete im Jahr 280 den erst im Vorjahr durch die Ermordung Seleukos' I. auf den makedonischen Thron gelangten Ptolemaios Keraunos. Eine andere, unter dem Befehl des Brennos, war gleichzeitig verwüstend in die Nachbarlandschaft Paionien eingedrungen; sie erschien, nochmals verstärkt, 279 erneut und drang in südlicher Richtung vor. Während diese Kelten Thessalien verwüsteten und Makedonien königslos war, wurde es klar, daß Brennos es, nach Überwindung der Thermopylen, auf die heilige Stadt Delphi mit ihren reichen, in Jahrhunderten angesammelten, wenn auch von den Phokern zwei Generationen früher dezimierten, Schätzen abgesehen hatte.

Zur Abwehr der Gefahr bildete sich ein griechisches Heer, vor allem aus den zunächst bedrohten Ätolern, Böotern und Phokern, in deren Gebiet Delphi lag. Zu ihnen kamen die Lokrer, die Städte Megara am Isthmos und Patras, diese als einzige Gemeinde der Peloponnes. Auch die Athener beteiligten sich mit einem Kontingent, und die Könige Antigonos Gonatas und Antiochos I., der Sohn des Seleukos, schickten jeder eine Abteilung von fünfhundert Söldnern. In schweren Kämpfen, zunächst an den Thermopylen, sodann, nach deren Umgehung durch die Kelten, vor bzw. in Delphi, gelang es den verbündeten Griechen endlich – nach der sofort sich bildenden Legende vor allem dank der aktiven Hilfe der Götter und der lokalen Heroen –, die Feinde, die vielleicht vorübergehend ins Heiligtum eingedrungen waren, zurückzuschlagen und zu einem höchst verlustreichen Rückzug zu zwingen, an dessen Beginn sich der verwundete und kurz vor dem Ziel gescheiterte Brennos selbst den Tod gab. Zum Gedenken an die Bewahrung der heiligen Stätte wurde ein «Rettungsfest» *(Soteria)* geschaffen, das der internationale Rat der Amphiktionen alljährlich veranstaltete, ehe es im Jahre 246 von den Ätolern übernommen und zu einem nur alle vier Jahre begangenen Fest von größerem Glanz umgestaltet wurde. Die griechischen Staaten nah und fern wurden zur Teilnahme eingeladen, und mehrere Annahmebeschlüsse, von 278 bzw. von 246, sind inschriftlich erhalten.[36]

Die Athener haben in diesen Ereignissen eine achtbare Rolle gespielt, aber nicht die überragende Bedeutung gehabt, die ihnen die ausführlichste

[35] Maßgebend für das Folgende ist G. Nachtergael, Les Galates en Grèce et les Sôtéria de Delphes, 1977. Im ersten Teil seines Buches behandelt er die Ausbreitung der Kelten im Donauraum (3–14), die auf die Invasion Griechenlands bezüglichen Quellen (15–125) und die Invasion Makedoniens und Griechenlands (126–205).

[36] Alle diese Zeugnisse sind zusammengestellt und eingehend kommentiert von Nachtergael (Anm. 35) 391–495.

und wichtigste Quelle zuschreibt, Pausanias. In seiner *Beschreibung Griechenlands* hat er fünf Kapitel des zehnten, Phokis behandelnden Buches der Beschreibung des Kelteneinfalls von 279/8 gewidmet und diese Kapitel noch an zwei anderen Stellen seines Werkes ergänzt.[37] Sein Bericht ist oft analysiert worden, desgleichen die Rolle, die Athen und die Athener in ihm spielen.[38] Er ist gefärbt von starker Imitation Herodots, da Pausanias den Kelteneinfall dem Persereinfall etwa gleichstellt, besonders von dessen Darstellung der Kämpfe am Kap Artemision und den Thermopylen im Jahre 480. Im Zusammenhang mit dieser Nachahmung Herodots steht weiter die starke Parteilichkeit für Athen. So schreibt Pausanias dem Befehlshaber der bescheidenen athenischen Streitmacht, Kallippos von Eleusis, den Oberbefehl über das Aufgebot der vereinigten Griechen zu, läßt er weiter alle seetauglichen Schiffe Athens an den Operationen teilnehmen und diese athenische Flotte, sobald die Thermopylen umgangen waren, zum Retter der griechischen Landstreitkräfte werden, ganz so, wie nach Herodot die Athener im Krieg gegen Xerxes, nächst den Göttern, zu Rettern Griechenlands geworden waren.

Dies alles, die Überhöhung der Athener und die Nachahmung Herodots, ist dem ursprünglichen Bericht später eingefügt worden und von ihm leicht zu lösen, wie man längst erkannt hat. Abstrahiert man von diesen tendenziösen Wucherungen, so bleibt ein präziser und an konkreten, vielfach auch nachprüfbaren Details reicher Bericht übrig, der auf einen hervorragend informierten Zeitgenossen zurückgehen muß, am ehesten auf Hieronymos von Kardia (S. 133), den großen Historiker der Diadochengeschichte, der sein Werk bis zum Tode des Pyrrhos im Herbst 272 herabgeführt hat.

In diesem Grundbericht waren z. B. die Truppenstärken, getrennt nach Hopliten, Leichtbewaffneten und Reitern, für alle am Kampf teilnehmenden griechischen Staaten genau angegeben, ferner die Namen der jeweiligen Befehlshaber, nicht weniger als vierzehn. Alle diese Angaben sind zuverlässig; weitere, die für die Athener gemacht werden, sind vor allem: Kallippos, Sohn des Moirokles, war ihr Befehlshaber; sein Gemälde von der Hand des Olbiades wurde zu Athen im Sitzungssaal des Rates aufgehängt. Die athenische Streitmacht bestand aus 1000 Soldaten zu Fuß und 500 Reitern. Athenische Archonten im Jahre des Kelteneinfalls und im darauf folgenden Jahr waren Anaxikrates und Demokles. Von einem Athener namens Kydias, der sich durch besondere Tapferkeit auszeichnete und im Kampfe fiel, haben die Angehörigen seinen Schild mit einem darauf eingeschriebenen rühmenden Epigramm, das Pausanias im Wortlaut wie-

37 Pausanias 10, 19, 4–23, 14, ferner 1, 3, 5 – 4, 4 und 7, 15, 3.

38 Siehe die Analyse von Habicht, Untersuchungen 87–94, auf die für alle Einzelheiten verwiesen werden kann. Der Verfasser und Nachtergael sind unabhängig voneinander in wesentlichen Punkten zu den gleichen Ergebnissen gekommen.

dergibt, dem «Befreier Zeus» *(Zeus Eleutherios)* geweiht und in dessen Halle aufgestellt. Alle diese Angaben haben sich als wahr erwiesen: Kallippos war wirklich Sohn des Moirokles und gehörte einer führenden Familie Athens aus Eleusis an. Ein athenischer Volksbeschluß vom Jahre 246, der auf die Einladung der Ätoler zu dem umgestalteten Fest der Soterien antwortet, ist von keinem anderen beantragt worden als von Kydias' Sohn Kybernis,[39] und dieser Sohn des Helden von 279 ist eben damals in Delphi geehrt worden.[40] Der Beschluß bestätigt zugleich die Teilnahme eines athenischen Kontingents an den Kämpfen gegen die Kelten, indem er sagt, Athen habe das Korps der Elitesoldaten *(epilektoi)*, das wohl eintausend Mann gezählt haben mag (die von Pausanias genannte Zahl der athenischen Fußsoldaten) und die Reiterei entsandt. Durch einen anderen Volksbeschluß, der 282, nur drei Jahre vor den Ereignissen, verabschiedet worden war, ist bekannt, daß Athens Reiterei damals von zweihundert auf dreihundert Mann verstärkt worden war,[41] doch kann die Truppe in der Stunde der Keltengefahr sehr wohl auf die von Pausanias angegebene Ziffer von fünfhundert Reitern gebracht worden sein. Dagegen schweigt der Volksbeschluß des Kybernis von der Flotte, von der es ohnehin klar ist, daß ihre Beteiligung von einem Späteren erfunden wurde, der ihr die gleiche Rolle zuschreiben wollte, die sie 480 gehabt hatte.

Es waren mithin nicht mehr als 1500 Athener, die im griechischen Aufgebot von mindestens 25000 Mann gegen die Kelten kämpften. Nicht bei einem von ihnen, sondern bei den ätolischen Strategen lag das Oberkommando. Daß die Athener sich tapfer geschlagen haben, Kydias unter ihnen sich besonders hervorgetan hat, ist durchaus glaubhaft. Aber die Hauptlast des Kampfes haben die ja zunächst betroffenen Ätoler und Phoker getragen. Eine Großtat der attischen Geschichte war die Rettung Delphis mithin nicht, aber als eine Großtat der griechischen Geschichte blieb sie Generationen und Jahrhunderten in Erinnerung, auch im griechischen Kleinasien, wo man schon ein Jahr später die Wildheit jener Kelten kennenzulernen begann, die dort dann Galater heißen sollten. Anders als Athen war Sparta an ihrer Abwehr ohne Anteil – der spartanische König Areus hatte ja nur ein Jahr zuvor die Ätoler aus Delphi vertreiben wollen (S. 135).

Die gemeinsam bestandene Gefahr führte Athen und den Ätolischen Bund noch näher zusammen. Der athenische Delegierte im Rat der Amphiktionie hat spätestens damals, wenn nicht schon einige Jahre früher (S. 131), seinen Platz nach langer Abwesenheit wieder eingenommen. Die Gilde athenischer Festkünstler (S. 109) war es vor allem, die zur Gestaltung der Soterien beitrug, und so ist es kein Zufall, daß sie eben damals, im Jahre

39 IG II² 680. Auch die Familie des Kydias und Kybernis aus dem Demos Halimus ist gut bekannt.

40 FD III 2, 159.

41 ISE 16. Bugh, Horsemen 186–188.

277, vom Amphiktionenrat mit wertvollen Privilegien bedacht wurde, wie Abgabenfreiheit und Unverletzlichkeit der Person des einzelnen Künstlers überall auf griechischem Boden.[42]

Folgenreich für Athen war es, daß weniger als zwei Jahre nach dem Kampf um die Thermopylen und Delphi auch in Makedonien die von den Galliern verursachte Schreckenszeit überwunden wurde. Nachdem König Ptolemaios gegen sie gefallen war, konnte sich sein Bruder Meleager nur zwei Monate auf dem Thron des Landes behaupten, Kassanders Neffe Antipatros 279 gar nur fünfundvierzig Tage, wovon er den Beinamen «König der Hundstage» *(Etesias)* erhielt. Ein makedonischer Adliger namens Sosthenes organisierte sodann den Widerstand mit einigem Erfolg; er lehnte die ihm angebotene Krone ab und ist selbst bald ums Leben gekommen. Seit dem Herbst 278 herrschte Anarchie in Makedonien, und schwerlich hatten die Gallier das Land, in das sie 280 eingefallen waren, in der Zwischenzeit verlassen. Aber 277 hat dann, unter nicht näher bekannten Umständen, aber mit Hilfe einer listigen Täuschung, Antigonos Gonatas bei Lysimacheia einen großen, denkwürdigen und weithin gefeierten Sieg über sie errungen. Der Sieg befreite das Land von ihrem Schrecken und trug Antigonos, der so lange ein König mit vereinzelten Stützpunkten, aber ohne eigentliches Land gewesen war, endlich die lange erstrebte Herrschaft über Makedonien ein. In Athen kann man es nur mit Sorge gesehen haben, daß König Demetrios' Sohn, der seit zehn Jahren eine Garnison im Piräus unterhielt, sich nun fest im Königtum des Landes etablierte, aus dem sein Vater elf Jahre zuvor vertrieben worden war.[43]

Indessen wurde dem Antigonos der Besitz des Landes sehr bald entschieden bestritten. Im Herbst des Jahres 275 kehrte Pyrrhos, der selbst einmal König von Makedonien gewesen war, aus Italien nach Epirus zurück. Im folgenden Jahr fiel er nach Makedonien ein, erfocht einen glänzenden Sieg über eine Armee des Antigonos und dessen keltische Söldner[44] und besetzte große Teile des Landes. Es war klar, daß die Krone Makedoniens sein Ziel war. Es löste aber große Erbitterung im Lande aus, daß seine keltischen Söldner einige der makedonischen Königsgräber in Aigai (Vergina) plünderten und Pyrrhos ihnen dies straflos durchgehen ließ.[45] Von einem Mitglied der spartanischen Königsfamilie gedrängt, wandte Pyrrhos sich 272 gegen Sparta. In langen und schweren Kämpfen behauptete sich die Stadt mit knapper Not, nicht zuletzt dank der Unterstützung eines Hilfskorps, das Antigonos aus Korinth geschickt hatte. Im Spätherbst 272 ist Pyrrhos, nachdem er Lakonien verlassen hatte, in einem Straßenkampf in der Stadt Argos, in deren Nähe Antigonos mit seinem

42 IG II² 1132, 1–39. Das delphische Exemplar ist FD III 2, 68, 61–94.

43 Walbank, Macedonia 254–258.

44 Pausanias I, 13, 2–3. Plutarch, *Pyrrhos* 26, 10. AP 6, 130. Histor. griech. Epigr. 94.

45 Walbank, Macedonia 259–267. N. Hammond, ABSA 86, 1991, 79.

Heer Aufstellung genommen hatte, ums Leben gekommen. Antigonos' makedonisches Königtum, das in äußerster Bedrängnis gewesen war, war gerettet.

Inmitten dieser Vorgänge war im Frühjahr 272, zusammen mit anderen Griechen, auch eine athenische Gesandschaft zu Pyrrhos abgegangen und hatte diesen auf dem Marsch nach Lakonien im arkadischen Megalopolis getroffen.[46] Es ist nicht überliefert, worüber verhandelt wurde, aber dennoch so gut wie sicher, daß die Athener sich der fortdauernden Gunst des Königs (S. 130) und vermutlich seines Beistands zur Beseitigung der Besatzung des Antigonos versichern wollten. Der Tod des Pyrrhos machte solche Hoffnungen zunichte, und die Dinge trieben, da die Kontrolle über den Piräus zurückzugewinnen ein vitales Ziel athenischer Politik war, einem Krieg gegen Antigonos zu, der binnen weniger Jahre denn auch begann.

2. Aus dem Leben der Stadt

Nachdem Athen im Frühjahr 287 von der Königsherrschaft frei geworden war, scheint es für mehrere Jahre das brennendste Problem gewesen zu sein, eine ausreichende Versorgung der Bevölkerung mit Getreide sicherzustellen. Nicht nur wurden damals, wie es auch sonst vorkam, fremde Getreidehändler durch Ehrendekrete ausgezeichnet[47] und Bürger für ihre Dienste in dieser Sache belobigt,[48] sondern vor allem auswärtige Mächte um ihre Hilfe ersucht. Es ist ganz auffallend, wie viele fremde Herrscher damals von athenischen Gesandten mit der Bitte um Getreidespenden aufgesucht wurden, wie viele von ihnen als Urheber von Getreidesendungen erwähnt oder deshalb ausgezeichnet wurden.[49]

Vermutlich haben existentielle Fragen wie diese, wie ferner die Wiederanknüpfung diplomatischer Kontakte zu den verschiedenen Mächten und die Reorganisation der Landesverteidigung, die ja nun erneut Sache der Athener selbst geworden war, die Energien und die finanziellen Mittel der Bürgerschaft für mehrere Jahre hinaus weitgehend absorbiert. Es gibt ja zu denken, daß es Jahre gedauert hat, ehe man die Großen Panathenäen wieder begehen konnte; eine Feier wäre 286 fällig gewesen, ist aber unterblieben und erst beim nächsten Termin, 282, wieder ausgerichtet worden (S. 133). In den gleichen Zusammenhang gehört es offensichtlich, daß ein

[46] Justin 25, 4, 4.

[47] IG II² 651. 670. Vgl. hierzu und zum Folgenden die oben Anm. 13 zitierte Abhandlung von Marasco.

[48] IG II² 698. 792.

[49] Die Liste umfaßt die Könige Ptolemaios I. (IG II² 682, 28–30), Ptolemaios II. (Hesperia-Suppl. 17, 3, Zeile 47–55), Lysimachos (IG II² 657, 33–36), Spartokos von Bosporos (IG II² 653), Audoleon von Paionien (IG II² 654) sowie Beauftragte des Ptolemaios I. (IG II² 650) und des Audoleon (IG II² 655).

speziell an die Wiedergewinnung der Unabhängigkeit erinnerndes zusätzliches Fest im Jahre 284/3 gestiftet wurde, und zwar vom Dichter Philippides. Er war für dieses Jahr zum staatlichen Festveranstalter *(agonothetes)* gewählt worden, ließ sich jedoch nicht, wie es üblich war, die hierfür notwendigen Mittel von der Staatskasse anweisen bzw. erstatten, sondern bezahlte alles aus seinem eigenen Vermögen und stiftete darüber hinaus, zur Erinnerung an die Gewinnung der Freiheit, einen zusätzlichen Wettbewerb zu Ehren der Demeter und der Kore.[50] Und es war jedenfalls nicht viel später, zwischen 283 und 270, daß die tragischen Wettkämpfe der Großen Dionysien um einen neuen Agon erweitert wurden, der aber, anders als jener Agon des Philippides, als bleibende Neuerung gedacht war.[51] Den religiösen und kultischen Fragen wandte die Bürgerschaft ihr Augenmerk zu, sobald die existentiellen Probleme unter Kontrolle zu sein schienen. Mit besonderem Glanz sind dann offenbar die großen Feste des Jahres 282/1 begangen worden, denn damals gab es nicht nur einen Agonotheten wie zuvor (bzw. wie meist zuvor), sondern deren zwei, beides Männer aus führenden Familien: Phaidros von Sphettos, der Bruder des Kallias, oftmals Stratege, Gesandter und Inhaber anderer hoher Ämter, und Glaukon, Bruder des Chremonides. Die Amtsführung des Phaidros in der Ausrichtung der Opfer und Wettspiele wird im Dekret zu seinen Ehren mit kräftigen Worten gelobt.[52] Für Glaukon hat sich ein solches Dekret nicht erhalten, jedenfalls keines seiner Vaterstadt, doch war er weit über die Grenzen Attikas hinaus bekannt: als Sieger mit dem Viergespann zu Olympia, als *Proxenos* von Delphi, Rhodos und Orchomenos in Arkadien, späterhin geehrt von den zu Plataiai versammelten Hellenen und von König Ptolemaios III. in Olympia durch Aufstellung seiner Statue.[53]

Verhältnismäßig oft ist in den Volksbeschlüssen des frühen 3. Jahrhunderts von den Streitkräften die Rede. In der vormilitärischen Ausbildung der Epheben hatte es schon gleich nach der demokratischen Erneuerung von 307 eine einschneidende Reform gegeben, indem auf die Dienstpflicht aller Bürgersöhne verzichtet wurde, wodurch die Ephebie den Charakter eines Freiwilligenkorps erhielt. Auch dienten die Epheben seither nicht

[50] IG II² 657, 38–45. Dasselbe tat, ebenfalls als Agonothet, zwei Generationen später Eurykleides von Kephisia aus Anlaß der erneuten Befreiung von makedonischer Herrschaft (IG II² 834, 23–24).

[51] Er ist noch nicht erwähnt im Dekret zu Ehren des Philippides (Anm. 50), zuerst bezeugt in demjenigen zu Ehren des Kallias (Hesperia-Suppl. 17, 4, Zeile 92–94). K. Peppas-Delmousou, Akten (Praktika) des 8. Internationalen Kongresses für Griechische und Lateinische Epigraphik, 1984, 65–67.

[52] IG II² 682, 53–56.

[53] Die Nachweise bei Habicht, Gottmenschentum 32, Anm. 20. Hinzugekommen ist das Dekret der Hellenen für ihn, BCH 99, 1975, 51–75.

mehr zwei Jahre, sondern nur noch ein Jahr lang. Es ist möglich, daß die Reform durch die grundsätzliche Entscheidung erzwungen wurde, wonach künftig nicht mehr der Staat für den Unterhalt und die Ausrüstung der Epheben aufkam, sondern diese selbst, wenigstens zu einem Teil. Es scheint jetzt festzustehen, daß schon die im Jahre 306 in den Dienst tretenden Epheben nach der neuen Ordnung dienten, und die deutlich gefallenen Ziffern der Ephebenjahrgänge in den folgenden Jahren lehren, daß die Reform vor das Ende des Jahrhunderts gehört, d. h. noch in die Phase der Demokratie unter der Schirmherrschaft des Königs Demetrios. Zu Beginn des 3. Jahrhunderts, und jedenfalls vor dem Ausbruch des Chremonideischen Krieges, verschwanden dann auch die zwölf, jeweils für die Epheben einer Phyle zuständigen, Sophronisten.[54]

Fortgesetzt hat sich im frühen 3. Jahrhundert die der Klassischen Zeit fremde Spezialisierung innerhalb des Kollegiums der Strategen. Der für den Schutz Attikas zuständige Befehlsbereich wurde aufgeteilt in eine Territorialstrategie mit dem Mittelpunkt in Eleusis und den Festungen Panakton und Phyle und in eine Küstenstrategie mit den Stützpunkten in Sunion und Rhamnus. Die Inschrift zu Ehren des Epichares hat neuerdings gelehrt, daß die Teilung älter ist als der Beginn des Chremonideischen Krieges, da die Küstenstrategie mit ihrem Inhaber, eben Epichares, schon im ersten Kriegsjahr bezeugt ist. Vielleicht hat die Wiedergewinnung von Eleusis durch Demochares, zwischen 287 und 270, den Anstoß zu dieser Neuerung gegeben.[55]

Im Range unter den Strategen standen die zwölf Taxiarchen, deren jeder die Fußsoldaten einer Phyle befehligte. Ihnen entsprachen für die Reiterei die Phylarchen, denen die beiden Hipparchen in ähnlicher Weise vorgesetzt waren wie die Strategen den Taxiarchen. Das Bürgeraufgebot, mit Einschluß der Epheben, war in 42 Jahrgangsklassen der Altersstufen von 18 bis 59 Jahren gegliedert, von denen je nach Bedarf eine größere oder kleinere Zahl zu den Waffen gerufen wurde. In der Regel wurden dann einzelne *Taxeis*, d. h. Phylenregimenter, zur Sicherung der Festungen abkommandiert, die anderen dem marschbereiten Heer zugewiesen. Aus dem frühen 3. Jahrhundert sind für den kurzen Zeitraum von zehn Jahren nicht weniger als fünf Dekrete zu Ehren aller Taxiarchen bestimmter Jahre erhalten, nämlich für die von 281/0, 276/5 (zwei Dekrete), 275/4 und 271/0. Von diesen haben jedenfalls zwei ein- und denselben Antragsteller, Leon, Sohn des Kichesias, aus Aixone, Mitglied einer führenden Familie der hellenisti-

[54] Reinmuth, Inscriptions 101–102. 115. 121. Ph. Gauthier, Chiron 15, 1985, 151–161. Habicht, ZPE 93, 1992, 47–49. Die Sophronisten sind 303/2 noch bezeugt, 267/6 jedoch verschwunden.

[55] Epichares: oben S. 134. Für die Teilung der Strategie s. Habicht, Studien 43–44, und dazu oben S. 134. Zur Küstenstrategie gehörte auch Aphidnon (Praktika 1990 [1994] 21–24, Nr. 1).

schen Zeit und einer besonders im Zusammenhang mit dem Militär aktiven Familie.[56]

Die Reiterei ist eben damals, im Jahre 281/0, von zweihundert auf dreihundert Mann verstärkt, die Wahl der Phylarchen durch ein Gesetz geregelt worden. Es war dieses – aus besonderem Anlaß wohl auf fünfhundert Reiter verstärkte Korps – das zusammen mit ausgewählten Infanteristen (den *epilektoi*) im Jahre 279 an der Abwehr der Kelten beteiligt war.[57] Die Kavalleristen dienten mit ihrem eigenen Pferd, für dessen Kauf der Staat ihnen ein Darlehen und für dessen Unterhalt er ihnen, solange das Pferd bei der jährlichen Musterung für tauglich befunden wurde, ein Futtergeld anwies. Trotz dieser staatlichen Subventionen versteht es sich, daß nur Wohlhabende in der Reiterei dienen konnten, etwa derselbe Personenkreis, der es sich nach der Reform noch leisten konnte, der Ephebie beizutreten. Die Reiter haben gelegentlich ihre Offiziere, die Hipparchen und Phylarchen, durch ehrende Beschlüsse ausgezeichnet, so in den Jahren 281/0, 187/6 (damals auf Antrag des Kichesias aus der soeben genannten Familie von Aixone) und um 160.[58] Seit der Wiedergewinnung der Insel Lemnos durch die Gunst des Königs Seleukos gab es zudem einen dorthin abgeordneten Hipparchen; einer der frühesten war Komeas, den die gesamte Bürgerschaft in Anerkennung seiner Amtsführung im Jahre 279/8 geehrt hat.[59]

Die hier vorgestellten Zeugnisse lassen erkennen, daß in den Jahren nach 287 die Sorge für ihre Wehrkraft ein wesentliches Anliegen der Stadt war. Es stimmt damit gut zusammen, daß die Volksbeschlüsse dieser Zeit, bis hin zum Dekret des Chremonides, starke nationalistische Töne enthalten. Nach dem unter so großen Verlusten gescheiterten Anschlag auf die makedonische Garnison in der Feste Munychia (S. 129) blieb die Wiedergewinnung des Piräus und der Festungen[60] bzw. die Wiedervereinigung von Stadt und Hafen[61] das hauptsächliche Ziel der Politik. In diesen Jahren haben wenigstens vier aktive Politiker die höchsten Ehren erhalten, die die Bürgerschaft zu vergeben hatte, eine Statue und die lebenslängliche, sowie auf den ältesten Sproß im Mannesstamm vererbliche Speisung auf öffentliche Kosten. Nach ihrem Tod erhielten diese Ehren Demosthenes im Jahre 280/

56 ISE 15. IG II² 685. Agora I 7485, 20. Hesperia 2, 1933, 156 Nr. 5. ISE 18. Zur Familie des Leon und Kichesias Habicht, Studien 194–197; neue Zeugnisse sind noch unveröffentlicht.

57 Oben S. 137. Vermehrung der Reiterei ISE 16. Die *epilektoi*: P. Roussel, RA 1941, II 220–222. L. Tritle, Ancient History Bulletin 3, 1989, 54–59. Für die athenische Reiterei dieser Zeit vgl. vor allem J. Kroll, Hesperia 46, 1977, 83–144 und Bugh, Horsemen 184–206.

58 Für das Dekret von 281/0 s. ISE 16, für das von 187/6 AM 76, 1961, 127 Nr. 1, für das von ca. 160 AD 18, 1963, 107.

59 IG II² 672 und, von einer zweiten Ausfertigung, Hesperia 10, 1941, 338.

60 IG II² 657, 35–36, vom Spätsommer 283.

61 ISE 14, 28–30, vom Winter 282/1.

79 auf Antrag seines Neffen Demochares, dieser selbst sodann 271/70 auf Antrag seines Sohnes Laches, zu ihren Lebzeiten der Dichter Philippides im Spätsommer 283 und Kallias von Sphettos im Winter 270/69.[62] Da Demosthenes seinerzeit von der Bürgerschaft geächtet worden war und sich auf der Flucht vor den Häschern des Antipatros das Leben genommen hatte, kam seine Rehabilitierung und Ehrung einer Kampfansage an Makedonien gleich.

Allen vier Beschlüssen gemeinsam ist die Aussage, daß die Geehrten als Vorkämpfer der Demokratie und als Opfer einer Oligarchie gefeiert werden. Nach Beseitigung der demokratischen Verfassung hatten sie in die Verbannung gehen müssen und ihr Vermögen eingebüßt. Von Demochares behauptet das an den Rat gerichtete (und danach zum Beschluß erhobene) Gesuch sogar, daß er als einziger Politiker seiner Altersstufe nie seine Hand zu einer gegen die Demokratie gerichteten Bewegung geliehen habe! Im Verständnis dieser Zeit war die Demokratie nicht nur von 322 bis 318, sondern auch unter Demetrios von Phaleron, 317–307, und während der zweiten Herrschaft des Königs Demetrios, 295–287, suspendiert gewesen. Philippides beschuldigte darüber hinaus auch Stratokles, dessen Politik ihn 304 oder 303 ins Exil getrieben hatte, der Zerstörung der Demokratie.[63] Es war eben immer auch Interpretationssache, was jemand als Demokratie gelten ließ und was nicht, war es doch üblich geworden, daß sich auch in einer Zeit, in der das Bürgerrecht an einen Census geknüpft, die Zahl der Bürger daher vermindert war, die Regierenden als Repräsentanten der Demokratie ausgaben. Daher machten ihre Gegner, die «echten» oder radikalen Demokraten, zuweilen durch einen Zusatz deutlich, was allein in ihren Augen Demokratie war: die «Demokratie aus allen Athenern.»[64]

Man hat oft angenommen, daß sich sogar der Philosoph Epikur von der damals vorherrschenden nationalistischen und den Makedonen feindlichen Stimmung habe anstecken lassen, der doch lehrte, daß der Weise sich der Politik und den Staatsgeschäften fernhalten solle. Man glaubte nämlich zu erkennen, daß er in einem Brief des Jahres 283/2 die Vernichtung der «verhaßten Makedonen» gewünscht habe. Man hat daher entweder Anstoß genommen an diesem unglaublich scheinenden politischen Engagement oder erklärt, die grundsätzliche Ablehnung politischer Tätigkeit bedeute kein «Entrinnen», keine «Flucht» vor der Realität des Tagesgeschehens.[65]

[62] [Plutarch], *mor.* 850 F-851 C (Demosthenes; vgl. POxy 1800, fr. 3, col. 2, 29–39); 851 D-F (Demochares). IG II² 657 (Philippides). Hesperia-Suppl. 17, 1 ff. (Kallias). Vgl. dazu Habicht, Studien 124–127. Gauthier, Cités 79–89.

[63] Philippides, PCG VIII 347, F 25: ταῦτα καταλύει δῆμον, οὐ κωμῳδία.

[64] Im Dekret für Kallias (Anm. 62) Zeile 81–83: «Nie tat er etwas im Widerspruch zu den Gesetzen oder der aus allen Bürgern bestehenden Demokratie.» Weitere entsprechende Zeugnisse bei Habicht, Untersuchungen 28, Anm. 48.

[65] Zuletzt H. Steckel, Epikuros, RE-Suppl. 11, 1968, 591, mit weiterer Literatur.

Es hat sich jedoch inzwischen bei einer Revision des fragmentarisch überlieferten und schwer lesbaren Papyrustextes ergeben, daß weder Epikur als Verfasser des Briefes feststeht, noch der Text eine derartige Aussage macht.[66]

Die Dürftigkeit des Materials erlaubt nicht, sich ein klares Bild davon zu machen, wer alles in dieser Zeit zu den führenden Politikern Athens gehörte, geschweige denn sich von diesen Persönlichkeiten eine nähere Vorstellung zu machen. Bis zu ihrem Tode gehörten zu ihnen jedenfalls Olympiodoros, der Freiheitsheld von 287, und Demochares, sobald er aus dem Exil zurückgekehrt war. Führende Rollen spielten weiter die Brüder Phaidros und Kallias aus Sphettos – wann immer der letztere nicht in ptolemäischen Diensten stand – sowie das Brüderpaar Chremonides und Glaukon von Aithalidai.[67] Zu nennen sind weiter Kallippos von Eleusis, Stratege im Jahre 290, später Befehlshaber des athenischen Aufgebots zum Schutz Delphis und, am Vorabend des Chremonideischen Krieges, Gesandter im arkadischen Orchomenos, endlich Delegierter im Rat der im Kriege verbündeten Mächte, sowie sein Mitgesandter Aristeides von Lamptrai.[68] Diejenigen, die außer den bereits Genannten wichtigere Anträge in der Volksversammlung einbrachten,[69] als Gesandte zu Königshöfen oder auswärtigen Staaten gingen[70] oder in Athen ein so kostspieliges wie prestigeträchtiges Amt wie die Agonothesie versahen,[71] dürften ohne Ausnahme zum Kreis führender Persönlichkeiten dieser Zeit gehören.

Bekannter als die Politiker sind einige herausragende Vertreter des geistigen und literarischen Lebens, sowohl athenische Bürger wie in Athen lebende Fremde, die während dieser Zeit starben. Noch unter der Herrschaft des Königs Demetrios ist Menander im Jahre 292/1, angeblich beim Baden im Meer, ums Leben gekommen. Kurz vor oder kurz nach der

[66] T. Dorandi, CronErc 12, 1982, 99 (Text) und 112 mit Anm. 94 (Kommentar).

[67] Oben, S. 141 für Glaukon, unten S. 147 für Chremonides. Schon der Vater beider, Eteokles, war mit einer öffentlichen Statue ausgezeichnet worden (IG II² 3845).

[68] Habicht, Chiron 6, 1976, 7–10.

[69] Euchares von Konthyle, der gegen Ende des 4. Jahrhunderts mit der Aufzeichnung des revidierten Gesetzeskodex betraut war (IG II² 487), hat 270 den Beschluß zu Ehren des Kallias beantragt, Epicharmos von Kolonai zwei Dekrete der Jahre 286/5 und 276/5, Eubulos von Melite zwei andere im Jahre 271/0; Leon von Aixone ist schon oben, S. 142 genannt. Andere Antragsteller erweisen sich auch durch ihre Zugehörigkeit zu Trierarchenfamilien des späteren 4. Jahrhunderts als zur Elite gehörig, so Nikeratos von Kephale (Davies, APF 14239), Phytios von Thorikos (Davies, APF 9667, S. 367) und Agyrrios von Kollytos (Davies, APF 8157, S. 279).

[70] Außer Demochares, Phaidros, Kallias, Kallippos, Glaukon, Aristeides z. B. der Hipparch Komeas von Lamptrai, Gesandter zu Seleukos I. 281/0 (Anm. 59).

[71] Außer Philippides, Glaukon, Phaidros und dessen Sohn Thymochares z. B. Thrasykles von Dekeleia (Davies, APF 7341), Deinias von Erchia (Davies, APF 3163, wo das Zeugnis für die Agonothesie von 266/5 übersehen ist, Hesperia 37, 1968, 284, Nr. 21) und Theophanes von Euonymon im Jahr 270/69 (IG II² 3081–2. 3851).

Befreiung der Stadt starb im Jahre 288/7 oder 287/6 Theophrast, der Nachfolger des Aristoteles in der Leitung der von diesem gegründeten Schule, ein Jahrzehnt später Epikurs engster Gefährte Metrodoros, sodann 276/5 der Akademiker Krantor, 271/0 Epikur und wahrscheinlich auch Straton, der Leiter des Peripatos, endlich 270/69 der Schulvorsteher der Akademie, Polemon. Während des Chremonideischen Krieges starb der Akademiker Krates, im Jahr nach seinem Ende Zenon, der Gründer der Stoa.[72]

Innerhalb dieser Zeit, und zumal während des Jahrzehnts von 270 bis 260, das weitgehend mit dem Chremonideischen Krieg zusammenfällt, hat die Forschung, quer durch die verschiedenen Schulen, eine Wende des Philosophierens erkannt.[73] Man konstatierte, daß die Pflege der Naturwissenschaften weitgehend zurücktrat, auch Dialektik kaum noch gelehrt wurde, Erkenntnistheorie dagegen zum höchst skeptisch beurteilten Grundproblem des Philosophierens wurde, daß daneben vor allem die Ethik weiterhin gepflegt und als praktische Lebenshilfe betrieben wurde. Zugenommen habe ferner das Rekurrieren auf die Autorität der Gründer, besonders im Garten Epikurs und in der Stoa Zenons. Der Verzicht auf Spekulation und empirische Forschung habe die Philosophie damals in eine Krise geführt, da den Philosophen der naive Fortschrittsglaube, wie etwa Aristoteles ihn in seiner Jugend gehabt habe, verlorengegangen sei.

Im Bereich der Literatur ist während des Krieges der Komödiendichter Philemon gestorben,[74] nach dem Kriegsende Philochoros, der bedeutende Lokalhistoriker Athens, von König Antigonos mit dem Tode bestraft worden. Wie lange Timaios von Tauromenion, der in Athen wirkende Historiker des westlichen Griechentums, den Schlußpunkt seines Werkes, 265/4, überlebt hat, ist nicht bekannt.[75] Jedenfalls aber hat diese Zeit so große Lücken in die Reihen der führenden Intellektuellen Athens gerissen, daß die Feststellung wohl berechtigt ist, daß Athens Niederlage im Krieg mit dem Ende einer kulturellen Ära zusammenfiel.[76] Mit Philochoros endet die lokale Geschichtsschreibung, ja die politische Geschichtsschreibung Athens überhaupt.[77]

[72] Für die Todesdaten des Krantor und Polemon, die allein problematisch sind, s. Dorandi, Academia, 56–58; für alle weiteren denselben, Ricerche.

[73] Das Folgende nach P. Steinmetz, Die Krise der Philosophie in der Zeit des Hochhellenismus, Antike und Abendland 15, 1969, 122–134.

[74] PCG VII 222, T 6.

[75] Zu Philochoros und Timaios oben S. 121 ff.

[76] Walbank, Macedonia 287: «The military defeat of Athens also coincided with the end of a cultural era.»

[77] F. Jacoby, Atthis, 1949, 108–111. Er sagt dort u. a.: «the scholar Philochoros found successors, but the historian did not.»

3. Der Chremonideische Krieg[78]

Vier Jahre nachdem die Athener mit Pyrrhos, dem Gegner des makedonischen Königs, Verbindung anzuknüpfen versucht hatten (S. 140), sind sie an der Seite starker Verbündeter in den Krieg gegen König Antigonos eingetreten, der schon im Altertum der Chremonideische Krieg genannt wurde, da der Athener Chremonides aus dem Demos Aithalidai den noch erhaltenen Beschluß über das Bündnis mit Sparta beantragt hat, das unmittelbar zum Ausbruch der Feindseligkeiten führte. Während es eindeutig ist, daß Antigonos der Angegriffene war, ist weniger klar, wer unter den Verbündeten die hauptsächlich zum Kriege treibende Kraft gewesen ist. In Betracht kommen nur die drei stärksten Mächte: Ägypten unter König Ptolemaios II. Philadelphos, Sparta unter seinem König Areus I., der noch 272 gemeinsam mit Antigonos gegen Pyrrhos gekämpft hatte, und Athen. Im Dekret des Chremonides wird deutlich, daß sowohl Sparta wie auch Athen, ehe sie sich miteinander verbündeten, bereits Bündnisse mit Ptolemaios eingegangen waren, was diesen als den eigentlichen Urheber erscheinen lassen könnte. Es wird aber zugleich in auffälliger Weise betont, daß der König, in dem Bestreben, die griechischen Staaten (von Makedonien) zu befreien, im Einklang mit den Wünschen seiner Schwester und Gemahlin, Arsinoe II., handele. Der Tenor geht über eine bloße Bezeugung postumen Respekts offensichtlich hinaus, und die Aussage hat jüngst mehr Gewicht erhalten, indem klargeworden ist, daß Arsinoe nicht schon 270, sondern erst am 1. oder 2. Juli 268 gestorben ist, d.h. nur etwa zwei Monate vor diesem Beschluß.[79] Es ist daher durchaus wahrscheinlich, daß sie praktisch bis zum Kriegsausbruch Einfluß auf den König ausüben konnte.

Was die Motive des Königspaares betrifft, so ist anzunehmen, daß man in Ägypten das Erstarken Makedoniens seit dem Ende des Pyrrhos mit Sorge beobachtete, nicht zuletzt den intensiven Ausbau der Flotte. In De-

[78] Repräsentativ ist jetzt die ausführliche Behandlung von H. Heinen, Untersuchungen zur hellenistischen Geschichte des 3. Jahrhunderts v. Chr., Wiesbaden 1972, 95–213. Ferner Will, Histoire 1, 219–233. Walbank, Macedonia 276–289. Mit diesen Gelehrten wird hier angenommen, daß der athenische Archon Peithidemos, aus dessen Jahr das Dekret des Chremonides stammt, ins Jahr 268/7 gehört (unerheblich für die Chronologie ist IG II^2 1534, 145, da es sich dort, wie Aleshire, Asklepieion 293–298, gezeigt hat, nicht um den Archon handelt), und daß König Areus im Laufe des Jahres 265/4 gefallen ist. Dagegen scheint mir T. Dorandi erwiesen zu haben, daß der Archon Antipatros, in dessen Jahr Athen kapitulierte, 263/2 amtiert hat und nicht 262/1, wie auch ich mit Heinen und anderen angenommen hatte (Dorandi, Ricerche 23–28).

[79] E. Grzybek, Du calendrier macédonien au calendrier ptolémaïque, Basel 1990, 103–112. Zur Rolle der Arsinoe in der Vorgeschichte des Krieges vgl. H. Hauben, Studia Hellenistica 27, 1983, 114–119.

metrias, Chalkis, Piräus und Korinth hatte Antigonos starke Stützpunkte und ausgezeichnete Häfen, und die Besatzung von Akrokorinth kontrollierte zugleich den Landverkehr über den Isthmos. In zahlreichen Städten der Peloponnes herrschten von Antigonos gestützte Tyrannen, die nicht nur dem spartanischen König Areus in seinem Expansionsdrang hinderlich waren, sondern auch eine in der griechischen Öffentlichkeit längst unzeitgemäß gewordene und verhaßte Regierungsform am Leben erhielten. Athen endlich strebte seit zwanzig Jahren danach, die volle Souveränität über sein Territorium wiederzugewinnen, über den Piräus in erster Linie, aber auch über einige Festungen des Landes. Mit militärischer Hilfe der beiden Könige hoffte man, dieses Ziel endlich erreichen zu können. Meine frühere Annahme, Athen sei die zum Krieg treibende Macht, der Krieg daher in erster Linie «Athens Krieg» gewesen, mag zu weit gehen. Sie wird aber nicht dadurch widerlegt, daß Sparta schon vor dem Vertragsschluß mit Athen ein Bündnis mit König Ptolemaios eingegangen war, denn ebendies gilt auch für Athen.

Es scheint daher, als seien die Ziele der Verbündeten in wesentlichen Stücken verschieden gewesen. Zu erreichen aber waren sie alle nur durch eine erhebliche Schwächung Makedoniens, und die Gegnerschaft gegen Makedonien war der gemeinsame Nenner, der die Partner zusammenführte und zusammenhielt. Die Belagerung von Eretria auf Euböa durch Antigonos mag, wie vermutet wurde,[80] das auslösende Moment für das Bündnis Athens mit Sparta gewesen sein. Als weitere Verbündete traten fast allein peloponnesische Staaten an die Seite dieser beiden: Elis, weiter das halbe Dutzend Städte, das der im Jahre 280 neu gegründete Achäische Bund damals zählte, sowie die arkadischen Städte Mantinea, Orchomenos, Phigalia und Kaphyai, endlich einige mit Sparta verbündete kretische Gemeinden. Es ist an sich wahrscheinlich, daß athenische Diplomaten an der Gewinnung mancher Städte für die Koalition beteiligt waren (so wie Demosthenes und andere im Jahre 323), und dies wird durch eine in diese Jahre fallende Ehrung von drei einflußreichen athenischen Politikern im arkadischen Orchomenos fast zur Gewißheit.[81] Es waren Glaukon, der Bruder des Chremonides, Aristeides von Lamptrai, der 290/89 Stratege der Stadt gewesen war und auch sonst bekannt ist, sowie Kallippos von Eleusis, derselbe, der 279 das athenische Kontingent gegen die Kelten befehligt hatte. Kallippos und wahrscheinlich Glaukon wurden zu Kriegsbeginn als die beiden athenischen Delegierten im gemeinsamen Kriegsrat der Verbündeten gewählt.

Der Antrag des Chremonides[82], dem bereits bestehenden Bündnis mit Ptolemaios ein Bündnis mit Sparta folgen zu lassen, ist im Sommer 268, am

[80] D. Knoepfler, BCH 117, 1993, 339–341.
[81] ISE 53. Habicht, Chiron 6, 1976, 7–10.
[82] IG II^2 686–687, jetzt StV Nr. 476. Heinen (Anm. 78) 117–142.

39. Tag des Anfang Juli beginnenden attischen Jahres, vom Volk angenommen worden. Angefügt ist am Ende der Wortlaut des Bündnisvertrages. Als Ziel der Verbindung wird die Absicht angegeben, gemeinsam mit König Ptolemaios die allgemeine Freiheit der Griechen herbeizuführen. Der Gegner, der ihr im Wege steht, wird namentlich nicht genannt. Erinnert wird an die Waffenbrüderschaft Athens und der Peloponnesier während der Perserkriege, die ebenfalls im Dienste der Freiheit Griechenlands gestanden hatte. Der makedonische König wird auf diese Weise zu einem neuen Xerxes gestempelt.

Die Kampfhandlungen begannen noch im Jahre des Peithidemos, wie ein 1967 bekanntgewordener Beschluß des attischen Demos von Rhamnus für den Strategen Epichares gelehrt hat.[83] Er hat zugleich die äußerst dürftigen Notizen späterer Schriftsteller über den Verlauf des Krieges durch wichtige und zeitgenössische Informationen ergänzt. So erfährt man dort, daß Piraten den makedonischen König (wie schon aus früheren Kriegen bekannt) unterstützt haben, vor allem aber, daß der ptolemäische Stratege Patroklos mit Truppen in Attika gelandet war und den Athenern offensichtlich wirksamere Hilfe zu bringen versuchte, als man auf Grund der literarischen Nachrichten angenommen hatte. Ebendies aber hatte sich fast gleichzeitig auch durch archäologische Forschungen auf der Halbinsel Koroni im Osten Attikas (zwischen Rhamnus im Norden und Sunion im Süden) ergeben.

In Koroni waren amerikanische Archäologen auf die Reste eines in Eile erbauten, stark befestigten Lagers gestoßen. Dieses war von einer über See gekommenen Armee errichtet worden, die einen Angriff von der Landseite erwartete, war aber nach Ausweis der Funde nicht lange besetzt gewesen. Von mehreren Dutzend dort gefundener Münzen waren drei Viertel, nämlich 24 Stücke, solche des Ptolemaios II., deren spätestes Stück entweder 267/5 oder 265/4 geprägt worden war. Alle Anzeichen wiesen darauf hin, daß dieses Lager während des Chremonideischen Krieges von den Streitkräften des Patroklos erbaut worden war. Nur die keramischen Funde machten einige Zeit lang Schwierigkeiten, da ihre Daten etwa zwanzig Jahre früher zu liegen schienen. Aber eben dieser Umstand gab den Anstoß zu einer Überprüfung der traditionellen Chronologie und führte dazu, die absolute Chronologie der hellenistischen Keramik Athens zu modifizieren

[83] B. Ch. Petrakos, AD 22, 1967, 38–52; verbesserter Text bei Heinen (Anm. 78) 152–154. Ein neues Fragment, Praktika 1985 (1990) 9; 13–14. Dazu D. Knoepfler, BCH 117, 1993, 327–341. Epichares war im Jahr des Peithidemos Stratege für den Küstendistrikt und hat diesen und die Festung Rhamnus im Verlaufe des Krieges geschützt (Zeilen 5–7). In Rhamnus kürzlich gefundene Steinkugeln zeugen von einer Bestürmung oder Belagerung der Festung durch die makedonische Armee (Petrakos, Ergon 39, 1992, 5). Kriegszustand für das folgende Jahr 267/6 (Archon Menekles) bezeugt IG II² 665, 8; vgl. auch das Dekret Hesperia 59, 1990, 545. Rhamnus war noch im letzten Kriegsjahr, 263/2, in athenischer Hand (IG II² 1217).

und die in Koroni gefundenen Typen herabzudatieren.[84] Die Anwesenheit ptolemäischer Truppen in Koroni während des Krieges kann als sicher gelten. Auch an anderen Stellen Attikas haben sich Spuren ptolemäischer Soldaten aus diesen Jahren gefunden, so in Vuliagmeni, an der Westküste Attikas, halbwegs zwischen Piräus und Sunion, in Rhamnus, sowie, der Stadt überraschend nahe, in Heliopolis. Die Waffenbrüderschaft Athens und der königlichen Truppen zeigt sich auch in einer während des Krieges, mindestens drei Jahre lang, geprägten Serie athenischer 5-Obolen-Münzen, da sie dem ptolemäischen Münzfuß angepaßt sind und ptolemäische Typen übernommen haben.[85]

Wenn die ptolemäische Armee auch aktiver gewesen und Patroklos der Stadt, die er verteidigen wollte, näher gekommen ist als man angenommen hatte, so hat er sie doch nicht retten können. Sie war von den Streitkräften des Königs Antigonos offenbar sofort nach Kriegsausbruch eingeschlossen worden. Ihr Entsatz zu bringen, war Patroklos nach eigenem Eingeständnis zu schwach; sein Kriegsplan sah vor, daß die Spartaner den Feind frontal angreifen sollten, offenbar indem sie auf dem Landweg über Eleusis einmarschierten, während er selbst dann die Makedonen vom Rücken her attackieren wollte. Es hat Athens Schicksal besiegelt, daß es zu einer solchen kombinierten Operation nicht gekommen ist, da der spartanische König Areus, der mehrmals gegen Attika ausrückte, vermutlich nie dorthin gelangt ist, weil ihm entweder schon am Isthmos oder vor dem Eintritt in die Thriasische Ebene der Weg verlegt wurde. Nach seinem letzten Ausmarsch kam es im Jahr 265/4 bei Korinth zur Schlacht, in der er von König Antigonos besiegt wurde und selbst tot auf dem Schlachtfeld blieb.[86]

Athen hielt auch danach, mit weiterer Unterstützung von Seiten des Ptolemaios oder ohne sie, noch lange Zeit aus, vielleicht begünstigt durch den Einfall von Pyrrhos' Sohn Alexander nach Makedonien, der König

[84] E. Vanderpool, J. R. McCredie, A. Steinberg, Hesperia 31, 1962, 26–61. 33, 1964, 69–75. McCredie, Hesperia-Suppl. 11, 1966. Ihre Ergebnisse wurden in einigen Punkten modifiziert von H. Lauter-Bufe, Marburger Winckelmannsprogramm 1988, 67–102. Über die Arbeiten, die zu der modifizierten Chronologie der attischen Keramik dieser Zeit geführt haben, berichtet S. Rotroff, in H. A. Thompson und D. B. Thompson, Hellenistic Pottery and Terracottas, hg. v. S. Rotroff, Princeton 1987, 4–6 und 183–184.

[85] McCredie, Hesperia-Suppl. 11, 1966, 30–32 (Vuliagmeni). E. Varoucha, AE 1953–54, III, 1961, 321–349. Alle relevanten Orte sind klar markiert auf der Karte bei Walbank, Macedonia 281. Auch in Rhamnus sind Münzen Ptolemaios' II. zutage gekommen (Ergon 39, 1992, 5). Für die 5-Obolen-Prägung Athens Kroll, Coins 11.

[86] Heinen (Anm. 78) 197–202. Die Hypothese von C. B. Welles (Klio 52, 1970, 477–490), daß der seleukidische König Antiochos I. dem Antigonos gallische Söldner zur Unterstützung gesandt hätte, erschlossen aus einem Epigramm von Maroneia (ISE 115), hätte von Will, Histoire 227, und Walbank, Macedonia 280. 282, Anm. 1, nicht wiederholt werden sollen, denn im Epigramm ist, wie man schon lange erkannt hat (ISE a. O.), nicht vom makedonischen König Areus, sondern vom Kriegsgott Ares die Rede, der Text zudem erheblich später als der Chremonideische Krieg.

Antigonos zur Abwehr zurückrief und sogar zu einem Waffenstillstand geführt zu haben scheint. Als aber Antigonos siegreich zurückgekehrt war, wurde die Lage Athens kritisch. Der König zerstörte das außerhalb der Mauern, nahe der Akademie, gelegene Heiligtum des Poseidon Hippios. Es war das Kultzentrum der athenischen Reitertruppe, und es ist wohl denkbar, daß diese, so klein sie auch war, den Belagerern erheblich zusetzte.[87] Die Stadt mußte endlich, im Jahr des Archons Antipatros, 263/2, anscheinend gegen dessen Ende, kapitulieren. Die Befreiung des Piräus und der zu Beginn des Krieges in makedonischer Hand befindlichen Festungen war nicht gelungen; eine königliche Garnison zog wie 295 erneut in die Stadt ein, andere Garnisonen in die übrigen Festungen wie Rhamnus. Die Regierungsgeschäfte legte Antigonos, so wie es fünfundfünfzig Jahre früher Kassander mit Demetrios von Phaleron getan hatte, in die Hände eines einzelnen athenischen Bürgers. Dieser war kein anderer als der gleichnamige Enkel des Regenten von 317 bis 307.[88]

Es ist ganz unklar, ob die Operationen zur See, von denen man so gut wie nichts Sicheres weiß – abgesehen von zahlreichen Bezeugungen der Aktivität des Patroklos im Bereich der Inseln –,[89] einen nennenswerten Einfluß auf das Geschehen und den Ausgang des Krieges hatten, ob insbesondere der Flottensieg des Antigonos über Ptolemaios bei Kos ans Ende des Chremonideischen Krieges gehört oder erst ins Jahr 255.[90]

Solange die Forschung annahm, Athen habe beim Ausbruch des Krieges unter der Herrschaft des Königs Antigonos gestanden, war es gerechtfertigt, im Beitritt der Stadt zu einer gegen diesen gerichteten Koalition einen Akt der Rebellion zu sehen.[91] Da es jedoch schon seit langer Zeit klar ist, daß der athenische Staat, wenn auch nicht im Besitz der Kontrolle über alle Landesteile Attikas, seit 287 frei und Herr seiner Entschlüsse war, ist es ein wenig gedankenlos, den Chremonideischen Krieg «the Greek revolt led by

[87] Pausanias 1, 30, 4. P. Siewert, Poseidon Hippios am Kolonos und die athenischen Hippeis, Arktouros, Hellenic Studies presented to B. M. W. Knox, Berlin 1979, 280–289.

[88] Die Quellen sind StV Nr. 477 zusammengestellt und besprochen. Vgl. ferner Habicht, Studien 13–20.

[89] M. Launey, REA 47, 1945, 33–45. Zu den von ihm genannten Zeugnissen sind hinzugekommen die Epichares-Inschrift von Rhamnus (Anm. 83), der Befund von Koroni, Vuliagmeni und Heliopolis sowie die Ehrung des Patroklos in Samos (Chiron 20, 1990, 67–68 Nr. 2). Nach Patroklos wurde das Inselchen Gaidaronisi gegenüber von Sunion «Patroklosinsel» genannt (Pausanias 1, 1, 1). Es ist zweifellos einer seiner Stützpunkte gewesen. In gleicher Weise wurde eine Gruppe kleiner Inseln im Saronischen Golf «Pelopsinselchen» genannt, nach Pelops, der in eben diesen Jahren wie Patroklos hoher ptolemäischer Offizier makedonischer Nationalität war (Pausanias 2, 34, 9).

[90] Siehe K. Buraselis, Das hellenistische Makedonien und die Ägäis, 1982, 146–151, wo auch die umfangreiche Literatur angeführt ist, sowie G. Reger, AJAH 10, 1985 [1993] 155–171.

[91] Ferguson, HA 137. 187.

Athens and Sparta» zu nennen.[92] Alle an ihm beteiligten griechischen Staaten waren, als sie in ihn eintraten, unabhängig von Makedonien. Sie kämpften nicht für ihre eigene Freiheit, sondern für die Freiheit anderer Griechen, die unter makedonischer Herrschaft standen. Daß sie gleichwohl mit dem Krieg ihre eigenen Interessen verfolgten, steht dazu nicht im Widerspruch. Von einer Rebellion oder einer Revolte aber kann keinesfalls die Rede sein.

Nicht sehr groß ist die Zahl noch erhaltener athenischer Urkunden aus den Jahren des Krieges. Vor seinem Ausbruch oder in einem der Kriegsjahre muß die Statue des Chremonides auf der Akropolis aufgestellt worden sein, die dorthin nur nach einer entsprechenden Anweisung der Ekklesie geweiht werden konnte.[93] Außer dem Demendekret von Rhamnus für Epichares erwähnen den Krieg zwei Beschlüsse der Volksversammlung. Der erste, vom Herbst 266, ist ein Dekret zu Ehren der Epheben des Vorjahres, 267/6, und ihrer Ausbilder. Es heißt in ihm, daß die jungen Leute, «während Krieg die Stadt in seinem Griff hatte», alle Pflichten in guter Disziplin erfüllten, darunter Wachdienste und alles, was der Stratege zum Schutze des Museions ihnen befahl.[94] Der zweite Volksbeschluß, aus dem Winter 266/5, ehrt den Metöken Strombichos, einen Mann, der seinerzeit im Dienst des Königs Demetrios gestanden hatte und von ihm der königlichen Garnison in der Stadt zugeteilt worden war, der aber im Frühjahr 287, bei der Erhebung der Stadt, dem Aufruf der Athener zum Übertritt gefolgt war und sich an der Erstürmung des Museions durch Olympiodoros beteiligt hatte. Im jetzigen, dem Chremonideischen Kriege kämpfte er erneut aktiv an der Seite der Bürger, wofür er diesmal mit dem Bürgerrecht beschenkt wurde.[95]

Nicht von der Volksversammlung Athens, sondern von den in Eleusis stationierten Bürgersoldaten stammt ein anderer Ehrenbeschluß, der erkennen läßt, daß die Festung im Jahre 267/6 noch von einer athenischen Garnison gehalten wurde.[96] Es läßt sich nicht sagen, ob zwischen Eleusis und Athen die Möglichkeit direkter Kommunikation damals noch bestand, oder ob das Eleusis umgebende Staatsgebiet schon weitgehend von den Makedonen kontrolliert wurde. Zwei aus der ersten Phase des Krieges stammende Beschlüsse der Ekklesie deuten nur eben an, daß sie ungewöhnlichen Zeiten angehören. Der erste, vom Jahr 266/5, indem der Erwähnung der vom eponymen Archon für das Wohl von Rat und Volk

92 Walbank, Macedonia 280. Von «ribellione» spricht A. Momigliano, Terzo Contributo alla Storia degli Studi Classici e del Mondo Antico, Roma 1966, 31.

93 ISE 21.

94 IG II² 665, 8–13. Demselben Ephebenkorps und seinem Kosmeten Ameinias gilt die Ehrung von seiten des Rates IG II² 3210, wenn Aleshire, Asklepieion 79, den Archon Nikias als den Archon dieses Jahres richtig identifiziert hat.

95 IG II² 666 und 667.

96 IG II² 1272.

vollzogenen routinemäßigen Opfer der ungewöhnliche Zusatz angefügt wird, daß die Opfer auch für die Sicherheit der Feldfrüchte im Landgebiet dargebracht wurden, die ja eben durch die Anwesenheit feindlicher Streitkräfte auf attischem Boden gefährdet waren.[97] Etwas früher, von März/April 267, ist der andere Text, zu Ehren von zwei Kultbeamten (im Rat beantragt vom Bruder des einen, der in jenem Jahr als einer der Ratsherren amtierte); in ihm sind der ganz entsprechenden Opferformel nach Rat und Volk die Worte eingefügt «und die anderen, die dem Volk wohlmeinend und befreundet sind», worunter vor allem die Verbündeten zu verstehen sind.[98] Ohne jede Andeutung kriegerischer Zeiten ist eine – allerdings nur fragmentarisch erhaltene – Beamtenliste des Jahres 266/5, die immerhin erkennen läßt, daß im Sommer 266 das Fest der Großen Panathenäen begangen wurde.[99] Und noch im ersten Monat des letzten Kriegsjahres liest sich der Beschluß eines privaten Vereins zur Pflege des Ammonkultes, als sei er im tiefsten Frieden abgefaßt worden.[100] Das Land befand sich im Krieg, aber man war – wie meist in der Antike – weit entfernt von der Totalität moderner Kriege.

97 IG II² 668, 8–10. Dementsprechend war es 268/7 eine der hauptsächlichen Aufgaben des Strategen Epichares gewesen, den Bauern seines Befehlsbereichs Sicherheit beim Einbringen der Feldfrüchte zu gewähren (Zeile 10–12 der in Anm. 83 genannten Inschrift). Auch Kallias war 287, in ähnlicher Lage, besonders auf die Rettung der Ernte vor dem Zugriff des Feindes bedacht gewesen (S. 102). Zwei noch unveröffentlichte Inschriften aus Rhamnus sprechen ebenfalls von den Bemühungen des dort zuständigen Strategen, in Kriegszeiten für die Einbringung der Landesprodukte zu sorgen; sie stammen aus dem «Vierjährigen Krieg», 307–303 v. Chr., bzw. aus den Jahren des Krieges zwischen Antigonos Gonatas und seinem Neffen Alexander von Korinth (unten S. 165, Anm. 44).

98 IG II² 661, 17–19. Dieselbe Formel auch IG II² 690, 1–3, von Kirchner auf etwa diese Zeit datiert («c. a. 262/1»).

99 Hesperia 37, 1968, 284 Nr. 21.

100 IG II² 1282.

VI. Erneute Unfreiheit (262–229)

1. Unter dem königlichen Kommissar

Infolge der Niederlage im Kriege gegen Makedonien verlor Athen erneut seine Freiheit und kam die Stadt von neuem unter die Herrschaft des makedonischen Königs. Dieser war Antigonos, der Sohn des Königs Demetrios, der 307 den Regenten Demetrios von Phaleron gestürzt hatte. Nach seiner Niederlage bei Ipsos 301 war Athen von ihm abgefallen, bevor er die Stadt 295 erneut unterworfen und 287 durch ihren Aufstand wiederum verloren hatte. Es war nur natürlich, daß Antigonos, in Kenntnis dieser Vorgeschichte, darauf bedacht war, seiner Herrschaft über Attika Stabilität und Dauer zu geben. Die Garnison, die sein Vater seinerzeit im Piräus zurückgelassen hatte, war dem Sohn treu geblieben, als jener in Gefangenschaft geriet. So war der Hafen seit 285 ohne Unterbrechung einer seiner Stützpunkte gewesen. Die Festungen des Landes dagegen, soweit sie, wie jedenfalls Eleusis und Rhamnus, vielleicht auch andere, wieder athenisch geworden und bis zum Kriegsende geblieben waren, nahmen 262 wieder Truppen und Befehlshaber des Königs auf. Auch in die Stadt rückte erneut eine königliche Besatzung ein und nahm wie früher auf dem beherrschenden Museionhügel Quartier. Die militärische Kontrolle über Attika zu sichern war nach dem Sieg verhältnismäßig einfach.[1]

Der König mußte sich jedoch auch die politische Kontrolle über Stadt und Land verschaffen. Das ist ihm jedenfalls gelungen, denn für mehr als eine Generation, bis zum Jahre 229, sind die Urkunden der athenischen Ekklesie, des Rates und auch Dokumente nichtstaatlicher Gremien voll von Versicherungen der Loyalität gegenüber dem König und seinem Haus. Vor jeder Sitzung der Volksversammlung opferten die Prytanen, d. h. der geschäftsführende Ausschuß des Rates, den Göttern für das Heil von Rat, Volk, König, Königin und deren Kindern.[2] Ehrenbeschlüsse für vom König eingesetzte oder seiner Aufsicht unterstehende Strategen rühmen deren Treue zum Herrscherhaus.[3] Es ist aus diesen und anderen Zeichen offen-

[1] Zum folgenden vgl. Habicht, Studien 13–20 (Die Stadt unter dem Siegerrecht), wo manches eingehender erörtert und weitere wissenschaftliche Literatur besprochen ist.

[2] Zahlreiche Zeugnisse hat S. Dow, Hesperia-Suppl. 1, 1937, 48–50, zusammengestellt, Ergänzungen dazu Habicht, Studien 148, Anm. 137, gegeben. Die Mehrzahl dieser Erwähnungen ist im Jahre 200 getilgt worden (S. 200), aber sehr viele Steine sind, weil sie übersehen wurden, verschont geblieben. Zu diesen gehört ein neuerdings bekanntgewordener Volksbeschluß des Jahres 246/5, Hesperia 52, 1983, 52, Zeile 19–25.

[3] IG II² 677. 1225. 1299. ISE 25.

kundig, daß es dem König gelungen ist, sich den bestimmenden Einfluß auf die athenische Politik zu sichern.

Es gibt jedoch nur ein knappes und nicht in allem eindeutiges Zeugnis dafür, wie er dies bewirkt hat. Es stammt aus der mehr als ein Jahrhundert späteren Chronik des Apollodor (S. 123–126), die hierzu von Philodem, in der Zeit Ciceros und Caesars, zitiert wird. Eindeutig ist dabei die Aussage, daß die Stadt im Jahre des Antipatros, der als direkter Vorgänger des Archons Arrheneides amtierte, die Freiheit verlor und eine Garnison in das Museion einrückte. Dann heißt es, die Ämter seien [beseitigt] und «alles dem Willen eines Mannes unterworfen» worden.[4] Demgegenüber ist aber den Urkunden der folgenden Jahre ganz eindeutig zu entnehmen, daß alle wesentlichen Ämter bestehen blieben; sie sind schon in der Mitte des auf die Kapitulation folgenden Jahres im Dekret der Volksversammlung zu Ehren des kurz zuvor verstorbenen Philosophen Zenon als funktionierend bezeugt.[5] Daher scheint es, als sei die richtige Ergänzung der entscheidenden Stelle noch nicht gefunden; es kann dort nicht von der Abschaffung der Ämter die Rede gewesen sein, sondern nur davon, daß ihre Befugnisse in einer Weise gemindert wurden, die tatsächlich alles vom Ermessen eines einzelnen abhängig machte. Man wird das so zu verstehen haben, daß dieser bindende Weisungen geben und Verwaltungsakte der Beamten durch sein Veto aufheben konnte.

Das heißt nun aber nichts anderes, als daß der König einen einzelnen mit der Oberaufsicht über die Politik Athens betraute, so wie Kassander einst Demetrios von Phaleron mit der Regierung der Stadt, König Demetrios den Historiker Hieronymus mit dem Regiment über Böotien betraut hatte. Es ist bei Apollodor mithin die Rede von einem königlichen Kommissar, doch wird in dem verkürzten Auszug des Philodem weder sein Name noch sein Titel angegeben. Er hat offenbar nur bis zur Mitte der fünfziger Jahre amtiert, denn im Jahre 255 hat der König, wie Eusebios in seiner Chronik bezeugt, «den Athenern die Freiheit gegeben.»[6] In Verbindung damit steht zweifellos, daß er, einige Zeit nach dem Kriegsende, die Garnison aus der Stadt abgezogen hat.[7] Rückgabe der «Freiheit» und Abzug der Garnison aus der Stadt bedeuteten freilich nicht, daß die Athener damit wieder so frei geworden wären, wie sie es vor der Niederlage gewesen waren, sondern nur, daß die königliche Herrschaft als solche in der Stadt nicht länger

[4] Der Text bei Apollodor, FGrHist 244, F 44. Er ist zitiert und kommentiert in Habicht, Studien 15–20. Text mit leicht modifizierten Ergänzungen von Cirillo und M. Gigante jetzt bei T. Dorandi, ZPE 84, 1990, 130. Wesentlich ist, daß Gigante am Ende statt πᾶν ἕ̣ν[ὶ] βουλεύ[ειν? ἐφ]εῖσθαι vielmehr liest πᾶν ἕ̣γ̣[ὸς] βουλεύ[ματι τελ]εῖσθαι.

[5] Diog. Laert. 7, 10–12; dazu Habicht, Bathron, Festschrift H. Drerup, 1988, Saarbrücken 173–175.

[6] Eusebios, Chronik II, S. 120, hg. v. A. Schöne.

[7] Pausanias 3, 6, 6.

sichtbar war. Im Piräus und in den Festungen des Landes blieben weiterhin die Befehlshaber und die Streitkräfte des Königs, und diese Tatsache allein verbürgte, daß die Stadt keine den Interessen des Königs zuwiderlaufende Politik verfolgen konnte. Sie mag aber damals eine gewisse Freiheit zu Kontakten mit fremden Mächten zurückgewonnen haben, von denen sich in den sieben Jahren, in denen der Kommissar des Königs in Athen amtierte, jedenfalls kein noch so bescheidenes Zeichen erkennen läßt.

In der Forschung herrscht die Ansicht vor, daß der König in diesen Jahren auch die Archonten ernannt habe.[8] Es gibt dafür keinerlei Anzeichen, und es ist auch nicht einsichtig, daß er sich dieser Mühe unterzogen haben sollte, wenn doch die Kompetenzen der Archonten wie die aller Beamten an denen des königlichen Kommissars ihre Schranke fanden. Weiter ist die Ansicht verbreitet, der König habe über das Jahr 255 hinaus, solange die Stadt überhaupt von Makedonien abhängig blieb, d. h. bis 229, an der Bestellung der städtischen Strategen in einer Weise mitgewirkt, die das Wahlrecht des Volkes wesentlich beeinträchtigte.[9] Sie beruht auf einer inzwischen für falsch erkannten Ergänzung in einem späteren Beschluß der Garnison von Eleusis für den Strategen Demetrios durch Adolf Wilhelm und ist daher in den neuesten Arbeiten aufgegeben worden.[10] Es ist vielmehr anzunehmen, daß der König nur in den Jahren, in denen das Besatzungsstatut galt und der Kommissar in Athen herrschte, auf die Wahl der städtischen Strategen Einfluß genommen hat. Ein einziger derartiger Fall ist bezeugt.[11]

Mit der Notiz Apollodors über die Einsetzung eines königlichen Kommissars dürfte ein Bericht des rund einhundert Jahre nach den hier zur Rede stehenden Ereignissen schreibenden Hegesander zu verbinden sein.[12] Er berichtet, daß Demetrios von Phaleron, der Enkel des gleichnamigen Regenten, wegen seiner aufwendigen und als anstößig betrachteten Lebensweise vom Areopag, dem als Sittenrichter fungierenden Gremium der gewesenen Archonten, vorgeladen worden sei. Er habe z. B. als Reiterführer (Hipparch) am Fest der Panathenäen bei den Hermen, bei denen die Parade der Reiterei stattfand, seiner Mätresse Aristagora von Korinth eine die Hermen überragende Bühne und an den Eleusinien einen Thron neben dem Anaktoron errichten lassen. Er habe weiter denen, die etwa versuchen sollten, ihn daran zu hindern, Schläge angedroht. Vor dem Areopag habe er sich nun so entschieden und aggressiv verteidigt, daß der Ruf mehrerer Mitglieder des Gremiums zu Schaden kam, er selbst aber unbehelligt blieb.

[8] Die einzelnen Forscher sind in Habicht, Studien 17, Anm. 19, genannt.

[9] Habicht, Studien 47–55.

[10] Ebenda 49–55. Walbank, Macedonia 286–287. Die Inschrift ist IG II² 1285 mit den Ergänzungen von Wilhelm, SAWW 1925, 36 (Akademieschriften 1, 496).

[11] ISE 22.

[12] Bei Athenaios 4, 167 E-F.

Beeindruckt von soviel Unabhängigkeit und Standfestigkeit habe Antigonos eben ihn zum Thesmotheten eingesetzt.

Thesmotheten heißen in Athen die sechs Archonten ohne festen Geschäftskreis, wie einen solchen der Eponym, der Basileus und der Polemarch haben. Wie alle Archonten wurden sie, jeweils einer pro Phyle, nach einer Vorwahl durch das Los bestimmt; sie besaßen so gut wie keine Macht. Hier dagegen handelt es sich um königliche Ernennung, d. h. um einen Eingriff in die athenische Verfassung, und es ist deutlich, daß der König Demetrios eben wegen bestimmter, ihm bekannter Qualitäten auswählte, und daß er mit seiner Einsetzung das athenische Staatswesen bewußt und in fühlbarer Weise berühren wollte. Das Wort kann seine normale Bedeutung hier nicht haben, und der Vorgang muß in eine Zeit gehören, in der der König mit der Verfassung Athens nach seinem Gutdünken umspringen konnte, d. h. nach der Kapitulation der Stadt und vor der Rückgabe der «Freiheit», zweifellos eben unmittelbar nach seinem Siege. Ich habe daher vorgeschlagen, in Demetrios den königlichen Kommissar der Jahre 262 bis 255 zu sehen. Statt des die Untertänigkeit kraß betonenden Titels *Epistates* (Aufseher) hätte er den unverfänglicheren des Thesmotheten geführt, womit zugleich der eigentliche, lange verblaßte Sinn des Titels wieder zur Geltung gekommen wäre: Thesmothet ist der Mann, «der Ordnungen setzt.»[13]

Diese Vermutung hat jüngst von unerwarteter Seite eine Stütze erhalten. Eine in Eleusis gefundene und seit dem 18. Jahrhundert bekannte stattliche Basis, deren Inschrift erhalten ist, trug einst die Statue des Strategen Demetrios, Sohn des Phanostratos, von Phaleron.[14] Sie war von den Bürgersoldaten von Eleusis, Panakton und Phyle errichtet worden und ist immer auf den Regenten Kassanders bezogen worden, obwohl man hätte stutzig werden können, da die Ehrenden offensichtlich die erst nach 287 geschaffene Teilstrategie Attikas (ohne die Küstenlandschaften) repräsentieren. Acht dem Denkmal eingeschriebene Kränze zeugen zugleich von weiteren Ehrungen für diesen Demetrios: durch den Rat, das Volk, den Demos von Eleusis und die Reiterei. Sie lehren, daß Demetrios sowohl Hipparch (wie der jüngere Demetrios bei Hegesander) und wenigstens dreimal Stratege gewesen ist, daß er Wagensiege an den Großen Panathenäen (an denen auch der jüngere Demetrios bei Hegesander erscheint) sowie an den Festen der Hermeia und Delia errungen hat. Stephen Tracy hat erkannt, daß ein in der Zeit von 270 bis 235 als aktiv nachgewiesener Steinmetz diese Inschriften eingehauen hat, das Denkmal mithin dem jüngeren Demetrios von Phaleron gilt, dessen Vater wie der des Regenten Phanostratos hieß, eben dem von Hegesander charakterisierten und von König Antigonos zum Thesmo-

[13] Habicht, Studien 17–20.

[14] IG II^2 2971.

theten bestellten Enkel des Regenten.[15] Derselbe ist auch, anscheinend etwas später, als Mitglied des Rats und Schatzmeister der Prytanen bezeugt.[16]

Es sieht mithin so aus, als hätten zwei Könige von Makedonien jeweils ein Mitglied derselben athenischen Familie zum Regenten der Stadt bestellt, zuerst der Antipatride Kassander, späterhin der Antigonide Antigonos Gonatas den Enkel des Mannes, den sein Vater im Jahre 307 gestürzt und der sodann bei Ptolemaios, dem erklärten Feind seines Vaters, Zuflucht gefunden hatte.

Für die Zeit nach dem Chremonideischen Kriege sind von einigen Forschern weitere Restriktionen angenommen worden, die der Sieger den Besiegten auferlegt habe. Fergusons These, die Ephebie sei damals für einige Zeit aufgehoben worden, ist offensichtlich irrig.[17] Ebenso irrig war meine auf das vermeintliche Fehlen aller Zeugnisse gestützte Annahme, die Hoplitenstrategie sei damals beseitigt und erst nach der Befreiung der Stadt im Jahre 229 wieder erneuert worden; die Eurykleides von Kephisia als Hoplitenstrategen zeigende Beamtenliste IG II^2 1705, deren Datierung zwischen den vierziger Jahren des 3. Jahrhunderts und der Zeit bald nach 229 strittig war, dürfte tatsächlich vom Ende der vierziger Jahre sein.[18] Schwieriger ist das Urteil über die Frage, ob der siegreiche König, wie oft angenommen worden ist, der Stadt das Recht, eigene Münzen zu prägen, entzogen hat, und wie lange, ob bis 255 oder darüber hinaus, ein derartiges Verbot gegebenenfalls bestanden hat. Es sieht so aus, als habe Athen nach 262 eine Zeit lang keine Silbermünzen geprägt, aber die Gründe für eine solche Unterbrechung, die in der Geschichte des attischen Münzwesens keineswegs vereinzelt ist, sind ganz unbekannt. Der Beweis ist jedenfalls nicht erbracht, daß König Antigonos die eigene Prägung der Stadt für kürzere oder längere Zeit unterbunden hätte.[19] Einen großen Teil des Geldbedarfs aber deckten jetzt königliche Silber- und Bronzemünzen, die in großer Zahl umliefen; allein 160 Bronzemünzen des Königs sind auf der Agora gefunden worden.[20]

Von den Politikern, die vor dem Ausbruch und während des Chremonideischen Krieges eine Rolle in Athen spielten, wird nach seinem Ende nur noch einer in der Stadt erwähnt, Phaidros von Sphettos, ein alter Mann, der schon 296/5, zur Zeit des Tyrannen Lachares, Stratege gewesen war. Er ist in den fünfziger Jahren, kurz vor oder kurz nach dem Ende des Besat-

[15] Tracy, Boiotia antiqua 4, Montréal 1994, 151–161.

[16] J. S. Traill, Hesperia 47, 1978, 280–282.

[17] Unten S. 161.

[18] Habicht, Studien 44–47, widerlegt von Tracy, Hesperia 47, 1988, 314–315.

[19] Erörterung bei Habicht, Studien 34–42; seither vor allem H. Nicolet-Pierre und J. H. Kroll, American Journal of Numismatics 2, 1990, 1–35; derselbe, Coins 12–13. 16. 35–36. 51–52.

[20] Kroll (wie in der vorigen Anmerkung).

zungsstatuts, für seine gesamte politische Laufbahn von vierzig Jahren durch das Volk geehrt worden. Auch sein Sohn Thymochares nahm eine geachtete Stellung in der Bürgerschaft ein und ist, in etwa derselben Zeit, 256/5, unter dem Archon Eubulos, Agonothet gewesen.[21] Phaidros war sicher kein «Makedonenfreund», wie manche Forscher angenommen haben, sondern ein athenischer Patriot, der es besser als mancher andere verstand, unter jedem Regiment sein Auskommen und seinen Platz zu finden, zudem Sproß aus einer der Familien, auf deren Dienste Athen nicht verzichten konnte, wenn sie nicht – wie es Phaidros' Bruder Kallias für längere Zeit tat – in den Dienst eines Königs traten. Ein anderes vor dem Ende des Krieges sehr aktives Bruderpaar wird auch nach seinem Ende noch erwähnt, Chremonides und Glaukon, beide allerdings nur noch in der Fremde. Ihnen war vor dem Fall der Stadt die Flucht geglückt, und sie erscheinen kurz darauf wieder als Ratgeber und «Beisitzer» *(paredroi)* Ptolemaios' II. Dessen Nachfolger Ptolemaios III. hat dem Glaukon wegen seiner Verdienste in Olympia eine Statue setzen lassen.[22] Von Ptolemaios II. inspiriert haben, einige Zeit nach dem Kriegsende, die in Plataiai, dem Ort des großen griechischen Sieges über die Perser von 479, versammelten «Hellenen» Glaukon als einen Vorkämpfer der Freiheit und Eintracht der Griechen gefeiert und in dem Ehrenbeschluß die Erinnerung an die Perserkriege beschworen, wie es auch das Dekret des Chremonides getan hatte, wodurch zugleich die Makedonen den Barbaren des Ostens gleichgestellt wurden.[23] Chremonides hat als Befehlshaber der Flotte Ptolemaios' II. den Rhodiern, wohl in den fünfziger Jahren, vor Ephesos eine Seeschlacht geliefert, in der er vom rhodischen Admiral Agathostratos besiegt wurde.[24]

Wenn der siegreiche makedonische König die besiegte Stadt, wenigstens in den ersten Jahren nach Kriegsende, hart behandelte, so hat er doch, kaum daß die Waffen schwiegen, einem Fremden, der fünfzig Jahre zuvor nach Athen gekommen war und dort eine zweite Heimat gefunden hatte, seine postume Reverenz erwiesen. Zenon, der Gründer der Stoa, bei dem Antigonos als junger Mann gelegentlich gehört hatte und den er gern an seinen Hof gezogen hätte, war wenige Monate nach Kriegsende, im Herbst des Jahres 262, gestorben. Auf die Kunde hiervon regte der König bei dem gerade bei ihm weilenden athenischen Gesandten Thrason die Ehrung des Verstorbenen an. Der sodann auf Antrag Thrasons angenommene

21 IG II² 682. Gauthier, Cités 77 ff. Eher er als sein gleichnamiger Vetter, der Sohn des Kallias, war auch der eponyme Archon in einem der ersten Jahre nach Kriegsende (IG II² 700).

22 Teles, ed. O. Hense² p. 23. I Olympia 296.

23 BCH 99, 1975, 51–75. Aus der reichen Literatur zu dieser Urkunde siehe R. Étienne, La Béotie antique, Paris 1985, 259–263; Walbank, Macedonia 277. A. Erskine, The Hellenistic Stoa: Political Thought and Action, London 1990, 89–90.

24 Polyän 5, 18. Der rhodische Admiral ist in I Lindos 88, 1–2 und IG XI 1128 inschriftlich bezeugt.

Beschluß des Volkes ist erhalten und beginnt mit folgenden Worten: «Da Zenon, der Sohn des Mnaseas, aus Kition, seit vielen Jahren als Lehrer der Philosophie in unserer Stadt tätig, sich nicht nur in allem übrigen stets als trefflicher Mann bewährt hat, sondern auch die Jünglinge, die sich ihm zu ihrer Belehrung zuwandten, zu Tugend und Vernunft anhielt und zu ihrem Besten erzog, indem er ihnen seinen eigenen Wandel als Muster vor Augen stellte, in vollkommener Treue zu seinen Lehren, hat das Volk beschlossen, Zenon zu belobigen... « Er wurde postum mit einem goldenen Kranz und einem Grab auf dem Staatsfriedhof geehrt.[25]

2. Satellit Makedoniens

Die vier Jahrzehnte vom Ausbruch des Chremonideischen Krieges bis zur erneuten Befreiung Athens von fremder Herrschaft im Jahre 229 gehören zu den am schlechtesten bekannten Zeiten in der Geschichte der Stadt. Dafür gibt es mehrere Gründe, vor allem den Verlust der zeitgenössischen Historiographie, sodann eben den Verlust der politischen Freiheit selbst, der die diplomatischen Beziehungen, die sich zu anderen Zeiten in erhaltenen Beschlüssen der Volksversammlung wenigstens partiell widerspiegeln, unterband. Das maßgebliche Werk zur Geschichte dieses Zeitalters ist verloren, die *Historien* des Phylarch, der entweder selbst Athener war oder – wie Timaios von Tauromenion – in Athen lebte. Phylarch schrieb, in 28 Büchern, die Geschichte der Griechischen Welt im Anschluß an Hieronymos von Kardia, beginnend mit dem letzten Feldzug des Pyrrhos im Jahre 272 und endend mit der Niederlage des von ihm bewunderten spartanischen Königs Kleomenes gegen Antigonos Doson (222) und seinem bald darauf in Alexandreia erfolgten Tod. Phylarchs Geschichte ist sodann von Polybios fortgesetzt worden, doch haben sich von ihr, anders als vom Werk des Polybios, nur recht zufällig ausgewählte Zitate erhalten. In diesen spielt die Geschichte Athens, die im Original eingehend berücksichtigt gewesen sein muß, keine Rolle.[26]

Der zweite Grund für die Dürftigkeit der Überlieferung für diese Zeit liegt eben in der Tatsache einer neuerlichen fremden Herrschaft über die Stadt. Die Niederlage im Krieg muß nach dem großen patriotischen Aufschwung, der 287 mit der Abschüttelung des makedonischen Jochs begonnen und bis in den Chremonideischen Krieg angehalten hatte, lähmend auf den Geist und die Moral der Bürgerschaft gewirkt haben. Es ist kein Zufall,

[25] Diog. Laert. 7, 10–12; Thrason und der König ebenda 7, 15.

[26] Kommentierte Ausgabe der Fragmente von F. Jacoby, FGrHist 81. Ferner J. Kroymann, Phylarchos, RE-Suppl. 8, 1956, 471–489. P. Pédech, Trois historiens méconnus, Paris 1989, 391–493. Für die im Folgenden erwähnten und nicht belegten Ereignisse der allgemeinen Geschichte s. Will, Histoire 1, 315–354.

daß damals die lokale Geschichtsschreibung der sog. Atthidographen zu Ende gegangen ist (S. 146). Zur Ephebie, die schon seit einiger Zeit eine Institution Freiwilliger war, meldeten sich in den drei Jahrzehnten nach dem Ende des Chremonideischen Krieges jährlich nur zwischen zwanzig und vierzig junge Männer an, d. h. durchschnittlich nur zwei bis drei aus jeder Phyle, wie mehrere Ephebenlisten verschiedener Jahre zeigen. Man hat in diesem drastischen Rückgang der Zahlen, gewiß mit Recht, eine Folge der politischen Verhältnisse und eine Konsequenz der makedonischen Politik gegenüber der Stadt gesehen.[27] Vermutlich meldeten sich zur Ephebie nur noch diejenigen jungen Männer, die den Ehrgeiz – und gute Aussichten – hatten, eines Tages Strategen zu werden. Gelähmt aber war vor allem die politische Aktivität, und nicht nur in den ersten Jahren nach dem Kriege, in denen alle Initiativen der Kontrolle eines vom König eingesetzten Kommissars unterlagen, des bei seinen athenischen Mitbürgern ganz unpopulären Demetrios, sondern auch nach 255, als die Stadt dem Namen nach wieder frei, in ihren außenpolitischen Beziehungen aber weiterhin vom Willen des Königs abhängig war. Die Volksversammlung tagte so regelmäßig wie früher, aber ihr politischer Spielraum war eng begrenzt. Sie befaßte sich fast allein mit den inneren Angelegenheiten der Stadt, mit Routinesachen wie der Belobigung von Beamten, Ratsmitgliedern, Epheben und ihrer Ausbilder, Priesterinnen, Priestern und Kultbeamten.[28] Dekrete zu Ehren politischer Persönlichkeiten gab es so gut wie nicht mehr, es sei denn für einen am Ende seiner Laufbahn stehenden Bürger wie für Phaidros von Sphettos in den fünfziger Jahren.[29] Ehrungen Fremder kamen vor, wenn der König sie gebilligt oder sogar – wie im Falle Zenons von Kition – selbst angeregt hatte. Hierher gehören Ehrungen für Offiziere und andere Würdenträger im Dienste des Königs[30] oder für den Strategen des Ätolischen Bundes Charixenos, im Zusammenhang mit der Neuordnung des Festes der Soteria in Delphi, das 278 von den Amphiktionen als jährliches Fest zur Erinnerung an die Abwehr der Kelten gestiftet worden war, 246 jedoch vom Ätolischen Bund in ein panhellenisches, nur noch alle vier Jahre mit erhöhtem Glanz gefeiertes Fest umgewandelt wurde.[31]

[27] Pélékidis, Éphébie 165–169, der nach einem Vergleich mit Ephebenziffern dieser Zeit aus Böotien bemerkt (S. 167): «il n'y a aucun doute que la condition politique d'Athènes était nettement inférieure à celle de Béotie.» Für die Ephebenzahlen des 4. Jahrhunderts (etwa 460–500 jährlich) siehe auch L. Gallo, ASNP 1980, 403–412.

[28] Ausführlich hierzu Habicht, Studien 20–26.

[29] IG II^2 682. Es verdient Beachtung, daß die Initiative von Phaidros selbst ausgegangen war (Zeile 94). Gauthier, Cités 83–89.

[30] IG II^2 477. 677. 777.

[31] BCH 51, 1927, 349 Nr. 2 vom Jahre 246/5, in Verbindung mit IG II^2 680. Voraussetzung dieser Kontakte Athens zum Ätolischen Bund war, daß damals ein gutes Einvernehmen zwischen Makedonien und Ätolien bestand. Vgl. Nachtergael, Les Galates en Grèce et les Sôtéria de Delphes, Brüssel 1975, 330 Anm. 131, und 333.

Ihrerseits wurden mehrere Athener in dieser Zeit durch den Ätolischen Bund in Thermos geehrt, jedenfalls vor dem Ausbruch des «Demetrischen Krieges» zwischen Makedonien und Ätolien 239. Die Ehrungen galten zwei Brüdern aus Bate, sodann, offenbar im nächstfolgenden Jahr, fünf weiteren Bürgern. Da auch diese Gruppen von zwei bzw. drei Empfängern bilden, scheint es sich bei allen um Mitglieder von Gesandtschaften oder Festgesandtschaften zu handeln. Der Herausgeber datiert diese Urkunden 239/8 bzw. 238/7, doch sind auch etwas frühere Daten, nach 245, möglich.[32] So gab es zwar in dieser Zeit verschiedenartige Kontakte mit anderen Staaten, aber von einer auswärtigen Politik des athenischen Staates kann man nicht sprechen. Die geringen Spuren von Beziehungen zu fremden Staaten standen alle unter der Voraussetzung, daß sie den Interessen des Königs dienten oder ihnen jedenfalls nicht zuwiderliefen.[33] Wenn es in dieser Zeit überhaupt noch Verleihungen des Bürgerrechts gab, so waren sie jedenfalls äußerst selten geworden.[34]

Was die Staatsordnung betrifft, so blieben zwar die konventionellen Institutionen der Demokratie wie Volksversammlung, Rat, Beamte und Gerichte erhalten, aber es gab doch, und auch noch nach der Abberufung des königlichen Kommissars, Einschränkungen, die mit der demokratischen Ideologie unvereinbar waren. Es scheint jetzt festzustehen, daß die Archonten dieser Zeit nicht länger durch das Los bestimmt, sondern entweder ernannt oder (eher) gewählt wurden, denn unter ihnen sind bemerkenswert viele, die Namen von eben damals gesellschaftlich führenden Männern tragen und mit diesen vermutlich identisch sind, was bei der Losung, auch wenn dieser eine Vorwahl vorausging, nicht der Fall sein konnte.[35] Auch ist es in jüngster Zeit wahrscheinlich geworden, daß in dieser Zeit auch die demokratische Praxis aufgehoben war, daß bei der Bestellung der jährlichen Ratssekretäre die zwölf Phylen der Bürgerschaft in einem ihrer offiziellen Reihenfolge entsprechenden Turnus berücksichtigt wurden: Der sog. «Schreiberzyklus» war offensichtlich in dieser Zeit weitgehend, wenn nicht vollständig, außer Kraft gesetzt worden.[36] Proble-

[32] G. Klaffenbach, IG IX 1^2, 25, Zeilen 37–42; 69–72; 72–75.

[33] Hesperia 13, 1944, 246, Nr. 9 betr. den Kult der Aphrodite Stratonikis in Smyrna. Voraussetzung dieses Beschlusses war, daß damals ein gutes Einvernehmen zwischen Makedonien und König Seleukos II. (246–226) bestand. Ferner IG II^2 769 und 441, ein Beschluß Rhodier betreffend, sowie IG II^2 778–779 Kontakte mit der Stadt Lamia in Malis und dem Böotischen Bund (P. Gauthier, Symbola 1972, 172. 337–338).

[34] Osborne, Naturalization 1, 185–189, weist dieser Zeit drei Bürgerrechtsdekrete zu, D 87–89. Von diesen gilt das erste, wie jetzt so gut wie sicher ist, dem älteren Bithys der achtziger Jahre, muß mithin hier ausscheiden (S. 131). Die beiden anderen (IG II^2 707 und 570) sind vielleicht ebenfalls früher als 262 (A. S. Henry, Owls to Athens, Festschrift K. Dover, Oxford 1990, 182–183).

[35] Es sind u. a. Thymochares, Kallimedes, Diomedon, Theophemos, Eurykleides, Mneseides und Lykeas.

[36] M. J. Osborne, ZPE 78, 1989, 209–242.

matischer ist die Frage, ob 262 auch in der Finanzverwaltung ein wesentlicher Wechsel eingetreten ist oder nicht. Nach der herkömmlichen Auffassung gab es im 3. Jahrhundert in Zeiten demokratischer Verfassung eine aus zwei oder mehr Personen bestehende Finanzbehörde, dagegen in Zeiten undemokratischer Regierungsformen oder fremder Herrschaft (was beides meist zusammenfiel) einen einzelnen Finanzverwalter.[37] Mehrere Dutzend Zeugnisse der einen oder der anderen Art stimmten mit dieser Annahme überein, bis 1983 ein Beschluß der Ekklesie vom Jahre des Archons Polyeuktos bekannt wurde, d.h. aus der Zeit fremder Herrschaft (246/5), in dem die mehrstellige Finanzbehörde genannt ist.[38] Es fehlt nicht an Versuchen, trotzdem an der herkömmlichen Auffassung festzuhalten und die vereinzelte Abweichung in der einen oder anderen Weise zu erklären, z.B. mit der (unwahrscheinlichen) Vermutung, es habe damals einen politischen Wechsel von kurzer Dauer gegeben.[39] Andere Gelehrte aber argumentieren, es habe seit 287 immer eine aus mehreren Personen bestehende Finanzbehörde gegeben, wobei in den Dekreten jeweils entweder dieses Kollegium (durch den Plural) oder eines seiner Mitglieder (durch den Singular) angesprochen worden sei.[40] Dies ist möglich, aber, abgesehen von der vereinzelten Ausnahme, schwer mit dem eindeutigen Befund zu vereinigen. Die Frage bleibt einstweilen besser in der Schwebe.

Wie die Ephebie, so bestand auch die athenische Kavallerie nach dem Kriege weiter, aber wie die Ephebie, ebenfalls in verminderter Stärke.[41] Das Korps, das im Jahre 282/1 auf dreihundert Reiter verstärkt worden war, scheint nach dem Kriege nur noch eine Sollstärke von zweihundert Mann gehabt zu haben. Ein einzigartiger Fund aus jüngerer Zeit hat dies wahrscheinlich gemacht und viele weitere Aufschlüsse über das Kavalleriekorps jener Jahre erbracht. Auf dem Staatsfriedhof und dem Staatsmarkt, dem Kerameikos und der Agora, sind in Brunnen Hunderte von Bleimarken zutage gekommen, Zeugnisse von der jährlichen Musterung der Pferde durch den Rat. Der Staat gab dem in der Kavallerie dienenden Bürger ein Darlehen zum Kauf des Pferdes und, solange er mit diesem Pferd Dienst tat, ein jährliches Futtergeld. Bei der Musterung wurde der Wert des Pferdes Jahr für Jahr neu eingeschätzt – es verlor im Laufe eines Jahres im Durchschnitt einhundert Drachmen an Wert – und dem Besitzer die jeweils zuletzt geschätzte Summe (nicht der Kaufwert) erstattet, wenn es verloren-

37 Das war schon Belochs Auffassung gewesen (GG IV 2, 57–58), seit dessen Zeit die Zeugnisse sich vermehrt haben (Habicht, Untersuchungen 70–71).

38 Hesperia 52, 1983, 48–63.

39 A.S. Henry, Chiron 14, 1984, 74–77 und ZPE 72, 1988, 129–136. M.J. Osborne, ZPE 78, 1989, 212 Anm. 9 und 239.

40 J. und L. Robert, Bull. épigr. 1983, 153 S. 96–97. P.J. Rhodes, Tria Lustra, Festschrift J. Pinsent (1993) 1–3. J. Tréheux, Bull. épigr. 1991, 236.

41 Für das Folgende K. Braun, AM 85, 1970 [1972] 129–269. J. Kroll, Hesperia 46, 1977, 83–140. Bugh, Horsemen 184–191.

ging. Die Zeugnisse geben den Namen des Besitzers, gelegentlich mit einem Zusatz, der ihn von gleichnamigen anderen unterscheidet, eine knappe Beschreibung des Pferdes und den geschätzten Wert in Hunderten von Drachmen. Das (seltene) Minimum ist 100, das (willkürlich festgesetzte) Maximum 1200 Drachmen, der durchschnittliche Wert der Pferde liegt etwas unter 700 Drachmen und damit erheblich höher als im 4. Jahrhundert, weil eben die Reitertruppe kleiner und exklusiver geworden war. Viele Kavalleristen müssen ein Pferd besessen haben, das weit mehr als 1200 Drachmen kostete – verloren sie es, so verloren sie zugleich viel eigenes Geld.

Archäologische und prosopographische Beobachtungen lehren, daß die Betreffenden zwischen 260 und 240 v. Chr. dienten und daß diese Marken alle auf einmal, irgendwann zwischen 240 und 220, in Brunnen auf dem Kerameikos bzw. der Agora geworfen wurden, als sie nicht länger von Interesse waren. Die einzelnen Reiter erwarben relativ oft ein neues Pferd. Besonders viele ihrer Namen kehren wieder in der Spendenliste vom Jahre 244/3 und bezeichnen zweifellos die gleichen Individuen.[42]

König Antigonos kam in den Jahren nach dem Kriege häufiger nach Athen und stieg dann bei Hierokles, seinem im Piräus residierenden Statthalter, ab. Anders als viele Athener, die sich drängten, ihn zu begrüßen, weigerte sich Arkesilaos, der Vorsteher der Akademie, ihm seine Aufwartung zu machen, so sehr ihn auch der ihm befreundete Hierokles drängte. Arkesilaos lehnte es auch nach dem Seesieg des Königs über die ptolemäische Flotte bei Kos oder Andros ab, ihm eine Glückwunschadresse zu schicken, fand sich jedoch einmal bereit, als Gesandter Athens zu ihm in seine griechische Residenz Demetrias (am Golf von Volos) zu gehen, wobei ihm der Erfolg allerdings versagt blieb.[43]

Die Abhängigkeit der Stadt vom makedonischen König brachte es mit sich, daß sie an seiner Seite zu kämpfen hatte, wenn er im Kriege stand. In den frühen vierziger Jahren war dies der Krieg, den Antigonos Gonatas gegen seinen von ihm abgefallenen Statthalter Alexander, den Sohn seines Stiefbruders Krateros, zu führen hatte. Alexander hatte in Korinth und Euböa (mit der wichtigen Festung Chalkis) kommandiert und sich dort selbständig gemacht. Sein Abfall ermutigte verschiedene Städte der Peloponnes, sich gegen die von König Antigonos eingesetzten bzw. gestützten Tyrannen zu erheben. Motor dieser Bewegung war Arat von Sikyon, der im Jahre 251 in seiner Vaterstadt den Tyrannen Nikokles gestürzt und Sikyon in den Achäischen Bund geführt hatte. Dieser Bund zog den wesentlichen Nutzen aus der gegen Makedonien gerichteten demokratischen Bewegung, und es war nur natürlich, daß er mit Alexander in ein Bündnis trat. Auf der Seite des Königs standen dagegen weiterhin Athen und die

[42] Unten S. 165 f. und dazu Habicht, Studien 33.

[43] Diog. Laert. 4, 39.

Städte der Peloponnes, in denen sich mit Antigonos verbündete Tyrannen halten konnten, wie Argos unter Aristomachos. Daß es Kämpfe gab, bezeugen vor allem zwei attische Urkunden, IG II² 1225, ein Dekret der Salamis bewohnenden Athener zu Ehren des königlichen Strategen Herakleitos (der selbst athenischer Bürger war),[44] und IG II² 774 zu Ehren des Aristomachos von Argos. Aus diesem Beschluß erfährt man, daß Alexander dem Aristomachos anbot, ihm gegen Zahlung einer bestimmten Summe Waffenstillstand zu gewähren, daß Aristomachos jedoch darauf bestand, daß in ihn auch Athen eingeschlossen würde, und den dadurch um fünfzig Talente höheren Preis aus eigenen Mitteln drauflegte, was zu einem für Argos und Athen gemeinsamen Frieden führte.[45] Auffällig ist an diesem Dokument, daß der König, ohne dessen Billigung dies keinesfalls geschehen konnte, mit keinem Wort erwähnt ist. In Kämpfen um Salamis fiel in dieser Zeit ein junger Athener namens Leon. Ihn preist ein noch erhaltenes Epigramm, indem es seine Altersgenossen aufruft, sich ebenso zu bewähren wie er, der sich der einst bei Salamis «persertötenden Vorfahren» würdig gezeigt habe.[46]

Es ist nicht bekannt, wann der Friede geschlossen wurde, frühestens 249, spätestens 245. Ein athenischer Ehrenbeschluß aus der Kriegszeit verspricht dem Empfänger höhere und seinem Verdienst angemessenere Ehren «sobald Friede ist», was sich eben auf diesen Frieden der frühen vierziger Jahre bezieht.[47] Bald darauf starb Alexander, wodurch Korinth wieder in Antigonos' Hand kam, der Festung und Stadt jedoch schon 243 durch einen kühnen Überfall der Achäer unter Arat wieder verlor. Die Achäer setzten den Krieg fort und haben unter Arat 242 Attika und Salamis überfallen, in der Hoffnung, Athen zum Eintritt in ihren Bund zu zwingen.[48] Von den athenischen Sicherheitsvorkehrungen zeugt eine Urkunde vom Frühjahr 243, in der die Bürger Athens zu Geldspenden «für die Rettung

[44] Ihm gilt auch der Beschluß des Volkes IG II² 677, der Beweise seiner Loyalität gegenüber dem König enthält. Textverbesserungen von W. S. Ferguson, CP 24, 1929, 13 Anm. 1, und A. N. Kondoleon, Akte des 4. Internationalen Kongresses für Griechische und Lateinische Epigraphik, Wien 1964, 196–197. In Zeile 1 ist nach Hesperia-Suppl. 17, 1978, 3, Zeile 65 zu lesen [μέλλοντος ποιεῖν]. Neue Aufschlüsse über diesen Krieg sind von einem unveröffentlichten Dekret aus Rhamnus zu Ehren des Küstenstrategen Archandros zu erwarten. Ihm war es gegenüber den das umliegende Land bedrohenden Piraten gelungen, der Ῥαμνουσία die Freiheit zu bewahren (Ergon 1993, 7–8).

[45] Ad. Wilhelm, Akademieschriften 1, 475–494.

[46] ISE 24: μηδοφόνων πατέρων.

[47] IG II² 845, interpretiert und ergänzt von Ad. Wilhelm, Akademieschriften 2, 531–542, und von Pritchett-Meritt, Chronology 104–108. St. V. Tracy hat durch seine Identifizierung des Steinmetzen gesichert, daß die Inschrift aus dem Zeitraum von 255 bis 234 v. Chr. stammt, der erwartete Friede mithin der Friede mit Alexander gewesen ist (Hesperia 57, 1988, 320).

[48] Plutarch, *Arat* 24, 3. R. Urban, Wachstum und Krise des Achäischen Bundes, 1979, 51–54.

der Stadt und den Schutz des Landgebiets» aufgerufen wurden.[49] Das konkrete Ziel der Aktion war, die Sicherung der Erntearbeiten in den bevorstehenden Monaten zu gewährleisten. Interessant ist die Vorschrift, daß die Spenden nicht geringer als fünfzig und nicht höher als zweihundert Drachmen sein durften. Außer den Bürgern waren, wie es üblich war, auch die in Athen ansässigen Fremden zur Zeichnung eines Betrags aufgerufen, und unter denen, die dem Aufruf gefolgt sind, war auch der damalige Vorsteher der Schule des Aristoteles, Lykon aus Alexandreia in der Troas, hier «Lykon der Philosoph» genannt.[50]

Im Winter 241/40 schloß Antigonos Frieden mit den Achäern. Diese, die nach dem Einfall von 242 die athenischen Gefangenen ohne Lösegeld zurückgegeben hatten, um die Athener für sich zu gewinnen, überfielen nach dem Friedensschluß im Frühjahr 240 den nach wie vor von einer makedonischen Garnison besetzten Piräus, was ein klarer Bruch des Friedens war und Arat, der die Verantwortung vergeblich auf einen Untergebenen abzuwälzen suchte, und die Achäer in bösen Ruf brachte.[51]

Antigonos Gonatas starb im Jahre 239, gefolgt von seinem Sohn Demetrios II.[52] Dieser, der durch seine Ehe mit der Prinzessin Phthia mit der Nachbarmonarchie Epirus verbündet war, fand sich bald nach seiner Thronbesteigung im Krieg gegen die jetzt miteinander verbündeten Ätoler und Achäer, dem sog. «Demetrischen Krieg». Er ist 239 oder 238, im Jahr des athenischen Archons Lysias, ausgebrochen[53] und dauerte bis zum Tode des Königs zehn Jahre später. Da Athen an die Seite des Königs gefesselt war, wurde auch Attika erneut von Kampfhandlungen betroffen, vielleicht stärker als zuvor im Kriege gegen Alexander von Korinth. Zunächst allerdings gab es an der nördlichen Front eine spürbare Entlastung, indem es dem König gelang, Böotien, das seit dem Jahr 245 ganz vom Ätolischen Bund abhängig gewesen war, und ebenso die Stadt Opus in Lokris auf seine Seite zu ziehen. Das war etwa im Jahr 236 und bedeutete für Attika, daß der Nachbar im Norden nicht länger eine feindliche, sondern jetzt eine verbündete Macht war. Eben darum hat König Demetrios damals die Kontrolle des eleusinischen Militärbezirks (mit den

49 Für den athenischen Beschluß Habicht, Studien 26–33. L. Migeotte, Les souscriptions publiques dans les cités grecques, Québec 1992, 28–34. Schatzmeister der Kriegskasse war damals Eurykleides von Kephisia, der spätere Befreier von 229, der in den vierziger Jahren Hoplitenstratege, in den dreißiger Jahren eponymer Archon war.

50 Er zeichnete zweihundert Drachmen. In ebendieser Zeit, in den vierziger Jahren, ist Lykon von der delphischen Amphiktionie geehrt worden, FD III 3, 167. Von Lykon wird übrigens erwähnt, daß er den Athenern auch als Berater diente und ihnen höchst nützlich war (Diog. Laert. 5, 66).

51 Plutarch, *Arat* 33, 2–4.

52 Walbank, Macedonia 317–336.

53 IG II^2 1299, 56–67.

Festungen Eleusis, Panakton und Phyle) wieder ganz in athenische Hände gelegt.[54]

Im Süden dagegen hatten die Achäer Erfolge gegenüber den Städten, die sich ihrem Bund ferngehalten und daher Makedonien zugeneigt hatten. Megara, Troizen und Epidauros gaben jetzt dem achäischen Druck nach und traten dem Bund bei. Zwar scheiterte ein Überfall Arats auf Argos, aber der Beitritt von Megalopolis in Arkadien im Jahre 235 wog diesen Rückschlag auf. Arat, der in jedem zweiten Jahr zum Bundesstrategen gewählt wurde, ließ nicht ab, um Athen zu kämpfen. Immer wieder fiel er in Attika ein, in der Hoffnung die Stadt zum Übertritt zu bewegen und den Piräus zu erobern. Aber eben wegen der königlichen Streitkräfte auf ihrem Boden waren die Athener in ihren Entschlüssen gar nicht frei. Gleichzeitig wurden die Küsten durch Überfälle der Ätoler heimgesucht.[55] In Rhamnus, der Festung an der Ostküste, führten die Kriegsereignisse zu einem Mangel an Opfertieren, so daß die Opfer «der Nemesien und des Königs» eine Zeitlang unterblieben.[56] Dort war mithin, wie Ludwig Deubner erkannt hat, «die Verehrung des Königs mit der der Nemesis verbunden.»[57] Dies ist jetzt für eine etwas frühere Zeit durch ein neues Demendekret von Rhamnus bestätigt worden, in dem verfügt wird, «dem König (Antigonos Gonatas) am 19. Hekatombaion, am gymnischen Agon der Großen Nemesien, zu opfern.»[58] Damit wird nicht nur das Datum dieses Festes innerhalb des Jahres bekannt, sondern zugleich die wichtige Tatsache, daß König Antigonos zu Lebzeiten kultische Verehrung in dieser attischen Gemeinde und durch den athenischen Staat erhielt.[59]

Zwei ganz fragmentarische Urkunden dieser Zeit sprechen ebenfalls von der Verstrickung Athens in kriegerische Ereignisse. Das erste erwähnt König Antigonos, einen Krieg und «die Freiheit der Hellenen»,[60] das zweite ist ein Beschluß des Volkes zu Ehren fremder Soldaten, offenbar atheni-

[54] IG II² 1299. Habicht, Studien 57–59, zustimmend Walbank, Macedonia 326–327.

[55] Kriegszustand herrschte jedenfalls im Jahr des Archons Aristion, 238/7 (SEG 24, 156, 3). Von diesem Krieg spricht weiter das Dekret der attischen Gemeinde Rhamnus zu Ehren des königlichen Offiziers (und athenischen Bürgers) Dikaiarch vom Jahre 236/5, ISE 25. Die Verheerung der Küsten Attikas durch den Ätoler Bukris wird im ersten athenischen Dekret zu Ehren des Eumaridas von Kydonia (Kreta) vom Jahre 229/8 erwähnt, IG II² 844, 4–10.

[56] ISE 25, 27–30.

[57] Deubner, Feste, 219 Anm. 3.

[58] Ergon 1989, 7–8 (Praktika 1989 [1992] 31, Nr. 15).

[59] Vgl. Habicht, Gottmenschentum 79–81 und 256–257. Die weitverbreitete Ansicht, Antigonos habe sich Kulte seiner Person verbeten, ist dort als zweifelhaft bezeichnet, jetzt jedoch erneut aufgenommen worden von P. Green, Alexander to Actium, Berkeley 1990, 835, Anm. 87. Der neue Beleg aus Rhamnus ist eindeutig und mehr als ein Opfer «en l'honneur... du souverain» (P. Roussel, BCH 54, 1930, 275 zum Dekret für Dikaiarch), nämlich ein Opfer an den Gott Antigonos.

[60] Hesperia 30, 1961, 214 Nr. 9.

scher Söldner, die an der Seite der Athener gekämpft haben und am Schutz der Stadt und der Festungen beteiligt waren.[61]

Während der Regierung des Königs Demetrios sind in den beiden erhaltenen Dekreten zu Ehren von Prytanen neben den traditionellen Opfern an Apollon Prostaterios, Artemis Bulaia und andere Götter auch Opfer an «die Retter» erwähnt, die sich sonst in diesen Urkunden niemals finden. Es muß sich um die seinerzeit als «Retter» verehrten Vorfahren des Königs, Antigonos und Demetrios Poliorketes, handeln, deren Kult damals entweder wieder aktiviert oder besonders herausgestellt wurde.[62]

In allen diesen Jahren war König Demetrios selbst im nördlichen Griechenland voll in Anspruch genommen, so daß auf der Peloponnes nur verhältnismäßig schwache königliche Kräfte operierten. Arat wurde deshalb allzu selbstsicher und erlitt, offenbar wegen Unvorsichtigkeit, durch den königlichen Feldherrn Bithys bei Phylakia (in Arkadien?) eine empfindliche Niederlage, irgendwann zwischen 235 und 232. Gerüchte wollten wissen, er sei gefangengenommen worden, andere, er sei gefallen. Auf die falsche Kunde von seinem Tod soll Diogenes, der königliche Befehlshaber im Piräus, die Achäer aufgefordert haben, ihm Korinth zu übergeben. Bei Ankunft seiner Boten sei aber Arat gerade in der Stadt gewesen, was jene der Lächerlichkeit preisgegeben habe. Das gleiche Gerücht habe die Athener veranlaßt, sich vor Freude zu bekränzen, was wiederum Arat so aufgebracht habe, daß er erneut in Attika einfiel. Er rückte bis zur Akademie, unmittelbar außerhalb der Stadtmauer, vor, ließ sich dann allerdings zur gewaltlosen Umkehr bereden.[63] Nach einem dieser Einfälle verletzte er sich «auf der Flucht» in der Thriasischen Ebene, im Nordwesten Attikas, am Bein und mußte lange in einer Sänfte getragen werden.[64] Es ist wohl denkbar, daß die Athener diese Einfälle in ihr Land, die ja fühlbare Spuren hinterließen, weniger als einen Versuch zu ihrer Befreiung ansahen denn als feindliche Akte, und es ist bezeichnend, daß Arat ihnen einmal Gefangene ohne Lösegeld zurückgab, um die Animosität zu mildern und die Athener für sich zu gewinnen.[65] Eine entscheidende Veränderung aber führte erst der Tod des Königs Demetrios im Frühjahr 229 herbei.

[61] IG II² 732, aus der Zeit vor 229 nach Tracy, ALC 259.

[62] Agora XV 111, 4–5. 115, 12. V. J. Rosivach, PP 42, 1987, 270–274.

[63] Plutarch, *Arat* 34, 1–4. Walbank bemerkt, daß die «Überredung» vielleicht in Bestechung bestand. Auch bezweifelt er die Historizität der Forderung des Diogenes und der athenischen Freudenkundgebungen (Macedonia 332). Die aratfreundliche Tendenz des (auf Arats Memoiren zurückgehenden) Berichts ist offenkundig, berechtigt aber vielleicht nur zu Zweifeln an der Interpretation, nicht an der Faktizität des Berichteten.

[64] Plutarch, *Arat* 33, 6.

[65] Plutarch, *Arat* 24, 4.

3. Staatsreligion und Herrscherhaus

Im ersten, «Die Priorität des Göttlichen» überschriebenen Kapitel seines Buches über die athenische Volksreligion im 4. Jahrhundert hat Jon Mikalson bündig festgestellt: «The gods came first.» Alle politischen Gruppen eröffneten ihre Zusammenkünfte mit sakralen Handlungen. Jede Volksversammlung begann mit dem Reinigungsopfer eines Schweines, mit Rauchopfern und einem Gebet des Herolds.[66] Erst danach trat man in die Tagesordnung ein, und auch hier hatten die kultischen Angelegenheiten *(ta hierá)* Vorrang vor den profanen *(ta hósia)*, d. h. ehe man sich politischen oder administrativen Sachen zuwandte, wurden die sakralen Gegenstände behandelt, Berichte der Priester über die von ihnen im Namen der Gemeinde vorgenommenen Opfer und deren Ergebnis usw. In der hellenistischen Zeit hat sich daran nichts Grundlegendes geändert, der Vorrang der religiösen Angelegenheiten blieb unbestritten. Es gibt auch kein Anzeichen dafür, daß die Tatsache der fremden Herrschaft die Bürger Athens bestimmt hätte, sich in der Ausübung ihrer Religion anders zu verhalten als zuvor, abgesehen davon, daß in allen staatlichen Gebeten, wie sie unter anderem zu Beginn jeder Versammlung der Ekklesie stattfanden, auch des Königs und seiner Familie gedacht werden mußte. Nicht, daß etwa der Herold das Gebet auch an sie wie an die Götter gerichtet hätte, aber der Wunsch um den Segen der Götter, den er für die Gemeinde erflehte, wurde in allen diesen Jahren eben auch für das Herrscherhaus ausgesprochen. Neu war auch, daß auf der geringeren Ebene der attischen Dörfer (Demen) der König selbst als höheres Wesen die Ehren der Götter erhalten konnte, wie es in Rhamnus für Antigonos Gonatas und Demetrios II. bezeugt ist (S. 167). Da mag allerdings mitbestimmend gewesen sein, daß Rhamnus wie kaum ein anderer attischer Demos in erster Linie Festung und damals von einer aus makedonischen und athenischen Soldaten gemischten Garnison besetzt war. Einen staatlichen Kult für Antigonos Gonatas, wie er seit 307 für seine Vorfahren Antigonos und Demetrios bestand, bezeugt jetzt die gleiche neue Inschrift, zur Überraschung aller, die annahmen, der König hätte sich derartige Ehren stets verbeten.

In allem übrigen dürften Religion und Kultus in der traditionellen Weise gepflegt worden sein. Es sieht sogar fast so aus, als seien die den kultischen Angelegenheiten gewidmeten Volksbeschlüsse dieser Jahrzehnte besonders zahlreich, so als hätte die Pflege der offiziellen Kultfrömmigkeit nach dem verlorenen Kriege zugenommen. Es kann sein, daß es so war, doch kann der Schein auch trügen, da eben politisch relevante Beschlüsse der Ekklesie aus dieser Zeit, im Unterschied zu früheren Jahren, so gut wie nicht vorliegen. In diesem Abschnitt soll nicht eine Skizze der herkömmlichen Staats-

[66] Athenian Popular Religion (405 – 323 B. C.), 1983, 13–17; das Zitat auf S. 15.

religion gegeben werden, die in den Zusammenhang der Religionsgeschichte gehört,[67] sondern es sollen einige bemerkenswerte Urkunden der Zeit vorgestellt werden, die einzelne Aspekte des Staatskultes näher beleuchten. Dabei muß man im Auge behalten, daß es nur formale Handlungen waren, die in diesem Bereich vom einzelnen Staatsbürger verlangt wurden. «Der Staatskult gehört zum Staate und läßt den persönlichen Glauben frei.»[68]

Es ist gerade ein Jahrzehnt her, daß ein schöner Fund vom Osthang der Akropolis die Lage des Heiligtums der Aglauros bekanntgemacht hat. Sie war die sagenhafte Tochter des Kekrops, des ersten Königs von Attika, und die Gattin des Kriegsgottes Ares.[69] Es ist ein vollständig erhaltener und *in situ* (d. h. am antiken Aufstellungsort), eben im Heiligtum der Aglauros, gefundener Volksbeschluß vom Jahre 246/5 zu Ehren ihrer Priesterin, die alle ihre kultischen Obliegenheiten gewissenhaft erfüllt hatte. Auch zu diesen hatten Opfer für die Gesundheit und das Wohl von Rat und Volk, Frauen und Kindern, König Antigonos, Königin Phila und ihrer Nachkommen gehört. Die Priesterin Timokrite ist vorher nicht bekannt gewesen, doch hat sie zweifellos einer vornehmen Familie angehört wie ihre Vorgängerin aus der jüngeren Vergangenheit, Pheidostrate, Schwester der berühmten Brüder Chremonides und Glaukon.[70] Die wesentliche Überraschung dieses Inschriftenfundes aber war die, daß das Heiligtum der Aglauros, das einst im Jahre 480 die Perser bei ihrer Erstürmung der Akropolis passiert hatten,[71] nicht im Norden des Burgbergs lag, wo man es vermutet hatte, sondern an dem noch steileren Ostabhang. Und mit dem Heiligtum wurde zugleich die Lage der Stätte bekannt, an der die Epheben alljährlich in Dienst gestellt wurden, an der sie ihre Antrittsopfer vollzogen und den Eid leisteten, das Vaterland zu schützen (S. 28). Unter den darin angerufenen Schwurgöttern, elf an der Zahl, steht eben Aglauros an der Spitze, vor Hestia, Ares, Athena, Zeus und anderen Gottheiten. Es muß in Anwesenheit dieser Priesterin Timokrite gewesen sein, daß die zum großen Teil namentlich bekannten Epheben dieses Jahres ihren Eid geleistet haben, unter ihnen Theotimos von Rhamnus, der als reifer Mann, rund dreißig Jahre später, mehrmals Stratege im Küstenbereich von Attika gewesen und auch aus anderen Inschriften bekannt ist.[72]

[67] U. von Wilamowitz-Moellendorff, Der Glaube der Hellenen 2, Berlin 1932, 261–427. M. P. Nilsson, Geschichte der griechischen Religion 2³, 1974, 1–309. Deubner, Feste. Ein neues Buch zur Religion des hellenistischen Athen ist von Jon Mikalson zu erwarten.

[68] Wilamowitz a. O. 271.

[69] G. S. Dontas, The true Aglaurion, Hesperia 52, 1983, 48–63.

[70] IG II² 3458–3459.

[71] Herodot 8, 53.

[72] IG II² 681 (die Ephebeninschrift). ISE 32 und Praktika 1979, 24 Nr. 2 (Theotimos als Stratege). J. Pouilloux, La forteresse de Rhamnonte, 1954, 145 Nr. 34 (Theotimos als Antragsteller.

Aus dem gleichen Milieu wie die Aglaurospriesterinnen Pheidostrate und Timokrite kam in dieser Zeit auch Lysistrate, die Priesterin der Athena Polias. Sie war die Tochter des Polyeuktos von Bate und verheiratet mit Archestratos von Amphitrope, Tochter und Gattin von Bürgern aus ersten Familien. Schon die Schwester ihres Großvaters Lysistratos war Priesterin dieser Göttin gewesen. Auch Lysistrate wird für die gewissenhafte Erfüllung ihrer Pflichten von Rat und Volk geehrt, und auch in ihrem Falle waren darunter Opferhandlungen, die das Heil des Staates und der königlichen Familie verbürgen sollten.[73]

Im gleichen Jahr, in dem Timokrite im Heiligtum der Aglauros ihren Dienst versah, amtierten zwei Bürger, deren Namen verloren sind, als gewählte Kommissare für die eleusinischen Mysterien. Sie waren für den technischen Ablauf des Festes und der Prozession nach Eleusis verantwortlich, hatten aber auf den eigentlichen Gottesdienst im *Telesterion* dortselbst keinen Einfluß. Auch der Beschluß zu ihren Ehren erwähnt, daß sie für das Wohl von Rat und Volk, Frauen und Kindern sowie der Mitglieder des königlichen Hauses opferten.[74] Die Beispiele zeigen, daß in allen staatlichen Kulten und bei allen sakralen Kulthandlungen der königlichen Familie gedacht werden mußte, daß diese aber nicht Rat und Volk von der ersten Stelle verdrängt hatte.

Zwei andere Urkunden dieser Zeit gelten wenig bekannten Göttinnen, der Basile und der Kalliste. Basile ist als Göttin nur in Athen bezeugt, und zwar als Herrscherin der Unterwelt neben Hades, eine Variante zu Persephone und eine chthonische Göttin. Ihre Priesterin wird in einem Volksbeschluß des Jahres 239/8 erwähnt, der wesentlich auf ihren Bericht hin zustande kam.[75] Kalliste dagegen («die Schönste»), gewöhnlich eine Erscheinungsform der Artemis, die aber in Athen als Göttin einen selbständigen Kult besaß, hatte in ihrem Dienst keine Priesterin, sondern einen männlichen Priester, der in einem Beschluß des Jahres 235/4 geehrt wurde. Außerhalb der Mauern in einem Artemisheiligtum nahe der Akademie hatte sie, wie auch die sonst mit ihr zusammen genannte Ariste («die Beste»), ein Kultbild.[76]

Für die Veranstaltung der Wettkämpfe an den großen Staatsfesten wurde jährlich ein sogenannter «Wettkampfveranstalter» (Agonothet) gewählt, manchmal einer für die Dionysien, an denen Dramatiker und Schauspieler um die Preise wetteiferten, ein anderer für die Panathenäen. Die Agonotheten kamen immer aus vermögenden Häusern, denn obwohl seit dem Ende des 4. Jahrhunderts die wesentlichen Kosten für diese Feste aus der Staats-

73 IG II² 776. Für die ältere Priesterin IG II² 3455.

74 IG II² 683. Für das Amt K. Clinton, Hesperia 49, 1980, 280–282. P. J. Rhodes, Commentary 636–637. R. Garland, ABSA 79, 1984, 116–117.

75 Hesperia 7, 1938, 132, Nr. 25.

76 IG II² 788 (vgl. 789). Pausanias I, 29, 2.

kasse bestritten wurden, erwartete die Bürgerschaft von den Amtsinhabern gleichwohl auch eigene Aufwendungen, z. B. die Veranstaltung eines zusätzlichen, einmaligen Wettkampfs aus besonderem Anlaß, und diese Aufwendungen beliefen sich oft auf mehrere Talente.[77] In den vierziger Jahren wurde Agathaios aus Prospalta als Agonothet sogleich nach der Feier der Dionysien im Frühjahr geehrt, weil er alle seine Obliegenheiten – einschließlich der auch hier nicht fehlenden Opfer für das Wohl des Staates und der Monarchie – zur Zufriedenheit erfüllt hatte. Genau ein Jahr später, nachdem er im Sommer Rechenschaft abgelegt hatte und aus dem Amt geschieden war, wurde er, wie ihm zuvor bereits in Aussicht gestellt worden war, erneut, und diesmal für seine gesamte Amtsführung, ausgezeichnet.[78] Derselbe Agathaios hatte wenige Jahre zuvor als Privatmann die Athlotheten finanziell unterstützt, denen alle vier Jahre an den Großen Panathenäen die Leitung der gymnischen, musischen und hippischen Wettkämpfe oblag.[79] Man kann vermuten, daß diese Freigebigkeit ihn der Bürgerschaft für das Amt des Agonotheten empfahl, zu dem er wenig später gewählt wurde.

Aus dem gleichen Jahr wie der Aufruf zu Geldspenden für die Sicherung der Erntearbeiten (S. 165 f), 244/243, stammt die umfangreichste einen Staatskult dieser Zeit betreffende Urkunde, die noch erhalten ist. Es ist ein zweihundert lange (oft unvollständige) Zeilen umfassendes Inventarverzeichnis aus dem Heiligtum des Heilgottes Asklepios am Fuß der Akropolis.[80] Es wird von einem Volksbeschluß eingeleitet, der die Inventur der Weihgeschenke aus besonderem Anlaß und die Wahl von zehn Männern anordnet, die diese Aufgabe zusammen mit dem Priester des Gottes und einigen anderen erfüllen sollen. Offenbar hatte der Priester dieses Jahres gefunden, daß das Heiligtum einer gründlichen Revision bedürfe, und war es seiner Initiative gelungen, den Rat und die Volksversammlung zum Handeln zu bestimmen.[81] Dem Dekret des Volkes folgt das Verzeichnis aller Weihgeschenke, die in den letzten fünfzehn bis zwanzig Jahren, seit dem Amtsjahr eines früheren Priesters, ins Heiligtum gelangt waren. Zum

77 IG II² 798, 18–19: mehrere Talente; 834, 4–5: sieben Talente. Stiftung eines zusätzlichen Wettkampfes *(epithetos agon)*: IG II² 657, 43–45 aus Anlaß der Befreiung von 287; 834, 23–24 aus Anlaß der Befreiung von 229.

78 IG II² 780; die beiden Beschlüsse stehen auf einem einzigen Stein. Vgl. M. J. Osborne, ZPE 78, 1989, 238. IG II² 798 für den Agonotheten eines wenig früheren Jahres.

79 IG II² 784. Habicht, Untersuchungen 137–141. Osborne (s. d. vorige Anm.) 212–213.

80 IG II² 1534B, 1535. Neue kritische Ausgabe mit englischer Übersetzung und grundlegendem Kommentar von Aleshire, Asklepieion 249–336; ebendort S. 372 ein Verzeichnis der Priester dieser Zeit. Ein neues Fragment von IG II² 1534 veröffentlichen Aleshire und A. P. Matthaiou, in: S. B. Aleshire, Asklepios at Athens, Amsterdam 1991, 5–11, und Horos 8–9, 1990–1991, 45–51.

81 Aleshire a. O. 301.

Namen eines jeden Priesters werden die in seinem Jahr ins Heiligtum geweihten Gegenstände aufgeführt, vor allem Nachbildungen von Körperteilen und Münzen. Jedem Priester ist sein Demotikon beigegeben, das zugleich zu erkennen gibt, welcher der zwölf Phylen der Bürgerschaft er angehört. Diese kontinuierliche Reihe von Jahrespriestern hat daher schon vor langer Zeit die Beobachtung erlaubt, daß die Phylen bei der Bestellung der Asklepiospriester gleichmäßig und in ihrer offiziellen Reihenfolge berücksichtigt wurden, daß es mithin neben dem Zyklus der Ratssekretäre auch einen solchen der Asklepiospriester gab. Nirgends zeigt sich deutlicher als in diesem Verzeichnis, daß der Kult des Asklepios ein echter Volkskult war, der Männer und Frauen in gleicher und unmittelbarer Weise ansprach.[82]

4. Das hellenistische Athen mit den Augen eines Zeitgenossen gesehen

Ein glücklicher Zufall hat es gefügt, daß aus dem 3. Jahrhundert v. Chr. eine Beschreibung der hellenistischen Stadt Athen, im Umfang von etwa zwei Druckseiten, erhalten ist. Sie findet sich am Beginn der sogenannten «Städtebilder» eines gewissen Herakleides mit dem Beinamen «der Kreter» oder «der Kritiker»[83] und ist jedenfalls nach der Gründung der Stadt Demetrias im Jahre 294 geschrieben, da diese als bestehend erwähnt wird. Trotz der Bemühungen zahlreicher Gelehrter läßt sich die Schrift innerhalb des Jahrhunderts nicht näher datieren.[84] Es ist nicht einmal sicher, ob Athen, als sie entstand, frei war oder unter makedonischer Kontrolle stand – der Verfasser ist an den politischen Verhältnissen in den von ihm behandelten Orten nicht interessiert.[85] Wichtig sind für ihn andere Momente: die Lage einer Stadt, die Qualität ihrer Wohnhäuser, öffentliche Bauten, die Landesprodukte und die Bewohner mit ihren physischen und charakterlichen Eigenheiten. Die Schrift ist voll von sehr persönlichen, oft aphoristisch oder parodistisch zugespitzten Aussagen, die ihr eine ungewöhnliche Lebendigkeit verleihen, aber mehr als einmal eben auch Zweifel an der Ausgewogenheit des Urteils hervorrufen.[86]

[82] Aleshire a. O. 56.

[83] Die ältere Forschung zusammenfassend F. Pfister, Die Reisebilder des Herakleides. Einleitung, Text, Übersetzung (hier benutzt) und Kommentar, SB Wien 227, 1951. Zum Beinamen des Verfassers ebenda 18–19. Eine interessante Charakteristik gibt G. Pasquali, Hermes 48, 1913, 198–219. E. Perrin, Héracleidès le Crétois à Athènes: Les plaisirs du tourisme culturel, REG 107, 1994, 192–202.

[84] Mit der großen Mehrzahl der Forscher scheint mir ein Datum um die Mitte oder nach der Mitte des Jahrhunderts am wahrscheinlichsten. Keines der für eine genauere Datierung vorgebrachten Argumente ist durchschlagend.

[85] »Er greift das heraus, was ihm beliebt» (Pasquali 200).

[86] »Herakleides ist Rhetor durch und durch» (Pasquali 213).

Am Beginn rühmt Herakleides die Schönheit des Weges, auf dem man von Süden in die Stadt kommt, da er ganz durch bestelltes und das Auge erfreuendes Land führe. Die Stadt dagegen findet er beim Betreten häßlich, mit unregelmäßigen Straßenzügen, und wasserarm. Auch sei die Mehrzahl der Wohnhäuser dürftig. Fremde würden daher beim ersten Anblick nicht glauben, dies sei die vielgerühmte «Stadt der Athener» – bis die öffentlichen Bauten sie überzeugten, die zum Schönsten auf Erden gehörten: «ein Theater, der Beachtung wert, groß und bewunderungswürdig, ein prachtvolles Heiligtum der Athena, der Welt entrückt, sehenswert, der Parthenon, über dem Theater gelegen; großen Eindruck macht er auf den Beschauer. Das Olympieion zwar nur halbvollendet, aber eindrucksvoll schon durch den Bauplan; großartig wäre es geworden, wenn es vollendet worden wäre. Drei Gymnasien: die Akademie, das Lykeion, das Kynosarges; ganz mit Bäumen bepflanzt und mit Rasenplätzen versehen.»

Dieses erste Kapitel dessen, was erhalten ist, schließt mit einem Satz über das Angebot an kulturellen Veranstaltungen: «Mancherlei Feste, von mancherlei Philosophen auch geistige Verführungen und Erholungen; viel Zeitvertreib und fortwährend Schaustellungen.» In äußerst knapper Form, die für seinen Stil überall kennzeichend ist, wird aufgezählt, was dem Verfasser der Erwähnung wert schien. Es ist die einzige Stelle seiner Schrift, an der er von kulturellen Darbietungen spricht, und dies, nicht die Kürze des Ausdrucks, ist das Besondere, indem es die Einzigartigkeit Athens auf diesem Felde scharf herausstellt.

Weiter bemerkt Herakleides, daß die Qualität der agrarischen Produkte Attikas hervorragend, ihre Quantität jedoch nicht ausreichend sei. Jedermann wußte, daß Attika auf die Einfuhr von Getreide angewiesen war. Daher ist Hunger den Bewohnern nicht fremd, doch lassen, nach Herakleides' Worten, Schauspiele und Unterricht (oder Freizeitbeschäftigungen, *scholai*) das einfache Volk den Hunger vergessen. Künste und Künstler stehen bei den Athenern in hohem Ansehen, und die Stadtbürger sind kenntnisreiche und kritische Zuschauer und Zuhörer. Von den Bewohnern des Landes heben sich die Städter vorteilhaft ab. Jene sind betriebsam und schwatzhaft, mißtrauische und zur Denunziation der Fremden neigende Beobachter. Die Bewohner der Stadt dagegen werden als großzügig, offen und zuverlässig geschildert, ausgenommen einige korrupte Anwälte, die vorübergehend anwesende reiche Fremde ausbeuten, die aber strengen Strafen verfallen, wenn das Volk sie überführt. So wie im allgemeinen die Städte gegenüber dem platten Land die besseren und angenehmeren Lebensbedingungen bieten, so ragt Athen, was sie betrifft, weit über alle anderen Städte hervor – nur müsse man sich vor den Verlockungen der Hetären hüten. Athen, so endet die Beschreibung, ist die Stadt Griechenlands, die man gesehen haben muß, von der man entzückt ist, wenn man sie gesehen hat, und von der man sich nur zum eigenen Schaden trennt.

Herakleides schildert Athen als eine Stadt in tiefem Frieden, in der sich gut leben läßt. Ob sie frei war oder vom makedonischen König beherrscht, läßt er nicht erkennen, und auch von politischer Betätigung ihrer Bürger ist mit keiner Silbe die Rede. Sein Athen ist zeitlos, eine Idylle, in der nur jene die Fremden ausbeutenden Anwälte ein störendes Element sind, von deren Erwähnung der Verfasser jedoch rasch zur Schilderung der Vorzüge Athens zurückkehrt.

VII. Freiheit und Neutralität (229–200)

1. Prekäre Freiheit

Zu Beginn des Jahres 229 starb König Demetrios II. unter Hinterlassung eines erst neunjährigen Sohnes namens Philipp. Die labile Situation Makedoniens wurde in Athen zum Signal, den Versuch zur Wiedergewinnung der Freiheit zu machen. Das Ziel wurde auch erreicht, und zwar, anders als im Jahre 287, ohne Anwendung von Gewalt. Der in Attika kommandierende Statthalter der Krone, Diogenes, aller Wahrscheinlichkeit nach selbst athenischer Bürger, konnte dazu bestimmt werden, den Piräus, die Insel Salamis sowie die Festungen Munychia und Rhamnus den Athenern zurückzugeben und die ihm unterstellten Truppen zu entlassen. Um diese abzufinden, benötigte er einhundertundfünfzig Talente, die offenbar rasch aufgebracht wurden.[1] Athenische Volksbeschlüsse schreiben die Initiative des Handelns und die Aufbringung des benötigten Geldes den Brüdern Eurykleides und Mikion aus Kephisia zu, von denen jedenfalls Eurykleides schon verschiedene hohe Stellungen innegehabt hatte. Beide wurden in der Folgezeit für Jahrzehnte die eigentlichen Leiter der athenischen Politik. Neben ihnen wird «das Volk» als Urheber der Freiheit genannt.[2] Auch für Plutarch und Pausanias hatten die Athener selbst die Initiative, doch sei das entscheidende Verdienst dem achäischen Staatsmann Arat zugekommen. Ihn, der so oft nach Attika eingefallen war, hätten die Bürger damals selbst herbeigerufen, nachdem sie endlich seine Vortrefflichkeit erkannt hätten (als er sich nämlich nach dem Vorstoß zur Akademie zum Rückzug bewegen ließ). Obwohl er wegen einer Krankheit in der Sänfte getragen werden mußte, sei Arat persönlich nach Athen gekommen und habe nicht nur Diogenes zur Aufgabe der Stützpunkte bewogen, sondern zu der erforderlichen Ablösesumme selbst zwanzig bzw. fünfundzwanzig Talente beigesteuert. Beide Autoren machen sich damit Arats eigene Darstellung in seinen Memoiren zu eigen, und es ist deutlich, daß seine Rolle weit über Gebühr herausgehoben ist.[3]

Vor dem Juli 229, in dem das neue attische Jahr begann, waren Stadt, Hafen und Landgebiet zum ersten Mal seit dem Ende des Chremonideischen Krieges wieder frei, der Hafen sogar zum ersten Mal seit 66 Jahren.

[1] Zum Folgenden vgl. die mehr ins einzelne gehenden Ausführungen von Habicht, Studien 79–93.

[2] IG II^2 834, 10–14. BCH 80, 1956, 57 Nr. 1 und 102, 1978, 103–108.

[3] Plutarch, *Arat* 34, 5–6. Pausanias 2, 18, 6.

Mit dem Namen des Archons, der im Juli 230 sein Amt angetreten hatte, haben die Athener sodann eine neue Tafel ihres Archontenverzeichnisses begonnen, um sichtbar zu machen, daß in seinem Amtsjahr die als Epoche verstandene Befreiung erfolgt war.[4] Aus fragmentarischen Inschriften der böotischen Städte Theben und Thespiai hat man seit langem geschlossen, daß diese Gemeinden damals durch Darlehen den Athenern die Aufbringung der Ablösesumme erleichtert hätten, doch hat jetzt eine neue Untersuchung ergeben, daß diese These auf sehr schwachen Füßen ruht.[5] Es ist auch oft vermutet worden, daß König Ptolemaios III. (246–221), der nach Auffassung einiger Forscher schon Arat zu seinen Einfällen nach Attika angestiftet hatte und der ihn jedenfalls mit Subsidien unterstützte, finanzielle Hilfe geleistet habe, doch ist das nirgends bezeugt.[6] Sicher ist dagegen, daß die Bürgerschaft und die in Attika ansässigen Fremden dazu aufgerufen wurden, eine Anleihe «für die Freiheit» zu zeichnen, die in mehreren Inschriften erwähnt wird. Der Ertrag kann als Beitrag zur Ablösung der königlichen Garnison verwendet worden sein. Weiter sind damals mit Hilfe von Geldspenden die Mauern der Stadt und des Piräus sowie die Hafenanlagen neu befestigt worden.[7] Es ist offenkundig – und liegt in der Natur der Sache –, daß Behörden und Bürgerschaft alle Anstrengungen unternahmen, sich vor dem erneuten Verlust der Freiheit zu schützen. Man konnte ja nicht damit rechnen, daß sich die makedonische Krone mit dem Verlust ihrer Positionen in Attika abfinden werde, und mußte eines Angriffs von dort früher oder später gewärtig sein.

Eben darum hoffte und rechnete Arat jetzt auf den Anschluß Athens an den Achäischen Bund, den er so lange gewaltsam hatte herbeiführen wollen. Jetzt waren die Athener nicht länger unfrei in ihren Entschlüssen; auch mochte die finanzielle Beihilfe Arats sie für seine Werbung aufgeschlossener machen. Die athenische Regierung aber widerstand diesem Druck und schlug eine Politik strikter Neutralität ein, die mit dem Namen der Brüder Eurykleides und Mikion verbunden ist, zu Arats bitterer Enttäuschung. Diese hat sich in seinen Memoiren niedergeschlagen und ist noch in einem auf diese gestützten Kapitel des achäischen Historikers Polybios bewahrt. Dieser drückt sich so aus:[8] «Die Athener, von der Furcht vor Makedonien befreit und in der Meinung, schon im sicheren Besitz der Freiheit zu sein,

[4] IG II² 1706 mit dem Kommentar von S. Dow, Hesperia 2, 1933, 430–434. Solche Manifestationen in den Listen städtischer Eponyme sind in der griechischen Welt relativ häufig (Habicht, Studien 80 mit der in Anm. 3 genannten Literatur).

[5] Die ältere Forschung (u. a. Dittenberger, Ferguson, Feyel, Habicht) ist überholt durch L. Migeotte, Boiotika, herausg. von H. Beister und J. Buckler, München 1989, 193–201. Ferner will D. Knoepfler die hierher gezogene Inschrift IG VII 2405–6 statt auf 229 vielmehr auf ca. 285 v. Chr. beziehen (Chiron 22, 1992, 475).

[6] Urban, Wachstum und Krise des Achäischen Bundes, Wiesbaden 1979, 52–54.

[7] Habicht, Studien 81–82.

[8] Polybios 5, 106, 6–8.

nahmen unter Eurykleides und Mikion als ihren Führern an keiner der übrigen griechischen Unternehmungen teil. Vielmehr folgten sie dem Willen und den Initiativen ihrer Vorsteher und biederten sich bei allen Königen an, am meisten von diesen aber bei Ptolemaios. Sie ließen jede Art von Beschlüssen und Proklamationen zu und gaben nicht viel auf den Anstand wegen der Würdelosigkeit ihrer führenden Männer.»

Polybios verurteilt mit diesen starken Worten die Politik der Athener als quietistisch, opportunistisch und würdelos. Der Vorwurf des Isolationismus, des Abseitsstehens inmitten der griechischen Welt, kann in seinem Munde nur bedeuten, daß er von den Athenern vielmehr die Teilnahme an den *achäischen* Angelegenheiten, d. h. den Anschluß an ihren Bund, erwartet hätte. Seine Bitterkeit rührt daher, daß der Achäische Bund eben in den zwanziger Jahren, d. h. gerade nach der Befreiung Athens, in seine schwerste Krise geriet und durch den spartanischen König Kleomenes an den Rand des Untergangs und der Auflösung getrieben wurde.[9] In diese Gefahr wäre er nie gekommen, wäre Athen, wie Arat es wünschte, ihm beigetreten. Schlimmer noch: Als die Achäer sich in ihrer Not im Herbst 225 um Hilfe an Athen wandten, wurden sie abgewiesen, nach Polybios durch die Brüder Eurykleides und Mikion, die sich gegenüber der zur Hilfe bereiten, angeblich vorherrschenden, Stimmung der Bürgerschaft durchsetzten.[10] Wohl oder übel mußten die Achäer bei der Macht Zuflucht suchen, in deren Bekämpfung der Bund seit mehr als einem halben Jahrhundert geradezu seine eigentliche Aufgabe gesehen hatte, bei Makedonien. Um seine politische Existenz zu retten, mußte Arat sich damals demütigen und seiner gesamten bisherigen Politik abschwören. König Antigonos Doson gewährte die Hilfe und rettete den Bund durch seinen Sieg über Kleomenes und Sparta bei Sellasia im Jahre 222, aber die Achäer zahlten einen hohen Preis: Sie mußten Korinth und die Festung Akrokorinth, deren Eroberung einst die Großtat Arats gewesen war, dem König zurückgeben. Und dies war noch nicht alles. Für ein Vierteljahrhundert wurden die Achäer damals dem Namen nach Verbündete, tatsächlich jedoch Trabanten des makedonischen Königshauses, ehe sie im Jahre 198 durch ihren Übertritt auf die römische Seite diese Abhängigkeit mit einer anderen vertauschten.

Die Enttäuschung Arats und des Polybios über die Haltung Athens nach 229 ist mithin vom Standpunkt der achäischen Interessen her durchaus verständlich, der Zorn auf Athens Werben um König Ptolemaios aber weiter auch darin begründet, daß dieser während der großen Krise des Bundes seine Subsidienzahlungen an ihn nicht nur einstellte, sondern diese Gelder obendrein dessen Bedränger Kleomenes zukommen ließ. Unter diesen Umständen mußte die Herzlichkeit in den Beziehungen zwischen

[9] Urban (Anm. 6), 117–214.
[10] Plutarch, *Arat* 41, 3.

Ptolemaios und Athen in diesen Jahren die Achäer erbittern. Der Vorwurf der Liebedienerei gegenüber Ptolemaios hat darüber hinaus etwas sehr Konkretes im Auge, den Kult des Königs, den die Athener im Jahre 224/3 beschlossen (unten S. 184).

So berechtigt mithin das achäische Urteil über Athens Politik unter dem Blickpunkt der achäischen Interessen auch ist, so wenig gerecht wird es der eigenen Lage der Athener. Ihnen ging es in erster Linie um die Erhaltung der gerade erst wiedergewonnenen Freiheit, d. h. um Schutz vor Makedonien, sodann aber auch um die Bewahrung ihrer Souveränität. Bei einem Beitritt zum Achäischen Bund hätte diese eine einschneidende Minderung erfahren. Es war ein schwieriger Kurs, den Eurykleides und Mikion damals steuerten, und natürlich bedurften sie der Anlehnung an eine stärkere Macht, sofern diese nicht selbst die Freiheit der Stadt gefährden würde. Das konnte nach Lage der Dinge so wie früher nur das ptolemäische Ägypten sein.

Durch die Ereignisse vom Frühjahr 229 war Athen in den Kreis selbständiger Mächte zurückgekehrt und wiederum fähig geworden, eine eigene Außenpolitik zu treiben. Sofort begann, nach langer Unterbrechung, wieder ein diplomatischer Verkehr, von dem sich wenigstens Spuren in der trümmerhaften Überlieferung erhalten haben. Das vorrangige Ziel Athens war dabei, zu möglichst vielen Mächten gute Beziehungen herzustellen, sich aber aus allen Verwicklungen herauszuhalten und auch alles zu vermeiden, was Makedonien weiter provozieren könne. Der «Demetrische Krieg» hatte sich über den Tod des Königs Demetrios hinaus als makedonisch-ätolischer Krieg fortgesetzt. Er sah, wegen der zunächst unstabilen Lage in Makedonien, anfangs die Ätoler in der Offensive. Sie entrissen noch 229 den Makedonen wesentliche Teile der bisher ganz von diesen kontrollierten Landschaft Thessalien. Zur gleichen Zeit machte sich auch der Böotische Bund nördlich von Attika von der makedonischen Vorherrschaft frei. Aber Antigonos Doson, ein Neffe des Antigonos Gonatas, der zum Vormund des jungen Thronerben Philipp bestellt und durch die Heirat mit Demetrios' Witwe Phthia auch Philipps Stiefvater wurde, meisterte die Lage schnell. Er verschaffte sich im Lande rasch Autorität, unter anderem durch einen Sieg über die Dardaner im Norden des Landes. Danach vertrieb er die Ätoler aus Thessalien und griff sie 228 in der zu ihrem Bund gehörenden mittelgriechischen Landschaft Doris offensiv an.[11] Er war zu dieser Zeit vielleicht schon zum König Makedoniens erhoben worden. Mit den Ätolern verbündet war, wie es der traditionellen Gegnerschaft seines

[11] Grundlegend ist J. Fine, TAPhA 63, 1932, 126–155. Walbank, Macedonia 337–342. Für die Invasion der Doris s. die kürzlich bekanntgewordenen Urkunden aus Xanthos in Lykien: J. Bousquet, REG 101, 1988, 12–53, mit der berichtigten Datierung von F. W. Walbank, ZPE 76, 1989, 184–196. Vgl. jetzt auch S. le Bohec, Antigone Dôsôn roi de Macédoine, Nancy 1993, 154–162.

Hauses zu dem der Antigoniden entsprach, König Ptolemaios III.[12] Es war wohl zu dieser Zeit, daß die Ätoler Statuen zahlreicher Mitglieder des ägyptischen Königshauses in ihrem Bundesheiligtum in Thermos aufstellten und für diese Gruppe von Denkmälern eine eigene Exedra errichteten.[13] Trotz dieses Bündnisses waren die Ätoler damals gezwungen, mit König Antigonos Frieden zu schließen. Dieser griff schon 227 sogar über die Ägäis hinaus nach Kleinasien und eroberte in Karien eine Reihe von Städten im Raume von Mylasa.[14] Sehr rasch wurde klar, daß Athen vor ihm auf der Hut sein mußte. Es war daher ein Gebot der Klugheit, sich der ätolisch-ägyptischen Allianz fernzuhalten. Auch scheint sich die athenische Regierung mit der Normalisierung des Verhältnisses zu den Ätolern, mit denen sie sich bis 229 im Kriegszustand befunden hatte, Zeit gelassen zu haben, denn noch für eine ganze Reihe von Jahren hat sie darauf verzichtet, wieder einen Delegierten in den von Ätolien kontrollierten Rat der delphischen Amphiktionie zu entsenden, in dem Athen von alters her einer der beiden den Ioniern vorbehaltenen Sitze zustand.[15] Diese reservierte Haltung kann nur der Absicht entsprungen sein, jede Brüskierung Makedoniens und seines Königs zu vermeiden.

Mit diesem trat die Stadt aber auch direkt in Kontakt. Dies ist erst in jüngerer Zeit durch einen Volksbeschluß vom September 226 bekanntgeworden, der 1935 auf der Agora von Athen zutage kam. Es ist ein Ehrendekret für Prytanis von Karystos, einen Philosophen aus der Schule des Aristoteles, der das Vertrauen des makedonischen Königs genoß und von ihm ausgewählt wurde, der arkadischen Stadt Megalopolis neue Gesetze zu geben. Prytanis hatte sich auf Bitten der Athener bereit gefunden, für sie mit Antigonos zu unterhandeln.[16] Man kann vermuten, daß es der athenischen Regierung darum zu tun war, eine wie immer geartete Anerkennung des Status quo zu erhalten. Der Text zeigt klar, daß man in Athen die Mission des Prytanis als sehr heikel ansah. Er wird besonders dafür gelobt, daß er sich, ohne Ausflüchte zu machen, zu ihr bereit fand und der Mühen und Gefahren nicht achtete, die mit ihr verbunden waren. Er wird weiter dafür gelobt, daß er vor dem König «mit Freimut» gesprochen habe. Dagegen ist nicht einmal angedeutet, daß er etwas Nennenswertes bei ihm erreicht hätte. Es dürfte ganz sicher sein, daß Antigonos Doson nicht geneigt war, den Athenern eine Garantie zu geben, er werde stets ihre Souveränität respektieren.

12 Pap. Haun. I 6, Zeile 18. Habicht, ZPE 39, 1980, 1–2.

13 IG IX I^2, 56 (ISE 86). Vgl. FD III 4, 233.

14 Neue Aufschlüsse hierüber haben die Inschriften aus Labraunda gebracht: Labraunda, Swedish Excavations and Research, III.1 part 1: J. Crampa, The Greek Inscriptions, Lund 1969. Vgl. Walbank, Macedonia 343–345.

15 R. Flacelière, Les Aitoliens à Delphes, Paris 1937, 256, Anm. 1.

16 ISE 28 mit Morettis Kommentar. Die Hypothese, in der Sendung des Prytanis komme athenische Besorgnis vor Antigonos zum Ausdruck, hält le Bohec (Anm. 11), 184–189, für unbegründet.

Es ist vielleicht mehr als ein Zufall, daß aus dem gleichen Monat September 226 auch ein Ehrendekret für einen hochrangigen Funktionär des Königs Ptolemaios III. namens Kastor von Alexandreia vorliegt.[17] Beide Urkunden stammen aus der Zeit, in der die Achäer, nach ihrer Niederlage bei Hekatombaion im Sommer, zum ersten Male bei dem makedonischen König die Möglichkeit einer Allianz sondierten.[18] Diese Kontakte müssen in Athen alarmierend gewirkt haben, deutete sich doch in ihnen nicht nur die Aussicht einer Einigung der beiden traditionell miteinander verfeindeten Mächte an, sondern darüber hinaus auch die Möglichkeit einer makedonischen Intervention auf dem Isthmos und auf der Peloponnes. Es mußte die Besorgnis der politischen Kreise Athens noch vergrößern, daß eben damals in Böotien eine um die thebanische Familie des Askondas und Neon gescharte Fraktion das Übergewicht innerhalb des Bundes zu erlangen begann, die auf einen Ausgleich mit Makedonien bedacht war, und daß der Böotische Bund sich 228 oder 227 erneut mit den Achäern verbündete. Die Gefahr der Isolierung Athens war zweifellos gegeben. Tatsächlich entstand im Jahre 224, dank der Initiative des makedonischen Königs und unter seiner politischen Führung, ein neuer, an die Vereinigungen von 337 und 302 anknüpfender Bund «der Hellenen», dem außer Makedonien und seinen Trabanten wie Thessalien, Epirus, Akarnanien, Phokis, Lokris und Euböa auch der Böotische und der Achäische Bund angehörten.[19] Er richtete sich gegen Kleomenes von Sparta, doch war die Vorstellung nicht von der Hand zu weisen, daß seine Mitglieder (oder einige derselben) sich eines Tages auch gegen Athen wenden könnten. Es war kurz darauf, im gleichen Jahr, 224/3, daß die Athener die Einrichtung eines Kultes für König Ptolemaios III. Euergetes beschlossen. Es dürfte nach dem Vorstehenden klar sein (auch wenn dies nicht ebenso für alle früheren Kulte hellenistischer Machthaber bekannt wäre), daß es politische Motive waren, die der Kultstiftung zugrunde lagen.

2. Die Zwanziger Jahre

Im gleichen Jahr, in dem die makedonische Herrschaft über Athen ihr Ende fand, starb in der Stadt Kleanthes aus Assos in höchstem Alter, nachdem er als Nachfolger Zenons der philosophischen Schule der Stoa 32 Jahre lang ehrenhaft vorgestanden hatte, gerade so lange wie die fremde Herrschaft währte, denn er war im Jahre nach der Kapitulation Athens für den damals verstorbenen Gründer der Schule nachgerückt. König Antigo-

[17] IG II^2 838. Kastors Sohn Philon ist 188/7 in Delphi, um 175/4 vom Ätolischen Bund durch Verleihung der Proxenie geehrt worden (Syll.^{3} 585, 146. IG IX 1^2, 31, 141).

[18] J. Fine, AJPh 61, 1940, 144.

[19] StV Nr. 507, S. 212–217.

nos hatte Zenon verehrt und hat seine postume Ehrung durch die Stadt angeregt. Jetzt waren im gleichen Jahr sein und Zenons Nachfolger verstorben und waren die Bande zwischen Athen und dem Königshof zerschnitten, die unter anderem Zenons Schüler Persaios an den Hof und in den Dienst des Königs geführt hatten.

Die Bürgerschaft Athens ging, wie es nur natürlich war, sogleich auf Distanz zu denen, denen sie bislang gehuldigt hatte. Aus den öffentlichen Gebeten, aus den staatlichen Dekreten und aus dem Ritus der offiziellen Opfer verschwanden die Erwähnungen des makedonischen Königs und seiner Angehörigen sofort, wie die Inschriften zeigen. Königliche Bronzemünzen, die während der vergangenen dreißig Jahre in Attika ein gängiges Zahlungsmittel gewesen waren, wurden jetzt mit athenischen Symbolen überprägt und liefen seitdem als Geld der freien Republik um.[20] Es ist auch bezeugt, daß in der Gemeinde Rhamnus dem König nicht länger in Gemeinschaft mit der Göttin Nemesis (S. 167) geopfert wurde.[21] Aber wie schon in den Jahren 301 und 287 ließ man auch damals die nach Antigonos I. und Demetrios Poliorketes benannten Phylen Antigonis und Demetrias bestehen, mit ihnen auch den Kult, den die verstorbenen Könige als Eponyme dieser Abteilungen der Bürgerschaft erhielten.

Positiven Ausdruck fand die neue politische Ordnung im Jahr der Befreiung in außerordentlichen Ehrenbeschlüssen für den früheren königlichen Kommandeur Diogenes und in der Einrichtung eines neuen Staatskultes. Diogenes, dessen Verhalten die Befreiung der Stadt ermöglicht hatte, wurde offiziell als «Wohltäter» *(Euergetes)* bezeichnet und erhielt als solcher einen bevorzugten Sitz im Theater – sein kostbarer Marmorsessel trug die Inschrift seines Namens und stand nach seinem Tode dem jeweils Ältesten seiner Nachkommen zu. Es ist weiterhin als sicher anzunehmen, daß ihm auch das ebenfalls auf den jeweils Ältesten vererbliche Vorrecht der Speisung auf Staatskosten zuerkannt wurde, ein nur solchen Bürgern bewilligtes Privileg, die sich in ganz außerordentlicher Weise verdient gemacht hatten. Zu Diogenes' Ehren wurde ein weiteres Gymnasion, das Diogeneion, erbaut, das der körperlichen Ertüchtigung der Jugend Athens diente. Noch mehr als einhundert Jahre nach seiner befreienden Tat haben die Epheben dem Diogenes an einem nach ihm benannten Fest alljährlich

[20] Gegenüber der Ansicht, dies sei 239, nach dem Tode des Antigonos Gonatas, geschehen, habe ich mich für das Jahr 200 als Datum der Überprägung ausgesprochen (Studien 42). Jetzt hat Kroll (Coins 51–52) die Jahre bald nach 229 wahrscheinlich gemacht. Im Sommer des Jahres 228 wird im Opfer der Prytanen für das Wohl des Staates, wie es zu Beginn einer Volksversammlung stattfand, der königlichen Familie nicht mehr gedacht (Agora XV 120, 16), ebensowenig in allen späteren Urkunden.

[21] ISE 29, 16–18 aus Rhamnus vom Jahre 225/4 zeigt, daß der König aus dem Kult der Nemesis wieder eliminiert ist.

ein Stieropfer dargebracht. Die Stadt bewahrte ihm ihre Dankbarkeit weit über seinen Tod hinaus.[22]

So wie zur Erinnerung an die Befreiung von 287 Philippides einst einen zusätzlichen Wettkampf zu Ehren der Demeter und der Kore gestiftet hatte,[23] so stiftete Eurykleides zur Erinnerung an die Befreiung von 229 ebenfalls einen zusätzlichen Agon.[24] Auf Antrag des Eurykleides hat die Bürgerschaft, wohl sehr bald nach den Ereignissen von 229, weiterhin die Errichtung eines neuen Heiligtums beschlossen, in dem der personifizierte Demos zusammen mit den Chariten, Töchtern des Zeus, verehrt wurde.[25] Dieses Heiligtum wurde im Nordwesten der Agora, am Nordabhang des Kolonos Agoraios, eingegrenzt. Es hat wohl nie einen Tempel besessen. Das Priestertum des neuen Kultes scheint in der Familie des Eurykleides und Mikion erblich gewesen zu sein. Rund einhundert Jahre später hat ein Münzmeister aus diesem Hause, Eurykleides, der Stiftung des Kultes und der Bindung seiner Familie an ihn dadurch gedacht, daß er die drei Grazien (Chariten) auf den Münzen seines Amtsjahres, 122/1, abbildete.[26] Der Priester hatte das gleiche Vorrecht der Prohedrie im Theater wie der Befreier Diogenes; auch für ihn hat sich ein entsprechend beschrifteter Marmorsessel im Dionysostheater gefunden.[27] In das neue Heiligtum wurden sehr bald, und über lange Zeit, Statuen von um die Stadt verdienten Männern geweiht, und es ist nie zweifelhaft gewesen, daß der neue Kult ein ideologisch-religiöses Symbol des neuen, unabhängigen und demokratischen Staates sein sollte.

Die Personifizierung des Demos, d. h. des Staatsvolkes, war nicht neu. Aristophanes hatte in seinen *Rittern* im Jahre 422 den Demos als Gestalt auf die Bühne gebracht, und auf zahlreichen Urkunden des 4. Jahrhunderts war er in Relief abgebildet worden.[28] Kult und Kultbild aber sind erst im Zusammenhang mit den Ereignissen von 229 geschaffen worden. Kontrovers ist seit langem die Frage, wer die Chariten in Athen waren, und ob es ihrer zwei (Auxo und Hegemone), drei oder gar vier (zusätzlich Thallo und Karpo) gab. Es verdient Beachtung, daß der Priester des neuen Kultes,

[22] Für die Einzelheiten Habicht, Studien 83–84 und Gauthier, Cités 64–65.

[23] IG II^2 657, 43–45.

[24] IG II^2 834, 23–24, im Wortlaut nahezu identisch mit dem Text des Dekrets für Philippides.

[25] Eingehende Erörterung des Kultes und seiner Bedeutung im Leben der Stadt, – unter Musterung der früheren Forschung bei Habicht, Studien 84–96, mit einem von H. A. Thompson beigesteuerten wesentlichen Zeugnis des Aristoteles (s. Anm. 29).

[26] M. Thompson, The New Style Silver Coinage of Athens, New York 1961, 604 (wo nur die Chronologie zu berichtigen ist).

[27] IG II^2 5029 a. 5047. M. Maaß, Die Prohedrie des Dionysostheaters in Athen, München 1972, 109. 121.

[28] Vgl. Habicht, AM 105, 1990, 259–263. Für die Reliefs M. Meyer, Die griechischen Urkundenreliefs, Berlin 1989.

zusammen mit dem Kosmeten, der dem Ephebenkorps vorstand, Jahr für Jahr beim Antrittsopfer des neuen Ephebenjahrgangs anwesend war, und daß unter den im Epheneneid angerufenen Schwurgöttern Thallo, Auxo und Hegemone waren. Man möchte daher diese drei für die damals in Athen verehrten Chariten halten. Fest steht, daß die Chariten einst ein bescheidenes älteres Heiligtum am Eingang zur Akropolis hatten, das aber in der Zeit des Perikles dem Bau der Propyläen zum Opfer fiel. In ihrer Verbindung mit dem Ephebenkorps sieht man den Gedanken an die Wohlfahrt der Jugend wirksam, in ihrer Verbindung mit der personifizierten Bürgergemeinde die Idee, daß das Wohl der Jugend auch das des Staates garantiere. Daneben kann, was die Wortbedeutung von Charites (Danksagungen) nahelegt, auch die Absicht mitgesprochen haben, die Außenwelt wissen zu lassen, daß der neue Kult ein Ausdruck des Dankes für die Befreiung von fremder Herrschaft und für dabei empfangene Hilfe sein sollte.[29] Später, wohl um die Mitte des 2. Jahrhunderts v. Chr., wurde mit diesem Kult noch der der Göttin Roma verbunden, wodurch der Priester des Demos und der Chariten zusätzlich noch Priester der Roma wurde.[30] Die Verbindung unterstreicht erneut, daß politische Ideologie in diesem Kult von Anfang an vorherrschend war. Der erweiterte Kult sollte zum Ausdruck bringen, daß die athenische Bürgerschaft und die römische Republik untrennbar miteinander verbunden waren.

Nur wenige Jahre nach diesem neuen Staatskult entstand ein weiterer: 224/3 wurde König Ptolemaios III. Euergetes in das athenische Pantheon aufgenommen.[31] Eine neue Abteilung der Bürgerschaft wurde eingerichtet und diese neue, dreizehnte Phyle zu seinen Ehren Ptolemais genannt. Da jede Phyle mit 50 Mitgliedern im Rat vertreten war, stieg damals die Anzahl der Ratsherren von 600 auf 650. Jede der zwölf bestehenden Phylen gab einen ihrer Demen zur Bildung der Ptolemais ab, und ein neuer Demos, zu Ehren der Königin Berenike Berenikidai genannt, wurde ihr ebenfalls zugeteilt.[32] Als Eponym der Ptolemais erhielt der König seinen Platz auf dem Postament der Phylenheroen auf der Agora, das nun auch seine Statue aufnahm. Zu seinen Ehren wurde ein Fest der Ptolemaia gestiftet

[29] Aristoteles, *Nikomachische Ethik* 5, 1132 b – 1133 a. M. P. Nilsson erklärt den Kult aus dem Bedürfnis, «neben dem Herrscherkult, der die Staatsidee der Monarchie ausdrückte, ein ebenso deutliches Seitenstück für die Freistaaten zu schaffen» (Geschichte der griechischen Religion II³, München 1974, 144–145).

[30] Die ältesten bezeugten Opfer für Roma in Athen gehören nicht schon ins Jahr 184 v. Chr. (so noch Habicht, Studien 91, Anm. 67), denn der Archon Pleistainos der Inschrift Agora XV 180, 11 hat erst um die Mitte des Jahrhunderts amtiert (Tracy, ALC 141–142, anders J. S. Traill, ZPE 103, 1994, 109–114).

[31] Für alle Einzelnachweise und für die Datierung des Kultes, die nicht länger strittig ist, s. Habicht, Studien 105–112; derselbe, Athens and the Ptolemies, Classical Antiquity 11, 1992, 68–90.

[32] J. Traill, Hesperia-Suppl. 14, 1975, 33. 61 und Tafel S. 62–63.

und für seinen Kult ein Priester bestellt, der zugleich als Priester der Königin Berenike amtierte.

Die verschiedenen Kultehren stimmen bis in die Einzelheiten mit denen überein, die im Jahre 307 für Antigonos I. und Demetrios Poliorketes beschlossen worden waren. Sie fanden etwas später ein weiteres genaues Gegenstück in dem im Jahre 200 geschaffenen Kult des Königs Attalos I. von Pergamon (S. 200). Es ist nicht schwer zu sehen, daß das wesentliche Motiv aller drei Kulte fast das gleiche ist: Dank zu sagen für die Rückgabe bzw. die Erhaltung der Freiheit (und der Demokratie) gegenüber einer vom Herrscher Makedoniens ausgehenden Bedrückung oder Bedrohung. Im Jahre 307 war dies Kassander gewesen, 224/3 ging die Gefahr von Antigonos Doson, 200 von seinem Nachfolger Philipp V. aus. Im ersten Abschnitt dieses Kapitels war beschrieben worden, wie Athen, ebenso durch seine eigene Politik der Neutralität wie durch die Erfolge der Bündnispolitik der überraschend schnell wieder erstarkten makedonischen Monarchie, während der zwanziger Jahre in die Isolierung und durch den 224 gegründeten hellenischen Bund des Antigonos Doson in die Gefahr der Einkreisung geriet. Es kann nicht anders sein, als daß die Stadt damals, wie früher so oft, Anlehnung und Schutz beim König von Ägypten suchte. Der damals eingerichtete Kult des Königs ist nichts anderes als der Dank der Stadt für seine Reaktion in dieser Lage. Ganz richtig hat W. S. Ferguson schon vor langer Zeit geurteilt, als er Ptolemaios «almost the official protector of the neutrality of Athens» nannte.[33]

Es war eben damals, daß die Athener einen hohen Funktionär des Königs namens Thraseas mit der Verleihung ihres Bürgerrechts auszeichneten, und daß dieser, als Kompliment für seinen Monarchen, die gerade geschaffene Ptolemais als seine Phyle wählte.[34] Eine erst kürzlich, 1989, bekanntgewordene Urkunde aus Arsinoe in Kilikien hat wesentliche neue Aufschlüsse über Person und Familie des Thraseas erbracht.[35] Die Familie stammte aus Aspendos in Pamphylien, etwas östlich von Antalya an der Südküste der Türkei. Thraseas' Vater Aetos war 253/2 im ptolemäischen Reich eponymer Priester Alexanders des Großen und des vergöttlichten Königspaares der Theoi Adelphoi gewesen, was ihn ohne weiteres in die höchsten Schichten der Monarchie verweist. Als Statthalter Ptolemaios' II. hatte er die Provinz Kilikien im Südosten Kleinasiens verwaltet und dort

33 Athenian Tribal Cycles in the Hellenistic Age, 1932, 143. Alexandrinischen Einfluß auf das athenische Töpferhandwerk seit dieser Zeit konstatiert S. Rotroff, Agora XXII 1982, 11–13.

34 IG II^2 836 mit dem Kommentar von Ad. Wilhelm, Akademieschriften 2, 546–550. Vgl. Habicht, Studien 115–116.

35 Veröffentlicht von E. Kirsten und I. Opelt, ZPE 77, 1989, 55–66, berichtigter Text und eingehender Kommentar von C. P. Jones und Ch. Habicht, Phoenix 43, 1989, 317–346. Zur Familie des Thraseas besonders 335–346. Weitere Verbesserungen zum Text gibt Ph. Gauthier, Bull. épigr. 1990, 304.

die neue, nach der Königin benannte Stadt Arsinoe gegründet. Kilikien war danach an die Seleukiden verlorengegangen, wurde aber 246/5 von Ptolemaios III. wieder erobert. In der Nachfolge des Vaters wurde Thraseas dort ebenfalls königlicher Statthalter, und von seiner Wirksamkeit spricht die neue Urkunde. Er brachte einen Ausgleich zwischen der neuen Stadt Arsinoe und ihrer Nachbarin Nagidos, einer vor Jahrhunderten von Samos gegründeten Stadt, zustande, die für die neue Gründung Teile ihres Territoriums hatte abtreten müssen. Thraseas' Sohn war jener aus Polybios, anderen Schriftstellern und Inschriften bekannte Ptolemaios, der nach einer glänzenden Karriere in der Armee Ptolemaios' IV. dessen Statthalter in Koilesyrien und Phönikien wurde, nach dem Tode des Königs jedoch in den Dienst des Seleukiden Antiochos III. trat und diesem auch die von ihm verwaltete Provinz zuführte. Auch andere Mitglieder der Familie, unter ihnen zwei andere Söhne des Thraseas, sind in hohen Stellungen im Dienst der Ptolemäer und der Seleukiden bezeugt.

Es ist danach klar, daß König Ptolemaios III. im Jahre 224/3 in der Person des Thraseas einen Mann seines besonderen Vertrauens nach Athen entsandte. Wenig später kam Thraseas erneut dorthin, mit Gaben seines Königs.[36] Dieser muß der Wiederanknüpfung der 262 zerrissenen Bande hohe Bedeutung zugemessen haben. Ihrer Festigung diente auch die Stiftung eines weiteren Gymnasions in Athen mit dem Namen Ptolemaion, das mit königlichem Geld erbaut wurde. Es hat eher diesen König als seinen dritten Nachfolger, Ptolemaios VI. Philometor (181–145), zum Namenspatron.[37] Die Athener ihrerseits haben dem Verhältnis weitere Resonanz und größere Festigkeit dadurch zu geben versucht, daß sie zur Teilnahme an dem neuen Fest der Ptolemaia auch auswärtige Staaten einluden. Zufällig erhalten ist ein athenischer Volksbeschluß zu Ehren der Stadt Ephesos und der von ihr nach Athen geschickten Gesandten, die die Bereitschaft ihrer Stadt angezeigt hatten, durch Festgesandte an diesen Ptolemaia teilzunehmen.[38] Ephesos war damals eine der ptolemäischen Außenbesitzungen. Das neue Fest hat viel länger als ein Jahrhundert lang bestanden, vielleicht bis zum Ende der ptolemäischen Monarchie 30 v. Chr.[39]

Gleich nach der Befreiung von 229, nämlich im Frühjahr des folgenden Jahres, hat Athen, ohne eigenes Zutun, zum ersten Mal Kontakt mit einer anderen Großmacht gehabt, der römischen Republik. Rom hatte in dieser Zeit, nach dem Erwerb seiner beiden ersten Provinzen, Sizilien und Sardinien, nicht nur einen Aufschwung seines Seehandels erlebt, sondern auch

[36] IG II² 836, vgl. Anm. 34.

[37] Pausanias 1, 17, 2. Für die Urheberschaft Ptolemaios' VI. hat sich M. Thompson ausgesprochen (ANS MusN 11, 1964, 119–129), für die des Ptolemaios III. in Auseinandersetzung mit ihr Habicht, Studien 112–117.

[38] ISE 30 aus den Jahren zwischen 224 und 222.

[39] Habicht, Athens and the Ptolemies (Anm. 31), 83–85.

empfindliche Störungen desselben durch illyrische Piraten. Diplomatische Vorstellungen bei der illyrischen Königin Teuta blieben ohne Ergebnis, so daß im Jahre 229 ein von beiden Konsuln geführter Feldzug, der sog. 1. Illyrische Krieg, gegen sie unternommen wurde, mit solchem Erfolg, daß Teuta sich im Frühjahr 228 zum Friedensschluß gezwungen sah. Dieser untersagte ihr u. a., südlich von Lissa (Lesk in Albanien) Kriegsschiffe operieren zu lassen. Es war das erste Ausgreifen Roms auf die Balkanhalbinsel. Der 228 allein noch in Illyrien verbliebene Konsul des Vorjahres, L. Postumius Albinus, ließ durch Beauftragte die römische Intervention auf den Versammlungen des Ätolischen und des Achäischen Bundes, die beide ihrerseits gegen die Illyrer gekämpft hatten, erklären. Kurz darauf schickte der Senat in gleicher Mission Gesandte an die Städte Korinth, ein Mitglied des Achäischen Bundes, und Athen.[40] Es ist in der Forschung strittig, ob diese Gesandtschaften mehr waren als Akte der Höflichkeit, ob ihnen mithin über diesen Zweck hinaus größere politische Bedeutung zukam oder nicht.[41] Es ist indessen nicht zu verkennen, daß Ätolien und Achaia damals im Kriege gegen Makedonien standen und daß Athen sich gerade der makedonischen Herrschaft entzogen hatte. Unter diesen Umständen kann es kein Zufall sein, daß weder Boten des Postumius noch Gesandte des Senats damals den Königshof von Pella aufsuchten. Die Annahme geht vielleicht zu weit, Rom habe schon damals Makedonien isolieren wollen, aber es scheint sicher, daß der Senat eben bei den Gegnern Makedoniens damals um Sympathie für die in Illyrien geschaffene neue Ordnung warb, die Makedonien jedenfalls nicht gleichgültig bleiben konnte.

Athen war aber mit den damaligen Vorgängen in Illyrien noch in anderer Weise verbunden. Der Senat hatte nach dem Feldzug mehreren Städten im illyrischen Raum ein Bündnis gewährt, darunter der Inselstadt Pharos. Dem Abfall des in Pharos residierenden Fürsten Demetrios von Rom war es zuzuschreiben, daß diese Stadt 219, im 2. Illyrischen Krieg, durch die römische Armee schwere Zerstörungen erlitt. Der römische Senat hat ihr aber danach den Bündnisvertrag von neuem gewährt. Pharos hat sich damals durch Gesandtschaften an seine Mutterstadt Paros und an Athen, die Mutterstadt von Paros, gewandt und durch die Gesandten um «Erneuerung» der bestehenden Verwandtschaft und um materielle Hilfe zum Wie-

40 Polybios 2, 12, 4–8.

41 Die unpolitische Auffassung vertreten M. Holleaux, Rome, la Grèce et les monarchies hellénistiques au IIIe siècle av. J.-C., 1921, 113–119, und Walbank, Commentary 1, 165–167, die politische besonders W. Harris, War and Imperialism in Republican Rome 327–70 B. C., Oxford 1979, 137–138: «The target of this policy, it must have been clear, was Macedon.» Nach einer späten Quelle (Zonaras 8, 19, 7) hätten die römischen Gesandten in Athen das Bürgerrecht und die Zulassung zu den eleusinischen Mysterien erhalten.

deraufbau gebeten.[42] Der inschriftliche Text ist nicht vollständig, und es ist daher nicht bekannt, wie die athenische Regierung auf dieses Ersuchen reagiert hat, das eben um jener Verwandtschaft willen an sie gerichtet und daher von einer Erfolgserwartung begleitet war. Doch spricht die Erwähnung Athens in dem Text, der schließlich zu dauerhafter Aufzeichnung in Stein und zu öffentlicher Aufstellung gelangte, dafür, daß sie den Wünschen von Pharos entsprochen hat.

3. Athen als neutrale Macht

Die Abweisung des Hilfegesuchs der vom spartanischen König Kleomenes hart bedrängten Achäer durch die athenische Regierung im Herbst 225, die Polybios den Athenern noch mehrere Generationen später mit großer Bitterkeit vorwarf, trieb die Achäer in die Arme des von ihnen bisher stets bekämpften makedonischen Königs. Vor der sich alsbald abzeichnenden Gefahr der politischen Isolierung suchte und fand Athen Schutz beim ägyptischen König. Im Vertrauen hierauf blieb die Stadt bei dem politischen Kurs der Neutralität, zu dem sie sich offenbar schon 229 entschlossen hatte.

Eine solche Politik konnte Erfolg nur haben, wenn die Stadt in der Lage war, sich gegebenenfalls selbst zu verteidigen, nachdem zuvor königliche Truppen ihren Schutz verbürgt hatten. Dementsprechend wurde 229 sofort damit begonnen, die Mauern der Stadt und des Piräus und die Häfen selbst stärker zu befestigen. Weitere Maßnahmen galten der Verstärkung und Instandhaltung der Festungen des Landes. Starke Aktivität herrschte jedenfalls für etwa dreißig Jahre in der ostattischen Festung Rhamnus, wo seit einiger Zeit jährlich neue Urkunden zu Ehren von damals amtierenden Strategen des Küstenbezirks und ihrer Untergebenen zutage kommen.[43] Aber Rhamnus war in dieser Hinsicht nicht notwendig eine Ausnahme; die größere Häufigkeit von Funden dort, verglichen mit Eleusis, Sunion oder anderen Festungen, kann zufällige Gründe haben. Es scheint jedoch, als habe man darauf verzichtet, auch die Stadt und Hafen miteinander verbindenden Langen Mauern, wo sie der Reparatur bedurften, auszubessern, denn am Ende des Jahrhunderts waren sie nach dem Zeugnis des Polybios halbverfallen. Die maßgebenden Kreise waren offenbar zu der Überzeugung gekommen, daß sowohl die Stadt wie auch der Piräus im Ernstfalle

[42] Grundlegende Interpretation der in Pharos gefundenen Inschrift durch L. Robert, Hellenica 11–12, 1960, 505–541; zur Rolle Athens 515 und 524–525. Die Datierung auf die Ereignisse von 219, von Robert erwogen, hat jetzt P. Derow gesichert, ZPE 88, 1991, 261–270. Der Athen betreffende Passus des Dekrets von Pharos bei Derow S. 262, Zeile 10–16 (mit dem kritischen Apparat S. 263).

[43] Jährliche Berichte von B. Ch. Petrakos im Ergon und in den Praktika, zuletzt Praktika 1990 (1994), 21–24, Nr. 1–2, und Ergon 1993, 8.

einzeln zu wirksamer Verteidigung imstande sein sollten, daß aber die Erhaltung ungestörter Verbindungen zwischen ihnen nicht länger möglich oder vordringlich war. Es ist denkbar, daß die Einschätzung dessen, was finanziell möglich war, zu diesem strategischen Konzept geführt hat, das in gewisser Weise die Idee der Einheit von Stadt und Hafen preisgab. Es ist daher aufschlußreich, daß Volksbeschlüsse seit dem Ausgang des Jahrhunderts von der Asty und dem Piräus als von den beiden Städten der Athener sprechen. Die gleiche nüchterne Beurteilung der Realitäten und der finanziellen Möglichkeiten dürfte damals dazu geführt haben, daß an einen nennenswerten Aufbau der Kriegsflotte offenbar nicht gedacht wurde.[44]

Es ergibt sich, daß anders als die mit der Befreiung vom Jahre 287 zur Herrschaft gelangten demokratischen Politiker, die sich der Hoffnung hingaben, Athen könne mit Hilfe einer geschickten Bündnispolitik noch eine selbständige Rolle in der größeren Politik spielen, Eurykleides und Mikion vielmehr überzeugt waren, daß die Stadt sich dann am besten selbst werde behaupten können, wenn sie sich aus allen internationalen Verwicklungen heraushalte. Alkibiades, Leosthenes oder Chremonides hatten mehr gewagt, höher gegriffen und mehr aufs Spiel gesetzt, waren aber alle, zum Verderben der Stadt, endlich gescheitert. Es gibt keinen guten Grund, die Politik der Brüder aus Kephisia, die so hohe Risiken vermied, als unheroisch zu verurteilen oder für falsch zu erklären.

Während der letzten dreißig Jahre des 3. Jahrhunderts gab es auf griechischem Boden drei größere, mehrjährige Kriege. Es waren der Kleomenische Krieg, 228–222, geführt von Sparta unter König Kleomenes gegen den Achäischen Bund und, seit 224, gegen dessen Verbündete (Makedonien und der hellenische Bund), sodann der Bundesgenossenkrieg, 220 bis 217, in dem die gegen Kleomenes siegreiche Koalition, jetzt unter Führung König Philipps von Makedonien, gegen den Ätolischen Bund im Felde stand, und endlich der 1. Makedonische Krieg, 212–205, zwischen derselben Koalition auf der einen, Rom und dem Ätolischen Bund auf der anderen Seite. Aus allen drei Kriegen hat Athen sich herauszuhalten gewußt, und zwar als einzige nennenswerte Macht des Festlandes. Die führenden Männer vermochten es, «der Stadt für ein Menschenalter den Frieden zu erhalten, während das übrige Griechenland von verheerenden Kriegen zerrissen wurde.»[45] Der Friede, der im Jahre 217 zu Naupaktos geschlossen wurde und der den Bundesgenossenkrieg beendete, war übrigens der letzte

[44] Für die Einzelheiten Habicht, Studien 128; die Mauern im Jahre 200 «halbverfallen»: Polybios bei Livius 31, 26, 8. Andererseits erweckt Livius (45, 27, 11) den Eindruck, daß die Stadt und Hafen verbindenden Mauern *(muros Piraeum urbi iungentis)* im Jahre 168, beim Besuch des Aemilius Paullus, (noch oder wieder) intakt oder jedenfalls einer Besichtigung wert waren. Die beiden Städte (πόλεις) der Athener zuerst bezeugt im Jahre 204/3 (Hesperia 45, 1976, 298, Zeile 16–17), danach öfter, s. Ph. Gauthier, REG 95, 1982, 275–290.

[45] Beloch, GG IV 1, 641.

Friedensschluß auf griechischem Boden, der ohne Beteiligung Roms zustande kam.

Der Kleomenische Krieg[46] spielte sich ganz auf dem Boden der Peloponnes ab. Um die Waffenhilfe des Königs Antigonos zu erhalten, hatte der Achäische Bund die Festung Akrokorinth an ihn abtreten müssen. Während der Kämpfe entriß Antigonos dem Feind die arkadische Stadt Orchomenos, gab sie jedoch nicht den Achäern zurück, sondern behielt sie in seiner Hand. Der Krieg endete mit dem Sieg des Königs und seiner Verbündeten 222 über Kleomenes und die Spartaner bei Sellasia. Während Kleomenes Zuflucht am ägyptischen Königshof fand, trat Sparta dem hellenischen Bund bei. Die Stellung der makedonischen Monarchie in Griechenland war nach diesen Ereignissen wieder dominierend geworden. Der überraschende Tod des in den besten Jahren stehenden makedonischen Königs, nur kurze Zeit nach seinem Sieg über Kleomenes, muß in Athen mit Erleichterung aufgenommen worden sein. Von dem erst siebzehnjährigen Nachfolger, Philipp V., versah man sich keiner unmittelbaren Gefahr.

Binnen Jahresfrist brach jedoch ein neuer, aus dem Antagonismus zwischen dem Ätolischen und dem Achäischen Bund geborener Krieg aus.[47] Nach einem Umsturz in der Stadt trat Sparta den Ätolern bei, während König Philipp und der hellenische Bund weiterhin Allierte der Achäer waren. Der Krieg, den Philipp mit unerwarteter Energie führte, spielte sich auf weit auseinanderliegenden Schauplätzen ab und sah bald die eine, bald die andere Seite im Vorteil. Betroffen waren im Nordwesten und Norden Epirus, Akarnanien, Ätolien, Thessalien und das makedonische Pierien, wo die Ätoler bei einem Vorstoß im Jahre 219 das ungeschützte makedonische Heiligtum Dion am Fuß des Olymp plünderten, was Philipp im folgenden Jahr mit ähnlichen Ausschreitungen im ätolischen Bundesheiligtum Thermos vergalt. Auf der Peloponnes wurde vor allem in Elis, Lakonien und Arkadien gekämpft.

Athen wurde vom Kriege nicht direkt betroffen, geriet jedoch wenigstens einmal, im Jahre 218, in die akute Gefahr ernstlicher Verwicklungen, nicht einmal im Zusammenhang mit den Kriegsereignissen, sondern im Zuge einer Krise im königlichen Heerlager.[48] Dem jungen König hatte sein Vorgänger, ehe er starb, einen Thronrat bewährter Männer zur Seite gestellt. Während des Krieges kam es zwischen dem König und mehreren dieser einflußreichen Berater, unter denen der Makedone Apelles die führende Rolle spielte, zu einem schweren Konflikt, in dem Arat sich auf die Seite des Königs gestellt zu haben scheint. Er endete mit der Hinrichtung des Apelles und anderer dem König opponierender oder nur mißliebiger

46 Für den Kleomenischen Krieg Walbank, Macedonia 337–364.

47 Zu diesem sogenannten «Bundesgenossenkrieg» Walbank, Philip V, Cambridge 1940, 24–67.

48 Für das Folgende R. M. Errington, Historia 16, 1967, 19–36.

Männer. Einer von ihnen, der Vorsteher der königlichen Kanzlei, Megaleas, konnte zunächst entkommen und bat in Athen um Asyl, wurde aber «von den Strategen» der Stadt abgewiesen. Er wandte sich nach Theben, wo er sich, um der Auslieferung zu entgehen, das Leben nahm.[49]

Es hätte Athens durch ehrwürdiges Alter geheiligter Tradition entsprochen, dem Schutzflehenden das Asyl zu gewähren, um das er bat. Die Verweigerung muß Folge einer von der Volksversammlung oder dem Rat dem zuständigen Strategen erteilten Instruktion gewesen sein. Da Megaleas von Korinth aus nach Attika gekommen war, muß es sich um den Strategen des eleusinischen Militärbezirks gehandelt haben, im Jahre 218/7 Theophrast.[50] Indem sie Megaleas abwiesen, wurden die Athener den Prinzipien untreu, auf die sie sich viel zugute hielten. Sie handelten damit eher klug als ehrenhaft. Das Gesuch des Megaleas hatte sie in eine ähnliche Zwangslage versetzt wie ein Jahrhundert zuvor das Ersuchen von Alexanders Schatzmeister Harpalos um Aufnahme und Schutz.[51] Die Gewährung hätte den offenen Konflikt mit König Philipp bedeutet, vielleicht sogar Krieg. Bei seinem Tadel, die athenischen Politiker dieser Zeit hätten sich bei allen Königen angebiedert, hat Polybios offenbar auch Philipp V. und diesen Vorfall, nicht nur die Könige am Ptolemäerhof, im Auge gehabt.[52]

Athen hat in den Jahren des Krieges auch in direktem Kontakt mit den kriegführenden Mächten gestanden. Der Athener Demainetos von Athmonon ist im ersten Kriegsjahr 220/19, sodann, nachdem er 219/8 Stratege im Militärbezirk von Eleusis gewesen war, noch mehrmals, d. h. offenbar 218/7, als Gesandter bei König Philipp und beim Ätolischen Bund gewesen, «damit von beiden dem Volke die Freundschaft und der Friede bewahrt und die Stadt von keinem auf seine Seite gezogen ... werde.»[53] Das hauptsächliche Ziel seiner Missionen war demnach, den Hauptbeteiligten deutlich zu machen, daß und warum Athen neutral zu bleiben wünschte. Es ist möglich, daß Demainetos darüber hinaus versucht hat, vermittelnd zu wirken, denn ein Ende der Kampfhandlungen mußte im Interesse aller am Kriege nicht beteiligten Staaten liegen.

Im September 217 wurde im ätolischen Naupaktos der Friede geschlossen. Alle Beteiligten waren kriegsmüde, und Philipp war angeblich durch die Kunde von Ereignissen in Italien zusätzlich motiviert worden, in Griechenland ein Ende der Feindseligkeiten zu suchen: durch die Nachricht vom Siege Hannibals über die Römer am Trasimenischen See. Ihm bereitete die römische Präsenz in Illyrien, die mit dem Feldzug von 229 nur eine

49 Polybios 5, 27, 1–2.

50 Für den Strategen Theophrast siehe ISE 31, ein Dekret zu seinen Ehren. Sein unmittelbarer Vorgänger im Vorjahr war Demainetos von Athmonon gewesen (IG II² 1304, 13).

51 Oben S. 41 ff.

52 Polybios 5, 106, 7; oben S. 177 f.

53 IG II² 1304 mit den Bemerkungen von Habicht, Studien 132–135.

vorübergehende Episode gewesen, durch den 2. Illyrischen Krieg von 219 jedoch dauerhaft geworden war,[54] erhebliche Sorge. Zwar hatten die Römer sich nicht selbst in Illyrien festgesetzt, aber sie hatten Bündnisverträge mit mehreren Städten und Völkerschaften geschlossen, die die Möglichkeit weiterer militärischer Interventionen in sich bargen. Dieses sogenannte «römische Protektorat» in Illyrien war eine Art von Brückenkopf der Römer auf der Balkanhalbinsel, im Rücken Makedoniens, ähnlich wie es Sagunt im Hinblick auf das karthagische Herrschaftsgebiet in Spanien gewesen war, bis Hannibal im Jahre 219 die Stadt eroberte. Den römischen Einfluß in Illyrien zu beseitigen war ein wesentliches und legitimes Ziel makedonischer Politik.

Eine Gelegenheit hierzu schien der Hannibalische Krieg zu bieten. Philipp ergriff die Initiative und knüpfte Kontakt mit Hannibal an, durch einen in seinem Dienst stehenden athenischen Bürger namens Xenophanes. Im Jahre 215, nur Monate nach der römischen Niederlage bei Cannae, kam ein Bündnis zustande, dessen Text bei Polybios noch erhalten ist.[55] Von den Bestimmungen interessiert hier nur diejenige, die Philipp das Recht auf die Herrschaft im illyrischen Einflußbereich Roms zusprach.[56] Zu gemeinsamen Operationen der Verbündeten aber kam es weder dort noch in Italien. Vielmehr war Philipp darauf angewiesen, die illyrischen Gebiete selbst zu erobern. Indem er es versuchte, eröffnete er die Feindseligkeiten gegen Rom, das nun im Gegenzug mit den Ätolern ein Bündnis schloß (212 v. Chr.).[57] Philipp hatte bei den Operationen in Illyrien einige beachtliche Erfolge; er eroberte Lissa und zwang die Stämme der Atintanen, Ardiäer und Parthiner zur Unterwerfung.[58]

Der Krieg weitete sich aus, als 211/10 König Attalos I. von Pergamon, Elis, Messene und Sparta der Koalition gegen Philipp beitraten. Fast überall auf der Balkanhalbinsel kam es zu Kämpfen. Athen konnte nicht länger passiver Zuschauer sein, als der römische Prokonsul Sulpicius Galba die vor der Stadt im Saronischen Golf gelegene Insel Ägina eroberte, ausplünderte und sodann, gemäß dem römisch-ätolischen Vertrag, an die Ätoler übergab, die sie ihrerseits an König Attalos verkauften. Mit anderen neutralen Mächten zusammen bemühte Athen sich wenig später, im Juni 209, um die Beilegung dieses Konflikts. Gesandte von König Ptolemaios IV. Philopator (221–204), aus Rhodos, Athen und Chios erschienen am Mali-

[54] E. Badian, PBSR 20, 1952, 72–93. Gruen, Hellenistic World 359–368. R. M. Errington, CAH VIII² 1989, 85–106.

[55] Polybios 7, 9, 1–17. StV Nr. 528.

[56] Polybios 7, 9, 13: «daß die Römer nicht Herren sein sollen über Kerkyra, Apollonia, Epidamnos, noch über Pharos, Dimale, die Parthiner und die Atintanen.» Damit wurde Philipp in diesem Gebiet freie Hand gewährt.

[57] Alle Zeugnisse, einschließlich des 1954 bekanntgewordenen inschriftlichen Teilstücks, StV Nr. 536, mit eingehendem Kommentar von H. H. Schmitt.

[58] Walbank, Philip V, 80. Hammond, Macedonia 391–399.

schen Golf in den Hauptquartieren König Philipps und der Ätoler, um den Frieden zu vermitteln. Es war eine konzertierte und wesentlich in Ägypten koordinierte Aktion mit dem politischen Ziel, durch Vermittlung eines Friedens sowohl die Römer wie den pergamenischen König zum Verlassen griechischen Bodens zu bestimmen. Ein weiteres Ziel war sicherlich der Wunsch, für die unter den Kriegsereignissen leidenden Handelsbeziehungen wieder normale Bedingungen zu schaffen. Tatsächlich wurde ein Waffenstillstand für dreißig Tage vereinbart und wurden die Verhandlungen danach auf der Bundesversammlung der Achäer in Aigion fortgesetzt. Sie sind dort jedoch gescheitert.[59]

In den beiden folgenden Jahren haben vor allem Ptolemaios und Rhodos ihre Bemühungen um einen Frieden fortgesetzt. Neben ihnen werden für das Jahr 207 noch Byzanz, Chios und Mytilene genannt. Die Athener werden für diese Jahre nicht mehr erwähnt und waren daher vermutlich nicht mehr beteiligt, obwohl manche Forscher annehmen, nur ihre Erwähnung sei unterblieben. Es ist jedenfalls deutlich, daß die ägyptische Regierung ein starkes Interesse an der Beilegung des Krieges hatte. Ihre Politik wurde im letzten Drittel des Jahrhunderts (bis 204) von dem Alexandriner Sosibios bestimmt, der schon 235/4 als eponymer Priester Alexanders und der vergöttlichten Ptolemäer eine Funktion innehatte, die den bedeutendsten Helfern des Königs vorbehalten war. Sosibios dürfte mitbestimmend dafür gewesen sein, daß sich Athen an der Vermittlungsaktion des Jahres 209 beteiligte. Anzeichen seiner Bemühung um Athen gibt es auch sonst: Er ist mit hoher Wahrscheinlichkeit der von Kallimachos in einem Siegeslied besungene Sosibios, der an den panhellenischen Spielen der Isthmien und der Nemeen, aber auch an den Großen Panathenäen und an den Ptolemaia in Alexandreia siegreich war, zweifellos indem er Pferde oder Wagen seines Rennstalls dort laufen ließ.[60] Wenig später war auch der etwa 220 von ihm in den Dienst genommene Polykrates von Argos, der selbst zum Kanzler des Ptolemäerreiches aufstieg, an den Panathenäen siegreich, wie auch die Mitglieder des Königshauses selbst dort Siegespreise ernteten.[61]

Solange Eurykleides und Mikion die Geschicke Athens lenkten, waren sie bemüht, gute Beziehungen zu allen anderen Staaten zu erhalten oder herzustellen. Schon 229 muß sich das Verhältnis zum Ätolischen Bund

59 Livius 27, 30, 3–6; 10–15. Habicht, Studien 135–137.

60 Zu Sosibios siehe E. Olshausen, Prosopographie der hellenistischen Königsgesandten 1, Löwen 1974, 43–45, und W. Huß, Untersuchungen zur Außenpolitik Ptolemaios' IV., München 1976, 242–251. Das Gedicht des Kallimachos: fr. 384 Pfeiffer. Die Identität des Empfängers mit dem Minister des Königs ist gelegentlich bezweifelt worden, u. a. von Pfeiffer, Callimachus II, 1953, XL-XLI. Sie wird jedoch im allgemeinen seit Beloch angenommen. Der von Kallimachos besungene Mann muß eine hochgestellte und sehr reiche Persönlichkeit gewesen sein, schwerlich ein anderer als der berühmte Höfling.

61 IG II^2 2313, 62 und öfter. Vgl. Hesperia 60, 1991, 230.

normalisiert haben, gegen den man an der Seite Makedoniens im Felde gestanden hatte. Anzeichen dafür sind die zahlreichen Ehrungen athenischer Bürger durch die dem Ätolischen Bund assoziierte Stadt Delphi aus den zwanziger Jahren.[62] Allerdings sind entsprechende Ehrungen durch den Ätolischen Bund in Thermos erst nach dem Frieden von 217 wieder bezeugt. Die Beziehungen waren offenbar korrekt, aber nicht eng oder herzlich. Sehr bezeichnend ist dabei, daß Athen seinen Platz im Rat der delphischen Amphiktionie nicht schon 229 wieder eingenommen hat, den die Stadt während der makedonischen Herrschaft nicht hatte einnehmen können. Die Ätoler, die dank ihrer territorialen Expansion im 3. Jahrhundert eine immer größer werdende Zahl der 24 Stimmen des Rates, ja deren Mehrheit, kontrollierten, waren eben deswegen Anfeindungen ausgesetzt. So war es im Jahre 220 ein erklärtes Kriegsziel des hellenischen Bundes, diese Vorherrschaft zu brechen und die traditionellen Verhältnisse im Rat wiederherzustellen.[63] Möglich wäre das nur gewesen, wenn es gelungen wäre, den Ätolern die von ihnen annektierten Gebiete derer zu entreißen, die von alters her Stimmen in der Amphiktionie gehabt, diese aber an die Ätoler verloren hatten. Dieses Ziel wurde nicht erreicht, und die Zusammensetzung der Amphiktionie hat im Frieden von 217 keine Rolle mehr gespielt. Unmittelbar danach hat Athen wieder begonnen, einen alljährlich gewählten Hieromnemonen in die Versammlung zu entsenden. Solange die ätolische Vorherrschaft so heftig bestritten wurde, wollten die Athener sich nicht festlegen und sich nicht in den Augen des makedonischen Königs kompromittieren, der an der Spitze des hellenischen Bundes ihr ein Ende zu bereiten bemüht war.

In Böotien sind während der zwanziger Jahre mehrere Athener durch die vom Böotischen Bund verliehene Proxenie ausgezeichnet worden,[64] andere nach dem Frieden von 217.[65] Der athenische Verband der dionysischen Techniten (Festkünstler) hat damals, um 215, einen Beschluß gefaßt, sich am Fest der Musen in Thespiai zu beteiligen, das von der Stadt und dem Böotischen Bund neu belebt wurde.[66] Der Friede von Naupaktos hatte dort und anderswo dazu geführt, daß Götterfeste, die während des Krieges unterblieben waren, wieder gefeiert oder auch neu gestaltet wurden. Der Akarnanische Bund übernahm damals von der Stadt Anaktorion die Sorge für die Ausrichtung des Apollonfestes in Aktium, weil die Stadt nach dem Kriege nicht mehr fähig war, die Finanzierung zu gewährleisten.[67] Von den Achäern sagt Polybios: «sie erneuerten die

62 FD III 2, 78. 79. 158 (229–227 v. Chr.). 74. 76. 82. 166.

63 Polybios 4, 25, 8. A. Giovannini, Ancient Macedonia 1, 1970, 148.

64 IG VII 246. 302. 308.

65 Die zahlreichen Zeugnisse bei Habicht, Studien 132, Anm. 64.

66 IG VII 1735 in der Herstellung von M. Feyel, Contribution à l'épigraphie Béotienne, Le Puy 1942, 88–117, besonders 94–96. J. und L. Robert, Bull. épigr. 1942, 69.

67 IG IX² 583 mit dem Kommentar von Habicht, Hermes 85, 1957, 86–122.

althergebrachten Opfer und Feste und die anderen gottesdienstlichen Gebräuche in den einzelnen Städten. Denn das alles war wegen der unaufhörlichen Folge von Kriegen bei den meisten fast in Vergessenheit geraten.»[68] In der Bundesstadt Megalopolis wurde damals das Fest der Lykaia wieder aufgenommen, und ein fragmentarischer Volksbeschluß Athens enthält die positive Antwort der Stadt auf die Einladung, an diesem Fest teilzunehmen.[69]

Innerhalb des letzten Jahrzehnts des Jahrhunderts ist Eurykleides gestorben. Er lebte noch 211, war aber im Jahre 201 so gut wie sicher bereits tot.[70] Es läßt sich nicht sagen, ob er an der Friedensinitiative von 209 noch beteiligt war oder nicht. Gegen Ende seiner Laufbahn war er von der Volksversammlung durch ein teilweise noch erhaltenes Dekret geehrt worden, das die Bilanz seiner gesamten öffentlichen Tätigkeit während eines ganzen Menschenalters zog. Sehr klar geht aus ihm Eurykleides' Führungsrolle innerhalb der Bürgerschaft hervor. Gewürdigt werden seine politischen Verdienste in verschiedenen Ämtern, weiter große persönliche Aufwendungen für das Staatswohl, seine entscheidende Rolle bei der Befreiung der Stadt, die Sorge für ihre Sicherheit durch den Ausbau der Festungen und Häfen, seine Initiativen zur Bestellung von Land, das während kriegerischer Ereignisse unbestellt geblieben war, weiter die von ihm unternommenen profanen und sakralen Bauten, und endlich, daß er als Staatsmann griechische Städte und Könige für die Stadt gewann.[71]

Seit 229 muß Athen mit zahlreichen auswärtigen Staaten regelmäßige Beziehungen unterhalten haben. Nur ganz geringe Spuren haben sich davon noch erhalten. Sie zeigen aber wenigstens, daß diese Verbindungen weit über den Raum des griechischen Festlandes hinausgingen und die Inseln (wie z. B. Kreta)[72] ebenso einschlossen wie Kleinasien. Dort liegen Zeugnisse für Ephesos und Milet in Ionien[73] sowie Antiocheia und Magnesia am Mäander in Karien vor.[74] Vor dem Ende des 3. Jahrhunderts lassen

68 Polybios 5, 106, 2–3 (übersetzt von H. Drexler).

69 IG II² 993. St. Dow, HSCP 48, 1937, 120–126.

70 Habicht, Studien 121.

71 Eingehende Analyse der Urkunde bei Habicht, Studien 118–127, mit der Ergänzung «Könige» statt «Bundesgenossen». Für das Datum der Hoplitenstrategie des Eurykleides oben S. 158. Für die Familie s. Habicht, Studien 179–182, wo Einzelheiten der Ergänzung und der Korrektur bedürfen.

72 IG II² 844 mit P. Brulé, La Piraterie Crétoise hellénistique, Paris 1978, 17–24.

73 ISE 30 (Ephesos). Milet I 2, 12, eine athenische Ehrung für den milesischen Staatsmann Lichas aus der Zeit kurz vor 200. Lichas war, wie besonders das dem Denkmal beigegebene Epigramm erkennen läßt, ein führender Politiker und Feldherr seiner Vaterstadt.

74 Hesperia 47, 1978, 49–57 mit M. J. Osborne, ZPE 38, 1980, 99–101 (Antiocheia). I Magnesia 37, athenisches Dekret für Magnesia.

sich auch, nach langer Pause, wieder Kontakte Athens zum seleukidischen Königshof im nordsyrischen Antiocheia nachweisen.[75]

Im Bereich des innerstädtischen Lebens war für die dreißig letzten Jahre des Jahrhunderts seinerzeit (1937) nur ein einziges Ephebendekret bekannt. Dies und der Umstand, daß die Zahl der Epheben des betreffenden Jahres sehr gering gewesen sein muß, ist in Zusammenhang mit Athens Armut in dieser Zeit gebracht worden.[76] Inzwischen liegen freilich nicht weniger als zehn Ephebendekrete aus dieser Zeit vor, ungerechnet diejenigen, die «ca. 200» datiert werden; die Zahlen, zwischen 20 und 55 Epheben pro Jahrgang, blieben allerdings gering.[77] Es scheint in der Tat so zu sein, daß ein wirtschaftlicher Aufschwung erst im 2. Jahrhundert fühlbar war, in dem dann auch die Zahlen der Epheben wieder stiegen.

75 Habicht, Chiron 19, 1989, 9–14.

76 St. Dow, HSCP 48, 1937, 109.

77 Liste bei St. Tracy, Hesperia-Suppl. 19, 1982, 158–159; dazu noch Hesperia 30, 1961, 218 Nr. 14.

VIII. An der Seite Roms (200–167)[1]

1. Gegen Philipp

Die Politik der Neutralität, die für ein Menschenalter mit den Namen der Brüder Eurykleides und Mikion aus Kephisia deshalb verbunden ist, weil Polybios diese beiden als ihre Exponenten namhaft macht, hatte zur Voraussetzung, daß äußere Umstände ein stärkeres Engagement über die Landesgrenzen Attikas hinaus nicht geradezu erzwangen. Sie war möglich, solange die Mächte der Balkanhalbinsel im wesentlichen unter sich blieben. Sie fortzuführen gelang dagegen nicht mehr unter den veränderten Verhältnissen des ausgehenden 3. Jahrhunderts, als sich die römische Republik, herausgefordert durch das im Jahr nach ihrer Niederlage bei Cannae von König Philipp mit Hannibal geschlossene Bündnis, in Griechenland engagierte, und König Attalos I. von Pergamon dem bald darauf, im Jahre 212, geschlossenen Bund der Römer und Ätoler und ihrem Krieg gegen Philipp, dem Ersten Makedonischen Krieg, beitrat. Seine Initiative trug ihm schon wenig später den Besitz der Insel Ägina, vor den Toren Athens, ein.

Dies waren die Jahre, die den Grund für die römische Herrschaft über Griechenland legten. Die soeben genannten Mächte waren dabei die hauptsächlichen Akteure. Wie immer man die Bedeutung der einzelnen Ereignisse auch einschätzen mag, es ist nicht zu verkennen, daß der Entschluß Roms vom Jahre 229, die von der Königin Teuta geduldete Piraterie der Illyrier mit militärischer Gewalt zu unterbinden, der erste Schritt einer langen Ereigniskette war, die Rom im Verlauf von zwei Generationen zur Herrin der Balkanhalbinsel machte. Polybios hat dies als Zeitgenosse bereits richtig erkannt und ausgesprochen.[2] Zwar ist es strittig, ob die Ereignisse jenes Jahres in Griechenland oder Makedonien Beunruhigung oder überhaupt größere Emotionen hervorriefen (S. 187). Aber wenn nicht das erste Erscheinen, so hat doch jedenfalls die Wiederkehr römischer Armeen nach Illyrien im Jahre 219 Makedonien und seinen jungen König Philipp ernstlich irritiert. Es ist wohl denkbar, daß Demetrios von Pharos, der 229 mit den Römern paktiert hatte, dann von ihnen abgefallen war, der 219 von ihnen vertrieben wurde und Zuflucht am königlichen Hof von Pella fand, Einfluß auf den König gewon-

[1] Für die allgemeine Geschichte dieser Zeit siehe Will, Histoire 2, 101–301. Gruen, Hellenistic World 359ff. Hammond, Macedonia 441–557. J.-L. Ferrary, Philhellénisme et Impérialisme, Rom 1988, 45–218. R.M. Errington und P.S. Derow, CAH 8[2] (1989) 244–289; 290–319.

[2] Polybios 2, 12, 7.

nen und seinen Entschluß mitbestimmt hat, das Bündnis mit Hannibal zu suchen. Dem Bündnisvertrag von 215 zufolge sollten die damals von Rom kontrollierten Gebiete Illyriens der Siegespreis Makedoniens werden.[3]

Dem sich hieraus ergebenden Ersten Makedonischen Krieg hat Athen noch fernbleiben können, doch hat sich die Stadt mit anderen Mächten um seine Beilegung bemüht (S. 192). Nachdem die Ätoler mit Philipp einen Sonderfrieden geschlossen hatten, wurde im Jahre 206 in der epirotischen Stadt Phönike auch der Friedensvertrag zwischen den Römern und dem makedonischen König unterzeichnet.[4] Ihm wurden die beiderseitigen Verbündeten «beigeschrieben», sechs Mächte an der Seite Philipps, nämlich der bithynische König Prusias I. und die Mitglieder des hellenischen Bundes von 224, sieben andere auf der Seite Roms. Mit zwei Ausnahmen waren diese alle Kombattanten gewesen und ihre Einbeziehung in das Friedensinstrument eben deshalb erforderlich. Die Ausnahmen, beide auf römischer Seite, sind Ilion am Anfang und Athen am Ende der Liste. Es ist seit langem klar (obwohl manche Gelehrte anderer Meinung sind), daß beide spätere, d. h. römische Zusätze zu dem auf Polybios zurückgehenden Bericht sind. Die Erwähnung Ilions ist offensichtlich interpoliert worden, um die legendäre Urheimat der Römer (Troia/Ilion) zur frühen Schutzbefohlenen der Republik zu machen, die Erwähnung Athens, um Roms Intervention gegen Makedonien im Jahre 200 nachträglich zu rechtfertigen als Hilfeleistung für eine verbündete und durch den Frieden von 206 geschützte Macht. Urheber der Fälschung dürfte der Annalist Valerius Antias im 1. Jahrhundert v. Chr. gewesen sein, denn er jedenfalls hat in die Tradition des Polybios den eindeutig falschen Zusatz interpoliert, Athen sei im Jahre 196, nach dem Sieg der Römer über König Philipp, von ihnen durch die Zuteilung der Inseln Lemnos, Imbros, Delos und Skyros belohnt worden. Mit diesen Zusätzen wollte er offenbar dartun, daß Rom mit der Kriegserklärung an König Philipp, als Philipp Athen angegriffen hatte, nur einer seit 206 bestehenden Bündnispflicht genügt habe, und daß Rom nach dem Siege das Opfer dieser Aggression entschädigt habe.[5] Tatsächlich aber war

[3] Polybios 7, 9, 13. Kommentierter Text des Vertrags: StV Nr. 528.

[4] Livius 29, 12, 11–16.

[5] Nähere Erörterung, unter Verwertung der älteren Forschung, bei Habicht, Studien 138–142. Seither J. W. Rich, Proceedings of the Cambridge Philological Society, 1984, 150 mit Anm. 209–210 und Ferrary (Anm. 1) 25, Anm. 81. E. Gruen verwendet viel Scharfsinn auf den Versuch, die Nennung Ilions (von Athen spricht er nicht) doch als authentisch zu erweisen (Studies in Greek Culture and Roman Policy, 1990, 27–33; 150). Aber seine Gleichung Ilion = Pergamon ist nicht stimmig, würde auch, wäre sie zutreffend, besagen, daß König Attalos die gesonderte Erwähnung einer zu seinem Reich gehörenden Stadt zugelassen hätte, was mit dem Charakter monarchischer Herrschaft unvereinbar ist. Was Gruen (32, Anm. 135) «the whole cultural dimension of this affair» nennt, ist meines Erachtens imaginär. Für den Frieden von 196 Valerius Antias bei Livius 33, 30, 11 und dazu vor allem Holleaux, Études 5, 104–120.

Rom in den Jahren 206 und 200 ohne jede wie immer geartete Bindung an Ilion oder Athen.

Es war indessen nicht nur das Auftauchen der neuen Mächte Rom und Pergamon auf dem griechischen Schauplatz, das Athen die Aufrechterhaltung seiner Neutralitätspolitik nicht länger erlaubte, sondern zusätzlich die akute Krisis seines Protektors, der ptolemäischen Monarchie. König Ptolemaios IV. Philopator starb im Jahre 204 unter Hinterlassung eines erst sechsjährigen Sohnes, des Ptolemaios V. Epiphanes. Für diesen führten in rascher Folge einander ablösende Regenten die Regierungsgeschäfte: der Samier Agathokles, der Lykier Tlepolemos und der Akarnane Aristomenes. Im Verlauf von Machtkämpfen kam es in Alexandreia zu bürgerkriegsähnlichen Zuständen. Die Schwäche der Dynastie lud ihre Rivalen dazu ein, sie sich zunutze zu machen. König Antiochos III. gelang es, nach dem im Jahr 217 mit der Niederlage von Raphia gescheiterten Versuch, jetzt endlich, dem ägyptischen Reich das südliche Syrien und Palästina zu entreißen (202–200 v. Chr.), und König Philipp V. eroberte im Jahre 201 die ptolemäische Insel Samos.

Eben damals geriet auch Athen nach langen Jahren des Friedens durch den makedonischen König in akute Gefahr. Die Stadt appellierte zwar an die befreundete Regierung in Ägypten, aber die genannten Umstände erlaubten es dieser nicht, wirksame Hilfe zu bringen. Athen wandte sich daher an die Mächte, die noch vor kurzem Kriegsgegner Philipps gewesen waren: König Attalos und Rom, weiterhin auch an Rhodos, dessen Feindschaft Philipp sich gerade zugezogen hatte. Im Jahre 200 erklärte die Bürgerschaft Athens König Philipp den Krieg.[6] Zu diesem Zeitpunkt herrschte bereits Kriegszustand zwischen Rhodos und König Attalos auf der einen, König Philipp auf der anderen Seite, und in Athen anwesende römische Gesandte deuteten an, daß auch die Republik binnen kurzem auf die Seite der Verbündeten treten werde.

Polybios, der die Neutralitätspolitik Athens während der vergangenen Jahrzehnte so scharf verurteilt hatte, verurteilt nicht minder scharf die Umstände, unter denen die Stadt sie damals aufgab. Obwohl er Philipps Aggressivität in dieser Zeit heftig kritisiert, sagt er doch auch, daß die Athener sich den Krieg gegen ihn aus unwürdiger Ursache zugezogen hätten.[7] Der Hergang war dieser: Bei der Feier der eleusinischen Mysterien im September 201 hatten zwei junge Männer aus Akarnanien im nordwestlichen Griechenland versehentlich an Zeremonien teilgenommen, die den Geweihten vorbehalten waren. Sie waren wegen dieses – wenn auch in Unkenntnis begangenen – Religionsfrevels von den Athenern hingerichtet worden. Diese Reaktion war ebenso maßlos wie politisch unbedacht, da die Akarnanen seit zwanzig Jahren treue Bundesgenossen des makedoni-

[6] Habicht, Studien 142–158: Athen und der Ausbruch des 2. Makedonischen Krieges.
[7] Bei Livius 31, 14, 6.

schen Königs waren. An ihn wandten sie sich in ihrer Erbitterung, und von ihm erhielten sie die Zustimmung zu Repressalien. Eine durch Makedonen verstärkte akarnanische Streitmacht verwüstete das attische Land und kehrte sodann mit reicher Beute zurück. Die Flotte des Königs brachte um die gleiche Zeit vier athenische Kriegsschiffe auf.[8] Es war deutlich, daß Philipp die offene Konfrontation mit Athen suchte.

Im Frühjahr 200 reagierte die Volksversammlung Athens mit der Kriegserklärung. Zugleich wurden die seit mehr als einem Jahrhundert bestehenden «makedonischen» Phylen Antigonis und Demetrias aufgelöst. Es wurde weiter beschlossen, alle Ehrendenkmäler Philipps und seiner Vorfahren in Athen zu zerstören, Erwähnungen von Angehörigen der königlichen Familien in den öffentlichen Urkunden zu tilgen und alle Makedonen mit einem Fluch und dem Bann zu belegen – kein Makedone sollte hinfort attischen Boden betreten dürfen.[9] Zahlreiche Inschriften, in denen damals die Namen makedonischer Könige, ihrer Angehörigen oder der Phylen Antigonis und Demetrias ausgelöscht wurden, zeugen bis heute vom Vollzug dieses Beschlusses. Auch eine vergoldete Reiterstatue des Demetrios Poliorketes ist damals vorsätzlich zerstört und beseitigt worden.[10]

Zum Zeitpunkt der Kriegserklärung befanden sich König Attalos und Gesandte der Rhodier und der Römer in der Stadt. Attalos und die Rhodier waren eben deshalb gekommen, um Athen zum Eintritt in den Krieg zu bewegen, den sie gegen Philipp führten, während die römischen Gesandten auch Aufträge an Attalos hatten. Der pergamenische König lehnte es ab, selbst vor der Bürgerschaft zu sprechen, ließ jedoch eine Botschaft verlesen, die die Athener zum Eintritt in den Krieg aufforderte und sie warnte, daß sie anderenfalls nichts von den Früchten des Sieges ernten würden. Ähnlich war der Appell der Rhodier, denen die Menge besonders gewogen war, weil sie die vier von Philipp aufgebrachten athenischen Schiffe diesem wieder abgejagt und den Athenern zurückgegeben hatten.[11] Zu Ehren des pergamenischen Königs beschloß die Versammlung die Schaffung einer neuen Phyle, der Attalis, an die jede der alten Phylen einen Demos abgab. Damit stieg die Zahl der Phylen, die gerade von dreizehn auf elf gefallen war, wiederum auf zwölf. Der Kult des Phylenheros Attalos trat an die Stelle des Kultes der makedonischen Phylenheroen und neben denjenigen des Ptolemaios III. Er entspricht diesem Kult bis in die Einzelheiten: So wie 224/3 neben der Phyle Ptolemais ein neuer Demos

[8] Polybios 26, 16, 9. Livius 31, 15, 5.

[9] Livius 31, 44, 2–9. 41, 23, 1. Mit den beiden Phylen verschwanden auch die Priester der Phylenheroen Antigonos und Demetrios, die *sacerdotes* von Livius 31, 44, 4.

[10] Zusammenstellung der Zeugnisse von St. Dow, Prytaneis (Hesperia-Suppl. 1, 1937), 48–50, ergänzt um zahlreiche Neufunde bei Habicht, Studien 148, Anm. 137. Die Reiterstatue des Demetrios: Hesperia 42, 1973, 165–168 und Tafel 36; vgl. SEG 32, 151.

[11] Polybios 16, 26. Livius 31, 15.

Berenikidai zu Ehren der ägyptischen Königin geschaffen und der neuen Phyle eingegliedert worden war, so wurde im Jahre 200 neben der Attalis ein neuer Demos Apollonieis, benannt nach der pergamenischen Königin Apollonis, gegründet und der Attalis inkorporiert.[12]

Gleich nach der Kriegserklärung entsandte die Bürgerschaft Gesandte unter der Führung des Kephisodoros von Xypete nach Rom. Diese Gesandtschaft hat die bei Livius faßbare These der römischen Annalistik inspiriert, ein Hilfegesuch Athens *(preces Atheniensium)* habe Rom zum Eintritt in den Krieg gegen Philipp bestimmt.[13] Tatsächlich jedoch hatte Rom andere Gründe und war der Senat schon vor der Ankunft dieser Gesandten zum Kriege entschlossen, was römische Gesandte dem König Attalos schon in Athen versichert hatten.[14] Das Ende des Hannibalischen Krieges erlaubte es Rom, eine Auseinandersetzung wieder aufzunehmen, die der Friede von Phönike nur unterbrochen hatte. Das damals von seinem ätolischen Verbündeten im Stich gelassene Rom hatte im Frieden gravierende Zugeständnisse machen, z.B. in den Verlust der illyrischen Landschaft Atintanien an Philipp einwilligen müssen, was in römischen Augen nicht einen Kompromiß, sondern eine Demütigung bedeutete.[15] Die unbeglichene Rechnung mit Philipp hat Rom zum Kriege bestimmt, nicht ein Hilfegesuch der Stadt Athen, der Rom in keiner Weise verpflichtet war. Rom hat allerdings, sobald es zum Krieg entschlossen war, dem makedonischen König auch sein Vorgehen gegen Athen zum Vorwurf gemacht,[16] und es sind dann die Streitkräfte Roms gewesen, die, sobald sie gegen Ende des Sommers 200 in Epirus gelandet waren, Athen aus großer Bedrängnis gerettet haben.

Denn Athen, das Philipp den Krieg erklärt hatte, war unfähig, ihn auch zu führen. Die Stadt war nicht einmal imstande, ihr Landgebiet wirksam zu schützen. Dabei wurde Attika gar nicht vom König selbst angegriffen – er belagerte zu dieser Zeit Abydos am Hellespont –, sondern von seinen Generälen Nikanor, der bis zur Akademie vor den Toren der Stadt vordrang und vor Athen mit den römischen Gesandten zusammentraf, und

[12] Polybios 16, 25, 8–9. Livius 31, 15, 6. J.S. Traill, Hesperia-Suppl. 14, 1975, 30–31. Zu IG II² 2362 siehe jetzt Traill, Demos und Trittys, Toronto 1986, 52–76 sowie die Bemerkungen von R.S. Stroud, JHS 109, 1989, 253. Das Priestertum des Attalos ist im frühen 2. Jahrhundert erstmals bezeugt (Agora XV 259, 86), nicht damals erst geschaffen worden, wie H. Mattingly irrtümlich meint (Historia 20, 1971, 28).

[13] Livius 31, 1, 9. 45, 22, 6. Die Geschichtlichkeit der Gesandtschaft wird gegen ältere Zweifel am Bericht des Pausanias (1, 36, 5–6) verbürgt durch den 1936 bekanntgewordenen athenischen Ehrenbeschluß für Kephisodoros, ISE 33.

[14] Polybios 16, 25, 4; 26, 6. Livius 31, 15, 4. Nähere Erörterung bei Habicht, Studien 150–158. Rich (Anm. 5) 150–151.

[15] Für Atintanien Livius 29, 12, 13. Der Friede für Rom «a humiliating reverse»: Rich (Anm. 5) 151.

[16] Polybios 16, 34, 5.

Philokles, von diesem mit der eher bescheidenen Streitmacht von 2000 Fußsoldaten und 200 Reitern.[17] Es waren offenbar nicht diese, sondern andere makedonische Streitkräfte, die von der Festung Korinth aus über Megara nach Attika einfielen. Darüber hinaus machten in Chalkis auf Euböa stationierte Flotteneinheiten das Meer und die Küsten Attikas unsicher.[18] Diese Nachrichten vermitteln den Eindruck, daß zu Lande wie zu Wasser athenische Streitkräfte in dieser Phase des Krieges so gut wie nicht in Erscheinung traten, sich vermutlich auf den Schutz der Stadt, des Hafens und ausgewählter Punkte beschränkten.[19] Daß in diesen Monaten von König Attalos und von den Rhodiern zu wenig geleistet wurde, sagen die Quellen, und nichts deutet darauf hin, daß sie Athen damals militärisch unterstützt hätten.[20] In Eleusis unterblieben verschiedene Kulthandlungen «wegen der Umstände» mehrere Jahre lang, wie es in einem späteren Beschluß zu Ehren des Hierophanten Aristokles heißt, und damit wird vielleicht auf die Jahre dieses Krieges angespielt.[21]

Es waren die Römer, von denen nachhaltige Hilfe kam. Bei seiner Landung in Apollonia in Epirus fand der Konsul Sulpicius Galba athenische Gesandte vor, die ihm die bedrängte Lage ihrer Stadt schilderten. Er sandte sofort 20 Kriegsschiffe und 1000 Soldaten ab, die im Piräus stationiert wurden und die Lage augenblicklich stabilisierten: Die Einfälle von Korinth her hörten ebenso auf wie die Überfälle von Chalkis. Der römischen Flotteneinheit gesellten sich nun auch drei rhodische und drei athenische Kriegsschiffe zu.[22] Der römische Befehlshaber wagte es sogar, mit dieser Streitmacht und gestützt auf Informationen von Verbannten, einen überraschenden nächtlichen Schlag gegen die starke makedonische Festung Chalkis zu führen. Es gelang den Verbündeten, königliche Speicher und Waffenarsenale zu verbrennen sowie Gefangene aus dem Kerker zu befreien und Statuen des Königs zu zerstören. Aber mit den geringen Kräften war nicht daran zu denken, Chalkis zu halten; die Angreifer zogen sich in den Piräus zurück.[23]

Das kühne Unternehmen brachte Athen in neue Gefahr. König Philipp

[17] Polybios 16, 27, 1–3. Livius 31, 16, 2.

[18] Livius 31, 22, 6.

[19] Für Eleusis Livius 31, 25, 2; für den Piräus 31, 26, 7. Allgemein für Stadt, Hafen und Festungen IG II² 886, 10–12, zu Ehren eines Pergameners, der sein Studium der Philosophie unterbrach, um bei der Verteidigung zu helfen.

[20] Polybios 16, 28, 1ff. Livius 31, 15, 8ff. IG II² 894, 3–4 scheint allerdings zu bezeugen, daß Attalos Athen damals mit Geld und Getreide unterstützt hat.

[21] Clinton, Officials 24, Nr. 11, 17–18.

[22] Livius 31, 14, 3; 22, 5–8. Auch die Anwesenheit einiger Kriegsschiffe aus Byzanz, deren Befehlshaber von den Athenern um diese Zeit geehrt wurden, gehört vielleicht in diesen Zusammenhang: IG II² 884 (Syll.³ 580). Schiffe aus Byzanz hatten im Jahre zuvor in der Schlacht von Chios gegen Philipp mitgekämpft (Polybios 16, 2, 10).

[23] Livius 31, 23.

holte zum Gegenschlag aus. Von Demetrias im Golf von Volos eilte er nach Chalkis und von dort zum Angriff auf Athen. Gerade noch rechtzeitig gewarnt, waren die Verteidiger, unter ihnen ein Söldnerkorps und eine Abteilung des Königs Attalos, auf dem Posten und imstande, eine heftige Attacke Philipps am Dipylontor abzuwehren. Am folgenden Tage trafen aus Ägina pergamenische und vom Piräus römische Verstärkungen ein. Der makedonische König mußte die Hoffnung auf eine Überrumpelung Athens aufgeben und scheiterte dann auch beim Versuch eines Handstreichs auf die athenische Festung Eleusis an der Wachsamkeit der Garnison; er wandte sich weiter zur Peloponnes.[24]

Während seiner Abwesenheit unternahm sein Stratege Philokles von Euböa her einen neuen Angriff auf Attika mit einem Heer von 2000 Mann. Auch er scheiterte beim Versuch, Eleusis zu erstürmen, und vereinigte sich sodann mit seinem aus Achaia zurückkehrenden König. Philipp versuchte nochmals, Eleusis zu nehmen, aber römische Schiffe, die vom Piräus gekommen waren, hatten der Garnison Verstärkung gebracht, und Philipp mußte erneut unverrichteterdinge abziehen. Er entsandte nun Philokles, die Stadt Athen anzugreifen, während er selbst den Piräus zu überrumpeln versuchte. Er scheiterte auch hier, und er wie Philokles wandten sich wie schon früher der Zerstörung des ungeschützten Landes, der Äcker und, nach Aussage der Quellen, besonders der ländlichen Heiligtümer und Tempel zu.[25]

Mit diesen Ereignissen, mit denen das erste Kriegsjahr zu Ende ging, war auch die Zeit der Leiden für Athen vorüber; die weiteren Kriegsereignisse haben Athen nur noch am Rande berührt. Für einige Zeit blieb die Stadt weiterhin von Feinden umringt: Euböa und Korinth waren starke makedonische Heerlager, die Böoter mit König Philipp verbündet. Es ist klar, daß unter diesen Umständen die Energien auf den Schutz von Stadt und Hafen gerichtet sein mußten, danach auf den des Landgebietes. So erklärt sich, daß von nennenswerten Aktionen athenischer Streitkräfte, zu Lande oder zu Wasser, von aktiver Teilnahme am Kriegsgeschehen außerhalb Attikas nichts verlautet. Über den Schutz des eigenen Territoriums hinaus konnte Athen der Sache der Verbündeten mit Streitkräften nicht dienen, wohl aber mit diplomatischer Aktivität. Athenische Politiker bemühten sich nach Kräften um die Sache der Verbündeten, wo immer es darum ging, neutrale Staaten zum Eintritt in den Krieg oder Verbündete Philipps zum Verlassen des Königs zu bewegen. Im März 199 wurden auf der Bundesversammlung der Ätoler zu Naupaktos zuerst die Abgesandten des makedonischen Königs gehört, sodann auf Verlangen der Römer die Athener, und erst nach ihnen sprach der römische Vertreter. Die Römer ließen den Athenern den Vortritt, weil diese jüngst besonders unter Philipps Handlungen gelitten

[24] Livius 31, 24, 1–25, 2.

[25] Livius 31, 26, 1–13. H. A. Thompson, Hesperia 50, 1981, 352–354.

hatten und mit Schilderungen über sein Wüten gegen die Stätten der Götter aufwarten konnten.[26] Für den Augenblick zwar ließen die Ätoler sich noch nicht zum Beitritt gewinnen, aber sie trafen doch Vorkehrungen, jederzeit beitreten zu können, wenn die Kriegslage dies vorteilhaft erscheinen ließ.

Es ist leider nicht bekannt, wer die athenische Delegation bei dieser Gelegenheit angeführt hat. Wenn Polybios Namen genannt hat, so hat Livius sie nicht wiederholt; er spricht von «Atheniensium legati» bzw. «Athenienses.» Das gleiche trifft für die nächste größere diplomatische Offensive der Verbündeten zu, die Intervention auf der Bundesversammlung der mit Philipp verbündeten Achäer im September 198 zu Sikyon. Von König Philipp war Kleomedon erschienen, um die Achäer beim Bündnis zu halten oder wenigstens nicht auf die Seite der Feinde des Königs übergehen zu lassen; die Verbündeten waren vertreten durch den Römer L. Calpurnius, durch Abgesandte des Königs Attalos, der Rhodier und der Athener. Der erste Tag der dreitägigen Sitzung war ganz den Vorträgen dieser auswärtigen Gesandten gewidmet. Nacheinander sprachen Calpurnius, die Vertreter des Attalos, die Rhodier, dann Kleomedon für König Philipp, endlich die Athener – sie sollten jede Wirkung, die Kleomedons Rede etwa haben könnte, neutralisieren.[27] Tatsächlich sprachen sie am heftigsten, da sie von allen Beteiligten durch Philipp am meisten und am schwersten gelitten hatten. Es ist wiederum nicht bekannt, wer der Wortführer Athens gewesen ist. Das heftig umstrittene Ergebnis der Sitzung war, daß die in sich tief gespaltenen Achäer den Übergang auf die römische Seite beschlossen.[28]

Mit dem Beitritt der Achäer zur Koalition gegen Philipp muß das Gewicht, das Athen innerhalb der Verbündeten hatte, erheblich gesunken sein. Auf der einen Seite rückten mit dem Fortgang der Zeit die Verwüstungen, die Philipp in Attika angerichtet hatte, weiter in die Vergangenheit, wurden blasser und damit weniger geeignet, Emotionen zu schüren. Auf der anderen Seite war der Achäische Bund militärisch ein stärkerer Faktor als Athen, dessen Streitkräfte seit dem Ende der makedonischen Vorherrschaft über die Stadt im Jahre 229 nirgends mehr in nennenswerter Weise hervorgetreten waren. Der Beitritt des Achäischen Bundes zum Kriege drängte innerhalb der Koalition die Athener vollends in den Hintergrund.

Es dürfte hierin begründet sein, daß die Athener in den folgenden diplomatischen Aktionen während des Krieges gar nicht mehr genannt werden, weder in den Verhandlungen, die im November 198 zu Nikaia am Malischen Golf über einen möglichen Friedensschluß geführt wurden,[29] noch in denen

[26] Livius 31, 29, 1–32, 5; die Rede der Athener in Kapitel 30.

[27] Livius 32, 19, 12 «ut refellerent Macedonum dicta.»

[28] Livius 32, 19–23. Vgl. Pausanias 7, 8. 1–2. Appian, *Maked.* 7.

[29] Polybios 18, 1–12. Livius 32, 32, 9–37, 5. Holleaux, Études 5, 29–79. Es wird allgemein angenommen, daß die Athener bei diesen Verhandlungen vertreten waren,

zu Theben auf der Bundesversammlung der Böoter zu Anfang des Jahres 197.[30] In beiden Fällen erscheinen vielmehr statt der Athener jetzt die Achäer in den Quellen, ein deutliches Zeichen dafür, daß sie die Athener von der Bühne verdrängt hatten. Diese waren höchstwahrscheinlich sowohl in Nikaia wie in Theben durch Abgesandte vertreten, aber ihr Wort war nicht mehr gewichtig, der von Athen geleistete Beitrag zum Kriege nicht bedeutsam genug, um von den Historikern noch registriert zu werden.

Indessen, wenn auch durch das Wachsen der Koalition, mit dem Beitritt der Achäer, sodann der Böoter, die beide zuvor Verbündete Philipps gewesen waren, das Gewicht, das die Athener in ihr hatten, abnahm, so waren doch weiterhin allein schon der Name und das Ansehen der Stadt werbende Größen für die Sache der Verbündeten. Demgegenüber blieb der Beitrag athenischer Seestreitkräfte zur gemeinsamen Kriegführung bescheiden, abgesehen davon, daß die Athener den Flotten der Verbündeten mit dem Piräus einen starken und zentralen Stützpunkt zur Verfügung stellten. Die dort versammelten Einheiten der Römer und anderer, zu denen im Verlaufe des Krieges noch zahlreiche illyrische Kampfschiffe *(lembi)* stießen,[31] banden jedenfalls gegnerische Kräfte in Korinth und in den Städten Euböas, die mithin König Philipp für Operationen außerhalb ihres Stationierungsbereiches nicht zur Verfügung standen.

Der Krieg, den die beiden ersten römischen Befehlshaber nur zögerlich geführt hatten, war mit der Ankunft des jungen Konsuls Titus Flamininus im Mai 198 in eine neue Phase getreten. Mit Energie und Glück gelang es Flamininus, König Philipp aus seiner festen Stellung am Aoos in Epirus herauszumanövrieren. Ein Jahr später erfocht er bei Kynoskephalai in Thessalien, nicht weit von Pherai, den entscheidenden Sieg, der zum Frieden führte. Aus der Abhängigkeit von Makedonien gelöst und für frei erklärt wurden Korinth, Phokis, Lokris, die Insel Euböa und Thessalien mit seinen Nebenländern Achaia Phthiotis, Magnesia und Perrhäbien. Es entstand ein neuer Thessalischer Bund, für den Flamininus selbst die auf die Vermögenden gestützte Verfassung entwarf.[32]

Athen ist während des Krieges nacheinander von allen vier aufeinander-

zumal es feststeht, daß der Athener Kephisodoros zusammen mit den Abgeordneten der anderen Verbündeten im Anschluß daran nach Rom reiste, wo die Verhandlungen vor dem Senat fortgesetzt wurden (Polybios 18, 10, 11. Pausanias 1, 36, 6. ISE 33, 22–23). So u. a. Walbank, Philip V., 159 Anm. 6. Nur A. Aymard, Les premiers rapports de Rome et de la confédération achaïenne (198–189 av. J. C.), Bordeaux 1938, 115, Anm. 5, neigt zu der Annahme, die Athener seien nicht anwesend gewesen.

[30] Livius 33, 1–2.

[31] Livius 31, 45, 10. 32, 21, 27.

[32] Livius 34, 51, 4–6. Syll.[3] 674, b 50–53; 63–64. H. Kramolisch, Die Strategen des Thessalischen Bundes vom Jahr 196 v. Chr. bis zum Ausgang der römischen Republik, Bonn 1978, 22–23.

folgenden Flottenbefehlshabern Roms besucht worden[33] und wenigstens dreimal von König Attalos: im Frühjahr 199, im September des gleichen Jahres, als er in Eleusis auch die Weihen der Mysterien erhielt, und im Spätherbst 198.[34] Er hatte Jahre zuvor die Bürgerschaft gewarnt, sie werde leer ausgehen, sollte sie dem Krieg fernbleiben. Die Athener waren ihm beigetreten, aber sie gingen im Frieden trotzdem leer aus. Während des Waffenstillstands im Winter 198/7 war ihr Staatsmann Kephisodoros, zusammen mit anderen Delegationen der Verbündeten, erneut in Rom gewesen, dieses Mal, um vor dem Senat Athens Ansprüche zu vertreten. Es ist möglich, daß Athen damals oder nach dem Ende des Krieges, die Rückkehr der Inseln Lemnos, Imbros und Skyros verlangt hat, die von alters her athenisch gewesen waren, ehe sie an Makedonien fielen. Manche Forscher haben die Aussage des Polybios zum Jahre 167/6, als sich die Athener vom Senat Delos und Lemnos erbaten, so verstanden: «Was Delos und Lemnos betrifft, so ist gegen ihren Wunsch nichts einzuwenden, da sie auch früher schon auf diese Inseln Anspruch erhoben hatten.»[35] Es ist aber auch möglich (und entspricht dem Kontext wohl besser), daß Polybios nur sagen wollte, daß die Athener auf diese Inseln alte Besitzrechte geltend machten.[36]

Ob Athen nun territoriale Ansprüche im Frieden von 196 gestellt hat oder nicht, die Stadt hat jedenfalls nichts hinzugewonnen. König Attalos, der ihr Fürsprecher hätte sein können, war kurz vor oder kurz nach der Schlacht von Kynoskephalai gestorben. Athen ging somit aus dem Kriege im wesentlichen ungeschmälert, aber auch ohne Zugewinn hervor. Die Stadt hatte sich jetzt allerdings eng an Rom gebunden, freilich ohne einen Bündnisvertrag mit der Republik geschlossen zu haben.

2. Gegen Antiochos

Mit dem Entschluß des römischen Senats nach dem Ende des Hannibalischen Krieges, die noch offene Rechnung mit König Philipp zu begleichen, hatte Athen nichts zu tun gehabt. Die Stadt hat aber von ihm zunächst profitiert, da auch sie sich im Kriegszustand mit Philipp befand und römische Soldaten ihr den Schutz gewährten, für den die eigene Streitmacht nicht ausreichte. Wenn man nach dem Sieg mit einem schnellen und definitiven Verschwinden der Römer aus Griechenland gerechnet haben sollte, so trat weder das eine noch das andere ein. Einmal blieben die römischen Truppen mehrere Jahre lang im Land, da die Neuordnung der Verhältnisse in den jetzt der Hegemonie Makedoniens entzogenen Landesteilen, die

[33] Livius 31, 14, 3; 21, 5; 45, 1. 32, 16, 5 und öfter.

[34] Livius 31, 45, 1. 47, 1–2. 32, 23, 13.

[35] Polybios 30, 20, 3. Im genannten Sinn verstanden von Holleaux, Études 5, 108, Anm. 1 und anderen.

[36] So hat offenbar Walbank, Commentary 3, 443, den Text verstanden.

Flamininus mit einer ihm hierfür beigegebenen Kommission von zehn Senatsmitgliedern vornahm, mehrere Jahre beanspruchte. Sodann war es gleich nach dem Siege zu einem schweren und sich rasch verschärfenden Konflikt zwischen Flamininus und den Ätolern gekommen, der binnen weniger Jahre zum Kriege zwischen den zuvor verbündeten Mächten führen sollte, als die Ätoler den seleukidischen König Antiochos III. (den Großen) einluden, Griechenland von der Tyrannei der Römer, die an die Stelle der makedonischen getreten sei, zu befreien. Die Folge war, daß die römischen Armeen, die 194 endlich nach Italien zurückgekehrt waren, schon 192 erneut in Griechenland erschienen, um dies zu verhindern.

Zum Konflikt mit den Ätolern[37] hatten neben persönlichen Animositäten zwischen dem selbstherrlichen römischen Feldherrn und den überheblichen Ätolern politische Gegensätze geführt. Es waren die sehr weitgehenden ätolischen Forderungen und der Widerstand, den Flamininus ihnen, unter Billigung der übrigen griechischen Verbündeten, entgegensetzte. Die Ätoler wollten König Philipp vernichten und weitgehend beerben. Sie beriefen sich dabei auf den römisch-ätolischen Vertrag von 212, der ihnen das gemeinsam eroberte Land, den Römern die bewegliche Beute zusprach. Flamininus jedoch weigerte sich kategorisch, diesen Vertrag noch als wirksam anzusehen, da die Ätoler ihn durch den Abschluß des Sonderfriedens mit Philipp im Jahre 206 verletzt hätten. Das bedeutete den offenen Bruch. Von da an wurden die Ätoler nicht müde, die Römer als die neuen Herrscher Griechenlands zu denunzieren.

In dieser, einem neuen Krieg zutreibenden Entwicklung spielte Athen nur eine Nebenrolle. Bezeichnend ist, daß die Sieger es nicht für nötig erachteten, die Stadt im Frieden in irgendeiner Form zu bedenken. Im Gegenteil, der Senat erklärte die Philipp abgenommene Insel Lemnos, auf die Athen mit guten Gründen Anspruch erheben konnte, für frei.[38] Attika hatte zu Beginn des Krieges erhebliche Schäden erlitten, und wenigstens durch die Bereitstellung des für die Operationen unentbehrlichen Hafens hatten die Athener den Verbündeten auch wesentliche Dienste im Krieg geleistet. Aber es scheint, daß die Siegermächte das alles durch den der Stadt gewährten Schutz aufgewogen sahen. Der Friede, der ihnen keinerlei Zugewinn brachte, dürfte für die Athener enttäuschend gewesen sein. Während aber die Quellen voll sind von Beschwerden der Ätoler, ist von irgendeiner negativen Reaktion der Athener bezeichnenderweise nicht die Rede: Athen war der Aufmerksamkeit nur noch gelegentlich wert, dann nämlich, wenn es auch unter den veränderten Bedingungen noch Anteil an den politischen Aktionen der größeren Mächte hatte. Besonders die Rolle des Vermittlers ist den Athenern seither mehr als einmal zugefallen, vor allem zwischen den

37 D. Musti, ANRW I 2 (1972) 1146–1149. J.-L. Ferrary, Philhellénisme et Impérialisme, Rom 1988, 69–72.

38 Polybios 18, 44, 4 (Livius 33, 30, 3). 18, 48, 2 (Livius 33, 35, 3).

Römern und den von ihnen überwundenen griechischen Gegnern. Nach dem Kriege gegen Philipp vermittelte Athen, zusammen mit den Achäern, zwischen Rom und den Böotern; nach dem Kriege gegen die Ätoler, zusammen mit Rhodos, zwischen Rom und dem Ätolischen Bund; nach dem Kriege gegen Antiochos, zusammen mit den Rhodiern und anderen Mächten, zwischen Milet und Magnesia am Mäander.

In Böotien war mit Philipps Niederlage eine explosive Situation entstanden. Die Böoter hatten, unter Führung des vornehmen Thebaners Brachylles, an der Seite des makedonischen Königs gekämpft, doch hatte Flamininus ihnen die ungehinderte Rückkehr in die Heimat zugestanden. Die Böoter machten gleichwohl kein Hehl aus ihrer fortdauernden Sympathie für den makedonischen König. Sie wählten Brachylles, dessen Familie seit mehr als dreißig Jahren dem makedonischen Königshaus nahegestanden hatte,[39] im Herbst 197 zum Böotarchen, und sie wählten andere Makedonenfreunde zu anderen Ämtern. Die Häupter der rivalisierenden, den Römern zugeneigten Partei faßten daraufhin den Plan zur Ermordung des Brachylles. Sie traten an Flamininus heran, der zwar selbst mit der Sache nichts zu tun haben wollte, ihnen aber nicht nur nichts in den Weg legte, sondern sie an den ätolischen Strategen Alexamenos wies als einen Mann, der das Attentat organisieren könne. Dieser rechtfertigte das Vertrauen; von ihm gedungene Männer ermordeten Brachylles zu Beginn des Jahres 196. Livius hat in seiner Wiedergabe des Polybios die Rolle des Flamininus verschwiegen, wirft sie doch ein sehr ungünstiges Licht auf den Mann, der wenig mehr als ein Jahr zuvor, bei Verhandlungen mit König Philipp, dem Brachylles als einem der beiden Begleiter des Königs Auge in Auge gegenübergestanden hatte.

Die über den Mord erbitterten Böoter rächten sich, indem sie auf den Straßen des Landes römische Soldaten erschlugen und die Leichen im Kopaissee versenkten, angeblich nicht weniger als fünfhundert. Als die böotischen Behörden die Auslieferung der Schuldigen und die Zahlung eines Sühnegeldes von 500 Talenten ablehnten, ließ Flamininus die Armee in Böotien einmarschieren und zugleich durch Gesandte in Athen und Achaia darlegen, daß er einen gerechten Krieg führe. Die Verwüstung ihres Landes bewog die Böoter zum Einlenken, doch wollte nun Flamininus ihre Gesandten nicht vorlassen. Da waren es Vertreter der Achäer und der Athener, die ihn umstimmten und durch ihre Vermittlung zu einer Lösung des Konflikts verhalfen. Livius, der hierüber nach Polybios berichtet, sagt ausdrücklich, die Achäer hätten in dieser Sache größeres Gewicht bei den Römern gehabt als die Athener, und sie seien es auch gewesen, die den

[39] Artikel Brachylles, Neon und Askondas (Supplement 1) der RE, mit den Zeugnissen der Autoren. Dazu kommen inschriftliche Zeugnisse für Brachylles (ZPE 17, 1975, 1 ff.) und seinen Vater Neon (SEG 11, 414, 30 und IG VII 3091). Auch Brachylles' Sohn Neon blieb der traditionellen Politik des Hauses treu.

böotischen Unterhändlern schließlich Zutritt zu Flamininus erwirkt hätten.[40] Diese Hervorhebung der Achäer durch ihren Landsmann mag übertrieben sein, ist aber auch nicht unglaubhaft, da sie den gegebenen Umständen angemessen erscheint. Das Bemerkenswerteste ist jedoch, daß die Vermittlung der beiden Staaten durch Flamininus' Botschaft angeregt wurde und mithin von ihm in diesem Konflikt vielleicht gesucht worden ist.

Im Konflikt zwischen Flamininus und den Ätolern stellte Athen sich entschieden auf die römische Seite. Das wurde im Frühjahr 195 sehr deutlich, als auf einer Versammlung, zu der Flamininus nach Korinth eingeladen hatte, der athenische Delegierte, in Anwesenheit der Achäer, Thessaler, Makedonen, Pergamener und Rhodier sowie des Flamininus selbst, das römische Engagement in Griechenland rühmte und dadurch den vornehmen Ätoler Alexander zu der hitzigen Replik provozierte, die Römer hielten mit Demetrias, Chalkis und Akrokorinth eben die Festungen besetzt, in deren Besitz Makedonien Griechenland geknechtet habe («die drei Fesseln Griechenlands» hatte König Philipp selbst sie genannt), und räumten sie eben deshalb nicht, um ihrerseits Griechenland beherrschen zu können. Die Athener mußten sich von Alexander sagen lassen, daß sie, einst Vorkämpfer der Freiheit Griechenlands, zu Trabanten einer fremden Herrschaftsmacht herabgesunken seien.[41] Das wiederum rief den Widerspruch der übrigen Griechen hervor.[42]

Zu König Antiochos, der in den folgenden Jahren zunehmend als potentieller Verbündeter der Ätoler in einem Krieg gegen Rom angesehen werden mußte, unterhielt Athen freundschaftliche, wenngleich weniger enge Beziehungen als zu den Königen von Ägypten und Pergamon.[43] Während die offizielle Politik Athens in diesen Jahren darauf ausging, einen neuen Krieg in Griechenland möglichst zu verhüten, ließ sie doch keinen Zweifel daran, daß die Stadt im Falle eines bewaffneten Konflikts an der Seite der Römer stehen werde. Als der Senat im Jahr 192 vier hochrangige Mitglieder, von denen drei bereits Konsuln gewesen waren, nach Griechenland entsandte, um der ätolischen Agitation und dem Werben des Antiochos entgegenzutreten, war Athen bezeichnenderweise der erste Staat, den diese, bei denen sich auch Flamininus befand, besuchten, während sie sich gegenüber dem Achäischen Bund, dessen Loyalität sie versichert zu sein glaubten, mit schriftlichen Botschaften begnügten. Man darf darin ein Anzeichen dafür sehen, daß den Gesandten bekannt war, daß die offizielle Linie der athenischen Politik keineswegs von der Gesamtheit der Bürgerschaft mitgetragen wurde, was die folgenden Ereignisse sehr bald bestätigten. Von den

[40] Livius 33, 29, 11–12. Dazu zuletzt D. Knoepfler, Festschrift S. Lauffer, 1986, 599–600.

[41] Livius 34, 22, 7–23, 11.

[42] Livius 34, 24, 1–5.

[43] Habicht, Chiron 19, 1989, 10–14.

Athenern erbat sich Flamininus auch Unterstützung für den besonders heiklen Auftritt vor der Ätolischen Bundesversammlung: «die Athener schienen ihm hierfür besonders geeignet zu sein wegen der Würde ihres Staates und ihrer traditionellen Freundschaft zu den Ätolern.»[44] Die athenischen Gesandten sprachen dort nach dem Vertreter des Königs Antiochos und mahnten zur Besonnenheit, vermochten aber nur mit Mühe und mit der Hilfe älterer ätolischer Staatsmänner zu erreichen, daß Flamininus überhaupt vorgelassen und angehört wurde. Seinen Warnungen zum Trotz beschloß die Versammlung, Antiochos zur Befreiung Griechenlands einzuladen und ihn den Streit mit Rom entscheiden zu lassen.[45]

Mehr Erfolg hatte die römische Mission in Thessalien, Magnesia und Chalkis. In dieser Stadt Euböas wurde der proätolische Politiker Euthymidas verbannt und ins Exil nach Athen getrieben. Ein von ihm gemeinsam mit den Ätolern unternommener Versuch, die römerfreundliche Regierung zu stürzen und ihn zurückzuführen, scheiterte nur knapp, so daß Flamininus und König Eumenes es für geraten hielten, Chalkis durch 500 pergamenische Soldaten zu verstärken. Eumenes selbst erschien in Athen, um nach dem Rechten zu sehen.[46]

Sobald indessen Antiochos im Oktober 192 in Griechenland gelandet war, womit der Krieg seinen Anfang nahm, regten sich seine Anhänger in Athen so kräftig, daß Livius in seinem auf Polybios zurückgehenden Bericht sagt, die Stadt sei einem Aufruhr *(seditio)* nahe gewesen. Entschieden wurde die Sache im Sinne der offiziellen Kreise erst, als diese Flamininus aus Achaia herbeiriefen und dieser fünfhundert Achäer «zum Schutze des Piräus» mitbrachte. Leon aus Aixone, einer der angesehensten Politiker der Stadt, setzte die Verurteilung des für den König eintretenden Rivalen Apollodoros durch (die Häufigkeit des Namens erlaubt leider nicht, ihn mit einem der anderen damals bezeugten Träger dieses Namens zu identifizieren); Apollodoros ging in die Verbannung.[47]

Unter dem Konsul des Jahres 191, Acilius Glabrio, dem die Kriegführung in Griechenland zugefallen war, diente als vom römischen Volk gewählter Kriegstribun auch Marcus Porcius Cato, der selbst schon 195

44 Livius 35, 23, 5; 31, 3; das Zitat 32, 7.

45 Livius 35, 32, 8–33, 11.

46 Livius 35, 37, 4–39, 2. Eine Inschrift aus dem ätolischen Bundesheiligtum Thermos zeigt, daß Euthymidas schon 208/7 *Proxenos* (Gastfreund) der Ätoler geworden war, IG IX I^2, 31, 67. Irrig ist die Annahme, Eumenes habe damals die gleichen Ehren in Athen erhalten wie sein Vater im Jahre 200 (B. Virgilio, Studi Ellenistici 5, 1993, 52), denn Zeugnisse wären jedenfalls erhalten, wäre zu seinen Ehren eine weitere Phyle geschaffen und nach ihm benannt worden. Es steht vielmehr fest, daß erst zu Ehren Kaiser Hadrians eine dreizehnte Phyle eingerichtet wurde.

47 Livius 35, 50, 4. Für Leon und seine Familie Habicht, Studien 194–197 und weiter unten im Text; neue Zeugnisse für Angehörige dieser einflußreichen Familie sind von der Veröffentlichung weiterer Inschriften zu erwarten.

Konsul gewesen war. Ihn entsandte der Oberbefehlshaber gleich nach der Landung der römischen Armee in Epirus in politischer Mission zu den griechischen Verbündeten. Nach dem Besuch einiger Städte Achaias war Athen sein eigentliches Ziel. Cato richtete dort zu Beginn des Jahres 191 einen Appell in lateinischer Sprache an die Volksversammlung, den ein Dolmetscher der Menge übersetzte.[48] Sein Auftreten dürfte römischer Besorgnis über die Zuverlässigkeit Athens entsprungen sein, doch war nach der Entmachtung des Apollodoros und seiner Anhänger die Stadt tatsächlich fest an die römische Sache gebunden.

Die wesentliche Entscheidung in Griechenland fiel schon im Frühjahr 191, als der Konsul, bei dem sich auch Cato wieder eingefunden hatte, an den Thermopylen die vereinigte Streitmacht des Antiochos und der Ätoler besiegte. Er zwang Antiochos damit zum Verlassen Griechenlands, die nun auf sich allein gestellten Ätoler dazu, sich in ihrem eigenen Land zu verteidigen. Der Krieg gegen sie zog sich noch längere Zeit hin; den Krieg gegen Antiochos beendeten die Brüder Scipio in Kleinasien durch ihren Sieg bei Magnesia am Sipylosgebirge zu Anfang des Jahres 189.

Wie im Kriege gegen Philipp war auch im Krieg gegen Antiochos und die Ätoler die eigene militärische Aktivität der Athener höchst bescheiden. Ihr wesentlicher Beitrag war wiederum, daß der Hafen der Flotte der Verbündeten zur Verfügung stand. Von dieser Basis aus operierten nacheinander vier römische Flottenbefehlshaber der Jahre 191 bis 188, unterstützt von Kontingenten aus Rhodos und Pergamon. Athenische Kriegsschiffe waren jedenfalls an den Operationen des Jahres 190 unter Aemilius Regillus beteiligt.[49] Nichts spricht indessen dafür, daß während des Krieges die Athener dem König oder dieser den Athenern nennenswerten Schaden zugefügt hätte. Es gibt aber auch keine Indizien, daß die Römer mehr von Athen erwartet hätten.

Dagegen hat Athen eine wesentliche Rolle im Fortgang des Ätolischen Krieges gespielt. Denn es waren athenische Politiker, die sich unentwegt und immer wieder darum bemüht haben, den hart bedrängten Ätolern Frieden zu verschaffen, und denen dies endlich, vor einem noch immer feindseligen Senat in Rom, gelungen ist. Über diese Bemühungen, die sich über eineinhalb Jahre erstreckt haben, berichten Polybios und, ihm getreulich folgend, Livius, beide recht detailliert.[50] Im Frühjahr 190, während Glabrio die ätolische Stadt Amphissa belagerte und die Brüder Scipio (Lucius Scipio als Konsul von 190, Publius Scipio Africanus als sein Legat)

48 Plutarch, *Cato maior* 12, 4–5. A. E. Astin, Cato the Censor, Oxford 1978, 56–57.

49 Livius 27, 14, 1–2. Diese athenischen Schiffe sind als Beteiligte des Seekrieges von 190 auch in dem delischen Dekret IG XI 751 genannt, das F. Durrbach, Choix d'inscriptions de Délos, Nr. 67, kommentiert hat.

50 Polybios 21, 4–5; 25; 29–31. Dem entspricht Livius 37, 6–7. 38, 3 und 38, 9–10. Zur Chronologie besonders Holleaux, Études 5, 249–294.

gerade erschienen, um ihn in der Führung des Krieges abzulösen, kam aus Athen eine Gesandtschaft, geleitet von Echedemos aus Kydathen, dem neben Leon damals bedeutendsten Staatsmann der Stadt.[51] Die Ätoler wünschten Frieden, die Scipionen ebenfalls, da sie die Hände gegen Antiochos freihaben wollten. Sie waren jedoch an einen bereits vom Senat abgesteckten Rahmen gebunden. Echedemos ist damals dreimal nach Amphissa und dreimal zu den ätolischen Behörden nach Hypata gereist, ohne daß es zu einer Einigung gekommen wäre. Er hat den Ätolern sodann aber geraten, um einen sechsmonatigen Waffenstillstand zu bitten, und dieser wurde gewährt.

Als dann im folgenden Jahr mit dem Sieg der Römer über Antiochos den Ätolern alle Hoffnung geschwunden war, sie könnten von ihrem Verbündeten nochmals Hilfe erhalten, baten sie die Republiken Rhodos und Athen um ihre guten Dienste zur Vermittlung des Friedens in Rom. Beide Städte entsprachen dem Verlangen, schickten jedoch vor der Reise nach Italien ihre Gesandten ins Feldlager des neuen römischen Konsuls Fulvius Nobilior, der in Fortführung des Ätolischen Krieges gerade die epirotische Stadt Ambrakia belagerte, die einstige Residenz des Königs Pyrrhos. Im Sommer 189 vermochten sie einen vorläufigen Frieden zu vermitteln, der bald darauf von der ätolischen Bundesversammlung ratifiziert wurde, aber noch der Ratifizierung in Rom bedurfte. Daher begleiteten die Athener und die Rhodier die ätolischen Unterhändler auch dorthin. Der Senat war, auf Grund von Informationen des makedonischen Königs Philipp, von neuem schwer verstimmt über die Ätoler, und die Ratifizierung des Friedens schien in ernstlicher Gefahr. Da war es der Athener Leon (derselbe, dem es zu verdanken war, daß Athen im Herbst 192 an der Treue zu Rom festgehalten hatte), der die Senatoren durch eine denkwürdige und von Polybios paraphrasierte Rede so beeindruckte, daß sie den Frieden zu den vom Konsul vereinbarten Bedingungen ratifizierten.[52] Die im Laufe des Jahres 189/8 dem Athener Lysikles erteilte Ehre der ätolischen Proxenie dürfte im Zusammenhang mit den Bemühungen Athens stehen, den Ätolern zum Frieden zu verhelfen.[53]

Auch die Friedensschlüsse Roms mit den Ätolern und mit Antiochos in den Jahren 189 und 188 brachten Athen keine territorialen Gewinne. Die Stadt profitierte aber innerhalb Griechenlands auf andere Weise, indem sie Einfluß und Ansehen in Delphi gewann. Mit dem Frieden war dort die einhundert Jahre alte Vorherrschaft der Ätoler über das Heiligtum zu Ende

[51] Für Echedemos s. Habicht, Studien 189–193 sowie, mit einem neuen Zeugnis über seine Rolle bei der Neuordnung der delphischen Amphiktionie (unten S. 213), Hesperia 56, 1987, 65, ferner P. Pantos, Echedemos, «The Second Attic Phoibos», Hesperia 58, 1989, 277–288.

[52] Polybios 21, 31, 5–16. Livius 38, 10, 4–6.

[53] IG IX 1^2, 4 b.

gegangen und ebenso ihre dominierende Stellung im Rat der Amphiktionen, in dem sie zeitweilig fünfzehn der vierundzwanzig Stimmen kontrollierten. Für die Amphiktionie haben die Römer bewirkt, was der Hellenenbund im Jahre 220 als ein Ziel seines Krieges gegen die Ätoler verkündet hatte, im Bundesgenossenkrieg aber nicht durchsetzen konnte (S. 194). Eine Neuordnung des Rates und der Stimmenverteilung war erforderlich geworden. Der 193/2 tagenden Versammlung waren die Vertreter Athens, der Böoter und der Kephallenier ferngeblieben, offenbar weil sie sich wegen des römisch-ätolischen Konflikts in den Augen der Römer nicht kompromittieren wollten.[54] Auch die Thessaler hatten gefehlt, sei es aus dem gleichen Grund, sei es, daß die Ätoler sie nicht wieder zuließen.[55] Erst für das Jahr 178 liegt wieder eine Liste der im Rat anwesenden Delegierten vor.[56] Einige Urkunden aber zeigen hinreichend klar, was sich in der Zwischenzeit abgespielt hatte.[57] Die Stadt Delphi hoffte anscheinend, die alleinige Kontrolle über das Heiligtum, die pythischen Spiele und die Feier der Soterien zu erlangen und die Wiederkehr eines internationalen Kontrollorgans zu verhindern. Denn gleich nach dem Abzug der Ätoler schrieb ihr der Konsul Glabrio, er werde seinen ganzen Einfluß aufbieten, der Stadt und dem Tempel ihre alten Rechte zu erhalten. Er nannte dabei als mögliche Gegenspieler die Thessaler «und andere.»[58] Eben dieser Hinweis auf fremde Staaten lehrt, daß er eine übernationale Organisation im Auge hatte, d.h. die Amphiktionie, in der die Thessaler von alters her eine bestimmende Rolle gespielt hatten.

Die hier zum Ausdruck kommenden Befürchtungen waren nicht unbegründet. Durch eine Inschrift aus Delphi von 184/3 war schon lange bekannt, daß die Thessaler bei der Neuorganisation des Amphiktionenrates nach dem Ätolischen Krieg tatsächlich eine führende Rolle spielten. Eine erst kürzlich bekanntgewordene neue Urkunde aus Athen von 185/4 hat nun weiter gelehrt, daß Athen, in Zusammenarbeit mit dem Thessalischen Bund, daran in gleicher Weise führend beteiligt war. Es ergibt sich, daß beide Mächte, vertreten durch den als Angehörigen der thessalischen Aristokratie bekannten Nikostratos von Larisa und durch drei führende athenische Politiker, Echedemos (den Vermittler zwischen den Scipionen und den Ätolern), Menedemos und Alexion, ihre Vorstellungen durchgesetzt haben, zuletzt beim Senat in Rom. Die neue Amphiktionie und ihre Zusammensetzung war das Werk beider Mächte und bedeutete eine Absage an die Wünsche Delphis. Die bittere Pille wurde Delphi nur dadurch versüßt,

54 R. Flacelière, HSCP-Suppl. 1, 1940, 479.

55 Daux, Delphes 261, Anm. 1. Die Thessaler verdankten Flamininus die Freiheit von der makedonischen Vorherrschaft und ihre neue Bundesverfassung. Ihre Anhänglichkeit an ihn war nicht geeignet, sie den Ätolern zu empfehlen.

56 Syll.[3] 636, wo nur der Vertreter der Dorer aus der Peloponnes fehlt.

57 Habicht, Hesperia 56, 1987, 59–71.

58 R. K. Sherk, Roman Documents from the Greek East, Baltimore 1969, S. 224.

daß ihre beiden Vertreter künftig an erster Stelle der Delegierten des Rates (der Hieromnemonen) aufgeführt wurden.[59] Dies war der Beginn einer immer enger werdenden Beziehung Athens zum delphischen Heiligtum und eines sich hieraus ergebenden gesteigerten internationalen Prestiges.

So deutlich es ist, daß Athen und Rom seit dem Jahr 200 durch die gemeinsame Gegnerschaft gegen Philipp, sodann gegen Antiochos aneinander gebunden waren, so unklar ist bis heute, ob die Gemeinsamkeit der Interessen und die aus ihr resultierende Waffenbrüderschaft zu einem förmlichen Bündnisvertrag *(foedus)* geführt hat. Der einzige Zeuge dafür, daß es ein solches Bündnis gab, ist, rund dreihundert Jahre später, Tacitus. Im Bericht über den einhundert Jahre vor seiner Zeit liegenden Besuch des Prinzen Germanicus in Athen im Jahre 18 n. Chr. sagt er, mit Rücksicht auf das mit Athen bestehende Bündnis habe Germanicus die Stadt in Begleitung nur eines Liktors betreten.[60] Wenige Forscher bestreiten geradezu, daß es ein solches Bündnis gegeben habe. Aber diejenigen, die mit ihm rechnen, sind sich nicht einig, wann es geschlossen wurde. Mehrere nehmen an, es sei während des Zweiten Makedonischen Krieges, 200–196, oder bald danach zustande gekommen.[61] Andere bestreiten dies mit dem Hinweis, Athen sei damals so schwach gewesen, daß es für Rom keinen Sinn gehabt habe, der Stadt ein *foedus* zu gewähren.[62] Wieder andere rechnen mit dem Abschluß eines Bündnisses vor 167[63] oder nach 146.[64]

Sicher ist, daß keine Bündnisverpflichtung bestand, als Kephisodoros im Jahre 200 die Intervention der Römer gegen Philipp V. erbat. Auch im Zusammenhang der oppositionellen Bewegung zugunsten des Königs Antiochos im Jahre 192 fällt bei Livius kein Wort, daß die für den König eintretenden Athener damit etwa gegen Bündnispflichten verstoßen hätten.[65] Und ebenso ist die Bezeichnung Athens als «befreundeter und verbündeter Staat» in einem Senatsbeschluß des späteren 2. Jahrhunderts kein ausreichendes Beweisstück dafür, daß über die tatsächliche Bundesgenos-

[59] Syll.[3] 613 A, ein Dekret der Amphiktionie zu Ehren des Nikostratos von Larisa; die Basis der ihm damals bewilligten Statue BCH 73, 1949, 274 § 25. Nikostratos als einer der mächtigsten Männer in Thessalien: ISE 102, col. 2, 15 mit den Bemerkungen von Habicht, Chiron 13, 1983, 24 Nr. 6. Der Volksbeschluß von Athen: Anm. 57 mit den weiterführenden Bemerkungen von J. Bousquet, Études sur les comptes de Delphes, Paris 1988, 79. Für Menedemos, der den athenischen Standpunkt im Senat vertrat, Habicht, Hesperia 56, 1987, 63, für Alexion ders., Studien 185–188.

[60] Tacitus, *Ann.* 2, 53, 3.

[61] H. Horn, Foederati, Diss. Frankfurt 1930, 65–67. Accame, Dominio, 101. G. De Sanctis, Storia dei Romani IV 3, Florenz 1964, 80 Anm. 6a.

[62] A. Heuss, Die völkerrechtlichen Grundlagen der römischen Außenpolitik in republikanischer Zeit, 1933, 32–34. Gruen, Hellenistic World, 24.

[63] R. Bernhardt, Imperium und Eleutheria, Diss. Hamburg 1971, 86.

[64] E. Täubler, Imperium Romanum, Leipzig 1913, 228.

[65] Gruen a. O. (Anm. 62)

senschaft hinaus ein förmlicher Bündnisvertrag bestand.[66] Aber Sterling Dow hat vor längerer Zeit schon auf ein wesentliches Indiz aufmerksam gemacht: Seit dem frühen 2. Jahrhundert tritt in den Erwähnungen der offiziellen Opfer für die Wohlfahrt des Staates der Zusatz hinzu «und für die unserer Verbündeten.» Dow datierte sein Aufkommen in die Jahre bald nach 200.[67] Mit wesentlich vermehrtem und zuverlässiger datiertem Material läßt es sich jetzt in die Zeit zwischen dem Sommer 191 und dem Ende des Jahres 188 datieren, d.h. in die Jahre des Antiochoskrieges.[68] Für die folgenden zwanzig Jahre fehlt die Erwähnung der Verbündeten, soweit der Befund erkennen läßt, nie. Dows Schlußfolgerung dürfte richtig sein: «gute Gründe sprechen für die Annahme, daß Athen ein förmlicher Bündnispartner Roms war.»[69] Es war mithin in den Jahren des Krieges gegen Antiochos und die Ätoler, daß Athen, damals unter dem bestimmenden Einfluß von Männern wie Leon, Echedemos, Alexion und Menedemos, ein förmliches Bündnis mit Rom geschlossen hat.

Die im Jahre 200 beginnende und sich danach rasch verstärkende Bindung Athens an Rom hat, wie es scheint, auch auf den zeitgenössischen Bronzemünzen der Stadt einen Ausdruck gefunden. Jedenfalls glaubt Kroll im Helmtypus der auf diesen Münzen abgebildeten Athena eine Entlehnung vom römischen Denar zu erkennen. Denare wurden seit dem Jahre 212 oder 211 geprägt und dürften seit 200 mit römischen Truppen nach Attika gelangt sein. Kroll sieht in der Entlehnung ein Kompliment an die Adresse Roms als des neuen Vorkämpfers athenischer Unabhängigkeit und datiert die entsprechende Serie daher in die Jahre 196–190 v. Chr.[70]

3. Gegen Perseus

Mit der auf die Niederlage König Philipps bei Kynoskephalai folgenden Friedensregelung von 196 hatte Makedonien aufgehört, eine allezeit latente Bedrohung der politischen Unabhängigkeit Athens zu sein. Zwar blieb die Monarchie bestehen, doch war sie, nach dem Verlust der Festungen Demetrias, Chalkis und Korinth und dem Verlust des Einflusses auf verschiedene griechische Stämme wie die Thessaler, den griechischen Staaten nicht länger gefährlich. In den nahezu zwei Jahrzehnten, die ihm noch vergönnt waren, bemühte sich König Philipp energisch um die innere Festigung des ihm

[66] R. K. Sherk, Roman Documents from the Greek East, Baltimore 1969, Nr. 15, 8–9 und 55–56 vom Jahre 112 v. Chr. Dies ist die diplomatische Sprache im Verkehr mit befreundeten Staaten, auch mit solchen ohne einen Bündnisvertrag.

[67] S. Dow, Hesperia-Suppl. 1, 1937, 9.

[68] Das letzte Zeugnis ohne den Zusatz stammt vom Sommer 191 (Agora XV 187, 43), das erste erhaltene Zeugnis mit ihm vom Ende des Jahres 188 (Agora XV 174, 11).

[69] Dow a. O.

[70] Kroll, Coins 51, die Münzen abgebildet S. 63, Nr. 78–80.

verbliebenen Reiches. Polybios, der Historiker dieser Zeit, sah freilich in allem, was er um dieses Zieles willen tat, nur Indizien seiner Entschlossenheit, die kriegerische Auseinandersetzung mit Rom eines Tages wieder aufzunehmen. Bei seinem Tode im Jahre 179 habe er diese Kriegsentschlossenheit seinem Sohn und Nachfolger Perseus vererbt, unter dem es im Jahre 171 tatsächlich zum erneuten Krieg mit Rom kam, dem Dritten Makedonischen Krieg. Er endete 168 mit dem römischen Sieg bei Pydna, der Internierung des Perseus in Italien und der Zerschlagung der Monarchie. Das Reich Philipps II. und Alexanders des Großen fand damals sein Ende.

Daß Philipp und Perseus den Krieg gewünscht und zum Kriege getrieben hätten, wie Polybios sagt, ist eine ganz haltlose, durch keinerlei Indizien gestützte Behauptung. Philipp hielt sich korrekt an den Friedensvertrag und erfüllte sogar einige willkürliche und für ihn kränkende Forderungen des Senats. Perseus seinerseits tat alles, was in seiner Macht stand, um einen erneuten Krieg mit Rom zu vermeiden. Er ging in diesem Bemühen bis an die Grenze, vielleicht sogar über die Grenze, des Zumutbaren. Der Krieg wurde ihm aufgezwungen, und es steht außer Frage, daß es römische Kreise waren, die ihn provozierten und sich dabei auch noch Verletzungen von Treu und Glauben zuschulden kommen ließen, an denen selbst einige Senatoren Anstoß nahmen.[71]

Athen, das eine Generation zuvor bei Rom Rettung vor Makedonien gesucht und seither fest an der Seite der Römer gestanden hatte, konnte, als der Krieg ausbrach, gar nicht anders als sich für die römische Sache zu erklären. Die Stadt, seit einiger Zeit mit Rom auch durch einen förmlichen Bündnisvertrag verbunden, tat es vorbehaltlos und bot ohne Zögern den römischen Befehlshabern des ersten Kriegsjahres alle ihre Schiffe und Soldaten an. Das Angebot wurde nicht angenommen, wohl aber eine außerordentlich große Menge von Getreide zur Versorgung der römischen Armee gefordert. Obwohl die Athener, wie ihre Gesandten ein Jahr später dem Senat in Rom darlegten, wegen der Kärglichkeit des attischen Bodens immer selbst Getreide zur Versorgung ihrer Bürger, ja auch eigener Bauern, einführen mußten, brachten sie es fertig, das verlangte Getreide zu liefern und sodann ihre Bereitschaft zu erklären, auf entsprechende Anforderung hin auch andere Güter zu liefern.[72] Sie bewiesen damit die richtige Witterung, denn alle griechischen Staaten, die während dieser Jahre römische Wünsche

[71] Die wesentlichen neueren Darstellungen sind Will, Histoire 2, 255–285; Hammond, Macedonia 488–569 und P. Derow, CAH 8², 1989, 290–323. Vgl. A. Giovannini, Roman Eastern Policy in the Late Republic, AJAH 9, 1984 [1988], 33–42. Kritik an perfiden Methoden römischer Unterhändler: Livius 42, 47, 1–9; J. Briscoe, JRS 54, 1964, 66–77. Für das sogenannte «römische Manifest», das die römischen Vorwürfe gegen Perseus zusammenfaßt (Syll.³ 643), vgl. J. Bousquet, BCH 105, 1981, 407–416.

[72] Livius 43, 6, 2–3. Die Forderung belief sich auf einhunderttausend römische *modii*, was fast neunhunderttausend Litern entspricht; vgl. R. P. Duncan-Jones, ZPE 21, 1976, 51–52.

nur zögernd oder halbherzig erfüllten, wurden nach Kriegsende deshalb empfindlich gestraft. Athens Willfährigkeit dagegen stellte den Senat zufrieden, was sich schon während des Krieges daran zeigte, daß die Gesandten der Stadt, die 170 mit Gesandten aus vielen anderen Staaten nach Rom gekommen waren, vor allen anderen vom Senat vorgelassen und angehört wurden, was immer ein Zeichen besonderer Gunst war. Dasselbe zeigte sich später an den Belohnungen, die der Senat den Athenern zuerkannte.

Der Krieg zog sich mehrere Jahre ohne nennenswerte Erfolge für die eine oder andere Seite hin. Die römischen Befehlshaber des Heeres und der Flotte, jeweils ein Konsul und ein Praetor für ein Jahr, taten den verbündeten und befreundeten Griechen durch Raub, Erpressung und Übergriffe ebensoviel Schaden wie dem Feind im Felde, so daß sich der Senat, angesichts massiver und begründeter Beschwerden, gezwungen sah, für bessere Disziplin zu sorgen und die Empörung, die allgemein zu werden drohte, zu beschwichtigen. Alle Griechen wurden instruiert, künftig nur solche Anforderungen zu erfüllen, die der Senat ausdrücklich autorisiert hatte. Von einer Beteiligung athenischer Streitkräfte an den Kampfhandlungen verlautet nichts. Die Entscheidung fiel am 22. Juni 168, als der Konsul Lucius Aemilius Paullus König Perseus bei Pydna, unweit des Olymp, völlig besiegte. Wenig später wurde Perseus auf der Insel Samothrake Gefangener der Römer. Erst eine bei den amerikanischen Ausgrabungen auf der Agora von Athen gefundene Inschrift hat gelehrt, daß mindestens ein athenischer Bürger, Kalliphanes von Phyle, auf der Seite der Sieger, nämlich der Römer und der pergamenischen Prinzen Attalos und Athenaios, an der Schlacht teilgenommen hatte. Er war mit der Nachricht von diesem Sieg kurz vor dem Ende des athenischen Jahres in der Stadt eingetroffen, und die Strategen hatten sofort den Rat veranlaßt, eine Sondersitzung der Volksversammlung einzuberufen. Sie fand am letzten Tag des Jahres statt und trug dem Überbringer der Nachricht eine Ehrung ein.[73]

Nur wenige Monate später, zu Beginn des Herbstes 168, kam Aemilius Paullus selbst nach Athen. Begleitet von seinem Sohn (dem jüngeren Scipio) und einem der pergamenischen Prinzen durchreiste er Griechenland, um die Sehenswürdigkeiten des Landes kennenzulernen. Die Reise führte von Makedonien durch Thessalien nach Delphi, Lebadeia in Böotien, sodann über Chalkis, Aulis und Oropos nach Athen. Der Konsul opferte der Athena auf der Akropolis und dürfte besucht haben, was Livius in seinem Bericht als sehenswert aufführt: außer der Burg «die Häfen, die Mauern, die den Piräus und die Stadt verbinden, die Schiffslager sowie Bildnisse der Götter und Menschen von Stoff und Meistern aller Art.»[74] Auch trug er, wie es heißt, der Bürgerschaft seinen Wunsch vor, sie möge ihm ihren am

73 ISE 35.

74 Livius 45, 27, 11–28, 1. Polybios 30, 10, 3–6. Plutarch, *Aemilius* 28, 1–2. Für die Langen Mauern oben S. 188.

höchsten geachteten Philosophen für die Erziehung seiner Kinder und einen Maler zur Verherrlichung seines Triumphs mitgeben, woraufhin die Athener ihm Metrodoros mitgegeben hätten, der Meister in beidem, der Wissenschaft und der Kunst, sei, was Paullus denn auch bestätigt gefunden habe. Außer Metrodoros soll der Konsul damals auch ein Standbild der Athena nach Rom entführt und dieses sodann in einem Fortunatempel geweiht haben.[75] Die Reise führte weiter über Korinth, Sikyon und Argos nach Epidauros und Olympia.

Nach dem Kriegsende wurde sogleich offenbar, daß der Senat den Athenern weiterhin gewogen war. Die der Stadt erwiesene Gunst stand in krassem Gegensatz zu der rüden Behandlung, die den drei ältesten und wichtigsten Verbündeten Roms damals zuteil wurde: dem König von Pergamon, der Republik Rhodos und dem Achäischen Bund.[76] Alle wurden verdächtigt oder wenigstens beschuldigt, in ihrem Eifer oder ihrer Treue gegenüber Rom während des Krieges geschwankt bzw. (im Falle Eumenes' II. von Pergamon) heimliche Kontakte zu Perseus unterhalten zu haben. Der König, der sich persönlich vor dem Senat rechtfertigen wollte, wurde nach seiner Landung in Italien brüsk zum Verlassen des Landes aufgefordert, die von ihm bis dahin abhängigen Galater wurden vom Senat für frei erklärt. Den Rhodiern wurde die Freundschaft deshalb entzogen, weil sie, vom Konsul Marcius Philippus im Jahre 169 dazu ermuntert, von einer Friedensvermittlung zu reden gewagt und sich selbst als Vermittler angeboten hatten. Kreise des Senats drangen darauf, ihnen den Krieg zu erklären. Soweit kam es am Ende zwar nicht, aber sie verloren die ihnen nach dem Antiochoskrieg zugesprochenen Landschaften Karien und Lykien, die für frei erklärt wurden. Sie verloren weiter hohe Zolleinkünfte im Zusammenhang mit der Änderung im Status der Insel Delos, die sogleich erwähnt werden wird. Den Achäern, denen schwerlich mehr vorgeworfen werden konnte, als daß es unter ihnen wie bei den meisten Griechen auch Männer gab, die mit Perseus sympathisierten oder wenigstens die Erhaltung Makedoniens als eines selbständigen Staates wünschten, wurden fünfzehnhundert Männer, die der romfreundliche Politiker Kallikrates namentlich angab, ohne weiteres Verfahren nach Italien abgeführt und dort fünfzehn Jahre lang festgehalten, ohne daß der Senat anders als ablehnend auf das immer wiederholte Ersuchen der Achäer reagierte, die Schuld oder Unschuld eines jeden einzelnen festzustellen oder eine entsprechende Untersuchung den Bundesbehörden zu überlassen. Zu den damals Internierten gehörte auch Polybios, der als ein Mann von etwa dreißig Jahren im Jahre 170 Reiterführer (Hipparch) des Bundes gewesen und als Sohn des um die Erhaltung der Unabhängigkeit des Bundes bemühten Politikers Lykortas ein Gegenspieler des Kallikrates war.

[75] Plinius, *nat. hist.* 35, 135; 34, 54.

[76] Für das Folgende vgl. die in Anm. 71 genannten Darstellungen der allgemeinen Geschichte dieser Zeit.

Er hat Rom und die Römer fünfzehn Jahre lang aus der Nähe und in vertrautem Verkehr mit Scipio Aemilianus, dem leiblichen Sohn des Siegers von Pydna, studieren können.

Als nach dem Kriegsende Gesandtschaften aus allen Staaten der griechischen Welt, großen wie kleinen, in Rom vorstellig wurden, um zum Siege der Römer zu gratulieren, an ihre Verdienste um den Sieg zu erinnern oder um sich von Verdacht oder Vorwürfen zu reinigen, waren auch athenische Gesandte vor dem Senat erschienen. Ihr erstes, wenngleich nicht ihr hauptsächliches Anliegen war es, für die unglücklichen Bürger der böotischen Stadt Haliartos einzutreten. Diese war 171 vom Praetor Gaius Lucretius nach hartem Kampf erstürmt worden. Dabei waren alle Bewohner der Stadt niedergemacht worden, bis auf zweieinhalbtausend Waffenfähige, die sich auf die Burg gerettet, am folgenden Tag aber kapituliert hatten und in die Sklaverei verkauft worden waren.[77] Die Athener baten den Senat um ihre «Rettung», d. h., wie das Folgende erkennen läßt, darum, daß denen die losgekauft würden, die Neugründung ihrer Gemeinde gestattet werde. Die ganz abweisende Haltung des Senats ließ die Gesandten, im Einklang mit Instruktionen, die sie für diesen Fall erhalten hatten, ihre Taktik ändern. Sie erbaten nun für sich die Inseln Delos und Lemnos und das Territorium der ganz zerstörten Stadt Haliartos. Der Senat bewilligte ihnen diese Wünsche.

An den Bericht hierüber knüpft Polybios den Kommentar, hinsichtlich Delos und Lemnos seien die Athener nicht zu tadeln, denn beide Inseln seien auch früher athenisch gewesen (oder: von ihnen beansprucht worden, oben S. 206), doch verdienten sie Tadel dafür, daß sie den Bürgern von Haliartos jede Hoffnung auf die Zukunft genommen hätten, statt mit aller Entschiedenheit für das Wiedererstehen einer der ältesten böotischen Städte einzutreten. Damit hätten die Athener sich ihrer eigenen Vergangenheit unwürdig gezeigt. Aus dem Besitz von Haliartos sei ihnen allerdings mehr Haß als Nutzen erwachsen und aus dem Wiedererhalt der beiden genannten Inseln eine Fülle von Schwierigkeiten. Es ist keineswegs sicher, daß diese Kritik berechtigt ist.[78] Haliartos wurde damals zu einer athenischen Enklave innerhalb böotischen Gebiets.[79]

[77] Livius 42, 63, 11.

[78] Polybios 30, 20, 1–8 mit Walbank, Commentary 3, 443–444. Strabo 10, 5, 4, p. 486. Roussel, Délos 2 Anm. 2, der an der Berechtigung der Kritik des Polybios zweifelt. Die athenische Hoheit über das Gebiet von Haliartos wird durch drei Grenzsteine und durch einen Ehrenbeschluß für den athenischen Kommissar in Haliartos bestätigt (ABSA 28, 1926–7, 137–138, Nr. 10–11; Chiron 22, 1992, 481; IG VII 2850 [besser P. Roesch, Études Béotiennes, 1982, 168–171] vom Jahre 122/1). Das Gebiet war auch in augusteischer Zeit noch athenisch (Strabo 9, 2, 30, p. 411). Lemnos hatten die Athener sich vielleicht schon 196 (erfolglos) erbeten (S. 206).

[79] J.-M. Bertrand, Sociétés urbaines, sociétés rurales dans l'Asie Mineure et la Syrie hellénistiques et romaines, hg. v. E. Frézouls, Strasbourg 1987, 100.

Lemnos war den Athenern von König Seleukos I. nach seinem Sieg über Lysimachos im Jahre 281 zurückgegeben worden. Die Insel ist ihnen danach, zu einem Zeitpunkt, der sich nicht bestimmen läßt, an Makedonien verlorengegangen. Aus der zweiten Hälfte des 3. Jahrhunderts gibt es mehrere Dekrete und eine Weihung der athenischen Gemeinde in Hephaistia,[80] doch geht aus diesen Inschriften nicht hervor, wer damals Herr der Insel war, so wenig wie aus der Nachricht des Livius, daß im Jahre 208, während des Ersten Makedonischen Krieges, der römische Befehlshaber Publius Sulpicius und König Attalos I. Lemnos anliefen.[81] Auch ein Brief König Philipps V. an die Athener in Hephaistia, in dem er von seiner Absicht spricht, sich auf der Insel in die Mysterien der Kabiren einweihen zu lassen, entscheidet die Frage nicht, wer Lemnos damals in Besitz hatte.[82]

Zusammen mit Lemnos dürften die Athener damals auch Imbros und Skyros in der nördlichen Ägäis zurückerhalten haben.[83] Es ist nicht leicht zu sehen, warum Delos die Unabhängigkeit verlor, die es fast einhundertundsechzig Jahre besessen hatte; vielleicht deshalb, weil ein makedonischer Admiral die Insel während des Krieges zu seiner Operationsbasis gemacht hatte. Ihre Vergabe an Athen verband der Senat mit der Bedingung, daß Delos ein Freihafen sein solle, d. h. daß dort Einfuhr- und Ausfuhrzölle nicht erhoben werden durften, die in der Regel 2 % des Warenwertes betrugen. Es ist möglich, daß es italische Kaufleute waren, die dies durchsetzten. Die Folge war, daß sich ein großer Teil des mittelmeerischen Transithandels, vor allem zwischen Italien und dem syrisch-palästinensischen Raum, in Delos konzentrierte, zum Schaden von Rhodos, dessen Einkünfte aus den Zöllen sofort von einer Million auf einhundertundfünfzigtausend Drachmen im Jahr, d. h. um 85 Prozent, fielen.[84]

Im Verlauf der zweiunddreißig Jahre, die der akuten Bedrohung Athens durch König Philipp im Jahre 200 gefolgt waren, war die Stadt an drei größeren Kriegen, stets an der Seite der Römer, beteiligt gewesen. Aus ihnen ging sie ohne frischen Ruhm, aber im wesentlichen ungeschoren hervor, aus dem letzten Krieg sogar mit erheblichen Gewinnen. Größere militärische Anstrengungen hatte sie nach der Abwehr der Angriffe vom Jahre 200 nicht mehr machen müssen. Athener waren mit kleineren Einheiten der Flotte gelegentlich an Operationen zur See beteiligt gewesen, vielleicht auch mit einer Abteilung von Soldaten an der Schlacht von Pydna,

80 ASAA, NS 3–4, 1941–43, 79 ff. Nr. 3. 4. 5 und 9.

81 Livius 28, 5, 1.

82 S. Accame, RFIC 69, 1941, 179–193. P. M. Fraser – A. H. McDonald, JRS 42, 1952, 81–83. Walbank, Commentary 2, 611. R. K. Sherk, ZPE 84, 1990, 270–272.

83 B. Niese, Geschichte der griechischen und makedonischen Staaten seit der Schlacht bei Chaeronea, 3, Gotha 1903, 189, Anm. 3. Holleaux, Études 5, 107–108.

84 Polybios 30, 31, 12, mit Walbank, Commentary 3, 459–460. D. van Berchem, MH 48, 1991, 129–145. Will, Histoire 2, 300–301.

wenn Kalliphanes kein Einzelkämpfer gewesen sein sollte. Nennenswerte Zerstörungen auf dem Boden Attikas hatte es nur im Jahre 200 gegeben, höhere Blutverluste hat die Bürgerschaft allem Anschein nach in keinem dieser Kriege erleiden müssen.

Am Ende dieses Zeitraums fand sich der athenische Staat in einer viel stärkeren Position als zu seinem Beginn. Die seit fast zweihundert Jahren von Makedonien drohende Gefahr war jetzt ein für allemal gebannt, denn König Perseus war mit seinen Familienangehörigen und 250 vornehmen Makedonen nach Italien abgeführt und dort interniert worden, die Monarchie war beseitigt und durch vier voneinander unabhängige Republiken ersetzt worden. So sehr Athen innerhalb Griechenlands im ersten Viertel des 2. Jahrhunderts an Einfluß und militärischer Macht hinter dem Achäischen Bund und Rhodos zurückstand (um vom König von Pergamon hier nicht zu reden), so schob die Stadt sich mit dem Ende des Dritten Makedonischen Krieges nach vorne, nicht aus neugewonnener eigener Kraft, sondern dank der Maßregelung dieser anderen Mächte (einschließlich des Königs von Pergamon) durch den römischen Senat. Im Unterschied zu ihnen erfreute Athen sich weiterhin, ja zunehmend, der Gunst der Römer. Ihr verdankte die Stadt die großen Gewinne von 167: die Inseln Delos, Lemnos, Imbros und Skyros – die alle schon einmal für längere Zeit athenisches Staatsgebiet gewesen waren – und das Territorium von Haliartos.

Was bisher in diesem Abschnitt über den Ausgang des Dritten Makedonischen Krieges gesagt wurde, macht deutlich, daß seit 168 Rom die bestimmende Macht in Griechenland war, und zwar ohne daß die Republik ein Stück griechischen Bodens annektiert oder auf ihm eine ständige Garnison unterhalten hätte. Nicht alles, was seither auf griechischem Boden geschah, geschah mit dem Willen, aber nichts Wesentliches geschah mehr gegen den Willen Roms. Mit Entsetzen hatten die Griechen gesehen, wie sich die römischen Armeen nach dem Ende des Krieges verabschiedeten. Vor der Einschiffung an der Adriaküste hielten die Feldherrn Aemilius Paullus und Anicius Gallus das vom Senat verordnete Strafgericht über den epirotischen Stamm der Molosser, der an der Seite des makedonischen Königs gekämpft hatte. Unter dem Versprechen der Schonung wurde den Bewohnern alles Edelmetall und Geld abverlangt und abgenommen, danach aber wurden an einem einzigen Tage in den 70 Ortschaften alle Häuser geplündert und zerstört, 150000 freie Menschen zusammengetrieben und zugunsten der römischen Soldaten in die Sklaverei verkauft.[85]

[85] Polybios 30, 15. Livius 45, 34, 1–6. Walbank, Commentary 3, 438–439.

IX. Friedenszeiten (vor und nach 167)

1. Verkehr mit den Königen

Der Friedensschluß Roms mit König Philipp V. im Jahre 196 eröffnete für Athen ein Jahrhundert des Friedens, das durch die Kriege Roms gegen Antiochos und Perseus, die Athen nur marginal tangierten, nicht eigentlich unterbrochen wurde und erst mit dem Beitritt der Stadt zur Sache des im Krieg gegen Rom stehenden Mithridates von Pontos im Jahre 88 sein Ende fand. Mit dem Anfang dieser Friedenszeit begann eine Phase lebhafter Kontakte zu anderen Staaten, die sich durchaus unterscheidet von dem isolationistischen Kurs der Brüder Eurykleides und Mikion im ausgehenden dritten Jahrhundert. Der Erwerb von Delos und Lemnos nach dem Perseuskrieg leitete zudem eine Zeit zunehmender Prosperität ein.

Was zunächst die Monarchien betrifft, so hatte Athen im 3. Jahrhundert die engsten Beziehungen zum Haus der Ptolemäer unterhalten, das gegenüber dem rivalisierenden Haus der Antigoniden von Makedonien mehr als einmal, mit wechselndem Erfolg, die Rolle des Protektors der Stadt gespielt hatte.[1] In der Bedrängnis des Jahres 200 wandten sich die Athener durch die Gesandtschaft des Kephisodoros wieder einmal mit dem Ersuchen um militärische Hilfe an den Hof von Alexandreia, doch war dieser damals selbst in einen schweren Krieg gegen Antiochos III. verwickelt, in dessen Verlauf das südliche Syrien und Palästina verlorengingen. Zudem war der König, Ptolemaios V. Epiphanes, noch ein Knabe, für den rasch wechselnde Vormünder handelten, die als Kanzler die Staatsgeschäfte führten. Daher war Ägypten außerstande, Athen wirksam beizustehen, und so waren es andere Mächte, Attalos von Pergamon, Rhodos und vor allem Rom, die der Stadt in dieser schweren Krise halfen und in engere Beziehungen zu ihr traten. Gleichwohl blieb das Verhältnis zu Ägypten freundlich. Aus den achtziger Jahren des 2. Jahrhunderts liegen nicht weniger als drei athenische Ehrendekrete für hochgestellte Persönlichkeiten im Dienste Ptolemaios' V. noch jetzt vor.[2] Sie lassen erkennen, daß zwischen den Mächten ein lebhafter Verkehr bestand, daß insbesondere viele Athener, vor allem gewiß Getreidekäufer und andere Kaufleute, nach Ägypten kamen. Das

[1] Die Beziehungen Athens zum Ptolemäerreich sind eingehend erörtert worden von Habicht, Athens and the Ptolemies, Classical Antiquity 11, 1992, 68–90, für das frühe 2. Jahrhundert besonders 75–86. Dort finden sich die Belege, die hier etwa vermißt werden.

[2] IG II² 891. 893a. 897, vielleicht auch 888. Habicht (Anm. 1) 77.

gleiche gilt für die unter der Kontrolle eines ptolemäischen Gouverneurs stehende Insel Zypern, wie zwei athenische Volksbeschlüsse der Jahre um 180 v. Chr. zeigen.[3]

Es ist auch so gut wie sicher, daß athenische Festgesandte alle vier Jahre die Stadt bei den in Alexandreia stattfindenden Feiern zum Gedächtnis Ptolemaios' I. vertraten und umgekehrt der Hof von Alexandreia an den größeren athenischen Staatsfesten wie den Großen Panathenäen und den eleusinischen Mysterien, zweifellos auch an den Ptolemaia zu Ehren Ptolemaios' III., repräsentiert war. Auch besaßen die Könige das Ehrenbürgerrecht Athens und waren in der Phyle Ptolemais eingeschrieben. In einem einzigen Augenblick des Jahres 169, d. h. in der Zeit des Sechsten Syrischen Krieges zwischen Ptolemaios VI. und Antiochos IV., der diplomatischem Verkehr nicht gerade günstig gewesen sein kann, befanden sich doch nicht weniger als drei athenische Gesandtschaften in Ägypten, davon eine wegen der Panathenäen, eine andere in Sachen der Mysterien.[4] Aber nichts beleuchtet so klar die Intensität und Herzlichkeit des Verhältnisses wie die Tatsache, daß zwischen 182 und 158 v. Chr. Angehörige des Königshauses und hohe Würdenträger der Krone oft Panathenäensieger waren: König Ptolemaios V., sein Sohn und Nachfolger Ptolemaios VI. als Prinz und zweimal als König, dessen Gemahlin Kleopatra II., der Minister Polykrates (dessen Schwester Polykrateia die Mutter des makedonischen Königs Perseus war), seine Gattin Zeuxo aus Kyrene, seine drei Töchter sowie die Priesterinnen dynastischer Kulte Eirene und Agathokleia, beide aus den höchsten Familien.[5] Und es ist sicher, daß dieser erhaltene Befund nur einen Ausschnitt aus dem einst vollständigeren Bild sehen läßt.

Entgegen einer von Ferguson aufgestellten und von anderen Gelehrten übernommenen These hat es in den auf den Tod Ptolemaios' VI. im Jahre 145 folgenden fünfzig Jahren weder einen Bruch in den diplomatischen Beziehungen Athens zum Hof der Ptolemäer noch eine Abkühlung des herzlichen Verhältnisses gegeben.[6] Allerdings begannen die Ptolemäer um die Mitte des 2. Jahrhunderts mit dem Abbau ihrer ägäischen Stützpunkte. Sie waren danach kaum noch imstande, als Protektoren Athens aufzutreten, hatten aber diese Rolle tatsächlich schon längst an Rom verloren.

Zum Hof der Seleukiden hatte Athen während des 3. Jahrhunderts nur vereinzelte Kontakte gehabt. Engeren Beziehungen stand neben geographischen Gegebenheiten auch der Umstand entgegen, daß Seleukiden und Ptolemäer wegen konkurrierender Ansprüche auf das südliche Syrien in ständiger Fehde miteinander lagen, Athen sich daher, hätte es lebhaftere

[3] IG II² 908 und 909. Näheres zu Inhalt und Datierung bei Habicht (Anm. 1) 80–81.

[4] Polybios 28, 19, 4.

[5] Habicht (Anm. 1) 78–79.

[6] Das Nähere in der in Anm. 1 genannten Arbeit, S. 83–85. Seither ist ein neuer Beleg für die Feier der Ptolemaia in Athen im Jahre 117/6 hinzugekommen (Ergon 1991, 5).

Beziehungen zum Hof von Antiocheia unterhalten, das Mißtrauen seines ägyptischen Protektors zugezogen hätte. Gegen Ende des 3. Jahrhunderts aber bemühte sich der von seiner ruhmvollen Anabasis in den Osten seines Reiches nach Kleinasien zurückgekehrte König Antiochos III., der Große, um das Wohlwollen griechischer Staaten und auch um Athen.[7] Ob er es war, der die vergoldete Aigis aus Bronze mit dem Haupt der Meduse auf der Akropolis weihte, oder sein Sohn Antiochos IV., ist in der Forschung strittig.[8] Aber die in einem Athener Heiligtum im Jahre 181 registrierten Weihgeschenke einer Königin Laodike waren am ehesten Gaben seiner Gemahlin.[9] Weiter zeigt ein athenischer Volksbeschluß vom Jahre 184/3, daß in den Jahren vor dem Ausbruch des Antiochoskrieges, d. h. vor 192, athenische Gesandte und Festgesandte einigermaßen regelmäßig in die königliche Residenz Antiocheia am Orontes kamen.[10] Es hat damals jedenfalls diplomatische Beziehungen der Stadt zum König gegeben, und sie waren freundlicher Natur, wenn auch vielleicht nur diplomatische Routine. Aber beim Ausbruch des Krieges gab es, wie sich schon gezeigt hat (S. 210), auch in Athen Bürger, die lieber an der Seite des Königs als gegen ihn an der Seite der Römer in den Krieg gezogen wären.

Es hat daher nach dem Kriegsende und dem wenig später erfolgten Wechsel auf dem Thron von Antiochos zu seinem Sohn Seleukos IV. nicht lange gedauert, bis das gute Verhältnis der Mächte zueinander wieder hergestellt wurde. Das ist spätestens im Frühjahr 186 geschehen, als ein Abgesandter des Königs in Athen geehrt wurde.[11] Etwa aus der gleichen Zeit stammt ein Beschluß des Geschlechts der Keryken, der diplomatischen Verkehr Athens mit dem Hof des Königs bezeugt.[12]

Es war sodann der jüngere Bruder des Seleukos, Antiochos, der ihm Ende 175 als König Antiochos IV. Epiphanes nachfolgte, der zum größten Wohltäter Athens und zum erklärten Liebling der Athener wurde. Beim Friedensschluß seines Vaters mit Rom im Jahre 188 war er als Geisel nach Rom gekommen und später dort durch Seleukos' Sohn Demetrios ersetzt worden, nicht erst im Jahre 175, ganz kurz vor Seleukos' Tod (oder Ermordung), wie man angenommen hatte, sondern spätestens im Sommer 178, denn schon im Herbst desselben Jahres ist Antiochos durch einen kürzlich bekanntgewordenen Beschluß der Athener zu seinen Ehren als dort weilend bezeugt.[13] Er hat mithin mehrere Jahre seiner Jugend in Athen zuge-

[7] Zum Folgenden Habicht, Athen und die Seleukiden, Chiron 19, 1989, 7–26, für Antiochos III. und seine Söhne Seleukos IV. und Antiochos IV. 10–21.

[8] Habicht (Anm. 7) 11–12.

[9] Hesperia-Suppl. 4, 1940, 144 ff., Zeile 8–9.

[10] IG II^2 785, 10–13.

[11] Pritchett-Meritt, The Chronology of Hellenistic Athens, Cambridge, Mass. 1940, 117–118.

[12] IG II^2 1236. Habicht (Anm. 7) 18. Zum Datum Tracy, ALC 95.

[13] Hesperia 51, 1982, 60, Nr. 3.

bracht, statt ins Reich seines Bruders und seiner Vorfahren zurückzukehren. Nach dem Tode des Bruders ist er von dort aufgebrochen, um den Thron, auf den Vormünder einen erst wenige Jahre alten Sohn des Seleukos gehoben hatten, für sich zu gewinnen. Er fand dafür die volle Unterstützung des früheren Gegners seines Hauses, des Eumenes II. von Pergamon und seiner Brüder, und hatte dank dieser Hilfe bald Erfolg. Die athenische Bürgerschaft war darüber so beglückt, daß sie den Brüdern aus Pergamon mit einem überschwenglichen Beschluß dankte, der in Pergamon zutage gekommen ist.[14] Zu dieser Zeit standen, wie der Text erkennen läßt, bereits Statuen des neuen Königs in Athen, die in der Zeit seines athenischen Aufenthaltes errichtet worden sein müssen, mithin ein Ausdruck der Zuneigung sind, die die Athener schon für den noch ungekrönten Prinzen empfanden.

Als König hat Antiochos königlich vergolten, was die Athener für ihn getan hatten. Es ließ den im 6. Jahrhundert begonnenen, dann unfertig liegengelassenen Riesentempel des Zeus Olympios in großartigem Stil fortführen, bemerkenswerterweise durch einen römischen Baumeister namens Cossutius. Der Bau, wenn er auch in der Zeit des Antiochos nicht vollendet wurde, wurde doch sofort den berühmtesten Tempeln der griechischen Welt zugezählt.[15] In diesen Jahren, vermutlich 173/2, ist in Athen auch der Gardebefehlshaber des Königs, Arridaios, geehrt worden.[16] Athenische Gesandte sprachen im Jahre 169 mit dem König in Ägypten. Sie waren an den Hof der Ptolemäer geschickt worden, dort aber, wie auch Gesandte anderer griechischer Staaten, gebeten worden, im Heerlager des Antiochos für einen Friedensschluß einzutreten. Dieser legte ihnen dar, warum er Krieg führte, und überzeugte angeblich seine Zuhörer von der Gerechtigkeit seiner Sache.[17] Die Nachricht von seinem Tode gegen Ende des Jahres 164 muß in Athen als Trauerbotschaft empfunden worden sein, hat doch, was der König für diese Stadt getan hatte, selbst bei den entfernten und gegen ihn rebellierenden Juden Palästinas Eindruck hinterlassen, von dem das 2. Buch der Makkabäer noch eine Spur bewahrt hat.[18]

Soweit sich erkennen läßt, waren Geschenke der Dynasten von Pergamon an die philosophischen Schulen der Akademie und des Peripatos in Athen bzw. an ihre Vorsteher die ersten Berührungspunkte der Attaliden mit Athen.[19] Unter Attalos I. (241–197), der nach Siegen über die kleinasia-

14 OGI 248, interpretiert von M. Holleaux, Études 2, 127–147. Appian, *Syr.* 233–234.

15 Zeugnisse bei Habicht (Anm. 7) 19, Anm. 63, darunter AP 9, 701 und 702.

16 ISE 34.

17 Polybios 28, 19–20.

18 2. Makk. 9, 15. Habicht, HSCP 80, 1976, 3.

19 Zum Folgenden ausführlich Habicht, Athens and the Attalids in the Second Century B. C., Hesperia 59, 1990, 561–577. Für die Zeit Attalos' I. vgl. H.-J. Schalles, Untersuchungen zur Kulturpolitik der pergamenischen Herrscher im dritten Jahrhundert vor Christus, Tübingen 1985.

tischen Galater den Königstitel annahm, dehnten sich die Kontakte auf den öffentlichen Bereich aus und nahmen damit politischen Charakter an. Das war schon deshalb unvermeidlich, weil der König gegen Ende des 3. Jahrhunderts durch den Erwerb der Insel Ägina im Ersten Makedonischen Krieg Nachbar Athens geworden war. Er war es auch im wesentlichen, der die Athener im Jahre 200 bewog, in den Krieg gegen Philipp V. einzutreten, und der sie während des Krieges mit Soldaten, Geld und Getreide unterstützte. Auch scheint er sich für athenische Kriegsgefangene, d. h. wohl für ihren Loskauf, eingesetzt zu haben.[20] Ein großer Teil der Forschung nimmt an, daß er es war, der den Athenern das Weihgeschenk der sog. *Kleinen Galater* gesandt hat, kurz vor oder kurz nach 200 v. Chr., und daß er damit an seine frühen Siege über die Galater erinnern und sich als Vorkämpfer des Griechentums und griechischer Zivilisation darstellen wollte. Dagegen sehen viele andere Forscher in der Gruppe eine Stiftung seines Sohnes Attalos II., der nicht nur als Prinz im Jahre 189 am Feldzug des römischen Konsuls Manlius Vulso gegen die Galater teilgenommen, sondern auch 166, zusammen mit König Eumenes, seinem Bruder, den großen Aufstand der Galater zu bestehen hatte, der die Dynastie in eine schwere Krise stürzte.

Wie immer die richtige Antwort auf diese Frage lauten mag,[21] sicher ist, daß seit dem Jahre 200 v. Chr. kein anderes Königshaus, nicht einmal das der Ptolemäer, engere und herzlichere Beziehungen zu Athen hatte. Schon beim Ausbruch des Zweiten Makedonischen Krieges konnte Attalos an seine der Stadt erwiesenen Wohltaten erinnern, und schon damals hatten die Athener, während sie die Kulte der Antigoniden beseitigten, einen Kult des Attalos eingerichtet, der ganz wie jene und wie der Kult Ptolemaios' III. beschaffen war.

Als Verbündete der Römer und der Athener waren Attalos I. und nach ihm sein Sohn Eumenes (197–158) während der Kriege gegen Philipp V., Antiochos III. und Perseus mehr als einmal nach Athen bzw. in den Piräus gekommen. Und während des Antiochoskrieges sind wenigstens drei Männer, die im Dienst des Eumenes standen, von den Athenern durch getrennte Beschlüsse geehrt worden, sein Leibarzt Menandros, Theophilos

[20] IG II^2 886, 17.

[21] Zu dieser Kontroverse zuletzt F. Queyrel, RA 1989, 278–296, wo die umfangreiche Literatur genannt ist. Die Spätdatierung wird erneut vertreten von B. Andreae, Studi Ellenistici (ed. B. Virgilio) 4, 1994, 131–133. Nach Andreae wurde die Gruppe («in verità uno dei più grandi monumenti di tutti i tempi», a. O. 133) unter Beteiligung des «pergamenischen Hofkünstlers» Phyromachos von Athen, der schon den Stil des Großen Altars in Pergamon bestimmt habe, geschaffen und innerhalb der Jahre 166 bis 150 nach Athen geweiht. Gegenüber diesen locker gefügten Thesen dürfte die gleiche Skepsis angebracht sein, wie sie R. R. R. Smith in seiner Besprechung von Andreaes stofflich nahe verwandtem Buch «Laokoon und die Gründung Roms» (1988) im Gnomon 63, 1991, 351–358, geäußert hat.

von Pergamon und Pausimachos.[22] Umgekehrt waren athenische Gesandte bald nach dem Siege über Antiochos am pergamenischen Hof. Wie die männlichen Mitglieder des ptolemäischen Königshauses, so waren auch Eumenes und seine Brüder athenische Ehrenbürger und in einer nach ihrem Vater benannten Phyle der Bürgerschaft, der Attalis, registriert. Mit diesem Zusatz erscheinen sie alle vier in der Urkunde der Großen Panathenäen von 178 als Sieger.[23] Im gleichen Jahr ist der sich in Athen aufhaltende seleukidische Prinz Antiochos von den Athenern geehrt worden, den Eumenes und seine Brüder wenige Jahre danach auf den Thron hoben, der von Rechts wegen seinem in Rom festgehaltenen Neffen Demetrios zugekommen wäre. Eben diese Hilfeleistung haben die Athener zum Anlaß genommen, die Mitglieder des pergamenischen Königshauses erneut zu ehren. Dazu gesellt sich im Jahre 174 noch ein individuelles Dekret für den dritten der Brüder, Philetairos, dessen Statue die Athener als die eines ihrer Wohltäter auch nach Olympia weihten.[24]

Wenig später, etwa während des Krieges gegen Perseus, faßten die Athener Ehrenbeschlüsse für Hikesios von Ephesos, den Gouverneur des Königs in Ägina, und für Philtes von Kyzikos, der ebenfalls im Dienst des Königs stand. Im Sommer des Jahres 167 ehrten sie, in einer für den letzten Tag des Jahres einberufenen Sondersitzung der Volksversammlung, einen gewissen Diodoros, der als «Freund» des Königs und seiner Brüder bezeichnet wird.[25]

Die Monumente, die die Attaliden in Athen errichteten, standen dem von ihrem Freund Antiochos IV. der Vollendung entgegengeführten Tempel des Olympischen Zeus nur wenig nach. Es waren die 163 Meter lange Säulenhalle des Eumenes am Südabhang der Akropolis, die den Besuchern des Dionysostheaters Schutz im Falle von Regen bot, und die 116 Meter lange zweistöckige Stoa auf der Ostseite der Agora, die Attalos errichten ließ, nachdem er im Jahre 158 dem Bruder als König nachgefolgt war.[26]

Als Wohltäter der Stadt wurden Eumenes II. und Attalos II. von den Athenern durch die Aufstellung kolossaler Statuen geehrt, die auf der Akropolis oberhalb des Theaters standen; die beschriebenen Basen sind später durch andere ersetzt worden, die statt der Namen der Könige den

[22] IG II² 946. 947, 9–21. Osborne, Naturalization 1, Nr. 100. Habicht (Anm. 19) 564–567.

[23] IG II² 2314, 84–91; zur Datierung Tracy, Hesperia 60, 1991, 217–221; die Phyle Attalis erhalten ebenda 189, col. 1, 38 und 48.

[24] IG II² 905. I Olympia 312.

[25] Osborne, Naturalization 1, Nr. 106. IG II² 955 in der Herstellung von Habicht (Anm. 19) 576–577. IG II² 945, wo der Name des Antragstellers nach Agora XV 212, 110 zu Aris[ton] ergänzt werden kann.

[26] Quellen und Literatur zur Stoa des Eumenes bei Habicht (Anm. 19) 563, zu der des Attalos ebenda 573–574.

Namen des römischen Triumvirn Marcus Antonius trugen, der von 42 bis 31 v. Chr. Herr Athens war.[27]

Athen unterhielt im frühen 2. Jahrhundert auch zu einem Nachbarn und Rivalen der pergamenischen Dynastie freundliche Beziehungen, zu König Pharnakes I. von Pontos. Obwohl dessen ausdrucksvolles Porträt von seinen Silbermünzen wohlbekannt ist, ist Pharnakes doch im übrigen eine weithin schattenhafte Figur und es ist über ihn heute nicht viel mehr bekannt als schon Eduard Meyer vor mehr als einhundert Jahren in seiner *Geschichte des Königreichs Pontos* (1879) wußte. Seine Regierungszeit steht immer noch nicht fest, wenn es auch wahrscheinlich ist, daß er während des Jahres 171/0 gestorben ist, da Polybios ihm unter diesem Jahr Bemerkungen widmet, die kaum anders denn als Nachruf verstanden werden können.[28] Pharnakes trat plötzlich ins Licht der Geschichte, als er im Jahre 183 v. Chr. die lange unabhängige und früher gegen die Aggression seines Vaters von Rhodos geschützte Stadt Sinope am Schwarzen Meer eroberte. Ein mehrjähriger Krieg gegen Eumenes von Pergamon und andere mit diesem verbündete Mächte schloß sich an. Im Frieden von 179 wurde Pharnakes zur Herausgabe seiner Eroberungen, vor allem wohl in Galatien, gezwungen, doch behauptete er Sinope, das damals zur Hauptstadt des Reiches wurde.[29]

Die Volksversammlung Athens hat zu seinen Ehren und zu Ehren seiner ihm erst kürzlich angetrauten Gemahlin Nysa aus dem seleukidischen Königshaus im Jahr des Archons Tychandros einen längeren Beschluß gefaßt, der in Delos aufgestellt wurde und dort zutage gekommen ist.[30] Bis vor kurzem schien es ausgemacht, daß Tychandros im Jahre 160/59 amtiert habe (weshalb man gezwungen war, die Notiz des Polybios zum Jahre 171/0 anders zu erklären denn als Teil eines Nachrufs auf Pharnakes). Jetzt hat jedoch Stephen Tracy gezeigt, daß sein Amtsjahr vielmehr 196/5 war und daß der athenische Beschluß für Pharnakes aus den Monaten März-April 195 stammt.[31] Im fragmentarischen Beginn heißt es, daß bereits die Vorfahren des Königs Freunde der Stadt waren und auch Pharnakes, obwohl noch nicht im gefestigten Besitz seiner Herrschaft, den Athenern bestimmte Versprechungen gemacht hatte, für deren Erfüllung er athenische Gesandte

[27] Plutarch, *Antonius* 60, 6. Vgl. Cassius Dio 50, 15, 3.

[28] Polybios 27, 17. Das Porträt des Pharnakes: R. Smith, Hellenistic Royal Portraits, Oxford 1988, 113 und Tafel 77, 10.

[29] Habicht, CAH² VIII (1989) 328–330.

[30] IG XI 4, 1056 (I Délos 1497 *bis*).

[31] Tracy, AM 107, 1992, 307–314. Dort auch die epigraphischen Zeugnisse für die Regierung des Pharnakes aus Odessos, Amaseia und Chersonesos auf der Krim. Virginia Grace hat vorgeschlagen, in Pharnakes den Stifter der «Mittelstoa» auf der Agora Athens zu sehen (Hesperia 54, 1985, 1–54). Sie hat bewiesen, daß mit dem Bau um das Jahr 183 v. Chr. begonnen wurde, mithin zur Regierungszeit des Königs, doch ist die Zuschreibung an ihn nicht gesichert.

um Aufschub gebeten hat. König und Königin werden wegen ihrer Gesinnung belobigt, und Statuen beider sollen in Delos aufgestellt werden. Ein Bürger wird zur persönlichen Überbringung des Dekrets gewählt, der bei dieser Gelegenheit den König taktvoll darum bitten soll, die jährliche Rate des der Stadt versprochenen Geschenks, wenn es ihm irgend möglich sei, anzuweisen. Dies ist das einzige sichere Zeugnis aus den Beziehungen zwischen Stadt und König; viele andere müssen verloren sein. Kein Zeugnis gibt es in dieser Zeit für Kontakte Athens zu den Königen von Bithynien im Nordwesten Kleinasiens, weder zu Prusias I. (bis 183) noch zu seinem Sohn und Nachfolger Prusias II. (183 bis 149 v. Chr.).

Die vorstehende Musterung der auswärtigen Beziehungen Athens hat unter anderem ergeben, daß es im 2. Jahrhundert Bautätigkeit größeren Umfangs in Athen gegeben hat, diese aber nicht mehr, wie seinerzeit noch unter Lykurg, von der Stadt auf eigene Rechnung unternommen, sondern von den pergamenischen und syrischen Königen auf ihre Kosten veranstaltet wurde. Es war das große Prestige Athens, das diese Monarchen veranlaßte, sich dort mit repräsentativen Bauten zur Schau zu stellen.

2. Verkehr mit den freien Staaten

Ein neues Selbstgefühl scheint die athenische Bürgerschaft erfüllt zu haben, sobald mit dem Ende des Zweiten Makedonischen Krieges und dem des Krieges gegen Antiochos und die Ätoler kritische Jahre glücklich überstanden waren. Es waren Athen und der von Makedonien unabhängig gewordene Thessalische Bund in seiner neuen, ihm von Flamininus gegebenen Ordnung, die in der Staatengemeinschaft der delphischen Amphiktionie die neue Verteilung der Stimmen herbeiführten, die durch das weitgehende Verschwinden der Ätoler notwendig geworden war. Die beiden Mächte waren geschickt genug, sich für diese neue Ordnung in der Verwaltung des Heiligtums und der pythischen Spiele der Zustimmung des Senats in Rom zu versichern.[32] Wurden mit ihrem Vorgehen auch Hoffnungen enttäuscht, die sich die Stadt Delphi gemacht zu haben scheint, so ist es doch nicht zu einer länger dauernden Verstimmung zwischen ihr und Athen gekommen. Um das Jahr 180/179 wandte Delphi sich an Athen mit der Bitte um einen Vermittler, der ihren Streit mit einer benachbarten Gemeinde, der sich um Heiligtümer und einen Landstrich drehte, entscheiden sollte. Der Athener Apollodoros schlichtete die Sache und ist in Delphi dafür geehrt worden. Die andere Gemeinde ist in dem Ehrenbeschluß nicht namentlich genannt, doch dürfte es die lokrische Stadt Amphissa gewesen sein, mit der es eben um diese Zeit einen Streit um Heiligtümer und einen Landstrich gab. Für

[32] A. Giovannini, Ancient Macedonia 1, 1970, 147–154. Habicht, Hesperia 56, 1987, 59–71.

dessen Schlichtung erbaten die Parteien Richter aus Rhodos, und die Rhodier sandten ihnen für diese Aufgabe neun ihrer Bürger.[33]

Der Sachverhalt ist in beiden Urkunden in einer weithin wörtlich gleichen Weise beschrieben, so daß es naheliegt, beide auf die gleiche Angelegenheit zu beziehen. Dann fragt es sich natürlich, wie die Rollen der rhodischen Richter und des athenischen Schlichters sich zueinander verhalten haben. Verschiedene Erklärungen sind denkbar, z. B. die, daß die rhodischen Richter den großen Rahmen der Einigung absteckten, im Vollzug der Abwicklung jedoch spezielle Probleme auftauchten, deren Regelung (sog. *epikrisis*) dem Athener Apollodoros übertragen wurde.

Zum nördlichen Nachbarn Attikas, nach Böotien, führt ein auf der Agora von Athen gefundenes fragmentarisches Dekret einer böotischen Stadt, wahrscheinlich Thespiais, das kultische Angelegenheiten betrifft. Es dürfte dabei um die athenische Beteiligung am Musenfest von Thespiai gegangen sein.[34] Wie wegen der athenischen Hilfe für die im Krieg gegen Rom bedrängten Ätoler nicht anders zu erwarten, waren die Beziehungen Athens zum Ätolischen Bund in den achtziger Jahren gut, und dies wird durch ein Zeugnis von ca. 182 v. Chr. unterstrichen.[35] Im frühen zweiten Jahrhundert, zwischen 198 und 168, haben Athen und der Achäische Bund ein Rechtshilfeabkommen miteinander geschlossen, um das es späterhin zwischen beiden Staaten Differenzen gab.[36]

In zunehmendem Maße, so scheint es, wurden die Dienste Athens und athenischer Bürger während des 2. Jahrhunderts von anderen Staaten zur Regelung von Konflikten gesucht. Eine wichtige Urkunde aus Milet behandelt den Friedensschluß und die Friedensbedingungen, die zwischen Milet und Magnesia am Mäander nach einem für beide Seiten verlustreichen Krieg, in dem jedoch Magnesia Vorteile gehabt hatte, vereinbart wurden.[37] Unter der Führung von Rhodos waren nicht weniger als dreizehn andere Staaten an der Beilegung beteiligt gewesen, vor allem kleinasiatische und Inselgemeinden. Aus dem Mutterland kamen außer der athenischen Delegation vier achäische Abgesandte, und zwar je einer als Vertreter der Bundesbehörden und der Städte Megalopolis und Antigoneia (Mantineia) sowie zwei aus Patras. Seit seiner Auffindung kurz vor dem Ausbruch des ersten Weltkrieges ist dieser Friedensschluß immer ins Jahr 197 datiert

33 FD III 2, 89 (das Dekret für Apollodoros) und III 3, 383 (das Dekret für die Rhodier). Vgl. G. Daux, Delphes 277–280 und G. Daverio Rocchi, Frontiera e Confini nella Grecia Antica, 1988, 132–142. Die Datierung folgt aus Syll.^{3} 585, 216–224.

34 G. Lalonde, Hesperia 46, 1977, 268–276, aus der Zeit zwischen 210 und 170 v. Chr. (Tracy, ALC 75). Zur Reorganisation dieses Festes am Ende des 3. Jahrhunderts M. Feyel, Contribution à l'épigraphie béotienne, Le Puy 1942, 88–132.

35 IG II^{2} 4931.

36 Polybios 32, 7, 3. Ph. Gauthier, Symbola, Nancy 1972, 173. W. Ziegler, Symbolai und Asylia, Diss. Bonn 1975, 63. Dazu unten S. 249.

37 I Milet 148 (Syll.^{3} 588).

worden. Jetzt hat aber Malcolm Errington die Unhaltbarkeit dieser Annahme erwiesen und zwingend dargelegt, daß er zwischen 185 und 182 zustande kam, d.h. nach dem Verschwinden der Garnisonen Philipps V. und der Vertreibung Antiochos' III. aus Kleinasien, nachdem Rhodos durch den Frieden von 188 die Kontrolle der Landschaft Karien südlich des Mäander (an dem Magnesia lag) erhalten hatte.[38] Die einzigen Staaten des Mutterlandes, die beteiligt waren, Athen und die Achäer, waren die damals einflußreichsten Freunde Roms in Griechenland, Athen zudem als «Mutterstadt» der ionischen Gemeinden in besonderer Weise engagiert. Die drei Mitglieder der athenischen Delegation waren Männer aus bekannten Familien; der Leiter Alexion war etwa zwei Jahre früher an der Neuordnung der delphischen Amphiktionie beteiligt gewesen, mithin ein erprobter Diplomat, der auch wenig später erneut in diplomatischer Mission bezeugt ist.[39]

Eben um die Zeit dieses Friedens, vielleicht wenige Jahre früher oder später, sind drei Milesier, alle aus einflußreichen Familien der Stadt, als Festgesandte nach Athen gekommen, vielleicht zu den Panathenäen, und dort geehrt worden. Man sieht, warum gerade sie in ihrer Vaterstadt für diese Mission ausgewählt wurden, denn ein Vorfahr des Delegationsleiters Euandridas, der Olympionike Antenor, war schon 306 in Athen mit Ehren ausgezeichnet worden, der Vater seines Mitgesandten Hermophantos, Lichas, war im späteren 3. Jahrhundert ein leitender Staatsmann Milets gewesen und von vielen Städten, unter denen auch Athen war, durch Bekränzung geehrt worden.[40]

Andere Volksbeschlüsse Athens zeigen die Stadt im frühen 2. Jahrhundert v. Chr. im Verkehr mit Kreta und mit der Kykladeninsel Keos.[41] Die Beziehungen Athens zu Kreta im frühen 2. Jahrhundert spiegeln sich in einer leider unvollständigen Inschrift, die den Beschluß einer westkretischen Stadt enthält. Dieser untersagt den Bürgern jegliches Beutemachen auf athenischem Territorium und sieht Bußen gegen Zuwiderhandelnde vor. Die beiden in dieser Sache nach Kreta gekommenen athenischen Unterhändler, die Brüder Lysikles und Thrasippos aus Gargettos, Angehörige einer bekannten Familie, werden mit der Proxenie der kretischen Stadt ausgezeichnet.[42] Ihre Mission stand im Zusammenhang mit der sich damals ausbreitenden Piraterie der Kreter, vor der sich die griechischen Städte durch Garantien kretischer Gemeinden, die in einiger Zahl erhalten sind, zu schützen suchten.[43]

38 R. M. Errington, Chiron 19, 1989, 279–288.

39 Für die Familie des Alexion Habicht, Studien 185–188 sowie das neue Zeugnis über seine Rolle in Delphi nach dem Antiochoskrieg, Hesperia 56, 1987, 65, Zeile 15.

40 IG II² 992. Habicht, Chiron 21, 1991, 325–329.

41 IG II² 844, 49–70. 978.

42 Inscr. Cret. 2, 313, Nr. 3, 1–12, gefunden in Athen und auch als IG II² 1130 gedruckt. Zur Familie der Brüder Habicht, Hesperia 60, 1991, 227.

43 P. Brulé, La Piraterie crétoise hellénistique, Paris 1978, 23–24 und 75.

Von der Kooperation mit dem Thessalischen Bund in den Jahren 186–184 zum Zwecke der Neuordnung der Amphiktionie war schon die Rede. Noch etwas früher, in die ersten Jahre nach der Neugründung des Thessalischen Bundes, fällt die Ehrung des Thessaliers Alexandros. Für den athenischen Archon Dionysios, nach dem sie datiert ist, habe ich das Jahr 194/3 vorgeschlagen, doch steht dem der Umstand entgegen, daß der damals dem Rat angehörende Antragsteller Nikias jedenfalls im Jahre 193/2 Ratsmitglied war. Zwar war zweimalige Mitgliedschaft im Rat zulässig, doch hatte zwischen den beiden Amtsjahren mindestens ein amtloses Jahr zu liegen.[44]

Auf der Peloponnes schwelten seit dem Beitritt Spartas und Messenes zum Achäischen Bund viele Jahre lang Streitigkeiten zwischen den Bundesbehörden und verschiedenen Fraktionen der Bürgerschaften Spartas und Messenes. Beteiligt waren in Sparta Anhänger des 192 von den Ätolern ermordeten Tyrannen Nabis und dessen von ihm vertriebene Gegner, in beiden Städten Befürworter und Gegner der Union mit den Achäern.[45] Beendet wurden die langwierigen Auseinandersetzungen, die auch den römischen Senat immer wieder beschäftigt hatten, im Jahre 180 als Ergebnis der achäischen Gesandtschaft des Kallikrates nach Rom. Der Senat wies damals die Achäer an, die noch in der Verbannung lebenden Spartaner und Messenier zurückzuführen. Kopien des Schreibens sandte er an die Ätoler, Epiroten, Athener, Böoter und Akarnanen, die vermutlich alle Verbannten Asyl geboten hatten, mit der Aufforderung, hierzu beizutragen.[46] Kallikrates hatte die Senatoren davon überzeugt, daß die Interessen Roms und die Anhänger der Römer unter den Griechen leiden müßten, wenn Griechenland sich selbst überlassen bliebe, daß daher klare Willensäußerungen des Senats erforderlich seien. Mit seiner Reaktion machte der Senat sich diesen (von Polybios als unpatriotisch verurteilten) Standpunkt zu eigen. Das Schreiben des Senats enthält die Erwartung, daß sich auch die unabhängigen griechischen Staaten wie Athen den römischen Wünschen zu fügen hätten. Es ist möglich, daß die Anwesenheit von Abgesandten des Achäischen Bundes in Athen im Jahre 178/7 noch mit dieser Angelegenheit

[44] IG II² 850, sicher aus den neunziger Jahren. Der Antragsteller Nikias, Sohn des Polyxenos, in Zeile 3 und in IG II² 844, 50 von 193/2. Die Zulässigkeit zweimaliger Ratsherrentätigkeit bezeugt *Athpol.* 62, 3, doch dürfte wegen der Rechenschaftspflicht der Mitglieder ein Intervall erforderlich gewesen oder gesetzlich gefordert worden sein (Busolt-Swoboda, Griechische Staatskunde 2, München 1926, 1022; vgl. P.J. Rhodes, The Athenian Boule, Oxford 1972, 14–16).

[45] Livius 35, 37, 1. Die Nachricht, daß Kopien des Vertrages, durch den Sparta im Jahre 192 Bundesmitglied geworden war, auf dem Kapitol in Rom, in Olympia und auf der Akropolis Athens aufgestellt gewesen seien (Livius 38, 33, 9), ist vielleicht nicht mehr als eine ausschmückende Fiktion eines römischen Annalisten.

[46] Polybios 24, 10, 6. Zu diesen Vorgängen, R.M. Errington, Philopoemen, 1969, 200–205.

in Verbindung steht. Diese Gesandten haben offensichtlich mit einer dreiköpfigen athenischen Kommission verhandelt, an deren Spitze derselbe Alexion aus Azenia stand, der schon 186/5 führend an der Neuordnung der Amphiktionie beteiligt gewesen war und der die athenische Delegation im Zusammenhang mit dem Friedensschluß zwischen Milet und Magnesia, etwa im Jahre 184, geleitet hatte.[47]

Sehr bald nach dem Ende des Perseuskrieges wurde Athen von der alten epirotischen Königsstadt Ambrakia und ihrem Nachbarn im Süden, dem Akarnanischen Bund, um die Entsendung von Richtern gebeten, die schwebende Streitigkeiten zwischen beiden Staaten (oder Angehörigen beider Staaten) entscheiden sollten. Ambrakia hatte im römisch-ätolischen Krieg furchtbar gelitten. Die Stadt war lange äußerst hartnäckig umkämpft worden und hatte endlich, im Jahre 189, auf Verlangen der ätolischen Behörden, die anders von den Römern Frieden nicht erhalten konnten, vor dem römischen Konsul Marcus Fulvius Nobilior die Waffen gestreckt. Fulvius, in dessen Begleitung sich der römische Dichter Ennius befand (der die Belagerung Ambrakias in einem verlorenen Epos beschrieben hat), entführte eine größere Zahl von Kunstwerken, mit denen vor allem König Pyrrhos einst seine Residenz geschmückt hatte, nach Italien, als jemals zuvor geschehen war. Wenig später, 187 v. Chr., erklärte der Senat Ambrakia zur freien Stadt. Während des Perseuskrieges lag mehrere Jahre lang eine starke römische Garnison in der Stadt.[48] Ambrakia wurde durch sie so schwer belastet, daß die Stadt, während des Krieges oder gleich nach seinem Ende, befreundete Staaten um Finanzhilfe bitten mußte. Erhalten sind substantielle Partien von einem Beschluß des Thessalischen Bundes, mit dem er der Stadt solche Hilfe zusagte.[49] Nach dem Ende des Krieges bemühte Ambrakia sich darum, die Beziehungen zu seinen Umwohnern neu zu regeln. Davon zeugt eine kürzlich bekanntgewordene lange Urkunde, die das Verhältnis der Stadt zu ihrem westlichen Nachbarn, Charadros, betrifft,[50] zeugen vielleicht (die Chronologie ist strittig) zwei weitere das Verhältnis zu Athamanien im Nordosten betreffende Urkunden,[51] zeugt endlich ein fragmentarischer Volksbeschluß Athens vom Jahre 167/6.[52]

47 Hesperia 26, 1957, 210, Nr. 58.

48 Livius 38, 44, 4–6 (der Senatsbeschluß). 43, 17, 10 und 44, 1, 4 (die Garnisonen).

49 Habicht, Demetrias 1, 1976, 175–180.

50 P. Cabanes und J. Andréou, BCH 109, 1985, 499–544. 753–757. Habicht, ZPE 62, 1968, 190–192. J. Tréheux und P. Charneux, BCH 112, 1988, 359–373. Ph. Gauthier, Bull. épigr. 1989, 265.

51 ISE 91, ein Brief des römischen Praetors P. Cornelius Blasio an Korkyra und die auf der Rückseite dieses Steines stehende, noch unveröffentlichte Entscheidung der Korkyräer in der Frage der Grenzziehung zwischen Ambrakia und Athamanien; M. Holleaux, Études 5, 433–448.

52 IG II^2 951, interpretiert von Ad. Wilhelm, SAWW 1916, 23–30 (Akademieschriften 1, 447–454). In Zeile 3 ist nach der neuen Urkunde von Anm. 50 γραμ[ματίστα] zu

Dieser läßt erkennen, daß Athen von Ambrakia und den Akarnanen um die Entsendung von Richtern gebeten worden war. Die Ekklesie kam dem Ersuchen nach. Die Athener wählten und vereidigten fünf ihrer Bürger für diese Aufgabe. Ihre Namen waren in dem Beschluß genannt, und die erhaltenen Teile lassen erkennen, daß unter ihnen ein Angehöriger der berühmten Bildhauerfamilie des Praxiteles und Kephisodot war.[53] Auch dieser Appell nordwestgriechischer Staaten an Athen zeigt, daß die Stadt sich weiterhin großen Ansehens erfreute und daß ihre Bürger auch entfernt wohnenden Griechen anderer Stammeszugehörigkeit als besonders qualifiziert erschienen, zwischenstaatliche Streitigkeiten als Richter beizulegen.

Etwa um die gleiche Zeit oder wenig früher war es Athen auch zugefallen, sich an der Schlichtung eines Konfliktes zweier Staaten auf der Peloponnes zu beteiligen. Zwischen den Städten Troizen und Arsinoe (vormals Methana) war ein Streit um die Nutzung zweier Gebiete ausgebrochen, eines gebirgigen Streifens, der Bürgern beider Seiten als Weideland, und eines Küstenstücks, das beiden Seiten für den Thunfischfang diente. In seinem Verlauf hatte Troizen zu Repressalien gegriffen, Güter beschlagnahmt und drei Bürger von Arsinoe gefangengenommen. Durch die Vermittlung von Beauftragten des Königs Ptolemaios, der damals in Arsinoe einen Stützpunkt unterhielt, war es endlich zu einer vertraglichen Einigung gekommen, der zufolge die beiden Landstriche künftig gemeinsam genutzt werden sollten. Die von Repressalien betroffenen Privatleute sollten entschädigt, Verletzungen des Personen- und Eigentumsrechts wiedergutgemacht und auch die neuen Besitzer der enteigneten Häuser abgefunden werden. Zusätzlich vereinbarten die Parteien, durch Gesandte in Athen die Entsendung von drei athenischen Bürgern zu erbitten, die an Ort und Stelle über die Durchführung der Vereinbarung im einzelnen, d. h. über die Entschädigung der Betroffenen, durch ihren unparteiischen Spruch befinden und die Regelung sodann im Poseidonheiligtum von Kalauria, im Asklepieion von Epidauros und auf der Akropolis von Athen öffentlich ausstellen sollten.[54]

ergänzen. Zur Datierung des Archons Nikosthenes s. Habicht (Anm. 50). Der Bundesstratege der Akarnanen war damals der berüchtigte Chremas, das Haupt der ganz den Römern hörigen Partei des Landes; Walbank, Commentary 3, 332. 435. 522.

53 Davies, APF 286–290.

54 Kopien des die Vorgeschichte und die Vereinbarung beschreibenden Dekrets von Troizen, IG IV 1^2, 77, wurden in Epidauros und Troizen gefunden. Den wesentlichen Kommentar gab A. Nikitsky, Hermes 38, 1903, 406–412. Der Text wurde richtig als Dekret von Troizen erklärt von B. Bravo, ANSP 1980, 745. 805–806. 865. 868. Es war lange zweifelhaft, welches die im Konflikt mit Troizen liegende Stadt war; genannt wurden Hermione, Epidauros und Megara. Daß es sich um Arsinoe handelt, hat L. Robert erkannt (Bull. épigr. 1961, 318; vgl. OMS 3, 1465), indem er sah, daß IG IV 1^2, 76 ein Teil desselben Dekrets ist (76, 32–38 = 77, 1–7). Aufgabe der Athener war es, τὰ γεγονότα ὁμόλογα ἐπικρίνειν (77, 22–23).

3. Innere Verhältnisse

Erwähnenswerte Erscheinungen des innerstaatlichen Lebens in dieser Zeit sind das Fortleben eines kleinen Ephebenkorps als Eliteschule für künftige Führungsaufgaben, die fortdauernde Pflege der großen Staatsfeste, von denen in diesem Abschnitt die Panathenäen und die Theseia deshalb näher vorgestellt werden sollen, weil es für sie gerade aus dieser Zeit ausführliche und instruktive Zeugnisse gibt. Am Schluß dieses Abschnitts wird sodann auf eine Neuheit eingegangen werden, die jährliche Prägung neuartigen Silbergeldes, des sogenannten Neustilsilbers.

Die durch die Beschreibung der aristotelischen *Athenaion Politeia* gut bekannte Ephebie war in einem der letzten Jahre des 4. Jahrhunderts durch eine einschneidende Reform stark verändert worden.[55] Die Teilnahme war nicht länger obligatorisch für alle gesunden jungen Männer, sondern wurde jetzt freiwillig, und der Dienst war auf ein Jahr verkürzt worden. Ferner hatten die Epheben nun selbst die Kosten für ihre Waffen aufzubringen. Damals waren mit einem Schlage die Zahlen eines Jahrgangs auf ein Zehntel oder sogar ein Zwanzigstel der Ziffern früherer Jahre gefallen, von rund 500 Epheben eines Jahrganges auf zwischen 20 und 50. Sie blieben auf diesem ganz bescheidenen Niveau für 135 Jahre, bis zum Ende des Perseuskrieges.[56] Wenn früher in einem Jahr eintausend Epheben zweier Jahrgänge im Dienst gestanden hatten, waren es in dieser Zeit manchmal nur etwa zwanzig, knapp zwei im Durchschnitt aus jeder Phyle der Bürgerschaft. Das so verkleinerte Ephebenkorps wurde zwar weiterhin in den verschiedenen Sportarten trainiert, im Waffenhandwerk ausgebildet, und die Epheben versahen wie früher Patrouillendienst im Lande unter der Führung des Hoplitenstrategen, aber eine militärische Potenz stellten sie nicht mehr dar.

Da seit der Reform der Staat nicht länger den Epheben eine Hoplitenrüstung schenkte, sondern diese selbst bzw. ihre Familien dafür aufzukommen hatten, versteht es sich, daß nur noch solche Familien ihre Söhne zur Ephebie anmeldeten, die es sich leisten konnten, die Rüstung zu bezahlen, und die außerdem bereit waren, auf die Arbeitskraft eines Sohnes für ein Jahr zu verzichten. Die Ephebie wurde zu einer Art Club für die Söhne des gehobenen Bürgertums, zu einer *jeunesse dorée*. Ihr traten, wie es scheint, vor allem solche jungen Leute bei, die sich durch den Dienst für militärische Ränge empfehlen wollten, sei es in den Regimentern der Hopliten, sei es in der nur wenige hundert Reiter zählenden Kavallerie.

[55] Oben S. 141f.

[56] Die Ziffern liegen für das 3. Jahrhundert zwischen 18 und 47 (Pélékidis, Éphébie, 165–172), für die Jahre 200 bis 172 zwischen 35 und 50. Im Jahre 177/6 dienten 48, im Jahre 172/1 50 Epheben. Die Zahlen stiegen nach dem Perseuskrieg deutlich an; sie überstiegen bald die Ziffer 100, erreichten aber nicht 200 Mitglieder.

Für die ersten dreißig Jahre des 2. Jahrhunderts sind jetzt, mehr oder weniger vollständig, dreizehn Dekrete für die Epheben verschiedener Jahre bekannt.[57] Sie geben zunächst Aufschluß über das Führungspersonal der Epheben. Ihr Leiter, der Kosmet, der mindestens vierzig Jahre alt sein mußte, wurde weiterhin jährlich von der Bürgerschaft gewählt. Es ist kein Fall bekannt, daß ein Kosmet öfter als ein Jahr lang amtiert hätte. Dagegen waren die Instruktoren in den Leibesübungen (der *Paidotribes*) und im Waffenhandwerk (Fechtmeister, Speerwurftrainer, Bogenschützen- und Katapultmeister) in der Regel ein bis zwei Jahrzehnte kontinuierlich tätig. Das Amt des Turnlehrers war ein Jahrhundert lang, von 267 bis 176, im Besitz von Angehörigen einer einzigen Familie aus Acharnai; danach erscheint in jeder Urkunde ein anderer *Paidotribes,* so daß offenbar auch dieses Amt wie das des Kosmeten zu einer Wahlmagistratur geworden war. Alle Ausbilder sind zu dieser Zeit noch athenische Bürger, nur unter den Lehrern im Bogenschießen kommen gelegentlich Kreter vor, die im gesamten Altertum als die unerreichten Spezialisten in dieser Waffengattung galten.

Von der vielseitigen Aktivität der Epheben im Laufe ihres Dienstjahres geben einige wohl erhaltene Beschlüsse dieser Zeit, die viel ausführlicher sind als alle älteren, ein höchst anschauliches Bild. Neben der körperlichen Ertüchtigung und der Ausbildung in den Waffen spielt auch die intellektuelle Fortbildung in den «Wissenschaften» *(mathemata)* eine Rolle, und dazu gehört unter anderem der Besuch von Vorlesungen der Philosophen. Größter Wert wird darauf gelegt, die Epheben aktiv am religiösen Leben der Gemeinde zu beteiligen und ihre Vaterlandsliebe zu stärken, wobei besonders an die Großtaten der Vorväter zur Zeit der Perserkriege erinnert wird. Sehr bald nach dem Ablauf eines jeden Jahres faßt die Volksversammlung einen Beschluß, der die verschiedenen Tätigkeiten der Epheben während des Jahres resümiert und bewertet. Den ausscheidenden Epheben wird sodann Bekränzung zuerkannt; auch andere Ehren werden ihnen bewilligt, und am Ende werden ihre Ausbilder summarisch ebenfalls belobigt und bekränzt. In einem zweiten Dekret zu Ehren des Kosmeten werden die gleichen Aktivitäten nochmals aus seiner Sicht beschrieben, so daß die beiden Beschlüsse einander ergänzen.

Das Jahr begann mit Eingangsopfern am Staatsherd im Prytaneion, an dem das ewige Feuer brannte. Zugegen waren der Kosmet und die Väter der Epheben sowie die gerade den Dienst als geschäftsführender Ausschuß des Rates versehenden fünfzig Prytanen einer Phyle. Danach wurden die Epheben in die Jahreslisten eingetragen und zur Ablegung des Ephebeneides aufgerufen. Während des ganzen Jahres nahmen Kulthandlungen ei-

[57] Eine Liste bei Tracy, Hesperia-Suppl. 19, 1982, 158–159. Dazu Hesperia 51, 1982, 58, Nr. 2 sowie zwei noch unpublizierte Urkunden der Jahre 197/6 und 177/6. Was im folgenden von den Aktivitäten der Epheben ausgesagt wird, ist diesen Beschlüssen entnommen, ohne daß die zahlreichen Einzelbelege verzeichnet werden.

nen großen Raum ein, vor allem Opfer an die Götter und an die Wohltäter des Staates. Unter diesen waren, wie aus anderen Quellen bekannt ist, der ehemalige Militärbefehlshaber des makedonischen Königs in Attika, Diogenes, der 229 die Befreiung von der Fremdherrschaft ermöglicht hatte, ferner auch, kollektiv, die Römer. An vielen, wenn nicht allen staatlichen Festen nahmen die Epheben teil; an einigen wie an den Theseia (seit 165 v. Chr.) trugen sie Wettkämpfe aus. Bei den Großen Mysterien zu Eleusis war es ihre Aufgabe, das zum Opfertier bestimmte und noch lebende Rind auf den Altar zu heben; dasselbe taten sie an einem anderen Fest in Eleusis, Proerosia.[58] Bei den Dionysien und den anderen Dionysosfesten (Lenäen, Peiraia) fiel es ihnen zu, das Kultbild des Gottes ins Theater zu geleiten.[59]

Andere sakrale Handlungen galten Heroen und heroisierten Vorfahren an verschiedenen Stätten des Landgebiets von Attika, und sie erforderten besondere Ausflüge. Einer derselben führte zum Heiligtum des Amphiaraos bei Oropos, wo die Epheben dem heilenden Heros opferten. Andere galten Gedenkstätten aus Athens großer Zeit: Die Epheben zogen alljährlich nach Marathon, bekränzten dort das Massengrab *(Polyandreion)*[60] der im Jahre 490 Gefallenen und veranstalteten Wettkämpfe zu ihrem Gedächtnis, «da sie es für eine schöne Pflicht hielten, diejenigen gebührend zu ehren, die mit vollem Einsatz für die Freiheit gekämpft hatten.» An einem anderen Tag bestiegen sie ein Schiff (denn sie sollten auch Erfahrung zur See erwerben) und ruderten zum Tropaion des Themistokles am Vorgebirge Kynosura. Dort opferten sie «Zeus dem Wender», der dort seinerzeit, im Jahre 480, während der Seeschlacht von Salamis, die Perser gezwungen hatte, sich zur Flucht zu wenden, wovon eben dieses Siegeszeichen noch nach Jahrhunderten kündete.[61] Am Fest des Telamoniers Aias segelten sie nach Salamis und opferten, nach einer Prozession in Waffen, dem Aias, dem Asklepios und dem Hermes.[62] Bei Ausmärschen ins attische Land brachten sie an allen Kultstätten der Götter, an denen sie vorüberkamen, und in den Festungen Opfer dar.

Der körperlichen Ertüchtigung dienten unter anderem Wettläufe im Gymnasion, der Übung in den Waffen und dem Kennenlernen des Staatsgebiets und seiner Grenzen Ausmärsche unter Führung des Kosmeten, des Hoplitenstrategen und des Waffenmeisters. Vom Kosmeten geleitet, waren die Epheben in Waffen bei den Volksversammlungen, in der Stadt wie im

58 L. Ziehen, Hermes 66, 1931, 227–234. S. Dow and R. F. Healey, Harvard Theological Studies 21, 1965, 14–17. Mikalson, Calendar 67–69.

59 Pélékidis, Éphébie 239–247.

60 Pausanias 1, 32, 4. W. K. Pritchett, The Greek State at War 4, Berkeley 1985, 126–129.

61 E. Kirsten, RE Τρόπαιον, (1939) Nr. 2, 673. W. C. West, III, CP 64, 1969, 15–17. P. W. Wallace, AJA 73, 1969, 299–302. G. R. Culley, Hesperia 46, 1977, 291–298.

62 Pélékidis, Éphébie 247–249. Vgl. P. von der Mühll, Ausgewählte Kleine Schriften, Basel 1976, 454–455. 466–467.

Piräus, anwesend,[63] natürlich nicht als stimmberechtigte Bürger (das wurden sie erst mit dem Ablauf ihres Dienstes), sondern als Beobachter, die früh lernen sollten (so wie die Senatorensöhne in Rom in der Curie), wie politische Entscheidungen zustande kamen. Am Ende des Jahres erfolgte am Fest der Epitaphia im Panathenäischen Stadion des Lykurg eine abschließende Musterung vor dem Rat, bei der die Epheben Proben des Gelernten und ihres Könnens ablegten.

Erwartet wurde von ihnen, wie die Dekrete erkennen lassen, unbedingter Gehorsam und daß sie die Mühen und Beschwerlichkeiten des Dienstes ertrugen, ohne zu murren. Dem Beschluß zu ihren Ehren wurden die Namen aller Epheben, samt den Namen ihrer Väter und ihrem Demotikon, sowie die Namen ihrer Ausbilder beigegeben und mit den Beschlüssen für jedermann sichtbar in Stein aufgezeichnet. Viele Züge dieser hellenistischen Ephebie erinnern an die Kadettenkorps moderner Zeiten, alle Anzeichen aber deuten darauf, daß der Staat sich in der kleinen Schar von Epheben eine Elite junger Bürger heranziehen wollte, die für Führungsaufgaben im Kriegswesen, in der Politik und in der Staatsverwaltung besonders gut vorbereitet und die zugleich der patriotischen Ideologie des demokratischen Staatswesens verpflichtet war.

Unter den zahlreichen Festen, die die athenische Bürgerschaft zu Ehren der Götter oder ihrer Heroen feierte,[64] sollen hier die beiden vorgestellt werden, für die es im 2. Jahrhundert v. Chr. aussagekräftige Zeugnisse gibt, die Großen Panathenäen, das Hauptfest der Stadtgöttin Athen, und die Theseia für Theseus, den mythischen König und Heros der Einigung Attikas. Die Zeugnisse, um die es hier geht, lassen die religiöse Seite dieser Feste im Dunkeln (für sie ist man auf bescheidene Nachrichten früherer und späterer Zeit angewiesen); sie beleuchten dagegen hell die mit den Festen verbundenen Wettkämpfe der Athleten, Reiter und Wagenlenker, d. h. die gymnastischen und die hippischen Agone. Beiden Festen ist gemeinsam, daß sie zwar staatliche Feste Athens waren, nicht panhellenische Feste wie die Olympien, Pythien, Isthmien und Nemeen, so daß die Mehrzahl der Wettbewerbe nur athenischen Bürgern offenstand, daß es daneben aber andere gab, an denen Fremde teilnehmen konnten. Damit stehen die Panathenäen und (in geringerem Maße) die Theseia zwischen den ausschließlich nationalen und den internationalen Festen, und wie die letzteren fanden sie nicht jährlich, sondern in größeren Zeitabständen statt, nämlich alle vier Jahre wie die Wettkämpfe in Olympia und Delphi.

Zu Ehren ihrer Stadtgöttin Athena feierten die Athener von alters her alljährlich ein Panathenäenfest. Seit den Tagen des Tyrannen Peisistratos im

63 Pélékidis, Éphébie 273–274.

64 Ausführliche Behandlung durch A. Mommsen, Feste der Stadt Athen im Altertum, 1898, zu ergänzen durch Deubner, Feste. E. Simon, Festivals of Attica. An Archaeological Commentary, Madison 1983.

6. Jahrhundert wurde es alle vier Jahre, unter dem Namen der Großen Panathenäen, mit besonderem Glanz begangen.[65] Die Kolonien Athens, zu denen sich auch die ionischen Städte zählten, die in Athen ihre Mutterstadt sahen, beteiligten sich durch Festgesandte *(Theoren)* und Gaben. Zur Zeit des attischen Reiches im 5. Jahrhundert waren außerdem alle Mitglieder des Seebundes verpflichtet, aus diesem Anlaß ein Rind und eine volle Waffenrüstung nach Athen zu schicken. Gymnastische und musische Wettkämpfe hatten Zulauf von nah und fern; die Sieger erhielten eine größere oder kleinere Anzahl von mit Öl gefüllten Amphoren als Preise. Bildliche Darstellungen der Wettkämpfe zieren viele schwarzfigurige Gefäße des 6. und des frühen 5. Jahrhunderts. Die festliche Prozession wurde in der Zeit des Perikles auf dem Fries des Parthenon von den besten Künstlern der Zeit verewigt.

Mit dem Zusammenbruch des attischen Reiches im Jahre 404 dürfte die Beteiligung der meisten auswärtigen Staaten ihr Ende gefunden haben. Doch haben wenigstens die Kolonien, wenn nicht sofort, so nach einiger Zeit, weiterhin Festgesandte zu den Großen Panathenäen geschickt. Alexander der Große und mehrere seiner Nachfolger, die keine derartige Beziehung mit Athen verband, sandten der Stadt gleichwohl aus Anlaß der Panathenäen Geschenke.[66] Es dauerte nicht lange, bis Könige, Königinnen und Prinzen, wie es auch an anderen griechischen Festen geschah, selbst um die Preise dieses Festes konkurrierten. Allerdings erschienen sie nicht persönlich in Athen, sondern sie sandten ihre Pferde, Gespanne und Jockeys, die in ihrem Namen antraten. Es ist nicht bekannt, wer damit begonnen hat, denn bis zum Ende des 3. Jahrhunderts fehlt es an Zeugnissen über die Panathenäensieger. Bei einem anderen Fest, den Lykaia des Arkadischen Bundes, war ein Sohn des Satrapen von Ägypten und späteren Königs Ptolemaios schon im Jahre 315 siegreich.[67] Aus Athen aber gibt es für die Jahre von 202 bis 146 v. Chr. eine ganze Reihe mehr oder weniger vollständiger Listen der Sieger in den gymnastischen und den hippischen Agonen der Panathenäen, die erst kürzlich um solche der Jahre 170, 166 und 162 vermehrt wurden. Unter den Siegern sind Mitglieder des ptolemäischen, des seleukidischen und des attalidischen Königshauses verzeichnet, ferner der numidische Prinz Mastanabal sowie hohe Würdenträger der genannten Höfe. Im Jahre 178 waren in vier verschiedenen Wagenrennen nicht weni-

65 Außer den in Anm. 64 genannten Werken s. G. R. Edwards, Panathenaics of Hellenistic and Roman Times, Hesperia 26, 1957, 320–349. Für die Geschichte des Festes im 2. Jahrhundert sind die erhaltenen Siegerlisten von besonderem Wert: IG II² 2313–2317, dazu jetzt drei neue, die von St. V. Tracy und Ch. Habicht, Hesperia 60, 1991, 187–236, veröffentlicht und besprochen worden sind. Dort sind auch die Belege für manches hier im Text Gesagte zu finden.

66 Alexander: S. 30, Anm. 23. Ptolemaios II.: S. 133, Anm. 47. Lysimachos: IG II² 657, 14–15.

67 Syll.³ 314, B 8–9 mit der Datierung von L. Moretti, Olympionikai, i vincitori negli antichi agoni olimpici, Rom 1957, 131.

ger als vier Mitglieder der Dynastie von Pergamon siegreich, nämlich König Eumenes II. und seine drei Brüder Attalos, Philetairos und Athenaios, im Jahre 162 König Ptolemaios VI. Philometor und seine Schwestergemahlin Kleopatra II.[68] Im Jahre 169, d. h. während des Dritten Makedonischen und des Sechsten Syrischen Krieges zwischen Antiochos IV. und Ptolemaios VI., befand sich am Hofe des letzteren auch eine athenische Gesandtschaft, die in Sachen des Panathenäenfestes gekommen war.[69] Die bemerkenswerte Ausnahme ist das makedonische Königshaus der Antigoniden: Seine Mitglieder waren im Jahre 200 einer feierlichen Verfluchung verfallen (S. 200), die offenbar bis zum Untergang der Monarchie wirksam blieb. Sie durften den Boden Attikas nicht betreten. In anderer Weise hat König Ariarathes V. von Kappadokien seiner Verehrung für die Stadt und ihre Göttin Ausdruck gegeben. Er ist um die Mitte des 2. Jahrhunderts als Veranstalter des Festes *(Agonothet)* bezeugt, und dies bedeutet, daß er einen großzügigen Beitrag zu den Kosten der Veranstaltung gestiftet hat und dafür mit jenem Ehrentitel ausgezeichnet wurde, während ein athenischer Bürger die Pflichten des Amtes versah.[70]

Das Fest der Panathenäen zog wie die vier panhellenischen Feste Teilnehmer von überallher an. Sie kamen aus Italien und von der ligurischen Küste im Westen, aus Kleinasien, Syrien und Mesopotamien im Osten, aus Ägypten, der Cyrenaica und Numidien im Süden sowie aus Epirus und Korfu im Norden. Die athletischen Wettbewerbe standen auch Fremden offen. Sie wurden im Stadion des Lykurg und, wie es bei den Griechen üblich war, in verschiedenen Altersklassen ausgetragen.[71] An den Panathenäen waren es drei: die Knaben, die Jugendlichen (wörtlich: «die Bartlosen», *ageneioi*) und die Männer. Die Knaben wetteiferten miteinander in drei Laufwettbewerben von verschiedener Länge, ferner im Ringen, Boxen und im Allkampf *(Pankration)*, einer Mischung von Ringen und Boxen. Die Jugendlichen hatten nur einen einzigen Laufwettbewerb, die *Stadion* genannte Kurzstrecke von knapp 200 Metern, ferner die drei schwerathletischen Disziplinen und dazu noch den Fünfkampf *(Pentathlon)*, der aus einem Wettlauf, Weitsprung, Diskus- und Speerwurf sowie Ringen bestand. Die Männer endlich kämpften in allen sechs Wettbewerben der Knaben und in drei weiteren: im Fünfkampf, in einem Wettlauf über vier Stadien und einem Lauf in voller Hoplitenrüstung. Man nimmt an, daß die Abwicklung dieser gymnastischen Wettkämpfe zwei Tage beanspruchte, einen für die der Knaben und Jugendlichen, einen weiteren für die der Männer.

[68] Die Attaliden: IG II^2 2314, 83–90. Ptolemaios VI. und Kleopatra II.: Hesperia 60, 1991, 188–189, col. III 31–33 und 21–22. Mastanabal: IG II^2 2316, 42–45.

[69] Polybios 28, 19, 4.

[70] J. und L. Robert, Bull. épigr. 1951, 79.

[71] Zum Wettkampfprogramm Tracy (Anm. 65) 196–201.

Die Wettkämpfe im Reiten und Fahren, vielleicht auch in der Dressur, fanden an zwei verschiedenen Orten statt: Diejenigen auf der Agora von gleichsam militärischem Charakter waren den Bürgern vorbehalten. Unter ihnen gab es Wettkämpfe, an denen nur die Angehörigen der Kavallerie, andere, an denen nur die Befehlshaber der zwölf Kavallerieabteilungen gegeneinander antraten. In diesen Disziplinen kämpften die Eigentümer der Pferde selbst zu Roß oder zu Wagen, und zwar mit ihren Dienstpferden. Etwa fünfzehn andere Wettbewerbe wurden im Hippodrom, der Pferderennbahn, ausgetragen. Ein Teil derselben war athenischen Bürgern verschlossen, aber offen für alle Fremden. Es gab verschiedene Pferde- und Wagenrennen in verschiedenen Klassen, je nachdem, ob Fohlen oder ausgewachsene Pferde beteiligt waren, ob zweispännig oder vierspännig gefahren wurde. Diese Wettkämpfe hatten stark professionellen Charakter: hier kämpften Rennpferde, berufsmäßige Jockeys und Rennfahrer. Personen königlichen Geblüts beteiligten sich nur an den hippischen Agonen und nur an denen, die im Hippodrom ausgetragen wurden.

An den Großen Panathenäen, wie auch an anderen (jährlichen) Festen, wurden vom Herold die Namen derjenigen Fremden feierlich ausgerufen, die sich um Athen verdient gemacht und Ehren vom Volk empfangen hatten. Diese Proklamationen erhielten besondere Resonanz durch die Anwesenheit von Festgesandten vieler befreundeter Staaten sowie aus den Kolonien und den ionischen Städten.[72]

Ein staatliches Fest zu Ehren des mythischen Königs Theseus, dem die Einigung Attikas zu einem einzigen Staat zugeschrieben wurde, gab es in Athen seit dem frühen 5. Jahrhundert. Damals hatte Kimon, der Sohn des Marathonsiegers Miltiades, auf der Insel Skyros ein Grab mit Gebeinen entdeckt, die er als die des Theseus identifizierte, der auf Skyros ums Leben gekommen sein sollte. Er überführte sie im Jahre 476/5 nach Athen, wo sie in einem für Theseus damals errichteten Heiligtum feierlich beigesetzt wurden. Ein Fest der Theseia wurde geschaffen und alljährlich im Herbst gefeiert.[73] In der Klassischen Zeit ist wenig über dieses Fest bekannt. Dagegen werfen mehrere Inschriften des 2. Jahrhunderts v. Chr. helles Licht auf die Theseia der hellenistischen Zeit. Es handelt sich um Volksbeschlüsse zu Ehren der Männer, die das Fest eines bestimmten Jahres veranstaltet hatten. Diesen Beschlüssen ist sodann eine Liste der Wett-

[72] Für die ionischen Städte Priene, Kolophon und Milet ist die Teilnahme an den Panathenäen der hellenistischen Zeit inschriftlich bezeugt (I Priene 45; Ad. Wilhelm, Anatolian Studies Buckler, Manchester 1939, 349; Habicht, Chiron 21, 1991, 329), durch IG II^2 886 wahrscheinlich für eine ionische Stadt im Herrschaftsbereich Attalos' I. vor dem Jahre 200. Athen als «Mutterstadt» der Ionier: I Priene 109, 47–49. Vgl. W. Günther, Epigraphica Anatolica 19, 1992, 135–143.

[73] Mommsen (Anm. 64) 278–307 und jetzt vor allem G. R. Bugh, The Theseia in Late Hellenistic Athens, ZPE 83, 1990, 20–37. Die wesentlichen Aussagen der folgenden Darstellung sind in Bughs Aufsatz näher behandelt und belegt.

kämpfe und der Sieger angefügt.[74] Die Urkunden lassen erkennen, daß die Theseia dieser Zeit mit dem alten Jahresfest außer dem Namen nur noch wenig gemein hatten. Das neue Fest war penteterisch, d. h. es wurde nur alle vier Jahre begangen und, wie es für Feste mit dieser Periodizität üblich war, mit erheblich größerem Gepränge und Aufwand als ein Jahresfest. Außer Wettbewerben für Trompeter und Herolde am Beginn der Feier gab es, ähnlich wie an den Großen Panathenäen, eine Vielzahl athletischer und hippischer Agone, und zwar für die Knaben verschiedener Altersstufen, die Epheben und die Reiter. Alle Urkunden stammen vom Heiligtum des Theseus, dessen Lage nahe der späteren römischen Agora in etwa bekannt, aber noch nicht genau bestimmt ist. Die am besten erhaltenen sind die der Jahre 161, 157 und 153, der älteste dieser Texte steht mithin dem Zeitpunkt nahe, an dem die Theseusinsel Skyros den Athenern zurückgegeben wurde. Man hat daher in diesem Ereignis, gewiß mit Recht, die Ursache der glanzvollen Neugestaltung des Theseusfestes gesehen und vermutet, daß die erste Feier dieser Art im Jahre 165 stattgefunden hat, die von ihr berichtende Urkunde aber nicht erhalten ist.[75]

Es sind fast ausschließlich Athener, die an diesen Wettkämpfen teilnahmen, und dies ist für ein Fest, das einem athenischen Nationalheros gewidmet war, nur natürlich. Von Anfang an waren jedoch Nichtathener an zwei Wettbewerben beteiligt, vorausgesetzt, sie standen als Söldner in den Diensten der Stadt. Diese Wettbewerbe waren eine Musterung der körperlichen Tüchtigkeit *(euandria)* und des Zustandes der Waffen *(euhoplia)* der einzelnen Truppenkörper, nicht der Individuen. Getrennt konkurrierten hierbei die Elitesoldaten *(epilektoi)*, die Reiter *(hippeis)* und die fremden Söldner *(hoi en tois ethnesin)*, und der Preis ging jeweils an die in einer dieser Gruppen siegende Einheit. Erst in den späteren Urkunden der Serie begegnen gelegentlich Nichtathener, gewiß auch sie Söldner im Dienst des athenischen Staates, als Individuen in den athletischen Wettkämpfen.

Die Festveranstalter waren ausnahmslos Männer aus den ersten und angesehensten Familien. Sie wurden nach dem Fest vom Volk dafür belobt, daß sie die Prozession und das Opfer an Theseus dem Herkommen gemäß veranstaltet, den Fackellauf und die Wettkämpfe ausgerichtet und bei diesen dafür Sorge getragen hatten, daß niemand zu Schaden kam, ferner dafür, daß sie Preise ausgesetzt und die Sieger auf einer Steintafel aufgezeichnet hatten. Um die sechshundert Ratsherren zum Besuch des Festes anzulocken, hatten sie jedem derselben Diäten in Höhe von zwei Drachmen gezahlt. Und während die unerläßlichen Ausgaben den Agonotheten aus der Staatskasse ersetzt wurden, gehörten die Aufwendungen für den Rat und andere mehr zu freiwilligen Extraleistungen, die von ihnen erwartet wurden und aus dem eigenen Vermögen zu tragen waren. Die Urkun-

74 IG II² 956–965 aus den Jahren 161/0 bis 109/8.
75 Pélékidis, Éphébie 229–230 und 295–300. Bugh (Anm. 73) 25.

den machen dies deutlich, indem sie angeben, ein Agonothet habe aus eigenen Mitteln mehr als 3390 Drachmen aufgewendet, ein anderer mehr als 2690 Drachmen.[76]

Die von den Veranstaltern gewünschte Anwesenheit der Ratsmitglieder am Fest der Theseia gibt zur Frage Anlaß, wie sie zu vereinbaren ist mit Aristoteles' Angabe, der Rat komme täglich zu einer Sitzung zusammen, ausgenommen Tage, an denen «Befreiung» besteht. Aristoteles sagt nicht, welche Tage dies sind, doch hat eine Prüfung aller bezeugten Sitzungstage des Rates ergeben, daß es sich um die Tage der Jahresfeste (und, *a fortiori*, der penteterischen Feste) handeln muß, während der Rat an den geringeren monatlichen Festtagen durchaus zu Sitzungen zusammentrat.[77] Die weniger häufigen Volksversammlungen wurden weder für Tage der monatlichen noch für solche der jährlichen oder penteterischen Feste einberufen.[78] Der Versammlungskalender des Staates war mithin so eingerichtet, daß jeder Bürger an allen größeren Festen teilnehmen konnte und an den geringeren nur die Ratsherren verhindert waren. Für die Tage der Großen Panathenäen, 23.–30. Hekatombaion, ist tatsächlich keine einzige Sitzung des Rates oder der Volksversammlung bezeugt, und dasselbe gilt für die Tage, die für die Theseia in Frage kommen; als Haupttag steht der 8. Pyanopsion fest, weitere Tage sind jedenfalls für die Feier des nach 167 erneuerten großen Festes anzunehmen. Für sie kommen wohl nur der 7., 9. und 10. Pyanopsion in Betracht, da für den 6. zwei Ratssitzungen, für den 11. zwei Sitzungen der Volksversammlung bezeugt sind.[79]

Während der athenische Staat zwei Jahrzehnte lang, von etwa 183 bis 164, keine Münzen geprägt zu haben scheint, begann er danach, vermutlich im Jahre 164/3 oder wenig früher, mit der Prägung und Ausgabe neuartiger Drachmen und Vierdrachmenstücke *(Tetradrachmen)*, die alsbald weit über Attika hinaus Verbreitung fanden. Jahr um Jahr wurde seither unter der Aufsicht von zwei jährlich wechselnden Münzmagistraten eine neue Emission veranstaltet. Auf diesen Silbermünzen des «Neuen Stils» ist das Bild der Vorderseite, der behelmte Kopf der Athena, konstant. Die Rückseiten weisen dagegen neben konstanten Elementen andere auf, die von Jahr zu Jahr oder sogar von Monat zu Monat wechselten. Alle Rückseiten zeigen über einer Amphora die Eule, das Wappentier der Göttin und der Stadt, sowie das abgekürzte Ethnikon AΘE, «von den Athenern». Die neuen und variablen Elemente waren die Namen der beiden Jahresbeamten, zunächst in der Form zweier Monogramme, bald jedoch mit voll ausgeschriebenen oder abgekürzten Namen. Für eine Dauer von etwa

[76] IG II^2 958, 15–16. 956, 18–19.

[77] *Athpol.* 43, 3. Mikalson, Calendar 193–197.

[78] Mikalson (Anm. 77) 182–193.

[79] Mikalson (Anm. 77) 67 bzw. 72 und für den 11. Pyanopsion ein zweiter, noch unveröffentlichter Text von 176/5.

fünfzig Jahren, von 136/5 bis 88/7, erscheint weiter der Name eines dritten Bürgers, des sogenannten «dritten Magistrats». Da die Rückseiten durch Angabe eines Buchstabens von Alpha bis Ny, der die Ziffern 1 bis 13 vertritt, auch angeben, in welchem der zwölf bzw. dreizehn Monate des Jahres das betreffende Stück geprägt wurde, ergibt sich mit Hilfe dieser Daten, daß der dritte Magistrat im Regelfall monatlich wechselte. Jeder Jahrgang hatte zudem sein eigenes Symbol, für dessen Wahl der an erster Stelle genannte Magistrat verantwortlich war. Das gesamte Bild der Rückseite war von einem Olivenkranz umgeben.[80]

Bekannt sind heute 111 Jahresemissionen von einer Gesamtzahl, die auf etwa 120 geschätzt wird. Es fehlen mithin nur sehr wenige Jahrgänge, und diese dürften an den Anfang oder ans Ende des Zeitraums gehören, als der jährliche Ausstoß geringer war. Mit Hilfe von Stempelkoppelungen hat sich die relative Abfolge der vorliegenden Jahresprägungen ermitteln lassen, und es besteht heute Einigkeit darüber, daß die Prägungen der Jahre 145 bis 77 v. Chr. wohl lückenlos vorliegen. Der wesentliche Schlüssel für die absolute Datierung ist der Jahrgang 78 mit der Nennung der Münzmeister «König Mithradates – Aristion» und mit dem pontischen Symbol des Sterns zwischen zwei Halbmonden, unzweifelhaft aus dem Jahr 87/6. Von da zurückgehend kommt man mit dem ersten Jahrgang, wenn wirklich alle Prägungen vorliegen, ins Jahr 164/3 zurück, gegebenenfalls in ein etwas früheres Jahr, wenn die eine oder andere frühe Emission noch fehlen sollte. Die Prägung endete, mit der Emission 111, im Jahre 54/3, eher aber in den vierziger Jahren, da auch gegen Ende des Zeitraumes der eine oder andere Jahrgang noch fehlen könnte und vielleicht überhaupt nicht mehr jedes Jahr geprägt wurde.[81]

Die Reichhaltigkeit der Prägung des Neustilsilbers und die hohe Qualität im Feingehalt der Münzen beweisen, daß der Staat keinen Mangel an hochwertigem Silber hatte. Woher dieses Silber stammte, ist eine andere Frage. Die Minen von Laurion haben den Bedarf vermutlich nicht mehr befriedigen können. Da aber der Beginn dieser Prägung dem Zusammenbruch Makedoniens und dem Erwerb von Delos sehr bald gefolgt ist, läßt sich vermuten, daß eingezogenes, eingeschmolzenes und neugeprägtes Königsgeld erheblich beigetragen hat, wohl auch das Silber, das durch Handelswege ins athenische Delos gelangte.[82] Der Gewinn von Delos und der

[80] Grundlegend ist M. Thompson, The New Style Silver Coinage of Athens, 2 Bände, New York 1961. Zur vorausgehenden Unterbrechung der Prägung Kroll, Coins 50.

[81] Zur absoluten Chronologie der Neustilsilberprägung hat D. M. Lewis das Entscheidende gesagt, NC 1962, 275–300. Seither O. Mørkholm, ANSMusN 29, 1984, 29–42. M. Price, Essays Kraay-Mørkholm, Louvain-la-Neuve 1989, 233–243. H. Mattingly, NC 1990, 67–78.

[82] A. Giovannini, Rome et la circulation monétaire en Grèce au IIe siècle avant Jésus-Christ, Basel 1978, 62. M. Price, The Coinage of the Roman World in the Late Republic, hg. v. A. M. Burnett und M. H. Crawford, Oxford 1987, 95–96. S. Lauffer, Die Berg-

Erfolg der neuen Währung dürften zu der steigenden Prosperität beigetragen haben, die sich von dieser Zeit an beobachten läßt. Darüber hinaus geben diese Münzen direkte historische Aufschlüsse, vor allem zur Personenkunde und Sozialgeschichte. Mehrere hundert Namen athenischer Bürger sind auf ihnen genannt und werden zugleich mit genauen Jahresdaten bekannt. Nahezu alle, die «dritten Magistrate» eingeschlossen, sind entweder durch Inschriften aus Attika oder dem athenischen Delos oder durch andere Zeugnisse schon bekannt oder lassen sich wenigstens bekannten Familien zuordnen.[83] Daher dürfte auch für die übrigen gelten, daß für das Amt nur Angehörige bemittelter oder wohlhabender Familien in Betracht kamen und Männer, die auch sonst als politisch aktiv bezeugt sind. Es ist daher nicht bedeutungslos, daß unter den Münzmeistern auch Bildhauer und Dichter sind. Häufig amtierten zwei Verwandte gemeinsam als erster und zweiter Magistrat eines Jahres, so z. B. 149/8 die Vettern Polykles und Timarchides aus Thorikos, beide Mitglieder einer angesehenen Bildhauerfamilie, oder 102/1 Timostratos und Poses, Brüder aus Phaleron, von denen Poses wie sein Großvater, Vater und Sohn Dichter von Komödien war.[84]

In einer Anzahl von Fällen macht der Name eines Münzmeisters klar, warum in seinem Jahr ein bestimmtes Symbol gewählt wurde. So erinnerte aus der Familie der Befreier Eurykleides und Mikion von 229 ein jüngerer Eurykleides, der Münzmeister von 112/1, durch das Bild der drei Grazien an den von seinen Vorfahren ein Jahrhundert zuvor gestifteten Kult und ein jüngerer Mikion, Münzmeister 137/6, mit der Darstellung einer Nike und einer Quadriga an den panathenäischen Wagensieg eines Familienmitgliedes, wie er für einen älteren Mikion auch bezeugt ist.[85] Durch die Wiedergabe des Tropaions in Salamis beschwor der Münzmeister Themistokles von 117/6 die Erinnerung an den Seesieg des großen Themistokles, während der in Athen eingebürgerte Apellikon aus dem ionischen Teos als Münzmagistrat 88/7 durch das Bild des Greifen auf seinen Münzen auf seine Heimatstadt hinwies.

Politische Manifestationen waren indessen auf den neuen Silberstücken relativ selten. Aber das Erscheinen eines seleukidischen Wahrzeichens, des Ankers, im Jahre 134/3 kann schwerlich anders gedeutet werden denn als eine Huldigung an den damals regierenden seleukidischen König Antiochos VII. Sidetes, der gerade um diese Zeit einen Mann seines besonderen

werkssklaven von Laureion, Wiesbaden ²1979, 165–166 und 284–285, der unter anderem Seltmans Beobachtung zitiert, daß das Volumen der athenischen Münzproduktion dieser Zeit größer war als das von Pergamon, Rhodos oder Syrakus.

83 Habicht, Zu den Münzmagistraten der Silberprägung des Neuen Stils, Chiron 21, 1991, 1–23.

84 M. Thompson (Anm. 80) 600–607. Die Daten sind hier gemäß der von Lewis begründeten Chronologie modifiziert.

85 IG II² 2314, 76.

Vertrauens in diplomatischer Mission nach Athen entsandt hatte.[86] Die deutlichsten politischen Aussagen auf den Münzen des Neuen Stils aber begegnen am Vorabend des Ersten Mithridatischen Krieges, in seinem Verlauf und nach seinem Ende. Im Jahre 90/89 war die Göttin Roma das Münzsymbol, eine klare Proklamation der fortdauernden Loyalität, ebenso im folgenden Jahr Roma mit der Siegesgöttin, die vermutlich auf militärische Erfolge der Römer im Bundesgenossenkrieg der Jahre 90–88 anspielte. Es war das Jahr, in dessen Verlauf der von Rom gestützte Archon Medeios die politische Kontrolle verlor. Ein Jahr später war mit Apellikon ein Parteigänger des pontischen Königs Münzmeister, im Jahr darauf dieser selbst, zusammen mit seinem athenischen Vasallen Aristion; das Münzsymbol dieses Jahres war, wie erwähnt, ein pontisches. Das Bild der Tyrannenmördergruppe im Jahre 84/3 verkündete dann den erneuten Umsturz, daß die «Tyrannen» Athenion und Aristion den Untergang gefunden hatten und daß Athen durch Sulla wieder unter die Schirmherrschaft Roms zurückgekehrt war.

Die neue athenische Silberwährung hatte innerhalb der griechischen Welt, über die Balkanhalbinsel hinaus, einen geradezu spektakulären Erfolg. Es dauerte nicht lange, bis die delphische Amphiktionie, die für die Gesamtheit der Griechen zu sprechen beanspruchte, ihr eine singuläre Vorzugsstellung einräumte.[87]

86 Von M. Thompson (a. O. 606) im Rahmen ihrer jetzt überholten Chronologie auf Antiochos IV. Epiphanes bezogen. Für Antiochos VII. und Athen siehe S. 282.

87 Unten S. 292.

X. Das athenische Delos

1. Die Kleruchie

Nachdem der Diadoche Antigonos im Jahre 314 die Athener aus Delos vertrieben und den Deliern die Unabhängigkeit geschenkt hatte, wurde die Insel sogleich zum kulturellen Zentrum des von ihm gegründeten, von ihm und seinem Sohn Demetrios fast dreißig Jahre lang beherrschten Bundes der Inselgriechen oder Nesioten. Danach waren die ägyptischen Könige Ptolemaios I. und II. für etwas mehr als zwanzig Jahre dessen Protektoren und Nutznießer, bis ihre Seeherrschaft nach Niederlagen gegen makedonische und rhodische Flotten zerbrach. Ungeachtet wechselnder Hegemone war die dem Apollon heilige Insel jederzeit allen Griechen zugänglich, und in ihren Tempeln häuften sich die Weihgeschenke von Königen und Privatleuten, von Städten und Städtebünden, sodann auch von römischen Generälen und Würdenträgern. Sie wurden von den delischen Behörden Jahr um Jahr an ihrem Ort inventarisiert und gegebenenfalls, wenn sie schon früh gestiftet worden waren, Hunderte von Malen in den Schatzverzeichnissen aufgeführt. Diese von den Athenern nach 167 auf ihre Weise fortgesetzten Inventare geben vielleicht das anschaulichste Bild vom internationalen Charakter und der Attraktivität der Stätte. Auch hatten die ptolemäischen, die makedonischen und die pergamenischen Könige dort Geldstiftungen gemacht, aus deren Zinsen alljährlich Feste, die nach ihnen benannt waren, gefeiert wurden.[1]

Mit dem Ende des Dritten Makedonischen Krieges verlor Delos von neuem die Unabhängigkeit. Der römische Senat sprach den Besitz der Insel den Athenern zu und erteilte den Deliern den Bescheid, daß sie Delos verlassen müßten, ihre bewegliche Habe aber mitnehmen dürften. Eine vor längerer Zeit gefundene, aber noch nicht veröffentlichte Inschrift spricht angeblich von militärischen Operationen im Zusammenhang mit dem Übergang der Insel in athenische Hand.[2] Die Delier wanderten nach Achaia aus und erhielten vom Achäischen Bund das Bürgerrecht in den zum Bund gehörenden Städten.[3] Die Bürgerschaft Athens entsandte aus

[1] Grundlegend C. Vial, Délos indépendante, Paris 1984. Weiter M.-F. Baslez – C. Vial, La diplomatie de Délos dans le premier tiers du IIe siècle, BCH 111, 1987, 281–312. G. Reger, Regionalism and Change in the Economy of Independent Delos, Berkeley 1994.

[2] J.-M. Bertrand, Sociétés urbaines, sociétés rurales dans l'Asie Mineure et la Syrie hellénistiques et romaines, ed. E. Frézouls, 1987, 100, Anm. 53.

[3] Die klassische Darstellung des athenischen Delos ist P. Roussel, Délos Colonie Athénienne, 1916, erweiterter Nachdruck Paris 1987. Mehrere tausend auf Delos gefun-

ihrer Mitte Kolonisten, sogenannte Kleruchen, die Delos neu besiedelten und die Verwaltung der Insel übernahmen. An ihrer Spitze stand von nun an ein alljährlich vom Volk gewählter Kommissar *(epimeletes)*, der aus dem Kreis der gewesenen Archonten, d.h. der Mitglieder des Areopags, genommen wurde. Erneute Bekleidung des Amtes war ungewöhnlich, ist aber zweimal bezeugt, im Jahrzehnt nach 130 v. Chr. Aus den achtzig Jahren bis zum Ausbruch des Mithridatischen Krieges sind zwei Drittel dieser Oberbeamten, vor allem durch delische Inschriften, namentlich bekannt. Fast alle entstammen bekannten Familien und sind in anderen Magistraturen und Ehrenstellen, in Athen wie auf Delos, tätig gewesen.[4] In einem im Jahre 69 v. Chr. auf Delos zerstörten Haus haben sich Tausende von Siegelabdrücken eines privaten Archivs gefunden, darunter auch 17 Siegel des Epimeleten mit der Inschrift «der Epimelet in Delos.»[5]

Die Unabhängigkeit der Insel endete in den letzten Monaten des Jahres 167 oder in den ersten des Jahres 166.[6] Fest steht jetzt immerhin, nachdem dieser Punkt lange strittig war, daß das Amtsjahr des ersten athenischen Gymnasiarchen auf Delos das Jahr 167/6 (und nicht das Jahr 166/5) war; denn Pausanias von Melite, der der zehnte athenische Amtsinhaber war, hat nach Ausweis eines noch unveröffentlichten Dekrets der athenischen Ekklesie im Jahr des Archons Pyrrhos, 158/7, als Gymnasiarch amtiert, was mithin den ersten Amtsinhaber, Aristomenes von Acharnai, ins Jahr 167/6 bringt. Dieser hat gewiß nicht das volle Jahr in Delos amtiert, muß aber sein Amt einige Zeit vor dem Sommer des Jahres 166 angetreten haben.[7]

Um die gleiche Zeit instruierte ein von Theainetos von Aigilia beantragter athenischer Volksbeschluß eine Kommission von Areopagiten unter Führung Mikions, in Delos von den scheidenden delischen Behörden das heilige Gut, Weihgeschenke, Geld usw., zu übernehmen. Mikion ist gewiß ein Mitglied der berühmten Familie des Eurykleides und Mikion aus Kephisia, die 229 die Befreiung Athens verwirklicht hatten. Von der Tätigkeit seiner Kommission ist in einem Inventarverzeichnis aus einem der ersten

dene Inschriften bilden die wichtigste Quelle unserer Kenntnis. Ph. Bruneau, Recherches sur les cultes de Délos à l'époque hellénistique et à l'époque impériale, Paris 1970. Ph. Bruneau – J. Ducat, Guide de Délos, Paris ³1983. Die Ergebnisse der französischen Ausgrabungen werden publiziert in Exploration archéologique de Délos (EAD), bisher 35 Bände (Übersicht im Guide³ 11–12).

[4] Für die Epimeleten Roussel, Délos 97–125 und jetzt Habicht, Hermes 119, 1991, 194–216.

[5] M.-F. Boussac, RA 1988, II 314–315. Dieselbe, Les sceaux de Délos 1, sceaux publics, Athen 1992.

[6] C. Vial, Délos indépendante, Paris 1984, 3.

[7] Die Gymnasiarchenliste ist I Délos 2589. P. Roussel trat für ihren Beginn im Jahre 167/6, A. Plassart für den Beginn im Jahre 166/5 ein (s. den Kommentar zu I Délos 2589). Das von J. Delorme erwähnte athenische Dekret zu Ehren des Pausanias (RA 1948, I 263–264) entscheidet die Sache in Roussels Sinn.

Jahre der athenischen Herrschaft die Rede, und man erfährt zugleich, daß die Kommission dabei verschiedene Weihgaben anders als zuvor anordnete.[8] Von nun an wurden die Inventare der Heiligtümer von athenischen Beauftragten geführt. Das älteste Zeugnis ihrer Tätigkeit, von etwa 166 v. Chr., wurde nicht auf Delos, sondern auf der Agora von Athen gefunden, vier Fragmente, die insbesondere Vasen im Apolloheiligtum aufführen. Es war vermutlich das einzige derartige Verzeichnis, das nicht nur in Delos, sondern auch in Athen aufgeschrieben und ausgestellt wurde.[9]

Die Delier müssen den Machtspruch des Senats, der sie von ihrer Insel vertrieb, um so bitterer empfunden haben, als sie noch während des Dritten Makedonischen Krieges, im Jahre 170 oder 169, dem römischen Volk und dem Senat Kränze zuerkannt und damit ihrer loyalen Gesinnung Ausdruck verliehen hatten.[10] Obwohl sie durch die Entscheidung des Senats mit der Heimat zugleich auch ihr Staatswesen verloren hatten und dank der Großzügigkeit des Achäischen Bundes Bürger Achaias geworden waren, sollte doch der Senat nur wenige Jahre später erneut von ihnen hören. Wie Polybios berichtet, erschienen im Laufe des Jahres 159/8 in Rom Gesandte aus Athen (ihre Namen fehlen und dürften der Verkürzung seines Textes durch den byzantinischen Epitomator zum Opfer gefallen sein) und solche aus Achaia, diese unter Führung des Thearidas, des älteren Bruders des Polybios, und des Stephanos. Die Parteien strebten eine Entscheidung des Senats in einer zwischen ihnen strittigen, die ehemaligen Delier direkt berührenden Angelegenheit an. Auf Grund eines zwischen Athen und dem Achäischen Bund zu Beginn des 2. Jahrhunderts geschlossenen Rechtshilfeabkommens machten die Delier Ansprüche gegen Athen, die aus den Tagen der Vertreibung herrührten und ihren Ursprung in der Klausel hatten, daß sie ihre bewegliche Habe mitnehmen dürften, als achäische Bürger geltend. Die Athener bestritten, daß sie aus diesem Vertrag von solchen Achäern in Anspruch genommen werden könnten, die erst nach seinem Abschluß in Achaia eingebürgert worden waren. Daraufhin verlangten die Abgewiesenen von den Achäern, Repressalien gegenüber Athen anzuwenden, was in solcher Situation einem üblichen Brauch entsprach. Die Achäer müssen darauf eingegangen sein, weil sich nur so erklärt, daß die Sache

[8] I Délos 1403, Bb, col. I 23–29 mit dem Kommentar von F. Durrbach und P. Roussel, S. 13.

[9] Hesperia 3, 1934, 51 Nr. 39, drei Fragmente, erklärt von P. Roussel, BCH 58, 1934, 96–100. Das vierte Fragment, zusammen mit den drei anderen, Hesperia 13, 1944, 254–257 mit Meritts Kommentar.

[10] I Délos 465 c 20 und dazu J. Tréheux, BCH 109, 1985, 489–490. Inschriften aus Delos lehren jedoch auch, daß in den ersten Jahren nach der Übernahme der Insel durch Athen eine Anzahl von Deliern dort verblieb und gegen Ende des Jahrhunderts andere dort wieder seßhaft waren (M.-Th. Couilloud, Les monuments funéraires de Rhenée, EAD XXX 1974, 66–67 und 128 Nr. 182). Groß kann ihre Zahl wohl zu keiner Zeit gewesen sein.

Weiterungen hatte, die die Parteien bis vor den Senat führte. Es dürfte im Hinblick hierauf gewesen sein, daß Polybios an früherer Stelle, an der er die Zuweisung von Delos an Athen berichtet, sagt, die Athener hätten im Zusammenstoß mit den Deliern vielfältiges Mißgeschick erlitten. Der Senat entschied, wie es nur billig war, zugunsten der Delier.[11]

Die athenische Bevölkerung der Insel nach 167, die sich «das Volk der in Delos ansässigen Athener» nannte, war ein Ausschnitt aus der gesamten Bürgerschaft Athens. Sie verwaltete sich in den sie allein berührenden Angelegenheiten ebenso selbständig, wie es die 139 Demen Attikas taten.[12] Sie hatte ihre eigenen Beschlußorgane, Rat und Volk (*Bule* und *Ekklesia*), darin sich unterscheidend von den Demen, die nur eine *Agora* genannte Versammlung kannten, und sie wählte wenigstens einen Teil der auf der Insel tätigen Beamten und Priester selbst. Für diese und für Bürger fremder Staaten konnte sie auch in eigener Machtvollkommenheit Ehren beschließen, während Beschlüsse zu Ehren der aus Athen entsandten höheren Beamten erst durch ratifizierende Dekrete des Gesamtvolks in Athen Gültigkeit erlangten.

Zu diesen höheren Beamten gehörten neben dem Epimeleten der Insel der Vorsteher der öffentlichen Bank und die beiden für die Verwaltung des heiligen Gutes und der Tempelkasse zuständigen Beamten, denen auch die Aufsicht über alle Tempel und die in ihnen befindlichen Weihgeschenke oblag. Sie waren an die Stelle der *Hieropen* im unabhängigen Delos getreten.[13] Es waren ferner die beiden dreiköpfigen Kollegien der Marktaufseher *(Agoranomen)* und der Verwalter der Handelsbörse *(Emporion)*, die auch für die Kontrolle der Maße und der Gewichte zuständig waren, sowie der Gymnasiarch. Er hatte außer der Vorstandschaft des Gymnasions und der dort veranstalteten Wettbewerbe zugleich die Leitung der delischen Ephebie und versah mithin zusätzlich die Aufgaben, die in Athen Sache des Kosmeten waren.[14]

Der älteste erhaltene Beschluß der Kleruchen stammt vom Jahre 165/4 und ist wie alle Urkunden der Kleruchen nach dem in Athen amtierenden eponymen Archon datiert. Der letzte erhaltene Beschluß, den die athenischen Kleruchen allein verabschiedet haben, datiert vom Jahre 145/4. In einem späteren, aber noch vor 126/5 abgefaßten Dekret stehen die atheni-

[11] Polybios 32, 7, 1–5. Dazu Ph. Gauthier, Symbola, Nancy 1972, 173. 200. 204. Walbank, Commentary 3, 525–526. Die frühere Passage des Polybios ist 30, 20, 9.

[12] Für das Folgende vgl. ausführlich Roussel, Délos 33–96. Zu den Grenzen der lokalen Autonomie gegenüber dem Gesamtstaat s. Habicht, Gnomon 31, 1959, 706–707.

[13] Für diese Ämter Roussel, Délos 126–144, für die öffentliche Bank und ihre Vorsteher auch R. Bogaert, Banque et banquiers dans les cités grecques, Leiden 1968, 187–192.

[14] Roussel, Délos 179–198. In I Délos ist die vollständige Liste der delischen Gymnasiarchen für die Jahre 167/6 bis 112/1 erhalten, wenn auch nicht alle Namen vollständig sind.

schen Siedler schon nicht mehr allein, sondern es erscheinen neben ihnen «die sich in Delos aufhaltenden Römer.»[15] Im Jahr 126/5 treten zu diesen beiden Gruppen weiter «die Kaufleute, die Reeder und die anwesenden Fremden».[16] Im Jahre 124/3 beschließen «die athenischen Siedler, die anwesenden Römer und die Kaufleute und Reeder»,[17] im Jahr darauf, 123/2, «die in Delos ansässigen oder sich aufhaltenden Athener, Römer und anderen Fremden»,[18] endlich im Jahr 118/7 dieselben, jedoch mit erneuter Hinzufügung der Kaufleute und Reeder.[19]

Wie leicht zu sehen ist, waren es um 130 v. Chr. und danach nicht mehr allein die athenischen Kleruchen, die die lokalen Angelegenheiten bestimmten; andere Gruppen hatten Mitspracherechte gewonnen. Es waren Angehörige anderer Nationen, vor allem Römer, und neuer Berufsgruppen, der Reeder und Kaufleute, weiter sogar Personen, die in Delos nicht einmal ansässig waren, sondern sich dort nur vorübergehend, kürzer oder länger, aufhielten. Die Gesellschaft der Insel war innerhalb weniger Jahrzehnte internationaler und zugleich merkantiler geworden. Es liegt auf der Hand, daß die seit 167 bestehende Zollfreiheit des Hafens wesentlich zu dieser Entwicklung beigetragen hat, sodann auch die auf die Zerstörung Korinths durch die Römer im Jahre 146 folgende Neuorientierung von Teilen des ägäischen Handels[20] sowie endlich die Errichtung der römischen Provinz Asia im Jahre 129.[21] Es mag mit den Veränderungen im Gefolge dieser Ereignisse zusammenhängen, daß bald nach 130 zweimal Epimeleten für ein zweites Amtsjahr bestellt wurden (S. 248). Außer Römern und Italikern, die einen besonders großen Anteil an der Zuwanderung Fremder nach 167 hatten, nahm auch die Zahl von Bewohnern des Vorderen Orients, aus den Städten Syriens und Phönikiens, erheblich zu, und die meisten derselben dürften Handeltreibende gewesen sein.[22]

Nicht leicht zu beantworten ist die Frage, wie viele der athenischen Bürger, die zu einer bestimmten Zeit auf der Insel angetroffen werden, dort ansässig, wie viele nur vorübergehend dort waren, sei es für ein Amtsjahr, sei es zur Abwicklung von Geschäften. Sicher dürfte sein, daß die meisten der höheren, in Athen gewählten und von Athen entsandten Beamten, wie die Epimeleten, Gymnasiarchen und die Schatzmeister des Heiligen Gutes, im allgemeinen sich dort nur so lange aufhielten, wie es ihre amtlichen Obliegenheiten erforderten, daß sie danach jedoch ihre Karriere

15 I Délos 1643 (vgl. aus dem gleichen Jahr I Délos 1644. 1703).

16 I Délos 1645.

17 I Délos 1647. 1648. 1649.

18 I Délos 1650.

19 I Délos 1652.

20 Strabo 10, 5, 4, p. 486. Roussel, Délos 55.

21 R. Étienne, Ténos II 1990, 129–130.

22 Roussel, Délos 84–96. Derselbe, BCH 55, 1931, 447–448. Noch unveröffentlicht ist die Arbeit von M.-F. Baslez, Les étrangers à Délos.

in Athen fortsetzten bzw. ihrer Tätigkeit dort wieder nachgingen. Sehr viele politisch aktive Bürger Athens lassen sich sowohl in Delos wie in Athen nachweisen.

In der Pflege der auf Delos heimischen Kulte traten die Athener an die Stelle der Delier. Das Kultpersonal war mithin neu, aber die gleichen Kulte wurden weiterhin gepflegt, denn die Athener respektierten die delischen Götter und ihren Rang.[23] Gleichwohl gab es gewisse Neuerungen. So brachten die Athener den Kult des Apollon Pythios auf die Insel, neu waren die Feste der Delia und (nach dem städtischen Vorbild) der Theseia. Die starke Zuwanderung Fremder führte nach und nach zu einer erheblichen Vergrößerung des Pantheons, dem in der Zeit der Unabhängigkeit von Delos nur die ägyptischen Götter Isis, Sarapis, Anubis usw. neu beigetreten waren. Nun kamen syrische, phönikische, jüdische, arabische und italische Gottheiten nach Delos, aber sie blieben zumeist, was sie bei ihrer Ankunft gewesen waren, Gegenstand privater Kulte.

Die dem Apollon heilige und auch vielen anderen Göttern eine Heimstatt bietende Insel empfing unter der athenischen Herrschaft wie zuvor Aufmerksamkeiten vieler hellenistischer Könige. Delos blieb zugleich eine Stätte, an der Statuen von Angehörigen der Herrscherhäuser und hoher Würdenträger geweiht wurden. In Ägypten behauptete nach dem Krieg gegen Antiochos IV., den ein römischer Machtspruch 168 beendet hatte, Ptolemaios VI. den Thron, bis er im Jahre 145 in Syrien sein Leben verlor. Ihn haben im Jahre 154 seine kretischen Söldner nach einem erfolgreichen Feldzug auf Zypern durch einen Beschluß und eine Bronzestatue geehrt, die in Delos aufgestellt wurden. Aus dem gleichen Anlaß ehrten sie ihren Befehlshaber Aglaos, einen Koer aus vornehmer Familie; zwei Bronzestatuen sollten in seiner Heimatstadt Kos bzw. in Delos aufgerichtet werden. Es ist bemerkenswert, daß eigens ein Gesandter nach Kos und Athen abgefertigt wurde, der um die Zuweisung eines Platzes für die Aufstellung der Denkmäler ersuchen sollte.[24] Für einen anderen ranghohen Höfling dieses Königs mit Namen Chrysermos, der u. a. Vorsteher des Museions von Alexandreia war, errichtete ein athenischer Privatmann auf Delos ein Standbild.[25] Zahlreich sind weiter die Zeugnisse für das fortdauernde Interesse dieses Königshauses an Delos auch nach der Periode der Kleruchie, d. h. aus dem letzten Drittel des Jahrhunderts.[26] Sie machen zugleich deutlich, daß die Beziehungen zwischen dem königlichen Hof und Athen während dieser ganzen Zeit ungetrübt waren und nicht etwa rund fünfzig

[23] Hierzu und zum Folgenden Bruneau, Recherches 659–662.

[24] I Délos 1518 und 1517. Aglaos ist übrigens auch auf Paros durch ein überlebensgroßes Standbild geehrt worden, AD 20, 1965, 119–133. Zum Hintergrund dieser Ehrungen Walbank, Commentary 3, 553–554.

[25] I Délos 1525, dort auch zu der seit Generationen im Dienst der Dynastie bezeugten Familie des Geehrten.

[26] I Délos 1526–1535.

Jahre lang feindselig, kühl oder ganz unterbrochen, wie oft angenommen wurde.[27]

Andere Monarchien standen im athenischen Delos hinter den Ptolemäern nicht zurück. Antiochos IV. Epiphanes, in diesem Zeitalter der Wohltäter Athens par excellence, ist von einem athenischen Bürger in Delos eben wegen dieser Verdienste um das Volk von Athen mit einer Statue geehrt worden.[28] Die Vermutung, daß Delos selbst von der Großzügigkeit des Königs profitiert habe, liegt nahe und wird von den Autoren bestätigt. Polybios sagt vom König: «An Pracht der Opfer, die er in den Städten darbringen ließ, und der den Göttern erwiesenen Ehren stellte er alle früheren Könige in den Schatten. Man kann das am Olympieion in Athen und den Statuen um den Altar in Delos ersehen.» Der König muß mithin die Umgebung des Apollonaltars mit einer ganzen Gruppe kostbarer Statuen geschmückt haben.[29] Dies kann zur Zeit der athenischen Kleruchie, in ihren ersten Jahren (167–164), aber auch schon vorher, in einem der Jahre zwischen 175 und 167, geschehen sein. Kurz vor der Mitte des Jahrhunderts hat ein auf Delos tätiger Verein ein Standbild des Menochares geweiht, der Minister Demetrios' I. (162–150) und nach dem König der mächtigste Mann im Seleukidenreich war.[30] Der königliche Statthalter der Provinz Seleukis für diesen König oder seinen Sohn Demetrios II., selbst ein Bürger Athens, hat zwei oder drei Statuen auf der Insel geweiht.[31]

Die Dynastie der Attaliden von Pergamon ist im unabhängigen Delos oft bezeugt, dagegen nur sehr spärlich in der Zeit der athenischen Kleruchie, die ziemlich genau mit dem letzten Dritteljahrhundert des Königshauses zusammenfällt. König Attalos II. (158–138) hat in Delos einem seiner engen Vertrauten ein Standbild gesetzt, Apollonides, einem gebürtigen und mit dem König aufgezogenen Pergamener, der aber auch in Athen Bürgerrecht erhalten hatte.[32] Dort hat das Volk von Athen auch Königin Stratonike durch eine Statue geehrt. Sie war die Tochter des kappadokischen Königs Ariarathes IV. und die Gattin des pergamenischen Königs Eumenes II., sodann, nach Eumenes' Tod, seines Bruders Attalos II.[33] In ihrer Person verbanden sich mithin das pergamenische und das kappadokische Königshaus. Der ihr auf der Statuenbasis beigegebene Titel der Königin weist auf die Zeit nach der Eheschließung, die athenische Urheberschaft am

27 Oben, S. 223.

28 I Délos 1540. Eine ähnliche Weihung, wohl für denselben König, ist I Délos 1541.

29 Polybios 26, 1, 11. Ebenso, nach Polybios, Livius 41, 20, 8–9. Von diesen Statuen haben die Ausgrabungen keine Spur gefunden (Bruneau, Recherches 27).

30 I Délos 1543. Zu Menochares Habicht, ZPE 74, 1988, 214.

31 I Délos 1544 und 1545, vielleicht auch 1546. Spätere Zeugnisse für seleukidische Könige und Würdenträger sind I Délos 1547–1553.

32 I Délos 1554. Zu Apollonides und seiner Familie, Habicht, Hesperia 59, 1990, 565–567.

33 I Délos 1575.

ehesten auf ein Jahr nach 167. Andererseits deutet das Fehlen jeder Erwähnung eines königlichen Gatten eher auf eine Zeit, in der sie entweder noch unverheiratet oder bereits verwitwet war. Die vorgeschlagenen Datierungen schwanken zwischen einem Jahr vor 189 und den Jahren 138–134 v. Chr.[34]

Das Königshaus von Kappadokien ist unter den erhaltenen Zeugnissen aus Delos erst nach dem Ende der Kleruchie vertreten, d. h. erst im letzten Drittel des 2. Jahrhunderts v. Chr. Für die Monarchie Pontos dagegen gibt es ältere Zeugnisse. Das älteste stammt noch aus der Zeit der Unabhängigkeit von Delos, nämlich der athenische Ehrenbeschluß für König Pharnakes und seine Gemahlin Nysa vom Jahre 195 v. Chr. (S. 228). Auch die delische Statue für Pharnakes' Schwester Laodike ist älter als 171/0 und mithin älter als die athenische Herrschaft über die Insel.[35] In die Zeit der Kleruchie fallen dagegen die beiden Statuenbasen für König Mithridates V. Euergetes, von denen eine ins Jahr 129/8 datiert werden kann,[36] und wohl auch die seines athenischen Höflings Boethos.[37] Dieser König war ein besonderer Wohltäter der Insel mit Stiftungen für den Tempel und für die Palaistra am See, die damals mit seinen Mitteln nach einem neuen Plan wiederhergestellt wurde.[38] Sein Nachfolger Mithridates VI. Eupator, der bedeutendste König des Hauses, unterhielt die engsten Kontakte zu Delos. Nicht weniger als siebzehn noch erhaltene delische Inschriften gedenken seiner in der einen oder anderen Form. Von ihnen wird später die Rede sein, weil diese Zeugnisse später sind als die Zeit der Kleruchie. Es war dieser König, der durch seinen Krieg gegen Rom das Verhängnis heraufbeschworen hat, das der Blüte von Delos im Jahre 88 ein Ende machte.

Etwas älter sind die delischen Zeugnisse für die Monarchie Bithynien im Nordwesten von Kleinasien. Schon in den Zeiten der Unabhängigkeit stand König Prusias II. (183–149) mit Delos in Verbindung.[39] Sein Sohn Nikomedes II., der ihn im Jahre 149 stürzte, ist bei seiner Auflehnung offenbar vom greisen numidischen König Masinissa (einst der Verbündete Roms im Krieg gegen Hannibal) unterstützt worden, denn er hat ihm und einem seiner Söhne, offenbar bald nach Masinissas Tod im Jahre 148, in Delos Statuen geweiht, deren Text diese Annahme nahelegt.[40] König Niko-

[34] Näheres bei H. Müller, Chiron 21, 1991, 393–424, der selbst für ein Datum zwischen 159 und 156 v. Chr. eintritt.

[35] I Délos 1555.

[36] I Délos 1557. 1558.

[37] I Délos 1559.

[38] L. Robert, JS 1978, 151–163 (OMS 7, 283–295). Vgl. Ph. Bruneau – J. Ducat, Guide de Délos, ^{3}1983, 195–197.

[39] I Délos 455, A 41. 1408, A I 27. 1427, 4. 1428, II 8. 1430, f 5. 1450, A 112.

[40] I Délos 1577. 1577 *bis*. Zur Erhebung des Nikomedes s. Habicht, RE Prusias (1957) 1120–1124. Von Masinissas Söhnen ist einer, Golossa, von einem anderen Stifter mit einer Statue in Delos bedacht worden, I Délos 1578.

medes selbst ist im Jahre 139/8 von den Epheben zu Delos als ihr Wohltäter durch ein Standbild geehrt worden, während sein Sohn und Nachfolger, Nikomedes III., anläßlich seines Regierungsantritts im Jahre 127/6 diese Auszeichnung durch den amtierenden Gymnasiarchen, Dioskurides von Rhamnus, erhielt.[41]

Alle diese Zeugnisse lehren, daß Delos auch zur Zeit der athenischen Hoheit über die Insel ein bevorzugter Platz blieb, Ehren bedeutender Persönlichkeiten zur Schau zu stellen. Der Grund dafür liegt darin, daß der ganz internationale Charakter der Stätte allen Ehrungen die höchste Publizität garantierte.

2. Schranken der athenischen Hoheit

Es war den Zeitgenossen, sie mochten Römer, Athener oder andere Griechen sein, durchaus bewußt, daß Athen die Herrschaft über Delos nicht aus eigener Kraft zurückgewonnen hatte, sondern sie dem Machtspruch des römischen Senats verdankte. Als etwa ein Jahrzehnt später der Athener Phokion von Melite die Namen der Athener aufzeichnen ließ, die ihm im Amt des Gymnasiarchen auf Delos vorausgegangen waren, begann er mit dem Vermerk «seit dem Jahr, in dem das Volk die Insel dank der Römer wieder erwarb.»[42] Die Athener besaßen die Insel als eine Gabe Roms, so wie die Rhodier seit dem Jahre 188 Lykien und Karien südlich des Mäander besessen hatten – und dann erleben mußten, daß ihnen diese Gebiete nach dem Perseuskrieg vom Senat wieder genommen und für frei erklärt wurden, d. h. eben zu der Zeit, als den Athenern Delos «gegeben» wurde. Es war damit klar, daß Dauer und Modalitäten dieses Besitzes letztlich von Rom abhingen. Auch nach der Übertragung der Insel an Athen lag das letzte Wort über ihr Schicksal und ihre Zukunft weiterhin im Belieben des Senats.

Es hat sich schon gezeigt, daß der Senat tatsächlich nicht zögerte, in die delischen Angelegenheiten regulierend einzugreifen und den Athenern bestimmte Verhaltensweisen vorzuschreiben. Dies tat er im Jahre 159/8 in der Angelegenheit der von der Insel vertriebenen Delier, die achäische Bürger geworden waren (S. 247). Früher noch, in einem der ersten Jahre der erneuten athenischen Herrschaft, hat er einen noch heute im Wortlaut der griechischen Übersetzung erhaltenen Beschluß gefaßt und mit ihm eine athenische Verfügung auf der Insel aufgehoben. Gegenstand war ein privater Kult des ägyptischen Gottes Sarapis auf Delos. Der Sachverhalt ist von allgemeinerem Interesse und verdient daher, näher geschildert zu werden.

Im frühen 3. Jahrhundert v. Chr. war ein ägyptischer Priester aus Mem-

41 I Délos 1580 (G. Daux, Hesperia 16, 1947, 55–57). 1579.

42 I Délos 2589.

phis mit Namen Apollonios nach Delos gekommen. Mit sich brachte er eine Statue des Sarapis. Er stellte sie in seiner Mietwohnung auf, machte sie zum Gegenstand eines privaten Sarapiskultes und fungierte selbst als dessen Priester. Als er im Alter von fast einhundert Jahren starb, folgte ihm sein Sohn Demetrios als erblicher Priester des Gottes, sodann, als dieser mit einundsechzig Jahren starb, dessen Sohn Apollonios II. Ihm erschien eines Nachts Sarapis im Traum und äußerte das Verlangen nach einem eigenen Heiligtum an Stelle des gemieteten Platzes, an dem ihm gehuldigt wurde; er bezeichnete auch die Stelle, an der es entstehen sollte. Apollonios kaufte das Grundstück und ließ die Bauarbeiten beginnen, doch scheint er die zuvor erforderliche Baugenehmigung nicht eingeholt zu haben, weshalb er sich einer Klage ausgesetzt sah. Wieder erschien ihm Sarapis im Traum und verhieß einen glücklichen Ausgang der Sache. Tatsächlich fiel das Urteil, vor einer erwartungsvollen Menge, zu seinen Gunsten aus, und so konnte mit der Hilfe von Spenden der Gläubigen der Bau in sechs Monaten fertiggestellt werden. Für den guten Ausgang, den er der Intervention seines Gottes zuschrieb, dankte Apollonios dem Sarapis mit der Aufstellung einer großen Säule, auf der er den hier paraphrasierten Bericht über die Anfänge des delischen Kultes aufzeichnen und ihm einen von einem gewissen Maiistas verfaßten Hymnus auf Sarapis folgen ließ. Die Säule mit ihrem Text von fast einhundert Zeilen ist nahezu unversehrt erhalten; sie war etwa um 215 v. Chr. am Tempel des Apollonios aufgestellt worden.[43]

Der Kult an diesem Heiligtum nahm daraufhin, wie erhaltene Weihungen erkennen lassen, einen erheblichen Aufschwung. Eine neue und ernste Krise aber kam mit dem Beginn der athenischen Herrschaft. Von ihr kündet eine zweite Inschrift, die im Jahr 165 oder 164 an der gleichen Stelle geweiht wurde und ebenfalls vollständig erhalten ist. Zwei Urkunden folgen aufeinander: ein Brief des athenischen Strategenkollegiums an Charmides, den athenischen Statthalter der Insel, und, ihm angefügt, ein zeitlich etwas früherer Senatsbeschluß in griechischer Übersetzung. In Rom war Demetrios, der Priester dieses privaten Kultes und zweifellos ein Nachkomme des Kultstifters Apollonios, erschienen und hatte es vermocht, mit seinem Anliegen Gehör vor dem Senat zu finden. Er beklagte sich darüber, daß «die Delier» und die Athener in Delos ihm die weitere Ausübung des Kultes verwehrten und daß der athenische Epimelet sein Sarapisheiligtum geschlossen habe. Der Senat befand, daß ihm erlaubt sein solle, den Kult wie von alters her auszuüben. Die athenische Regierung wurde hiervon

43 IG XI 1299, neue Ausgabe mit Kommentar von H. Engelmann, The Delian Aretalogy of Sarapis, Leiden 1975. Die grundlegende Behandlung der ägyptischen Kulte auf Delos stammt von P. Roussel, Les cultes égyptiens à Délos du IIe au Ier siècle av. J.-C., Nancy 1916 (für diesen privaten Kult besonders 71–98. 239–262). Eine aktualisierende Zusammenfassung bei Bruneau, Recherches 457–466; derselbe, Études déliennes, Paris 1973, 130–136. Der Tempel des Apollonios ist das «Sarapieion A» (Guide de Délos, Paris[3] 1983, 219–221).

unterrichtet, die Sache sodann vom Rat der Stadt eingehend erörtert. Das Resultat war ein Schreiben des Strategenkollegiums an den Epimeleten der Insel, das diesen instruierte, den Senatsbeschluß zu respektieren und Demetrios weiterhin die ungehinderte Ausübung des Kultes zu gestatten.[44]

Worin auch immer der Widerstand gegen den von Demetrios gepflegten Kult seine Ursache gehabt haben mag, die Angelegenheit war jedenfalls kein Streit um die Göttlichkeit oder die Würdigkeit des Sarapis, denn der Gott hatte schon seit längerer Zeit in Delos einen öffentlichen Kult und einen großen staatlichen Tempel, das Sarapieion C. Dieser Kult florierte in der unabhängigen Gemeinde der Delier ebenso wie in der Kleruchie. Im Rahmen einer Geschichte des hellenistischen Athen ist die Sache vielmehr deshalb von Bedeutung, weil sie zeigt, daß die Athener auf Delos nur insoweit nach ihrem Gutdünken schalten konnten, als ihr Tun nicht die Mißbilligung des Senats fand. Trat ein solcher Fall jedoch ein, so konnte die athenische Regierung eine Weisung des Senats zwar noch im Rat der Stadt zur Diskussion stellen, um den Schein aufrechtzuerhalten, sie könne in der Angelegenheit frei entscheiden, doch hatte sie tatsächlich keine andere Wahl, als ihr zu folgen.

Die beherrschende, wenn auch zumeist im Hintergrund bleibende Stellung Roms äußert sich auf Delos in bestimmten Wendungen der von den Kleruchen gefaßten Beschlüsse, in denen sie ihre Loyalität nicht nur gegenüber dem athenischen Staat betonen, dessen Glieder sie sind, sondern auch gegenüber Rom. So werden im Jahre 159/8 öffentliche Opfer erwähnt «für (das Wohlergehen der) Athener und Römer», im Jahre 153/2 herkömmliche, d. h. periodisch wiederkehrende Opfer «für Rat und Volk, Kinder und Frauen von Athen, das Volk der Römer und die athenischen Kleruchen in Delos.»[45] Diese Opfer bringen zum Ausdruck, daß die athenische Inselgemeinde sich unmittelbar dem Gesamtstaat verbunden fühlte, mittelbar aber über ihn auch dem römischen Volk.

Eben dies zeigt sich weiter darin, daß mit dem Beginn der athenischen Herrschaft dem althergebrachten Kult der Hestia zwei neue Gottheiten beigesellt werden, die ihn politisieren: das Volk von Athen und Roma. Schon 158/7 ist der Priester der neuen Dreiheit in einem Verzeichnis der

44 I Délos 1510, neuere Ausgabe von R. K. Sherk, Roman Documents from the Greek East, Baltimore 1969, 37–39 Nr. 5. Vgl. Roussel (Anm. 43) 261–262. Das früheste Datum für den Senatsbeschluß ist dann nicht 164 v. Chr., sondern 165, wenn der Praetor P. Cornelius Blasio (S. 233, Anm. 51) nicht ins Jahr 165 gehört, sondern in ein späteres Jahr. Nach dem Text des Senatsbeschlusses haben nicht nur die Athener, sondern schon, zu Zeiten der Unabhängigkeit, «die Delier» dem Demetrios die Kultausübung verwehrt. In der Forschung wird Roussels Meinung allgemein geteilt (a. O. 94, Anm. 2), daß damit nicht die 167/6 vertriebenen Delier gemeint seien, sondern die damals auf die Insel kommenden athenischen Kleruchen. Zweifel bleiben, weil die Annahme problematisch ist, der Senat könne mit «Deliern» in Wahrheit «Athener» gemeint haben.

45 I Délos 1498, 20–21. 1499, 2–8.

delischen Priestertümer genannt, und zwar hinter dem Priester Apollons an prominenter zweiter Stelle. Es kann nicht zweifelhaft sein, daß der erweiterte Kult schon 167/6 geschaffen wurde, zumal schon für das Jahr 166 das neue Fest der Romaia zu Ehren der Göttin Roma bezeugt ist.[46]

Spricht in den oben erwähnten Opfern die athenische Gemeinde auf Delos, in der Schöpfung des Kultes der Hestia, des Demos von Athen und der Roma der athenische Staat, so sprechen in den zahlreichen Weihungen zumeist auf Delos ansässige Einzelne. Viele Weihungen bringen ihrerseits den hier beschriebenen Sachverhalt der doppelten Loyalität zum Ausdruck, allerdings (was anscheinend noch nicht bemerkt worden ist) mit einer auffallenden zeitlichen Verschiebung. Seit dem Jahre 119/8 oder kurz vorher[47] begegnet man zahlreichen Weihungen mit der Formel «für das Volk der Athener und das Volk der Römer.» Es sind bis zum Jahre 89 v. Chr. nicht weniger als 45 Zeugnisse, von denen 39 genau auf das Jahr datiert sind. Die große Mehrzahl rührt von Priestern der verschiedenen Kulte her, nur zweimal stehen die Römer voran.[48] Kein Zeugnis ist später als das Jahr 89.

Die Frage stellt sich, warum erst um 120 und nicht schon seit 166 auch bei den Weihungen der Römer mitgedacht wird. Tatsächlich gibt es eine Anzahl von Weihungen, die nur «für das Volk der Athener» dargebracht werden. Es ist aber nicht so, als wäre dies eine ältere Form, zu der die Römer später hinzugetreten wären, denn von den dreizehn erhaltenen Weihungen dieses Typs ist keine älter als das Jahr 115/4 v. Chr.[49] Zehn stammen aus der Zeit zwischen 115/4 und 110/09, zwei wohl aus den Anfängen des 1. Jahrhunderts, eine ist undatierbar. Es zeigt sich, daß es vor ca. 120 v. Chr. nicht üblich war, den einen oder den anderen Zusatz zu verwenden, daß sodann beide Formen um die gleiche Zeit aufgekommen sind, wobei die vollere Form, die auch die Römer einschloß, weitaus populärer war als die, die nur von den Athenern sprach.[50] Darin spiegelt sich zweifellos auch die Tatsache, daß um das Jahr 120 Römer (und Italiker) schon einen erheblichen Teil der Inselbevölkerung ausmachten.

3. Internationaler Handelsplatz

«Die Zerstörung Korinths durch die Römer ließ das so berühmt gewordene Delos weiter wachsen. Denn dorthin wechselten die Kaufleute über, angezogen von der Abgabenfreiheit des Heiligtums und der günstigen

[46] I Délos 2605. 1950. Roussel, Délos 222–223. Bruneau, Recherches 443–446.

[47] I Délos 2247 ist anscheinend ein wenig früher.

[48] I Délos 1709 vom Jahre 99/8 und 1889 unbestimmten Datums.

[49] I Délos 1810–1813. 1839. 2038. 2221–2. 2229. 2256. 2607–8. 2614.

[50] Von den dreizehn Zeugnissen dieser Form stammen nicht weniger als sieben vom Jahre 110/09, und sechs derselben sind Weihungen des amtierenden Epimeleten, Dionysios von Pallene.

Lage des Hafens. Denn dieser liegt günstig für die aus Italien und Griechenland nach Asien Segelnden. Das Fest ist ein geschäftliches Ereignis, und die Römer, mehr als die anderen, waren dort Stammkunden, auch als Korinth noch stand. Und als die Athener die Insel übernommen hatten, widmeten sie sich den Kulten und den Kaufleuten mit gleicher Sorgfalt.»[51]

Mit diesen Worten schildert der kleinasiatische Grieche Strabon in der Zeit des Augustus das Wesen von Delos zur Zeit der athenischen Herrschaft, vor den Katastrophen der Jahre 88 und 69 v. Chr., die beide im Zusammenhang eines Krieges der Römer gegen König Mithridates VI. von Pontos über die Insel hereinbrachen. Als Ursache für die große Prosperität nennt er die seit 167 bestehende Zollfreiheit des Hafens,[52] weiter dessen günstige Lage für den Transitverkehr zwischen Italien, Griechenland und Asien, sowie als weiteren Stimulus für den über Delos laufenden Handel das Ausscheiden der konkurrierenden Handelsstadt Korinth im Jahre 146. Die neuere Forschung hat als einen weiteren Grund die Einrichtung der römischen Provinz Asia im Jahre 129 hinzugefügt, die unter anderem zu einer beträchtlichen Belebung des Handels und des Kapitalverkehrs zwischen Italien und dem westlichen Kleinasien führte.

An einer anderen Stelle macht Strabon deutlich, daß der Handel mit Sklaven, der über Delos abgewickelt wurde, ein besonders profitabler Geschäftszweig war. Er beschreibt, wie sich das Reich der Seleukiden, das damals, um 140 v. Chr., schon fast allein auf Kilikien sowie Nordsyrien und Palästina beschränkt war, in Bruderkämpfen aufrieb, und sagt, daß der Verfall der königlichen Autorität die vor allem in Kilikien beheimatete Piraterie begünstigte, und daß die einander befehdenden Prätendenten ebenso wie die Piraten mit den Gefangenen, die sie machten, den Sklavenmarkt belieferten. «Sklaven wurden mühelos gefangen, und ein großer und reicher Handelsplatz war nicht allzuweit entfernt, die Insel Delos, die an einem einzigen Tag zehntausend Sklaven aufnehmen und wieder fortschikken konnte, so daß ein Sprichwort aufkam ‹Händler, lande, entlade, alles ist verkauft.› Der Grund war, daß die nach der Zerstörung von Karthago und Korinth reich gewordenen Römer viele Sklaven brauchten.»[53]

Das letzte Drittel des 2. Jahrhunderts sah den Höhepunkt der Prosperität von Delos. Die inschriftlichen Zeugnisse von der Insel sind zwischen 120 und 89 v. Chr. zahlreicher als zu jeder anderen Zeit, und die Fülle datierter Weihungen ist größer als jemals zuvor oder später. Auch sind die athenischen Epimeleten praktisch lückenlos bekannt. Mit Delos prosperierte Athen, wo der Umfang der Prägung des Neustilsilbers seit den 140er

[51] Strabon 10, 5, 4, p. 486.

[52] Daß die Athener, die den üblichen Warenzoll in Höhe von 2% des Warenwertes nicht erheben durften, andere Gebühren, z. B. für die Benutzung des Hafens, erhoben haben, ist so gut wie sicher.

[53] Strabon 14, 5, 2, p. 668.

Jahren erheblich anstieg. Silber in nennenswertem Umfang prägten in Griechenland damals nur noch Athen und der Thessalische Bund.[54]

Die athenischen Bürger auf der Insel bestimmten zu dieser Zeit, wie schon gesagt wurde (S. 250f.), die Verhältnisse im Rahmen der Autonomie der Gemeinde schon nicht mehr allein, sondern Römer und Fremde aus aller Welt, vor allem Kaufleute, sprachen mit, ob sie in Delos ansässig waren oder sich nur vorübergehend dort aufhielten. Die Ergebnisse der archäologischen Erforschung der Insel und die überaus zahlreichen Inschriften[55] füllen den von Strabon vorgezeichneten Rahmen mit einer bunten Palette von Einzelheiten und vermitteln das Bild einer äußerst geschäftigen und ganz pluralistischen Gesellschaft, in deren Reihen viele Sprachen gesprochen und viele verschiedene Religionen gepflegt wurden, die aber doch in ihrem merkantilistischen Streben weithin einheitlich war.

Zwei längere und wohlerhaltene Beschlüsse aus der Mitte des 2. Jahrhunderts geben nähere Auskunft über zwei religiös-kommerzielle Vereinigungen von in Delos ansässigen Unternehmern aus dem phönizischen Raum. Der erste ist ein Dekret der Herakleisten von Tyros von 153/2, datiert nach dem athenischen Archon Phaidrias,[56] der zweite Beschluß stammt von den Poseidoniasten von Berytos und ist im gleichen Jahr, vor dem Frühjahr 152 (Monat *Elaphebolion*), gefaßt worden. Die Beschließenden nennen sich im ersten Fall «Die Vereinigung der den Herakles (Melkart) verehrenden Kaufleute und Reeder aus Tyros», im anderen Falle «Die Vereinigung der den Poseidon verehrenden Kaufleute, Reeder und Agenten aus Berytos.» An die Versammlung der Tyrier war eines ihrer Mitglieder namens Patron, der in dem betreffenden Jahr zugleich Priester des Vereins war, mit dem Ansuchen herangetreten, daß Gesandte nach Athen zu Rat und Volk geschickt werden möchten, die um Zuweisung eines Platzes für einen dem Herakles geheiligten Bezirk auf Delos bitten sollten. Er nannte in seinem Antrag Herakles-Melkart den Gründer der gemeinsamen Vaterstadt und einen Urheber größter Wohltaten für die Menschheit. Die Versammlung beschloß in diesem Sinne und wählte Patron selbst zu dieser Mission. Er unternahm die Reise, ganz oder teilweise auf eigene Kosten, und erreichte sein Ziel. Die Gewährung eines Platzes für den Kult durch die Volksversammlung zu Athen war gleichbedeutend mit der staatlichen Anerkennung des Kultes. Patron wurde sowohl von seinem Verein wie vom Volk von Athen mit einem Kranz geehrt, der Beschluß im neuen heiligen Bezirk des Gottes aufgestellt. Die Lage desselben hat bisher nicht festgestellt werden können. An einer Stelle des Textes werden die Vereins-

[54] Für die Epimeleten Habicht, Hermes 119, 1991, 198–200; für den Umfang der Silberprägung Kroll, Coins 14.

[55] Es sind allein aus der Zeit der athenischen Herrschaft etwa zweitausend.

[56] I Délos 1519. F. Durrbach, Choix d'inscriptions de Délos, Paris 1921, S. 140–144. Bruneau, Recherches 622.

mitglieder als «die seefahrenden Kaufleute und Reeder» bezeichnet, und es heißt, daß der Verein dank der Gunst der Götter floriere. Damit ist ohne Zweifel kommerzieller Erfolg gemeint, den seine Mitglieder im Verlauf ihrer Tätigkeit auf Delos hatten und der ihnen jetzt erlaubte, durch den heiligen Bezirk ihrem Schutzpatron Dank abzustatten.

Die Vereinigung der Berytier ehrt mit ihrem sehr ausführlichen Beschluß von fast einhundert Zeilen den römischen Bankier Marcus Minatius als ihren Wohltäter.[57] Erwirkten die Tyrier eben damals in Athen die Zuweisung eines Grundstücks in Delos zur Errichtung ihres Temenos für Herakles-Melkart, so hatten die Berytier bereits begonnen, das Temenos ihres Gottes mit verschiedenen Baulichkeiten zu schmücken. Hierfür hatte Minatius ein Darlehen gewährt, sodann auf die Zahlung der nicht unerheblichen fälligen Zinsen verzichtet und, um den zügigen Fortgang der Arbeiten zu gewährleisten, siebentausend Drachmen gestiftet, außerdem die Vereinsmitglieder zu einem Opfer mit anschließendem Bankett eingeladen. Der Verein dankt ihm mit vielfältigen Ehrungen, von denen einige alljährlich, andere monatlich wiederholt werden sollen, und erlaubt ihm die Aufstellung seiner Statue und eines gemalten Porträts, die beide Ehreninschriften tragen sollen, deren Text gleichzeitig vorgeschrieben wird. Um die Fortdauer der Ehren zu garantieren, werden Schutzbestimmungen erlassen, und in diesem Zusammenhang wird in Zeile 65 Zuwiderhandelnden auch eine Buße von sechstausend Drachmen des «Neuen Stils» angedroht.[58]

Der Komplex der Baulichkeiten der Poseidoniasten, um den es hier geht, ist identifiziert und freigelegt worden.[59] Die Arbeiten an ihm, wann immer sie abgeschlossen wurden, waren jedenfalls im Jahr dieses Beschlusses zu Ehren des Minatius, 153/2, bereits seit einiger Zeit im Gange. Zu den Baulichkeiten gehörte auch eine Kapelle mit einem Altar der Göttin Roma.[60]

Die beiden Urkunden vermitteln ein anschauliches Bild davon, wie sich im athenischen Delos Handeltreibende in landsmannschaftlichen Vereinen zusammenschlossen und in ihnen den Kult einer Gottheit pflegten, unter deren Schutz sie sich gestellt hatten, bzw. des Gottes, der der Hauptgott ihrer Heimatstadt war. Früher oder später gaben diese Vereine, die für ihre volle Entfaltung auf die wohlwollende Duldung Athens angewiesen waren, nicht nur der loyalen Gesinnung gegenüber Athen, sondern auch Rom gegenüber Ausdruck, wie es die Poseidoniasten von Berytos mit dem Altar der Göttin Roma taten – auch dies ein Zeichen dafür, daß über der Autori-

[57] JHS 54, 1934, 140–159. I Délos 1520. Zur Datierung L. Robert, BCH-Suppl. 1, 1973, 486–489. Vgl. weiter Bruneau, Recherches 622–630.

[58] Zeilen 9–11.

[59] EAD VI 1921: L'Établissement des Poseidoniastes de Bérytos, von Ch. Picard. Guide de Délos ^{3}1983, 174–179, Nr. 57 mit Abb. 46. H. Meyer, AM 103, 1988, 203–220.

[60] I Délos 1779. Vgl. 1778. 1782.

tät Athens in den delischen Angelegenheiten Rom als die höhere Instanz schwebte.

Gelegentlich läßt sich selbst die Geschichte einer Familie auf der Insel durch mehrere Generationen wenigstens in ihren Umrissen verfolgen wie für die 167/6 eingewanderte Familie des Dioskurides aus dem attischen Demos Myrrhinutte, für die sich archäologische und epigraphische Zeugnisse in glücklicher Weise verbinden.[61] Das ursprünglich von ihr bewohnte bescheidene Haus konnte im Theaterviertel identifiziert werden und ist im Grundriß bekannt. Wachsender Wohlstand erlaubte nach einiger Zeit den Ankauf des Nachbargrundstücks und die bedeutende Erweiterung des ursprünglichen Hauses, das zugleich größeren Komfort erhielt. Die Mitglieder der Familie dienten in den Gemeindeämtern, auch in solchen, die, wie das des Gymnasiarchen, von ihrem Inhaber erhebliche finanzielle Leistungen erforderten; die Frauen nahmen Priesterämter wahr. Dioskurides ist sogar durch einen erhaltenen Beschluß der Volksversammlung von Athen geehrt worden, und er und seine Frau Kleopatra haben im Jahre 138/7 ihre eigenen Marmorstandbilder in einer Nische ihres Hauses aufgestellt.[62]

Früh nahmen das Gymnasion und die zu Beginn der athenischen Herrschaft vermutlich nur Bürgersöhnen zugängliche Ephebie auf Delos kosmopolitischen Charakter an. In dieser sind schon im Jahre 144/3 mehrere Fremde, unter ihnen ein Römer, bezeugt, und wenngleich 133/2 die sechs Epheben einer Liste (oder des Beginns einer Liste) ausnahmslos Athener sind, so waren im Jahre 119/8 von vierzig Epheben nur noch sechs Bürgersöhne, dagegen 34 Fremde – die meisten Athener dürften zu dieser Zeit den Ephebendienst in der Stadt vorgezogen haben.[63] Ungeklärt ist der Grund einer Unregelmäßigkeit des Jahres 141/0, in dem der Gymnasiarch, der auf Delos auch für die Ephebie zuständig war, nicht von der Ekklesie in Athen gewählt wurde, sondern vom Epimeleten der Insel und denen, die das Gymnasion frequentierten.[64]

Der in der Mitte der dreißiger Jahre auf Sizilien ausgebrochene große Sklavenaufstand sprang, offenbar im Jahre 134, auf Attika und auf Delos über, wurde aber hier wie dort, in Delos vom Epimeleten der Insel, energisch und rasch niedergeschlagen.[65] Die Aufständischen waren in Attika die in den Minen arbeitenden Bergwerkssklaven, während es auf Delos am ehesten solche Sklaven waren, die dort zum Verkauf standen.

[61] M. Kreeb, Horos 3, 1985, 41–61.

[62] I Délos 1987. Der athenische Beschluß für Dioskurides ist I Délos 1508.

[63] I Délos 2593 von 144/3, 2594 von 133/2 und 2598 von 119/8, kommentiert von P. Roussel, BCH 55, 1931, 438–449.

[64] I Délos 2589, 31–32.

[65] Diodor 34, 2, 19, der den Epimeleten erwähnt, der wohl nur derjenige von Delos sein kann, zumal der Aufstand in Attika vom Strategen Herakleitos unterdrückt wurde, wie Orosius 5, 9, 5, neben Diodor die einzige Quelle für die Vorgänge, angibt. S. Lauffer, Die Bergwerkssklaven von Laureion, Wiesbaden ^{2}1979, 232–233.

Auch im letzten Drittel des 2. Jahrhunderts ließ die Aufmerksamkeit der hellenistischen Monarchen für Delos nicht nach. Aus dem Umkreis der seleukidischen Dynastie stammen fünf Inschriften von Statuen des Antiochos VIII. Grypos, des Antiochos IX. Kyzikenos bzw. ihrer Minister.[66] Der Hof der Ptolemäer ist vertreten mit vier Basen aus den Jahren 127–116 v. Chr. zu Ehren von Höflingen Ptolemaios' VIII. Euergetes II. und mit fünf weiteren für seinen Nachfolger Ptolemaios IX. Soter II. aus den Jahren 116–108 bzw. für einige seiner Würdenträger, unter denen der Athener Stolos war.[67] Der König selbst hat im Jahre 111/0 eine Stiftung für das Gymnasion gemacht und sie «dem Apollon, dem Volk von Athen und den Jugendlichen» dargebracht.[68]

Ganz am Ende des Jahrhunderts, im Jahre 102/1, war es ein athenischer Priester der Kabiren, der «großen Götter» von Samothrake, mit Namen Helianax, der mit seinen Stiftungen die engsten Beziehungen zu einem Königshaus dokumentierte, dem von Pontos. Von seiner Aktivität künden noch heute sechzehn Inschriften.[69] Er errichtete den Göttern seines Kultes einen Tempel, das Kabirion oder Samothrakeion, und weiter ein kleines «Monument des Mithridates», das mit dreizehn skulptierten Büsten geschmückt war. Der Stifter weihte das ionische Epistyl «den Göttern, deren Priester er ist, und dem König Mithridates Eupator Dionysos für das Volk der Athener und das Volk der Römer.»[70] In einer anderen Inschrift rühmt Helianax ausdrücklich die beständige Gunst, die der König von Pontos der Stadt Athen erweise.[71] Außer Mithridates VI. und mehreren seiner Höflinge und Offiziere sind in den Büsten auch Mitglieder anderer Dynastien berücksichtigt: der seleukidische König Antiochos VIII. Grypos, der kappadokische König Ariarathes VII., lange ein Protegé des Mithridates, und zwei Höflinge des parthischen Königs Mithridates II.[72] Diese Medaillonbüsten sind später vorsätzlich beschädigt worden, zweifellos im Zusammenhang der Ereignisse des Jahres 88.[73]

66 I Délos 1547–1551. Ein Nachzügler ist I Délos 1553 für Seleukos III. aus einem der Jahre 96–94 v. Chr., geweiht von einem athenischen Bürger.

67 I Délos 1526–1529. 1531–1535 (Stolos 1533–1534). Eine Weihung für das Wohlergehen dieses Königs stammt von einem in Athen eingebürgerten Römer, I Délos 2037. Für Stolos siehe Prosopographia Ptolemaica 14693.

68 I Délos 1531. J. Audiat, EAD 28, 1970, 32 mit der Abbildung der Inschrift auf Tafel 6.

69 I Délos 1552. 1563–1574. 1576. 1581–1582.

70 I Délos 1562 mit dem neuen Bruchstück ABSA 85, 1990, 327–332, das nach Melos verschleppt worden war und dort gefunden worden ist. Das Kabirion und das Denkmal des Mithridates sind eingehend beschrieben worden von F. Chapouthier, EAD 16, 1935 (das Monument ebenda 13–42), kürzer Guide de Délos³, 221–223, Nr. 93–94. W. H. Gross, Die Mithridates-Kapelle auf Delos, Antike und Abendland 4, 1954, 105–117.

71 I Délos 1563.

72 I Délos 1552. 1576. 1581–1582.

73 Bruneau, Recherches 576–577.

Noch einige Jahre später, 95/4 oder 94/3 v. Chr., hat der athenische Priester des Sarapis auf der Insel eine Weihung dargebracht «für die Wohlfahrt des Volkes von Athen, des Volkes von Rom und des Königs Mithridates Eupator Dionysos.»[74] Da war jedoch der Zeitpunkt schon nicht mehr fern, zu dem sich die Bevölkerung der Insel und die Bürgerschaft von Athen zwischem dem König und Rom zu entscheiden hatten. Sie taten es in unterschiedlicher Weise, die Insel für Rom, Athen für den König – beide mit ruinösen Folgen.

74 I Délos 2039.

XI. Römische Hegemonie

1. Athen und Oropos

Nachdem Athen im Jahre 167 Delos wiederum erhalten hatte, war es in den folgenden Jahren wegen der Behandlung der von der Insel vertriebenen Delier zu Spannungen zwischen der Stadt und dem Achäischen Bund gekommen, der sich der Delier angenommen hatte; der Senat wurde von beiden Seiten angerufen und entschied im Jahre 159/8 die Sache zugunsten der Delier (S. 249). Neue und wesentlich ernstere Spannungen zwischen beiden Mächten ließen nicht lange auf sich warten und führten gegen Ende der fünfziger Jahre beide an den Rand eines Krieges. Sie hatten ihre Ursache anscheinend in Athens aggressiver Politik gegenüber der Stadt Oropos im Grenzgebiet von Attika und Böotien. Die Stadt, eine Gründung der ionischen Gemeinde Eretria auf Euböa, war im Laufe ihrer Geschichte mehrmals athenisch, lange Zeit böotisch und nur selten unabhängig gewesen. Auf ihrem Territorium lag das angesehene und von Kranken vielbesuchte Heiligtum des heilenden Heros Amphiaraos.

Teil des athenischen Staatsgebiets war Oropos während des 4. und frühen 3. Jahrhunderts v. Chr. mehrmals gewesen, von 377 bis 366, erneut von 338 (oder 335) bis 322 durch die Gunst König Philipps II. und von 304 bis ca. 287 durch die des Königs Demetrios. Es folgte eine mehr als einhundertjährige Zugehörigkeit zum Böotischen Bund bis zu dessen Auflösung während des Perseuskrieges im Jahre 171.[1] Seitdem war Oropos unabhängig, aber gefährdet, da von größeren Nachbarn wie Attika, Theben und Eretria umgeben. Von diesen konnten die Athener auf frühere Besitzrechte pochen, wie sie sie auch gegenüber Delos, Lemnos, Imbros und Skyros hatten, die alle nach dem Perseuskrieg wieder athenisch geworden waren. Es war daher recht natürlich, daß sich damals auch auf Oropos erneute Ambitionen richteten. Athen erfreute sich zu dieser Zeit der römischen Gunst und war eines Tages, nicht später als 158/7, offenbar bereit, den Test zu wagen, ob der Staat sich auch Oropos und sein Landgebiet wieder aneignen könne.

Was nun folgte, ist nur unzureichend bekannt. Zwar hat Polybios in seiner zeitgenössischen Geschichte diese Ereignisse eingehender behandelt, doch ist vom Text des 32. Buches, das seine Darstellung enthielt, hiervon nur ein Stück der Einleitung erhalten. Polybios begründet dort, warum er unter einem einzigen Jahr, 158/7, Ereignisse zusammenfaßt, die sich im

[1] L. Robert, Hellenica 11–12, 1960, 200–204. Oben S. 24, Anm. 7.

Laufe mehrerer Jahre abspielten. Er faßte sie deshalb zusammen, weil er anders auf die Aufmerksamkeit seiner Leser nicht rechnen zu können meinte, handele es sich doch um verhältnismäßig geringfügige Vorgänge.[2] Bedeutung hat er ihnen gleichwohl zugemessen, weniger um ihrer selbst willen, als vielmehr deshalb, weil sie eine Entwicklung einleiteten, die endlich zum Kriege zwischen dem Achäischen Bund und Rom führte.

Zwei andere Quellen treten ergänzend hinzu, die wesentlich spätere, auf Polybios zurückgehende, aber von Irrtümern und Mißverständnissen nicht freie Darstellung des Pausanias im siebten, Achaia gewidmeten Buch seiner *Beschreibung Griechenlands* aus der zweiten Hälfte des 2. Jahrhunderts n. Chr., sowie das Dekret der Oropier vom Jahre 150 v. Chr. zu Ehren des Achäers Hieron, der sich im Konflikt zwischen Oropos und Athen um die Sache der Oropier verdient gemacht hatte.[3]

Vom Gang der Ereignisse läßt sich das Folgende erkennen. Aus unbekannter Ursache, aber vielleicht nicht ganz ohne einen Rechtstitel, fielen die Athener plündernd ins Gebiet von Oropos ein. Sie mögen gehofft haben, die Oropier zum Anschluß und zur Aufgabe ihrer Selbständigkeit zu bewegen. Diese jedoch erhoben in Rom Beschwerde. Der Senat übertrug die Untersuchung und Erledigung der Angelegenheit, wie er es in ähnlichen Fällen oft tat, einer griechischen Gemeinde. Die Wahl fiel auf Sikyon, ein Mitglied des Achäischen Bundes. Zu der anberaumten Verhandlung erschienen die Athener nicht. Sie wurden zur Zahlung von Schadenersatz in Höhe von fünfhundert Talenten verurteilt, einer außerordentlich hohen Summe.[4] Nun wandten sie sich an den Senat, um den Erlaß oder wenigstens einen spürbaren Nachlaß dieses Betrages zu erwirken. Sie entsandten zu diesem Zweck nicht etwa, wie es üblich war, angesehene Bürger, sondern, was eine Seltenheit, aber auch nicht unerhört war, drei seit langem in Athen ansässige Fremde, die Leiter der drei großen Philosophenschulen. Es waren der Akademiker Karneades aus Kyrene, der Aristoteliker Kritolaos aus Phaselis in Lykien und der Stoiker Diogenes aus Seleukeia am Tigris. Diese sog. *Philosophengesandtschaft* hat in der Geschichte des römischen Geisteslebens Epoche gemacht, da die drei Gesandten die Zeit ihres Aufenthaltes in Rom, ehe sie vor den Senat geladen wurden, auch dazu benutzten, vor einem großen und staunenden Publikum öffentliche

[2] Polybios 32, 11, 5–7. Dazu Walbank, Commentary 3, 531–533.

[3] Pausanias 7, 11, 4–8, worauf in den folgenden Kapiteln die hierdurch ausgelösten Intrigen und Machenschaften achäischer Politiker geschildert werden, die schließlich in die Konfrontation des Bundes mit Rom mündeten. Das Dekret der Oropier ist Syll.[3] 675. Gute Darstellung von G. A. Lehmann, Untersuchungen zur historischen Glaubwürdigkeit des Polybios, Münster 1967, 314–321. Vgl. D. Knoepfler, MH 48, 1991, 274–276. Y. Lafond, JS 1991, 31–33.

[4] Sie überstieg die Summe der jährlichen Beiträge (460 Talente), die der athenische Seebund in seinen Anfängen auf Grund der Schätzung des Aristeides von der Gesamtheit der Bundesmitglieder erhob.

Demonstrationen ihrer rhetorischen und dialektischen Fähigkeiten zu geben, die von großer augenblicklicher Wirkung und noch größerer Nachwirkung waren und dem alten Zensor Cato geradezu jugendgefährdend erschienen.[5] Ihm war es ganz unfaßlich, daß Karneades an einem Tag für die Gerechtigkeit als Prinzip der internationalen Politik sprach, am folgenden Tag jedoch, mit offenbar ebenso aufrichtiger Überzeugung und gleicher Eindringlichkeit, dagegen. In seinem Urteil traf er sich mit Polybios, der wohl vor allem diese Reden im Auge hatte, als er von den Spiegelfechtereien der Akademiker sprach.[6] Aber nicht nur beim römischen Publikum, abgesehen von Männern wie Cato, hatten die drei Philosophen großen Erfolg; auch in ihrer eigentlichen Mission waren sie erfolgreich; auf ihr Plädoyer vor dem Senat, bei dem ihnen ein Mitglied des Hauses als Dolmetscher diente, wurde die an Oropos zu zahlende Summe auf einhundert Talente herabgesetzt.

Auch mit dieser Entscheidung des Senats war jedoch die Sache nicht aus der Welt geschafft. Die Athener drückten sich weiterhin um jede Zahlung an die Oropier und haben diese, unter welchen Umständen auch immer, angeblich sogar dazu bewogen, der Aufnahme einer athenischen Garnison auf ihrem Gebiet zuzustimmen. Als diese sich Übergriffe zuschulden kommen ließ, lehnten die Athener die Verantwortung für diese ab, erklärten sich aber bereit, die Beschuldigten vor Gericht zur Rechenschaft zu ziehen. Die Oropier jedoch, ob sie nun die Möglichkeiten, mit Athen zu einer Verständigung zu kommen, ausgeschöpft hatten oder nicht, riefen jetzt die Achäer um Hilfe an. Diese aber zeigten zunächst, auf einer Bundesversammlung zu Korinth, keine Neigung, sich um der Oropier willen mit den Athenern anzulegen. Es muß in diesem Stadium der Dinge gewesen sein, daß die Athener, als Antwort auf den Appell von Oropos an eine dritte Macht, das gesamte oropische Gebiet besetzten und die Oropier, oder wenigstens den Teil der Bürgerschaft, der sich ihnen nicht fügen wollte, vertrieben. Diese Tatsache, von der Pausanias schweigt, ist im Dekret von Oropos für Hieron bezeugt. Die Vorgänge müssen ins Jahr 151/0 gehören.

Die vertriebenen Oropier nahmen jetzt ihre Zuflucht zu Bestechung. Sie versprachen dem achäischen Bundesstrategen Menalkidas, einem Spartaner, zehn Talente, wenn er die Achäer zur militärischen Intervention bewege. Der glaubte, das allenfalls mit der Unterstützung des Kallikrates erreichen zu können, der damals in Achaia, ja wegen seiner engen Beziehungen zum Senat in ganz Griechenland, als der mächtigste Mann galt.

5 Die zahlreichen Zeugnisse für die Gesandtschaft sind zusammengestellt von G. Garbarino, Roma e la filosofia Greca dalle origini alla fine del II secolo A. C., 1, Turin 1973, 80–86. Auch Polybios hat von dieser Gesandtschaft gesprochen und die öffentlichen Vorträge der Philosophen in Rom wohl selbst gehört (33, 2). Für die Wirkung ihrer Reden auf die römische Öffentlichkeit s. A. E. Astin, Cato the Censor, Oxford 1978, 174–178.

6 Polybios 12, 26, c 1–4.

Menalkidas versprach ihm die Hälfte der in Aussicht gestellten Summe. Tatsächlich gelang es diesen beiden, auf einer weiteren Bundesversammlung zu Argos, bei der auch athenische Gesandte und andere Freunde ihrer Sache zugegen waren, einen Beschluß durchzusetzen, daß das achäische Bundesaufgebot die Athener vom Territorium von Oropos vertreiben solle.[7] Das Heer rückte auch aus, kehrte jedoch schon bald wieder um, da die Athener auf Grund dieser Nachrichten, vor allem aber wohl aus Furcht vor Kallikrates, das okkupierte Land wieder geräumt hatten.[8] Die Oropier konnten zurückkehren und zahlten dem Menalkidas die vereinbarte Summe. Daß dieser sodann Kallikrates um den ihm zugesagten Anteil prellte, führte sehr rasch zu Weiterungen, die innerhalb weniger Jahre in den achäisch-römischen Krieg von 146 v. Chr. mündeten, der mit der völligen Niederlage der Achäer und der Zerstörung von Korinth endete.

Die Oropier haben nach ihrer Rückkehr dem achäischen Staatsmann Hieron aus Aigeira für seine wirksame Unterstützung in diesen Ereignissen gedankt. Hieron entstammte einer in der achäischen Politik bekannten Familie; sein Vater war mehrmals in Rom gewesen, unter anderem im Jahre 160/159 vor dem Senat als einer der beiden Führer der Gesandtschaft in Sachen der internierten Achäer. Der Beschluß dankt Hieron besonders für sein Eintreten auf den Versammlungen in Korinth und in Argos und dafür, daß er in Argos den athenischen Gesandten entgegengetreten sei. Daher sei es ganz wesentlich Hieron zu verdanken, daß die Oropier ihr Vaterland wieder hätten in Besitz nehmen und zusammen mit Frauen und Kindern heimkehren können.

Die zeitweilige Besetzung des Territoriums von Oropos durch Athen wird durch eine Urkunde bestätigt. Ein und demselben athenischen Strategen, dessen Name jedoch nicht erhalten ist, gelten zwei größere Denkmäler, das eine in Delphi, das andere in Oropos.[9] Verzeichnet sind Ehrungen für ihn durch den Rat der Amphiktionen in Delphi, durch verschiedene Städte und Städtebünde in Griechenland und Kleinasien sowie durch zahlreiche athenische Militäreinheiten, ferner durch die Flotte Athens, die Garnisonen in Attika und die athenischen Kleruchen auf Salamis und Imbros.

7 Wenn das von Walbank zusammengefaßte Ergebnis der lebhaften Diskussion über Natur und Kompetenzen der achäischen Bundesversammlungen richtig ist (Commentary 3, 406–414), so war die *Synhodos* genannte Versammlung von Korinth gar nicht befugt, eine militärische Hilfeleistung zu beschließen, sondern nur die *Synkletos* genannte außerordentliche Versammlung, die nach Argos berufen wurde und über nichts anderes zu befinden hatte. Mit diesem Ergebnis steht die Ausdrucksweise des Dekrets von Oropos für Hieron (Syll.^{3} 675) in vollkommenem Einklang.

8 Pausanias 7, 12, 2, bemerkt, daß Kallikrates sich die Athener zu Feinden gemacht habe, ohne doch irgendeinen Gewinn davonzutragen – weil Menalkidas ihn hinterging.

9 FD III 2, 35. AE 1925–1926, 11–16, Nr. 129. Daß beide Ehrungen demselben athenischen Strategen gelten, hat L. Robert erkannt, Collection Froehner, Paris 1936, 31 Anm. 6.

Unter den Ehrenden sind in Delphi weiter der Achäische Bund und drei achäische Bundesstädte und ist in Oropos die 146 zerstörte achäische Bundesstadt Korinth. Daraus ergibt sich ein Datum vor 146 für diese Ehren. Andererseits kann Knossos die Vormachtstellung im Kretischen Bund, die es auf dem Denkmal von Oropos hat, nicht vor dem Jahr 155/4 erlangt haben[10] und kann die Erwähnung eines einheitlichen Epirotischen Bundes nicht früher als 156 sein.[11] Beide Denkmäler müssen innerhalb der Jahre 154 und 146 errichtet worden sein. Innerhalb dieser Jahre aber konnte ein athenischer Stratege in Oropos nur geehrt werden, wenn Athener das Land besetzt hielten. Ferner scheiden die Jahre ab 151 aus, da damals der Achäische Bund und die Bundesstädte in den «Oropischen Händeln» gegen Athen aufgeboten wurden. Die Ehrungen müssen mithin in eines der Jahre 154–152 fallen, d.h. in die Zeit kurz nach der Rückkehr der drei Philosophen aus Rom, aber noch ehe die Athener sich vor der Drohung des achäischen Bundesaufgebots aus dem oropischen Land wieder zurückzogen.

Zu den oropischen Händeln gab es in der römischen Literatur ein kleines Nachspiel. Ein gutes Jahrhundert später wußte Cicero, der die hellenistische Philosophie gründlich studiert hatte, von der Gesandtschaft der drei Philosophen nach Rom, aber nicht viel mehr. Das Jahr dieses Ereignisses (155 v. Chr.) hatte er den zwei Jahre zuvor erschienenen *Annalen* seines Freundes Atticus entnommen; für weitere Einzelheiten aber wandte er sich am 19. März 45 an Atticus mit mehreren Fragen:[12] Was die Ursache der Mission gewesen sei (er glaubte sich zu erinnern, daß es um Oropos ging, wußte das aber nicht mehr genau)? Worin der Streitfall bestand? Welcher vornehme Epikureer war damals Leiter der (bei dieser Mission ja nicht vertretenen) Schule? Wer waren damals die führenden athenischen Politiker? In der *Chronik* Apollodors (S. 125 f.), meinte Cicero, könnte Atticus Antworten finden.

Was Atticus ihm geantwortet hat, ist leider nicht bekannt. Während sich aber eine ganze Reihe der damals namhaften Politiker Athens benennen läßt, ist nicht bekannt, wer damals der Schule Epikurs vorstand, ob es noch Thespis war oder schon Apollodor, genannt «der Gartentyrann».[13]

[10] H. van Effenterre, La Crète et le monde grec de Platon à Polybe, Paris 1948, 268–271.

[11] P.R. Franke, Die antiken Münzen von Epirus 1, Wiesbaden 1961, 218.

[12] Cicero, *Att.* 12, 23, 2. Die Fragen stehen gewiß im Zusammenhang mit dem sodann *Acad.* 2, 137 von Cicero Berichteten. Zu Beginn seiner politischen Laufbahn war Cicero im Jahre 73 Teilnehmer einer Senatsdebatte über das Heiligtum des Amphiaraos bei Oropos und Mitglied des Beratergremiums gewesen, das die Konsuln anhörten, ehe der Senat einen Beschluß in der Sache faßte (Syll.[3] 747, 11–12). Er hat die damalige Erfahrung fast dreißig Jahre später in seiner Schrift *de natura deorum* (3, 49) verwertet.

[13] Dorandi, Ricerche 51; dort weitere Literatur. «Garten» war die volkstümliche Bezeichnung für die Schule Epikurs, die ihren Betrieb in einem Garten abwickelte.

2. Rom faßt Fuß auf der Balkanhalbinsel

Seit dem Jahre 229 hatten römische Armeen und Flotten mehrere Male auf der Balkanhalbinsel und in der Ägäis operiert, in Illyrien, Makedonien und Griechenland. Jedesmal waren sie, und mit ihnen die römischen Befehlshaber und Militärverwalter, nach Erledigung ihres Auftrages wieder abgezogen. Rom hat jede dauernde Präsenz auf der Balkanhalbinsel, jede Annexion von Gebieten wie auch die ständige Stationierung von Truppen, achtzig Jahre lang vermieden. Bald nach der Mitte des 2. Jahrhunderts jedoch fand diese Politik ihr Ende. Im Jahre 148, nach der Niederschlagung der Revolte des Andriskos, wurde das Gebiet der 167 v. Chr. geschaffenen vier makedonischen Republiken als römische Provinz Makedonien neu organisiert und seither dorthin Jahr für Jahr ein römischer Statthalter entsandt. Zwei Jahre später, nach dem Sieg der Römer über den Achäischen Bund, wurden der Aufsicht dieses Statthalters auch die Gebiete Griechenlands unterstellt, die während des Krieges gegen Rom in Waffen gestanden hatten. Es waren das Territorium des Achäischen Bundes, weiter Theben, Chalkis, Ostlokris, Phokis und die Megaris.[14] Die Stadt Korinth, die vor dem Ausbruch des Krieges Schauplatz von Anpöbelungen römischer Gesandter gewesen war, wurde auf Befehl des Senats vom Konsul Lucius Mummius zerstört, ihre reichen Kunstschätze wurden von den Römern abtransportiert, die allerdings manche Stücke geringeren Wertes oder geringerer Wertschätzung ihren Verbündeten wie König Attalos II. von Pergamon überließen.

Athen war in diesen stürmischen Zeiten ein im wesentlichen passiver Beobachter der Vorgänge. Immerhin hat die Stadt um diese Zeit, während des Dritten Punischen Krieges (149/146 v. Chr.), die römische Flotte in einer Seeschlacht mit fünf Trieren unterstützt, was wenigstens zeigt, daß sie

[14] Accame, Dominio 1–15. D. W. Baronowski, The Provincial Status of Mainland Greece after 146 B. C., Klio 70, 1988, 448–460. J.-L. Ferrary, Philhellénisme et impérialisme, Rom 1988, 186–209. A. Giovannini, AJAH 9, 1984 [1988] 42, Anm. 1. Alle diese haben die gegen Accame gerichteten Thesen von E. Gruen zurückgewiesen, für Makedonien seien erst wesentlich später regelmäßige Statthalter ernannt worden und die gegen Rom im Jahre 146 kämpfenden Staaten Griechenlands seien nach dem Kriegsende *de jure* frei geblieben (Hellenistic World 481–528). Die dem Konsul Mummius beigegebene Senatskommission hat in den besiegten Staaten neue, auf einen Zensus gegründete Verfassungen eingeführt und die Tributpflicht der Besiegten festgestellt, wie Pausanias berichtet (7, 16, 9–10). Dieser irrt nur mit der Behauptung, auch in diese Gebiete sei seit 146 jedes Jahr ein römischer Statthalter entsandt worden; das ist vielmehr erst 27 v. Chr. mit der damals von Augustus geschaffenen Provinz Achaea eingeführt worden. Ob in der Zwischenzeit diese Gebiete ein «Anhängsel» der Provinz Makedonien waren (Accame, Baronowski) oder ob dem Prokonsul von Makedonien nur ihre Überwachung als selbständige Amtsaufgabe, *provincia* (Ferrary), anvertraut war, ist für die Geschichte Athens nicht von Bedeutung.

ihre Treue gegenüber Rom deutlich werden lassen wollte.[15] Sie kann keinen Augenblick versucht gewesen sein, sich an der Seite der Achäer und ihrer Verbündeten gegen Rom zu engagieren, um so weniger, als ihr Verhältnis zum Achäischen Bund seit einiger Zeit unter erheblichen Spannungen gelitten hatte.

Im Zusammenhang mit dem Achäischen Krieg von 146 ist der Name Athens unter den kümmerlichen Resten der Überlieferung nur einmal direkt genannt: Im Frühjahr dieses Jahres sprachen vom makedonischen Statthalter Metellus geschickte Gesandte auch in Athen vor.[16] Es ist jedoch trotz fehlender Zeugnisse unzweifelhaft, daß die Stadt vom Ausgang des Geschehens nachhaltig betroffen war. Die Festsetzung der Römer in Makedonien und ihre Aufsicht über weite Teile Griechenlands, darunter mit Ausnahme Spartas die gesamte Peloponnes, dazu in unmittelbarer Nähe von Attika Megara, Theben und Chalkis, war, auch wenn sie nur in gelegentlichen Interventionen des makedonischen Prokonsuls sichtbar wurde, ein Faktum, das die politische Welt aller festländischen Griechen direkt und wesentlich betraf. Die Zeitgenossen haben das durchaus so verstanden: In Makedonien begann mit dem Jahr 148/7 eine Ära, nach der dort für viele hundert Jahre Tausende von Inschriften datiert wurden.[17] Mindestens zehn Städte der Peloponnes, fast ausschließlich solche, die bis zuletzt dem Achäischen Bund angehört hatten, aber nicht achäischer Nationalität waren, begannen ihrerseits mit dem Jahr 145/4 eine Ära, die für ein Jahrhundert in Gebrauch war, ehe sie von der Aktischen Ära des Augustus abgelöst wurde.[18] Und selbst Athen, das doch nur mittelbar betroffen zu sein schien, setzte damals ein ähnliches Zeichen: Zwar zählte man dort die Jahre nicht nach einer Ära, sondern nach den jährlich wechselnden eponymen Archonten, aber man begann in Athen im Jahr 146/5 mit der Aufzeichnung einer neuen Archontenliste, wie man es im Jahr der Befreiung 230/29 getan hatte und nach der Befreiung vom «Tyrannen» Aristion im Jahre 87/6 erneut tun sollte. Solcher Neubeginn einer Aufzeichnung der eponymen Beamten einer Stadt ist immer, in Athen wie anderswo, eine Aussage, daß das betreffende Jahr als ein Jahr des Umbruchs oder des Neubeginns angesehen wurde.[19] In Athen kann das im Jahre 146/5 nur bedeutet haben, daß man die Neuordnung der Verhältnisse durch Rom begrüßte oder zumin-

[15] Pausanias 1, 29, 14.

[16] Polybios 38, 13, 9.

[17] M. N. Tod, ABSA 23, 1918–1919, 206–217; 24, 1919–1921, 54–67; Studies presented to D. M. Robinson 2, Saint Louis, 1953, 382–397.

[18] W. B. Dinsmoor, The Archons of Athens, Cambridge, Mass. 1931, 236–237 zur sog. «Achäischen Ära.» Diese ist allerdings wohl eher ein Ausdruck dafür, daß man in den betreffenden Gemeinden (Arkadiens, Spartas, Messeniens und der Argolis) die «Befreiung» aus dem Verband des Achäischen Bundes feierte.

[19] IG II^2 1713 mit Kirchners Kommentar. Vgl. für ähnliche Kundgebungen Habicht, Demetrias 1, 1976, 185–186.

dest mit einer staatlichen Kundgebung positiv auf sie reagierte. Es ist in diesem Zusammenhang daran zu erinnern, daß die Zerstörung von Korinth der athenischen Insel Delos und über sie Athen zugute kam.

Athen war übrigens an der Entstehung des römisch-achäischen Konflikts nicht unbeteiligt gewesen, denn die Übergriffe gegenüber Oropos lösten eine Kette von Ereignissen aus, die endlich zum Kriege führten. Die Oropier hatten sich um Schutz beim achäischen Bundesstrategen des Jahres 151/0, dem Spartaner Menalkidas, bemüht und seine Unterstützung mit dem Versprechen einer hohen Geldsumme erkauft. In den schmutzigen Handel verwickelten sich auch andere achäische Politiker, und aus der anfänglichen Kumpanei des Menalkidas zunächst mit Kallikrates, sodann mit seinem Amtsnachfolger, Diaios von Megalopolis, wurde bald ein schweres Zerwürfnis, aus diesem wiederum ein Konflikt zwischen den Bundesbehörden und dem Bundesmitglied Sparta. Menalkidas und Diaios erschienen als Vertreter der verfeindeten Parteien im Winter 149/8 vor dem römischen Senat. Ehe jedoch die angekündigte, dann lange hinausgeschobene römische Vermittlung zustande kam, brachen die Feindseligkeiten aus, in deren Verlauf Diaios 148/7 erneut als achäischer Stratege eine führende Rolle spielte, Menalkidas auf der anderen Seite gezwungen wurde, sich das Leben zu nehmen. Dem Senat riß wegen der Unnachgiebigkeit der Achäer nun der Geduldsfaden; seine Gesandten richteten im Sommer 147 die Forderung an die Achäer, nicht nur Sparta, sondern auch Korinth und Argos aus ihrem Bund zu entlassen. Die darob erbitterten Achäer reagierten im folgenden Frühjahr mit der Kriegserklärung an Sparta und beschworen damit die römische Intervention herauf, die ihrem Bund noch im gleichen Jahr ein Ende machte und die Stadt Korinth auslöschte.[20]

Es ist kürzlich behauptet worden, daß der Ausgang des Krieges den Athenern die Kontrolle über Oropos von neuem für sechzig Jahre eingetragen habe.[21] Diese Annahme stützt sich offenbar darauf, daß für das Jahr 123/2 ein Besuch der athenischen Epheben im Heiligtum des Amphiaraos bezeugt ist. Der Text lehrt jedoch das genaue Gegenteil, indem er sagt, daß die Epheben noch am gleichen Tage «in ihr eigenes Land» zurückkehrten, mithin eben ein fremdes Staatsgebiet wieder verließen.[22] Und in einem noch nicht veröffentlichten Beschluß ist ein Besuch der Epheben des Jahres 177/6 dort ebenfalls bezeugt, d.h. zu einer Zeit, als Oropos eine Stadt eigenen Rechtes und Mitglied des Böotischen Bundes war. Eine Erlaubnis zum Besuch des Heiligtums muß in diesen Fällen eingeholt und erteilt worden sein. Im Jahre 123/2 bestand allerdings der Böotische Bund nicht mehr, und es ist fraglich, ob Oropos damals noch eine eigenständige Stadt war. Dies wird zumeist vorausgesetzt, doch hat Denis Knoepfler kürzlich

[20] J. Deininger, Diaios, RE-Suppl. 11, 1968, 521–526.
[21] P. Roesch, Études Béotiennes, Paris 1982, 49.
[22] IG II² 1006, 27–28; 70–71.

die Vermutung geäußert, daß sie im Jahre 146 an die Stadt Eretria gegeben wurde, die im Gegensatz zu der auf Seiten der Achäer kämpfenden rivalisierenden Nachbargemeinde Chalkis auf römischer Seite gestanden hatte.[23] Dem liegt die weitere Annahme zugrunde, daß Oropos, das schon Jahre zuvor Schutz beim Achäischen Bund gesucht hatte, sich an der Seite der Achäer kompromittiert hatte und deshalb von der Siegermacht mit dem Verlust seiner Selbständigkeit bestraft wurde.

Athen hat jedenfalls Oropos damals nicht zurückgewonnen, aber die Stadt hat gleichwohl die neue Ordnung der griechischen Angelegenheiten begrüßt, wie der schon erwähnte Beginn einer neuen Archontenliste anzeigt. Es sieht sogar danach aus, als habe Athen die Römer während des Achäischen Krieges in irgendeiner Form unterstützt und sodann vom Kriegsausgang profitiert, und zwar durch einen unter dem Vorsitz des Gaius Laelius gefaßten Beschluß des Senats. Von diesem ist in einem längeren, aber doch nur fragmentarisch erhaltenen Dekret der athenischen Siedler in Myrina auf Lemnos die Rede. Der Sachverhalt verlangt ein näheres Eingehen.

Der zur Rede stehende Beschluß[24] wurde in Athen von einem Steinmetzen aufgeschrieben, dessen Aktivität für die Jahre 169 bis 134 bezeugt ist.[25] Daher kommt für den Senatsvorsitz in dieser Angelegenheit nur Gaius Laelius mit dem Beinamen *Sapiens* («der Weise») in Betracht, ein enger Freund des jüngeren Scipio Africanus. Er war Konsul im Jahre 140, Praetor fünf Jahre früher, 145 v. Chr., und konnte als Konsul oder, in Abwesenheit beider Konsuln, als Praetor den Senat leiten. Tatsächlich weisen alle Indizien auf das Jahr seiner Praetur für den Beschluß des Senats, denn in dem Dekret ist die Rede von einem Glücksfall und einer frohen Botschaft, von Bündnis und Waffenhilfe gegen nicht mehr kenntliche Widersacher, die als Rechtsbrecher bezeichnet werden. Das Volk von Athen war an diesen Vorgängen in irgendeiner Weise beteiligt, und die Römer werden «die gemeinsamen Wohltäter aller» genannt, was nichts anderes bedeutet, als daß sie es jüngst für Athen gewesen waren. Der erwähnte Senatsbeschluß ist offenbar die Ursache des Jubels; er hat Athen den zuvor strittigen Besitz bestimmter Inseln entweder zugesprochen oder bestätigt.

Diese Anzeichen deuten darauf hin, daß Rom, offenbar kürzlich und mit der Unterstützung Athens, einen erfolgreichen Krieg geführt hat. Mit dem Ende dieses Krieges und der ihm folgenden Neuordnung dürfte der Senatsbeschluß in engem Zusammenhang stehen. Er bedeutete für die Athener willkommene Kunde, da er ihnen den Besitz der fraglichen Inseln garantierte. Dies alles, in Verbindung mit den beiden möglichen Daten, an denen Gaius Laelius dem Senat präsidieren konnte, 145 als Praetor, 140 als Kon-

[23] D. Knoepfler, MH 48, 1991, 279.

[24] IG II² 1224, erklärt von A. Kirchhoff, Hermes 1, 1888, 217–228. Seither sind weitere Fragmente hinzugekommen, darunter dasjenige, das C. Laelius erwähnt.

[25] Tracy, ALC 155.

sul, weist auf den 146 geführten Achäischen Krieg und auf das Jahr 145, in dem Laelius Praetor war, als das Jahr des betreffenden Senatsbeschlusses. Dieses Datum stimmt gut zur Erwähnung des athenischen Hoplitenstrategen Herakleitos und des athenischen Strategen für Lemnos, Philarchides, im Dekret der Siedler. Mit den Inseln, um die es sich handelt, könnten Skiathos, Peparethos und Ikos gemeint sein.

Auch nach dem Achäischen Krieg war das Verhältnis Athens zu Rom weiterhin ungetrübt. Es gibt keinen deutlicheren Beweis für die Rom gegenüber offiziell zur Schau gestellte Loyalität als das staatliche Opfer an den personifizierten römischen Demos, das Volk der Römer. Er ist erwähnt in einem Volksbeschluß aus dem Archontat des Pleistainos: Die Prytanen haben damals für das Wohl Athens außer den Göttern, denen sie nach alter Tradition routinemäßig opferten, auch «dem Demos der Römer» geopfert. Das Jahr des Pleistainos gehört, wie man seit kurzem weiß, nicht in das frühere 2. Jahrhundert v. Chr., sondern in eines der auf die Philosophengesandtschaft von 155 unmittelbar folgenden Jahre.[26] Es dürfte sich um ein einmaliges Opfer aus bestimmtem Anlaß gehandelt haben, denn das römische Volk ist nur hier neben den herkömmlichen Göttern genannt, nicht dagegen in fünfzehn gleichartigen Urkunden aus den Jahren von 178 bis 154 und auch nicht in den späteren Texten.[27] Die Personifizierung des eigenen Volkes war den Athenern seit dem 5. Jahrhundert vertraut gewesen, und im Jahre 229 war ein staatlicher Kult des Demos und der Chariten geschaffen worden (S. 183). Aber es war etwas anderes, einem fremden Demos entsprechende Reverenz zu erweisen. Zu den griechischen Staaten, die als erste dem personifizierten populus Romanus huldigten, gehörten, wie es scheint, die Inseln Samos und Rhodos sowie die Stadt Laodikeia am Lykos in Kleinasien, Samos entweder 188 oder nach 168, Rhodos 163 und etwa zur gleichen Zeit Laodikeia. Athen stand hinter diesen nicht weit zurück, hat es aber vielleicht bei einem einmaligen Opfer bewenden lassen und kein besonderes Monument nach Art der Denkmäler jener Staaten errichtet.[28]

Ebenfalls nur einmal bezeugt ist zu dieser Zeit ein Fest Romaia zu Ehren der Göttin Roma, auch dieses ein Zeichen fortdauernder Anhänglichkeit der Stadt an Rom. Es wurde jedenfalls im Jahre des Archons Lysiades gefeiert, der 149/8 (oder in einem Jahr ganz nahe bei diesem Datum) amtiert hat.[29]

Im Jahre 146 wurde Wirklichkeit, was sich achtzig Jahre zuvor zum

[26] Agora XV 180, 7–12; zur Datierung St. Tracy, Horos 7, 1989–1991, 41–43. Anders J. S. Traill, ZPE 103, 1994, 109–114.

[27] Agora XV 194–229 für die Texte bis einschließlich 155/4.

[28] Für die genannten und für weitere Zeugnisse Habicht, AM 105, 1990, 259–268, wo jedoch die im Athenatempel von Rhodos errichtete, 30 Ellen hohe Kultstatue des römischen Demos übersehen ist (Polybios 31, 4, 4).

[29] IG II² 1938.

ersten Male als nebelhafte Möglichkeit, als «die Wolke vom Westen», angekündigt, seither aber schrittweise schärfere Konturen angenommen hatte: Die Festsetzung der Römer auf dem griechischen Festland. Wenn auch damals niemand wissen konnte, daß die Römer Jahrhunderte lang als Herren bleiben und mit dem Land verwurzeln würden, so wußten die Zeitgenossen doch sehr wohl, daß sie den Beginn einer neuen Ära erlebten. Nur mit der Vernichtung Thebens durch Alexander den Großen im Jahr 335 ließ sich die barbarische Zerstörung einer anderen alten und berühmten Stadt durch die Römer vergleichen; beide Ereignisse stehen am Anfang einer lastenden Fremdherrschaft. Das Entsetzen, das die griechische Öffentlichkeit über die Auslöschung Korinths empfinden mußte, wurde noch gesteigert durch die gleichzeitige Zerstörung Karthagos nach einem von Rom mutwillig heraufbeschworenen Krieg. Es gibt keinen Zweifel daran, daß auch dieses Ereignis in Griechenland beachtet wurde, ja es hat eben in Athen auch einen literarischen Niederschlag gefunden. Dort lebte seit siebzehn Jahren der Karthager Hasdrubal, der im Jahr 159/8 als Schüler des Karneades der Akademie beigetreten war und den griechischen Namen Kleitomachos angenommen hatte. Als der bedeutendste Schüler seines Lehrers ist er diesem später in der Leitung der Schule Platons gefolgt. Auf das Unglück seiner Vaterstadt reagierte er mit einer Trostschrift, die er den von den Römern gefangenen Karthagern geschickt haben soll, um sie aufzurichten, und die noch ein Jahrhundert später Cicero gelesen hat.[30]

Das Schicksal von Korinth und Karthago muß auch Roms Verbündete in der griechischen Welt wie mit einem eisigen Hauch angeweht haben. Athen war aus den Ereignissen unbeschädigt hervorgegangen, aber der politische Spielraum des athenischen Staates war spürbar enger geworden.

3. Athen und Delphi

Die Beziehungen Athens zu Delphi verdichteten sich in der zweiten Hälfte des 2. Jahrhunderts immer mehr. Im Zuge dieser Entwicklung füllten sich die schon von zahlreichen Inschriften bedeckten Wände des Schatzhauses der Athener in Delphis heiligem Bezirk zunehmend mit neuen Urkunden größeren und kleineren Umfangs.[31] Um 140 v. Chr. haben athenische Richter auf Verlangen der Parteien einen Streit um den Verlauf der Grenzen Delphis zu Ambryssos und Phlygonion entschieden[32] und sind zwei Athener aus den allerersten und miteinander verschwägerten Familien in Delphi

[30] Cicero, *Tuscul.* 3, 54. Zu Kleitomachos H. v. Arnim, RE Kleitomachos (1921) 656–659. Dorandi, Ricerche 11–16.

[31] Sie sind veröffentlicht von G. Colin im zweiten Faszikel der Fouilles de Delphes, Band III.

[32] FD III 2, 142; vgl. 136.

geehrt worden, Mikion von Kephisia, aus der Familie der Befreier von 229, offenbar in seiner Eigenschaft als Festgesandter zur Feier der Soterien,[33] und Leon, Sohn des Kichesias, aus Aixone.[34] Um das Jahr 145, oder etwas früher oder später, wurde eine mehrköpfige Gesandtschaft aus Delphi in Athen vorstellig, um die Entsendung athenischer Bürger als Richter in einer Streitsache zu erbitten, deren Gegenstand wegen der Zerstörung der davon berichtenden delphischen Steinurkunde nicht länger auszumachen ist.[35] Eine Gruppe von vier in Delphi gefundenen Urkunden zeigt weiter, daß Athen während der zweiten Hälfte des 2. Jahrhunderts einmal beauftragt wurde, in einem schon länger schwelenden Streit zu urteilen. Dieser drehte sich zwischen den ostlokrischen Städten Skarpheia und Thronion darum, wer die den Ostlokrern in der Amphiktionie zustehende Stimme führen solle. Der Vorort Skarpheia beanspruchte dieses Recht für den Bund der Ostlokrer, in dem Skarpheia, das erfordert die Logik der Sache, den bestimmenden Einfluß besaß, während Thronion verlangte, in jedem dritten Jahr den Delegierten nach eigener Wahl zu stellen, da die Stadt regelmäßig ein Drittel der durch die Mitgliedschaft in der Amphiktionie entstehenden Kosten trage. Ein anderes athenisches Gericht, bestehend aus mehreren hundert Mitgliedern, hatte früher im Sinne Skarpheias entschieden; diesmal aber befanden die 61 mit der Sache befaßten Athener mit klarer Mehrheit für Thronion, nämlich mit 59 zu 2 Stimmen. Obwohl die Urkunden nur unvollständig erhalten sind, ist der wesentliche Sachverhalt klar, dagegen nicht der Zeitpunkt dieses athenischen Urteils: vor 146 nach Klaffenbach, um 100 nach der Mehrheit der Forscher.[36]

Die genannten Zeugnisse lehren, daß zwischen Athen und Delphi zu dieser Zeit herzliche Beziehungen bestanden, angesehene athenische Bürger in Delphi zu Ehren kamen und die Stadt Delphi sich in Streitfragen mehrmals vertrauensvoll athenischer Richter bediente. Noch enger und herzlicher wurden die Beziehungen, seitdem Athen mit dem Jahre 138 eine alte, aber seit dem 4. Jahrhundert abgestorbene Tradition wieder aufnahm: Apollon von Delphi von Zeit zu Zeit mit einer festlichen Prozession, Pythais genannt, und mit musischen Darbietungen zu ehren. Die Jahre einer solchen Pythais waren 138, 128, 106 und 98 v. Chr., und von allen liegen zahlreiche Urkunden vor, die auf den Wänden des Schatzhauses der Athener in Delphi von athenischen Steinmetzen aufgezeichnet wurden und u. a. die Namen aller Teilnehmer enthielten.[37] An der ersten dieser Prozessionen nahmen 14

[33] FD III 2, 140 und 141. Zur Familie Habicht, Studien 179–182.

[34] FD III 2, 93. Zur Familie Habicht, Studien 194–197. Ein Kichesias war mit Habryllis, der Tochter eines Mikion, verheiratet (unveröffentlichte Inschrift).

[35] FD III 2, 243.

[36] FD III 4, 38–41. G. Klaffenbach, Klio 20, 1926, 68–88. Daux, Delphes 335–341. Klaffenbach, Gnomon 13, 1938, 17–19.

[37] FD III 2, 2–54 sowie ein neues Fragment Études delphiques, 1977, 139–157. Vgl. A. Boëthius, Die Pythaïs. Studien zur Geschichte der Verbindungen zwischen Athen und

Festgesandte, weiter 57 Epheben, 39 den Chor bildende Knaben mit zwei Chorleitern und elf Kanephoren teil. Im Jahre 128 waren außerdem die Archonten beteiligt, 60 Ritter und 59 Festkünstler (sog. Techniten des Dionysos), deren Zahl im Jahre 106/5 auf rund einhundert angewachsen war. Mehr als fünfhundert Athener bildeten die Pythais dieses Jahres.[38]

Aus den Nachrichten über diese Prozessionen fällt seit dem Jahr 128 besonders die Rolle der Festkünstler ins Auge, die mit ihrer Kunst dem Gott des Ortes huldigten. Es waren Schauspieler, Musiker, Sänger, Dichter und Tänzer, die seit dem frühen 3. Jahrhundert in Berufsverbänden zusammengeschlossen waren. Die älteste derartige Vereinigung war die athenische Gilde der Techniten, in die nur athenische Bürger aufgenommen wurden. Neben ihr war im griechischen Mutterland vor allem der isthmische Verband von großer Bedeutung. Die Mitglieder der Vereinigungen reisten als wandernde Truppe in wechselnder Zusammensetzung von Fest zu Fest und von Ort zu Ort. Da ihre Tätigkeit als Gottesdienst betrachtet wurde, wurden sie als Priester angesehen und schon früh mit Privilegien bedacht. So wurde den athenischen Techniten von der delphischen Amphiktionie schon im Frühjahr 277, kurz nach der Abwehr des keltischen Angriffs auf Delphi, die Unverletzlichkeit der Person und Abgabenfreiheit zugestanden. Gleiche Vorrechte besaßen auch die Techniten vom Isthmos, und ihnen wurden sie nach der Zerstörung Korinths im Jahre 146 vom römischen Konsul Lucius Mummius erneut bestätigt.[39]

In Delphi hatte der athenische Verband zunächst ein Jahrzehnt lang die musischen Wettkämpfe des Soterienfestes ausgerichtet, das anfangs jährlich und vom Amphiktionenrat veranstaltet wurde; er war dann jedoch vom isthmischen Künstlerverband verdrängt worden. Im späten 2. Jahrhundert aber kam mit der athenischen Prozession der Pythais für die athenischen Künstler die Gelegenheit, in Delphi wieder Fuß zu fassen. Zwar verlautet von ihnen noch nichts an der Pythais von 138, doch waren sie an der Feier des Jahres 128 schon mit einem sehr großen Aufgebot vertreten. Es kann kein Zufall sein, daß die Amphiktionie ihnen nur zwei Jahre zuvor die 277 erteilten Privilegien erneut bestätigt hatte.[40] Der massive Auftritt der athenischen Künstler so bald danach war gewiß vor allem ein Ausdruck des Dankes. Der Beschluß der Amphiktionen enthält freilich eine bezeichnende Klausel: Die Privilegien sollen gültig sein, «sofern die Römer keine Einwendungen haben.» Die Amphiktionen wollten offensichtlich den Eindruck vermeiden, sie griffen in Kompetenzen ein, die die Römer für sich

Delphi, Uppsala 1918. Daux, Delphes 521–583. St. Tracy, BCH 99, 1975, 185–218 und Hesperia-Suppl. 15, 1975.

[38] Tabellen bei Tracy, BCH 99, 1975, 215–218.

[39] IG VII 2413–2414. Wesentliche neue Aufschlüsse sind von unveröffentlichten Inschriften aus Argos zu erwarten (Deltion 28, 1973 [1977], B 126. SEG 31, 307).

[40] FD III 2, 68. Kopien wurden in Athen von den Techniten selbst (IG II^2 1132, 52–94) und vom athenischen Staat (Hesperia 39, 1970, 309–310) aufgestellt.

beanspruchen könnten, wie es Mummius gegenüber den Techniten vom Isthmos getan hatte.

Ein Höhepunkt der Festlichkeiten des Jahres 128 war die Aufführung eines neuen Hymnus zu Ehren Apollons, den der Athener Limenios für diese Gelegenheit gedichtet und vertont hatte. Der Text, zusammen mit den darüber geschriebenen Noten, ist an der Südmauer des Schatzhauses der Athener, zusammen mit einem ähnlichen zweiten Hymnus, aufgeschrieben worden.[41] Bei der Aufführung des Jahres 128 wirkten neben Instrumentalsolisten, unter denen auch der Komponist Limenios als einer der Zitherspieler war, ein aus 51 Knaben bestehender Chor und der 39 Sänger starke Chor der Techniten mit.[42] Die philologische und musikwissenschaftliche Forschung hat den (nicht lückenlosen) Text und die Musik so weit erschlossen, daß mit Instrumenten, die den alten Originalen nachgebaut wurden, und mit geschulten Sängern Aufführungen möglich sind.[43] Es ist ein relativ kurzes Stück von etwa zehn Minuten Aufführungsdauer. In knappen Versen wird von Apollons Geburt in Delos und seinem Aufenthalt in Athen gesprochen, von der Ankunft in Delphi, seinem Kampf mit dem pythischen Drachen und seiner Mitwirkung bei der Abwehr des Angriffs der Gallier. In der abschließenden Ode werden Apollon, Artemis und Leto angerufen und wird eine Fürbitte für Athen, Delphi, die Techniten und Rom, dessen Herrschaftsbereich sich vergrößern soll, angefügt. Damit kommt das Einvernehmen zum Ausdruck, das damals zwischen Delphi, der Amphiktionie, Athen und der athenischen Künstlergilde bestand und in das auch Rom einbezogen wurde.

Tatsächlich zeigte sich sehr bald, daß Athen und seine Techniten das Wohlwollen Roms besaßen, in wiederholten Interventionen des Senats während eines langwierigen Konflikts der rivalisierenden Technitenverbände Athens und vom Isthmos. Der nicht in allem eindeutige Verlauf des Streits braucht nicht im einzelnen nachgezeichnet zu werden.[44] Ein erster Beschluß des Senats, der eine Kooperation der beiden Gilden herbeizufüh-

[41] FD III 2, 138. E. Pöhlmann, Griechische Musikfragmente, Nürnberg 1960, 59–71; derselbe, Denkmäler altgriechischer Musik, Nürnberg 1970, 65–75. Neue Edition von A. Bélis, Les Hymnes à Apollon, Corpus des Inscriptions de Delphes 3, 1992. FD III 2, 137 ist ein ähnlicher Hymnus, verfaßt von Athenaios oder einem unbekannten Athener, und im Jahre 138 oder 128 ebenfalls anläßlich einer Pythais aufgeführt.

[42] FD III 2, 47, wo der Komponist, zusammen mit einem Verwandten, wahrscheinlich seinem Bruder, in den Zeilen 21–22 genannt ist. Der Bruder, Thoinos, ist wohl kein anderer als der Münzmagistrat Athens in den Jahren 114/3 und 113/2 (Habicht, Chiron 21, 1991, 21–22).

[43] Der Hymnus des Limenios ist am 19. September 1992 im antiken Theater von Delphi von einem französischen Ensemble unter Leitung von Annie Bélis erstmals in unserer Zeit wieder aufgeführt worden.

[44] Eingehende Darstellung bei Daux Delphes 356–372. Vgl. auch F. Poland, Technitai, RE V A 2 (1934) 2504–2507.

ren suchte, führte nicht zum gewünschten Ziel, sondern zu weiteren Auseinandersetzungen vor dem römischen Prokonsul von Makedonien, Cornelius Sisenna, im Jahre 119/8 oder 118/7, zur Spaltung des isthmischen Verbandes, sodann zu einem weiteren, ebenfalls ergebnislosen Senatsbeschluß und endlich, im Juni 112, zu einer Verhandlung im Senat, bei der Vertreter beider Parteien angehört wurden. Damals entschied der Senat eindeutig und definitiv zugunsten der athenischen Techniten und leitete damit zugleich den Niedergang des isthmischen Verbandes ein.[45]

Daß römische Instanzen überhaupt mit der Sache befaßt wurden, die eine interne griechische Angelegenheit zu sein schien, erklärt sich daraus, daß Rom durch den Achäischen Krieg von 146 die Hoheit über Teile Griechenlands erworben hatte, in denen der isthmische Technitenverband seinen Sitz und sein Operationsgebiet besaß, und daraus, daß der Konsul Mummius die Privilegien des Verbandes bestätigt hatte. Auf der anderen Seite (und dies ist innerhalb der Geschichte Athens von Bedeutung) stand der athenische Staat voll und sehr entschieden auf der Seite seiner Festkünstler, und es waren nicht etwa Gesandte derselben, die ihre Sache vor dem Senat in Rom vertraten, sondern Gesandte des athenischen Staates. Und auch die delphische Amphiktionie hatte längst für Athen und seine Künstler Partei genommen und während des Konflikts, im Jahre 117, einen geradezu hymnischen Beschluß gefaßt, einen «wahren Panegyrikos auf Athen.»[46] In Wendungen, die zum Teil auf den Panegyrikos des Isokrates vom Jahre 380 zurückgehen, wird Athen geradezu als Ursprung und Herd aller guten Dinge auf Erden gepriesen. Athen, so heißt es, hat die tierische Natur des Menschen gezähmt und das mitmenschliche Zusammenleben erst möglich gemacht; Athen hat von der Göttin Demeter das Geschenk des Ackerbaus erhalten und es mit den anderen Griechen geteilt; Gesetz und Gesittung haben ebenso ihren Ursprung in Athen wie die Mysterien, Tragödie und Komödie. Es sind Ruhmestitel, die sich die Athener im Laufe der Zeit selbst zugelegt, die durch die Jahrhunderte weitergewirkt und eine entsprechende Legende Athens geschaffen haben.[47]

45 Im Senatsbeschluß von 112 sind die einzelnen Etappen des Streits rekapituliert, FD III 2, 70 (R. K. Sherk, Roman Documents from the Greek East, Baltimore 1969, Nr 15).

46 FD III 2, 69 (IG II^2 1134, 1–63). Das Zitat: G. Klaffenbach, Gnomon 14, 1938, 20. Die traditionelle Datierung auf das Jahr 117 verdient gegenüber dem von Daux, freilich mit Vorbehalt, vorgeschlagenem Datum 125 den Vorzug, wie die fragmentarische neue Urkunde Hesperia 45, 1976, 287, Nr. 3, so gut wie sicher macht. Vgl. Tracy, ALC 190–191. Dann gehört auch die Beilegung des sog. «Skandals von 125» in Delphi (Daux, Delphes 372–386) ins Jahr 117, denn der delphische Archon Eukleidas war derselbe, nach dem auch der Beschluß der Amphiktionen datiert ist.

47 Vgl. E. Buchner, Der Panegyrikos des Isokrates, Wiesbaden 1965, 45–65: «Athens kulturelles Wirken für Hellas.» Vgl. auch Ad. Wilhelm, SAWW 224 Nr. 4, 1947, 49–53. Spätere Zeugnisse sind z. B. Cicero, *pro Flacco* 62. Plutarch, *mor.* 345 F aus der Schrift *De gloria Atheniensium.* Plinius, *ep.* 8, 24, 2. Augustin, *De civitate dei* 18, 9.

In den besprochenen Urkunden dieser Jahre zwischen 117 und 112 erscheinen die Römer, wie sie auch zuvor mehrmals in anderen Teilen der griechischen Welt genannt wurden, als «die gemeinsamen Wohltäter.» Sie werden so bezeichnet vom athenischen Staat, vom Amphiktionenrat und von den dionysischen Techniten, die ihnen wie dem Dionysos und den übrigen Göttern auch regelmäßig opferten.[48] In der Herzlichkeit der Beziehungen Athens zu Rom bezeichnen diese Jahre, allen Anzeichen nach, einen Höhepunkt. Die gleiche Herzlichkeit kennzeichnet die Beziehungen Athens zu Delphi über den vierzigjährigen Zeitraum, für den die Prozessionen der Pythais bezeugt sind, von 138 bis 98, wobei die des Jahres 106/5 mit der größten Zahl athenischer Festteilnehmer auch die höchsten Aufwendungen erfordert haben dürfte.

[48] IG II² 1134, 69; ebenda 103. FD III 2, 70, 45–46. Vgl. Ferrary, Philhellénisme et Impérialisme, Rom 1988, 124–132. A. Erskine, Historia 43, 1994, 70–87.

XII. Das ausgehende 2. Jahrhundert

1. Auswärtige Beziehungen

Entgegen älteren Annahmen gibt es kein Anzeichen dafür, daß die guten Beziehungen Athens zum ptolemäischen Königshof in Alexandreia in der zweiten Hälfte des Jahrhunderts eine längere Störung erfahren hätten. Auch während der langen Regierungszeit des Königs Ptolemaios VIII. Euergetes II. (145–116) sind die Ptolemaia in Athen regelmäßig begangen worden. Zeugnisse für die Herzlichkeit des Verhältnisses kehren wieder unter seinem Sohn und Nachfolger Ptolemaios IX. Soter II. (116–107 und 88–80). Er machte im Jahre 111/0 eine größere Stiftung für das Gymnasion in Delos,[1] und wenige Jahre darauf rühmte der Dichter Antisthenes von Paphos in einem Epigramm die zwischen Athen, Ägypten und Rom bestehende Freundschaft.[2] Von diesem König, sagt Pausanias, empfingen die Athener zahlreiche Wohltaten.[3] Solange die Dynastie der Ptolemäer bestand, von ihrem Gründer Ptolemaios I. bis zur letzten Königin des Hauses, Kleopatra, konnte Athen der Freundschaft der ägyptischen Monarchen stets versichert sein.

Spärlich sind auch die erhaltenen Nachrichten über Athens Beziehungen zu den Seleukiden in dieser Zeit, weil sich auch hier, wie überall, nur ein verschwindend kleiner Bruchteil der antiken Zeugnisse bis heute gerettet hat.[4] Sie lehren gleichwohl manches. Aus der zweiten Hälfte des 2. Jahrhunderts stammt ein athenischer Beschluß zu Ehren eines Höflings des Königs Demetrios, der insbesondere athenischen Gesandten, die zum König abgeordnet waren, hilfreich gewesen ist. Gemeint ist am ehesten Demetrios II., der den Thron von 150 bis 140 und erneut von 129 bis 125 innegehabt hat; es war unter seiner Regierung, daß sich die Juden unter Hyrkanos' Vater Simon im Juni 142 für unabhängig erklärten.[5] Demetrios geriet während des Jahres 140/39 in die Gefangenschaft der Parther und nahm, obgleich mit Kleopatra verheiratet, als Gefangener eine Tochter des parthischen Königs zur Frau, woraufhin Kleopatra seinen Bruder Antiochos heiratete, der 139/8 als Antiochos VII. das Königtum antrat. Der im

[1] I Délos 1531. J. Audiat, EAD 28, Le gymnase, 1970, 32. Vgl. I Délos 1532. 2037.

[2] I Délos 1533. H. Hauben, ZPE 25, 1977, 225.

[3] Pausanias 1, 9, 3.

[4] Zum Folgenden vgl. Habicht, Athen und die Seleukiden, Chiron 17, 1987, 7–26, besonders 18–26.

[5] Ad. Wilhelm, SAWW 179, 1915, 21–23. Habicht, CAH VIII^2 (1989) 367–368.

Jahre 141 von Kleopatra dem Demetrios geborene Prinz Antiochos wurde von seiner Mutter zur Erziehung nach Athen geschickt, ein weiteres Zeichen, daß die Stadt immer als der für den Erwerb höherer Bildung geeignetste Ort galt.[6]

Antiochos VII. Sidetes hat sich selbst um Athen bemüht. Während seiner zehnjährigen Regierungszeit (139–129) ist ein hochgestellter Emissär in seinem Dienst mit Namen [Me]nodoros (oder [Ze]nodoros) in Athen durch einen langen Beschluß geehrt worden, dem interessante Einzelheiten zu entnehmen sind. Des Königs Wahl für diese Sendung war nicht von ungefähr auf Menodoros gefallen: Schon dessen Vater Eumenes war, zum Dank für Dienste, die er in Antiocheia athenischen Gesandten erwiesen hatte, von den Athenern mit der Verleihung ihres Bürgerrechts ausgezeichnet worden und hatte auch einige Zeit in Athen gelebt. Menodoros wurde vor die Versammlung des Volkes geladen und erhielt dort das Wort. Er erinnerte an die Geschenke seleukidischer Herrscher für die Stadt und an die Verdienste, die sich die Vorfahren seines Königs um sie erworben hatten, und er sprach sodann davon, daß dieser selbst die gleiche Gesinnung habe. Es sieht danach aus, als habe Antiochos VII. selbst noch keine rechte Gelegenheit gehabt, Athen Gutes zu erweisen; der Ton liegt ganz auf den Wohltaten seiner Vorfahren, unter denen in erster Linie Antiochos IV. Epiphanes gemeint sein muß. So könnte es sich um eine Gesandtschaft handeln, die den Athenern den Regierungsantritt eines neuen Königs anzeigen und sie versichern sollte, daß der neue Monarch die für die Stadt so vorteilhafte Politik seiner Vorfahren fortsetzen werde. Der Gesandte wurde mit den gleichen hohen Ehren ausgezeichnet, die etwas später Johannes Hyrkanos erhalten sollte, einem goldenen Kranz und einer Bronzestatue, die auf der Agora neben der Statue des Königs errichtet werden sollte.[7]

Es war etwa um die gleiche Zeit oder etwas früher, daß die Athener das Bürgerrecht einem anderen Manne verliehen, der im Dienst eines seleukidischen Königs stand, dem Milesier Menestheus, Sohn des Apollonios. Er gehörte einer angesehenen milesischen Familie an, deren Mitglieder sich weitgehend dem Dienst der seleukidischen Könige widmeten, außer Menestheus sein Vater Apollonios, der, unter Seleukos IV. und Antiochos IV. in den siebziger Jahren, königlicher Statthalter in Koilesyrien gewesen war, und seine Brüder Meleager und Apollonios, vielleicht auch noch weitere. Menestheus und beide Brüder waren mit dem Prinzen Demetrios in Rom gewesen und ihm 162 bei seiner Flucht aus der Geiselhaft, die ihn als

[6] Appian, *Syriake* 361. Der Prinz ist im Jahre 125 selbst zum Königtum gekommen.

[7] St. V. Tracy, GRBS 29, 1988, 383–388, der im König, in dem man Antiochos IV. hatte erkennen wollen, vielmehr Antiochos VII. Sidetes und Antiochos IV. unter den im Beschluß gerühmten Vorfahren erkannt hat. Die Aktivität des Steinmetzen, der diesen Beschluß aufgezeichnet hat, ist für die Zeit von ca. 135 bis 122 bezeugt.

König Demetrios I. auf den Thron führen sollte, behilflich gewesen. Wer immer der König war, der Menestheus nach Athen entsandte, es ist deutlich, daß für diese Aufgabe ein Mann gewählt wurde, der größtes Ansehen und das Vertrauen des Königs genoß.[8]

Einige präzise Zeugnisse beleuchten die Beziehungen Athens zu König Ariarathes IV. von Kappadokien, der sein Reich von 163 bis zu seinem Tode im Jahre 130, während des Krieges gegen Aristonikos, regierte. Er ist als Festveranstalter der Großen Panathenäen in einem nicht bekannten Jahr bezeugt,[9] was wohl bedeutet, daß ihm dieser Titel in Anerkennung einer größeren Geldspende für die Ausrichtung des Festes zuerkannt wurde, daß aber die praktischen Funktionen des Agonotheten von einem athenischen Bürger wahrgenommen wurden, dem diese Großzügigkeit des Monarchen erlaubte, sein eigenes Vermögen zu schonen. Er und seine Gattin Nysa waren auch Wohltäter des athenischen Verbands der Festkünstler, und er hat ihnen in seinem Reich Unverletzlichkeit der Person und des Eigentums garantiert. Dies ist einem längeren Beschluß der Techniten zu seinen und Nysas Ehren zu entnehmen.[10] Mit ihm statteten sie dem König ihren Dank ab. Sie beschlossen monatliche und jährliche Festtage zu Ehren des Ariarathes und assoziierten ihn dem Dionysos, indem sie ein Kultbild von ihm neben dem des Gottes aufstellten. Der Beschluß lehrt weiter, daß sowohl die Techniten wie der athenische Staat Gesandtschaftsverkehr mit dem Königreich Kappadokien unterhielten. Auch zur Überbringung ihres Beschlusses an den König wählten die Techniten drei Männer aus ihrer Mitte. Es ist deutlich, daß sie in Kappadokien professionelle Interessen hatten und sich des königlichen Schutzes erfreuten. Ein in mehr als dreißig Wettkämpfen in Griechenland siegreicher athenischer Athlet hat, wie seine Ehrenbasis in Delos erkennen läßt, auch von König Ariarathes einen Siegeskranz erhalten und mithin an einem vom König in Kappadokien veranstalteten Wettbewerb mit Erfolg teilgenommen.[11]

Von den durch den Erwerb von Delos so wesentlich intensivierten Kontakten Athens mit den Städten im Raum von Phönizien und Syrien war bereits die Rede. Die Verbindungen reichten jedoch weiter. Besondere Erwähnung verdient hier ein einzigartiges Dokument, das ein glücklicher Zufall bewahrt hat. In den *Jüdischen Altertümern* des Josephus aus dem

[8] IG II^2 982 (Osborne, Naturalization 1, 229, D 113). P. Herrmann, Milesier am Seleukidenhof, Chiron 17, 1987, 171–192, besonders 175–179, wo alle Zeugnisse besprochen sind. Das athenische Dekret, von Ad. Wilhelm auf etwa 150 datiert, wird von Tracy den Jahren um 130 zugewiesen (ALC 241).

[9] AE 1948–1949, 5–9 und dazu J. und L. Robert, Bull. épigr. 1951, 79.

[10] IG II^2 1330. Dazu L. Robert, Études épigraphiques et philologiques, Paris 1938, 39–40 und Noms indigènes de l'Asie Mineure Gréco-Romaine, Paris 1963, 495–496.

[11] I Délos 1957. Einem Bürger der vom Vorgänger dieses Königs, Ariarathes IV., gegründeten Stadt Ariaratheia haben die Athener um die Mitte des 2. Jahrhunderts ihr Bürgerrecht verliehen (Osborne, Naturalization 1, D 112).

späten 1. Jahrhundert n. Chr. finden sich viele Urkunden der älteren Zeit, alle dazu bestimmt, den Lesern vor Augen zu führen, welcher Achtung sich das im 2. Jahrhundert durch den Aufstand der Makkabäer als Nation wieder erstandene jüdische Volk bei Königen und Städten erfreute, welche Privilegien jüdische Untertanen eines Königs und jüdische Gemeinden in seinem Reich oder in dem der Römer erhielten. Darunter befindet sich auch ein athenischer Volksbeschluß vom Frühjahr 105 zu Ehren des Hohenpriesters und Führers der jüdischen Nation, Johannes Hyrkanos. Dieser, so heißt es, habe sich stets dem gesamten Volk der Athener und einzelnen Bürgern gewogen gezeigt und hilfreich erwiesen. Er habe sowohl diejenigen, die als Gesandte zu ihm kamen, wie die in Verfolgung eigener Interessen Gekommenen freundlich aufgenommen und sodann für Geleit gesorgt, das ihnen die gefahrlose Rückkehr verbürgen sollte. Davon sei dem Volk schon früher berichtet worden, ebenso von der Vortrefflichkeit des Mannes und von seinem Vorsatz, den Athenern stets Gutes zu tun. Hyrkanos erhält einen Goldkranz und eine Bronzestatue im Heiligtum des Demos und der Chariten, und man faßt für eine spätere Gelegenheit weitere Ehren ins Auge. Aus der gesamten Bürgerschaft Athens werden Gesandte gewählt, die den Ehrenbeschluß überbringen und den Fürsten auffordern sollen, der Stadt weiterhin Gutes zu tun.[12]

Es wird hieraus klar, daß Athen durch staatliche Gesandtschaften diplomatischen Kontakt zu dem jüdischen Fürsten unterhielt und daß athenische Bürger, die Mehrzahl vermutlich in Verfolgung kaufmännischer Interessen, in seinem Herrschaftsbereich kamen und gingen. Es ist weiter deutlich, daß Hyrkanos an diesen Beziehungen zu Athen und athenischen Bürgern lebhaft interessiert war, was angesichts der zunehmenden Säkularisierung der Hasmonäerdynastie und ihrer Anpassung an die hellenistische Welt nicht verwundern kann.

Der Krieg der Römer gegen Aristonikos (131–129), der sich «König Eumenes III.» nannte und die Nachfolge des letzten pergamenischen Königs antreten wollte, und die Neuordnung der Verhältnisse im westlichen Kleinasien in Verbindung mit der Schaffung der römischen Provinz Asia sind Gegenstand eines sehr unvollständigen Beschlusses, der auf Delos gefunden wurde.[13] Es war lange unklar, aus welcher Zeit er stammte, ob aus den Jahren delischer Unabhängigkeit vor 167 oder aus der Zeit der athenischen Herrschaft. Unklar war daher auch, ob sich der darin erwähnte Übergang eines römischen Heeres nach Asia auf den Krieg gegen Antiochos beziehe oder auf den Krieg gegen Aristonikos, und ob der Beschluß von der freien Gemeinde Delos, von Athen oder von einem

[12] Josephus, *Ant.* 14, 149–155. Drei der im Text der Urkunde genannten Athener sind anderweitig bekannt (ungeachtet geringer Versehen in den Namen, die auf Überlieferungsfehlern beruhen). Ad. Wilhelm, Philologus 60, 1901, 487 und JOEAI 8, 1905, 238.

[13] IG XI 713.

anderen Staat gefaßt worden war.[14] Die Identifizierung des Steinmetzen als eines Meisters, der zwischen 130/29 und 117/6 in Athen aktiv war, hat klargemacht, daß es sich um den Krieg gegen Aristonikos und um einen Beschluß des athenischen Volkes handelt.[15] Der Geehrte könnte einer der während des Krieges amtierenden athenischen Epimeleten von Delos gewesen sein.

Ganz am Ende des Jahrhunderts haben athenische Kriegsschiffe mit ihren Besatzungen die Römer nochmals militärisch unterstützt, in einem Feldzug, den der Prokonsul Marcus Antonius in den Jahren 102 bis 100 gegen die Piraten an den südlichen Küsten Kleinasiens führte. Es war der erste ernsthafte Versuch Roms, ihrem Treiben zu steuern. Der Rückgang der rhodischen Seemacht und die fortschreitende Schwächung des Seleukidenreiches, zu dem Kilikien nominell noch gehörte, hatten zu einer besorgniserregenden Ausbreitung des Piratenunwesens geführt, das in der stark gegliederten Küstenlandschaft Kilikiens seine Stützpunkte und Schlupfwinkel hatte. Ein in Korinth gefundenes lateinisches Epigramm berichtet, daß Antonius' Flotte über den Isthmus in den Saronischen Golf gezogen wurde und sodann, während Antonius nach Side in Pamphylien vorausfuhr, unter dem Befehl des Legaten (Lucilius) Hirrus wegen schlechten Wetters eine Weile in Athen blieb.[16] Cicero bestätigt, daß die Expedition in Athen wegen unruhiger See aufgehalten wurde.[17] Weiter berichtet Tacitus, daß Byzanz den Feldzug des Antonius unterstützte, und einer Inschrift aus Rhodos ist zu entnehmen, daß auch rhodische Schiffe und der römische Quaestor Aulus Gabinius beteiligt waren.[18] Die Teilnahme Athens ergibt sich aus den Resten eines größeren Monuments zu Ehren eines athenischen Nauarchen, das im Piräus gefunden wurde und auf diesen Feldzug zu beziehen ist.[19] Der Geehrte, dessen Name nicht erhalten ist, entstammte dem vornehmen Geschlecht der Keryken, für das er einmal auch als Archon amtiert hat. Für seine Verdienste als Befehlshaber der athenischen Flotte wurde er von den athenischen Schiffsbesatzungen, vom Lykischen Bund sowie den lykischen Städten Phaselis und Myra mit Kränzen geehrt, ferner von Side in Pamphylien und Kelenderis in

[14] F. Durrbach – A. Jardé, BCH 28, 1904, 278–280, Nr. 5. P. Roussel zu IG XI 713. M.-F. Baslez – C. Vial, BCH 111, 1987, 294 und Anm. 68.

[15] St. V. Tracy, AM 107, 1992, 303–306.

[16] Degrassi, Inscriptiones Latinae Liberae Rei Publicae, Göttingen ^{2}342 (Corinth VIII 2, Nr. 1). Dazu T. R. S. Broughton, TAPhA 77, 1946, 35–40 und besonders J.-L. Ferrary, MEFRA 89, 1977, 639–643.

[17] Cicero, *De or.* 1, 82.

[18] Tacitus, *Ann.* 12, 62. IGR 4, 1116.

[19] IG II^{2} 3218. Die wesentlichen Kommentare sind L. Robert, RPh 70, 1944, 11–17 (OMS 3, 1377–1383) und RN 1977, 24–25 (OMS 6, 186–187). Vgl. auch H. Troxell, The Coinage of the Lycian League, New York 1982, 94–95. J. Nollé, Side im Altertum, 1, Köln 1993, 69–71 und, mit Abdruck des Textes, 231–232, TEp 30.

Kilikien. Die Insel Kythnos ehrte ihn, weil er sie befreit, d. h. offensichtlich den Piraten entrissen hatte. Entscheidend für die Datierung des Denkmals ist, daß die Städte Side und Phaselis damals noch auf römischer Seite standen und noch nicht, wie nach dem Ersten Mithridatischen Krieg, in der Hand der Piraten waren.[20] Damit scheidet die Möglichkeit aus, den auf dem athenischen Denkmal vorausgesetzten Feldzug mit den Operationen des Publius Servilius Vatia (78–74 v. Chr.) oder mit denen des Marcus Antonius Creticus (74–71) gegen die Piraten zu verbinden, deren letztere den Raum der östlichen Ägäis auch gar nicht erreichten.

Der durch das Denkmal geehrte Nauarch muß, als Teilnehmer am Feldzug des älteren Antonius, entweder im Jahre 103/2 oder im Jahre danach amtiert haben. Der Zufall will es, daß in der großen Inschrift, die die Beiträge hoher Beamter dieser Zeit für die Pythais genannte Prozession des Jahres 98/7 nach Delphi verzeichnet, die athenischen Nauarchen der Jahre 103/2 bis 97/6 genannt sind. Der gesuchte Admiral muß Angehöriger des Kerykengeschlechts gewesen sein. Im Jahre 103/2 war Kephis[-]Nauarch,[21] und er dürfte der durch das Denkmal geehrte Mann sein, denn in einer der vornehmsten Familien der Keryken dieser Zeit begegnet der Name Kephisodoros als der des Altarpriesters in Eleusis. Sein Vater Philistides und sein Bruder Philoxenides waren beide nacheinander sogar Daduchen, d. h. Inhaber eines der beiden höchsten Priestertümer Athens, dem nur das des Hierophanten, gleichfalls in Eleusis, ebenbürtig war. Während die Hierophanten vom Geschlecht der Eumolpiden gestellt wurden, wurden die Daduchen und der Altarpriester immer aus dem Geschlecht der Keryken genommen.[22] Der aus Eleusis bekannte Keryke Kephisodoros ist allerdings eine Generation älter als der Nauarch, dessen Name jetzt zu Kephis[odoros] ergänzt werden kann, doch bereitet die Annahme keine Schwierigkeit, daß dieser der Sohn eines der beiden Brüder, des Philoxenides oder des Kephisodoros, war. Unabhängig von der Richtigkeit seiner Identifizierung steht die Teilnahme einer athenischen Flottille an der Expedition des älteren Antonius gegen die Piraten fest.

Was nun die auswärtigen Beziehungen Athens zu Staaten des griechischen Mutterlandes in dieser Zeit betrifft, so war von denen zu Delphi bereits eingehend die Rede. Es kann auch nicht zweifelhaft sein, daß Athen auch während des ausgehenden 2. Jahrhunderts mit zahlreichen anderen Staaten Griechenlands in lebhaftem Austausch über politische und wirtschaftliche, rechtliche, kulturelle und religiöse Angelegenheiten stand. Aber nur ganz gelegentlich erlauben zufällig erhaltene Zeugnisse einen

[20] Für Side Strabo 14, 3, 2 (p. 664 C); für Phaselis Cicero, *in Verr.* 4, 21 und Strabo 14, 5, 7 (p. 671 C). W. Ruge, RE Phaselis (1938) 1879.

[21] St. V. Tracy, IG II^2 2336, Contributors of First Fruits for the Pythais, 1982, 37, Zeile 19.

[22] Clinton, Officials 51, Nr. 9 und 11. 82, Nr. 11. Der die beiden Brüder in ihren Sakralämtern nennende Text auf S. 51, Zeilen 42–44 (SEG 30, 93).

flüchtigen Einblick in diese Betriebsamkeit, wenn nämlich von solchen Kontakten nicht nur eine dauerhafte Aufzeichnung gemacht wurde, sondern diese auch bis auf uns gekommen ist. Vor nicht langer Zeit kam, verbaut im Kloster Hosios Lukas in Phokis, ein athenischer Volksbeschluß vom Ende des Jahrhunderts zutage. In ihm werden mindestens drei Bürger der Stadt Stiris geehrt, doch war die eigentliche Überraschung des Fundes, daß er ein eigenes Wahlamt in Athen kennen lehrte «für den Empfang der Freunde und Verbündeten.» Seinem Inhaber oblag es unter anderem, die offiziellen Gäste zum Gastmahl am Staatsherd einzuladen.[23]

Solche Staatsgäste waren z. B. im Jahre 109/8 mehrere Bürger aus Larisa in Thessalien. Trotz der starken Anlehnung Athens an Rom seit dem Ende des Achäischen Krieges gab es natürlich weiterhin zwischenstaatliche Angelegenheiten, die ohne Konsultation der Römer erledigt wurden. So gab es zwischen Athen und der Stadt Sikyon in der Peloponnes (bzw. zwischen Bürgern beider Gemeinden) strittige Materien, für die nach einer gemeinsamen Übereinkunft aus früheren Tagen die Stadt Larisa richterliche Funktionen ausüben sollte. Damals war nun ein fünfköpfiges Richterkollegium aus Larisa in dieser Weise tätig geworden, hatte Sikyon und Athen besucht und die strittigen Fälle teils geschlichtet, teils durch richterlichen Spruch entschieden. Ein athenischer Beschluß, der der Stadt Larisa für ihre Hilfe und den Richtern für ihre Tätigkeit dankt, ist in Larisa gefunden worden.[24] Auch die Richter waren, wie üblich, vor ihrer Rückreise zum Staatsbankett geladen worden. Zu Larisa, der Hauptstadt des Thessalischen Bundes, hatte Athen auch in früheren Jahren des 2. Jahrhunderts diplomatische Beziehungen unterhalten. Von ihnen zeugt der in den achtziger Jahren des Jahrhunderts einer Gesandtschaft aus Athen erteilte Beschluß der Stadt und ebenso die Ehrung eines aus einer vornehmen Familie stammenden Politikers aus Larisa in Athen durch Rat und Volk aus der zweiten Hälfte des Jahrhunderts.[25] In ebendieser Zeit, um 140 v. Chr., ist ein Bürger aus Narthakion in Malis, einer zum Thessalischen Bund gehörenden Stadt, als Proxenos der Athener bezeugt.[26]

Zwei Urkunden, die auf einer einzigen Stele aufgezeichnet und auf der Akropolis Athens aufgestellt waren, spiegeln Beziehungen Athens zu Elis, dem Schirmherrn Olympias und der Olympischen Spiele, im ausgehenden 2. Jahrhundert wider.[27] Endlich zeugt für die internationale Wertschätzung Athens zu dieser Zeit, daß die Urkunde eines Bündnisses der kretischen

[23] AAA 4, 1971, 439–443 (E. Vanderpool).

[24] BCH 59, 1935, 66–67. Eine verbesserte Ausgabe mit Kommentar wird von Ph. Gauthier erwartet.

[25] IG IX 2, 506 aus Larisa sowie die beiden zu einem athenischen Dekret vereinigten Fragmente IG II^2 933 und Hesperia 29, 1960, 76, Nr. 154 (Habicht, ZPE 20, 1976, 193–199).

[26] IG IX 2, 90, Zeile 13. Zur Datierung F. Stählin, RE Narthakion (1935) 1762–1763.

[27] IG II^2 1137.

Städte Lyttos und Olus vom Jahre 111/0 in einer zusätzlichen, für den neutralen Ort bestimmten Kopie auf der Akropolis aufgestellt wurde.[28] Für einen Bürger der kretischen Stadt Aptera ist auf der Agora ein Ehrenbeschluß der Volksversammlung Athens zutage gekommen.[29]

Gegen Ende des Jahrhunderts wurden in Athen Gesandte der böotischen Stadt Thespiai ausgezeichnet, offenbar im Zusammenhang mit einer Feier des Festes der Erotideia dortselbst; mehrere athenische Festgesandte sind namentlich genannt.[30] Ins frühere Böotien führt auch der Beschluß eines Vereins vom Jahre 122/1 aus dem Gebiet der 172 zerstörten Stadt Haliartos, deren Territorium 167 vom Senat den Athenern überlassen worden war. Er ist, da die athenische Hoheit andauerte, nach dem athenischen Archon datiert und nennt einen athenischen Kommissar für das Gebiet.[31]

2. Innere Verhältnisse

Es ist an vielen Anzeichen abzulesen, daß die sechseinhalb Jahrzehnte vom Ende des Krieges gegen König Perseus bis zur Jahrhundertwende für Athen eine Zeit wachsenden Wohlstands waren, der seinen Höhepunkt im letzten Drittel des Jahrhunderts erreichte, als sowohl Athen wie Delos zu wichtigen Stationen im Verkehr zwischen Italien und der neuen römischen Provinz Asia geworden waren. Darüber bestehen in der Forschung keine Meinungsverschiedenheiten, auch nicht darüber, daß der Besitz von Delos die hauptsächliche Ursache dieser neuen Prosperität war.[32] Noch um die Mitte des 2. Jahrhunderts lag die politische Führung des Staates bei den Angehörigen wohlhabender Familien mit Grundbesitz wie Eurykleides und Mikion aus Kephisia, Echedemos und Mnesitheos aus Kydathenaion, Leon und Kichesias aus Aixone, Habron und Ophelas von Bate, Miltiades von Marathon, Nikogenes und Nikon von Philaidai und dem mit diesen verschwägerten Adeimantos von Ikaria.[33] Wenn Atticus ein Jahrhundert später Ciceros Frage beantwortet haben sollte, wer denn in Athen im Jahre 155, zur Zeit des Streites um Oropos und der *Philosophengesandtschaft*

[28] IG II² 1135 = Inscriptiones Creticae 1, 187, Nr. 9.

[29] Hesperia 29, 1960, 20 Nr. 26, mit der Korrektur des Namens von J. und L. Robert, Bull. épigr. 1961, 264, S. 156.

[30] IG II² 1054.

[31] IG VII 2850. Neue kommentierte Ausgabe von P. Roesch, Études Béotiennes, Paris 1982, 168–171.

[32] Day, History 50–119. N.K. Rauh, The Sacred Bonds of Commerce. Religion, Economy, and Trade Society at Hellenistic Roman Delos, Amsterdam 1993.

[33] Für die drei erstgenannten Familien Habicht, Studien 179–182; 189–197, für die des Habron, Davies, APF 7856, für Miltiades T. L. Shear, Jr., Hesperia 40, 1971, 257–258, für Nikogenes Habicht, Hesperia 60, 1991, 209, für Adeimantos Habicht, Chiron 21, 1991, 7.

nach Rom, die herausragenden Politiker Athens waren, so hat er gewiß Mitglieder der soeben genannten Familien namhaft gemacht.[34] Gegen Ende des Jahrhunderts aber waren diese Familien, wenn nicht verdrängt, so doch überschattet von anderen, die früher nicht hervorgetreten waren. Es sind vor allem die des Sarapion von Melite, des Medeios von Piräus, des Pyrrhos und Byttakos von Lamptrai sowie andere, die in den Arbeiten der neueren Forschung identifiziert und analysiert sind.[35] Es sind durchweg Familien, die starke Handelsinteressen auf Delos hatten und offensichtlich auf diesem Wege rasch zu Reichtum und Einfluß gekommen sind.[36] Während Angehörige der alten Familien weiterhin in Ämtern und Priestertümern nachweisbar sind, waren doch gegen Ende des Jahrhunderts die Positionen mit dem größten politischen Gewicht weithin von jenen Neureichen besetzt, an erster Stelle das Amt des Hoplitenstrategen. Die zweite Stelle nahm schon seit 128 der Herold des Areopags ein, dann folgten in der Hierarchie zwei Magistrate in Delos, der Epimelet der Insel und der Epimelet des Emporions.[37]

Die in dieser Zeit immer enger werdende Symbiose von Athen und Delos spiegelt sich auch in der wachsenden Zahl italischer Familien, deren Angehörige uns außer in Delos auch in Athen begegnen, und überhaupt in der zunehmenden Zahl in Athen residierender Fremder, gerade aus den Gebieten, die im athenischen Delos besonders stark vertreten sind. Durch sie gelangten auch fremde Götter und fremde Religionsgemeinschaften in größerer Zahl als früher nach Athen, und mit Recht hat man konstatiert, daß der in Delos herrschende Kosmopolitismus Auswirkungen auf Athen hatte, wo man freilich den Fremden gegenüber auch früher schon aufgeschlossen war.[38] Er machte sich auch in der Ephebie bemerkbar, in Delos ebenso, nur etwas früher, wie in Athen. In der Stadt stiegen seit der Mitte des Jahrhunderts die Zahlen der Epheben beträchtlich an. Zählten bis zum Ende des Perseuskrieges die Jahrgänge nicht mehr als höchstens fünfzig Epheben, so wurde in den zwanziger Jahren die Zahl einhundert überschritten, waren es im Jahre 117/6 nicht weniger als 179 Epheben und im letzten Jahrzehnt des 2. Jahrhunderts um 140.[39]

Unverkennbar spiegelt sich auch in diesen Ziffern, daß der Wohlstand

[34] Cicero, *Att.* 12, 23, 2.

[35] St. Tracy, IG II² 2336, 1982, 159–168: «Delian Connections.» D. J. Geagan, Phoenix 46, 1992, 29–44.

[36] Day, History 100. E. Candiloro, Studi classici e orientali 14, 1965, 143.

[37] Die Rangfolge der Ämter und die Häufung von Bürgern mit merkantilen Interessen in den höchsten Ämtern läßt sich besonders an der großen Inschrift IG II² 2336 für die Jahre 103 bis 96 ablesen; dazu Tracy (Anm. 21) 86–89 und 172.

[38] Day, History 76–82.

[39] Für 128/7: 107 Epheben (Hesperia 24, 1955, 229, Zeile 89), für 117/6: IG II² 1009 (und Hesperia 15, 1946, 213), für das letzte Jahrzehnt des 2. Jahrhunderts IG II² 1011 und Hesperia-Suppl. 15, 1975, 32–48.

breitere Kreise der Bevölkerung als früher erfaßt hatte. Weiter öffnete sich die der körperlichen Ertüchtigung und der höheren Bildung der Bürgersöhne dienende Ephebie in unserer Zeit auch für die Söhne wohlhabender Fremder. Das geschah in Delos früher als in Athen. Eine Liste delischer Epheben vom Jahre 126/5 enthält achtzehn Namen, davon siebzehn mit der Angabe ihrer Staatsangehörigkeit. Von diesen sind fünf Römer, vier athenische Bürger und sechs aus Städten des östlichen Mittelmeeres: Alexandreia, Antiocheia, Laodikeia in Syrien, Sidon und Arados.[40] In anderen Inschriften der Epheben erscheinen solche aus Tyros, Damaskus und Marathus.

In der Ephebie der Hauptstadt begegnen die ersten Fremden, siebzehn von insgesamt 124 Epheben, im Jahr 119/8, während die vorausgehenden Listen der Jahre 128/7 bzw. 123/2, mit zusammen fast zweihundert Namen, keinen einzigen Fremden aufweisen.[41] Für fünfzehn der Fremden ist die Heimatangabe erhalten, und sieben derselben kommen aus den bereits genannten Städten Antiocheia, Beirut, Laodikeia, ein weiterer aus Soloi, entweder der Stadt auf Zypern oder derjenigen in Kilikien.[42] Anders aber als auf Delos dürften unter den hauptstädtischen Epheben viele sein, die in Athen nicht Handelsgewinne, sondern Bildung suchten, denn die Stadt übte als Bildungszentrum weiterhin die größte Anziehungskraft aus. Der Akademiker Kleitomachos, der Epikureer Philonides aus Laodikeia in Syrien und der Stoiker Panaitios aus Rhodos sind dafür nur die berühmtesten Beispiele aus dieser Zeit. Eine kürzlich bekanntgewordene Inschrift aus der ionischen Stadt Kolophon spricht von einem um seine Vaterstadt hochverdienten Mitbürger, Menippos, der um die Mitte des Jahrhunderts als junger Mann eine Festgesandtschaft nach Athen begleitete. Es heißt weiter: «Er blieb dort und studierte bei den besten Lehrern. Den schönsten Beweis der erworbenen Lebensart und Bildung stattete er zuerst der Stadt selbst ab, die ihm dies vermittelt hatte, und er erhielt von den Athenern die verdienten Auszeichnungen, das Bürgerrecht und Bekränzung.»[43]

In den Dekreten zu Ehren der Epheben erscheint im Jahre 123/2 zum ersten Mal eine Klausel, die die Epheben deswegen rühmt, weil sie während ihres Dienstjahres die Vorlesungen der Philosophen, des Zenodotos im Ptolemaion und im Lykeion, und die aller anderen Philosophen regelmäßig besucht hätten.[44] Wenige Jahre später wurde jeder Jahrgang verpflichtet, der Bibliothek einhundert Bücher zu stiften.[45] Am religiösen Leben der Stadt hatten die Epheben zu allen Zeiten intensiven und sichtba-

40 I Délos 1923.

41 Pélékidis, Éphébie 183–196.

42 IG II² 1008, col. IV 111–127.

43 Claros I 63, col. I 1–10.

44 IG II² 1006, 19–20; 62–65. Pélékidis, Éphébie 261–267.

45 IG II² 1009, 7–8 (der Jahrgang 117/6). 1030, 36. Hesperia 16, 1947, 171 Nr. 167, 32.

ren Anteil genommen;[46] jetzt trat eine neue Funktion mit politischem Akzent zu ihren Aufgaben, die zeremonielle Einholung die Stadt besuchender Römer, gewiß auf römische Standespersonen, mit oder ohne offiziellen Status, beschränkt. Dies ist zuerst für das Jahr 123/2 bezeugt.[47]

Ein sprechendes Beispiel dafür, wie weit es eine auf Delos Handel treibende Familie bringen konnte, bietet die des Dies aus Tyros. Zwei seiner Söhne, Heliodoros und Dies, waren im Jahre 105/4, im Alter von neunzehn bzw. achtzehn Jahren, Mitglieder der Ephebie in Delos und sind dort später als athenische Bürger bezeugt. Der Jüngere, Dies, war sodann als Mittdreißiger einer der reichsten Athener und besaß in der Stadt ein palastartiges Haus, in dem die prominentesten Gäste einkehrten, das er z. B. im Jahre 88 dem vom Hof des Königs Mithridates zurückkehrenden Athenion zur Verfügung stellte.[48]

Auf der anderen Seite zogen italische Kaufleute auf Delos zuweilen Bürger der Stadt für kürzer oder länger auf die Insel, indem sie ihnen dort Arbeit gaben. So ist die bekannte Marmorstatue des C. Ofellius Ferus von der Agora der Italiker in Delos, die ihm im letzten Drittel des 2. Jahrhunderts dort von den Italikern wegen seiner Verdienste um die Erbauung der Anlage gewidmet wurde, von zwei städtischen Künstlern gefertigt worden, von Dionysios und Timarchides, Vettern aus Thorikos und Angehörigen einer Künstlerfamilie, die unter anderem auch in Rom für die römischen Großen gearbeitet hat.[49] Nicht weniger als dreizehn athenische Bildhauer sind in der zweiten Hälfte des Jahrhunderts in Delos bezeugt; sie verteilen sich auf neun Familien.[50]

Aus dem letzten Viertel des Jahrhunderts stammt ein langer, aber nicht vollständig erhaltener Volksbeschluß der Athener mit detaillierten Bestimmungen über die im öffentlichen Verkehr verwendeten Maße und Gewichte. Diese müssen genau festgelegten, teilweise neuen Normen entsprechen und sind ständig unter behördlicher Kontrolle zu halten. Alle Verstöße gegen die Bestimmungen sind mit Bußen und Strafen zu ahnden. Der vereinzelten Ansicht, es handele sich bei diesem Beschluß nur um eine einfache marktpolizeiliche Ordnung, steht die herrschende Meinung gegenüber, daß das Dekret eine außerordentliche Tragweite gehabt habe und vor allem dazu bestimmt gewesen sei, mit Hilfe neuer Normen für Maße und Gewichte klare Relationen zwischen attischen und römischen Einhei-

46 Pélékidis, Éphébie 211–256: La participation des éphèbes à la vie religieuse et à la vie agonistique de la cité. Vgl. Ad. Wilhelm, SAWW 224, 1947, Nr. 4, 51.

47 IG II² 1006, 21: «Sie begegneten zu allen Zeiten den zu Besuch kommenden Freunden und Wohltätern, den Römern.» Ähnlich Zeile 75.

48 St. Dow, CP 37, 1942, 311–314. Poseidonios, FGrHist 87, F 36 (bei Athenaios 5, 212 D); dazu unten S. 299f. Osborne, Naturalization 3–4, 106–107, T 121–122.

49 F. Queyrel, BCH 115, 1991, 389–464, der (461–462) Habichts Chronologie und Stemma (AM 97, 1982, 178–180) übernommen hat.

50 J. Marcadé, Recueil des signatures de sculpteurs grecs, II, Paris 1957, *passim*.

ten zu schaffen. Es erleichterte die Umrechnungen, daß künftig die attische Handelsmine zwei römischen Pfunden von 655 g entsprach, die ebenfalls gesteigerte Maßeinheit des Choinix zwei römischen *sextarii*. Man leitet hieraus weiter die Absicht der ganzen Regelung ab: den auswärtigen Handel zu regulieren und insbesondere den Handel mit Rom zu erleichtern. Dies scheint in der Tat ein wesentliches, wenn auch nicht das einzige Ziel gewesen zu sein. Die weitere Vermutung, Rom habe den Beschluß angeregt, ist denkbar, aber schwerlich zwingend.[51]

Mit diesem athenischen Beschluß hat man ein Dekret der delphischen Amphiktionie etwa der gleichen, nicht genauer bestimmbaren Zeit in Verbindung gebracht. Es machte allen Mitgliedstaaten die Annahme der athenischen Silbertetradrachmen zum Kurs von vier Drachmen, ohne ein beim Geldwechsel übliches Aufgeld, zur Pflicht und sah Bußen für Zuwiderhandelnde vor sowie gerichtliche Verfahren vor dem Tribunal der Amphiktionie gegen Beamte, die in ihrem Bereich die Mißachtung dieser Anordnung zuließen.[52] Damit wurde dem athenischen Silbergeld im Bereich der Amphiktionie eine Vorzugsstellung gegenüber konkurrierenden Währungen eingeräumt. Bedauerlicherweise ist die Zeit dieser wichtigen Urkunde ganz unsicher. Der traditionellen Datierung in den Ausgang des 2. Jahrhunderts hat A. Giovannini die These entgegengestellt, sinnvoll sei eine solche Anweisung nur, solange das zur Rede stehende athenische Silbergeld (das sog. «Neustilsilber») noch neu war und daher mit Mißtrauen bedacht werden konnte, d. h. um oder bald nach 164 v. Chr. Danach hat Otto Mørkholm seinerseits bemerkt, daß innerhalb des in Betracht kommenden Zeitraums von 168 bis 100 v. Chr. auch die Jahre um 140 möglich seien, nachdem der Ausgang des Achäischen Krieges das Volumen der von griechischen Bünden geprägten Silbermünzen erheblich vermindert hatte.[53] Er ist mit Giovannini darin einig, daß der Vorstoß der Amphiktionen ohne die mindestens stillschweigende Zustimmung Roms nicht denkbar ist. Dieser Ge-

[51] IG II^2 1013, gefunden auf der Akropolis, mit deutscher Übersetzung und Kommentar herausgegeben von O. Viedebantt, Hermes 51, 1916, 120–144. Von einem zweiten, in der Tholos auf der Agora aufgestellten Exemplar stammt das Fragment Hesperia 7, 1938, 127, Nr. 27. Als Sonderbeauftragter neben den zuständigen Beamten, den *Metronomoi*, ist Diodoros von Halai genannt, der 112/1 Hafenkommissar war; damit bestimmt sich die Zeit der Urkunde. Die Minimalinterpretation («It is not obvious that anything more was involved than a simple market-policing operation») ist die von M. M. Austin, The Hellenistic World from Alexander to the Roman Conquest, Cambridge 1981, 193 Anm. 2. Erhebliche Tragweite für internationale Handelszwecke nehmen dagegen an Viedebantt a. O. 141–144 und L. Breglia Pulci Doria, MEFRA, Antiquité 97, 1985, 411–430. Beide halten eine Initiative Roms für möglich oder wahrscheinlich.

[52] FD III 2, 139 (Syll.^{3} 729).

[53] Daux, Delphes 202; Chronologie delphique L 92 (aus einer der Priesterschaften X-XII^1, d. h. zwischen 124 und 100 v. Chr.). A. Giovannini, Rome et la circulation monétaire en Grèce au IIe siècle avant Jésus-Christ, Basel 1978, 64–72. O. Mørkholm, Quaderni ticinesi 9, 1980, 148–149.

sichtspunkt und die offen zutage tretende Sympathie des Amphiktionenrates für Athen scheinen am ehesten in die Zeit nach 140 oder 130 v. Chr. zu weisen, vielleicht eben in die Zeit, aus der der athenische Beschluß über die Maße und Gewichte stammt.

Im späteren 2. Jahrhundert hat es in Attika zweimal Aufstände der in den Bergwerken arbeitenden Sklaven gegeben. Vom ersten, der vermutlich 134, in Reaktion auf den großen Sklavenaufstand in Sizilien, ausgebrochen war und 133 niedergeschlagen wurde, war schon die Rede im Zusammenhang mit Delos (S. 262). Er ist nur durch eine knappe Notiz des aus dem verlorenen Geschichtswerk des Livius schöpfenden Orosius bekannt. Der Feldherr Herakleitos, der den Aufruhr niederschlug, war schwerlich ein anderer als der Sohn des Poseidippos aus Ikaria, denn dieser ist nicht nur zwischen 140 und 130 als einer der führenden Männer Athens bekannt, sondern eben als Militär: Er war im Jahr 140 oder kurz darauf zum zweiten Male amtierender Hoplitenstratege.[54] Ein zweiter Aufstand, rund dreißig Jahre später, brachte das Land offensichtlich in weitaus größere Gefahr. Es waren wieder die Bergwerkssklaven im Gebiet von Ostattika, bei Laureion, die sich erhoben. Es gelang ihnen, das Wachpersonal zu überwältigen und die Akropolis von Sunion, stets eine militärische Festung, zu besetzen. Von diesem Stützpunkt aus verwüsteten sie längere Zeit die umliegenden Regionen.[55] Gegen die herkömmliche Datierung in die Zeit zwischen 104 und 100 v. Chr. ist eingewandt worden, daß sie wesentlich auf der Annahme einer «oligarchischen Revolution» im Jahre 103 beruhe, die längst als Chimäre erkannt ist. Es ist daher vorgeschlagen worden, diesen Aufstand näher an das Jahr 100 zu rücken und noch für das Jahr 98/7 mit einer ungefestigten Lage zu rechnen. Damals haben nämlich nur fünf attische Ritter die Pythais nach Delphi begleitet, während es im Jahr 106/5 nicht weniger als 125 gewesen waren; man erklärte die Diskrepanz damit, daß das Gros der Kavallerie vielleicht zum Schutz des Landes im Zusammenhang mit dem Aufstand der Sklaven zurückbehalten worden sei.[56] Wie es sich damit auch verhalten mag, zwei lange Dekrete vom Spätsommer 101, zu Ehren der Epheben von 102/1 und ihres Kosmeten, erwecken in allen Einzelheiten den Eindruck, daß in beiden Jahren völlige Ruhe herrschte und die Epheben nur ihre Routineaufgaben verrichteten, darunter auch Opfer an die Römer als «Wohltäter», nicht aber, wie es in kritischen Zeiten sonst geschah, auch zum Schutze des Landes und der Stadt

[54] Orosius 5, 9, 5. Die wesentlichen Zeugnisse für Herakleitos bei Tracy, ALC 155. Er hat ihn als den Hoplitenstrategen in IG II[2] 1224, b 9–10, erkannt; die Inschrift ist durch die Erwähnung des Konsuls C. Laelius in Zeile 13 datiert. Herakleitos ist um diese Zeit auch in einem Spendenverzeichnis genannt, und zwar an zweiter Stelle hinter Nikogenes von Philaidai, einem der damals führenden Männer Athens (IG II[2] 2334, 6). Vgl. noch S. Lauffer, Die Bergwerkssklaven von Laureion, Wiesbaden [2]1979, 232–233.

[55] Poseidonios, FGrHist 87, F 35.

[56] St. Tracy, HSCP 83, 1979, 232–235.

eingesetzt wurden.[57] Das könnte sowohl nach der Niederschlagung wie vor dem Ausbruch des zweiten Aufstandes gewesen sein.

In zunehmendem Maße aber wurden jetzt auch Römer Gäste des athenischen Staates, vor allem, da Athen für die in die Provinz Asia reisenden oder von dort zurückkehrenden römischen Beamten zu einer Zwischenstation wurde, die wohl kaum einer von ihnen ausließ. Als junger Mann hat Quintus Caecilius Metellus, der durch den Krieg gegen Jugurtha und im Jahre 100 durch seinen konsequenten Widerstand gegen eine ungesetzliche Klausel im Ackergesetz des Saturninus berühmt werden sollte, in Athen bei dem schon vom Alter gezeichneten Haupt der Akademie, Karneades, «viele Tage lang» gehört, was nicht allzulange vor Karneades' Tod im Jahre 129 gewesen sein dürfte.[58]

Eine bemerkenswerte Szene zwischen einem römischen Würdenträger und einem in Athen seßhaft gewordenen jungen Römer trug sich dort im Jahre 120 zu und ist in einer Satire des zeitgenössischen Dichters Lucilius geschildert.[59] Aus der Provinz Asia kehrte damals der Statthalter, der Praetor Quintus Mucius Scaevola, ein als Kenner des Sakralrechts rühmlich bekannter Mann, zurück. Unter denen, die ihm in Athen zur Begrüßung entgegengingen, befand sich außer den Epheben der Stadt (S. 290f.) auch ein junger Römer aus senatorischer Familie namens Titus Albucius, der vor einiger Zeit seinen Wohnsitz in Athen genommen und sich der philosophischen Lehre Epikurs verschrieben hatte. Er war bekannt als jemand, der lieber Grieche als Römer sein und lieber Griechisch als Lateinisch sprechen wollte. Scaevola, dem dies bekannt war, sprach ihn mit der griechischen Grußformel an und ließ sie von seinem Gefolge und der praetorischen Kohorte, die ihn begleitete, im Chor wiederholen, womit er den jungen Mann der Lächerlichkeit preisgab. Der versuchte im folgenden Jahr sich zu rächen, indem er Scaevola wegen Amtsmißbrauchs während seiner Statthalterschaft in Rom verklagte. Lucilius, dessen Satire den Prozeß schilderte, ließ in dessen Verlauf den angeklagten Scaevola die Szene, die sich im Jahr zuvor in Athen abgespielt hatte, als Ursache der persönlichen Feindschaft des Albucius angeben. Scaevola wurde freigesprochen. Eine Generation später war es der junge römische Ritter Titus Pomponius, genannt Atticus, der in Athen und in der Philosophie Epikurs seine geistige Heimat fand, der aber im Unterschied zu Albucius nicht so weit ging, über seiner Liebe zu Athen und zur griechischen Kultur sein Römertum zu verleugnen.

Es muß die häufige Anwesenheit römischer Standespersonen in Athen

57 St. Tracy, Hesperia-Suppl. 15, 1975, 32–48.

58 Cicero, *De or.* 3, 68. L. W. Daly, AJPh 71, 1950, 42.

59 Lucilius 2, 88–94 Marx (87–95 Krenkel), kommentiert von F. Marx, C. Lucilii Carminum Reliquiae 2, 1905, 41–44. W. Krenkel, Lucilius' Satiren 1, Berlin 1970, 64; 138–139 und von C. Cichorius, Untersuchungen zu Lucilius, Leipzig 1908, 237–251. Cicero, der die Satire kannte, spricht an vielen Stellen von der Episode und billigt Scaevolas ironische Zurückweisung der Griechentümelei.

gewesen sein, die es verursacht hat, daß auf der Agora, vor der Stoa des Attalos, ein eigens für sie bestimmtes Podium errichtet wurde, das zum Jahre 88 als bestehend erwähnt wird.[60] Nicht alle Mitglieder der Senatsaristokratie, die nach Athen kamen, d. h. als Gäste in eine von der römischen Herrschaft freie und mit Rom verbündete Stadt, traten dort mit dem erforderlichen Takt auf. So kam im Jahre 109 oder 108 der noch junge Quaestor Lucius Licinius Crassus, der dann einer der beiden berühmtesten Redner seiner Zeit werden sollte, auf der Rückreise von seinem Amtsjahr in der Provinz Asia nach Athen. Er mußte feststellen, daß er für die eleusinischen Mysterien um zwei Tage zu spät gekommen war, und scheute sich nicht, ihre Wiederholung zu verlangen. Zweihundert Jahre früher hatte König Demetrios eine gleichartige Forderung gestellt, und sie war gegen den Widerstand des Daduchen Pythodoros, dank der vom Politiker Stratokles veranlaßten Kalendermanipulation, erfüllt worden. Der junge Crassus aber war kein die Stadt beherrschender König. Als die zuständigen Stellen das Ansinnen zurückwiesen, verließ er die Stadt vorzeitig und voller Zorn.[61] Natürlich wurde ein solches Verhalten eines prominenten Römers von vielen Bürgern der Stadt registriert und mißbilligt.

Vor dem Ende des Jahrhunderts wurden auch die ersten Statuen von Römern durch die Obrigkeit Athens auf der Akropolis geweiht, so die des Sextus Pompeius, der im Jahre 118/7 (oder 119) als Prokonsul von Makedonien gegen die thrakischen Skordisker gefallen war, und ein Vierteljahrhundert später das Standbild seines Sohnes Gnaeus Pompeius, der wohl ebenfalls die Provinz Macedonia verwaltet hatte.[62]

Das ausgehende Jahrhundert sah 124/3 die Kuriosität, daß zwei eponyme Archonten amtierten. Nikias war allein im Amt zur (unbestimmten) Zeit der Verabschiedung eines Dekrets für Prytanen,[63] Isigenes dagegen zur Zeit der Ehrung eines Priesters in Delos.[64] Daß beide im Laufe des Jahres einander folgten und Nikias dem Isigenes vorausging, ergibt sich aus drei weiteren datierten Inschriften aus Delos, die alle den Vermerk tragen «im Jahre des (so!) Archons Nikias und Isigenes.»[65] Die logische Inkonse-

[60] Poseidonios, FGrHist 87, F 36 (bei Athenaios 5, 212 F). Der Text sagt, es sei für die römischen «Strategen» errichtet worden, was im technischen Sinn Praetoren, im untechnischen Feldherrn meint. Tatsächlich dürfte es für alle römischen Amtspersonen bestimmt gewesen sein, d. h. auch für römische Gesandte, die vermutlich das Vorrecht hatten, zur Bürgerschaft zu sprechen. Vgl. H. A. Thompson und R. E. Wycherley, Agora XIV 51, zur Lage dieses Podiums.

[61] Cicero, *De or.* 3, 75; vgl. 1, 45. Crassus soll während seines Aufenthaltes Vorlesungen der «summi homines» und der «doctissimi viri» gehört haben.

[62] IG II^2 4100. 4101.

[63] Agora XV 251.

[64] I Délos 2075.

[65] I Délos 1647–1649. Der Archontenkatalog IG II^2 1713 hat in col. I 6–7 für das Jahr 124/3 die Eintragung «Nikias und Isigenes».

quenz, mit einem Singular zwei Personen zu bezeichnen, ist bewußt in Kauf genommen, da jedes Jahr eben nur einen eponymen Archon haben konnte – die beiden Individuen waren eine einzige Amtsperson. Es liegt auf der Hand, daß Nikias, vermutlich nach seinem Tod im Amt, durch Isigenes ersetzt wurde. Der einzige vergleichbare Fall, der mir bekannt ist, war im Jahre 175/4 die Ersetzung des zu Jahresbeginn, in der ersten Prytanie, amtierenden Ratssekretärs Leukios von Perithoidai durch den in der zehnten Prytanie erscheinenden Pausanias von Perithoidai, beide Söhne des Bioteles und mithin Brüder. Dieser Umstand spricht dafür, daß es innerhalb mancher Phylen nur wenige für das Amt des Sekretärs qualifizierte Männer gegeben haben dürfte, was noch dadurch unterstrichen wird, daß ein Angehöriger derselben Familie, Bioteles, Sohn des Leukios von Perithoidai, im Jahre 187/6 eben dieses Amt innehatte.[66]

Für ein Kollegium von zwei Beamten läßt sich der Fall der Münzmagistrate im Jahre 110/09 vergleichen. Das zu Beginn des Jahres amtierende Paar Eubulides/Agathokles ist im Laufe des dritten Monats abgelöst worden von einem anderen, Zoilos/Euandros. Man hat darin ein klares Anzeichen für eine politische Krise sehen wollen.[67] Das könnte in der Tat die Erklärung dieses einmaligen Vorfalls sein, doch sind andere Erklärungen denkbar, ebenso wie für die Ersetzung des Münzmeisters Alkidamos durch Kleomenes zu einem frühen Zeitpunkt des Jahres 113/2.

Eine krasse Anomalie weist eine Inschrift des Jahres 107/6 auf, die zwei Beschlüsse für Epheben enthält. Der erste, aus der siebenten Prytanie und vom elften Tag des Monats Gamelion, ist gefaßt worden, als Stratophon, Sohn des Stratokles, von Sunion Obmann des Präsidiums war, das die Volksversammlung leitete, der zweite, aus der elften Prytanie und vom 16. Tag des Monats Thargelion, angeblich unter dem Vorsitz des gleichen Obmanns.[68] Wäre dies zutreffend, so läge ein klarer Verstoß gegen das strikte Verfassungsgebot vor, wonach kein Bürger mehr als einmal im Jahr, für einen einzigen Tag, dieses Amt ausüben durfte. Alles spricht dafür, daß an einer der beiden Stellen ein Irrtum, sei es des Sekretärs, sei es des Steinmetzen, vorliegt.

[66] Leukios: Agora Inv. I 7529, 65. Pausanias: IG II² 905, 2. Agora XV 200, 2. Bioteles: W. K. Pritchett – B. D. Meritt, The Chronology of Hellenistic Athens, Cambridge, Mass. 1940, 117.

[67] M. K. Kambanis, BCH 56, 1932, 37–42.

[68] IG II² 1011, 63–65 und 73–74.

XIII. Athen und Mithridates

1. Der Bruch mit Rom

Im Mai oder Juni des Jahres 88 entschied sich Athen, mit Rom zu brechen und in dem Krieg, der in Kleinasien zwischen Rom und König Mithridates VI. ausgebrochen war, auf die Seite des Königs zu treten. Die Athener fielen damit der Macht in den Rücken, die sie vor mehr als einem Jahrhundert um Schutz vor König Philipp von Makedonien angerufen hatten, der sie seither in Krieg und Frieden treu geblieben und von der sie achtzig Jahre zuvor reich belohnt worden waren. Zwar sind die Begleitumstände, unter denen es zu diesem radikalen Bruch mit der bisherigen Politik kam, von dem Zeitgenossen Poseidonios lebendig und ausführlich geschildert worden, doch sind die Gründe für diese Entscheidung des Volkes keineswegs völlig klar. Es fragt sich, was damals die Athener an Mithridates anziehend und was sie an Rom abstoßend fanden. Um eine Antwort auf die erste Frage zu finden, müssen wir den Blick auf das Reich Pontos und seinen König richten.[1]

Die Landschaft Pontos, im Norden Kleinasiens zu beiden Seiten des Flusses Halys gelegen, war in den ersten Jahrzehnten nach dem Tode Alexanders des Großen zum unabhängigen Königtum eines iranischen Geschlechts geworden. Das zunächst kleine Reich besaß eine griechische Seeseite, dank der nach und nach annektierten griechischen Kolonien an der langen Südküste des Schwarzen Meeres, und ein orientalisches Hinterland.[2] Das Königshaus leitete sich von dem iranischen Fürsten Mithridates I. Ktistes («Gründer») her, der zu Beginn des 3. Jahrhunderts den Königstitel annahm. Zu seiner Residenz Amaseia im Landesinneren gewann er mit Amastris eine griechische Stadt am Südufer des Schwarzen Meeres. Sein Enkel Mithridates II. wurde der Schwiegervater des seleukidischen Königs Antiochos III. Er war ein schon ganz von der griechischen Kultur geprägter Monarch und gehörte zu den Königen, die im Jahre 227 der von einem schweren Erdbeben heimgesuchten Insel Rhodos großzügige Hilfe leisteten. Es war jedoch Rhodos, das wenige Jahre später seinen Versuch, die Stadt Sinope zu erobern, vereitelte. Die Eroberung dieser bedeutenden

[1] Grundlegend ist weiterhin Th. Reinach, Mithradates Eupator, König von Pontos, deutsche Ausgabe von A. Goetz, Leipzig 1895. Ferner M. Rostovtzeff und H. A. Ormerod, CAH 9, 1932, 211–260. B. C. McGing, The Foreign Policy of Mithridates VI Eupator, King of Pontus, Leiden 1986.

[2] Rostovtzeff (Anm. 1) 211.

Stadt gelang erst seinem Enkel, König Pharnakes I., im Jahre 183. Am Ende eines darob ausgebrochenen vierjährigen Krieges gegen Eumenes von Pergamon, als Pharnakes alle übrigen Eroberungen herausgeben mußte, vermochte er doch, Sinope zu behaupten, das bald zur neuen königlichen Residenz wurde. Seiner Beziehung zu Athen ist bereits gedacht worden.[3] Nach seinem Tod, 171/0, folgte ihm für etwa zwanzig Jahre sein Bruder Mithridates IV. und diesem sodann sein Sohn Mithridates V. Euergetes. Er war ein Freund der griechischen Kultur, seiner pergamenischen Nachbarn und der Römer. Er hat diese in ihrem letzten Krieg gegen Karthago und im Krieg gegen Aristonikos unterstützt, der zur Entstehung der Provinz Asia führte. Zum Dank für seine Dienste erhielt er vom römischen Feldherrn Aquillius, der 129 diesen Krieg beendet hatte, die Landschaft Großphrygien. Eine Palastintrige kostete ihn im Jahre 120 das Leben.

Ihm folgte im gleichen Jahre, noch im Knabenalter stehend, sein Sohn Mithridates VI. Eupator, ein Herrscher von großen Fähigkeiten und großen Ambitionen. Unter seiner Herrschaft hat sich das Territorium des kleinen Reiches vervielfacht. Im Verlaufe einiger Jahre entledigte er sich der zunächst für ihn regierenden Mutter, sodann des einige Jahre mit ihm regierenden Bruders. Es war ein schwerer Rückschlag für ihn, daß der Senat im Jahre 116 die Herausgabe Phrygiens erzwang, das Aquillius, ohne dazu ermächtigt zu sein, dem Vater des Königs überlassen hatte. Dieser mußte sich den Verlust und die Demütigung ohnmächtig gefallen lassen. Bald aber fand sein Tatendrang ein weites Feld, das noch außerhalb des römischen Gesichtskreises lag. Pontos gegenüber, auf dem nördlichen Ufer des Schwarzen Meeres, lag die Krim und östlich von ihr das Bosporanische Reich. Tonangebend waren auch dort, wie an allen Küsten des Schwarzen Meeres, griechische Städte, einstmals Kolonien der ionischen Stadt Milet. Alle waren im Besitz fruchtbarer Territorien, wurden damals aber von Skythen und Sarmaten hart bedrängt. Von ihnen zu Hilfe gerufen, machte Mithridates sich zu ihrem Patron und dehnte im Verlauf mehrerer Feldzüge seine Herrschaft über die Krim und das Bosporanische Reich aus; einer seiner Söhne regierte als Vizekönig mit dem Sitz in Kertsch die neu erworbenen Gebiete.[4] Als Vorkämpfer des Griechentums gegenüber den Barbaren hatte der König großes Prestige in der griechischen Öffentlichkeit gewonnen. Er stieß auch an der Küste von Pontos weiter nach Osten vor, wo ihm Trapezunt zufiel, der Ort, an dem einst die Zehntausend Xenophons nach ihrer mühsamen und gefahrvollen Anabasis aus Mesopotamien das Meer wieder erblickt hatten, das ihnen Rettung verhieß. Im Kaukasus annektierte er die Landschaft Kolchis. Von Olbia im Norden bis weit nach

[3] S. 228.

[4] Reinach, Mithradates 48–72: Pontische Kriege. Eine wesentliche Quelle ist das Dekret der Stadt Chersonesos für Diophantos, den Feldherrn des Königs, Syll.[3] 709. Dazu L. Boffo, Athenaeum 77, 1989, 211–259 und 369–405.

Süden dehnte er seinen Einfluß an der Westküste des Schwarzen Meeres aus. Macht und Prestige des Königs waren ungeheuer gewachsen.

Die Probleme des Königs begannen, als er seinen Expansionsdrang nach Westen und Süden zu richten begann, denn dort rührte er an Interessen Roms.[5] Nicht, daß er den Konflikt mit Rom gesucht hätte – seine Ambitionen zielten auf die außerhalb der römischen Provinz gelegenen kleineren Staaten Paphlagonien, Kappadokien und Galatien. Dort gewann Mithridates in den Jahren von 101 bis 97 weite Gebiete, zunächst in Gemeinschaft mit, dann gegen König Nikomedes von Bithynien, doch mußte er sie im Jahre 97 auf Druck des Senats räumen, der die Wiederherstellung des *status quo ante* verlangte. Einige Jahre später brachte er jedoch Kappadokien, mit Hilfe seines Schwiegersohns, des Königs Tigranes von Armenien, erneut in seine Hand, doch wich er wiederum vor einer römischen Drohung zurück und räumte das Land. Da war es dann im Jahre 90 die römische Seite, die den Krieg heraufbeschwor, nicht der Senat, sondern ebenso verantwortungslose wie arrogante römische Bevollmächtigte in Kleinasien. Weil Mithridates es abgelehnt hatte, sie zu bestechen, hetzten sie den bithynischen König Nikomedes zum Einfall nach Pontos auf, verwarfen die begründete Beschwerde des Mithridates und verboten ihm sogar, sich zu verteidigen, indem sie erklärten, jede Anwendung von Gewalt gegenüber Nikomedes werde als eine Verletzung Roms angesehen. Da blieb dem König keine Wahl. Wohl wissend, daß dies den Krieg mit Rom bedeuten mußte, vertrieb er den Eindringling zuerst aus Pontos, sodann auch aus Bithynien, wo es zu einem ersten Zusammenstoß mit einer römischen Abteilung kam.[6] Ohne Halt drang seine Armee sodann in Phrygien ein, das seit 116 Teil der römischen Provinz Asia war (Winter 89/88), und hatte bald weite Teile Kleinasiens in ihrer Gewalt. Einige Orte hielten den Römern die Treue und mußten gewaltsam bezwungen werden, doch in den meisten Städten wurden die pontischen Truppen als Befreier begrüßt. Vielerorts machte sich Erbitterung über vier Jahrzehnte römischer Herrschaft Luft, während der Siegeszug des Königs wie einst derjenige Alexanders des Großen von den Griechen Kleinasiens als ihr eigener Triumph über Barbaren gefeiert wurde. Orakelstätten prophezeiten den Untergang Roms.

Die rauschhafte Stimmung sprang vom Schauplatz der Ereignisse im Frühjahr 88 auf das griechische Festland über, jedenfalls auf Athen.[7] Dort

[5] Reinach, Mithradates 72–99: Kleinasiatische Kriege.

[6] Reinach, Mithradates 100–205: Erster Römerkrieg. McGing, Foreign Policy 89–131. Näheres über die Vorgänge in Kleinasien haben jüngst neue Urkunden aus Aphrodisias in Phrygien gelehrt; J. Reynolds, Aphrodisias and Rome, London 1982.

[7] Hauptquelle ist Poseidonios, FGrHist 87, F 36, mit Jacobys Kommentar. Dazu weiter E. Candiloro, Studi classici e orientali 14, 1965, 145–157 und jetzt der ausführliche Kommentar von I. G. Kidd, Posidonius II, The Commentary, Cambridge II S. 863–887. Wesentlich sind ferner J. Deininger, Der politische Widerstand gegen Rom in Griechen-

hatte die Volksversammlung zu Beginn des Jahres eine Gesandtschaft an den König beschlossen und mit ihr einen Philosophen der aristotelischen Schule namens Athenion betraut. Seine schriftlichen Berichte über das Geschehen in Kleinasien und über Versprechungen des Königs erzeugten in der Bürgerschaft eine Mithridates begünstigende Stimmung. Die Briefe verhießen, mit Hilfe des Königs, ein Ende von Bürgerzwist und «Anarchie» in Athen, die Erneuerung der Eintracht und der demokratischen Verfassung sowie die Lösung des Schuldenproblems, womit private Verschuldung, vielleicht vor allem bei römischen Gläubigern, gemeint zu sein scheint. Athenions Rückkehr gegen Ende des Frühjahrs glich einem Triumphzug; Poseidonios hat sie in einem satirischen Stimmungsbild voller Rhetorik geschildert, das reich an präzisen Details ist, in dem jedoch die historische Realität vor der erstrebten Wirkung zurücktritt, Athenion als aufgeblasenen Hohlkopf und die Athener als weltfremde Illusionisten erscheinen zu lassen.

Der mündliche Bericht Athenions vor dem Volk pries die Erfolge und die Hilfsquellen des Mithridates und schilderte die Lage der Römer als verzweifelt. Unter dem Eindruck der Rede wählte die Bürgerschaft Athenion zum Hoplitenstrategen und bevollmächtigte ihn, die übrigen Beamten zu nominieren, die sodann, seinen Vorschlägen gemäß, durch Akklamation gewählt wurden. Poseidonios macht deutlich, daß damit der Übertritt der Stadt von der römischen auf die pontische Seite vollzogen war. Sein Bericht läßt erkennen, weshalb Mithridates den Athenern attraktiv erschien: als erfolgreicher Anwalt des Griechentums gegenüber einer Macht, die nicht nur ihn gedemütigt und seine Rechte verletzt, sondern die, wie früher makedonische Könige, auch Athen in Abhängigkeit gehalten hatte.

Der Bruch Athens mit Rom ist trotzdem nicht leicht zu verstehen, waren doch noch vor kurzem die Beziehungen zu Rom von offenkundiger Herzlichkeit bestimmt gewesen. Die Dürftigkeit der Überlieferung erlaubt keine befriedigende Erklärung, doch gibt es während der späten neunziger Jahre deutliche Anzeichen einer Krise in Athen, die sehr wohl zu erheblicher Animosität gegenüber Rom geführt haben kann, wie Poseidonios behauptet. Im Jahr 98/7 waren die Verhältnisse noch durchaus normal, wie mehrere Urkunden erkennen lassen.[8] Und noch im Jahr 95/4 (oder sogar

land 217–86 v. Chr., München 1971, 245–261. E. Badian, AJAH 1, 1976, 105–128. St. Tracy, IG II^2 2336, 164–182. J. Malitz, Die Historien des Poseidonios, München 1983, 340–357. R. Bernhardt, Polis und römische Herrschaft in der späten Republik, Berlin 1985, 39–49. G. R. Bugh, Athenion and Aristion, Phoenix 46, 1992, 108–123.

[8] Tracy 171 faßt Beobachtungen zu den Jahren 103/2–98/7 so zusammen: «In short, the government was working as well as it ever had.» Ferner gehören die neunziger Jahre zu den Spitzenzeiten im Volumen der athenischen Münzprägung. So wurden im Jahr der Münzmeister Demetrios und Agathippos (99/8) nicht weniger als 47 verschiedene Vorderseitenstempel angefertigt. Im gleichen Jahr aber begann auch der Feingehalt des Silbers merklich zu sinken, weshalb vermutet worden ist, daß das Silber nicht mehr aus den

94/3) hat der athenische Priester des Sarapis in Delos seine Loyalität gegenüber Athen, Rom und König Mithridates bekundet (S. 264), und er muß damit im Einklang mit der Stimmung der Bürgerschaft gehandelt haben. Auch wurden die Römer noch in den Jahren 96/5 und 94/3 (?) in staatlichen Urkunden als «Wohltäter des Volkes» bezeichnet.[9] Als es aber zwischen Rom und Mithridates zum Konflikt kam, dürften sich die Sympathien eines Teils der Bürgerschaft dem pontischen König in dem Maße zugewandt haben, in dem man Näheres darüber erfuhr, wie die römische Seite mit ihm umging. So wie es 192 eine Bewegung zugunsten des Königs Antiochos (und gegen Rom) gegeben hatte, die unterdrückt werden mußte, so dürften jetzt dem pontischen König viele Sympathien entgegengebracht worden sein. Zwar drückte sich die offizielle Linie der Loyalität gegenüber Rom noch in den Jahren 90/89 und 89/8 durch das Symbol der Roma auf den Silbermünzen Athens aus, aber unter der Oberfläche gab es bereits deutliche Anzeichen einer Krise. Dazu gehört, daß die Feier der Pythais, die im Jahre 90/89 fällig gewesen wäre, unterblieb. Ein noch früheres Krisenzeichen aber war es, daß Medeios von Piräus, damals der einflußreichste Mann der Stadt, der schon 101/0 eponymer Archon gewesen war und nach der Verfassung das Amt kein zweites Mal hätte bekleiden dürfen, im Jahr 91/90 das Archontat erneut versah, und ein deutlicheres Zeichen der sich verschärfenden Krise, daß er auch 90/89 und 89/88 im gleichen Amt bezeugt ist.[10]

Die Verfassung war mithin in diesen Jahren suspendiert, und offenbar darauf zielte der Appell Athenions, die Bürger sollten sich die durch den Senat verlängerte «Anarchie» nicht weiterhin gefallen lassen und nicht noch länger auf eine Intervention des Senats warten. Eine solche muß Medeios erbeten haben, doch war sie deshalb ausgeblieben, weil der Krieg gegen die Italiker den Senat in den Jahren 90 bis 88 voll in Anspruch nahm. Und Medeios muß im zweiten Halbjahr 89/88 die Kontrolle über das Regiment verloren haben, womit der Weg für Athenions Gesandtschaft zu Mithridates frei wurde. Es ist nicht bekannt, wie das geschah und was aus Medeios wurde.[11] Auf die schwierige Lage Roms in Italien wies Athenion hin, als er vor dem Volk versicherte, auch die Italiker seien mit Mithridates im Bunde. Zweifellos glaubten viele Athener damals, Rom verliere seine Herrschaft im Westen wie im Osten und sei dem Untergang nahe. Auch

heimischen Minen von Laurion kam (vielleicht als Folge des jüngsten Aufstands der Bergwerkssklaven), sondern eingeführt werden mußte. Der Umfang der Prägung aber war außerordentlich (Kroll, Coins 4 und 14).

9 IG II² 1029, 10. 1030, 12.

10 Das vermeintliche zweimalige Archontat des Argeios (98/7 und 97/6) ist längst als Chimäre erkannt, obwohl mit ihm in manchen neueren Arbeiten noch gerechnet wird (z. B. G. W. Bowersock, Augustus and the Greek World, Oxford 1965, 101, Anm. 4. D. Geagan, ANRW II 7, 1 [1979] 374). Argeios war nur einmal, im Jahre 98/7, Archon.

11 Ein Medeios war Anfang März 86, bei der Eroberung Athens, in Sullas Stab, entweder der mehrmalige Archon oder sein gleichnamiger Sohn (unten S. 305, Anm. 24).

wußte man in Athen von dem Haß, den römische Steuerpächter und Geldverleiher in Asia, aber auch in den von Rom kontrollierten Gebieten Griechenlands auf sich geladen hatten. Als dieser Haß sich entlud, in Ausführung des königlichen Befehls, alle Römer in Kleinasien an einem vorbestimmten Tag zu töten, da hat diese blutige Vesper zweifellos neben anderen Gefühlen auch solche der panhellenischen Solidarität geweckt. «Vorkämpfer und Neubegründer der hellenischen Freiheit an beiden Gestaden des Archipels» hat Reinach den König genannt.[12]

Zwar war die Mehrheit der Bürgerschaft Athenion gefolgt, doch gab es viele, deren Überzeugungen und Interessen sie auf die römische Seite wiesen. Viele von diesen sollen damals, wenn und solange es ihnen möglich war, Athen verlassen haben. Unter ihnen war der Leiter der Akademie, Philon von Larisa, der noch im Laufe des Jahres 88 in Rom eintraf. In ihren Augen war Athenion nichts anderes als ein Tyrann. Die neuere Forschung hat jedoch, entgegen älteren Auffassungen, klargestellt, daß ihn nicht etwa nur die unterprivilegierten Schichten unterstützten, sondern daß unter seinen Anhängern auch viele angesehene Bürger aus namhaften Familien waren.[13] Das zeigt sich auch an einer Tafel, die die Namen der Archonten des Jahres 88/87, die ja auf seinen Vorschlag hin gewählt worden waren, enthält – ausgenommen den des eponymen Archons.[14] Sein Name ist nicht etwa später ausgelöscht worden, sondern er war nie geschrieben worden, weil sein Träger durch den Ausgang des Krieges zur Unperson geworden war, dessen Name der Vergessenheit anheimfallen sollte. Eine spätere Archontenliste enthält für das Jahr 88/87 statt eines Namens den Vermerk «Anarchie», d. h. Archontenlosigkeit.[15] Ich habe vor Jahren zu zeigen versucht, daß der eponyme Archon dieses Jahres tatsächlich kein anderer war als König Mithridates selbst. Könige als Eponyme griechischer Städte sind oft bezeugt, Mithridates selbst z. B. in dieser Zeit in Milet. Auch war er im folgenden Jahr, 87/86, zusammen mit Aristion, dem Nachfolger Athenions in der Herrschaft über die Stadt, athenischer Münzmagistrat. Meine These hat vielfach Zustimmung, aber auch Ablehnung erfahren.[16]

Zu denen, die sich dem neuen Trend sofort willig anschlossen, gehörte auch der athenische Verband der dionysischen Techniten.[17] Das ist deshalb bemerkenswert, weil er sich doch seit langem, in der Auseinandersetzung mit rivalisierenden Verbänden, der besonderen Gunst Roms hatte erfreuen

[12] Reinach, Mithradates 122.

[13] P. Desideri, Athenaeum 51, 1973, 253. Badian (Anm. 7) 112.

[14] IG II² 1714.

[15] IG II² 1713.

[16] Habicht, Chiron 6, 1976, 127–135. Zustimmend z. B. Kidd (Anm. 7) 878–879. McGing, Foreign Policy 119. Zweifelnd bzw. ablehnend R. Bernhardt, Polis und römische Herrschaft in der späten Republik, Berlin 1985, 49, und J.-L. Ferrary, Philhellénisme et impérialisme, Rom 1988, 473–474.

[17] Poseidonios, FGrHist 87, F 36, 49.

können.[18] Vielleicht sahen die athenischen Techniten im pontischen König, der in Kleinasien als «Neuer Dionysos» gefeiert wurde, tatsächlich die Inkarnation des Gottes, dem sie mit ihrer Kunst dienten.

In Delos war Mithridates, solange er als Freund des römischen Volkes galt, d. h. jedenfalls bis in die Mitte der neunziger Jahre, ebenso populär gewesen wie in Athen selbst. Aber die Bewohnerschaft der Insel, zu der ja außer athenischen Bürgern Römer und Italiker in großer Zahl gehörten, weigerte sich, der Metropole zu folgen und auf die Seite des Königs zu treten. Delos hielt an Rom fest. Man wüßte gerne, wie sich der kleinasiatische Blutbefehl zeitlich zu den Ereignissen in Athen und Delos verhielt. So könnte es sein, daß er zur Zeit von Athenions Rückkehr noch nicht erlassen und befolgt worden war, wohl aber als Delos sich entschied, sich Mithridates zu versagen. Aber das ist ganz ungewiß.

2. Krieg und Kriegsfolgen

Mit der Wahl Athenions zum Hoplitenstrategen im Frühjahr 88 hatte die Bürgerschaft Athens sich für König Mithridates und gegen Rom entschieden. Zu dieser Zeit standen in Griechenland keine pontischen Truppen und nur ganz geringe römische Streitkräfte. Für die Eröffnung von Feindseligkeiten schien daher der Moment jedenfalls noch nicht gekommen, aber der Abfall von Delos zwang Athenion, dem mit seinem Amt auch die Führung der Regierung zugefallen war, zum Handeln. Er entsandte eine Streitmacht gegen Delos unter dem Kommando eines ionischen Griechen, des Apellikon aus Teos. Dieser war wie Athenion selbst ein Intellektueller und Anhänger der peripatetischen Schule des Aristoteles, außerdem ein reicher Bibliophile, der die Bibliothek des Aristoteles gekauft und das athenische Bürgerrecht erworben hatte. Im Jahr 88/7 war er einer der beiden für die Münzprägung zuständigen Magistrate, und er dürfte dieses Amt eben Athenion verdankt haben, dem das Volk ja die Nominierung der Beamten dieses Jahres zugestanden hatte. Die Unternehmung gegen Delos wurde zu einem Fiasko, da Apellikon es an der erforderlichen Wachsamkeit fehlen ließ. Ein römisches Geschwader unter Führung eines Offiziers namens Orbius landete bei Nacht auf Delos und machte den größten Teil der schlafenden Athener nieder, doch gelang dem Apellikon selbst die Flucht. Orbius errichtete ein Siegeszeichen am Strand und einen Altar mit einer Inschrift, in der die Athener als Bundesgenossen des pontischen (wörtlich des «kappadokischen») Königs bezeichnet und des Versuchs beschuldigt wurden, die heilige Insel zu plündern.[19]

[18] Oben, S. 278 f.

[19] Die wesentlichen Quellen für das Unternehmen des Apellikon gegen Delos sind Poseidonios, FGrHist 87, F 36 (bei Athenaios 5, 214 D-215 B), für den weiteren Verlauf

Apellikons Scheitern muß Athenions Stellung geschwächt haben, und tatsächlich ließ sein Fall nicht lange auf sich warten, doch wurde er nicht von Gegnern oder Rivalen im Innern der Stadt herbeigeführt, sondern durch die Ankunft einer starken pontischen Armee in Griechenland. Mithridates hatte sie entsandt, um die ägäischen Inseln und das Festland für ihn in Besitz zu nehmen. Auf dem Wege besetzte sein Feldherr Archelaos auch Delos, ließ alle Römer und Italiker, die dort angetroffen wurden, töten, angeblich nicht weniger als zwanzigtausend, und sandte den Schatz des Tempels, den Apellikon hätte requirieren sollen, nach Athen. Hiermit betraute er den sich bei ihm aufhaltenden Athener Aristion und gab ihm für den Weg zweitausend seiner Soldaten mit. Mit deren Hilfe machte Aristion sich zum «Tyrannen» Athens. Von Athenion ist seither mit keiner Silbe mehr die Rede.[20] Auch Aristion wird als Philosoph bezeichnet, im Unterschied zu Athenion war er jedoch Anhänger der Lehre Epikurs. Er soll, sobald er sich der Herrschaft bemächtigt hatte, mit Rom sympathisierende Bürger hingerichtet, andere an Mithridates ausgeliefert haben.[21] Zusammen mit König Mithridates war er im Jahre 87/6 auch für die Münzprägung Athens zuständig, und beider Namen erscheinen auf einer großen Zahl damals geprägter Münzen. In gemeinsamen Operationen brachten Archelaos und er den größten Teil Griechenlands unter ihre Kontrolle und auf die Seite des Königs. Archelaos schlug sodann sein Hauptquartier im Piräus auf.

Eben deshalb wurde Attika wenig später für ein volles Jahr zum Brennpunkt des Kriegsgeschehens. Dorthin wandte sich der römische Feldherr Cornelius Sulla, der im Jahr 88 Konsul gewesen und jetzt, im Jahr darauf, mit der Führung des Krieges gegen Mithridates beauftragt war, nach seiner Ankunft in Griechenland mit den fünf Legionen seiner Armee. Mit ihnen schloß er im Sommer 87 Aristion in der Stadt, Archelaos im Piräus ein. Die früher durch die sogenannten Langen Mauern gesicherte Verbindung von Stadt und Hafen bestand nach deren Verfall damals nicht mehr, so daß an zwei getrennten Schauplätzen gekämpft wurde. Archelaos allerdings war beweglich, da er im Unterschied zu Sulla über eine Flotte verfügte, mit der er die Verbindung zur Außenwelt hielt.

des Krieges, soweit Athen betroffen war, Plutarch, *Sulla* 12–14 und Appian, *Mithridateios* 108–159. Vgl. Th. Reinach, Mithradates Eupator, Leipzig 1895, 127–169. McGing, Foreign Policy 118–126, für Orbius F. Durrbach, Choix d'inscriptions de Délos, Paris 1921, S. 235–236.

[20] Daß Athenion und Aristion verschiedene Personen waren, die einander in der Herrschaft über Athen gefolgt sind, ist die vorherrschende Meinung der Forschung; siehe zuletzt G. Bugh, Athenion and Aristion of Athens, Phoenix 46, 1992, 108–123. Es gibt jedoch auch zahlreiche Gelehrte, die beide für eine einzige Person halten; Nachweise bei Bugh a. O. 111, Anm. 8.

[21] Eine größere Zahl von Athenern, die Aristions wegen Athen verließen, soll sich in der athenischen Tochterstadt Amisos, am Südufer des Schwarzen Meeres, niedergelassen haben (Plutarch, *Lucullus* 19, 7). Da diese Stadt im Herrschaftsbereich des Mithridates liegt, handelt es sich vielleicht um Bürger, die Aristion an den König auslieferte.

Besonders heftige Kämpfe entbrannten im Piräus, wo sich beide Seiten mit großer Bravour und großem Einfallsreichtum miteinander maßen.[22] Das für die Belagerungswerke erforderliche Holz beschaffte Sulla sich, indem er die Haine der Akademie und des Lykeions abholzen ließ, der Stätten, an denen Platon und Aristoteles gelehrt hatten. Aber viele seiner Maschinen wurden von den Feinden durch Feuer zerstört. Sulla mußte schließlich den Versuch aufgeben, die Festung zu erstürmen, und verlegte sich darauf, sie auszuhungern. Solange er jedoch keine Flotte hatte, konnte er die Zufuhr zur See nicht unterbinden.

Im Winter 87/6 hatte Sulla, während die Belagerung von Stadt und Hafen ihren Fortgang nahm, sein Hauptquartier in Eleusis. Dort ist während des Krieges ein Schrein der eleusinischen Göttinnen Demeter und Kore mit einem von den dionysischen Techniten errichteten Altar zerstört worden,[23] ein Akt des Vandalismus, für den die römische Seite um so eher verantwortlich gewesen sein könnte, als die Techniten sich im Zusammenhang der Erhebung des Athenion hervorgetan hatten. Unterdessen war in der Stadt während des Winters die Hungersnot immer größer geworden. Verräter signalisierten den Römern durch Botschaften, die an Schleuderbleien befestigt waren, mehr als einmal die Absicht des Archelaos, Getreidetransporte in die Stadt zu schicken, so daß es Sulla möglich war, die Transporte abzufangen. Trotz allem verteidigte sich auch Aristion mit großer Tatkraft. Er wies eine Abordnung des Rates und der Priesterschaft ab, die ihn zur Aufnahme von Verhandlungen zu bestimmen suchte; als er späterhin doch Parlamentäre entsandte, wurden diese von Sulla kurz abgefertigt. Endlich gelang es den Römern in der Nacht zum 1. März 86, die Mauer im Westen, zwischen dem Piräustor und dem Heiligen Tor (ganz nahe dem Dipylon), zu überwinden und in die Stadt einzudringen. Es folgte ein fürchterliches Blutbad, bei dem weder Frauen noch Kinder geschont wurden, dem Sulla jedoch endlich, auf Vorstellungen athenischer Flüchtlinge und römischer Senatoren in seinem Stab, Einhalt gebot.[24] Unter lobender Erwähnung der Athener früherer Zeiten sagte er, er verschone wenige um der vielen willen, die Lebenden der Toten wegen.[25] Aristion ließ noch auf der Agora das Odeion niederbrennen, damit dessen hölzerne

[22] Zu den Kämpfen um Piräus und Athen vor allem Appian, *Mithridateios* 116–157. Ein silberner Armreif mit Inschrift ist von Archelaos damals einem seiner Soldaten, einem Syrer namens Apollonios, als Tapferkeitsauszeichnung verliehen worden und durch die Worte «In Piräus» für die Zeit dieser Kämpfe gesichert, BCH 105, 1981, 566, Nr. 7, mit Abbildung.

[23] AAA 4, 1971, 439–443 (E. Vanderpool).

[24] Plutarch, *Sulla* 14, 9; die namentlich genannten Athener sind Meidias und Kalliphon. Bei dem Erstgenannten wird es sich wohl eher um Medeios handeln, sei es der viermalige Archon, sei es sein gleichnamiger Sohn, der in Athen später Karriere gemacht hat (die Schreibung des Namens läßt diese Vermutung zu). Ferguson, HA 451.

[25] Plutarch, *Sulla* 14, 9.

Balken den Römern nicht zu Belagerungszwecken dienen konnten, und zog sich dann auf die Akropolis zurück. Dort hielt er gegenüber dem Unterfeldherrn Scribonius Curio noch längere Zeit aus, mußte endlich aber wegen Mangels an Trinkwasser kapitulieren. Er selbst, die Beamten des Jahres und die Angehörigen seiner Leibwache wurden hingerichtet,[26] die Beamten des Vorjahres dagegen verschont. Auf der Akropolis fiel den Römern eine riesige Beute von Gold und Silber in die Hände.

Die Tapferkeit der halbverhungerten Verteidiger während der Erstürmung der Stadt wird in einem rund dreihundert Jahre späteren Epigramm des Asinius Quadratus gewürdigt, in dem es heißt, kein einziger sei mit einer Wunde auf dem Rücken gestorben. Ob diese Aussage auf gute Überlieferung zurückgeht oder nur ein Gemeinplatz ist, mag dahingestellt sein. Bemerkenswert an ihr ist aber, daß sie aus dem Munde eines hohen römischen Reichsbeamten der Severerzeit kommt.[27] Sehr viel älter, etwa aus der Mitte des 1. Jahrhunderts v. Chr., ist das Grabepigramm einer Athenerin, die bei der Erstürmung der Stadt als junges Mädchen gefangen wurde, nach Rom gelangte, freigelassen wurde und das römische Bürgerrecht erwarb, und endlich in Kyzikos am Marmarameer gestorben ist.[28]

Nach der Erstürmung der Stadt nahm Sulla nochmals den Sturm auf den Piräus auf. Schritt um Schritt drängte er Archelaos zurück. Sobald nun eine von Mithridates entsandte große pontische Armee sich auf dem Landweg zu nähern begann, räumte Archelaos seine Stellung auf dem Seeweg und vereinigte sich mit ihr. Sulla ließ daraufhin den Piräus besetzen und zahlreiche öffentliche Gebäude dort niederbrennen, darunter die «Schiffshäuser» genannten Docks und die berühmte Rüstkammer *(Skeuothek)*, die Philon zur Zeit Alexanders des Großen erbaut hatte (S. 35). Die Entscheidung des Krieges um Griechenland fiel wenig später in zwei großen Schlachten auf dem Boden Böotiens, bei Chaironeia[29] und Orchomenos, in denen Sulla siegreich blieb. Der Krieg zog sich sodann nach Kleinasien hinüber und hat bis zu seinem Ende im Sommer 85 Athen nicht mehr direkt berührt.

Aber die Stadt hat ihren Bund mit Mithridates teuer bezahlen müssen,

[26] Nach Plutarch, *Sulla* 23, 3, ist Aristion erst nach Abschluß der zu Ende des Jahres 86 von Sulla mit Archelaos geführten Vorverhandlungen über einen Frieden auf Verlangen des Archelaos durch Gift beseitigt worden. Seine Nachkommen sollen wie die der Tyrannen des 6. Jahrhunderts und die des Lachares in Athen geächtet worden sein (Plutarch, *mor.* 558 C).

[27] AP 7, 312. Zum Verfasser vgl. FGrHist 97 und Prosopographia Imperii Romani², A 1244–1246.

[28] AP 7, 368, kommentiert von C. Cichorius, Römische Studien, Leipzig 1922, 304–306.

[29] Eines der beiden von Plutarch (*Sulla* 19, 9–10) und Pausanias (9, 40, 7) erwähnten römischen Siegeszeichen, mit den von Plutarch genannten Namen seiner beiden älteren Mitbürger, denen die Umgehung einer Höhenstellung des Feindes bei Chaironeia zu danken war, ist jüngst auf dieser Höhe gefunden worden (J. Camp u. a., AJA 96, 1992, 443–455).

mit sehr hohen Blutopfern, sowohl in Delos (anläßlich der Expedition des Apellikon, danach bei der Einnahme der Insel durch Archelaos) wie in Athen und im Piräus, weiter mit dem Verlust zahlreicher Kunstwerke, von denen viele während der Kämpfe vernichtet, andere von Sulla und den Römern als Beute fortgeführt wurden. Auch eine große Menge von Edelmetall war an die Sieger gefallen, dazu kamen erhebliche Zerstörungen in der Stadt und im Hafengebiet. Spuren derselben sind an manchen Stellen noch heute sichtbar, andere von der archäologischen Forschung erkannt worden. Auf der Agora hat man sie vor allem an der West- und Südseite gefunden, Gebäudeschäden und zerbrochene Skulpturen sowie Zerstörungen an der Umfassungsmauer des Denkmals der Phylenheroen.[30] Pausanias berichtet, daß römische Soldaten die Schilde zerstörten, die in der Stoa des Zeus Eleutherios zu Ehren athenischer Freiheitskämpfer der Vergangenheit hingen.[31] Auf die Erstürmung der Stadt im Jahr 86 führt man weiter Schäden im Asklepiosheiligtum am Fuße der Akropolis und auf dem Burgberg selbst solche am Erechtheion zurück.[32] Die deutlichsten Spuren aber fand man in der Nähe der Tore, bei denen die Römer in die Stadt eingedrungen waren. Unmittelbar südlich vom Dipylon wurde das *Pompeion* so nachhaltig zerstört, daß es später nicht mehr repariert, sondern aufgegeben wurde. Es war ein stattlicher Bau der Klassischen Zeit, um 400 v. Chr. errichtet, der verschiedenen Zwecken diente, unter anderem auch als Ausbildungsstätte der Epheben. Von dieser Funktion zeugt noch eine kurz vor der Zerstörung, im Jahre 97/6, dort dargebrachte Weihung an Hermes, Herakles und Apollon.[33] In der Zerstörungsschicht des *Pompeion* wurden unter anderem zwei eiserne Helme und zahlreiche Schleuderkugeln von bis zu 20 cm Durchmesser gefunden, die von schweren Kämpfen dortselbst künden. Sie galten vermutlich den Toren, verfehlten aber das Ziel und legten den benachbarten Bau in Trümmer.[34]

Mit der Katastrophe Athens sind zwei Schiffswracks in Verbindung gebracht worden, die mit ihrer Ladung in der Ägäis bzw. vor der afrikanischen Küste gesunken sind. Das eine war bei Antikythera, zwischen Kreta und der südlich der Peloponnes gelegenen Insel Kythera, untergegangen. Es enthielt Statuen aus Bronze und Marmor, Amphoren und andere Keramik sowie besonders qualitätvolles Glas. Es wird jedoch heute kaum noch angenommen, daß die Ladung, oder Teile derselben, aus der Kriegsbeute Athens stammten, da die Funde nicht attisch sind, das Schiff seine Fahrt

30 H. A. Thompson, Hesperia 6, 1937, 221. T. L. Shear, Jr., Hesperia 39, 1970, 201. Thompson und R. E. Wycherley, Agora XIV 1972, 23.

31 Pausanias 10, 21, 5–6.

32 S. Aleshire, The Athenion Asklepieion, Amsterdam 1981, 16. H. A. Thompson bei D. M. Lewis, Hesperia 44, 1975, 384.

33 IG II² 2990, wo die Datierung um zwei Jahre zu spät ist.

34 W. Hoepfner, Das Pompeion und seine Nachfolgebauten, Berlin 1976, 122. 129. 139.

schwerlich von Attika oder überhaupt vom griechischen Festland aus angetreten hat und da wenigstens ein Teil der Funde etwas jünger sein dürfte als das Jahr der Eroberung Athens.[35] Das wenige Kilometer vor der tunesischen Küste gefundene Wrack von Mahdia war dagegen tatsächlich mit attischen Kunstwerken beladen, mit Reliefs und mit Inschriften, von denen eine den athenischen Archon Nikodemos von 122/1 nennt. Es ist früher mit der Plünderung Athens bzw. des Piräus durch die Armee Sullas in Verbindung gebracht worden, da man in der Schiffsladung römisches Beutegut zu erkennen meinte. Neuerdings wird jedoch zunehmend die Meinung vertreten, daß das Schiff schon einige Zeit vor dem Ersten Mithridatischen Krieg, nämlich um 100 v. Chr., seine letzte Fahrt angetreten habe.[36] Im ersten Fall ist die einst angenommene Beziehung auf die Vorgänge des Jahres 86 in Attika nicht wahrscheinlich, im zweiten Fall jedenfalls nicht sicher.

Nichts aber zeigt deutlicher die Intensität, mit der in den Jahren 88/7 und 87/6 in Attika und auf Delos gekämpft wurde, nichts deutlicher auch die Unsicherheit der Lebensbedingungen in diesen Jahren als die hohe Zahl von Schatzfunden mit Silber- oder Bronzemünzen, die damals von ihren Eigentümern vergraben, später aber nicht mehr geborgen wurden. Wo die Fundumstände gesichert sind, stammen die Horte aus Zerstörungsschichten. Es ist weiterhin ganz sicher, daß nur ein Bruchteil der einst vergrabenen Horte jetzt bekannt ist. Die Chronologie ruht dadurch auf fester Grundlage, daß die athenischen Silbermünzen dieser beiden Jahre genau datiert sind und die Bronzemünzen eben damals die gleichen Symbole aufweisen und daher mit den entsprechenden Silberstücken zeitgleich sein müssen. So haben auch die Bronzen des Jahres 87/6 den Stern zwischen den beiden Halbmonden, der die Silbermünzen im Jahr der Münzmeister «König Mithradates/Aristion» ziert.

In nicht weniger als acht Horten mit Bronzen sind die letzten Stücke solche des Jahres 88/7, in drei weiteren die soeben genannten des Jahres 87/6. Jene acht sind zweifellos im Laufe des Jahre 87/6, diese im Frühjahr 86 vergraben worden.[37] Die Serie der Bronzen des Jahres 87/6 ist besonders groß gewesen, und diese Münzen haben einen wesentlich höheren Bleige-

[35] P. C. Bol, Die Skulpturen des Schiffsfundes von Antikythera, AM-Ergänzungsheft 2, 1972. B. Barr-Sharrar, The Hellenistic and Early Imperial Decorative Bust, Mainz 1987, 22–23. G. D. Weinberg, Glass Vessels in Ancient Greece, Athens 1992, 28–33. Ich bin hier und im folgenden Homer Thompson für Rat und bibliographische Hinweise dankbar verpflichtet.

[36] W. Fuchs, Der Schiffsfund von Mahdia im Musée Alaoui zu Tunis, Tübingen 1963. Barr-Sharrar (Anm. 35) 23–26. Es werden allerdings auch spätere Daten, bis um 50 v. Chr., vertreten. Wesentliche neue Gesichtspunkte zu allen mit diesem Fund zusammenhängenden Fragen im Referat von G. Hellenkemper-Salies über ein wissenschaftliches Kolloquium zu ihm, Bonner Jahrbücher 192, 1992, 507–536.

[37] F. Kleiner, Hesperia 45, 1976, 1–40. Kroll, Coins 67–80.

halt als normal und erwecken den Anschein, in einer gewissen Hast geprägt zu sein.[38] Die Münzen eines Schatzfundes zeigten offensichtliche Spuren eines Brandes,[39] ein anderer Hort von Piräus fand sich inmitten des Schutts eines niedergebrannten Hauses.[40] Ebenso eindeutig ist das Bild der Schatzfunde von Silbermünzen, nämlich eines 88/7 vergrabenen Schatzes von Piräus[41] und eines anderen von 87/6 vom Dipylontor, d. h. eben von der Stelle, an der Sullas Truppen in die Stadt einbrachen.[42] In diesen beiden Horten sind außer athenischen Münzen auch einige des Königs Mithridates enthalten. Die Verteilung der Münzen von 87/6 auf Stadt und Hafen lehrt auch, daß viel Geld in Umlauf gebracht war, ehe Sulla im Winter Athen und Piräus voneinander abriegelte.

Auf Delos können wenigstens sechs, vielleicht sieben der bisher gefundenen Münzhorte den Jahren des Krieges zugewiesen werden.[43] Weitere Münzhorte aus der Zeit des Krieges stammen von der Attika benachbarten Insel Euböa, auf der der pontische Befehlshaber Archelaos nach den verlorenen Schlachten in Böotien sein Hauptquartier nahm. Es sind Schatzfunde von Karystos, Chalkis und Eretria.[44]

Ein geradezu sensationeller Fund aber wurde im Piräus, ganz nahe am Hafen, in einem von den Römern im Jahre 86 niedergebrannten Lagerhaus im Jahre 1959 gemacht: fünf große, zumeist überlebensgroße Bronzestatuen der archaischen und der klassischen Zeit, alles Stücke von herausragender Qualität, dazu weitere Fragmente aus Bronze und Marmor. Darunter sind zwei Bilder der Artemis, eines des Apollon und eines der Athena, alle zwischen 192 und 235 cm hoch. Die Zeit der Zerstörung ist dadurch gesichert, daß sich in diesen Ruinen auch eine Münze des Jahre 87/6 fand. Es scheint, daß diese Kunstwerke eben wegen der Zerstörung des Hauses dem Raub durch die Römer entgangen sind, die in den Trümmern nichts Wertvolles vermuteten. Die Athenafigur war gewaltsam aus ihrer Basis, wo immer diese zuvor gestanden hatte, gelöst worden und hatte dabei die Hälfte des linken Fußes eingebüßt. Die Indizien haben zu der bestechenden Vermutung geführt, es handele sich bei diesen Götterbildern um solche, die ursprünglich in Delos standen, die Aristion zusammen mit dem Tempelschatz nach Athen gebracht habe, wo sie vor erneuter Verwendung von den Ereignissen an der Stelle überrascht wurden, an der man sie zu-

38 M. Oeconomides-Caramessini, AAA 9, 1976, 223. A. S. Walker, Hesperia 47, 1978, 44. Auf der Agora Athens sind nicht weniger als 201 Bronzemünzen dieses Jahres gefunden worden.

39 Hesperia 47, 1978, 44–45.

40 AAA 9, 1976, 223.

41 IGCH 337.

42 IGCH 339.

43 T. Hackens – E. Lévy, BCH 89, 1965, 503–566.

44 IGCH 344. 345. Antike Kunst 17, 1974, 72.

nächst verwahrt hatte.[45] Diese Vermutung verbindet sich gut mit der älteren These, daß die von Aristion im Jahre 87/6 geprägten Goldstatere aus dem Gold geprägt wurden, das er im Jahr zuvor dem Tempelschatz in Delos entnommen hatte.[46]

So erheblich die Zerstörungen in Stadt und Hafen aber auch waren, Athen wurde nicht etwa in Trümmer gelegt. Auch an den besonders heftig umkämpften Stellen blieb vieles so gut wie unversehrt, so das Hephaisteion im Westen, die Mittelstoa im Süden der Agora, so auch die Anlage kostbarer Gräber im Kerameikos. Sulla hatte seinen Soldaten bei der Erstürmung der Stadt das Plündern freigestellt, zugleich aber befohlen, Gebäude nicht zu zerstören. Er selbst rühmte sich später in seinen Memoiren, Athen vor der Vernichtung bewahrt zu haben, während Pausanias ihn noch rund zweieinhalb Jahrhunderte später übergroßer und eines Römers nicht würdiger Grausamkeit beschuldigt – beide Aussagen haben ihre Berechtigung.[47]

Als Sulla den Boden Attikas verließ, erlaubte ihm eine inzwischen von seinem Unterfeldherrn Lucullus zusammengebrachte Flotte, den Krieg gegen Mithridates nach Kleinasien zu tragen. Es war für ihn jedoch kein endgültiger Abschied von Athen. Im Jahre 84, nachdem er den Krieg siegreich beendet und Mithridates zum Frieden gezwungen hatte, war er erneut, und offenbar für längere Zeit, in Athen. Von einem Gichtanfall geplagt, suchte er Linderung in den warmen Schwefelquellen von Aidepsos im Norden der Attika benachbarten Insel Euböa. In Athen hatten nach dem Strafgericht über Aristion und seine nächsten Anhänger die bis zum Jahr 89 tonangebenden und an Rom orientierten Kreise der Bürgerschaft das Regiment wieder übernommen. Von Athenion und Aristion sprach man nur noch als den «Tyrannen», und die Münzmeister des Jahres 84/3, in dem Sulla erneut in der Stadt war, haben in deutlicher Anspielung auf ihr Ende das Bild der berühmten Tyrannenmörder Harmodios und Aristogeiton auf die Prägungen dieses Jahres setzen lassen.[48] So wie diese ihrer Tat wegen als Heroen staatliche Kultehren genossen, so wurde nun auch Sulla

[45] Dies ist die These von G. Dontas, Antike Kunst 25, 1982, 15–34. Die Literatur zu diesem Fund ist höchst umfangreich. Fundbericht von E. Vanderpool, AJA 64, 1960, 265–267. Abbildungen der Statuen bei A. Stewart, Greek Sculpture 2, New Haven 1990, Nr. 168–169 (Apollon), 511 (Athena), 569–570 (Artemis).

[46] J. N. Svonoros, Journal international d'archéologie numismatique 21, 1927, 168–169. Die Überführung des Tempelschatzes durch Aristion bezeugt Appian, *Mithridateios* 109.

[47] Plutarch, *mor.* 202 E. Pausanias 1, 20, 7. Für den Kerameikos s. R. Garland, ABSA 77, 1982, 128. Lucullus soll später beklagt haben, daß es ihm, anders als Sulla, nicht möglich war, eine von ihm eroberte Stadt (Amisos) vor der Zerstörung zu bewahren, Plutarch, *Lucullus* 19, 5.

[48] Habicht, Chiron 6, 1976, 135–142. Kroll, Coins 81–82, rechnet allerdings mit einer etwa fünfjährigen Unterbrechung der Prägung, was diese Münzen in ein späteres Jahr bringen würde. Das letzte Wort ist in dieser Frage aber wohl noch nicht gesprochen.

als Befreier von einer Tyrannis mit entsprechenden Ehren bedacht; ein Staatsfest *Sylleia* zu seinen Ehren ist inschriftlich bezeugt.[49] Die Bürgerschaft setzte ihm zum Dank für seine Verdienste eine öffentliche Statue, IG II^2 4103. Und so grausam er sich während der Erstürmung der Stadt gezeigt hatte, so entging Athen doch weiterer Bestrafung. Sulla beließ ihr sogar den Besitz von Delos, das die pontischen Truppen im Verlauf des Krieges wieder geräumt hatten. Die Insel hatte allerdings einen überaus hohen Blutzoll entrichtet und schwere Verwüstungen erlitten und war für immer in ihrer Blüte geknickt. Auch hat Sulla ihr damals bestimmte Abgaben auferlegt, die dann rund dreißig Jahre später erlassen wurden.[50]

Einen größeren Verlust soll Athen jedoch durch den Krieg erlitten haben, den der Insel Salamis. Dies ist seit langem die fast einhellige Meinung der Forschung, und nur darüber gehen die Meinungen auseinander, was den Verlust der Insel bewirkt habe. Sullas Diktat nach den einen, nach anderen die Verarmung Athens durch den Krieg, die die Stadt gezwungen habe, Salamis zu veräußern. Niemand weiß jedoch zu sagen, an wen die Insel damals gekommen sei, doch ist man sich darin wieder einig, daß sie eines Tages durch einen gewissen Nikanor für die Athener zurückgekauft wurde, denn dies besagen offenbar einige Worte einer Rede, die der Philosoph Dion von Prusa einmal in Rhodos gehalten hat, vielleicht in der Zeit des Kaisers Nero (54–68 n. Chr.), vielleicht erst in derjenigen Trajans (98–117). Diesen Nikanor identifiziert man mit Iulius Nikanor aus Hierapolis in Syrien, der durch athenische Inschriften als Wohltäter der Stadt bekannt ist, in denen er «neuer Themistokles» und «neuer Homer» genannt wird. Der Name des berühmten Siegers von Salamis sei ihm von den Athenern eben deshalb beigelegt worden, weil er ihnen die Verfügung über jene Stätte ihres Ruhmes wieder verschafft habe; den Namen des «neuen Homer» habe er in Anerkennung seiner Leistung als epischer Dichter erhalten.

Es ist ein kunstvolles, seit dem Jahre 1863 in mehreren Phasen Stein um Stein errichtetes Gebäude, das aus diesen Hypothesen zusammengefügt wurde. Es kulminiert in den Schlußfolgerungen, daß Iulius Nikanor Zeitgenosse des Augustus gewesen sei, der damals rückgängig gemachte Verlust von Salamis mithin früher stattgefunden habe, und zwar durch Sulla oder zu Sullas Zeit, weil in einigen (allerdings nicht in allen) Dekreten zu Ehren athenischer Epheben der nachsullanischen, aber voraugusteischen Zeit der zuvor obligate Besuch der Insel durch das Ephebenkorps nicht erwähnt ist und weil «Salaminier» nach Sulla unter den Epheben nicht als Bürger,

49 SEG 22, 110, Zeile 57 vom Jahr 79/8 für die Epheben des Vorjahres. A. E. Raubitschek, Studies in honor of A. C. Johnson, Princeton 1951, 49–57. Vgl. Pélékidis, Éphébie 236–239. Eine Siegerliste aus Aigion in Achaia verzeichnet um 80 v. Chr. einen Sieg im Stadion der Knaben an den athenischen *Sylleia* (SEG 13, 279).

50 Durch die lex Gabinia Calpurnia des Jahres 58. C. Nicolet in dem von ihm herausgegebenen Band *Insula sacra*, Paris 1980, 99–100.

sondern als «Fremde» aufgeführt werden – dies freilich, wie man jetzt weiß, auch schon lange vor Sulla, im Jahre 123/2, als die Insel Salamis jedenfalls athenisch war: Es handelt sich bei den «Salaminiern» eben nicht um Bewohner der attischen Insel, sondern um Bürger der Stadt Salamis auf Zypern.

Zeigt sich schon hier, daß wesentliche Fundamente jenes Gebäudes brüchig sind, so ergibt eine nähere Prüfung seine völlige Hinfälligkeit.[51] Es gibt tatsächlich weder ein Zeugnis noch irgendeinen verläßlichen Anhaltspunkt dafür, daß Salamis zwischen dem Ausbruch des Ersten Mithridatischen Krieges und der Zeit des Augustus den Athenern einmal verlorengegangen wäre. Wenn dies einmal geschehen sein sollte, wie Dion von Prusa zu bezeugen scheint, so müßte dies in der Zeit nach Augustus gewesen sein, denn Iulius Nikanor ist mit größter Wahrscheinlichkeit nicht Zeitgenosse des Augustus, sondern eines späteren Kaisers gewesen. Als Sulla den Bürgern Athens, die die Erstürmung ihrer Stadt überlebt hatten, Verzeihung gewährte, hat er ihnen außer dem Leben auch das Staatsgebiet unversehrt belassen und ihnen weder Delos nach Salamis abgenommen.[52]

Während seines Aufenthaltes im Jahre 84 hat Sulla auch Gelegenheit genommen, sich in die eleusinischen Mysterien einweihen zu lassen, die den Geweihten Zuversicht für das Leben nach dem Tode verhießen und einen abergläubischen Mann wie ihn besonders ansprachen.[53] Er hat weiter der Qualität der attischen Kunst den gleichen Tribut gezollt, den römische Sieger auch früher, in Syrakus, Ambrakia oder Korinth, griechischen Kunstwerken erwiesen hatten: Er entführte viele derselben nach Rom, darunter auch Säulen vom Tempel des olympischen Zeus (S. 225) für das Kapitol. Nicht alle diese Schätze erreichten ihre Bestimmung; so sank z. B. ein Schiff am Kap Malea, südlich der Peloponnes, das unter anderem ein berühmtes Bild aus dem 5. Jahrhundert von der Hand des Malers Zeuxis nach Rom hätte bringen sollen.[54] Auch die Bibliothek des Aristoteles und Theophrast ist durch Sulla nach Italien gelangt. Ihr Eigentümer, der durch sein verunglücktes Unternehmen gegen Delos bekannte Apellikon, war gerade gestorben, und Sulla setzte sich in den Besitz der Bücher. Sie sind, früher nie wirklich

[51] Entschiedene Zweifel an der herrschenden Meinung hat zuerst E. Kapetanopoulos vorgebracht, RFIC 104, 1976, 375–377, und ausführlicher Ἑλληνικά 33, 1981, 217–237. Er hat sich damit nur bei wenigen durchgesetzt. Die Frage ist nochmals ausführlich erörtert worden von Habicht, Salamis in der Zeit nach Sulla, worauf hier für alle Einzelheiten verwiesen sei.

[52] Livius, *Perioche* 82: *L. Sylla ... urbi libertatem et quae habuerat reddidit.*

[53] Plutarch, *Sulla* 16, doch vgl. K. Clinton, ANRW 18, 2, 1989, 1503, der zweifelt, ob es sich wirklich um die eleusinischen Mysterien handelt.

[54] Plinius, *nat. hist.* 36, 45. Plutarch, *Publicola* 15, 4 (Zeustempel). Lukian, *Zeuxis* 3–7, der die in Athen verbliebene Kopie beschreibt. M. Pape, Griechische Kunstwerke aus Kriegsbeute und ihre öffentliche Aufstellung in Rom, Diss. Hamburg 1975, 21–22. Eine Karte der im Ersten Mithridatischen Krieg von Sulla in Griechenland geplünderten Orte und Heiligtümer bei G. Waurick, Kunstraub der Römer, Jahrbuch des Römisch-Germanischen Zentralmuseums 22, 1975 [1977] 44, Abb. 4.

genutzt, in Rom in der Zeit Ciceros endlich in die rechten Hände gekommen, in die des dort lebenden griechischen Grammatikers Tyrannion aus Amisos am Schwarzen Meer. Dieser wandte ihnen die Aufmerksamkeit zu, die sie in Jahrhunderten, weil nicht im Besitz der Schule des Aristoteles, sondern in dem von Privatleuten, nie gefunden hatten.[55]

Im Abriß seiner unter Kaiser Tiberius verfaßten Römischen Geschichte hat Gaius Velleius den Abfall Athens von Rom in einer für einen Römer höchst erstaunlichen Weise geradezu geleugnet. Die Zuverlässigkeit Athens gegenüber Rom sei so groß gewesen, daß die Römer zu sagen pflegten, die Athener hätten sich jederzeit und in allen Stücken durch ihre Treue ausgezeichnet. Nur gezwungen durch die Gewalt der Armeen des Mithridates hätten sie gegen die Römer gekämpft, denen doch auch während der Belagerung von Stadt und Hafen durch Sulla ihre Freundschaft und ihre Sympathien gegolten hätten.[56] Der historischen Wirklichkeit entspricht das nicht.

Appian überliefert noch die Nachricht, daß Sulla nach der Eroberung Athens die Verfassung wieder in Kraft gesetzt habe, wie sie der Stadt früher von Rom gegeben worden sei. Alle Versuche, eine solche ältere, von Rom gegebene Ordnung zu identifizieren, sind allerdings erfolglos geblieben, und es muß sich hier, wie schon von mehreren Gelehrten erkannt wurde, um einen Irrtum Appians handeln.[57] Die Frage, wie die nachsullanische Verfassung Athens beschaffen war und wie sie ins Leben trat, wird zu Beginn des nächsten Kapitels zu stellen sein.

[55] H. B. Gottschalk, ANRW 36, 2, 1987, 1083–1088. Teile der überlieferten Geschichte sind fabulös.

[56] Velleius 2, 23, 4–5.

[57] Appian, *Mithridateios* 152. R. Bernhardt, Polis und römische Herrschaft in der späten Republik, Berlin 1985, 41–42.

XIV. Nach dem Krieg

1. Die Staatsordnung

Appians Nachricht, daß Sulla nach der Bestrafung Aristions und seiner am stärksten kompromittierten Anhänger den übrigen Athenern verziehen und alsdann in Athen die Staatsordnung von neuem eingeführt habe, die die Römer früher gegeben hatten,[1] ist in ihrem zweiten Teil von fraglichem Wert. Denn erstens läßt sich kein Anzeichen dafür finden, daß Rom vor dem Krieg jemals in die Verfassung der freien und verbündeten Stadt eingegriffen hätte, und zweitens ist es zweifelhaft, ob Sulla es getan hat, nachdem er sie erobert hatte. Die nachsullanische Verfassung Athens muß nicht eine sullanische, d. h. von Sulla gegebene Verfassung gewesen sein.[2] Seines Eingreifens hat es schwerlich bedurft, weil mit seinem Siege die von den Tyrannen Athenion und Aristion vorübergehend überspielten Kreise der zu Rom Neigenden von selbst wieder die Oberhand gewonnen hatten. An Appians Satz dürfte jedoch richtig sein, daß die Ordnung Athens nach 86 derjenigen glich, die im Ausgang des 2. Jahrhunderts und bis zum Sturz des Medeios im Jahre 89/8 in Kraft gewesen war. Bestimmend für sie war das Vorherrschen oligarchischer Elemente gegenüber den fortbestehenden demokratischen Zügen, mithin eine Verschiebung der Gewichte von den demokratischen zu elitären Organen, von den erlosten Beamten und der Versammlung des Volks zu gewählten Magistraten und zum Rat der gewesenen Archonten, dem Areopag. In dieser Ordnung waren der gewählte Hoplitenstratege und der Präsident des Areopags (mit dem Titel des «Herolds») die stärksten Figuren. Diese Ordnung war jedoch keine Folge des Krieges, sondern hatte sich schon im späteren 2. Jahrhundert v. Chr. herausgebildet, schwerlich als Folge einer direkten Einwirkung Roms, vermutlich aber unter wohlwollender Duldung von seiten der regierenden Kreise in Rom.[3]

[1] Appian, *Mithridateios* 152. Vgl. oben S. 313. Zum Folgenden Accame, Dominio 102–110. 163–187. D. Geagan, The Athenian Constitution after Sulla, Hesperia-Suppl. 12, 1967.

[2] So aber Geagan (Anm. 1), *passim*, z. B. «the new constitutional arrangements instituted by Sulla» (5); «the abrupt change when Sulla imposed his new constitution on Athens» (17). Von «Roman tampering with Athenian constitution» im Jahre 86 spricht auch G. W. Bowersock, Augustus and the Greek World, Oxford 1965, 106.

[3] Schon im Ausgang des 2. Jahrhunderts hatten sich z. B. in der offiziellen Rangordnung der Hoplitenstratege und der Präsident des Areopags hinter dem eponymen Archon an die zweite bzw. dritte Stelle gesetzt und dadurch den Archon Basileus auf die vierte verwiesen (Geagan 10). Der oligarchische Charakter der Verfassung spiegelt sich

Allerdings aber hat nach der Erstürmung Athens durch Sulla das Gewicht der oligarchischen Elemente der Verfassung weiter zugenommen. So ist der eponyme Archon seither nicht mehr durch das Los aus einem beschränkten Bewerberkreis bestimmt worden, sondern durch Wahl, wofür es freilich in dem mehrmaligen Archontat des Medeios während der neunziger Jahre einen (hinsichtlich der Iteration nie wiederholten) Präzedenzfall gegeben hatte. Es kann jedenfalls nicht das demokratische Losverfahren gewesen sein, das dazu geführt hat, daß der erste nach der Einnahme der Stadt das eponyme Amt antretende Archon der Hierophant von Eleusis war. Es ist weiterhin deutlich, daß nach dem Jahre 86 der Schreiberzyklus nicht mehr in Kraft war, nach dem die zwölf Phylen, in ihrer offiziellen Reihenfolge, in der Bestellung des Ratsschreibers Jahr für Jahr einander folgten.[4] Ferner sind Beschlüsse der Volksversammlung bis kurz vor Kriegsausbruch bekannt, fehlen aber nach dem Jahre 86 für vier Jahrzehnte ganz,[5] aus denen mithin nur Beschlüsse vorliegen, die allein vom Rat ausgingen.[6]

Die Liste der nachsullanischen eponymen Archonten beginnt mit «Hierophantes» im Jahre 86/5, d. h. an Stelle des Namens steht der sakrale Titel des Amtsinhabers, der mit der einjährigen Würde des Archons die lebenslängliche des hohen eleusinischen Priesters aus dem Geschlecht der Eumolpiden verband.[7] Es ist der erste Fall einer solchen Kombination des sakralen Amtes mit dem profanen, und der Grund für die Anomalität dürfte auf der Hand liegen: Man wollte im Jahr nach der Befreiung von der «Tyrannis» sichtbar machen, daß der Träger des obersten Amtes ein Mann war, der schon wegen seiner hohen sakralen Würde weder Teilhaber noch Nutznießer des gestürzten Regimes gewesen sein konnte.

besonders in den großen Urkunden der Pythais (S. 276ff.) und in dem sich über ein halbes Dutzend Jahre, vor und nach der Jahrhundertwende, erstreckenden Verzeichnis IG II² 2336, mit den Analysen von St. Tracy, HSCP 83, 1979, 215–220, und derselbe, IG II² 2336, 108–145.

4 S. Follet, Athènes au IIe et au IIIe siècle, Paris 1976. 301–303. Bis zum Jahr 95/4 war der Schreiberzyklus jedenfalls in Kraft gewesen.

5 P. Rhodes, The Athenian Boule, Oxford 1972, 86–87.

6 Agora XV 263–281. J. Pouilloux, Rhamnonte, 1954, 139, Nr. 24 von 83/2. IG II² 1039 (SEG 22, 110) von 79/8, enthaltend drei Beschlüsse des Rates. ASA, NS 3–4, 1941–2, 83–84, Nr. 6 von 75/4. IG II² 1046 von 52/1. Vgl. E. Rawson, Athenaeum 73, 1985, 59. Ein kürzlich in Rhamnus gefundener Ratsbeschluß stammt frühestens aus den achtziger Jahren und ist nach dem bisher nicht bekannten Archon Asklepides datiert (Ergon 1992 [1993] 3). Der Rat ermächtigt den Küstenstrategen zu Renovierungen in der Festung Rhamnus, die unter Einfällen von Piraten gelitten hatte, vermutlich im Verlauf der Mithridatischen Kriege.

7 Clinton, Officials 9, zu dieser Hieronymie genannten Erscheinung, und S. 29 Nr. 16 zum Archon des Jahres 86/5. Ein vermeintlich frühes Zeugnis für die Hieronymie aus dem 4. Jahrhundert stammt tatsächlich erst aus dem 2. Jahrhundert (Tracy, ALC 155–156) und ist neben der neuen Urkunde von den Panathenäen des Jahres 166 (Hesperia 60, 1991, 180, col. II 37. 53) das bisher älteste Zeugnis dieser Praxis.

Die Abkehr von diesem Regime zeigte sich sehr klar auch zwei Jahre später, zur Zeit von Sullas zweitem Aufenthalt in der Stadt, als die beiden Münzmeister des Jahres 84, Mentor und Moschion, die Gruppe der Tyrannenmörder Harmodios und Aristogeiton auf die Silbermünzen setzen ließen. Damit nahm eine oligarchische Regierung die Heroen der Demokratie für sich in Anspruch, was eben deshalb möglich war, weil sich auch die Oligarchie als Überwinderin einer «Tyrannis» verstand. Das hat sich vierzig Jahre später in etwas anderer Weise wiederholt, als die noch immer oligarchisch geprägte Regierung Athens Standbilder der neuen «Tyrannenmörder» Brutus und Cassius neben der Gruppe des Harmodios und Aristogeiton aufstellen ließ.[8]

Nach dem Jahr 86 ist für mehrere Jahrzehnte nicht nur kein einziger Volksbeschluß erhalten, sondern sind auch die erhaltenen Dekrete des Rates nicht zahlreich, abgesehen von Routinebeschlüssen wie denjenigen zu Ehren der Prytanen und ihrer Schatzmeister. Und keines dieser Dekrete ist politischen Angelegenheiten gewidmet, sondern kultische und religiöse Materien herrschen vor. Im Jahre 83/2 wurde der Rat mit einem fremden, weit außerhalb der Stadt gepflegten Kult befaßt, dem der phrygischen Göttin Agdistis in Rhamnus, offenbar einem von den dort stationierten fremden Söldnern mitgebrachten Kult. Athenische Landbewohner hatten diejenigen belästigt, die ihn ausüben wollten, was der Rat nun auf die Beschwerde der Betroffenen hin zu unterbinden suchte.[9] Im Jahre 81 wurde die Stadt Stratonikeia im südwestlichen Kleinasien wegen ihrer Treue zu Rom im Krieg gegen Mithridates vom Senat mit Privilegien bedacht. Damals hat auch Athen, wie viele andere Staaten, der Stadt die Unverletzlichkeit des Heiligtums der Hekate garantiert.[10] Man wüßte gern, ob auch diese Garantie allein vom Rat, ohne Mitwirkung der Volksversammlung, ausgesprochen wurde. Ein anderer Ratsbeschluß, vom Jahre 75/4, gefunden auf der athenischen Insel Lemnos, gilt dem Kult der Kabiren auf der Insel und den von jeder Phyle der Bürgerschaft für die Pflege dieses Kultes gewählten Beamten.[11] Ein langer Ratsbeschluß von 52/1 v. Chr. spricht von der Initiative des Asklepiospriesters, das Heiligtum seines Gottes in seinen baufälligen Teilen zu erneuern, wozu der Rat seine Zustimmung geben mußte.[12] Ebenfalls unpolitischer Natur ist eine Ehrung der Epheben des Jahres 80/79 durch verschiedene Dekrete des Rats.[13] An ihnen zeigt sich, daß die Ephebie weiterhin bestand und aktiv war, so wie

[8] Für die Münzen des Jahres 84/3 Habicht, Chiron 6, 1976, 135–142; für Brutus und Cassius im Jahre 44/3 Cassius Dio 47, 20, 4.

[9] Pouilloux, Rhamnonte 1954, 139, Nr. 24.

[10] OGI 441, 174.

[11] ASA, NS 3–4, 1941–2, 83–84, Nr. 6.

[12] IG II^2 1045 mit 3174. S. Aleshire, The Athenian Asklepieion, Amsterdam 1989, 32–34. Vgl. die in Anm. 6 zitierte neue Urkunde aus Rhamnus.

[13] SEG 22, 110.

auch die Schulen der Philosophen damals viel Zuspruch hatten (unten, S. 328). Tatsächlich werden die Epheben unter anderem dafür belobigt, daß sie den Unterricht der Rhetoren und Grammatiker und die Vorlesungen der Philosophen besuchten.

Mehrere angesehene Philosophen hatten Athen verlassen, sei es in der Zeit der ungesetzlichen Herrschaft des Medeios, sei es unter dem Regime des Athenion. Bezeugt ist dies für den Epikureer Phaidros, der schon vor dem Anschluß Athens an Mithridates in Rom war, wo Cicero seine Vorlesungen hörte, sodann für Philon von Larisa, das Haupt der Akademie, den Athenions Herrschaft zur Umsiedlung nach Rom veranlaßte. In Athen hatte bei ihm noch der vornehme Römer Gaius Aurelius Cotta gehört, der Rom im Jahre 90 verlassen hatte, um einer drohenden Verurteilung zu entgehen. Auf Philons Rat hatte Cotta auch den Unterricht des Epikureers Zenon besucht. Der Ausgang des Krieges ließ Phaidros und Philon nach Athen, Cotta nach Rom zurückkehren.[14]

Der erste datierbare Volksbeschluß der nachsullanischen Zeit stammt aus dem im Juli 48 zu Ende gehenden attischen Jahr 49/8 und geht daher Caesars Sieg über Pompeius am 6. Juni 48 bei Pharsalos wahrscheinlich, dem Zeitpunkt, zu dem Caesar über Athen bestimmen konnte, so gut wie sicher voraus. Vom Inhalt dieses Beschlusses ist wegen des großen Textverlustes nichts mehr kenntlich. Es ist deshalb keineswegs klar, was die erneute Mitwirkung der Volksversammlung an der Beschlußfassung zu bedeuten hat. Es folgt aus ihr nicht mit Notwendigkeit, daß zur Zeit der Verabschiedung wesentliche Elemente der nachsullanischen Oligarchie einer stärker demokratischen Ordnung bereits gewichen wären.[15] Diesen Eindruck erweckt jedoch stärker eine andere, nur wenige Jahre jüngere Inschrift. Sie stammt aus den späten vierziger Jahren, nach Caesars Ermordung, und enthält Beschlüsse zu Ehren der Epheben im Jahr des Archons Nikandros. Die Rolle, die in der nachsullanischen Oligarchie der Hoplitenstratege und der Präsident des Areopags bei den Ephebenehrungen versehen hatten, wird in ihr wieder, wie zu Zeiten einer mehr demokratischen Ordnung, vom Kollegium der Strategen und dem Schatzmeister der Militärkasse wahrgenommen.[16] Wiederum nur wenige Jahre später, um 38, d. h. zu einer Zeit, in der Marcus Antonius Herr Griechenlands und Athens war, sind es dann umgekehrt wieder die beiden oligarchischen Amtsträger, die in einem weiteren Beschluß zu Ehren eines Jahrgangs von Epheben diese Funktionen wahrnehmen.[17]

[14] J.-L. Ferrary, Philhellénisme et Impérialisme, Rom 1988, 445–447. Dorandi, Ricerche 52–53.

[15] IG II^2 1047.

[16] IG II^2 1042, die genannten Magistrate in d 9–10. Die gleichen Verhältnisse spiegeln sich in zwei Urkunden für andere Jahrgänge der Epheben, IG II^2 1040, 34, und 1041, 36–37, doch könnten die beiden Archonten dieser Urkunden auch etwa zwanzig Jahre später sein, mithin in die augusteische Zeit gehören.

[17] IG II^2 1043, 55. Die Beamten sind die gleichen wie im Jahre 79/8 (IG II^2 1039, 63–64).

Die Forschung hat diesen wiederholten Wechsel der jeweils beteiligten Staatsinstanzen lebhaft diskutiert und mit verschiedenen römischen Eingriffen in die Verfassung Athens zu erklären versucht. Diese seien nacheinander von Caesar, von Marcus Brutus und von Antonius ausgegangen.[18] Aber diese Überlegungen haben nie zu eindeutigen Schlußfolgerungen, sondern eher in Sackgassen geführt. Es ist gar nicht sicher, ob römische Eingriffe anzunehmen sind und ob wirkliche Verfassungsänderungen vorliegen oder nicht etwa nur belanglose verwaltungstechnische Varianten.[19] Der oft vertretenen Ansicht, Caesar habe Athen im Jahre 48 ein größeres Maß an demokratischer Freiheit zurückgegeben, steht jedenfalls entgegen, daß in den Jahren 45/4 und 44/3 der Areopag weiterhin als die beherrschende Instanz genannt wird, und zwar von Cicero, der gerade in diesen beiden Jahren enge Verbindung zu den führenden Männern der Stadt unterhielt, in der sein Sohn studierte.[20] Daher hat Accame im Gegensatz zu älteren Forschern eine derartige Initiative nicht Caesar, sondern seinem Mörder Brutus während seines Aufenthaltes in Athen (44/3) zugeschrieben. Sie sei sodann von dessen Überwinder Antonius nach 42 v. Chr. wieder rückgängig gemacht, die Oligarchie erneut gestärkt worden.[21]

Im Zuge der römischen Bürgerkriege seit 49 gab es tatsächlich rasche politische Wechselfälle. Athen hatte sich im Laufe von nicht einmal zehn Jahren zunächst Pompeius, dann seinem Bezwinger Caesar, darauf dessen Mörder Brutus und endlich dessen Überwinder Antonius zu fügen, ehe dann dieser nach zehnjähriger Vorherrschaft seinerseits Octavian erlag. In dieser Zeit mag es daher durchaus mehr als einmal Verfassungsänderungen sowie personelle Wechsel unter den jeweils tonangebenden Bürgern gegeben haben. Aber es ist keineswegs ausgemacht, daß mit einer Veränderung der politischen Konstellation stets auch ein Wechsel von der Oligarchie zur Demokratie (oder umgekehrt) verbunden gewesen wäre.

In der Diskussion um die nachsullanische Verfassung Athens spielt ein im Jahre 1971 veröffentlichtes Dokument, so fragmentarisch es auch ist, eine wesentliche Rolle.[22] Es ist ein auf Antrag eines Demeas[23] verabschiede-

[18] Neuerdings vor allem Accame, Dominio 172–179. Rawson (Anm. 6) 59–64.

[19] Skeptisch gegenüber weitgehenden Annahmen ist J. Touloumakos, Der Einfluß Roms auf die Staatsform der griechischen Stadtstaaten des Festlandes und der Inseln im ersten und zweiten Jahrhundert v. Chr., Diss. Göttingen 1977, 77.

[20] Cicero, *de natura deorum* 2, 74; *de officiis* 1, 75. Plutarch, *Cicero* 24, 7. Accame, Dominio 174–175. Rawson (Anm. 6) 63. Die Verbindungen Ciceros zur führenden Gesellschaft Athens in diesen Jahren hat vor allem Rawson 44–67 erhellt.

[21] Accame a. O.

[22] D. J. Geagan, Hesperia 40, 1971, 101–108 und Tafel 16.

[23] Δημέας Δημέ[ου 'Αζηνιεύς] in der Ergänzung Geagans. Tatsächlich ist der einzige *bezeugte* Δημέας Δημέου jedoch ein Demote von Halai, IG II² 2445, 15 (um 140 v. Chr.); 5471. Ohne Demotikon erscheint ein Demeas, Sohn des Demeas als athenischer Ephebe in Delphi im Jahre 138/7 (FD III 2, 23, vol. II 16). Geagans Ergänzung des Demotikons ist, wie man sieht, willkürlich und ohne alle Gewähr, ebenso seine Versuche,

tes Dekret der Volksversammlung oder des Rates, das nach dem Schriftcharakter am ehesten ins 1. Jahrhundert v. Chr. gehört, aber auch schon dem 2. vorchristlichen Jahrhundert angehören könnte. Die Rede ist darin von «Demokratie» (Zeile 7), vom Gegensatz zwischen Los und Wahl (8) sowie von Losämtern (10 und 20). Die einzige im Zusammenhang wirklich kenntliche Bestimmung besagt, daß vom Areopag früher erlassene Gesetze gültig bleiben sollen.[24] Der Herausgeber, D. Geagan, argumentiert, eben wegen der bedeutenden Rolle des Areopags, daß das Dekret mit einer oligarchischen Restauration verbunden gewesen sein müsse. Er schlägt die nachsullanische Ordnung und speziell das Jahr 84/3 vor, in dem Sulla erneut in Athen war. Als Reaktion auf die vorausgegangene «Tyrannis» des Athenion, sodann des Aristion habe sich diese Ordnung als «demokratisch» (im Sinne von «republikanisch») bezeichnen können.[25]

Demgegenüber verstand J. H. Oliver den Text gerade umgekehrt: als eine Rückkehr von der Oligarchie zur Demokratie und zum Losverfahren bei der Ämterbesetzung. In ihm spiegele sich, im Jahre 70/69, eine durch Vorgänge in Rom (besonders die Erneuerung der politischen Rechte des Volkstribunats nach der Beschränkung durch Sulla) bewirkte Ablösung der von Sulla in Athen begründeten Oligarchie.[26] Geagan hat diese – seiner eigenen Auffassung diametral entgegengesetzte – Ansicht in einer späteren Stellungnahme als mögliche Alternative bezeichnet.[27] Scharf abgelehnt wurde Olivers These dagegen von E. Badian.[28] Er stimmte Oliver allerdings darin zu, daß es sich um eine Rückkehr zur Demokratie (nicht um eine Rückkehr zur Oligarchie) handele, und er sah im Text ein demokratisches Manifest aus der Zeit der «Demokratie» des Athenion im Jahre 88.

Diese Stellungnahmen dürften deutlich machen, daß sowohl die Datierung wie der Inhalt der Urkunde in allen Stücken unsicher ist. Die von Geagan und Oliver unternommenen, von Badian kritisierten Versuche, das Jahr des Dekrets über das Demotikon des amtierenden Ratssekretärs zu bestimmen, sind durchaus hinfällig: Nur die drei ersten Buchstaben des Demotikons sind erhalten, sie lassen drei verschiedene Ergänzungen und damit drei verschiedene Phylen als die gesuchte Phyle des Schreibers zu (I, IX und XI). Auch ist es sicher, daß die jedenfalls bis zum Jahre 95/4

den Antragsteller Demeas mit Männern dieses Namens (für die aber kein Demotikon bezeugt ist!) zu identifizieren. Auch liegen die von ihm für den oder die Münzmeister namens Demeas genannten Daten, da er der Chronologie von Margaret Thompson folgt, um eine Generation zu hoch.

[24] Zeile 17: τὰ προνενομοθετημένα.

[25] Geagan a. O. 107–108.

[26] Oliver, GRBS 13, 1972, 101–102.

[27] Geagan, ANRW II 7, 1, S. 376.

[28] Badian, AJAH 1, 1976, 105: «a fanciful date, based on a ‹correlation› with misinterpreted events at Rome.» Vgl. E. Rawson, Athenaeum 73, 1985, 61, Anm. 79. M. C. Hoff, Hesperia 58, 1989, 272, Anm. 31, hat Oliver zugestimmt.

eingehaltene Schreiberfolge sehr bald danach nicht mehr beachtet wurde. Die vermeintlichen Argumente für eine Datierung auf 84/3 (Phyle IX) oder 70/69 (Phyle XI) sind wertlos.

Beim gegenwärtigen Stand der Dinge muß die besprochene Urkunde in einer Erörterung der nachsullanischen Verfassung Athens außer Betracht bleiben. Sie könnte sehr wohl vorsullanisch sein, und was sie eigentlich besagt, ist bisher ganz ungeklärt.

2. Die herrschende Gesellschaft

Seit dem Ausgang des 2. Jahrhunderts v. Chr. war dies die offizielle Rangfolge der höchsten Ämter: an erster Stelle der Archon Eponymos, an zweiter der Hoplitenstratege, gefolgt vom Präsidenten des Areopags an der dritten sowie dem Archon Basileus an der vierten Position. Waren die Archonten früherer Zeiten, auch die eponymen Archonten, durch das Los bestimmte Männer ohne größeres politisches Gewicht gewesen und daher nur selten Angehörige führender Familien, so zeigte sich schon in der Bestellung des Sarapion von Melite (116/5) und in der wiederholten Betrauung des Medeios von Piräus (101/0. 91/0. 90/89. 89/8) mit dem eponymen Amt, daß schon vor Sulla seine Besetzung nicht mehr dem Zufall des Loses überlassen, sondern in der einen oder anderen Form gelenkt wurde. Seither war mit dem eponymen Archontat nicht nur, wie stets zuvor, großes persönliches Prestige verbunden, sondern zugleich auch politisches Gewicht – soweit eben die Eponyme aus dem Kreis der führenden Familien kamen. Nach Sulla war dies, wie sich zeigen wird, jedenfalls die Regel. Weniger sicher ist, ob seither auch die übrigen Archonten, d. h. der Archon Basileus, der Polemarch und die sechs Thesmotheten, auf die gleiche Weise bestellt und aus den führenden Familien rekrutiert wurden. Dies dürfte jedoch wenigstens für den Basileus anzunehmen sein, da sich nur so erklärt, daß er einen so hohen Platz in der Hierarchie der Beamten behielt, und es ist auch für den Polemarchen und die Thesmotheten wahrscheinlich.

An politischem Gewicht ist diesen Beamten jedenfalls der jeweils für ein Jahr gewählte Kommissar (Epimelet) von Delos zuzuzählen. Dies ergibt sich zunächst daraus, daß nur gewesene Archonten, d. h. Mitglieder des Areopags, zu dieser Stellung gelangten, und wird dadurch bestätigt, daß viele Amtsinhaber als Angehörige der ersten Familien nachgewiesen werden können.[29] Alle genannten Ämter waren Jahresämter, zu denen nicht wiedergewählt werden konnte, wer sie einmal innegehabt hatte (zwei Ausnahmen begegnen bei den delischen Epimeleten von 128/7 und 126/5, die

[29] Für die Epimeleten der Jahre 167 bis 88 v. Chr. Habicht, Hermes 119, 1991, 194–216, für diejenigen der nachsullanischen Zeit bis auf Augustus Roussel, Délos 114–117.

beide zweimal amtiert haben), ausgenommen die Hoplitenstrategie, die mehrmals von dem gleichen Bürger versehen werden konnte, wie das seit Jahrhunderten für alle Stellen des Strategenkollegiums gegolten hatte, in das man auch in Zeiten der radikalen Demokratie nur durch Wahl, nicht durch das Los, gelangen konnte. In der Zeit nach Sulla wird man in denjenigen Athenern führende Politiker zu erkennen haben, die mehr als einmal im Amt des Hoplitenstrategen bezeugt sind.[30] Viele andere aber, die nur einmal im Amt bezeugt sind, haben es gewiß mehr als einmal versehen. Aber auch wer nur einmal im Laufe seines Lebens Hoplitenstratege war, besaß Vermögen und Einfluß.[31]

Auch für die Münzmagistrate dieser Zeit, alljährlich zwei, denen für einen Teil des Jahres oft ein sogenannter «dritter Magistrat» zur Seite trat, hat eine prosopographische Analyse ergeben, daß sie, vermutlich ausnahmslos, aus vermögenden und politisch aktiven Familien kamen. Nicht einmal König Mithridates hat es verschmäht, seinen Namen als den eines Münzmeisters auf das athenische Silbergeld des Jahres 87/6 setzen zu lassen. Sehr oft amtierten nahe Verwandte (Vater und Sohn, zwei Brüder oder zwei Vettern) gemeinsam in einem Jahr. Auch zu diesem Amt war Wiederwahl möglich.[32] Viele Bürger, die als Münzmeister im 1. Jahrhundert v. Chr. bezeugt sind, ehe die Silberprägung um das Jahr 40 ihr Ende fand, sind einige Jahre später ins eponyme Archontat aufgerückt;[33] eine zweifellos weit höhere Zahl von ihnen muß in eine der acht anderen Archontenstellen gelangt sein.[34]

Nur aus den reichsten Familien der Stadt rekrutierten sich die Bürger, die als Agonotheten der großen Feste deren Veranstalter waren, denn die Gewählten mußten erhebliche Aufwendungen aus der eigenen Tasche zahlen, die sich auf mehrere Talente belaufen konnten, vor allem für die Ausrichtung der Großen Panathenäen alle vier Jahre.[35] Die seit der Mitte des

30 Es sind bis zum Ausgang des Jahrhunderts Herodes von Marathon, Antipatros von Phlya, Epikrates von Leukonoe und Xenokles von Rhamnus. Von diesen waren Antipatros jedenfalls siebenmal, Herodes und Xenokles je wenigstens viermal, Epikrates mindestens zweimal Inhaber dieser Strategie. Th. Sarikakis, The Hoplite General in Athens, Diss. Princeton, 1951, 25–27.

31 Zur Liste von Sarikakis (Anm. 30) ist für diese Zeit Leonides von Melite, eponymer Archon des Jahres 12/1 und Hoplitenstratege im späten 1. Jahrhundert (Agora XV 300), nachzutragen.

32 Habicht, Chiron 21, 1991, 1–23, besonders 3–4 und 23.

33 Münzmeister in einem früheren Jahr oder in mehreren früheren Jahren waren von den eponymen Archonten z. B. Medeios (ca. 65/4), Herodes (60/59), Diokles (57/6), Diodoros (53/2), Lysandros (52/1), Demochares (49/8), Philokrates (48/7), Polycharmos (ca. 43/2) und Diokles (39/8).

34 Da diese Archonten zumeist nicht bekannt sind, gibt es nur wenige Belege. Münzmeister waren z. B. zwei Thesmotheten des Jahres 56/5 gewesen: Epigenes von Melite, zusammen mit seinem Bruder Xenon im Jahre 70/69, IG II² 1717, 12; Habicht (Anm. 32) 14, und Architimos von Sphettos im Jahre 62/1, IG II² 1717, 11; Habicht a. O. 16.

35 Eurykleides von Kephisia wandte für seine Agonothesie im späteren 3. Jahrhundert

2. Jahrhunderts bekannten Agonotheten größerer Feste (der Panathenäen, Eleusinien, Theseia usw.) gehören ohne Ausnahme zu den einflußreichsten Familien ihrer Zeit: Miltiades von Marathon,[36] Adeimantos von Ikaria,[37] Leon von Aixone,[38] Apolexis von Piräus,[39] Byttakos von Lamptrai,[40] Medeios von Piräus,[41] Sarapion von Melite[42] und, in der augusteischen Zeit, Syndromos von Steiria.[43] Auch Könige, wie Ariarathes V. von Kappadokien um die Mitte des 2. Jahrhunderts, stellten sich als Veranstalter der Panathenäen zur Verfügung, wenn sie darum gebeten wurden, und sahen alsdann ihren Namen auf den panathenäischen Amphoren verewigt, die den Siegern als Preise gegeben wurden.[44]

Nach dem Vorstehenden darf man den führenden Familien Athens in der nachsullanischen Zeit alle Bürger zurechnen, die entweder eponyme Archonten, Hoplitenstrategen, Präsidenten des Areopags, Epimeleten von Delos, Agonotheten oder Münzmeister gewesen sind, vermutlich auch die geringeren Archonten. Von diesen müssen als politisch führende Individuen jedenfalls diejenigen gelten, die mehr als einmal Hoplitenstrategen waren oder im Laufe der Jahre in mehreren der genannten Funktionen bezeugt sind.[45] Näher behandelt wurden kürzlich mehrere der führenden Familien Athens zur Zeit Ciceros in dem gehaltvollen Aufsatz *Cicero and the Areopagus* von Elizabeth Rawson, auf den für weitere Einzelheiten verwiesen sei.[46] Sie bespricht die Familien des Herodes von Marathon, Leonides von Melite, Epikrates von Leukonoe, Xenon von Melite, Polycharmos von Azenia und Lysiades von Berenikidai. In diesen Kreisen bewegten sich die jungen in Athen studierenden römischen Aristokraten

aus eigener Tasche sieben Talente auf (IG II² 834, 4–5), zwei Agonotheten der Theseia in der Mitte des 2. Jahrhunderts jeweils etwa ein halbes Talent, d. h. um 3000 Drachmen (IG II² 956, 18–19. 958, 15–16; vgl. 968, 41–55).

36 Tracy, ALC 140. 160–161. Gauthier, Cités 79, Anm. 7.

37 Habicht, Hermes 119, 1991, 197.

38 Habicht, Studien 194–197.

39 Habicht, Chiron 21, 1991, 17.

40 Tracy, IG II² 2336 (1982) 194.

41 Tracy, ebenda 210–211.

42 Tracy, ebenda 215.

43 W. K. Pritchett, Hesperia 11, 1942, 247–249.

44 Bull. épigr. 1959, 79.

45 Die Kombination von mehreren der höchsten Ämter im Laufe ihrer Karriere ist für Bürger, die zum eponymen Archontat gelangten, durchaus die Regel. Der vom jungen Cicero während seines Aufenthaltes in Athen im Jahre 44 v. Chr. als *princeps Atheniensium* bezeichnete Epikrates gehörte zu einer Familie aus Leukonoe, unter deren Angehörigen sich in dieser Zeit mehrere Münzmagistrate, Archonten, ein Herold des Areopags, ein Epimelet von Delos und ein Hoplitenstratege befanden (St. V. Tracy, IG II² 2336, 206–207. E. Rawson, Athenaeum 73, 1985, 51. Habicht, Chiron 21, 1991, 16). Für die augusteische Zeit enthält reiches, jetzt etwas ergänzungsbedürftiges Material die Studie von P. Graindor, Chronologie des archontes athéniens sous l'empire, Cairo 1922.

46 Athenaeum 73, 1985, 44–67.

wie Ciceros Sohn Marcus. Von einigen dieser führenden Männer der Stadt erwartete Cicero Berichte, wie sein Sohn sich dort aufführte. Wie immer muß man im Auge behalten, daß eine ganze Anzahl von zu ihrer Zeit führenden Politikern uns als solche deshalb nicht kenntlich sind, weil der Zufall der Überlieferung für sie ausreichende Zeugnisse nicht bewahrt hat. Man kann daher in keinem Falle sagen, ein bestimmter Bürger sei an der Politik seiner Zeit nicht führend beteiligt gewesen, sondern umgekehrt nur, daß dieser oder jener andere es war, für den eben genügend inschriftliche Zeugnisse vorliegen.

Mehr Prestige als politische Macht zeichnete die Inhaber einiger hoher Priesterstellen aus, zumal solche, die aus den Adelsfamilien der Eumolpiden und der Keryken auf Lebenszeit bestellt wurden, wie die beiden höchsten Würdenträger des Kultes von Eleusis, die Hierophanten und Daduchen.[47] Die Brücke zwischen ihnen und den politischen Beamten schlägt bereits der erste eponyme Archon nach der Erstürmung der Stadt durch Sulla, kein anderer als der Hierophant, der vom Sommer 86 bis zum Sommer 85 neben dem sakralen Amt, das er auf Lebenszeit versah, auch das eponyme Amt innehatte.[48] Es könnte noch Theophemos von Kydathenaion gewesen sein, der schon um die Jahrhundertwende als Hierophant bezeugt ist und dessen Vater Menekleides ebenfalls Hierophant gewesen war.[49] Der Theophemos, der im Jahre 61/0 eponymer Archon und 56/5 Präsident des Areopags war, war entweder sein Sohn oder sein Neffe.[50] Da die Hierophanten erst in vorgerücktem Alter zu ihrer hohen Würde kamen, können sie durchaus in jüngeren Jahren selbst zur politischen Führungselite gehört haben, was dann in der Kaiserzeit gut bezeugt ist und die Regel war.[51]

Ähnliches gilt für die aus dem Geschlecht der Keryken gewählten Daduchen. Etwa seit dem Jahre 200 v. Chr. teilten sich zwei Familien in diese Würde, die des Leontios, Sophokles und Xenokles aus Acharnai und die des Philistides und Philoxenos aus Hagnus, denen bald nach Sulla eine andere Familie aus Hagnus folgte, die des Themistokles und Theophrast, nachdem der ältere Themistokles Akestion aus dem Hause der Daduchenfamilie von Acharnai geheiratet hatte.[52] Daher waren vom Beginn des 2. Jahrhunderts bis über die Zeit des Augustus hinaus, mehr als zweihun-

47 Grundlegend Clinton, Officials 8–68. Diese beiden galten in der nachsullanischen Zeit als die wichtigsten und angesehensten Priestertümer des Staates überhaupt.

48 Oben S. 315.

49 Clinton, Officials 28–29, Nr. 15 und 16.

50 Für den eponymen Archon Theophemos s. Kastor, FGrHist 250, F 4–5; IG II² 1716, 15; SEG 36, 267, für den Präsidenten des Areopags Theophemos von Kydathenaion IG II² 1717, 15–16.

51 Clinton, Officials 45: «It is characteristic of the hierophants of the Roman period to be politically very distinguished.»

52 Clinton, Officials 47–68 mit dem Stemma S. 58.

dert Jahre lang, alle Daduchen miteinander verwandt oder verschwägert. Akestion konnte sich rühmen, daß ihr Urgroßvater, ihr Großvater, Vater, Bruder, Ehemann und Sohn (danach dessen Nachkommen) alle Daduchen gewesen waren, was noch zweieinhalb Jahrhunderte später Pausanias wußte und in seiner *Beschreibung Griechenlands* mitteilte.[53] Wenn auch infolge der berichtigten Chronologie des athenischen Neustilsilbers das Stemma der Familien etwas modifiziert werden muß,[54] so bleibt doch bestehen, daß Mitglieder dieses Geschlechts u. a. folgende Funktionen innehatten: die des Hieropen am Athenaia-Fest des Jahres 156/5,[55] die des Agonotheten der Panathenaia 108/7,[56] das Priestertum «am Altar» in Eleusis[57] und, in verschiedenen Generationen sowie zu wiederholten Malen, das Amt des Münzmeisters.[58] Ein früherer Archon des Geschlechts der Keryken, vermutlich ein Angehöriger der Daduchenfamilie, war im Jahre 103/2 athenischer Flottenbefehlshaber und hat in dieser Eigenschaft die Operationen des Prokonsuls Marcus Antonius gegen die Piraten an der Südküste Kleinasiens unterstützt (S. 285 f.).

Daß die eponymen Archonten der nachsullanischen Zeit durchweg aus vermögenden und politisch aktiven Familien kamen und daß sie jedenfalls nicht durch den Zufall des Loses zu ihrem Amt gelangten, zeigt sich zunächst schon daran, daß vielfach Angehörige ein und derselben Familie in ihm bezeugt sind, z. B. neben Medeios von Piräus, dem viermaligen Archon aus der Zeit um und nach der Jahrhundertwende, sein Sohn Medeios ca. 65/4,[59] nach Herodes von Marathon im Jahre 60/59 sein Sohn Eukles ca. 46/5,[60] ferner dessen Nachkomme Polycharmos,[61] weiter die Brüder (oder Vettern) Diotimos, ca. 26/5, und Theophilos, 11/10, Söhne des Diodoros von Halai,[62] endlich in drei Generationen nacheinander Demochares 49/8, Menandros 38/7 und nach 9/8 Demochares von Azenia.[63]

53 Pausanias 1, 37, 1.

54 Die im Stemma von Clinton, Officials 58, für die Münzmeister aus den Daduchenfamilien angegebenen Daten sind noch die um 34 Jahre zu hohen der ursprünglichen Chronologie von M. Thompson (S. 244).

55 IG II² 1937, 11.

56 IG II² 1036, 22–23.

57 Clinton, Officials 82, Nr. 8.

58 Xenokles (von Acharnai) dreimal mit Harmoxenos, in den Jahren 95/4, 92/1 und 90/89, d. h. während der Vorherrschaft des Medeios; Themistokles von Hagnus 78/7 mit Sotades und 75/4 mit seinem Vater Theophrastos (Habicht, Chiron 21, 1961, 6).

59 IG II² 1340, 1. 1095, 12. 2874.

60 IG II² 1716, 17. 2992 (Herodes). I Délos 2632, b 8; vgl. IG II² 1719 (Eukles).

61 IG II² 1730; vgl. 1728, 5–6. 3530.

62 IG II² 2996. 4465. I Délos 1840 (Diotimos). IG II² 1713, 31. FD III 2, 62 (Theophilos).

63 IG II² 1713, col. III 23. I Délos 2632, b 3. IG II² 1047, 6 (Demochares). IG II² 1043, 17 und öfter 1343, 24–25. 2994 (Menandros). IG II² 3176 (Demochares der Jüngere). Vgl. B. D. Meritt, Hesperia 36, 1967, 238.

Für die 54 Jahre, die zwischen 84/3, als Sulla Athen verließ, und 31/0 liegen, dem Jahr von Octavians Sieg über Antonius, sind die Namen von 44 eponymen Archonten bekannt. Von ihnen sind bisher nur 34 sicher oder einigermaßen sicher auf bestimmte Jahre festgelegt. Von den restlichen zehn gehören sechs in die Jahre zwischen 74/3 und 65/4, die verbleibenden vier in die Jahre 46/5 bis 43/2. Erst seit den sechziger Jahren des ersten Jahrhunderts, in denen die Inschriften nach einer zeugnisarmen Zeit wieder etwas zahlreicher zu werden beginnen, können die meisten dieser Oberbeamten, auch wenn sie nur mit dem Eigennamen benannt werden, mit bekannten Bürgern identifiziert, d. h. mit dem ihnen zukommenden Vatersnamen und ihrem Demotikon versehen und bekannten Familien zugewiesen werden. Nahezu alle von ihnen sind in weiteren hohen Ämtern bezeugt, und viele müssen den bedeutendsten Familien des Zeitalters zugerechnet werden, wie die weiter oben genannten Medeios von Piräus, Herodes und Eukles von Marathon (sie sind Vorfahren des um die Mitte des 2. nachchristlichen Jahrhunderts in der Stadt dominierenden Herodes Atticus), Theophemos von Kydathenaion, Lysiades von Berenikidai, Lysandros von Piräus und Diokles von Kephisia.

Für den Zeitraum von 55 Jahren zwischen 65/4 und 11/10 v. Chr. lassen sich zur Zeit 45 eponyme Archonten nachweisen. Von diesen können 21 bekannten und zugleich politisch aktiven Familien zugewiesen werden. Für die anderen, für die dies beim Mangel an Zeugnissen (bisher) nicht möglich ist, dürfte gleichwohl dasselbe gelten. Es sind nur wenige der eponymen Archonten, deren Familien sich um zwei Jahrhunderte oder länger zurückverfolgen lassen; es sind die des Archons Theophemos (61/0), des Lysiades (51/0), der beiden Verwandten aus Halai, Diotimos (ca. 26/5) und Theophilos (11/10) sowie des Polycharmos von Azenia, der eponymer Archon zwischen 9 v. und 14 n. Chr. war. Auf den Persersieger Themistokles führt sich in frühaugusteischer Zeit der Daduch Themistokles von Hagnus zurück, auf den Staatsmann Lykurg seine Frau Nikostrate. Andere Familien, wie die des Medeios von Piräus, sind erst im Laufe des 2. oder gar des 1. Jahrhunderts in den Kreis der führenden Familien eingetreten, aus dem führende Familien früherer Zeiten wiederum ausgeschieden waren.

Die herrschende Gesellschaft Athens in der nachsullanischen Zeit war in der Tat ein verhältnismäßig kleiner Kreis von Familien, die alle wichtigen Ämter und Funktionen monopolisierten, d. h. Athens Geschicke, soweit sie noch von athenischen Bürgern bestimmt wurden, wurden von einer Oligarchie bestimmt. Keine andere Urkunde belegt dies so deutlich wie das lange Ehrendekret der Ekklesie für den Daduchen Themistokles vom Jahre 20/10 v. Chr.[64] In ihm sind außer dem eponymen Archonten des Jahres, Apolexis, wenigstens sechs weitere eponyme Archonten dieser Zeit als

[64] Revidierte Edition von Clinton, Officials 50–52 (SEG 30, 93).

Beteiligte am Zustandekommen des Beschlusses genannt,[65] und es dürften tatsächlich noch mehr gewesen sein, denn einige der dort Genannten, für die das Amt bisher nicht bezeugt ist, wie Kichesias von Aixone, haben es mit größter Wahrscheinlichkeit einmal versehen.[66]

3. Mühsamer Neubeginn

Solange sich der als Sieger aus Kleinasien zurückgekehrte römische Feldherr Sulla im Jahre 84 in Athen aufhielt, soll er sich der Gesellschaft eines jungen römischen Ritters namens Titus Pomponius erfreut haben, der sich während des Krieges dort niedergelassen hatte und für zwanzig Jahre seinen Wohnsitz in der Stadt behalten sollte. Als Wahlathener wurde Pomponius von seinen Freunden bald «Atticus» genannt, und unter diesem Namen ist er als der lebenslange Freund und Berater Ciceros und als Empfänger von mehr als vierhundert erhaltenen Briefen Ciceros bekannt. In der Geschichte Athens ist Atticus weit mehr als eine Randfigur; er wurde für die Stadt ein Helfer in der Not.[67]

Atticus war im jugendlichen Alter von vierundzwanzig Jahren nach Athen gekommen, als Sulla die Stadt gerade erstürmt hatte. Sein Freund und Biograph, Cornelius Nepos, sagt, er habe Italien wegen des Bürgerkrieges verlassen, in dem Stellung für die eine oder andere Seite zu beziehen er nicht gezwungen werden wollte. Es dürften jedoch auch die damaligen Turbulenzen des römischen Kapitalmarktes gewesen sein, die ihn zum Verlassen Italiens bestimmten, andererseits die Aussicht auf einträgliche Geschäfte, die ihn nach Griechenland zog.[68] Die Wahl Athens als Standort war eher von der günstigen Verkehrslage und der Attraktivität der Stadt als von der Erwartung bestimmt, in und mit ihr die wesentlichen Geschäfte zu machen. In anderen Teilen Griechenlands, wie in Epirus und in Sikyon auf der Peloponnes, hatte Atticus starke geschäftliche Interessen; in Athen dagegen war es ihm nicht in erster Linie um Verdienst zu tun. Dort nahm er die Rolle des uneigennützigen Wohltäters an, aus einer echten Bewunderung für die Einzigartigkeit und den Ruf der Stadt, die er mit vielen gebildeten Römern seiner Zeit teilte.

Atticus ist in Athen, wie Nepos berichtet, sehr populär geworden, und mit gutem Grund, denn er hat der durch Krieg und Zerstörung schwer

[65] Es sind der eleusinische Altarpriester Epikrates von Leukonoe (Zeile 9) und die Hymnagogen Diotimos, Demochares, Diokles, Architimos und Menandros (Zeilen 19–26).

[66] Er ist in Zeile 24 genannt und gehört einer seit zwei Jahrhunderten führenden Familie an (Habicht, Studien 194–197, jetzt dank neuer Zeugnisse bereits der Ergänzung bedürftig).

[67] O. Perlwitz, Titus Pomponius Atticus, Stuttgart 1992.

[68] Nepos, *Atticus* 2, 2. Perlwitz (Anm. 67) 35–39.

mitgenommenen Stadt mit seinem Vermögen und seinen Beziehungen oft geholfen. Wenigstens einmal in dieser Zeit (später erneut im Jahre 50) hat er während einer großen Teuerung eine beträchtliche Menge Getreide aufgekauft und der Bürgerschaft geschenkt. Vor allem aber hat er Athen als Finanzier geholfen, denn in diesen Jahren war die Stadt oft gezwungen, Kredite aufzunehmen, konnte aber nirgends annehmbare Bedingungen von den meist römischen Geldverleihern erhalten. Da sprang Atticus ein; er, dem selbst bessere Konditionen eingeräumt wurden, besorgte die jeweils erforderliche Summe im eigenen Namen und lieh sie sodann der Stadt aus, ohne für sich selbst Zinsen zu berechnen.[69] Er ersparte damit der verarmten Stadt eine Menge Geld.

Zum Dank für seine oft bewiesene Hilfe wurden ihm vielfältige Ehrungen zuteil, doch ließ er, solange er in Athen wohnte, die Errichtung einer Statue nicht zu. Auch lehnte er die Annahme des athenischen Bürgerrechts ab (die zum Verlust des römischen hätte führen können). Er war gebildet und sprach Griechisch, als sei er in Athen geboren. Die Politik verfolgte er mit wachem Interesse und persönlicher Distanz, ohne den Wunsch, selbst politische Karriere zu machen, immer auf seine Unabhängigkeit bedacht und immer bestrebt, mit allen aktiv an der Politik Beteiligten gut zu stehen, weshalb er sich auch Sullas Wunsch versagte, mit ihm nach Italien zurückzukehren und am Bürgerkrieg gegen dessen politische Gegner teilzunehmen, die sich während Sullas Abwesenheit der Herrschaft in Italien bemächtigt hatten.[70]

Diese Abneigung, sich selbst in der Politik zu engagieren, dürfte zunächst darin begründet sein, daß Atticus vor allem anderen Geschäftsmann war. Sie verband ihn aber auch mit den Lehren der epikureischen Schule. Zu dieser fühlte Atticus sich zeitlebens hingezogen, mit ihren athenischen Häuptern Phaidros und Zenon verband ihn persönliche Freundschaft. Aber er war viel zu unabhängig, um ein echter Jünger Epikurs zu werden, und ließ sich in allen wesentlichen Schritten von Erwägungen der Zweckmäßigkeit leiten.[71] Seine Vertrautheit mit der Stadt, ihrer Gesellschaft und ihren Intellektuellen kam einige Jahre nach seiner Ankunft in Athen auch Cicero zugute, der im Jahre 79 mit mehreren Freunden und Angehörigen Griechenland besuchte und sich mit ihnen ein halbes Jahr lang in Athen aufhielt. Cicero hat später von einem gemeinsamen Besuch der Akademie aus der verklärenden Erinnerung ein stimmungsvolles Bild gezeichnet, am Beginn des 5. Buches seiner Schrift *Über die Ziele menschlichen Handelns.*

[69] Nepos, *Atticus* 2, 6 (die Getreidespende). 2, 4–5 (die Anleihen). Dazu L. Migeotte, L'emprunt public dans les cités grecques, Québec 1984, 34–35, der die richtige, schon 1836 von J. Holtzmann gefundene, von Perlwitz jedoch übersehene, Erklärung der eigentümlichen Mittlerrolle des Atticus, besonders der Worte *semper se interposuit,* gibt.

[70] Nepos, *Atticus* 4, 2; dazu F. Millar, G&R 35, 1988, 42–43.

[71] Zu seinem Verhältnis zum Epikureismus Perlwitz (Anm. 67) 90–97.

Darin hat auch Atticus seinen Platz. An einem Nachmittag des Jahres 79, nur wenige Jahre nach den Schrecken des Krieges von 86, spazierte die Gesellschaft durch das Dipylontor zu der zwanzig Minuten entfernten Akademie hinaus. Beteiligt waren Cicero, sein Bruder Quintus, sein jüngerer Vetter Lucius Cicero, Marcus Piso und Pomponius Atticus. Man suchte die Stätte auf, um Plato und seinen Nachfolgern, die dort gelehrt hatten, zu huldigen, und wählte die nachmittägliche Stunde, weil der Ort zu dieser Zeit menschenleer zu sein versprach. Tatsächlich fand man die erhoffte Stille, und keine Andeutung der Verwüstungen, die noch sichtbar gewesen sein müssen (Sulla hatte die Bäume des Haines fällen lassen), störte die weihevolle Stimmung, in der sich alle, mochten einige auch anderen philosophischen Richtungen zuneigen, im Tribut vor den Geistesgrößen Plato, Speusipp, Xenokrates, Polemon oder dem so viel jüngeren Karneades vereinigten und die Erinnerung an sie beschworen.[72] Die Szene spiegelt sehr schön den Respekt der gebildeten römischen Gesellschaft vor der griechischen Kultur, ihren führenden Köpfen und vor Athen als ihrer geistigen Heimat, woher die einzelnen auch stammen mochten. Ciceros Schilderung mutet an wie eine Art literarischer Wiedergutmachung für römische Barbarei der jüngst vergangenen Kriegszeit.

Es war damals, wohl im September 79, daß Cicero auch in die Mysterien von Eleusis eingeweiht wurde und dabei ein religiöses Erlebnis hatte, von dem er sich auch später noch stark beeindruckt zeigte.[73] Er und die Männer seines Gefolges besuchten während des mehrmonatigen Aufenthaltes ziemlich regelmäßig die Vorlesungen der Philosophen, Cicero vor allem die des aus der Akademie hervorgegangenen Antiochos von Askalon, aber auch die der Epikureer Phaidros, den Atticus besonders schätzte, und Zenon, der Cicero der scharfsinnigste unter diesen zu sein schien.[74] Der Lehrbetrieb der philosophischen Schulen ging offensichtlich seinen geregelten Gang.

In ähnlicher Weise zeigt ein Beschluß der dionysischen Techniten zu Ehren des Philemon, der von 80 bis 76 v. Chr. vier Jahre lang das Amt ihres Vorsitzenden *(Epimeleten)* versah, den Verein in offenbar ungestörter Tätigkeit.[75] Das ist deshalb bemerkenswert, weil die Techniten, die Rom so viel verdankten, sich doch beim feierlichen Empfang Athenions in den Tagen hervorgetan hatten, in denen er Athen in den Krieg gegen Rom führte.

[72] Cicero, *de finibus bonorum et malorum* 5, 1–8; deutsche Übersetzung von O. Gigon und L. Straume-Zimmermann, München-Zürich 1988. Von seinem Besuch der Akropolis spricht Cicero an anderer Stelle (*de natura deorum* 3, 49).

[73] Cicero, *de legibus* 2, 36. K. Clinton, ANRW 18, 2, 1989, 1500; vgl. 1504.

[74] Die zahlreichen Zeugnisse, viele von Cicero selbst, bei M. Gelzer, RE Tullius (1939) 838. Zu Phaidros A. E. Raubitschek, Hesperia 18, 1949, 96–103.

[75] IG II^2 1338. Zur Stellung des Epimeleten im Verein der Techniten F. Poland, Geschichte des griechischen Vereinswesens, Leipzig 1909, 368–369 und 405–408. Die Techniten im Jahre 88: Poseidonios, FGrHist 87, F 36, 49.

Aber sprechender als diese Zeichen von Normalität ist für die Situation dieser Nachkriegsjahre doch das gegenteilige Faktum, daß die Stadt Athen gezwungen war, Anleihen bei Privatleuten aufzunehmen, noch dazu bei fremden Privatleuten, und daß ein Römer wie Atticus sie wiederholt vor dem Staatsbankrott bewahren mußte. Kriegszerstörung und Plünderungen hatten Athen verarmen lassen und hatten vielleicht mit dem Kriegsende noch nicht ihr Ende gefunden. Nur ein Jahr vor Ciceros Besuch war Gaius Verres auf dem Weg in die Provinz Kilikien in die Stadt gekommen, der später so berüchtigte und von Cicero im Jahre 70 zur Strecke gebrachte Statthalter Siziliens, und hatte, wenn man dem Wort seines späteren Anklägers glauben darf (was in diesem Punkt nicht leicht fällt), aus dem Parthenon das von Sulla übersehene restliche Gold der Göttin Athena geraubt.[76]

Es sollte lange dauern, bis sich die Stadt von Zerstörungen und Räubereien zu erholen begann und an den Wiederaufbau oder die Reparatur verfallener Gebäude denken konnte. Einige freilich waren allzu stark zerstört wie das Pompeion und für immer verloren. Auch waren es nur zum geringen Teil eigene Mittel der Stadt, die zur Erneuerung ihres Bildes beitrugen; auswärtige Fürsten und nun vor allem römische Adlige taten das meiste. Im ganzen aber dauerte es nach dem Ende des Krieges ein volles Vierteljahrhundert, ehe von einem nennenswerten Wiederaufbau überhaupt die Rede sein konnte. Seit dem späteren 3. Jahrhundert hatten mit Athen befreundete Könige die Stadt mit Bauwerken geschmückt, die sie finanzierten. Mit ihnen beschenkten sie nicht nur die Stadt, sondern stellten zugleich sich selbst in ihr zur Schau, als wäre Athen so etwas wie ein internationales Messegelände. Den Anfang machte, wie es scheint, um 224 Ptolemaios III. Euergetes, der damals auch der politische Schutzpatron der Stadt war, mit der Stiftung eines weiteren nach ihm benannten Gymnasions.[77] Ihm folgte wenig später König Attalos I. von Pergamon mit der Weihung des sogenannten *Kleinen attalischen Weihgeschenks* auf der Akropolis, wenn wirklich er und nicht erst sein gleichnamiger Sohn der Stifter war. Seine Söhne Eumenes und Attalos, die ihm nacheinander als Könige folgten, schenkten Athen je eine nach ihnen benannte Säulenhalle, Eumenes die Stoa am Fuße der Burg und nahe dem Dionysostheater, Attalos diejenige auf der Agora. Auch die sogenannte *Mittelstoa* auf dem Marktplatz, die in der ersten Hälfte des 2. Jahrhunderts v. Chr. erbaut wurde, ist vielleicht von einem König gestiftet worden, aber kein Indiz verrät seine Identität. Der Seleukide Antiochos IV. Epiphanes hat im 2. Viertel dieses Jahrhunderts der Stadt die Gastfreundschaft großzügig vergolten, die er als Prinz mehrere Jahre lang in ihr erfahren hatte: mit der Arbeit am Tempel des olympischen Zeus. Im Ausgang des Jahrhunderts und kurz nach der Jahrhundertwende waren es dann König Ptolemaios IX. Soter II. und die pontischen Könige Mithrida-

[76] Cicero, *in Verrem* 2, 1, 44–45; 2, 4, 71.

[77] In knapper Form wird hier vieles wiederholt, was in Kapitel IX. 1 ausgeführt wurde.

tes V. Euergetes und Mithridates VI. Eupator, die in ähnlicher Form Wohltäter Athens waren, sei es in der Stadt, sei es durch Stiftungen für das Gymnasion in Delos, ferner der jüdische Ethnarch Hyrkanos.

Von allen diesen Dynastien war in der Zeit nach Sulla so gut wie nichts mehr zu erwarten, denn sie befanden sich, soweit sie noch existierten, im Niedergang. Statt ihrer traten jetzt römische Imperatoren und Könige der kleineren und an der Peripherie gelegenen Monarchien als Wohltäter der Stadt hervor, allerdings in einem ihren geringeren Mitteln entsprechenden bescheideneren Rahmen: Ariobarzanes II. und III. von Kappadokien, wenig später andere: Deiotaros von Galatien, Rheskuporis von Thrakien und die kraftvolle Figur des großen Herodes.

Königliche Gunsterweise und von Königen finanzierte Bauwerke in Athen waren der Bürgerschaft mithin seit einiger Zeit vertraut. Dagegen hatten die Römer, im Jahre 86, nicht nur viel in der Stadt zerstört, sondern nach ihrer Eroberung auch viele Kunstwerke geraubt und als Beute fortgeführt. Es war daher etwas Neues, als römische *nobiles* begannen, ihrerseits der Stadt ansehnliche Geschenke zu machen und auf diese Weise, schwerlich ganz unbewußt, im Rahmen ihrer Möglichkeiten an die Seite der Könige früherer Zeiten zu treten. Der erste, von dem man weiß, war kein Geringerer als Pompeius. Bei seinem Abgang von Brindisi in den Seeräuberkrieg im Jahre 67 war er in solcher Eile, daß er an den meisten Städten vorbeifuhr, ohne sie zu betreten. Doch nahm er sich die Zeit, im Piräus zu landen, nach Athen hinaufzugehen, ein Opfer darzubringen und zum Volk zu sprechen. Die Athener, die von ihm erwarteten, daß er der Seeräuberplage ein Ende mache, huldigten ihm mit überschwenglichen Kundgebungen.[78] Er bedankte sich fünf Jahre später, bei einem erneuten Besuch der Stadt, als er nach dem Sieg über König Mithridates und der Neuordnung des Ostens im Begriff war, nach Italien zurückzukehren. Wie es für Mitglieder der römischen Gesellschaft mittlerweile zum guten Ton gehörte, besuchte er die Vorlesungen einiger Philosophen, wie er auch kurz zuvor in Rhodos zu Füßen des großen Poseidonios gesessen hatte. Der Stadt schenkte er für Restaurationsarbeiten den Betrag von fünfzig Talenten.[79]

Zehn Jahre später waren es zwei Römer aus patrizischen Familien, die sich Athen gegenüber in ähnlicher Weise hervortaten, Gaius Iulius Caesar und Appius Claudius Pulcher. Sueton berichtet aus den späteren Jahren von Caesars Statthalterschaft in Gallien, daß Caesar im Hinblick auf die Zukunft Könige und Provinzen auf dem ganzen Erdkreis an sich zu binden versuchte und darüber hinaus in West und Ost (genannt werden Italien, Gallien, Spanien, Asia und Griechenland) die bedeutendsten Städte mit stattlichen Bauten schmückte.[80] Daß auch Athen zu diesen gehörte, ist von vornherein

78 Plutarch, *Pompeius* 27, 3.

79 Plutarch, *Pompeius* 42, 11: εἰς ἐπισκευήν.

80 Sueton, *Caesar* 28, 1: «nec minore studio reges atque provincias per terrarum orbem

anzunehmen, und es wird von Cicero in einem zu Anfang des Jahres 50 an Atticus gerichteten Brief ausdrücklich bestätigt. Cicero hat damals erfahren, daß der athenische Bürger Herodes von Marathon, der eponyme Archon des Jahres 60/59, von Caesar in Gallien fünfzig Talente für seine Stadt erhalten habe, d. h. genau den gleichen Betrag, den Athen zuvor von Pompeius bekommen hatte. Er wußte auch schon, daß Pompeius das übel aufgenommen haben sollte.[81] Mehr lehrt die der Athena Archegetis geweihte Inschrift vom Architrav des Tores zur Römischen Agora in Athen. Der Bau wurde, nach dem Text dieser Inschrift, etwa im Jahre 10/9, unter dem Archon Nikias, geweiht, als Herodes' Sohn Eukles Hoplitenstratege war. Das Tor war aus den Mitteln erbaut worden, die Caesar (im Jahre 51 dem Herodes) und Augustus (seinem Sohn Eukles) zur Verfügung gestellt hatten. Vater und Sohn, die das Geld eingebracht hatten, hatten auch nacheinander die Bauaufsicht geführt; die Weihung selbst erfolgte im Namen des Volkes von Athen.[82] Die eigentlichen Bauherren der römischen Agora zu Athen aber waren Caesar und Augustus.

Zur gleichen Zeit entstand in Eleusis ein den eleusinischen Gottheiten von einem römischen Großen finanziertes Bauwerk, die Kleinen Propyläen des Tempels. Appius Claudius Pulcher hatte sie während seines Konsulats im Jahre 54 gelobt und während oder nach seiner Statthalterschaft in Kilikien (53–51 v. Chr.) begonnen. Geweiht wurden sie nach seinem im Jahre 48 erfolgten Tod von seinen Erben.[83] Der Stifter, der einem verarmten patrizischen Geschlecht entstammte, war während seiner Statthalterschaft in Kilikien, wo er Ciceros unmittelbarer Vorgänger war, zu einem Vermögen gekommen, von dem ein Teil für den eleusinischen Bau verwendet worden sein dürfte. In diesem dokumentieren sich die beiden ausgeprägtesten Charakterzüge dieses Mannes, seine Habsucht und seine Frömmigkeit. Cicero hörte in Kilikien vom Beginn der Arbeiten an diesem Propylon im Winter 51/50, zur selben Zeit, in der er auch von Caesars Schenkung für Athen erfuhr. Die Nachricht ließ ihn mit dem Gedanken spielen, selbst in der Akademie, die er ein Menschenalter zuvor mit so tiefer Bewegung betreten hatte, ein Propylon errichten zu lassen, doch war er sich, als er den Gedanken, der ihn mehrere Monate beschäftigen sollte, zum ersten Mal erwog,

adliciebat ..., superque Italiae Galliarumque et Hispaniarum, Asiae quoque et Graeciae potentissimas urbes praecipuis operibus exornans.»

[81] Cicero, *Att.* 6, 1, 25. Alle mit diesem Geschenk, einschließlich der Rollen des Herodes und Eukles, zusammenhängenden Fragen sind musterhaft besprochen von E. Rawson, Athenaeum 73, 1985, 44–49.

[82] IG II² 3175 (W. Ameling, Herodes Atticus II, Hildesheim 1983, 43, Nr. 20). Herodes Atticus war ein Nachkomme des Herodes, der zu Caesar gereist war. Zur römischen Agora vgl. auch M. Hoff, AA 1994, 93–117.

[83] CIL III 547 (Degrassi, Inscriptiones Liberae Rei Publicae 1, Göttingen, 401). K. Clinton, ANRW 18, 2, 1989, 1504–1506 und Tafel 1. Literatur zum Denkmal ebenda 1505, Anm.28.

schon dessen bewußt, daß dies von manchen als unpassend empfunden werden könnte – Cicero ein verhinderter Wohltäter Athens.[84]

Aber sein Freund Atticus, der früher der Stadt mehrmals aus finanzieller Verlegenheit geholfen hatte, hat Athen eben damals, im Jahre 50, ein unbekanntes Quantum Weizen geschenkt. Das stieß bei Cicero auf verhaltene Kritik, die nur darum nicht härter ausfiel, weil Atticus ja selbst nicht Athener war, es sich mithin nicht um eine Schenkung an Landsleute, sondern um Freigebigkeit gegenüber Gastfreunden handelte.[85]

Cicero selbst hatte auf der Reise in seine Provinz in Athen vom 25. Juni bis zum 6. Juli 51 Station gemacht, zum ersten Male seit seinem langen Aufenthalt im Jahre 79, und hatte Wohnung bei Ariston, dem Bruder des verstorbenen Akademikers Antiochos von Askalon, genommen. Er liebte Athen besonders, wie er mehrmals an Atticus schrieb,[86] und eben darum kam ihm wenig später der schon erwähnte Gedanke, sich in der Stadt bzw. in der Akademie vor ihren Toren ein Denkmal zu setzen. Als er darüber mit Atticus sprach, plante er schon einen weiteren Aufenthalt für die Zeit seiner Rückreise und, wenn der Kalender es erlaube, die Teilnahme an der Mysterienfeier.[87] Und obwohl sich schon während seiner Statthalterschaft der kommende Bürgerkrieg zwischen Caesar und Pompeius immer drohender abzeichnete und ihn zur Eile mahnte, wenn er in Rom für die Erhaltung des Friedens noch etwas ausrichten wollte, so nahm er sich doch im Herbst 50 für diesen weiteren Besuch nochmals Zeit. Er traf am 14. Oktober ein, gerade so rechtzeitig, daß er vom 20. bis 28. Oktober an der Feier der Mysterien in Eleusis teilnehmen konnte, zum ersten Mal seit seiner Einweihung ein Menschenalter früher. Von seiner Idee eines Denkmals in der Akademie war da freilich schon keine Rede mehr.

Der Plan eines weiteren Römers, in diesen Jahren in Athen zu bauen, steht auf einem recht anderen Blatt als die vorstehenden Projekte. In eben diesen Jahren ging Gaius Memmius, ein Mitglied der Senatsaristokratie und Schwiegersohn des Diktators Sulla, mit dem Gedanken um, an der Stelle, an der Epikurs Haus stand, einen Palast zu errichten. Dieser sollte nicht etwa eine Huldigung an den Stifter der philosophischen Schule sein, sondern dem Memmius, der aus Rom und Italien verbannt worden war, als Wohnhaus dienen. Memmius war im Jahre 58 Praetor gewesen und hatte sich für 53 um das Konsulat beworben, war aber über einen selbst für die damaligen Verhältnisse in Rom einmaligen Korruptionsskandal gestürzt. Da er trotz seiner Verurteilung im Jahre 52 noch über Beziehungen, Einfluß und Geld verfügte, hatte er vom Rat des Areopag einen Beschluß

[84] Cicero, *Att.* 6, 1, 26. 6, 6, 2.

[85] Cicero, *Att.* 6, 6, 2.

[86] Cicero, *Att.* 5, 10, 5. 6, 1, 26.

[87] John D. Morgan, The mystery of the Mysteries, (demnächst in CQ) mit der richtigen Auslegung von Cicero, *Att.* 5, 21, 14 und 6, 1, 26.

erreichen können, der ihm für sein Vorhaben freie Hand ließ. Die Gemeinde der Jünger Epikurs aber, denen die Stätte heilig war, war entsetzt und versuchte alles, das Projekt scheitern zu lassen. Es lag eine besondere Ironie darin, daß Lukrez sein Epikur verherrlichendes episches Gedicht *Von der Natur der Dinge* keinem anderen gewidmet hatte als eben Memmius. Der Vorsteher der epikureischen Schule, Patron, wandte sich an die ihm bekannten Römer Atticus und Cicero um Hilfe, und beide wurden für die Erhaltung des Hauses tätig, obwohl Cicero keine Hoffnung hatte, daß der Areopag von seinem Beschluß ohne einen entsprechenden Wink von Memmius abrücken werde. Cicero (der von Patron wenig hielt) schrieb den noch vorliegenden, sehr diplomatischen Brief an Memmius in Athen und sandte ihn dem tags zuvor nach Mytilene abgereisten Manne nach.[88] Am Ende ließ Memmius das Projekt fallen.

Was auf dem Gebiet des Bauwesens in Athen mit Pompeius, Caesar und Appius Claudius begann und von Augustus fortgeführt wurde, bezeichnet den allmählichen Übergang von der hellenistischen zur römischen Stadt. Aus dem hellenistischen Osten, wo die einst so große Monarchie der Seleukiden durch Pompeius damals für immer verschwand, die der Ptolemäer in Ägypten dahinsiechte, kamen nur noch bescheidene Beiträge. Es war damals ein von Pompeius im Zuge der Neuordnung des Vorderen Orients eingesetzter Monarch, der dem Beispiel seines Patrons folgte. König Ariobarzanes II. von Kappadokien sorgte für den Wiederaufbau des perikleischen Odeions, der Konzerthalle am Fuße der Akropolis, die der Tyrann Aristion noch kurz vor seinem Ende hatte niederbrennen lassen, als Sullas Truppen schon in die Stadt eindrangen. Der König selbst hatte, wie andere Prinzen, seine Erziehung in Athen erhalten und ist in einer athenischen Ephebenliste des Jahres 80 genannt. Das Volk von Athen bedankte sich bei ihm mit der Weihung seiner Statue in dem dem Odeion benachbarten Theater des Dionysos; die drei am Werk beteiligten Architekten, zwei römische Brüder namens Gaius und Marcus Stallius und der griechische Baumeister Melanippos, haben ihrerseits dem König in Athen ein Denkmal gesetzt.[89]

Um die Mitte des 1. Jahrhunderts wurden Reparaturen am Heiligtum des Asklepios am Fuße des Burgbergs ausgeführt, von denen noch mehrere Inschriften zeugen.[90] Um die gleiche Zeit entstand im Zentrum der Stadt

[88] Cicero, *Fam.* 13, 1. Vgl. *Att.* 5, 11, 6. F. Münzer, RE Memmius (1931) 609–615, besonders 614–615.

[89] Vitruv 5, 9, 1. IG II^2 3427. 3426. H. A. Thompson, in: Roman Architecture in the Greek World, hg. v. S. Macready und F. H. Thompson, London 1987, 4. Die Ephebenliste ist IG II^2 1039, mit der vollständigeren Lesung der Namen SEG 22, 110. Ariobarzanes ist in col. II 99–100 genannt.

[90] IG II^2 1046, ein Ratsbeschluß von 52/1; II^2 3174 eine Weihung der Priester von 51/0. Eine etwas ältere Weihung des Priesters von 63/2, IG II^2 4464, gehört vielleicht ebenfalls schon zu den Erneuerungsarbeiten. S. Aleshire, The Athenian Asklepieion, Amsterdam 1989, 16; 32–34.

auch wieder ein stattlicher Neubau, der sogenannte *Turm der Winde*, wenn die traditionelle, jüngst jedoch angefochtene Datierung richtig ist. Der achteckige Turm, nahe dem Osteingang zur römischen Agora, gab, wie Vitruv überliefert, der Überzeugung seines Erbauers augenfälligen Ausdruck, daß es acht und nicht vier Winde gäbe. Die eigentliche Funktion des Turmes aber war die einer öffentlichen Uhr *(horologium)*, wie Varro daher mit besserem Recht das Bauwerk nennt, das auf seinen Seiten Sonnenuhren hatte, während es im Gebäude selbst eine große Wasseruhr von komplizierter Konstruktion gab.[91] Der Baumeister Andronikos wird als Bürger der Stadt Kyrrhos bezeichnet und konnte daher identifiziert werden mit Andronikos, dem Sohn des Hermias, aus der makedonischen Stadt Kyrrhos, der als Erbauer einer marmornen Sonnenuhr auf der Insel Tenos durch ein Epigramm als «zweiter Eudoxos» verherrlicht wird.[92] Ob es sich um die Stadt in Makedonien oder um die nach ihr benannte makedonische Gründung gleichen Namens im nördlichen Syrien handelt, ist strittig; die früher vorherrschende Zuweisung an die syrische Stadt[93] hat jetzt weitgehend der Zuschreibung nach Makedonien Platz gemacht.[94]

Der noch jetzt bemerkenswert gut erhaltene Bau in Athen ist neuerdings Gegenstand einer eindringenden Studie durch Joachim von Freeden geworden, der unter anderem den herkömmlichen Zeitansatz in Frage stellte und eine wesentlich höhere Datierung, in die Jahre zwischen 150 und 125 v. Chr., vorschlug. Obwohl sie vereinzelt Zustimmung gefunden hat, sind die vorgebrachten Gründe keineswegs zwingend oder schlüssig, und so haben sich manche Forscher dafür ausgesprochen, bei dem herkömmlichen Ansatz um die Mitte des 1. Jahrhunderts zu bleiben.[95]

[91] Vitruv 1, 6, 4. Varro, *de re rustica* 3, 5, 17.

[92] IG XII 5, 891. H. Diels, Antike Technik, Leipzig und Berlin ^{3}1924, 172–173.

[93] Diels (Anm. 92) 172 Anm. 1. E. Fabricius, RE Andronikos (1894) 2167–2168. F. Granger in der Ausgabe des Vitruv in der Loeb Library 1, 1931, 57. R. E. Wycherley, The Stones of Athens, Princeton 1978, 103.

[94] E. Honigmann, RE Kyrrhos (1924) 199. N. Hammond, A History of Macedonia 1, 1972, 159. W. Zschietzschmann, Athenai, RE-Suppl. 13, 1973, 86–87. J. von Freeden, Οἰκία Κυρρήστου. Studien zum sog. *Turm der Winde* in Athen, Rom 1983, 7.

[95] Zugestimmt hat von Freeden Ch. Bouras, Akten des 13. Internationalen Kongresses für Archäologie, 1990, 271. Ablehnend dagegen H. S. Robinson, AJA 88, 1984, 423–425 mit der Vermutung, daß die von Pompeius im Jahre 62 gestiftete Summe von 50 Talenten zur Finanzierung des Baus beigetragen haben könnte. H. A. Thompson (Anm. 89) 6 und 16, Anm. 11. H. von Hesberg, Gnomon 57, 1985, 80–84. Vgl. auch R. R. R. Smith, JHS 105, 1985, 230–231.

XV. Untertänigkeit

1. Das Plebiszit des Clodius

Indem Sulla im Frühjahr 86 den Athenern, die das mit der Erstürmung ihrer Stadt verbundene Morden überlebt hatten, Verzeihung gewährte, verzichtete er darauf, die Stadt zu bestrafen, wie dies nach ihrem Beitritt zum Kriege gegen Rom hätte erwartet werden können. Athen war mithin nach dem Kriege wieder, was die Stadt vor dem Kriegsausbruch gewesen war: Ein mit Rom verbündeter, von Rom rechtlich unabhängiger Staat. Dabei sollte es, wie die kommenden Ereignisse lehrten, für dreißig Jahre bleiben. Zwar ist es richtig, daß Athen im Jahre 74 auf Veranlassung eines römischen Amtsträgers, des Lucius Marcilius, in einem Rechtsstreit zwischen der Stadt Gytheion in Lakonien und ihren römischen Geldgebern, den Cloatiern, als Richter tätig wurde, und es könnte daher scheinen, als habe der Römer, damals ein Legat des mit der Bekämpfung der Seeräuber betrauten Praetors Marcus Antonius, die Stadt angewiesen, diese Rolle zu übernehmen. Sehr viel wahrscheinlicher ist aber, daß er Athen ersucht hat, diese Funktion auszuüben, nachdem die vor ihm erschienenen Parteien dies entweder vorgeschlagen oder einem entsprechenden Vorschlag zugestimmt hatten.[1] Die Volksversammlung Athens hatte schwerlich eine andere Wahl, als dem Ersuchen stattzugeben, aber die diplomatische Form blieb gewahrt, die Souveränität der Stadt unangetastet.

Ebenso dürfte ein anderer Fall zu beurteilen sein, in dem ein römischer Amtsträger einen athenischen Gerichtshof um Rechtshilfe ersuchte, konkret darum, an seiner Statt das Urteil in einer Mordsache zu fällen.[2] Es war im Jahre 68 v. Chr., als in Smyrna in der Provinz Asia dem römischen Statthalter Publius Cornelius Dolabella eine Frau, offenbar von den Behörden der Stadt, zur Aburteilung vorgeführt wurde. Sie hatte gestanden, ihren Ehemann und den gemeinsamen Sohn ermordet zu haben, weil beide zusammen ihren Sohn aus erster Ehe umgebracht hatten. Der Statthalter stand vor dem Dilemma, die Frau trotz des von ihr verübten und zugegebenen Doppelmordes mit Rücksicht auf die guten Gründe, die sie zu der Tat getrieben hatten, freizusprechen oder sie, ohne Rücksicht auf diese

[1] Die in Gytheion gefundene Urkunde ist neu herausgegeben und kommentiert von L. Migeotte, L'emprunt public dans les cités grecques, Québec 1984, 90–96. Vgl. auch Ch. Le Roy, Ktema 3, 1981, 261–265. Die Rolle Athens in Zeile 12 der Inschrift.

[2] Valerius Maximus 8, 1, *amb.* 2. Dasselbe berichten, mit geringen Abweichungen, Gellius 12, 7 und (nach Valerius Maximus) Ammian 29, 2, 19.

Motive, zu verurteilen. Er verfiel auf den ingeniösen Ausweg, das Verfahren einer anderen Instanz zu übertragen, dem Areopag von Athen, der seit Jahrhunderten für Fälle vorsätzlicher Tötung die zuständige Instanz der Stadt gewesen war. So außerordentlich der Rechtsfall war, so außerordentlich war der Schritt Dolabellas: daß er die Sache weder selbst entschied noch dem Gericht der Stadt (oder einer unbeteiligten Stadt seiner Provinz) überließ, sondern sich mit dem Ersuchen um ein Urteil an den Mordgerichtshof einer mit Rom verbündeten Stadt wandte. Ebenso außerordentlich aber war der Spruch des Areopags, der vor dem gleichen Dilemma wie Dolabella stand. Die Areopagiten setzten den Termin für die Verhandlung an und beschieden den Ankläger und die Angeklagte, zu ihm in einhundert Jahren vor ihnen zu erscheinen. Die Sache war im Altertum weithin bekannt[3] und hat offenbar zum Ruhme des Areopags in römischer Zeit beigetragen. Alles spricht dafür, daß Dolabella mit seinem Ersuchen die Souveränität Athens respektiert hat.

In flagranter Weise wurde sie jedoch im Jahre 58 verletzt, durch ein Plebiszit des Volkstribunen Publius Clodius, die *lex Clodia de provinciis consularibus*. Um sich die beiden amtierenden Konsuln zu verpflichten, wies Clodius durch dieses Gesetz, unter Mißachtung entgegenstehender gesetzlicher Vorschriften, ihnen namentlich benannte, besonders große und einträgliche Provinzen zu, dem L. Calpurnius Piso (er war der Schwiegervater Caesars) Makedonien, dem Aulus Gabinius zunächst Kilikien, sodann durch ein zweites Plebiszit Syrien. Neu war, daß Pisos Amtsgewalt, auf Antrag des Tribunen und auf Geheiß der Versammlung der Plebs, weit über die Grenzen der Provinz *Macedonia* und der seit dem Jahre 146 der Aufsicht des dortigen Prokonsuls unterstehenden Teile Griechenlands hinaus ausgedehnt und eben auch auf souveräne griechische Staaten erstreckt wurde.[4] Daß Pisos Amtsbereich auch Athen einschloß, seine Amtsgewalt sich auch auf die Stadt und ihr Territorium erstreckte, wird von seinem Zeitgenossen Cicero ausdrücklich gesagt.[5]

Der Vorgang ist in mehrfacher Hinsicht bemerkenswert, zunächst dadurch, daß mit ihm Athens Souveränität verletzt, oder richtiger: ignoriert wurde, ferner dadurch, daß dies nicht durch den für die äußeren Angele-

[3] Ammian 29, 2, 18: «exemplum... illud antiquitati admodum notum.»

[4] Die Zeugnisse bei G. Rotondi, Leges publicae populi Romani, Mailand 1912, 393–394. Eine eingehende Behandlung ist von J.-L. Ferrary zu erwarten, dem ich für mündliche und schriftliche Belehrung in dieser Angelegenheit dankbar verpflichtet bin.

[5] In der gegen Piso nach dessen Rückkehr im Jahre 55 v. Chr. gehaltenen Senatsrede 37: «Omnis erat tibi Achaia, Thessalia, Athenae, cuncta Graecia addicta.» Ebenda 96 heißt es, Piso habe in den Jahren seiner Statthalterschaft die ihm anvertrauten Gebiete ruiniert: «Achaia exhausta, Thessalia vexata, laceratae Athenae.» Dies ist von persönlichem Haß verzerrte Polemik, die nicht ernst zu nehmen ist. Zutreffend muß dagegen sein, daß alle genannten Gebiete Piso tatsächlich unterstellt worden waren. So auch Cicero, *de dom.* 23 und 60.

genheiten zunächst zuständigen Senat geschah, sondern durch einen Volkstribunen und die ihm verpflichtete Versammlung der Plebs. Nicht minder erstaunlich ist, daß nicht etwa Entwicklungen auf dem Boden Griechenlands zu dieser Ausweitung des direkten römischen Herrschaftsgebietes führten, sondern interne Gesichtspunkte römischer Politik. Damit sollte offenbar römischen Gläubigern eine Handhabe gegen bei ihnen verschuldete freie Städte gegeben und die Möglichkeit eröffnet werden, sie vor dem Gericht des Prokonsuls zu verklagen, was nach den Bestimmungen eines Senatsbeschlusses vom Jahre 60 und denen von Caesars Repetundengesetz von 59 nicht möglich gewesen war.[6] Mögen mithin die praktischen Folgen des Plebiszits für Athen verhältnismäßig gering gewesen sein, so ist doch nicht zweifelhaft, daß es die souveräne Stadt der Autorität eines römischen Amtsträgers unterwarf. Beweisend ist, über die klaren, aber gegen Clodius voreingenommenen Aussagen Ciceros hinaus, die Weihung eines Kultvereins an Hermes auf Delos in lateinischer und griechischer Sprache, denn als einzige Inschrift von Delos ist sie nach dem Prokonsul von Makedonien (statt nach dem athenischen Epimeleten oder dem athenischen Archon) datiert, eben nach Lucius Calpurnius Piso, der mit der Jurisdiktion über Athen auch diejenige über das athenische Delos erhalten hatte.[7] Mit diesem Gesetz des Clodius vom Jahre 58 wurde die Stadt von einem Partner zum Untertanen Roms. Es ist sicher, daß die durch diese *lex Clodia* geschaffene Lage mit dem Ende der Statthalterschaft des Piso im Jahre 55 ihr Ende fand und daß Athen somit den Status einer mit Rom verbündeten Macht zurückgewann. Aber nach allem, was vorausgegangen war, war dies kaum mehr als ein Wandel von der formellen zur tatsächlichen Untertänigkeit. Denn der Eindruck des Geschehenen blieb doch im Bewußtsein der politisch Denkenden haften, sowohl in Athen wie in Rom, und was einmal geschehen war, konnte sich wiederholen, solange der römische Partner dem athenischen an Macht so außerordentlich überlegen war. Die Behörden der *de iure* souveränen Stadt hatten nur bescheidene Möglichkeiten, sich Forderungen der römischen Regierung und ihrer Repräsentanten zu widersetzen, und nicht viel bessere, wenn einflußreiche römische Privatpersonen eigene Wünsche mit Entschiedenheit vorbrachten. Nur so dürfte sich erklären, daß der Areopag dem Schwiegersohn des einst allmächtigen Diktators Sulla, Gaius Memmius, gestattete, sich einen Palast an der Stelle zu bauen, an der das Haus Epikurs stand, und daß selbst Cicero sich nicht zutraute, die Aufhebung dieses Beschlusses beim Areopag durchsetzen zu können.[8] Es verging weniger als ein Jahrzehnt, ehe mit dem Ausbruch des Bürgerkrieges zwischen Caesar und Pompeius Bedingungen eintraten, die

[6] Ich verdanke diese Präzisierung J.-L. Ferrary.

[7] I Délos 1737 von 57/6 oder 56/5. R. Etiennes Versuch, diesen Text ins Jahr 115/4 zu datieren (Ténos II, Paris 1990, 255, Nr. 4), scheint mir verfehlt.

[8] Cicero, *Att.* 5, 11, 6.

es den römischen Akteuren gar nicht mehr gestatteten, Rücksichten auf den privilegierten Status griechischer Staaten zu nehmen, die ihn besaßen.

Im gleichen Jahr 58 wurde durch ein Gesetz der Konsuln die Insel Delos von bestimmten Abgaben *(vectigalia)* befreit, die ihr von Sulla auferlegt worden waren, nachdem die pontischen Truppen des Königs Mithridates die Insel seinerzeit wieder geräumt hatten.[9] Delos, das noch immer athenischer Besitz war, hatte zehn Jahre zuvor, während des Dritten Mithridatischen Krieges, erneut schwer gelitten. Der mit dem pontischen König verbündete Pirat Athenodorus hatte im Jahr 69 Delos überfallen, viele der gefangenen Bewohner in die Sklaverei verkauft und Götterbilder zerstört oder beschädigt.[10] Im Zuge dieser Gewalttaten ging auch ein kürzlich von den französischen Ausgräbern freigelegtes Haus in Flammen auf und mit ihm ein privates Archiv, von dem nur noch vierzehntausend durch das Feuer gehärtete Tonsiegel übrigblieben, die einst den Urkunden angeheftet waren. Gesammelt waren dort Urkunden von mindestens sechzig Jahren, denn das älteste erhaltene und datierte Siegel ist vom Jahre 128/7.[11] Noch im gleichen Jahr wurde Delos von Gaius Valerius Triarius, einem Unterführer des römischen Oberkommandierenden Lucullus, zurückerobert. Triarius wurde bei seinen Operationen von Kriegsschiffen unterstützt, die die Städte Smyrna und Milet in Ionien auf römische Anforderung hin ausgerüstet und bemannt hatten. Triarius ist damals von der Bewohnerschaft der Insel und von diesen Schiffsbesatzungen durch mehrere Denkmäler in Delos geehrt worden, und er hat, unter tätiger Mitwirkung dieser Besatzungen, einen mit Türmen versehenen Wall gebaut, der die Insel in der Zukunft besser schützen sollte.[12] Diese Mauer des Triarius ist im Gelände nachgewiesen worden und über eine größere Strecke noch faßbar.[13] Sie ist auch in der viel später geschriebenen Chronik des Phlegon von Tralles erwähnt.[14]

Im Gesetz der Konsuln von 58 über Delos ist von Mithridates, von den Seeräubern und von den durch sie angerichteten Zerstörungen die Rede. Das Gesetz war ein auf die Initiative des Senats zurückgehender Versuch,

[9] I Délos 1511, jetzt mit verbesserten Lesungen und Ergänzungen sowie mit eingehendem Kommentar mehrerer Gelehrter neu herausgegeben von C. Nicolet, Insula sacra. La loi Gabinia-Calpurnia de Délos (58 av. J.-C.), Paris 1980.

[10] Phlegon, FGrHist 257, F 12, 13.

[11] M.-F. Boussac, RA 1988, II 307–340. Oben, S. 248, Anm. 5.

[12] I Délos 1621. 1855–1858. Dazu vor allem J.-L. Ferrary in der in Anm. 9 genannten Arbeit, 35–44. Triarius hat in diesem Jahr, vielleicht zur Entlohnung der Arbeiter, Bronzemünzen prägen lassen, von denen bisher neunzehn auf der Insel gefunden wurden, eine weitere auf der Agora von Athen (Kroll, Coins 84 und 250, Nr. 830).

[13] Ph. Bruneau – J. Ducat, Guide de Délos, Paris ³1983, 198–199, Nr. 69 mit dem Plan 2 bei S. 161 und dem Plan 6 bei S. 247.

[14] Phlegon, FGrHist 257, F 12, 13. Die Chronik stammt aus der Zeit des Kaisers Hadrian.

die wirtschaftliche Lage der Insel zu bessern; der Erfolg mußte auch Athen zugute kommen. Es liegt Ironie darin, daß einer der beiden Konsuln, die es dem Volk vorlegten, Piso, eben damals durch das Plebiszit des Clodius zum Herrscher über Athen gemacht wurde, und darin, daß die Konsuln in ihrem Gesetz von der «Treue Athens, dieser hochberühmten Stadt» in einem Augenblick sprachen, in dem die Rechte dieser Stadt mit Füßen getreten wurden.[15]

Delos muß durch den Ersten Mithridatischen Krieg einen erheblichen Rückgang seines Handels erfahren haben, doch erwecken die Inschriften von der Insel schon wenige Jahre nach dem Friedensschluß wenigstens den Anschein, als sei man zu den Verhältnissen der Vorkriegszeit zurückgekehrt. Mehrere Zeugnisse aus dem Jahre 80/79 vermitteln durchaus die Vorstellung der Normalität, einmal die Ehrung des römischen Proquaestors Manius Aemilius Lepidus durch «die Delos bewohnenden Athener, Römer und die anderen Griechen sowie die anwesenden Kaufleute und Reeder»,[16] aus dem gleichen Jahr und von den gleichen Kreisen die Ehrung eines anderen Römers, des Titus Manlius Torquatus,[17] und die Ehrung des Gymnasiarchen, der kein anderer ist als der Sohn des gerade amtierenden Epimeleten von Delos, durch die Epheben.[18] An weiteren Zeichen der zumindest äußerlichen Normalisierung fehlt es in den folgenden Jahren nicht.[19]

Nach der neuen Katastrophe des Jahres 69, aber noch vor dem Gesetz der Konsuln von 58, haben das Volk der Athener auf der Insel und der private Kultverein der Pompeiasten, im Jahre 65 oder wenig später, ein Denkmal zu Ehren des Pompeius Magnus errichtet.[20] Zum letzten Mal erscheinen «die Römer in Delos» im Jahre 54/3, als sie, gemeinsam mit den ansässigen Athenern, den Kaufleuten und Reedern, den amtierenden Epimeleten der Insel mit einer Statue auszeichneten.[21] Im Jahre 48 waren es dann die dort ansässigen Athener allein, die dem Imperator Caesar, sogleich nach seinem Sieg über Pompeius bei Pharsalos, mit einer Statue huldigten.[22]

[15] Zeilen 6–7 des in Anm. 4 genannten Gesetzes.

[16] I Délos 1659. Lepidus ist im gleichen Jahr im ionischen Priene geehrt worden, I Priene 244.

[17] I Délos 1660. Für Torquatus siehe T. Broughton, The Magistrates of the Roman Republic, III, Atlanta 1986, 136–137.

[18] I Délos 1935.

[19] Vgl. Ferrary in der in Anmerkung 9 genannten Arbeit.

[20] I Délos 1641.

[21] I Délos 1662.

[22] I Délos 1587 mit der Ergänzung von Zeile 4 durch A. E. Raubitschek, JRS 44, 1954, 65.

2. Römer in Athen

Die ersten römischen Besucher, von denen die Überlieferung spricht, waren im Jahre 228 die Abgesandten des Senats, die gekommen waren, um die militärische Intervention Roms in Illyrien zu erklären. Seit dem Jahre 200 kamen dann immer wieder römische Militärpersonen hohen und niedrigen Ranges, Soldaten und Matrosen zu kürzeren oder längeren Aufenthalten. Alle zivilen Besucher, von denen man weiß, waren für längere Zeit Standespersonen, teils in offizieller Mission, Gesandte vor allem, teils Statthalter von Provinzen auf der Durchreise. Die athenische Gesandtschaft der drei Philosophen im Jahre 155 hatte die gebildeten Schichten Roms mit griechischer Philosophie und Beredsamkeit in Berührung gebracht, und so bürgerte es sich seit dieser Zeit ein, daß Angehörige dieser Schichten, die der Weg nach oder über Athen führte, dort auch Vorlesungen der Philosophen und Rhetoren besuchten. Der nächste Schritt war, daß sie ihre Söhne für längere Zeit zu Studienaufenthalten dorthin schickten.

Waren alle diese Personen Besucher der Stadt, die in ihr kürzer oder länger verweilten, so wurden andere Römer in Athen ansässig. Wie in anderen Teilen der griechischen Welt, so begegnen uns auch in Athen und Attika seit dem 2. Jahrhundert v. Chr. in wachsender Zahl Einwohner mit römischen Namen oder mit Namen, die griechische und römische Namensbestandteile haben.[23] Viele von ihnen sind als Ῥωμαῖοι (Romaioi) bezeichnet, d. h. als römische Bürger oder Italiker, denn auch diese werden im 2. Jahrhundert so genannt, ehe sie im Laufe der Jahre 90–88, in der Folge des Bundesgenossenkrieges, auch im rechtlichen Sinne Römer wurden. Wer dieses Ethnikon führt, ist jedenfalls nicht Bürger der Stadt Athen. Aber viele andere mit römischen Namen oder römischen Namensbestandteilen, die es nicht führen, sind durch ein attisches Demotikon oder durch die Angabe einer athenischen Phyle, der sie angehören, als athenische Bürger gekennzeichnet. Die Daten werden fast ausnahmslos durch Inschriften vermittelt; ihrer Auswertung muß in jedem Fall die Prüfung vorausgehen, ob der Betreffende seiner Herkunft nach Römer oder gebürtiger Athener war.

Diese Prüfung führt nicht immer zu einem klaren Ergebnis. So kann z. B. Λεύκιος *(Leukios)* sowohl einen Römer mit dem Praenomen *Lucius* wie einen Griechen bezeichnen, denn Λεύκιος ist ein alter griechischer,

[23] Das Thema wurde jüngst in weiterem, über Athen und Attika hinausgreifendem Rahmen von R. M. Errington förderlich besprochen, Aspects of Roman acculturation in the East under the Republic (Alte Geschichte und Wissenschaftsgeschichte, Festschrift Karl Christ, Darmstadt 1988, 140–157). Die hier folgenden Ausführungen sind dieser Studie verpflichtet.

vor allem in Ionien und Attika verbreiteter Name.[24] Nur wo er mit einem römischen Gentilnamen verbunden ist, ist die römische Herkunft der Familie seines Trägers sicher, auch wenn dieser selbst das athenische Bürgerrecht besitzen kann.[25] Unklar sind oft auch Fälle mit einem römischen und einem griechischen Namensbestandteil, dann nämlich, wenn das römische Element das Praenomen und nicht das *nomen gentile* ist wie im Falle des Seleukos, Sohnes des *Marcus*, von Marathon. Dieser war im Jahre 153/2 ein am Fest der Theseia siegreicher Knabe der zweiten Altersstufe, im Jahre 129/8 Gymnasiarch in Delos und in der zweiten Hälfte des Jahrhunderts ein Mitglied des Strategenkollegiums.[26] Nichts spricht dafür, daß sein Vater *Marcus*, der etwa um das Jahr 200 v. Chr. geboren war, römischer Abkunft war, alles vielmehr dafür, daß diesem sein Vater einen römischen Namen gab zu einer Zeit, als zwischen Athen und Rom die ersten engen Kontakte geknüpft wurden. Ebenso dürfte es mit *Marcus*, Sohn des Plutarchos, von Phaleron stehen, der kurz vor 60 v. Chr. Mitglied des Rates von Athen war,[27] und mit dem Schwerathleten Menodoros, Sohn des *Gnaeus*, athenischer Bürger im späteren 2. Jahrhundert v. Chr.[28]

Während des ganzen 2. Jahrhunderts v. Chr. ist nur ein einziger Römer bekannt, der innerhalb des athenischen Staatswesens eine öffentliche Funktion versah, nämlich Σπόριος (Spurius) Ρωμαῖος, einer von mehr als sechzig Hieropen für das Fest der Ptolemaia im Jahr des Archons Lysiades, um 150 v. Chr.[29] Seit etwa 130 v. Chr. wurde die bis dahin nur Bürgersöhnen zugängliche Ephebie auch für Fremde geöffnet, und zum ersten Male sind Fremde, getrennt von den Bürgersöhnen, für das Jahr 123/2 aufgeführt, und zwar vierzehn (aus einer Gesamtzahl von mindestens 108), von denen

[24] Er ist in der voraugusteischen Zeit in mindestens zwölf verschiedenen athenischen Demen bezeugt. Es kommt jedoch noch immer vor, daß der Name ohne weiteres, und ohne Einschränkung, als römischer Name verstanden wird, z. B. von E. Rawson, Athenaeum 73, 1985, 64.

[25] So war Λεύκιος Ποπίλλιος ἐξ Οἴου (IG II² 2461, 6) römischer Abstammung, aber athenischer Bürger der Phyle Leontis und des Demos Oion Kerameikon, Λεύκιος Λευκίου Ῥωμαῖος (IG II² 2460, 5) römischer Bürger, Λεύκιος Θεογείτονος Πειραιεύς (IG II² 2463, 9) dagegen gebürtiger Athener.

[26] IG II² 958, II 74 (Knabensieger). I Délos 2589, 48 und 1558 (Gymnasiarch). IG II² 2866 (Stratege).

[27] Agora XV 267, 11.

[28] L. Moretti, Iscrizioni agonistiche greche, Rom 1953, Nr. 51.

[29] IG II² 1938, 40. Von dem nur wenig später eine Beamtenfunktion wahrnehmenden Μάαρκος (IG II² 1939, 15) läßt sich nicht mit Sicherheit sagen, daß er Römer war. Im Unterschied zu den übrigen 66 Namen dieser Liste ist ihm weder ein Vatersname, noch ein Demotikon beigegeben, aber eben auch kein Ethnikon. Der Γάιος Γαίου Ἀχαρνεύς, der in Delos in den Jahren 128/7, 115/4 und 97/6 verschiedene Priestertümer versah (eventuell handelt es sich um Vater und Sohn; Tracy, IG II² 2336, S. 195), kann trotz der römischen Praenomina in zwei Generationen sehr wohl gebürtiger Athener gewesen sein.

vier als «Römer» bezeichnet sind.[30] Sie wurden mit dem Ende ihres Dienstes stimmberechtigte Bürger und waren ein Jahrzehnt später, im Alter von dreißig Jahren, auch zur Mitgliedschaft im Rat und zur Bekleidung von Magistraturen qualifiziert. Es gibt jedenfalls kein Zeugnis, daß vor ihnen auch nur ein einziger römischer Bürger das athenische Bürgerrecht erhalten hätte.

Es ist aber andererseits sicher, daß sich römische Bürger während des 2. Jahrhunderts in wachsender Zahl in Athen niederließen, für kürzere oder längere Zeit. Aber sie wurden eben nicht naturalisiert, hatten vielleicht auch selbst nicht den Wunsch, das athenische Bürgerrecht zu erwerben, zumal dessen Annahme den Verlust der römischen Civität nach sich ziehen konnte (siehe unten). Ein Volksbeschluß aus der Zeit um die Mitte des Jahrhunderts zeigt indessen, daß ihnen andere Privilegien verliehen werden konnten wie das der *Enktesis*, d. h. das sonst nur Bürgern zustehende Recht, Grundeigentum in Attika zu erwerben.[31] Der betreffende Volksbeschluß enthält die einzige bekannte Verleihung dieses Rechts an einen Römer und dessen letzte bekannte Verleihung überhaupt.

Im 1. Jahrhundert v. Chr. sind dann gebürtige Römer, die im Besitz des athenischen Bürgerrechts sind, keine Seltenheit mehr, und in der zweiten Hälfte des Jahrhunderts sind sie offenbar zahlreich gewesen. Vom Münzmeister Κόιντος (Quintus) der Jahre 89/8 und 86/5 läßt sich, da von seinem Namen nur das römische Praenomen bekannt ist, nicht sicher sagen, daß er römischer Abkunft war. Im Kollegium der Archonten begegnen römische Namen im Jahre 56/5 für den eponymen Archon Κόιντος Κοίντου Ῥαμνούσιος *(Kointos Kointou Rhamnusios)* und den Thesmotheten Λεύκιος Δέκμου Πειραιεύς *(Leukios Dekmou Peiraieus)*[32] sowie für den Thesmotheten von 14/3, Ἀθήναιος Μαάρκου Στειριεύς *(Athenaios Maarkou Steirieus)*.[33] Alle drei können römischer Herkunft, können aber sehr wohl auch athenische Bürger und Söhne athenischer Väter gewesen sein. Erst für einen Thesmotheten der augusteischen Zeit, Λεύκιος Σέππιος Κηφισιεύς *(Leukios Seppios Kephisieus)*, ist, wegen des römischen Geschlechtsnamens, Abkunft von einer römischen Familie sicher.[34] Kurz

[30] IG II² 1031, 4. 5. 11. 12, als Teil des Dekrets IG II² 1006 vom Jahre 123/2 erkannt von O. Reinmuth, Hesperia 41, 1972, 185–191 (übersehen von Errington, [Anm. 23] 149). Die im gleichen Dekret genannten Bürgersöhne [Γ]άιος Γαίου Πειραιεύς und Γάιος Μαάρκου Μελ[ιτεύς] (IV 106 bzw. III 122) sind nicht notwendig römischer Abstammung gewesen.

[31] IG II² 907 für Λεύκιος Ο[--] Ῥωμαῖος mit dem Kommentar von Jan Pečirka, The Formula for the Grant of Enktesis in Attic Inscriptions, Prag 1966, 118–120. Der Beschluß wurde innerhalb der Jahre von 169 bis 134 v. Chr. aufgeschrieben (Tracy, ALC 148).

[32] IG II² 1717, 1–2; 13.

[33] IG II² 1721, 10.

[34] IG II² 1922, 9. Zur Datierung P. Graindor, Chronologie des archontes athéniens sous l'empire, Cairo 1920, 50, Nr. 16.

vor der Mitte des Jahrhunderts, in den Jahren 60/59 und 59/8, sind jedoch zwei athenische Beamte (unbekannter Funktion) römischen Ursprungs bezeugt, nämlich *Decimus Aufidius* und *Publius Ofrius*; sie müssen, als Magistrate der Stadt, athenische Bürger gewesen sein.[35] Etwa um die gleiche Zeit begegnet man auch den ersten Athenern römischer Herkunft als Mitgliedern des Rates der Stadt.[36] Man wird im Lichte des Vorstehenden sagen können, daß gebürtige Römer, die sich in Athen niederließen, erst seit dem letzten Viertel des 2. Jahrhunderts die Möglichkeit hatten, das athenische Bürgerrecht für sich (oder eher: für ihre Söhne) zu erwerben, nämlich durch den Beitritt zur Ephebie. Es ist gewiß kein Zufall, daß Verleihungen des Bürgerrechts durch Dekrete der Ekklesie im späteren 2. Jahrhundert nicht mehr bezeugt sind. Entweder wurden sie nicht mehr (bzw. nur noch sehr selten) ausgestellt, oder man verewigte sie nicht mehr in einer Steinaufzeichnung.[37] Ganz abgekommen sind Bürgerrechtsverleihungen damals schwerlich, aber ihre Zahl dürfte geringer geworden sein: Die Öffnung der Ephebie für Nichtathener machte sie weitgehend entbehrlich. Es stimmt zu diesen Gegebenheiten, daß sich athenische Neubürger römischer Abstammung als Beamte der Stadt oder als Mitglieder des Rates nicht vor dem 1. Jahrhundert nachweisen lassen, gelegentlich in der ersten, relativ häufig in der zweiten Hälfte.

Bei den in immer größerer Zahl während der letzten beiden vorchristlichen Jahrhunderte in der östlichen Mittelmeerwelt auftauchenden Römern und Italikern denkt man in erster Linie an Steuerpächter, Geldverleiher und Kaufleute sowie ihr Personal. Ihnen und ihren vielfach parasitären Praktiken sind aufschlußreiche Studien gewidmet.[38] Es ist Malcolm Errington's Verdienst, in seinem in Anmerkung 23 zitierten Aufsatz darauf hingewiesen zu haben, daß es viele andere gab, die nicht Profitstreben, sondern Neigung in die griechische Welt zog, die es vorzogen, dauernd inmitten einer griechischen Umwelt zu leben wie Titus Albucius (S. 294) oder für lange Zeit wie Titus Pomponius Atticus. Sie kamen nicht, um die Bürger einer griechischen Stadt auszubeuten, sondern um in ihr zu studieren, inmitten ihrer Bürgerschaft zu leben, an den Aktivitäten der Gemeinde teilzuhaben. Sie integrierten sich, trugen mit ihrem Vermögen zu den Aufgaben und Ausgaben der Stadt bei und erwarben oft ihr Bürgerrecht. Cicero, der im Jahre 56 einen aus Spanien gebürtigen Helfer Caesars, Corne-

[35] IG II² 1716, col. III 18; col. II 20. Errington (Anm. 23) 155.

[36] Agora XV 272, 2. 272, 14. 272, 53, beide Urkunden um 50 v. Chr. Wenig später sind Agora XV 285, 7. XV 286, 28. 286, 51 und Hesperia 47, 1978, 296, Nr. 21, Zeilen 19 und 26.

[37] Osborne, Naturalization 2, 1982, 191, der ein Ende der inschriftlichen Aufzeichnung bald nach 140 v. Chr. konstatiert. Um 130 v. Chr. datiert Tracy die Bürgerrechtsverleihung IG II² 982 = Osborne, Naturalization 1, D 113 (ALC 241).

[38] J. Hatzfeld, Les trafiquants italiens dans l'Orient hellénique, Paris 1919. A. J. N. Wilson, Emigration from Italy in the Republican Age of Rome, Manchester 1966.

lius Balbus, mit Erfolg gegen die Anklage verteidigte, er habe das römische Bürgerrecht erschlichen, führte in seiner Rede zur Verteidigung des Angeklagten unter anderem aus, er selbst habe in Athen einige römische Bürger gesehen, die dort als Richter amtierten und Mitglieder des Areopags waren, die in einer athenischen Phyle und einem athenischen Demos eingeschrieben waren, in Unkenntnis des geltenden Rechts, wonach der römische Bürger sein Bürgerrecht verliere, der ein anderes Bürgerrecht annehme.[39] Es kann hier dahinstehen, ob diese Auffassung vom automatischen Verlust der römischen Civität bei Annahme eines fremden Bürgerrechts damals noch allgemein geteilt wurde.[40] Wesentlich ist hier, daß es zu der Zeit, als Cicero sprach, in Athen eine ganze Anzahl römischer Bürger gab, die athenische Bürger geworden waren und daraufhin als Richter und sogar, da sie als Areopagiten bezeichnet werden und nur gewesene Archonten Mitglieder des Areopags wurden, als Archonten amtiert hatten.[41] Der Zufall will es, daß gerade im Jahr seines Plädoyers dem Archontenkollegium Athens zwei Männer mit römischen Namen angehörten, die ursprünglich römische Bürger gewesen sein könnten.[42] Den umgekehrten Fall kennt man in dieser Zeit aus den philippischen Reden Ciceros vom Jahre 43, in denen er bezeugt, daß Marcus Antonius einen athenischen Bürger aus einer der ersten Familien der Stadt, Lysiades, den Sohn des epikureischen Philosophen Phaidros, mit der Aufnahme in eine der römischen Richterdekurien nicht nur in die Bürgerschaft, sondern in die führende Schicht Roms integriert hat.[43]

Lysiades' römische Karriere hat zur Voraussetzung, daß er das römische Bürgerrecht erhalten hatte. Sein Fall zeigt die andere Seite des hier behandelten Phänomens: die Integration griechischer Bürger in die römische Bürgerschaft. Dieser Prozeß begann aus verständlichen Gründen später als die Integration von Römern in griechische Gemeinden, und in größerem Umfang erst durch Caesar, Antonius und Octavian/Augustus. Er spielt innerhalb der Geschichte des hellenistischen Athen allenfalls eine minimale Rolle, hat dagegen in der Geschichte der Stadt während der Kaiserzeit große Bedeutung. Findet man im ausgehenden Hellenismus athenische Beamte mit römischen Namen, so dürfte es sich nahezu immer um Römer handeln, die das athenische Bürgerrecht erworben hatten. In der Kaiserzeit können es ebensogut Athener sein, denen das römische Bürgerrecht verliehen worden war. Ein griechisches Cognomen, das den beiden römischen Namen folgt, macht sie zumeist kenntlich.

[39] Cicero, *pro Balbo* 29–30 (vgl. *pro Caecina* 100).

[40] Man nimmt oft an, daß Atticus auf die Annahme des athenischen Bürgerrechts nur deshalb verzichtet habe (Nepos, *Atticus* 3, 1), um das römische nicht zu verlieren.

[41] Wenn man Ciceros Aussage ganz wörtlich nimmt, er habe dies in Athen selbst gesehen *(vidi egomet Athenis)*, müßte sie sich sogar auf das wesentlich frühere Jahr 79 beziehen.

[42] Oben im Text mit Anmerkung 32.

[43] Cicero, 5. *Phil.* 14; 8. *Phil.* 27. E. Rawson, Athenaeum 73, 1985, 55.

Es ist zu erwarten, daß der athenische Besitz von Delos andere Römer dazu bewogen hat, sich in Athen niederzulassen, denn es ist wenig wahrscheinlich, daß römische Geschäftsleute, die sich in wachsender Zahl in Delos einfanden, es versäumt haben sollten, Agenten in der Stadt zu unterhalten, in der alle wesentlichen Delos betreffenden Angelegenheiten entschieden wurden. Es ist auch sehr wohl möglich, daß vermögende römische Kaufleute es vorzogen, in Athen statt auf der Insel zu wohnen, und daß ihre Interessen in Delos von Beauftragten wahrgenommen wurden. Klare Zeugnisse für in Athen ansässige Römer sind allerdings vor dem frühen 1. Jahrhundert kaum zu finden, ehe sich in den achtziger Jahren Titus Pomponius Atticus dort für zwei Jahrzehnte niederließ. Zwar hat Jean Hatzfeld gemeint, in einem Dekret, das er dem 2. oder 1. Jahrhundert v. Chr. zuschrieb, in Athen ansässige Römer erwähnt zu finden, doch hatte er übersehen, daß schon zehn Jahre früher Adolf Wilhelm bewiesen hatte, daß es sich tatsächlich um Pagai in der Megaris und um dort wohnhafte Römer der Zeit Pompeius handelt.[44] Unter den Tausenden von athenischen Grabsteinen sind nur zwei des 2. Jahrhunderts für römische Bürger und ein weiterer für eine römische Dame.[45]

Unter den in Athen für längere Zeit ansässigen Römern ist endlich mehrerer Standespersonen zu gedenken, die Rom nicht freiwillig, sondern als Folge einer Verurteilung (oder um einer Verurteilung zu entgehen) verlassen, von den möglichen Orten ihres Exils aber Athen gewählt hatten. Der erste, von dem dies berichtet wird, war kein anderer als Titus Albucius, der schon vor dem Jahr 120 aus Neigung zu den Griechen und zu ihrer Kultur seinen Wohnsitz in Athen genommen hatte und der von einem aus der Provinz Asia heimkehrenden Statthalter wegen seiner Griechentümelei verspottet worden war (S. 294). Albucius war kurz vor der Jahrhundertwende zur Praetur und im Jahre danach zur Statthalterschaft von Sardinien gelangt. Nach Ablauf seines Amtsjahres wurde er angeklagt und verurteilt. Für ihn lag es nahe, daß er in der Verbannung dorthin zurückkehrte, wo zu leben er ohnehin vorzog. Er hat nach dem Zeugnis Ciceros noch längere Zeit in Athen als Anhänger Epikurs seinen philosophischen Studien gelebt.[46] Gaius Aurelius Cotta war in der erregten Atmosphäre des Bundesgenossenkrieges im Jahre 90 in einem politischen Prozeß verurteilt worden und hatte sich nach Athen begeben. Er konnte später nach Rom zurückkehren, als Sulla Ende 82 Sieger im Bürgerkrieg geblieben war, und ist im Jahre 75 zum Konsulat gelangt.[47] Gaius Mem-

[44] J. Hatzfeld (Anm. 38) 41. Ad. Wilhelm, JÖAI 10, 1907, 17–32 (Abhandlungen und Beiträge zur griechischen Inschriftenkunde 1, Leipzig 1984, 261–276).

[45] IG II^2 10153. 10155. 10157.

[46] Cicero, *Tusc.* 5, 108.

[47] E. Gruen, Roman Politics and the Criminal Courts, 149–78 B. C., Cambridge 1968, 218–219. Ebenda 237: «The dictator evidently rescinded Cotta's banishment.»

mius, der unter den in einen schweren Skandal verwickelten Bewerbern um das Konsulat für das Jahr 53 gewesen war und 52 verurteilt wurde, war ein begabter Intellektueller, der selbst dichtete und philosophische Interessen hatte. Athen mochte ihm als der für eine Verbannung erträglichste Ort erscheinen.[48]

Wenige Jahre zuvor hatte ein ungleich bedeutenderer Mann mit dem Gedanken gespielt, seine Verbannung in Athen zu verleben, Marcus Tullius Cicero. Am 29. April des Jahres 58, auf dem Wege ins Exil, aber noch vom Boden Italiens, von Brindisi aus, schrieb er dies an Atticus. Aber er verwarf den Gedanken sogleich wieder, da er glaubte, in Athen nicht sicher zu sein: «nun sind aber meine Feinde dort.»[49] So entschied er sich, obwohl er Athen vorgezogen hätte, für Thessaloniki, wo er sodann die folgenden sechs Monate verbrachte. Während der wenig späteren Bürgerkriege gehörte Athen zu den Städten, in denen die Anhänger der jeweils unterlegenen Partei eine Zuflucht fanden, wie nach der Schlacht von Pharsalos Aulus Manlius Torquatus, der dort in den Jahren 46 und 45 mit Caesars Statthalter Sulpicius Rufus Umgang hatte und mit Cicero korrespondierte.[50]

Diejenigen Römer, die sich wie Titus Albucius noch im 2. Jahrhundert oder aber in der ersten Hälfte des 1. Jahrhunderts in Athen niederließen, waren Gäste der Stadt, ansässige Fremde, in der Terminologie früherer Zeiten Metöken.[51] Im Laufe der Zeit und der sich wandelnden politischen Verhältnisse sah man in den römischen Gästen mehr und mehr die Vertreter der herrschenden Nation. Die in Athen seßhaft gewordenen Römer dürften sich selbst mehr und mehr als deren Repräsentanten empfunden haben, zu keiner Zeit stärker als in den Jahren der durch das Gesetz des Clodius bewirkten rechtlichen Untertänigkeit Athens, 58–55.

Es ist angesichts der seit langem engen politischen Bindung Athens an Rom einigermaßen überraschend, daß eine öffentliche Ehrung für einen römischen Amtsträger erst verhältnismäßig spät bezeugt ist. Es ist die des Sextus Pompeius vom Jahre 119 oder 118, der damals Prokonsul von Makedonien war und während seines Amtsjahres in der Provinz im Kampf gegen die keltischen Skordisker gefallen ist.[52] Dieses erste erhaltene Zeug-

[48] F. Münzer, RE Memmius (1931) 609–616. Zu seiner Rolle in der Affäre um Epikurs Haus s. S. 332f.

[49] Cicero, *Att.* 3, 7, 1: *quod si auderem, Athenas peterem ... nunc et nostri hostes ibi sunt et te non habemus.*

[50] Cicero, *Fam.* 6, 4, 5. F. Münzer, RE Manlius (1928) 1194–1199.

[51] Das Konzept des Metökenstatus ist in Athen anscheinend um oder bald nach 300 v. Chr. aufgegeben worden (D. Whitehead, The Ideology of the Athenian Metic, Cambridge 1977, 163–167). In einer noch unveröffentlichten Inschrift aus Rhamnus sind allerdings Metöken noch in der Mitte des 3. Jahrhunderts genannt (liebenswürdige Information von B. Petrakos).

[52] IG II^2 4100. T. R. S. Broughton, The Magistrates of the Roman Republic 3, Atlanta 1986. 160. Der Geehrte war der Großvater des Triumvirn Pompeius Magnus.

nis muß natürlich nicht von der ersten einem römischen Würdenträger erwiesenen öffentlichen Ehrung stammen, aber es ist doch bemerkenswert, daß es volle achtzig Jahre später ist als die Knüpfung enger Bindungen zwischen Athen und Rom. Und das nächstfolgende Zeugnis ist eine volle Generation später, die Statue für Gnaeus Pompeius, den Sohn des eben genannten Mannes, der um das Jahr 92 die gleiche Funktion des Statthalters von Makedonien innehatte.[53] Es folgte sodann Sulla, vermutlich in einem der Jahre 86–84, dem ebenfalls eine Ehrenstatue gesetzt wurde.[54] Zu Ende der siebziger Jahre erhielten dann kurz nacheinander die Brüder Lucullus diese Ehre in Athen, Marcus Terentius Varro Lucullus, der Konsul des Jahres 73, als Statthalter Makedoniens bald nach dem Konsulat.[55] Mit zwei Statuen wurde Lucius Licinius Lucullus, Konsul des Jahres 74 und Befehlshaber im Dritten Mithridatischen Krieg, ausgezeichnet.[56] Vor den Bürgerkriegen ist ein weiterer Prokonsul von Makedonien, Gaius Cosconius, zwischen 53 und 51 der gleichen Ehre gewürdigt worden.[57]

Zeugnisse aus dem Bürgerkrieg illustrieren die politischen Wechselfälle, denen Athen innerhalb weniger Jahre in dramatischer Folge unterworfen wurde. Am Beginn steht die Statue des Appius Claudius Pulcher, Konsul des Jahres 54, dem Pompeius im Jahre 48 die Statthalterschaft Griechenlands übertragen hatte. Seine Ehrung muß aus der ersten Jahreshälfte stammen, da er noch vor der im Sommer geschlagenen Schlacht von Pharsalos starb.[58] Den Umschwung, der sich durch die Niederlage des Pompeius in dieser Schlacht vollzog, veranschaulicht sodann im gleichen Jahre (48 v. Chr.) das zu Ehren Caesars errichtete Standbild[59] und ein weiteres aus dem Jahr danach.[60] Und nur wenige Jahre später bezeugten die Athener durch die Errichtung von Statuen zu Ehren des Brutus und Cassius Caesars Mördern ihre Reverenz.[61] Als beide nur zwei Jahre darauf bei Philippi gefallen waren, wurde ihr Überwinder Marcus Antonius zum neuen Herrn von Griechenland und Athen. Von den Ehren, deren er und seine vorzüglichsten Helfer in der Stadt teilhaftig wurden, wird an etwas späterer Stelle die Rede sein.

53 IG II^2 4101. Broughton (Anm. 52) 165–166.

54 IG II^2 4103, vollständiger Bull. épigr. 1969, 163.

55 Hesperia 23, 1954, 253, Nr. 35.

56 IG II^2 4104 und 4105 (vollständiger SEG 29, 179). Seiner Tochter Licinia gilt IG II^2 4233.

57 IG II^2 4106. Broughton (Anm. 52) 77; 2, 1952, 233, Anm. 1.

58 IG II^2 4109, Broughton (Anm. 52) 57. Im gleichen Jahr ist er von der Stadt Karystos auf Euböa geehrt worden (Hesperia 23, 1954, 128–140).

59 A. E. Raubitschek, JRS 44, 1954, 65–66. Vgl. Appian, *bell. civ.* 2, 368. Cassius Dio 42, 14, 2–3.

60 IG II^2 3222 (SEG 14, 122).

61 SEG 17, 75 (Brutus). Cassius Dio 47, 20, 4 (Brutus und Cassius).

3. In den Bürgerkriegen

Der vierjährige Krieg, den Caesar im Januar 49 mit seinem Übergang über den Grenzfluß Rubico nach Italien entfesselte, hätte von Rechts wegen eine römische Angelegenheit sein und bleiben müssen, denn es waren allein Interessen von Römern, die auf der einen wie auf der anderen Seite auf dem Spiel standen. Tatsächlich aber wurde während seiner ersten Phase, bis zur Niederlage des Pompeius bei Pharsalos im August 48, Griechenland zum hauptsächlichen Schauplatz. Die griechischen Staaten mußten hilflos mitansehen, daß sich der Krieg in ihr Land zog, nachdem Pompeius vor Caesars ungestümem Angriff Italien am 17. März 49 geräumt hatte und mit seinen Streitkräften in Griechenland gelandet war. Das große Ansehen, das er in der gesamten östlichen Mittelmeerwelt genoß, die persönlichen Beziehungen und die reichen Hilfsquellen, die ihm dort zur Verfügung standen, ließen ihn in Griechenland eine starke zweite Front aufbauen. Verstärkungen kamen zu ihm von allen Seiten, viele von weit her.

Die meisten griechischen Staaten hatten keine andere Wahl, als ihm die geforderte Unterstützung zu gewähren, mochte sie in militärischer oder materieller Hilfe oder in beidem bestehen. Athen scheint mit dem Gedanken gespielt zu haben, sich für neutral zu erklären,[62] fand sich aber jedenfalls binnen kurzem im Lager des Pompeius. Eine geringe Zahl von Schiffen, nach der vielleicht untertriebenen Angabe des Dichters Lucan nicht mehr als drei, verstärkte die dem Gegner ohnehin weit überlegene Flotte des Pompeius, die im Ionischen Meer operierte und vor allem die Aufgabe hatte, die Streitkräfte Caesars an der Überfahrt zu hindern.[63] Größer scheint das Kontingent athenischer Fußsoldaten in Pompeius' Armee gewesen zu sein, denn derselbe Lucan spricht, diesmal wohl übertreibend, davon, daß die Aushebung die ganze streitbare Mannschaft Athens «abgeschöpft» habe.[64] Das

[62] Darauf deuten die einigermaßen rätselhaften Worte Appians, *bell. civ.* 2, 293. Wenige Monate vor der entscheidenden Schlacht empfahl Caesars Legat Dolabella aus dem Lager vor Durazzo seinem bei Pompeius stehenden Schwiegervater Cicero, sich den Parteien zu entziehen und nach Athen oder an einen (anderen) ruhigen Ort zu gehen (Cic., *Fam.* 9, 9). Athen war damals allerdings schon fest auf Pompeius' Seite.

[63] Lucan, *Pharsalia* 3, 181–183: «exhausit totus quamvis dilectus Athenas, / exiguae Phoebea tenent navalia puppes / tresque petunt verum credi Salamina carinae», d.h. die Zahl der Schiffe sei so gering gewesen, daß man kaum hätte glauben können, Athen habe wirklich den Seesieg bei Salamis erfochten. So auch Livius (vermutlich Lucans Quelle) 109, fr. 36: «nam Athenienses de tanta maritima gloria vix duas naves effecere.» Caesar nennt Athen ebenfalls unter den zur Flotte beisteuernden Staaten, was nicht so aussieht, als habe es sich um eine so geringe Zahl von Kriegsschiffen gehandelt.

[64] Lucan, *Pharsalia* 3, 181: «exhausit totus quamvis dilectus Athenas» mit Housmans Paraphrase: «Athenae quamquam dilectu habito omnem eduxerunt iuventutem... «.

athenische Kontingent, auf das Pompeius große Stücke gehalten haben soll, stand in der Schlacht von Pharsalos nahe bei den italischen Legionen.[65]

Schon einige Zeit vor der Schlacht hatte Caesar, um seine Operationsbasis in Griechenland zu verbreitern, seinen Legaten Quintus Fufius Calenus mit fünfzehn Kohorten von Illyrien aus nach Süden in Marsch gesetzt. Ziel seiner Operationen sollte besonders die Peloponnes sein. Calenus zog auf dem Marsch Delphi und in Böotien die Städte Theben und Orchomenos kampflos an sich und erstürmte einige andere.[66] Es gelang ihm auch, den Piräus zu besetzen, da dieser damals nicht mehr befestigt war. Aber er vermochte Athen nicht einzunehmen, das mithin für Pompeius verteidigt wurde, und mußte sich mit der Verwüstung des Landgebiets begnügen.[67] Kurz vor der Schlacht bei Pharsalos stand er im Raum von Athen und Megara (der Isthmos war von Truppen des Pompeius gesperrt), und Caesar erwog damals, ihn an sich zu ziehen, ehe er die Entscheidung gegen die an Zahl weit überlegenen Streitkräfte des Pompeius suchte, doch bestand seine Armee angeblich darauf, sofort zu schlagen.[68]

Unmittelbar nach Caesars Sieg ergab Athen sich dem Sieger. Dieser verzieh der Stadt, wie schon Sulla, um ihrer Toten willen, d. h., wie Cassius Dio erläutert, daß er die Athener wegen ihrer Vorfahren und wegen deren Ruhm und Tapferkeit verschonte.[69] Präziser ist der Bericht Appians. Er gibt an, daß Caesars Ausspruch innerhalb der ersten zwei Tage nach der Schlacht, solange Caesar sich noch in Pharsalos aufhielt, gefallen sei. Das ist wohl möglich, denn es ist damit zu rechnen, daß eine athenische Gesandtschaft sich in Erwartung des Ausgangs in der Nähe aufhielt, bereit, dem Sieger, wer es auch sein werde, ihre Aufwartung zu machen, zu gratulieren und entweder von Verdiensten um seine Sache zu reden oder seine Gnade zu erbitten. Nach Appian habe Caesar den um Verzeihung bittenden Gesandten diese mit den Worten gewährt: «Wie oft soll Euch denn noch der Ruhm Eurer Vorfahren aus selbstverschuldetem Verderben retten?»[70] Die verbale Züchtigung, so unverdient sie war, war ein erträglicher Ausgang. Megara harrte, anders als Athen, auch nach der Schlacht noch an der Seite der Unterlegenen aus; die Stadt wurde von Calenus teils mit Gewalt, teils mit Hilfe von Verrat eingenommen und schwer bestraft, ehe Calenus eine Legion für Caesars ägyptischen Feldzug abgeben mußte.[71]

Ähnlich die Übersetzungen von W. Ehlers und J. D. Duff.

[65] Appian, *bell. civ.* 2, 315.

[66] Caesar, *bell. civ.* 3, 56. Cassius Dio 42, 14, 1.

[67] Cassius Dio 42, 14, 1. Der in Athen begrabene N. Granonius aus Luceria, Centurio in der 2. Legion des Pompeius, ist vermutlich bei diesen Kämpfen gefallen (A. Degrassi, Inscriptiones Latinae Liberae Rei Publicae I², Göttingen 502).

[68] Plutarch, *Caesar* 43, 1.

[69] Cassius Dio 42, 14, 2.

[70] Appian, *bell. civ.* 2, 368.

[71] Cassius Dio 42, 14, 3. Plutarch, *Brutus* 8, 2. Calenus wurde in diesem Jahr durch

Athen bedankte sich für die von Caesar erwiesene Gnade durch die Aufstellung seiner Statue, deren Inschrift ihn als «Retter und Wohltäter» pries.[72] Auch Sulla hatte ja, nachdem er die Stadt erstürmt und die Überlebenden begnadigt hatte, in Athen ein Standbild erhalten. Eine weitere Statue Caesars mit ähnlicher Inschrift hat damals die Gemeinde athenischer Bürger auf Delos geweiht.[73]

Die Annahme ist verbreitet, daß Caesar im folgenden Jahr, nach dem Ende des Alexandrinischen Krieges und dem Sieg über Pharnakes von Pontos, Athen auf seiner Rückreise nach Rom besucht habe. Aber sicher ist allein, daß Cicero, der in Brindisi auf Caesars Rückkehr wartete, im August 47 in einem Brief an Atticus Zweifel äußerte, daß Caesar am 1. September in Athen sein könne, da er offensichtlich noch in Kleinasien aufgehalten werde.[74] Es ist keineswegs sicher, daß er Athen damals tatsächlich besuchte, und alle Vermutungen über Einzelheiten des vermeintlichen Aufenthalts, wie die, daß er den Baubeginn der Römischen Agora überwacht habe,[75] sind Spekulationen ohne Boden.

Der Bürgerkrieg nahm danach zwar noch für die Dauer von eineinhalb Jahren seinen Fortgang, doch waren Afrika und Spanien die Kriegsschauplätze dieser Zeit und nicht mehr Griechenland. Die Mehrzahl der heute noch vorhandenen Nachrichten über Athen in diesen Jahren stammt bemerkenswerterweise von einem Römer, von Marcus Tullius Cicero. Sie finden sich in seiner Korrespondenz und in den späten philosophischen Schriften. Das liegt einmal daran, daß ein ihm befreundeter Konsular, der Jurist Servius Sulpicius Rufus, in den Jahren 46 und 45 der von Caesar ernannte Statthalter der Provinz Achaea war und sich offenbar viel in Athen aufhielt, zum anderen daran, daß in den Jahren 45 und 44 Ciceros Sohn Marcus, wie so viele andere vornehme junge Römer, zu Studienzwecken in Athen war und Cicero seinetwegen mit mehreren führenden Bürgern der Stadt und mit Atticus korrespondierte, der dafür zuständig war, dem jungen Mann die für seinen Lebensunterhalt notwendigen Geldmittel anzuweisen.

Besonders bemerkenswert sind zwei in Athen geschriebene Briefe des Sulpicius Rufus an Cicero, der erste vom März, der zweite von Ende Mai 45. Im ersten sucht Rufus den Freund über den Tod seiner Tochter Tullia zu trösten, der Cicero für einige Zeit ganz aus dem Gleichgewicht gebracht hatte. Unter anderem fordert er ihn auf, den persönlichen Verlust in Relation zu größeren Ereignissen zu sehen, dem Untergang bedeutender Städte

Statuen an verschiedenen Orten geehrt, so in Oropos (IG VII 380) und in Olympia (I Olympia 330).

72 A. E. Raubitschek, JRS 44, 1954, 65–66; vgl. ebenda 68–69 zu IG II² 3222.

73 I Délos 1587 mit Raubitscheks Ergänzung (Anm. 72) 65.

74 Cicero, *Att.* 11, 21, 2. Mit einem Besuch Caesars in Athen im Jahre 47 rechnet z. B. auch M. Gelzer, Caesar⁶ (1960) 241.

75 T. L. Shear, Jr., Hesperia 50, 1981, 358.

und des römischen Staates. Er habe kürzlich auf einer Fahrt im Saronischen Golf Ägina, Megara, Piräus und Korinth vor Augen gehabt, alle einst blühende Städte, jetzt aber «dahingestreckt und zerstört» *(oppida quodam tempore florentissima..., nunc prostrata et diruta)*. Auch sei Tullia aus dem Leben geschieden, nachdem sie alles Schöne fast bis zur Neige ausgekostet habe, der römische Staat jedoch gestorben war.[76] Zu dieser Zeit existierte tatsächlich das 146 zerstörte Korinth noch nicht wieder – es wurde einige Monate später von Caesar als römische Kolonie erneut ins Leben gerufen. Megara hatte, wie erwähnt, durch Calenus kürzlich empfindlich gelitten. Aber über die beiden anderen Städte ließ sich wahrheitsgemäß nur sagen, daß sie in der Gegenwart weit hinter älteren und besseren Zeiten zurückstanden. Bedingt durch die Absicht des Briefschreibers ist seine Aussage weit übertrieben, wie auch die Bemerkung über den Untergang des Staates zwar mit Ciceros Urteil übereinstimmte, im Munde eines Mannes jedoch eigenartig klingt, der nicht verschmähte, Statthalter Caesars zu sein.

Wenige Monate später, am 31. Mai, schrieb Sulpicius Rufus erneut an Cicero, aus traurigem Anlaß. Er hatte ihm den Tod eines gemeinsamen Freundes mitzuteilen.[77] Es war Marcus Claudius Marcellus, im Jahre 51 sein Kollege im Konsulat, der sich damals als einer der schärfsten und härtesten Gegner Caesars erwiesen und, allerdings erfolglos, seine Abberufung aus Gallien betrieben hatte. Im Bürgerkrieg hatte er gegen Caesar gekämpft, aber nach Pompeius' Niederlage bei Pharsalos die Sache der Republik verlorengegeben und sich auf der Insel Lesbos dem weiteren Krieg ebenso wie der Versuchung, Caesars Verzeihung zu erbitten, entzogen. Dieser grollte ihm besonders heftig, und es war im Herbst des Jahres 46 eine Sensation, als er sich dem Drängen des gesamten Senats beugte und Marcellus begnadigte. Auch danach war es dessen Freunden nicht leichtgefallen, den stolzen Mann zur Rückkehr zu bewegen. Im Frühjahr 45 aber begab er sich auf die Heimreise nach Rom. Am 23. Mai traf Sulpicius Rufus, aus Epidauros kommend, mit ihm im Piräus zusammen, von wo aus Marcellus wenige Tage später weiterreisen wollte. Er blieb bis zum anderen Tag mit ihm zusammen, erhielt jedoch am 26. Mai zu nächtlicher Stunde die Nachricht, daß Marcellus im Verlauf eines Streits von seinem Freund Magius Cilo, der mit ihm im Exil gewesen war, schwer verletzt worden sei, worauf der Täter sich selbst das Leben genommen habe. Rufus eilte mit Ärzten zum Piräus, wurde aber kurz vor dem Ziel mit der Nachricht konfrontiert, Marcellus sei an seinen Wunden gestorben. Er schließt den Brief an Cicero mit folgenden Sätzen:[78] «Ich habe dort für ein im Verhältnis zu den in Athen verfügbaren Mitteln recht stattliches Leichenbegängnis

[76] Cicero, *Fam.* 4, 5, 4–5.
[77] Cicero, *Fam.* 4, 12; die anderen Zeugnisse bei F. Münzer, RE Magius (1928) 441–442.
[78] In der Übersetzung von Helmut Kasten.

gesorgt. Zwar konnte ich die Athener nicht bewegen, einen Begräbnisplatz in der Stadt zur Verfügung zu stellen; angeblich standen dem religiöse Bedenken entgegen, und sie hatten es auch bis dahin wirklich noch nie jemandem gestattet. Was nächstdem die höchste Ehre war, Bestattung in einem von uns zu bestimmenden Gymnasium, bewilligten sie uns. Wir suchten dann in dem berühmtesten Gymnasium der Welt, in der Akademie, einen Platz aus, verbrannten ihn dort und sorgten dann dafür, daß die Athener ihm an der gleichen Stelle ein Marmordenkmal setzten. So habe ich ihm im Leben und im Tode alles zukommen lassen, was mir als seinem Amtsgenossen und Verwandten meine Pflicht gebot.»

Auf diesen berühmten Konsular Marcellus hat man lange die Inschrift einer auf der Akropolis gefundenen Statuenbasis bezogen, die ihm und seiner Frau zu Lebzeiten vom Areopag, dem Rat der Sechshundert und dem Volk von Athen gesetzt worden war, in der jedoch später – wie man annahm, durch Marcus Antonius – sein Name, aber nicht der seiner Frau, getilgt wurde.[79] Doch hat J. H. Oliver gezeigt, daß die Tilgung, die für den von Caesar begnadigten Konsular nicht plausibel erklärt werden kann, den Namen eines anderen und späteren Marcellus ausgelöscht hat, der in der Kaiserzeit Opfer eines Majestätsprozesses geworden war, wahrscheinlich des Marcus Marcellus Aeserninus, Praetor im Jahre 19 n. Chr. und so gut wie sicher Konsul in einem späteren Jahr.[80]

Athen behielt auch in den Jahren der Vorherrschaft Caesars, von 48 bis 44 v. Chr., die aristokratisch bestimmte Verfassung, und die ältere These, mit Caesars Sieg bei Pharsalos sei eine stärker demokratische Ordnung ins Leben getreten, ist längst widerlegt. Beweisend für die Fortdauer des Bestehenden ist, daß Cicero in den Jahren 45 und 44 weiterhin im Areopag das eigentlich regierende Organ der Stadt sah.[81] Es war daher auch der Areopag, an den er sich während des Jahres 45/4 mit einem politischen Anliegen wandte. Er bestimmte den Rat zu einem Beschluß, der den Philosophen Kratippos aus Pergamon, einen der Lehrer seines Sohnes Marcus, zum Bleiben in Athen und zur Fortsetzung seiner Lehrtätigkeit bewegen sollte; Kratippos wurde in diesem Beschluß geradezu als ein Ornament für die Stadt bezeichnet.[82] Cicero hatte Kratippos, der als Mitglied der Akademie begonnen hatte, dann aber Peripatetiker geworden war, im Jahre 51 in

79 IG II² 4111 nach der erneuten und von einer Photographie begleiteten Ausgabe von O. Broneer, AJA 36, 1932, 393–397. Accame, Dominio 175.

80 Oliver, AJPh 68, 1947, 150–155; vgl. PIR² C 928. Oliver hat (S. 152) M. Marcellus, den Konsul von 51, mit C. Marcellus, dem Konsul von 49, verwechselt.

81 Cicero, *de natura deorum* 2, 74; *de officiis* 1, 75. Accame (Anm. 79) 172–176. E. Rawson, Athenaeum 73, 1985, 63–65. Die ältere entgegenstehende Auffassung vertraten u. a. W. Kolbe, W. S. Ferguson und J. Kirchner.

82 Plutarch, *Cicero* 24, 7–8, wo der Bericht erkennen läßt, daß Cicero sich hierfür der Dienste des Herodes von Marathon bediente, desselben Mannes, der von Caesar in Gallien das große Geldgeschenk für Athen erhalten hatte.

Ephesos kennengelernt, als er in seine Provinz Kilikien reiste. In den folgenden Jahren unterrichtete Kratippos in Mytilene, wo ihn der dort im Exil weilende Konsular Marcus Marcellus ebenso hörte wie der den Marcellus besuchende Marcus Brutus. Wenig später verlegte er seine Tätigkeit nach Athen. Cicero hat für ihn mehr getan, als den Areopag zu seinem ehrenden Beschluß zu bestimmen; er hat für ihn von Caesar das römische Bürgerrecht erwirkt. Kratippos nahm zum Dank Ciceros Praenomen und *nomen gentile* an und nannte sich seither Marcus Tullius Cratippus.[83] Cicero hielt ihn geradezu für den bedeutendsten Philosophen seiner Zeit[84] und drang in seinen Sohn, bei ihm zu studieren. Die beiden hatten jedenfalls lebhaften gesellschaftlichen Verkehr.[85]

Gleichzeitig mit dem jungen Cicero waren die Söhne anderer römischer *nobiles* zum Studium in Athen: Marcus Valerius Messalla Corvinus, Lucius Calpurnius Bibulus, der Sohn von Caesars glücklosem Mitkonsul, Manlius Acidinus, ferner der nichtadlige Horaz (Quintus Horatius Flaccus) und sein adliger Freund Manlius Torquatus.[86] Man studierte neben Philosophie vor allem lateinische und griechische Rhetorik, und Horaz hat später von sich gesagt, den feineren Schliff habe er in Athen erhalten.[87] Als Söhne römischer Aristokraten hatten diese jungen Männer auch Zugang zu den führenden Familien der Stadt. Herodes von Marathon, Leonides von Melite und Epikrates von Leukonoe werden in Verbindung mit dem jungen Cicero genannt,[88] über dessen Lebensweise und Fortschritte im Studium sie auch dem Vater berichteten, leider nicht nur Erfreuliches, da der junge Cicero den Freuden des Lebens und dem Wein mehr zugetan war als den Mühen des Studiums. Im Sommer 44 wollte Cicero daher selbst nach ihm sehen, und nur ein Zufall verhinderte die lange geplante und bereits begonnene Reise.

Wie ernsthaft oder wie oberflächlich die einzelnen das Studium auch nahmen, gemeinsam war ihnen die konservative, dem Diktator Caesar gegenüber reservierte oder feindselige Einstellung. Als Marcus Brutus einige Monate nach Caesars Ermordung in Athen erschien, fand er in ihnen willige Helfer, mit ihm für die Rettung der alten Ordnung mit den Waffen zu

83 Grundlegend zu ihm A. O'Brien-Moore, Yale Classical Studies 8, 1942, 25–49; mit Hilfe von Inschriften aus der pergamenischen Heimat des Kratippos etwas weiterführend Habicht, Altertümer von Pergamon VIII 3, Die Inschriften des Asklepieions, Berlin 1969, 164–165.

84 Cicero, *de officiis* 1, 2. 3, 5; *de divinatione* 1, 5.

85 Cicero, *Fam.* 16, 21, 3.

86 R. Hanslik, RE Valerius (1955) 137. F. Münzer, RE Calpurnius (1897) 1367–1368; RE Manlius (1928) 1163 (Acidinus) und 1193 (Torquatus). E. Stemplinger, RE Horatius (1913) 2339.

87 Horaz, *Epist.* 2, 2, 41 und 43: «Romae nutriri mihi contigit atque doceri ... , adiecere bonae paulo plus artis Athenae.»

88 Cicero, *Att.* 14, 16, 3; 18, 4. 15, 16. *Fam.* 16, 21, 5. Rawson (Anm. 81) 44–66.

streiten. Der von Caesar begonnene Bürgerkrieg trat in seine zweite Phase, die Caesarianer und Caesarmörder miteinander konfrontierte. Athen sah sich alsbald, wiederum ohne die Möglichkeit einer Wahl zu haben, auf der Seite der letzteren.

Am 15. März wurde Caesar das Opfer einer Verschwörung von mehr als sechzig Männern der höheren Stände unter Führung des Marcus Brutus und Gaius Cassius. Danach wurde die Feindschaft zwischen seinen Anhängern, den Caesarianern, und seinen Mördern und den mit ihnen Sympathisierenden (die man auch Pompeianer nannte) für zweieinhalb Jahre zum eigentlichen Motor der politischen Entwicklung. Diese wurde allerdings in ihren Anfängen durch einen fragilen Kompromiß der Parteien gebremst, der einerseits den Mördern Amnestie für ihre Tat gewährte, andererseits Caesars Verfügungen als gültig bestätigte, in denen Schlüsselfunktionen auf Jahre hinaus vergeben waren. Die Entwicklung wurde weiterhin für längere Zeit unterbrochen durch einen Machtkampf innerhalb des Lagers der Caesarianer zwischen dem Konsul Marcus Antonius und Caesars Großneffen Octavian. Dies gab ihren Gegnern Zeit, ihre Kräfte zu sammeln und sich für die kommende Auseinandersetzung zu rüsten.

Ein halbes Jahr nach Caesars Ende verließen Brutus und Cassius den Boden Italiens, der ihnen zu heiß wurde, angeblich, um ihre Provinzen (Kreta bzw. Kyrene) zu übernehmen, tatsächlich, wie sich alsbald zeigen sollte, um in der östlichen Mittelmeerwelt eine militärische Basis aufzubauen, wie das Pompeius nach der Räumung Italiens fünf Jahre früher getan hatte. Dies gelang beiden in einem ungeahnten Ausmaß, dem Cassius in Syrien, dem Brutus auf der Balkanhalbinsel. Zugleich aber einigten sich in Italien die einander bislang befehdenden politischen Erben Caesars. So wurde ein neuer Waffengang, ein neuer Bürgerkrieg unvermeidlich. Er fand im Herbst des Jahres 42 in Makedonien statt, in den beiden großen Schlachten bei Philippi, und endete mit dem Untergang der Caesarmörder und der Römischen Republik sowie mit der Aufteilung des Imperiums unter die Sieger.

Athen sollte, ehe es dahin kam, eine wesentliche Rolle zufallen, und zwar in der Mobilisierung des griechischen Festlandes unter dem Banner des Brutus. Dieser war, zusammen mit Cassius, im Oktober 44 dort eingetroffen. Ihrer Tat an den Iden des März gab ihre Anwesenheit in Griechenland größere Resonanz. Sie wurden dort, wie Cassius Dio berichtet, fast überall mit Ehrenbeschlüssen gefeiert, in Athen sogar durch Bronzestatuen ausgezeichnet, die, eine beinahe singuläre Ehre, neben denen der Tyrannenmörder Harmodios und Aristogeiton aufgestellt wurden,[89] obwohl nach den Statuten der Stadt der Platz diesen beiden Heroen allein vorbehalten bleiben sollte. Nur einmal vorher waren die Athener von dieser

[89] Cassius Dio 47, 20, 4. Von der Brutusstatue ist auf der Agora ein Stück der Basisinschrift zutage gekommen: A. E. Raubitschek, Atti del terzo congresso internazionale di epigrafia Greca e Latina, Rom, 1959, 15–21.

Vorschrift abgewichen, im Jahre 307 zu Ehren der «Befreier» Antigonos und Demetrios (S. 77). Es ist deutlich, daß die athenische Bürgerschaft auch Brutus und Cassius als «Tyrannenmörder» feierte und sie gleichsam als nationale Heroen anerkannte. Damit hatte die Stadt sich zugleich, lange ehe es zum bewaffneten Konflikt kam, politisch festgelegt. Andere Statuen des Brutus sind damals von der Stadt Oropos und von der athenischen Gemeinde in Delos geweiht worden.[90] In Delos wird dabei auf die der Stadt Athen von Brutus erwiesenen Wohltaten ausdrücklich Bezug genommen.[91]

Brutus war indessen nicht der erste unter den Caesarmördern, der nach der Tat Athen besuchte. Schon am 22. Mai war Gaius Trebonius dort eingetroffen, der lange ein Helfer Caesars gewesen war und den dieser noch zum Prokonsul von Asia ernannt hatte, wohin er nun unterwegs war. Er schrieb am dritten Tag nach seiner Ankunft an Cicero, um ihm mitzuteilen, daß er seinen Sohn gesehen und einen sehr günstigen Eindruck von ihm gewonnen habe, aber auch, um einen persönlichen Wunsch vorzubringen: Sollte Cicero etwas über Caesars Ende schreiben *(de interitu Caesaris)*, so möge er seine, Trebonius', Rolle in gehörigem Licht darstellen![92]

Im Oktober hatten sodann Brutus und Cassius einen glanzvollen Empfang in Athen erhalten, und während Cassius alsbald weiterreiste, war Brutus bei einem athenischen oder römischen Gastfreund abgestiegen. Er besuchte die Vorlesungen des Akademikers Theomnestos und des Peripatetikers Kratippos und gab sich in allem den Anschein eines allein der Philosophie und der Muße lebenden Mannes. Aber insgeheim streckte er Fühler nach allen Seiten aus, unterstützt von den in Athen studierenden jungen Römern. Sie erkoren Brutus zu ihrem Idol und taten für ihn, was sie nur konnten.[93] Sein Onkel Hortensius, der Statthalter Makedoniens, spielte ihm die Provinz und das Kommando über die dort stehenden Truppen in die Hände, verzichtete mithin zugunsten des Brutus auf sein Amt. Dann schloß sich ihm der aus Asia mit einer großen Geldsumme zurückkehrende Quaestor Marcus Appuleius an. Brutus fuhr ihm nach Karystos auf Euböa entgegen und überredete ihn zum Anschluß und zur Übergabe der für den Staatsschatz in Rom bestimmten Geldmittel. Auch der aus Syrien zurückkehrende Quaestor Gaius Antistius Vetus stellte sich Brutus zur Verfügung. Aus Thessalien strömten dort im Jahre 48 zurückgebliebene Veteranen des Pompeius zu seinen Fahnen.

[90] I Délos 1622 für den Prokonsul von Makedonien, Quintus Hortensius, war Teil einer Exedra von vier Statuen, von denen eine Marcus Brutus dargestellt haben muß, da die Inschrift auf der Basis des Hortensius auf ihn Bezug nimmt.

[91] I Délos 1622.

[92] Cicero, *Fam.* 12, 16. Für die Tat, deren er sich hier rühmte, hat Trebonius wenige Monate später schrecklich gebüßt.

[93] Plutarch, *Brutus* 24–26, auch für das Folgende. Für den größeren Zusammenhang R. Syme, The Roman Revolution, Oxford 1939, 97–206. Für die Rolle Athens in den Ereignissen A. E. Raubitschek, Brutus in Athens, Phoenix 11, 1957, 1–11.

In Athen kann Brutus bei dieser stürmischen Entwicklung der Dinge nicht allzulange geblieben sein. Die Ereignisse zogen ihn in den Norden der Balkanhalbinsel, nach Makedonien, Epirus und Illyrien. In Makedonien war Gaius Antonius, Marcus' Bruder, der an die Stelle des Hortensius treten sollte, mit einer Legion eingetroffen. Brutus zwang ihn in Apollonia zur Kapitulation, ebenso in Durazzo den caesarischen Statthalter von Illyrien, Publius Vatinius. Beider Truppen verstärkten sein rasch wachsendes Heer, in dem der junge Cicero mit besonderer Auszeichnung diente. Brutus' durchaus illegitime Gewalt wurde schließlich im Februar 43 vom Senat auf Antrag des älteren Cicero sanktioniert und Brutus durch Senatsbeschluß zum Prokonsul von Macedonia, Achaea und Illyricum bestellt. Er kontrollierte jetzt fast die gesamte Balkanhalbinsel und alle dort stationierten Truppen, dehnte seinen Herrschaftsbereich weiter nach Thrakien aus und setzte von dort gegen Ende des Jahres 43 nach Kleinasien über, um sich mit Cassius in Smyrna zu treffen. Damit war die Rolle, die Athen als anfängliches Hauptquartier seiner Aktionen gespielt hatte, zu Ende.

Wenn in einer Inschrift der Athener auf Delos vom Jahre 44/3 von Wohltaten des Brutus für Athen gesprochen wird, fragt es sich, ob sie benannt werden können. Man hat gemeint, sie in einer von Brutus veranlaßten Erneuerung demokratischer Formen zu finden, die sich in einem Dekret zu Ehren der Epheben aus dieser Zeit zu spiegeln scheinen. Es ist aber schon darauf hingewiesen worden, wie brüchig das Fundament für die Annahme einer «demokratischen Reform», durch ihn oder andere, überhaupt ist.[94] Tatsächlich läßt sich nicht sagen, um welche Wohltaten des Brutus es sich gehandelt haben könnte.

Es ist nichts davon bekannt, daß Athener den Streitkräften des Brutus angehörten, die im Oktober 42 bei Philippi von den Gegnern Antonius und Octavian besiegt wurden. Es ist möglich und sogar wahrscheinlich, daß Brutus Athener nicht aufgeboten hat, als er nach Kleinasien hinüberging, und es bei der Rückkehr nach Europa mit Cassius im Jahre 42 nicht für nötig hielt, das ohnehin schon riesige Heer, über das die Caesarmörder verfügten und das weithin aus erprobten römischen Legionären bestand, noch durch griechische Kontingente aufzufüllen. In jedem Fall kam Athen, ungeachtet seiner eindeutigen Parteinahme, nach der Niederlage der Caesarmörder nicht nur ungeschoren davon, sondern zog sehr bald danach Vorteil aus der Vorliebe, die Antonius, dem unter anderem die Verwaltung Griechenlands zugefallen war, für die Stadt entwickelte.

Antonius verbrachte den Rest des Jahres 42 in Griechenland und hielt sich einige Zeit in Athen auf. Wohin er kam, gab er sich als milder Richter und als Griechenfreund. Er besuchte die sportlichen Wettkämpfe in den Städten, die Disputationen der Philologen und die Vorlesungen der Phi-

[94] Oben S. 317ff.

losophen, und er nahm, man weiß nicht, wo, auch an Mysterien teil, schwerlich an den berühmtesten in Eleusis, denn sie waren schon vorüber. Athen erwies er seine besondere Gunst und hörte nichts lieber, als «Athenerfreund» (φιλαθήναιος, *Philathenaios*) genannt zu werden.[95] Viele seiner engsten Helfer und Freunde sind damals oder in einem der folgenden Jahre in Athen durch Statuen geehrt worden: Lucius Marcius Censorinus, sein Prokonsul für Makedonien und Griechenland in den Jahren 42–40,[96] sein Vertrauter Lucius Munatius Plancus, der Konsul von 42, im Jahre 40,[97] sein Legat Gaius Cocceius Balbus, vor oder nach 39,[98] und die Tochter seines Legaten Lucius Sempronius Atratinus, Sempronia, die während der Jahre 39–37 wenigstens drei Statuen in Athen und Eleusis erhielt.[99] Geehrt wurde auch Marcus Antonius Aristocrates, ein Rhetor und Freund des Triumvirn, der diesem sein römisches Bürgerrecht verdankte.[100]

Im Frühjahr 41 ging Antonius nach Kleinasien hinüber und nahm in Ephesos Quartier. Hier oder in einer anderen Stadt, die er besuchte, erschien eine athenische Gesandtschaft vor ihm und bat um die Insel Tenos. Diese hatte Antonius allerdings gerade an Rhodos gegeben, zusammen mit anderen Vergünstigungen, die die Insel für das von den Caesarmördern über sie gebrachte Unglück entschädigen und sie für ihre Treue belohnen sollten. Den Athenern schenkte er statt dessen Ägina, Keos und die drei sogenannten nördlichen Sporaden, Ikos, Skiathos und Peparethos.[101]

Nach dem in Alexandreia verbrachten Winter 41/0 war Antonius im Frühjahr 40 erneut in Athen. Dort sah er nach längerer Zeit seine Gattin Fulvia wieder und erfuhr, daß ihm in Italien Krieg drohte. Sein jüngerer Bruder Lucius war als Konsul des Vorjahres mit Octavian in einen schweren Konflikt geraten, in den sich auch Fulvia verwickelte. Dabei ging es um die Ansiedlung von Veteranen und die hierfür notwendigen Enteignungen

95 Plutarch, *Antonius* 23. Für Eleusis K. Clinton, ANRW II 18, 2, 1989, 1506.

96 IG II^2 4113.

97 IG II^2 4112.

98 IG II^2 4110.

99 IG II^2 4230. 4231. 5179. Atratinus selbst und seine Gattin Censorina wurden damals in Patras geehrt (SEG 30, 433).

100 IG II^2 3889; vgl. Plutarch, *Antonius* 69, 1. Er wurde auch in Argos geehrt: IG IV 581.

101 Appian, *bell. civ.* 5, 30. P. Graindor, Athènes sous Auguste, Cairo 1927, 5–8. Damit wurde zugleich die Insel Thasos bestraft, die die Versorgungsbasis des Brutus und Cassius während ihres letzten Feldzuges gewesen war. Sie hatte im Jahre 80 durch den Diktator Sulla und den Senat Skiathos und Peparethos zum Dank für ihre Rolle im Ersten Mithridatischen Krieg erhalten (Ch. Dunant – J. Pouilloux, Recherches sur l'histoire et les cultes de Thasos, Paris II, 1958, 53–54). Vielleicht sind durch Antonius auch Eretria und Oropos an Athen gekommen, doch ist keineswegs sicher, wie die Nachricht des Cassius Dio (54, 7, 1) auszulegen ist. D. Knoepfler, Chiron 22, 1992, 455. Andere Ansichten bei Day, Economic History 134–135 und bei G. W. Bowersock, Augustus and the Greek World, Oxford 1965, 106.

italischer Grundbesitzer. Ohne daß Antonius hiervon wußte, war es zum Krieg gekommen, in dem der von Octavian lange in Perusia belagerte Lucius Antonius im Februar 40 kapitulieren mußte, während Fulvia nach Griechenland ausreisen konnte. Das Wiedersehen in Athen war kein freudiges Ereignis. Fulvia wußte von den Seitensprüngen ihres Mannes und wurde zudem mit Vorwürfen wegen ihrer Rolle in Italien empfangen. Antonius ging alsbald ab in den scheinbar unvermeidlich gewordenen Krieg gegen seinen Partner; Fulvia blieb zurück und ist wenig später in Sikyon gestorben. Ihr Tod kam deshalb gelegen, weil er die Bahn frei machte, die zwischen den Machthabern in Brindisi doch noch gefundene Einigung dadurch zu besiegeln, daß Antonius gegen Ende des Jahres 40 Octavians Schwester Octavia zur Frau nahm.

Die beiden nahmen nach längerem Aufenthalt in Italien im Spätsommer 39 für zwei Jahre Quartier in Athen, das nun für die nächsten Jahre, bis zum Beginn des Krieges gegen Octavian, neben Alexandreia Antonius' wichtigste Residenz wurde. In Athen fühlte er sich besonders wohl. Er gab sich dort ganz bürgerlich, privat und zugänglich. Er ging ohne Insignien und Gefolge aus und besuchte mit Octavia athenische Feste, hörte auch wieder Vorlesungen der Philosophen und teilte griechische Mahlzeiten mit griechischen Gästen.[102] Von Geschäften wollte er in dieser Zeit nichts wissen, obwohl ein größerer Feldzug gegen die Parther für das kommende Frühjahr 38 geplant war. Sein Auftreten machte ihn in der Stadt sehr populär; Athen und Octavia scheinen, anders als Alexandreia und Kleopatra, den günstigsten Einfluß auf ihn ausgeübt zu haben. Octavia vollends eroberte die Herzen der Bevölkerung. Beide wurden, wie eine Inschrift von der Agora gelehrt hat, von der Bürgerschaft als «wohltätiges Götterpaar» gefeiert.[103]

Erst der Beginn der Feldzugsaison ließ Antonius wieder zum geschäftigen und kompetenten Imperator werden. Der Feldzug des Jahres 38 war allerdings ein Mißerfolg und hätte wie der des Crassus im Jahre 53 zu einer Katastrophe werden können, wäre nicht Antonius wieder einmal im Unglück über sich selbst hinausgewachsen. Den folgenden Winter verbrachte er wieder in Athen. Mehr und mehr paßte er sich griechischer Mentalität, Lebensweise und Sitte an. Wie hellenistische Monarchen und Nikanor, der makedonische Kommandant Kassanders im Piräus, *pro forma* städtische Ämter wie das des Wettkampfleiters oder das der Münzmagistrate übernommen hatten, so übernahm Antonius das des Gymnasiarchen. In dieser Rolle soll er, vielleicht nicht eben oft, im Gymnasion bei den sich dort übenden Jünglingen tatsächlich erschienen sein.[104] Als «neuer Dionysos» wollte er gelten und auch so genannt werden, und wenigstens eine atheni-

102 Appian, *bell. civ.* 5, 322–324.
103 A. E. Raubitschek, TAPhA 77, 1946, 146–150.
104 Plutarch, *Antonius* 33, 7.

sche Urkunde der Zeit bestätigt, daß er so genannt wurde und daß die Großen Panathenäen des Jahres 38 als «antonische Panathenäen des Gottes Antonius, des neuen Dionysos» begangen wurden.[105] Dagegen ist die Nachricht wenig glaubhaft, die Athener hätten ihm ihre Göttin Athena als Braut angetragen, er habe das Angebot angenommen und eine Mitgift von einer Million (nach anderer Quelle sechs Millionen) Drachmen verlangt und tatsächlich von der Stadt erpreßt. Es dürfte sich um eine etwas spätere propagandistische Erfindung aus dem Kreis um Octavian handeln, die eben aus der temporären Verbindung des neuen Dionysos und der Athena am Panathenäenfest herausgesponnen und zugleich an der polygamen Natur des Antonius orientiert ist.[106] In vielen Stücken erinnert die athenische Residenz des römischen Imperators an die des makedonischen Königs Demetrios fast dreihundert Jahre früher (S. 85–87). In Athen glich Antonius mehr einem hellenistischen Monarchen als einem römischen Edelmann.

Wenige Jahre später kam es zu der endgültigen Auseinandersetzung zwischen Antonius und Octavian, die sich lange angekündigt hatte. Sie war unvermeidlich geworden, da Octavian, anders als Antonius, dem das Regiment über die östliche Reichshälfte genügte, die Alleinherrschaft im Imperium Romanum beanspruchte. Im Lauf der Jahre seit dem Sieg von Philippi hatte er mehrmals die dem Partner geschuldete Loyalität um seiner eigenen Interessen willen gröblich verletzt. Antonius seinerseits hatte durch seine immer enger werdende Bindung an die ägyptische Königin Kleopatra das persönliche Verhältnis belastet. So bedeutete er im Jahre 35 Octavia, die von Rom aus wieder zu ihm nach Athen reiste, sie möge umkehren. Er hat ihr schließlich, im Frühjahr 32, als der Ausbruch des Krieges schon nicht mehr zweifelhaft war, den förmlichen Scheidebrief geschickt. Octavian antwortete darauf im Spätsommer mit der Kriegserklärung – an Kleopatra, nicht an Antonius.

Mit Kleopatra war Antonius damals in Athen und mit den Vorbereitungen für die kommende militärische Auseinandersetzung beschäftigt, aber doch auch weiterhin so weit er selbst, daß er mit der Königin die Unterhaltungen auskostete, die Athen zu bieten hatte. Kleopatra merkte wohl, wie sehr die Athener an Octavia hingen, und bemühte sich, durch große Geschenke die Gunst der Bürgerschaft zu gewinnen. Diese konnte danach nicht umhin, ihr vergleichbare Ehren zu beschließen, wie sie Octavia er-

[105] IG II² 1043 vom Jahre 37/6 für die Epheben des Vorjahres, Zeile 22–23. Sokrates von Rhodos, FGrHist 192, F 2. Im Jahre 39 erscheint Dionysos zum ersten Male auf athenischen Münzen, zweifellos in Anspielung auf Antonius in der Pose des «Neuen Dionysos» (Kroll, Coins 84–85 und 102–103, Nr. 140–142).

[106] Cassius Dio 48, 39, 2. Seneca Rhetor, *Suasor.* 1, 6. Skeptisch z. B. W. W. Tarn, CAH 10, 1934, 54 und Day, Economic History 133. Als zutreffend akzeptieren die Nachricht z. B. Raubitschek (Anm. 103) 146–147, M. C. Hoff, Hesperia 58, 1989, 273, Anm. 36 und Kroll, Coins 85. Vgl. auch C. B. E. Pelling, Plutarch, Life of Antony, Cambridge 1988, 209.

wiesen worden waren. Das Dekret zu Kleopatras Ehren wurde ihr von Gesandten der Stadt in der Stadt überbracht, und unter diesen befand sich Antonius selbst, so als sei er athenischer Bürger, oder (weniger wahrscheinlich) in seiner Eigenschaft als athenischer Bürger.[107] Während der Waffengang näher rückte, ereigneten sich in Griechenland, und vor allem in Athen, einige Vorfälle, die als Vorzeichen eines unglücklichen Ausgangs angesehen wurden und deren man sich nach der Niederlage des Antonius eben deshalb erinnerte. Aus dem Weihgeschenk der attalidischen Könige auf der Akropolis, der Gigantomachie, soll während eines heftigen Sturms die Figur des Dionysos in das darunter liegende Theater des Dionysos gestürzt sein, ein böses Omen für das Schicksal des «neuen Dionysos». Auch stürzte der gleiche Sturm die Kolossalstatuen der Könige Eumenes und Attalos in der Nähe der Propyläen um, die auf Antonius umgewidmet worden waren.[108]

Nachdem Flotten und Heere der beiden Feldherren im nordwestlichen Griechenland einander monatelang gegenübergelegen hatten, fiel die Entscheidung durch den Seesieg von Octavians Admiral Marcus Agrippa bei Actium am 2. September 31. Antonius und Kleopatra flüchteten nach Ägypten, das große und völlig intakte Landheer des Antonius schloß einen Kapitulationsvertrag mit Octavian. Ganz Griechenland fiel diesem mit einem Schlage zu. Ob athenische Streitkräfte zu Wasser oder zu Lande an den Operationen beteiligt gewesen waren, ist nicht bekannt. Die Stadt war bis zur Schlacht unter der Kontrolle des Antonius geblieben, und nach der Schlacht floh einer seiner Befehlshaber, Cassius Parmensis, dorthin. Ein Alptraum, der ihn mehrmals erschreckte, wurde später als Vorzeichen seiner Hinrichtung gedeutet, die Octavian bald darauf, vermutlich eben in Athen, vollziehen ließ. Mit diesem Cassius war der vorletzte noch lebende Caesarmörder in seine Hände gefallen und büßte nun mit seinem Leben für die vor mehr als dreizehn Jahren begangene Tat.[109] Seine Verhaftung und Exekution war, wenn die Stadt dazu nicht selbst ihre Hand geboten haben

[107] Plutarch, *Antonius* 57, 1–3. Es folgt weder aus seiner Teilnahme an der Gesandtschaft noch aus Plutarchs Worten an dieser Stelle (57, 3) oder an der früheren, wo sein Amt als Gymnasiarch erwähnt ist (33, 7), daß Antonius das athenische Bürgerrecht erhalten und angenommen hätte, wie oft vermutet wird (so E. Rawson, Athenaeum 73, 1985, 58 und 62–63; Pelling 259: «He had presumably received the honor in 42–41»). Das Gegenteil ist weitaus wahrscheinlicher, und Nichtbürger in der Rolle staatlicher Gesandter waren in Athen keine Seltenheit. Die gleiche Ungewißheit wie in Plutarchs Satz (*Antonius* 57, 3) liegt in einem oft zitierten Satz Arrians (*Anabasis* 7, 23, 2). Dort huldigen in Babylon Gesandte aus Griechenland Alexander dem Großen «als wären sie (bzw. ‹in ihrer Eigenschaft als›) an einen Gott abgeordnete Festgesandte.» Dazu E. Badian, Ancient Macedonian Studies in Honor of Ch. Edson, Saloniki 1981, 54–59.

[108] Plutarch, *Antonius* 60, 4 und 60, 6 mit Pellings Kommentar 265–266. Die beiden Ereignisse sind offenbar kontaminiert bei Cassius Dio 50, 15, 2. Vgl. weiter T. Hölscher, Antike Kunst 28, 1985, 124–128 und Habicht, Hesperia 59, 1990, 572.

[109] Val. Max. 1, 7, 7. Velleius 2, 87, 3.

sollte, eine Verletzung der Souveränität Athens. Octavian hatte allerdings starke Gründe: Er war durch sein Gelübde, die Ermordung Caesars zu rächen, und durch die Lex Pedia vom Jahre 43 gebunden, die die Aburteilung der Mörder Caesars verlangte.

Athen war nach der Schlacht Octavians erstes Ziel. Plutarch berichtet: «er versöhnte sich mit den Griechen und verteilte das aus dem Kriege überschüssige Getreide an die Städte, denn diese darbten und waren um viel Geld, Sklaven und Gespanne beraubt worden.»[110] Es war gerade um die Zeit der Mysterien in Eleusis im Boëdromion (Oktober), und Augustus, wie andere römische Große vor ihm, nahm die Gelegenheit wahr, sich weihen zu lassen. Zwei in Eleusis gefundene Statuenbasen sind von der Bürgerschaft Athens zu seinen und seiner Gattin Livia Ehren gesetzt worden, vielleicht damals und jedenfalls vor dem Jahr 27. Octavian wird in der Inschrift als «Retter und Wohltäter» bezeichnet, vermutlich wegen der Getreidespende.[111]

Eine letzte Nachricht verbindet Antonius und Athen. Als Octavian auf dem Weg nach Ägypten in Kleinasien stand, erschienen vor ihm Gesandte des Antonius aus Alexandreia und baten für ihren Herrn darum, daß ihm, wenn nicht das Bleiben in Ägypten, so doch gestattet werden möge, als Privatmann in Athen zu leben.[112] Sie wurden keiner Antwort gewürdigt, und es kann sein, daß der Bericht erfunden ist. In ihm spiegelt sich, so oder so, die enge Bindung des letzten Imperators der römischen Republik an die hellenistische Stadt. Damals endeten zugleich die Republik Rom und das hellenistische Athen. Schon ein Jahrzehnt früher, im Jahre 42/1, als Antonius die Herrschaft über Griechenland antrat, war es mit dem Neustilsilber Athens zu Ende gegangen, das ein Jahrhundert lang die beherrschende Währung im Lande gewesen war. Der leichtere und seit dieser Zeit reichlich nach Griechenland einströmende römische Denar setzte sich gegenüber den schon seit einiger Zeit nur noch unregelmäßig geprägten athenischen Silberstücken durch.[113] Nach Actium aber kamen mit dem neuen Herrn und der neuen Herrschaftsform des Imperium Romanum für die Stadt rauhere Zeiten, ehe eineinhalb Jahrhunderte später der mit Hadrian und Antoninus Pius seinen Höhepunkt erreichende Philhellenismus ihr nochmals eine späte Blüte bescherte.

[110] Plutarch, *Antonius* 68, 6. In Athen gefundene Berechtigungsmarken mit dem Namen Octavians rühren vielleicht von dieser Getreideverteilung her. M. C. Hoff, MH 49, 1992, 223–232.

[111] Cassius Dio 5, 41. Die Statuen: E. Vanderpool, Deltion 23 A, 1968, 7–9, Nr. 3. K. Clinton (Anm. 95) 1507.

[112] Plutarch, *Antonius* 72, 1.

[113] Kroll, Coins 15–16 und 85–87. Kroll spricht (S. 16) von «quasi-Romanization of the city's currency which for the next 250 years was to be dominated by the denarius.»

Epilog

Eine alte, weit verbreitete und von manchen Gelehrten immer noch festgehaltene These besagt, mit dem Ausgang der Schlacht von Chaironeia im Jahre 338 sei «die griechische Stadt» gestorben. Zahlreiche und bestimmte Aussagen aus der großen und ständig wachsenden Zahl hellenistischer Inschriften haben jedoch gelehrt, daß diese Auffassung durchaus verfehlt ist. Zwar haben Athen, Sparta und Theben mit dem Emporkommen der makedonischen Monarchie die dominierende Rolle in der großen Politik, zwar hat Theben für zwei Jahrzehnte sogar seine Existenz verloren, aber die besten Kenner der hellenistischen Urkunden, allen voran Louis Robert, haben längst deutlich gemacht, daß die griechischen Städte, die größten ebenso wie Hunderte von kleineren Gemeinden, weiterhin lebensfähige und vitale politische Gebilde blieben.[1] Für die Mehrzahl der kleinen und mittleren Städte war die Klassische Zeit, in der sie von stärkeren Staaten beherrscht wurden, die traurigste Zeit ihrer Geschichte; mit der hellenistischen Epoche besserte sich ihre Lage.[2] Auch wenn die meisten Städte sich seitdem in der äußeren Politik dem Willen von Königen zu fügen hatten und sich ihrem Schutz anvertrauen mußten, blieben die inneren Angelegenheiten ihrer Initiative und ihrem Ermessen überlassen. Ihre Bürger waren politisch ebenso aktiv und ebenso patriotisch, wie es ihre Vorfahren gewesen waren. Sie nahmen sich der ihnen gestellten Aufgaben ebenso selbstverständlich an wie jene: der Versorgung und der Verteidigung der Stadt und ihres Territoriums, der Verwaltung und der Pflege des Rechtswesens.

Unter den alten griechischen Städten war es vielleicht nur Rhodos, das immer frei von irgendeiner Abhängigkeit blieb; die Inselrepublik hat sich

[1] Von den zahlreichen Äußerungen Roberts zu diesem Thema mögen hier nur genannt sein CRAI 1969, 42 und Xenion, Festschrift für Pan. I. Zepos, Athen (1973) 778–779 (OMS 2, 150–151). Ferner: P. Herrmann, Die Selbstdarstellung der hellenistischen Stadt in den Inschriften. Ideal und Wirklichkeit, Akten des 8. Internationalen Kongresses für Griechische und Lateinische Epigraphik, 1, Athen 1984, 109–119. Ph. Gauthier, Les cités hellénistiques: épigraphie et histoire des institutions et des régimes politiques, ebenda 82–107. Derselbe, Cités, *passim*, sowie Grandes et petites cités: hégémonie et autarcie, Opus 6–8, 1987–1989 [1991] 187–202. A. Giovannini, Greek Cities and Greek Commonwealth, Images and Ideologies. Self-definition in the Hellenistic World, herausg. von A. Bulloch und anderen, Berkeley, 1993, 265–286. E. Gruen, The Polis in the Hellenistic World, Nomodeiktes, Greek Studies in Honor of M. Ostwald, Ann Arbor, 1993, 339–354. P. Rhodes, CAH² VI, Cambridge 1994, 589–591: «The Failure of the Polis?»

[2] Ph. Gauthier, Opus 6–8, 1987–89 [1991] 193–194.

305/4 gegen König Demetrios und 88/7 gegen Mithridates VI. behauptet. Andere Städte verzichteten auf einige Souveränitätsrechte zugunsten größerer Gebilde, indem sie sich zu Städtebünden zusammenschlossen und auf diese Weise ihre Unabhängigkeit gegenüber den Königen behaupteten. Lange Zeit war Athen fast die einzige Stadt, die zu Zeiten von einem König abhängig, zu anderen Zeiten frei war; doch mit dem Auftreten der Römer kam auch für andere Gemeinden der griechischen Welt eine Zeit der Unabhängigkeit, die mit der Errichtung der römischen Herrschaft sodann ihr Ende fand.

Das Bündnis, das Athen mit der Republik Rom während des Antiochoskrieges geschlossen hatte, war ein Vertrag zwischen souveränen Staaten gewesen. Athen hat ihn im Jahre 88 durch den Übertritt zu Mithridates verletzt. Daß die vorliegende Überlieferung in diesem Zusammenhang gleichwohl von einem Vertragsbruch nicht spricht, kann daran liegen, daß der Vertrag im Bewußtsein der Beteiligten schon keine wesentliche Rolle mehr spielte, da das politische Gewicht der Partner bereits allzu unterschiedlich war. So hatte es auch nicht viel zu bedeuten, daß er nach der Niederlage Athens gegen Sulla offenbar als fortbestehend (oder wiederbestehend) angesehen wurde.[3] Die römische Seite verletzte ihn im Jahre 58 durch das Plebiszit des Clodius, denn dieses räumte dem römischen Statthalter Makedoniens für die Dauer seiner Amtszeit auch Autorität über die nach dem Vertrag souveräne Stadt ein. Auch dieser außergewöhnliche Zustand ist freilich nicht von Dauer gewesen. Als obsolet erwiesen sich jedoch die Athen aus dem Bündnis zustehenden Rechte am Abend nach der Niederlage des Antonius bei Actium, denn dessen nach Athen geflüchteter Parteigänger Cassius Parmensis, den die Souveränität der Stadt hätte schützen müssen, wurde auf Anordnung des Siegers getötet.

Damit wurde klar, daß die neuen Realitäten, wie der Ausgang der römischen Bürgerkriege sie geschaffen hatte, es der Stadt nicht länger erlaubten, Schutzburg der Verfolgten zu sein. Damals ging ihr etwas verloren, was in Jahrhunderten einer ihrer Ruhmestitel gewesen war, Zufluchtsstätte Schutzsuchender zu sein, besonders solcher, die das Opfer politischer Veränderungen in ihren Heimatstädten geworden waren. So waren im 5. Jahrhundert Messenier 460/59, Platäer 427 und Samier 405 und 404 dorthin geflohen[4]. Im 4. Jahrhundert hat die Stadt großen und kleinen Gruppen politisch Verfolgter Asyl gewährt, so 382 dreihundert Thebanern, die nach

[3] Germanicus hat bei seinem Aufenthalt im Jahre 18 n. Chr. die Stadt als eine mit Rom vertraglich verbundene Gemeinde behandelt (Tacitus, *Ann.* 2, 53, 3).

[4] In einem noch immer lesenswerten Aufsatz von 1907, «The Altar of Mercy», hat A. W. Verrall in den *Hiketiden* und den *Herakliden* des Euripides, beide verfaßt zwischen 431 und 421, den ersten literarischen Ausdruck dieser Rolle Athens als «Wächter und Vorkämpfer der Humanität» gefunden (Oxford and Cambridge Review 1907, hier zitiert nach dem Wiederabdruck in Verrall, Collected Literary Essays, Classical and Modern, Cambridge, 1913, 219–235, das Zitat S. 225–226).

der Besetzung der Burg von Theben durch die Spartaner geflüchtet waren, ein Jahrzehnt später den Platäern, nachdem die Thebaner ihre Stadt zerstört hatten, 363 einer Gruppe von elf Bürgern aus Delphi, die wegen ihrer Sympathien für die Phoker verbannt worden waren.[5] Es folgten 348/7 Bürger von Olynth nach der Zerstörung ihrer Stadt durch König Philipp, 346 von den Thessalern vertriebene Phoker, nach der Niederlage von Chaironeia 338 Gruppen von Verbündeten, die aus ihrem Land hatten weichen müssen, nämlich Troizenier und Akarnanen,[6] wenig später Bürger von Theben, die sich nach der Zerstörung ihrer Stadt durch Alexander hatten retten können und denen Athen trotz des entgegenstehenden königlichen Verbots Schutz gewährte.[7] Nach dem 322 verlorenen Hellenischen Krieg hat Athen auch Angehörige von im Krieg verbündeten Staaten aufgenommen, die sich nach der politischen Neuordnung im Sinne makedonischer Interessen daheim nicht mehr halten konnten, Doloper und rund fünfzig Thessaler.[8] Dies ist besonders deswegen bemerkenswert, weil Athen damals selbst in Abhängigkeit von den Siegern geraten war und eine makedonische Garnison in der den Piräus kontrollierenden Festung hatte aufnehmen müssen.

Auch politisch verfolgte oder gefährdete Individuen suchten und fanden Zuflucht in Athen, so im Jahre 324 der vor dem Zorn seines Königs Alexander flüchtende Schatzmeister Harpalos. Der im Namen des Königs sogleich von verschiedenen Seiten erhobenen Forderung, ihn auszuliefern, sind die Athener nicht nachgekommen, doch konnten sie sie auch nicht ablehnen, ohne Krieg heraufzubeschwören; so ließen sie Harpalos aus der Haft, in der sie ihn gehalten hatten, entweichen.[9] Ein ähnlicher Fall ereignete sich ein Jahrhundert später, als König Philipp V. die Auslieferung seines der Teilnahme an einer Verschwörung beschuldigten Ministers Megaleas forderte, den ein athenischer Stratege beim Betreten Attikas festgenommen hatte. Auch damals war im Falle einer Weigerung mit Krieg zu rechnen. Megaleas wurde nicht ausgeliefert, aber über die Grenze abgeschoben, worauf er sich in Theben das Leben nahm.[10] Zu Anfang des Antiochoskrieges, 192 v. Chr, lebte Euthymidas von Chalkis als Verbannter in Athen. Von dort plante er einen Coup, der seine Vaterstadt König Antiochos in die Hände spielen sollte. Der Anschlag scheiterte, woraufhin Euthymidas, obwohl Athen auf der Seite der Feinde des Königs stand,

[5] Xenophon, *Hellenika* 5, 2, 31 (Thebaner). [Demosth.] 59, 104–106 (Phoker). IG II² 109 und Corpus des inscriptions de Delphes II, Nr. 67–73 (Delpher).

[6] IG II² 211. Harpokration, s. v. ἰσοτελής (Olynth). Demosth. 5, 19 (Phoker). Hypereides 5, 31 (Troizenier). IG II² 237 (Akarnanen).

[7] Die Zeugnisse bei H. Berve, Das Alexanderreich auf prosopographischer Grundlage 1, München, 1926, 240, Anm. 2.

[8] IG II² 546 und Diodor 18, 11, 1 (Doloper). IG II² 545 (Thessaler); vgl. S. 53.

[9] Oben S. 43.

[10] Polybios 5, 27. Oben S. 190.

dorthin zurückkehrte und, wie es scheint, ganz unbehelligt blieb.[11] Als ein Jahrzehnt später die Nachkommen eines thessalischen Granden, der wegen seiner Beteiligung an einer Verschwörung gegen König Philipp hingerichtet worden war, vor den Nachstellungen des Königs in Sicherheit gebracht werden sollten, schien Athen der natürliche Zufluchtsort zu sein.[12] Noch während der römischen Bürgerkriege fanden römische Große in Athen einen sicheren Hafen,[13] doch war nach Octavians Sieg bei Actium im Jahre 31 die Stadt nicht mehr fähig, einen derselben vor der Rache des Siegers zu schützen.[14]

Von nun an war auch Athen, wie alle anderen Gemeinden und Völker im Bereich des römischen Imperiums, dem Willen des neuen Alleinherrschers unterworfen. Augustus und manche seiner Nachfolger mochten die eleusinischen Weihen suchen und empfangen oder für ein Jahr die Würde des eponymen Archons der Stadt übernehmen, aber ihrem Willen hatte diese sich zu fügen. Augustus ließ sie seine wechselnde Laune, Hadrian seine beständige Gunst spüren. Athen mußte dies alles hinnehmen, wie es kam. Die Stadt war nicht mehr, was sie in den Tagen gewesen war, in denen sie den großen Alexander herausgefordert hatte. Sie lebte im römischen Reich fort als eine sich selbst verwaltende Gemeinde und blieb ein kulturelles Zentrum ersten Ranges. Ihr Vermächtnis wirkt bis in unsere Tage und wird sie überdauern.

[11] Livius 35, 37, 4–38, 14.
[12] Livius 40, 4. F. W. Walbank, Philip V of Macedon, 1940, 244–245.
[13] F. Münzer, RE Manlius (1928) 1197.
[14] Oben S. 360.

ANHANG

Glossar

Ageneioi: die Bartlosen, Altersklasse bei Wettkämpfen.
Agon: Wettkampf.
Agora: 1. Marktplatz; 2. Versammlung.
Agoranom: Marktaufseher.
Aiantis: s. Phyle.
Aigeis: s. Phyle.
Aigis: 1. schildartige Waffe des Zeus; 2. Attribut der Athena.
Akamantis: s. Phyle.
Akte: Teil des Piräus.
Amphiktionie: Rat der an der Verwaltung Delphis beteiligten griechischen Stämme.
Anabasis: Marsch in höhere Gegenden.
Anagrapheus: Titel des Ratssekretärs unter der Oligarchie.
Anaktoron: Herrensitz.
Anthesterion: s. Monate.
Antigonis: s. Phyle
Antinomie: Gegensätzlichkeit.
Antiochis: s. Phyle.
Architheoros: Führer einer Festgesandtschaft.
Archontat: das Amt der Archonten.
Archonten: die neun jährlichen Oberbeamten (Eponymos, Basileus, Polemarch und sechs Thesmotheten).
Areopag: 1. der Hügel des Kriegsgottes Ares südlich der Agora; 2. der dort tagende Adelsrat, bestehend aus den gewesenen Archonten.
Argyraspiden: «Silberschilde», Elitetruppe Alexanders des Großen.
Asebie: Verletzung der Kultfrömmigkeit.
Asklepieion: Heiligtum des Asklepios, am Fuß der Akropolis.
Asphaleia: persönliche Sicherheit.
Asylie: Unverletzlichkeit.
Athlotheten: die Leiter des Panathenäenfestes.
Attalis: s. Phyle.
Atthidograph: Verfasser einer Lokalgeschichte Athens.
Basileus: der zweite Archon mit besonderer Zuständigkeit für kultische Angelegenheiten.
Boëdromion: s. Monate.
Böotarch: Mitglied der Exekutivbehörde des Böotischen Bundes.
Bule: der Rat der Stadt Athen, bestehend aus je 50 Ratsherren der einzelnen Phylen.
Cavea: der Zuschauerraum des Theaters.
Census: 1. Vermögensschätzung; 2. Mindestvermögen.
Chariten: die Grazien.
Choinix: Trockenmaß, etwa 1 Liter.
Curie: Rathaus, Sitzungssaal des römischen Senats.
Daduch: hoher Kultbeamter in Eleusis.
Dekurie: zehnköpfige Abteilung, z. B. der römischen Richter.
Demetrias: 1. s. Phyle; 2. von König Demetrios Poliorketes gegründete Stadt im Golf von Volos.

Demos: 1. die Gesamtheit der Bürger; 2. eine der 139 Gemeinden Attikas in den Regionen Stadt, Binnenland oder Küste.
Demotikon: die Gemeindezugehörigkeit bezeichnender Namensteil des athenischen Bürgers.
Dionysien: Fest zu Ehren des Dionysos im Frühjahr (große alle vier Jahre, kleine jährlich gefeiert).
Ekklesie: die Volksversammlung.
Elaphebolion: s. Monate.
Emporion: Handelsniederlassung.
Enktesis: Recht auf Grundeigentum, ein Vorrecht des Bürgers.
Ephebie: Organisation der männlichen Jugend Athens.
Epidosis: freiwillige Umlage.
Epilektoi: «Ausgewählte», Elitesoldaten.
Epimelet: Kommissar.
Epistates: Vorsteher.
Epistyl: der über den Säulen waagerecht liegende Balken.
Epitaphia: Fest mit Wettspielen zu Ehren Gefallener.
Epitaphios: die öffentliche Leichenrede auf die Gefallenen.
Eponymos: der Jahresbeamte, nach dem das Jahr benannt wird, in Athen der Archon Eponymos.
Erechtheis: s. Phyle.
Erechtheion: Heiligtum des Erechtheus.
Erotideia: Fest zu Ehren des Eros in Thespiai in Böotien.
Eteobutaden: athenisches Adelsgeschlecht.
Ethnikon: die Nationalität bezeichnender Namensteil.
Euandria: «gute Männlichkeit», Wettbewerb von Epheben und militärischen Einheiten.
Euergetes: der Wohltäter.
Euhoplia: «guter Zustand der Waffen», Wettbewerb der Epheben und militärischer Einheiten.
Exedra: ein an drei Seiten geschlossener, an der vierten Seite offener Raum.
foedus: der römische Bündnisvertrag.
Gamelion: s. Monate.
Gigantomachie: bildliche Darstellung des Kampfes der Götter mit den Giganten.
Gymnasiarch: Vorsteher des Gymnasions, Jahresamt.
Gynaikonomen: «Frauenwarte», Ordnungsbehörde.
Hekatombaion: s. Monate.
Hephaistieion: Heiligtum des Hephaistos.
Hierà, ta: die sakralen Angelegenheiten.
Hieromnemon: Delegierter in der delphischen Amphiktionie.
Hieronymie: Ersetzung des Eigennamens durch den Kulttitel hoher Priester.
Hieropen, Hieropoioi: Kultbeamte.
Hierophant: hoher Kultbeamter in Eleusis.
Hipparch: Reiterführer, jährlich zwei, von denen jeder die Reiter der Hälfte der Phylen befehligt.
Hippothontis: s. Phyle.
Hoplit: der Schwerbewaffnete.
Hoplitenzensus: zur Ausrüstung des Hopliten ausreichendes Vermögen.
Horos: 1. Hypothekenpfandstein; 2. Grenzstein.
Hósia, ta: die profanen Angelegenheiten.
Hymnagogen: Hymnensänger.
Isthmien: panhellenische Spiele zu Ehren des Poseidon am Isthmos von Korinth.

Ithyphallikos: Gedicht in besonderem Versmaß.
Kabiren: die Götter der Mysterien von Samothrake und Lemnos.
Kanephore: Korbträgerin, kultische Funktion.
Kekropis: s. Phyle.
Kepos: «Garten», Name der Schule Epikurs.
Kerameikos: der athenische Staatsfriedhof, angrenzend an die Agora.
Keryken: athenisches Adelsgeschlecht.
Kleruchen: athenische Bürger als Siedler in Außengemeinden wie Samos, Lemnos usw.
Koilesyrien: «hohles Syrien», das Gebiet westlich des Euphrat.
Konsular: der gewesene Konsul.
Kosmet: der Leiter des Ephebenkorps.
Legat: römischer Unterfeldherr oder -beamter.
Lenäen: Fest zu Ehren des Dionysos mit dramatischen Aufführungen, im Winter.
Leontis: s. Phyle.
Liturgie: öffentliche Leistung für den Staat.
Lykaia: arkadisches Fest.
Lykeion: Apollonheiligtum und Gymnasion, etwas außerhalb der Stadt im Nordosten.
Maimakterion: s. Monate.
Mantis: der Seher, Vorzeichendeuter.
Makedonische Kriege (Roms): Erster 212–205; Zweiter 200–197; Dritter 172–168.
Metageitnion: s. Monate.
Metöken: in Athen ansässige Fremde.
Metronomoi: Kontrollbehörde für Maße und Gewichte.
modius: römisches Hohlmaß, etwa 8,7 Liter.
Monate: im athenischen Kalender, beginnend im Sommer: Hekatombaion, Metageitnion, Boëdromion, Pyanopsion, Maimakterion, Posideon, Gamelion, Anthesterion, Elaphebolion, Munichion, Thargelion, Skirophorion.
Munychia: Festung im Piräus.
Nauarch: Flottenbefehlshaber.
Nemeen: panhellenisches Fest zu Ehren des Zeus in Nemea in der Argolis.
Nemesien: Fest zu Ehren der Nemesis in Rhamnus.
Nesioten: Bund der Inselgriechen.
Nomophylakes: «Gesetzeswächter», Behörde oligarchischer Prägung.
Nomotheten: «Gesetzgeber», außerordentliche Behörde zur Verbesserung bestehender oder zur Vorlage neuer Gesetze.
Odeion: von Perikles errichtete Konzerthalle auf der Agora.
Oineis: s. Phyle.
Oligarchie: «Herrschaft der Wenigen».
Paidotribes: der Sportlehrer der Epheben.
Palaistra: die Ringschule, Ringkampfarena.
Panathenäen: Fest zu Ehren der Athena (große alle vier Jahre, kleine jährlich gefeiert im Sommer).
Pandionis: s. Phyle.
Panegyrikos: Lobrede.
Pankration: «Allkampf» mit Elementen von Ringen und Boxen.
Paredros: «Beisitzer», Assistent von Beamten.
Patronymikon: den Vater bezeichnender Namensteil.
Pentathlon: der Fünfkampf.
Peripatos: Name der Schule des Aristoteles.
Phalanx: das Heer in Schlachtordnung.
Phylarch: Reiterführer, befehligt die Reiter einer Phyle.

Phyle: die zehn (oder mehr) Abteilungen der Bürgerschaft seit Kleisthenes; traditionell: Erechtheis, Aigeis, Pandionis, Leontis, Akamantis, Oineis, Kekropis, Hippothontis, Aiantis, Antiochis. – Neue: Antigonis und Demetrias als erste und zweite von 307 bis 200; Ptolemais als siebente (ab 200 als fünfte) von 224 an; Attalis als zwölfte von 200 an.
Pnyx: Hügel südwestlich der Agora, Versammlungsort der Ekklesie.
Polemarch: der dritte Archon, einst Heeresbefehlshaber, seit dem 5. Jahrhundert Gerichtsbehörde für Metöken und andere Fremde.
Polyandreion: Massengrab Gefallener.
Pompeion: repräsentativer Bau nahe dem Dipylontor.
Poseidoniasten: Verehrer Poseidons.
Posideon: s. Monate.
Praetor: zweithöchster römischer Beamter.
Proerosia: Fest in Eleusis.
Prohedrie: 1. Recht auf einen bevorzugten Sitz im Theater; 2. die Gesamtheit entsprechender Sitze.
Prokonsul: römischer Provinzialstatthalter.
Propylon: Torgebäude.
Proquaestor: Quaestor, dessen einjährige Amtsgewalt verlängert wurde.
Proskynese: Kotau.
Proxenos: «Gastfreund», der in seinem Staat die Interessen eines anderen Staates wahrnimmt.
Prytaneion: das Amtsgebäude der Prytanen auf der Agora.
Prytanen: der geschäftsführende Ausschuß des Rates, im Turnus gebildet von den 50 Ratsherren einer Phyle.
Ptolemaia: 1. Fest zu Ehren Ptolemaios' III. in Athen; 2. staatliches Fest zu Ehren Ptolemaios' I. in Alexandria.
Ptolemais: s. Phyle.
Pyanopsion: s. Monate.
Pythais: die athenische Prozession nach Delphi.
Pythien: panhellenisches Fest zu Ehren des Apollon Pythios in Delphi.
Quaestor: Kassenbeamter, das unterste Amt der senatorischen Laufbahn.
Romaia: Fest zu Ehren der Göttin Roma.
Satrapie: Provinz im persischen Reich und in den hellenistischen Monarchien.
sextarius: römisches Hohlmaß, etwas mehr als ½ Liter.
Sitophylakes: «Getreidewächter», athenische Behörde.
Skeuothek: die Rüstkammer Philons im Piräus.
Skirophorion: s. Monate.
Sophronistes: Beamter des Ephebenkorps.
Soteria: «Rettungsfest» zur Erinnerung an den Kelteneinfall von 279.
Stephanephoros: «Kranzträger», Titel des eponymen Beamten in einigen Städten.
Stoa: «Säulenhalle», Name der von Zenon gegründeten philosophischen Schule.
Sylleia: Fest zu Ehren des Diktators Sulla.
Synhedrion: Bundesrat (des Korinthischen Bundes 338/7, der Verbündeten im Lamischen und im Chremonideischen Krieg).
Synhodos: Bundesversammlung der Achäer.
Synkletos: außerordentliche Bundesversammlung der Achäer.
Taxiarch: Befehlshaber der Fußsoldaten einer Phyle.
Taxis: Regiment, das Aufgebot einer Phyle.
Techniten: Festkünstler im Dienst des Dionysos.
Telesterion: der Weihetempel in Eleusis.
Temenos: das eingezäunte Heiligtum, mit oder ohne Tempel.

Tetradrachme: das Vierdrachmenstück.
Thargelion: s. Monate.
Theorie, Theoria: die Festgesandtschaft.
Theorika: «Schaugelder», Diäten zum Besuch des Theaters.
Theorodoken: die Gastgeber der Festgesandten eines fremden Staates.
Theseia: Fest zu Ehren des Theseus.
Thesmotheten: die sechs Archonten ohne eigenen Geschäftskreis.
Theten: die vierte und unterste Steuerklasse der athenischen Bürger.
Trierarch: der ein Jahr lang Verantwortliche für Führung und Unterhaltung einer Triere.
Triere: «Dreißigruderer», das traditionelle Kriegsschiff.
Tropaion: die Trophäe, Siegeszeichen an der Stelle, an der der Feind sich zur Flucht gewandt hat.
Tyrannis: die Alleinherrschaft eines Mannes.
Xandikos: Monat des makedonischen Kalenders.
Zeus Eleutherios: Zeus der Befreier.

Stammtafeln

1. Philipp II. und Alexander der Große

- Amyntas III.
  - Perdikkas III.
    - Amyntas ∞ Kynane
      - Eurydike ∞ Philipp III. Arrhidaios
  - Philipp II.
    - ∞ 1. Phila
    - ∞ 2. Philinna
      - Philipp III. Arrhidaios ∞ Eurydike
    - ∞ 3. Audata
      - Kynane ∞ Amyntas
    - ∞ 4. Olympias
      - Alexander d. Gr.
        - ∞ 1. Barsine
          - Herakles
        - ∞ 2. Roxane
          - Alexander IV.
        - ∞ 3. Stateira
        - ∞ 4. Parysatis
      - Kleopatra ∞ Alexander von Epirus
    - ∞ 5. Meda
    - ∞ 6. Nikesipolis
      - Thessalonike ∞ Kassandros
    - ∞ 7. Kleopatra
      - Europe

2. Das Haus des Antipatros

- Antipatros, der Reichsverweser († 319)
  - Kassandros
    - Philippos IV.
    - Antipatros ∞ Eurydike, T. des Lysimachos
    - Alexander ∞ Lysandra, T. des Ptolemaios I.
  - Iolaos
  - Alexander
  - Nikanor
  - Perilaos
  - Philippos
    - Antipatros Etesias
  - Pleistarchos
  - Phila ∞ 1. Krateros ∞ 2. Demetrios I.
    - (von Krateros)
      - Krateros II.
        - Alexander von Korinth
    - (von Demetrios I.)
      - Antigonos Gonatas
        - Antigoniden
      - Stratonike
        - Seleukiden
  - Nikaia ∞ 1. Perdikkas ∞ 2. Lysimachos
  - Eurydike ∞ Ptolemaios I.

3. Das Haus des Lysimachos

- Agathokles aus Krannon
  - Lysimachos
    - ∞ 1. Nikaia
      - Agathokles ∞ Lysandra
      - Eurydike ∞ Antipatros, S. des Kassandros
      - Arsinoë I. ∞ Ptolemaios II.
    - ∞ 2. Amastris
    - ∞ 3. Arsinoë II.
      - Ptolemaios
      - Lysimachos
      - Philippos
    - ∞ odrysische Nebenfrau
      - Alexander
  - Autodikos
  - Philippos

4. Die Antigoniden

- Antigonos I. der ‹Einäugige› (Monophthalmos) († 301)
  - Demetrios (gen. Poliorketes) † 283
    - ∞ 1. Phila I.
      - Antigonos II. Gonatas † 239 ∞ Phila (II.)
        - Demetrios II. († 229) ∞ 1. Stratonike II. ∞ 2. Phthia ∞ 3. Chryseïs
          - (von Phthia)
            - Philipp V. († 179)
              - Perseus
                - Philippos
                - Alexander
                - Tochter
              - Demetrios
              - Tochter ∞ Prusias II.
              - Tochter ∞ Teres von Thrakien
      - Stratonike ∞ 1. Seleukos I. ∞ 2. Antiochos I.
    - ∞ 2. Euthydike (Athenerin)
    - ∞ 3. Deidameia
    - ∞ 4. Lanassa
    - ∞ 5. Ptolemaïs
      - Demetrios der ‹Schöne› ∞ Olympias (Thessalierin)
        - Antigonos III. Doson († 221) ∞ Chryseïs

5. Die Ptolemäische Familie bis Ptolemaios V.

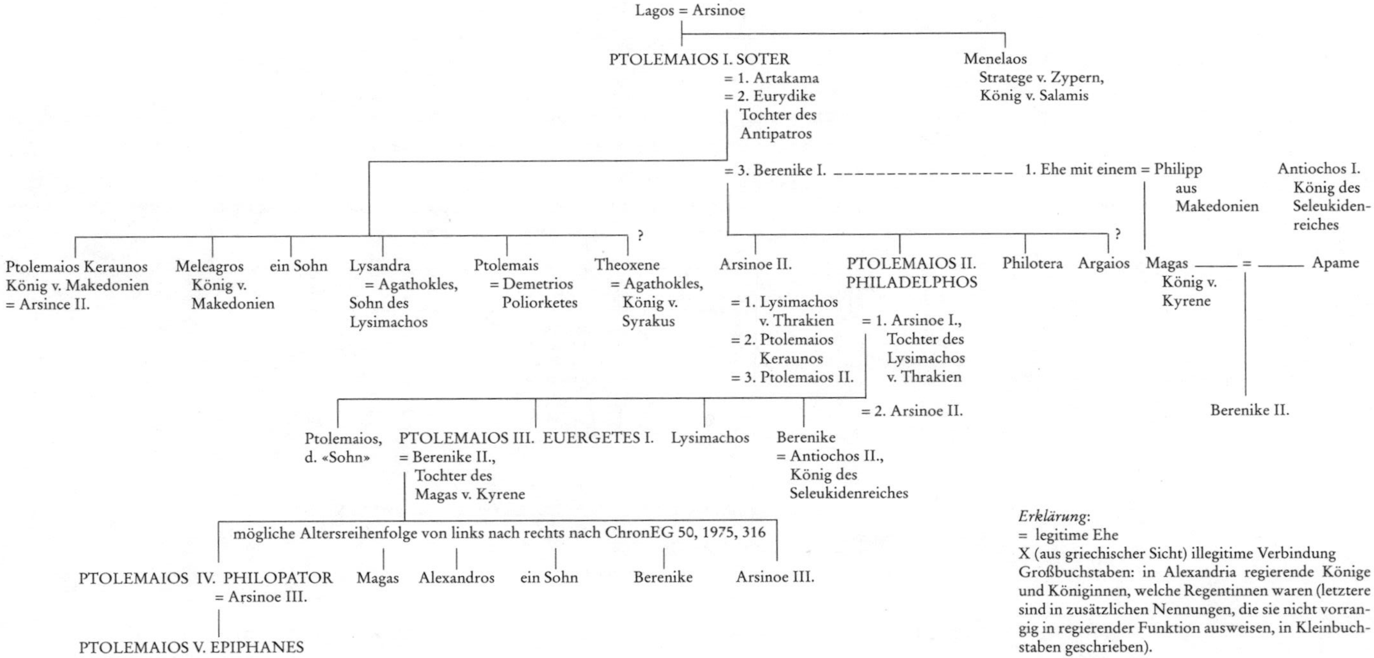

Erklärung:
= legitime Ehe
X (aus griechischer Sicht) illegitime Verbindung
Großbuchstaben: in Alexandria regierende Könige und Königinnen, welche Regentinnen waren (letztere sind in zusätzlichen Nennungen, die sie nicht vorrangig in regierender Funktion ausweisen, in Kleinbuchstaben geschrieben).

6. Die Ptolemäische Familie von Ptolemaios V. bis zum Ende ihrer Geschichte

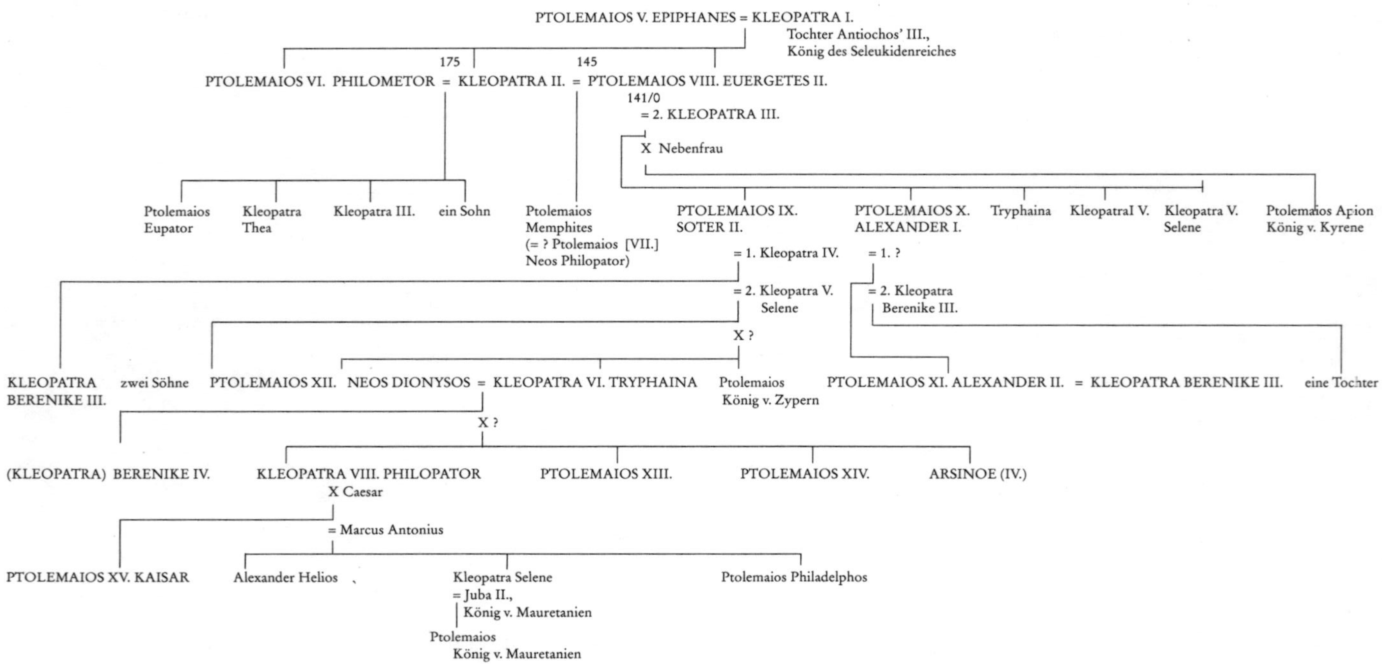

7. Das Haus des Seleukos I.

Apame I. (T. des Spitamenes) ∞ Seleukos I. Nikator ∞ Stratonike (T. des Demetrios Poliorketes)

- (von Apame I.:)
  - Antiochos I. ∞ Stratonike (Stiefmutter)
    - Seleukos
    - Antiochos II. Theos ∞ 1. Laodike I. (T. des Achaios d. Älteren) ∞ 2. Berenike (1 Sohn)
      - (von Laodike)
        - Seleukos II. Kallinikos ∞ Laodike II. (Schwester des Achaios d. Jüngeren)
          - Seleukos III. Soter
          - Antiochos III. der Große ∞ 1. Laodike III., T. des Mithradates II. von Pontos ∞ 2. Euboia von Chalkis
        - Antiochos Hierax ∞ Tochter des Ziaelas von Bithynien
        - Stratonike III. ∞ Ariarathes von Kappadokien
        - Laodike ∞ Mithradates II. von Pontos
    - Apame II. ∞ Magas von Kyrene
    - Stratonike II. ∞ Demetrios II. von Makedonien
  - Achaios d. Ältere
- (von Stratonike:)
  - Phila II. ∞ Antigonos Gonatas

8. Die späteren Seleukiden

Antiochos III. der Große

- Antiochos († 193 v. Chr.)
- Seleukos IV. Philopator
  - Antiochos (beseitigt 170 v. Chr.)
  - Demetrios I. Soter
    - Demetrios II. Nikator ∞ 1. Kleopatra Thea (2. Ehe) ∞ 2. Rhodogune, T. des Mithradates I. von Parthien
      - (von Kleopatra)
        - Seleukos V.
        - Antiochos VIII. Epiphanes Philometor (Grypos)
          - Seleukos VI. Epiphanes
          - Antiochos XI. Philadelphos
          - Philipp I. Philadelphos
            - Philipp II.
          - Demetrios III. (Eukairos)
          - Antiochos XIII. Dionysos
          - Laodike ∞ Mithradates I. von Kommagene
            - Antiochos I. von Kommagene
    - Antiochos VII. Euergetes (Sidetes) ∞ Kleopatra Thea (3. Ehe)
      - Antiochos IX. Philopator (Kyzikenos)
        - Antiochos X. Eusebes
          - Antiochos XIII. (Asiatikos)
- Antiochos IV. Epiphanes
  - Antiochos V. Eupator
  - (Alexander Balas) ∞ Kleopatra Thea (1. Ehe)
    - Antiochos VI. Epiphanes Dionysos
- Kleopatra Syra ∞ Ptolemaios V. Epiphanes

9. Die Attaliden[1]

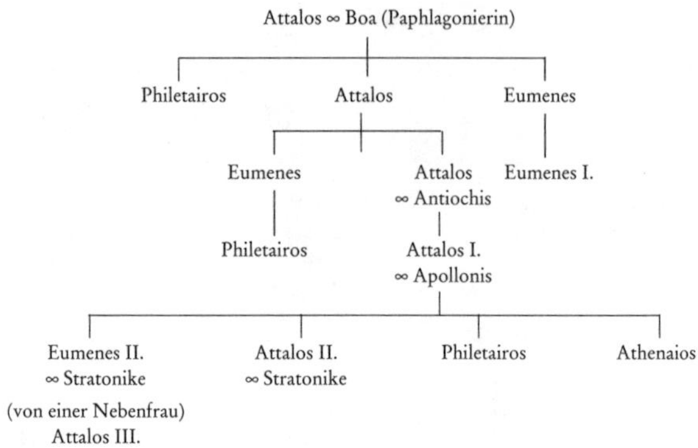

1 Nach G. Cardinali u. M. Holleaux, Études d'epigr. et d'hist. gr. II. (1938) S. 16; anders Strabo XIII 624

Nachweis der Stammtafeln

Die Stammtafeln 1–4 und 7–9 sind entnommen aus: Hermann Bengtson, Griechische Geschichte. Von den Anfängen bis in die römische Kaiserzeit, nebst Quellenkunde (Handbuch der Altertumswissenschaft), 5. Auflage 1977.

Die Stammtafeln 5 und 6 sind entnommen aus: Günther Hölbl, Geschichte des Ptolemäerreiches: Politik, Ideologie und religiöse Kultur von Alexander dem Großen bis zur römischen Eroberung. Wissenschaftliche Buchgesellschaft, Darmstadt 1994.

Literatur

Allgemeines

Hellenismus

Beloch, K. J., Griechische Geschichte IV, 1–2, Berlin ^{2}1925–1927

Gauthier, Ph., Les cités grecques et leurs bienfaiteurs (IVe-Ier siècle avant J. C.), Paris 1985

Gauthier, Ph., Grandes et petites cités: hégémonie et autarcie, Opus 6–8, 1987–89 [1991] 187–202

Gehrke, H.-J., Geschichte des Hellenismus, München 1990

Green, P., Alexander to Actium: The Historical Evolution of the Hellenistic Age, Berkeley 1990

Gruen, E., The Poleis in the Hellenistic World, in Nomodeiktes, Greek Studies in Honor of M. Ostwald, hg. v. R. M. Rosen und J. Farrell, Ann Arbor 1993, 339–354

Hammond, N. G. – Walbank, F. W., A History of Macedonia, 3 (336–167 B. C.), Oxford 1988

Niese, B., Geschichte der griechischen und makedonischen Staaten seit der Schlacht bei Chaeronea, 3 Bände, Gotha 1893–1903

Rostovtzeff, M., Die hellenistische Welt. Gesellschaft und Wirtschaft [deutsche Ausgabe], 3 Bände, Stuttgart 1956

Will, Éd., Histoire politique du monde hellénistique (323–30 av. J.-C.), 2 Bände, Nancy ^{2}1979–1982

Athen

Ferguson, W. S., Hellenistic Athens, an Historical Essay, London 1911

Garland, R., The Piraeus from the Fifth to the First Century B. C., Ithaca, N. Y. 1987

Habicht, Ch., Untersuchungen zur politischen Geschichte Athens im 3. Jahrhundert v. Chr., München 1979

Habicht, Ch., Studien zur Geschichte Athens in hellenistischer Zeit, Göttingen 1982

Habicht, Ch., Athen in hellenistischer Zeit. Gesammelte Aufsätze, München 1994

Mossé, C., Athens in Decline 404–86 B. C., London 1973 [transl. by J. Stewart]

Athenisches Staatswesen

Bleicken, J., Die athenische Demokratie, Paderborn 1986

Busolt, G., Griechische Staatskunde, bearb. von H. Swoboda, 2, München ^{3}1926, 758–1239: Der Staat der Athener

Clinton, K., The sacred Officials of the Eleusinian Mysteries, TAPhS 64, 3, 1974

Develin, R., Age Qualifications for Athenian Magistrates, ZPE 61, 1985, 149–159

Gauthier, Ph., L'octroi du droit de cité à Athènes, REG 99, 1986, 119–133

Hansen, M. H., The Athenian Ecclesia. A Collection of Articles 1976–1983, Kopenhagen 1983

Harrison, A. R. W., The Law of Athens, Oxford 1971 [2 Bände 1968 und 1971]

Henry, A. S., The Prescripts of Athenian Decrees, Leiden 1977

Henry, A. S., The One and the Many. Athenian Financial Officials in the Hellenistic Period, ZPE 72, 1988, 129–136

Mikalson, J. D., The Sacred and Civil Calendar of the Athenian Year, Princeton 1975
Osborne, M. J., Naturalization in Athens, 4 Bände, Brüssel 1981–1983
Pélékidis, Ch., Histoire de l'éphébie attique des origines à 31 av. J. C., Paris 1962
Piérart, M., Les εὔθυνοι athéniens, AC 40, 1971, 526–573
Rhodes, P. J., The Athenian Boule, Oxford 1972
Traill, J. S., The Political Organization of Attica. A Study of the Demes, Trittyes, and Phylai, and their Representation in the Athenian Council, Toronto 1975
Wallace, R. W., The Areopagus Council to 307 B. C., Baltimore 1989
Whitehead, D., The Demes of Attica 508/7 – ca. 250 B. C. A Political and Social Study, Princeton 1986

Athenische Gesellschaft

Cohen, D., Seclusion, Separation and the Status of Women in Classical Athens, G&R 36, 1989, 3–15
Davies, J. K., Athenian Propertied Families, 600–300 B. C., Oxford 1971
Drummond, G., The Leisured Classes in Athens 300 – ca. A. D. 50, D. phil. Oxford, 1979 (unveröffentlicht, nicht benutzt)
Fisher, R., From Polis to Province: An Analysis of the Athenian Governing Class from 167/6 B. C. to A. D. 13/14. Diss. McMaster, 1986 (unveröffentlicht, nicht benutzt)
MacKendrick, P., The Athenian Aristocracy 399 to 31 B. C., Cambridge 1969

Versorgung Athens

Brun, P., La stèle des céréales de Cyrène et le commerce du grain en Égée au IVe s. av. J.-C., ZPE 99, 1993, 185–196
Garnsey, P., Grain for Athens, in Cartledge, P. A. and Harvey, F. D., eds., Crux: Essays Presented to G. E. M. de Ste Croix on his 75th Birthday, Exeter 1985, 62–75
Marasco, G., Sui problemi dell'approvvigionamento di cereali in Atene nell'età dei Diadochi, Athenaeum 62, 1984, 286–294
Migeotte, L., Le pain quotidien dans les cités hellénistiques. A propos des fonds permanents pour l'approvisionnement en grain. Cahiers Glotz 2, 1991, 19–41
Montgomery, H., 'Merchants Fond of Corn'. Citizens and Foreigners in the Athenian Grain Trade, SO 61, 1986, 43–61

Kapitel 1 (338–323)

Ampolo, C., Un politico ‹euergete› del IV secolo a. C.: Xenokles figlio di Xeinis del demo di Sphettos, PP 34, 1979, 167–178
Atkinson, J. E., Macedon and Athenian Politics in the Period 338 to 323 B. C., Acta Classica 24, 1981, 37–48
Badian, E., Agis III: Revisions and Reflections, in Ventures into Greek History, hg. v. I. Worthington, Oxford 1994, 258–292
Bosworth, A. B., Conquest and Empire. The Reign of Alexander the Great, Cambridge 1988
Burke, E. M., Lycurgan Finances, GRBS 26, 1985, 251–264
Burke, E. M., Contra Leocratem and De corona. Political Collaboration?, Phoenix 31, 1977, 330–340
Engels, J., Studien zur politischen Biographie des Hypereides. Athen in der Epoche der lykurgischen Reformen und des makedonischen Universalreiches, München 1989
Engels, J., Das Eukratesgesetz und der Prozess der Kompetenzerweiterung des Areopages in der Eubulos- und Lykurgära, ZPE 74, 1988, 181–209

Engels, J., Zur Entwicklung der attischen Demokratie in der Ära des Eubulos und des Lykurg (355–322 v. Chr.) und zu Auswirkungen der Binnenwanderung von Bürgern innerhalb Attikas, Hermes 120, 1992, 425–451
Faraguna, M., Atene nell'età di Alessandro: problemi politici, economici, finanziari, Rom 1992
Hansen, M. H., The Athenian ‹Politicians›, 403–322 B. C., GRBS 24, 1983, 33–55
Hansen, M. H., Rhetores and Strategoi in Fourth-Century Athens, GRBS 24, 1983, 151–180
Heckel, W., The Flight of Harpalus and Tauriskos, CP 72, 1977, 133–135
Humphreys S., Lycurgus of Butadae. An Athenian Aristocrat: Essays in Honor of C. G. Starr, ohne Ort, 1985, 199–252
Jaschinski, S., Alexander und Griechenland unter dem Eindruck der Flucht des Harpalos, Bonn 1981
Keaney, J. J., The Date of Aristotle's *Athenaion Politeia*, Historia 19, 1970, 323–336
Levi, M. A., Filippo, Alessandro e l'opinione pubblica attica, Contributi dell'istituto di storia antica 5, Mailand 1978, 59–67
Lingua, A., Nota di cronologia arpalica, RFIC 107, 1979, 35–39
Matthaiou, A. P., Ἠρίον Λυκούργου Λυκόφρονος Βουτάδου, Horos 5, 1987, 31–44
Mitchel, F., Lykourgan Athens, 338–322, Cincinnati 1970
Mitchel, F., Athens in the Age of Alexander, G&R 12, 1965, 189–204
Mossé, C., Lycurgus l'Athénien, homme du passé ou précurseur de l'avenir, Quaderni di storia 30, 1989, 25–36
Ostwald, M., The Athenian Legislation Against Tyranny and Subversion, TAPhA 86, 1955, 103–128
Reinmuth, O. W., The Spirit of Athens after Chaeronea: Acta of the Vth International Congress of Greek and Latin Epigraphy, Cambridge 1967, Oxford 1971, 47–51
Schäfer, A., Demosthenes und seine Zeit, III, Leipzig ²1887
Sealey, R., Demosthenes and his Time. A Study in Defeat, New York 1993. Kapitel 8: The Athenians Defeated, 194–219
Will, W., Athen und Alexander. Untersuchungen zur Geschichte der Stadt von 338 bis 322 v. Chr., München 1983
Worthington, I., The Chronology of the Harpalus Affair, SO 61, 1986, 63–76

Bürgerzahl und Ephebie

Clinton, K., The Ephebes of Kekropis of 333/2 at Eleusis, AE 127, 1988, [1991] 19–30
Dreizehnter, A., Die Bevölkerungszahl in Attika am Ende des 4. Jahrhunderts v. u. Z., Klio 54, 1972, 147–151
Hansen, M. H., Demography and Democracy. The Number of Athenian Citizens in the Fourth Century B. C., Herning 1985
Palagia, O. – Lewis D. M., The Ephebes of Erechtheis 333/2 and their Dedication, ABSA 84, 1989, 333–344
Reinmuth, O. W., The Ephebic Inscriptions of the Fourth Century B. C., Leiden 1971
Rhodes, P. J., Ephebi, Bouleutae and the Population of Athens, ZPE 38, 1980, 191–201
Ruschenbusch, E., Die soziale Herkunft der Epheben um 330, ZPE 35, 1979, 173–176
Ruschenbusch, E., Zum letzten Mal: Die Bürgerzahl Athens im 4. Jh. v. Chr., ZPE 54, 1984, 253–269
Schröder, S. F., Der Apollon Lykeios und die attische Ephebie des 4. Jh., AM 101, 1986, 167–184
Sekunda, N. V., Athenian Demography and Military Strength 338–322 BC, ABSA 87, 1992, 311–355
Williams, J. M., Athens Without Democracy: the Oligarchy of Phocion and the Tyranny

of Demetrius of Phalerum, 322–307 B. C., Diss. Yale 1982, Univ. Microfilms, Ann Arbor 1985. Appendix B: The Population of Athens in the Late Fourth Century, 226–240

Kapitel 2 (323–307)

Ashton, N. G., The *Naumachia* near Amorgos in 322 B. C., ABSA 72, 1977, 1–11
Ashton, N. G., The Lamian War. A False Start?, Antichthon 17, 1983, 47–63
Bosworth, A. B., Philip III Arrhidaeus and the Chronology of the Successors, Chiron 22, 1992, 55–81
Chroust, A., Aristotle's Flight from Athens in the Year 323 B. C., Historia 15, 1966, 185–192
Dow, S. – Travis, A. H., Demetrios of Phaleron and his Lawgiving, Hesperia 12, 1943, 144–165
Dusanič, S., The Year of the Athenian Archon Archippus II (318–317), BCH 89, 1965, 128–141
Eckstein, F., Die attischen Grabmälergesetze, (Cicero, de legibus II, 59ff.), JDAI 73, 1958, 18–29
Errington, R. M., From Babylon to Triparadeisos, 323–320 B. C., JHS 90, 1970, 49 bis 77
Errington, R. M., Diodorus Siculus and the Chronology of the Early Diadochoi 320–311 B. C. Hermes 105, 1977, 478–504
Fortina, M., Cassandro, re di Macedonia, Turin 1965
Gehrke, H.-J., Phokion. Studien zur Erfassung seiner historischen Gestalt, München 1976
Gehrke, H.-J., Das Verhältnis von Politik und Philosophie im Wirken des Demetrios von Phaleron, Chiron 8, 1978, 149–193
Gullath, B., Untersuchungen zur Geschichte Boiotiens in der Zeit Alexanders und der Diadochen, Frankfurt 1982
Gullath, B., Schober, L., Zur Chronologie der frühen Diadochenzeit. Die Jahre 320 bis 315 v. Chr., Festschrift S. Lauffer, ohne Ort, 1986, 329–379
Hackl, U., Die Aufhebung der attischen Demokratie nach dem Lamischen Krieg 322 v. Chr., Klio 69, 1987, 58–71
Heckel, W., IG II² 561 and the Status of Alexander IV, ZPE 40, 1980, 249–250
Heckel, W., Honours for Philip and Iolaos (IG II² 561), ZPE 44, 1981, 75–77
Lehmann, G. A., Der «Lamische Krieg» und die «Freiheit der Hellenen»: Überlegungen zur hieronymianischen Tradition, ZPE 73, 1988, 121–149
Lock, R. A., The Date of Agis III's War in Greece, Antichthon 6, 1972, 10–27
Marzi, M., Demàde, politico e oratore, A&R 36, 1991, 70–83
Mitchel, F. W., Demades of Paeania and IG II² 1493, 1494 and 1495, TAPhA 93, 1962, 213–229
Mitchel, F. W., Derkylos of Hagnous and the Date of IG II² 1187, Hesperia 33, 1964, 337–351
Morrison, J.-S., Athenian Sea-Power in 323/2. Dream and Reality, JHS 107, 1987, 88–97
Potter, D., Telesphoros, cousin de Demetrius. A note on the trial of Menander, Historia 36, 1987, 491–495
Roesch, P., Études Béotiennes, Paris 1982
Schmitt, O., Der Lamische Krieg, Diss. Bonn 1992 *(non vidi)*
Stein, M., Drei Bemerkungen zur Diadochengeschichte, Prometheus 19, 1993, 143–153
Stichel, R. H., *Columella-mensa-labellum.* Zur Form der attischen Grabmäler im Luxusgesetz des Demetrios von Phaleron, AA 107, 1992, 433–440

Tritle, L. A., Phocion the Good, London 1988
Wehrli, C., Antigone et Démétrios, Genf 1968
Will, Éd., Ophellas, Ptolémée, Cassandre et la chronologie, REA 66, 1964, 320–333
Williams, J. M., Athens Without Democracy: the Oligarchy of Phocion and the Tyranny of Demetrius of Phalerum, 322–307 B. C., Diss. Yale 1982, Univ. Microfilms, Ann Arbor 1985.
Williams, J. M., A Note on Athenian Chronology, 319/8–318/7 B. C., Hermes 112, 1984, 300–305

Kapitel 3 (307–287)

Badian, E. – Martin, T. R., Athenians, Other Allies, and the Hellenes in the Athenian Honorary Decree for Adeimantos of Lampsakos,ZPE 61, 1985, 167–172
de Sanctis, G., Atene dopo Ipso e un papiro fiorentino, RFIC 64, 1936, 134–152 und 253–273
Ferguson, W. S., Lachares and Demetrius Poliorcetes, CP 24, 1929, 1–31
Franco, C., Lisimaco e Atene, in Studi ellenistici, hg. v. B. Virgilio, 3, Pisa 1990, 113–134
Franco, C., Il regno di Lisimaco. Strutture amministrative e rapporti con le città, Pisa 1993
Hauben, H., IG II² 492 and the Siege of Athens in 304 B. C., ZPE 14, 1974, 10
Henry, A. S., Athenian Financial Officials after 303 B. C., Chiron 14, 1984, 49–92
Henry, A. S., Bithys, Son of Kleon, of Lysimacheia. Formal Dating Criteria and IG II² 808, in ‹Owls to Athens›. Essays on Classical Culture Presented to Sir Kenneth Dover, hg. v. E. M. Craik, New York 1990, 179–189
Lanciers, E., Het eredecreet voor Kallias van Sphettos en de Grieks-Egyptische relaties in de vroege Ptolemaeëntijd, Revue Belge 65, 1987, 52–86
Landucci Gattinoni, F., Demetrio Poliorcete e il santuario di Eleusi, CISA 9, 1983, 117–124
Lund, H. S., Lysimachus: a Study in Early Hellenistic Kingship, New York 1992
Marasco, G., Democare di Leuconoe. Politica e cultura a Atene fra IV e III sec. a. C., Florenz 1984
Osborne, M. J., Kallias, Phaidros and the Revolt of Athens in 287 B. C., ZPE 35, 1979, 181–194
Seibert, J., Untersuchungen zur Geschichte Ptolemaios' I., München 1969
Shear, Jr., T. L., Kallias of Sphettos and the Revolt of Athens in 286 B. C., Princeton 1978

Kapitel 4

Drama

Buchanan, J., Theorika. A Study of Monetary Distributions to the Athenian Citizenry During the Fifth and Fourth Centuries B. C., Locust Valley, N. Y. 1962
Casson, L., The Athenian Upper Class and New Comedy, TAPhA 106, 1976, 29–59
Fantham, E., Sex, Status, and Survival in Hellenistic Athens. A Study of Women in New Comedy, Phoenix 29, 1974, 44–74
Ghiron-Bistagne, P., Recherches sur les acteurs dans la Grèce antique, Paris 1976
Gomme, A. W. – Sandbach, F. H., Menander. A Commentary, Oxford 1973
Habicht, Ch., The Comic Poet Archedikos, Hesperia 63, 1993, 253–256
Handley, E. W. (Hg.), The Dyskolos, London 1965
Henderson, J., Women and the Athenian Dramatic Festivals, TAPhA 121, 1991, 133–147

Mette, H.-J., Hg., Urkunden dramatischer Aufführungen in Griechenland, Berlin 1977

Nesselrath, H.-G., Die attische Mittlere Komödie: ihre Stellung in der antiken Literaturkritik und Literaturgeschichte, Berlin 1990

Philipp, G. B., Philippides, ein politischer Komiker in hellenistischer Zeit, Gymnasium 80, 1973, 493–509

Pickard-Cambridge, A. W., The Dramatic Festivals at Athens, rev. by J. Gould and D. M. Lewis, Oxford ²1968

Poland, F., Technitai, RE, Band 5 A, 1934, 2473–2558

Préaux, C., Ménandre et la société athénienne, CE 32, 1957, 84–100

Sifakis, G. M., Studies in the History of the Hellenistic Drama, London 1967

Stefanis, I. E., Διονυσιακοὶ τεχνῖται. Συμβολὲς στὴν προσωπογραφία τοῦ θεάτρου καὶ τῆς μουσικῆς τῶν ἀρχαίων, Heraklion 1988

Turner, E. G., Menander and the New Society of his Time, CE 54, 1979, 106–126

Wilhelm, Ad., Urkunden dramatischer Aufführungen in Athen, Wien 1906

Zucker, F., et al., Menanders Dyskolos als Zeugnis seiner Epoche, Berlin 1965

Die philosophischen Schulen

Dorandi, T., Ricerche sulla cronologia dei filosofi ellenistici, Stuttgart 1991

Dorandi, T., Filodemo. Storia dei filosofi. Platone e l'academia (*PHerc.* 1021 e 164), Neapel 1991

Dorandi, T., Filodemo. Storia dei filosofi. La stoa da Zenone a Panezio, Leiden 1993

Erskine, A., The Hellenistic Stoa: Political Thought and Action, London 1990

Glucker, J., Antiochus and the Late Academy, Göttingen 1978

Gottschalk, H. B., Notes on the Wills of the Peripatetic Scholarchs, Hermes 100, 1972, 314–342

Habicht, Ch., Hellenistic Athens and Her Philosophers, Princeton 1988 (Athen in hellenistischer Zeit. Gesammelte Aufsätze, 1994, 231–247)

Isnardi Parente, M., Per la biografia di Senocrate, RFIC 109, 1981, 129–162

Kristeller, P. O., Greek Philosophers of the Hellenistic Age, New York 1993

Long, A. A., Diogenes Laertius, Life of Arcesilaus, Elenchos 7, 1986, 429–449

Long, A. A. – Sedley, D. N., The Hellenistic Philosophers, 2 Bände, Cambridge 1987

Lynch, J. P., Aristotle's School. A Study of a Greek Educational Institution, Berkeley 1972

Steinmetz, P., Die Krise der Philosophie in der Zeit des Hochhellenismus, Antike und Abendland 15, 1969, 122–134

Wehrli, F., Hg., Die Schule des Aristoteles, 10 Bände, 2 Supplementbände, Basel 1944–1978

Weiher, A., Philosophen und Philosophenspott in der attischen Komödie, Diss. München, 1913

Whitehead, D., Aristotle the Metic, Proceedings of the Cambridge Philological Society 21, 1975, 94–99

Kunst

Andreae, B., et al., Hg. Phyromachos-Probleme: mit einem Anhang zur Datierung des großen Altares von Pergamon, MDAI (R), 1990

Corso, A., Prassitele: fonti epigrafiche e letterarie, vita e opere, Rom 1988

Marcadé, J., Recueil des signatures de sculpteurs grecs, 2 Bände, Paris 1953–1957

Richter, G. M. A., The Portraits of the Greeks, abridged and revised by R. R. R. Smith, Ithaca, N. Y. 1984

Ridgway, B. S., Hellenistic Sculpture, I: The Styles of ca. 331–200 B. C., Madison 1990

Smith, R. R. R., Hellenistic Royal Portraits, Oxford 1988
Stewart, A., Attika. Studies in Athenian Sculpture of the Hellenistic Age, London 1979

Prosa
Dalby, A., The curriculum Vitae of Duris of Samos, CQ 41, 1991, 539–541
Jacoby, F., Apollodors Chronik. Eine Sammlung der Fragmente, Berlin 1902
Jacoby, F., Atthis. The local Chronicles of Ancient Athens, Oxford 1949
Kebric, R. B., In the Shadow of Macedon: Duris of Samos, Wiesbaden 1977
Momigliano, A., Atene nel III secolo A. C. e la scoperta di Roma nelle Storie di Timeo di Tauromenio, Rivista storica italiana 71, 1959, 529–556
Regenbogen, O., Theophrastos, RE-Suppl. 7, 1940, 1354–1562
Rhodes, P. J., The Atthidographers, Studia Hellenistica 30, 1990, 73–81

Kapitel 5 (287–262)

Bultrighini, U., Pausania 1, 26, 3 e la liberazione del Pireo, RFIC 112, 1984, 54–72
Burstein, S. M., Arsinoe II Philadelphos: A Revisionist View, in W. L. Adams – E. N. Borza, eds., Philip II, Alexander the Great and the Macedonian Heritage, Washington 1982, 197–212
De Sanctis, G., Il dominio macedonico nel Pireo, RFIC 5, 1927, 480–500
Flacelière, R., Les Aitoliens à Delphes, 1937
Gauthier, Ph., La réunification d'Athènes en 281 et les deux archontes Nicias, REG 92, 1979, 348–399
Grzybek, E., Du calendrier macédonien au calendrier ptolémaïque: problèmes de chronologie hellénistique, Basel 1990
Hatzopoulos, M., Une donation du roi Lysimaque, Athen-Paris 1988
Hauben, H., Philocles, King of the Sidonians and General of the Ptolemies, Orientalia Lovaniensia Analecta 22, 1987, 413–427
Heinen, H., Untersuchungen zur hellenistischen Geschichte des 3. Jahrhunderts v. Chr. Zur Geschichte der Zeit des Ptolemaios Keraunos und zum Chremonideischen Krieg, Wiesbaden 1972
Kirchner, J., Attische Grabstelen des dritten und zweiten Jahrhunderts v. Chr., AE 1937, 338–340
Knoepfler, D., Les *kryptoi* du stratège Épicharès à Rhamnonte et le début de la guerre de Chrémonidès, BCH 117, 1993, 327–341
Launey, M., Études d'histoire hellénistiques, II, L'exécution de Sotadès et l'expédition de Patroklos dans la mer Égée (266 av. J.-C.),REA 47, 1945, 33–45
Lauter, H., Das Teichos von Sunion, Marburger Winckelmannsprogramm 1988, 11–33
Lauter-Bufe, H., Die Festung Koroni und die Bucht von Porto Raphti, Marburger Winckelmannsprogramm 1988, 67–102
Marasco, G., Sparta agli inizi dell'età ellenistica. Il regno di Areo I (309/8–265/4 a. C.), Florenz 1980
McCredie, J., Fortified Military Camps in Attica, Princeton 1966
Nachtergael, G., Les Galates en Grèce et les Sôtéria de Delphes. Recherches d'histoire et d'épigraphie hellénistiques, Brüssel 1977
Pouilloux, J., Glaucon, fils d'Étéoclès d'Athènes, in Le monde Grec. Pensée, littérature, histoire, documents. Hommages à Claire Préaux, hg. v. J. Bingen *et al.*, Brüssel 1975, 376–382
Reger, G., Athens and Tenos in the Early Hellenistic Age, CQ 42, 1992, 365–383
Reger, G., The Date of the Battle of Kos, AJAH 10, 1985 [1993] 155–177

Siewert, P., Poseidon Hippios am Kolonos und die athenischen Hippeis, in: Arktouros, Hellenic Studies Presented to Bernard M. W. Knox, ohne Ort, 1979, 280–289

Tarn, W. W., Antigonos Gonatas, Oxford 1913

Vanderpool, E. – McCredie, J. R. – Steinberg, A., Koroni, a Ptolemaic Camp on the East Coast of Attica, Hesperia 31, 1962, 26–61; Koroni. The Date of the Camp and the Pottery, 33, 1964, 69–75

Kapitel 6 (262–229)

Braun, K., Der Dipylon. Brunnen B_1. Die Funde, AM 85, 1970, 129–269

Bugh, G. R., The Horsemen of Athens, Princeton 1988

Buraselis, K., Das hellenistische Makedonien und die Ägäis. Forschungen zur Politik des Kassandros und der drei ersten Antigoniden (Antigonos Monophthalmos, Demetrios Poliorketes und Antigonos Gonatas) im Ägäischen Meer und in Westkleinasien, München 1982

Dorandi, T., Arrenide, ZPE 81, 1990, 36

Étienne, R. – Piérart, M., Un décret du Koinon des Hellènes à Platées en l'honneur de Glaucon, fils d'Étéoclès, d'Athènes, BCH 99, 1975, 51–75

Henry, A. S., Lyandros of Anaphlystos and the Decree for Phaidros of Sphettos, Chiron 22, 1992, 25–33

Kroll, J. H., An Archive of the Athenian Cavalry, Hesperia 46, 1977, 83–140

Lewis, D. M., The Archonship of Lysiades, ZPE 58, 1985, 271–274

Osborne, M. J., The Chronology of Athens in the Mid Third Century B. C., ZPE 78, 1989, 209–242

Pouilloux, J., Antigonos Gonatas et Athènes après la guerre de Chrémonidès, BCH 70, 1946, 488–496

Roussel, P., Un nouveau document relatif à la guerre démétriaque, BCH 54, 1930, 268–282

Urban, R., Wachstum und Krise des Achäischen Bundes. Quellenstudien zur Entwicklung des Bundes von 280 bis 222 v. Chr., Wiesbaden 1979

Kapitel 7 (229–200)

Badian, E., Notes on Roman Policy in Illyria (230–201 B. C.), PBSR 20, 1952, 72–93

Brulé, P., La piraterie crétoise hellénistique, Paris 1978

Derow, P. S., Pharos and Rome, ZPE 88, 1991, 261–270

Errington, R. M., Philip V, Aratus and the «Conspiracy of Apelles,» Historia 16, 1967, 19–36

Fine, J. V. A., The Problem of Macedonian Holdings in Epirus and Thessaly in 221 B. C., TAPhA 63, 1932, 126–155

Gruen, E. S., The Hellenistic World and the Coming of Rome, 2 Bände, Berkeley-Los Angeles 1984

Gruen, E. S., Studies in Greek Culture and Roman Policy, New York 1989

Harris, W. V., War and Imperialism in Republican Rome 327–70 B. C., Oxford 1979

Holleaux, M., Rome, la Grèce et les monarchies hellénistiques au IIIe siècle av. J.-C., Paris 1921

Le Bohec, S., Antigone Doson, roi de Macédoine, Nancy 1993

Migeotte, L., L'aide béotienne à la libération d'Athènes en 229 a. C., Boiotika. Hg. v. H. Beister u. a., München 1989, 193–201

Oikonomides, A. N., The Cult of Diogenes «Euergetes» in Ancient Athens, ZPE 45, 1982, 118–120
Rich, J. W., Roman Aims in the First Macedonian War, Proceedings of the Cambridge Philological Society 210, 1984, 126–180
Robert, L., Inscriptions hellénistiques de Dalmatie, Hellenica 11–12, 1960, 505–541
Thompson, H. A., Athens Faces Adversity, Hesperia 50, 1981, 343–355
Tracy, St. V., Attic Letter-Cutters of 229 to 86 B. C., Berkeley 1990
Walbank, F. W., Philip V of Macedon, Cambridge 1940
Walbank, F. W., A Historical Commentary on Polybius, 3 Bände, Oxford 1957–1979

Kapitel 8 (200–167)

Astin, A. E., Cato the Censor, Oxford 1978
Aymard, A., Les premiers rapports de Rome et de la Conféderation achaïenne (198–189 av. J.-C.), Bordeaux 1938
Bernhardt, R., Imperium und Eleutheria. Die römische Politik gegenüber den freien Städten des griechischen Ostens, Diss. Hamburg 1971
Bousquet, J., Le roi Persée et les Romains, BCH 105, 1981, 407–416
Daux, G., Delphes au IIe et au Ier siècle, 191–31 av. J.-C., Paris 1936
Deininger, J., Der politische Widerstand gegen Rom in Griechenland 217–86 v. Chr., Berlin 1971
Derow, P. S., Rome, the Fall of Macedon and the Sack of Corinth, CAH² 8, 1989, 290–323
Errington, R. M., Rome Against Philip and Antiochus, CAH² 8, 1989, 244–289
Erskine, A., The Romans as Common Benefactors, Historia 43, 1994, 70–87
Ferrary, J.-L., Philhellénisme et impérialisme. Aspects idéologiques de la conquête romaine du monde hellénistique, de la seconde guerre de Macédoine à la guerre contre Mithridate, Rom 1988
Giovannini, A., Roman Eastern Policy in the Late Republic, AJAH 9, 1984 [1988], 33–42
Holleaux, M., Les conférences de Lokride et la politique de T. Quinctius Flamininus (198 av. J.-C.), REG 36, 1923, 115–171 (Études 5, 29–79)
Holleaux, M., Notes sur Tite Live. I. Les additions annalistiques au traité de 196 (33, 30, 6–11), RPh 57, 1931, 5–19 (Études 5, 104–120)
Meloni, P., Perseo e la fine della monarchia macedone, Rom 1953
Pantos, P. A., Echedemos, the Second Attic Phoibos, Hesperia 58, 1989, 277–288

Kapitel 9

Andreae, B., Il messaggio politico di gruppi scultorei ellenistici, in Studi Ellenistici, hg. v. B. Virgilio, 4, Pisa 1994, 119–135
Andreae, B., Laokoon und die Gründung Roms, Mainz 1988 (dazu R. R. R. Smith, Gnomon 63, 1991, 351–358).
Bugh, G. R., The Theseia in Late Hellenistic Athens, ZPE 83, 1990, 20–37
Deubner, L., Attische Feste, Berlin 1932
Edwards, G. R., Panathenaics of Hellenistic and Roman Times, Hesperia 26, 1957, 320–349
Errington, R. M., Philopoemen, Oxford 1969
Errington, R. M., The Peace Treaty Between Miletus and Magnesia (I. Milet 148), Chiron 19, 1989, 279–288

Giovannini, A., Philipp V., Perseus und die delphische Amphiktyonie, Ancient Macedonia 1, Saloniki 1970, 147–154
Grace, V., The Middle Stoa Dated by Amphora Stamps, Hesperia 54, 1985, 1–54
Habicht, C., Athens and the Ptolemies, CA 11, 1992, 68–90
Habicht, C., Athen und die Seleukiden, Chiron 19, 1989, 7–26
Habicht, C., Athens and the Attalids in the Second Century B.C., Hesperia 59, 1990, 561–577
Habicht, C., The Role of Athens in the Reorganization of the Delphic Amphictiony, Hesperia 56, 1987, 59–71
Habicht, C., The Seleucids and their Rivals, CAH^2 8, 1989, 324–387
Habicht, C., Royal Documents in Maccabees II, HSCP 80, 1976, 1–18
Habicht, C., Zu den Münzmeistern der Silberprägung des Neuen Stils, Chiron 21, 1991, 1–23
Holleaux, M., Un prétendu décret d'Antioche sur l'Oronte, REG 13, 1900, 258–280 (Études 2, 127–147)
Lauffer, S., Die Bergwerkssklaven von Laureion, Wiesbaden ^{2}1979
Lewis, D.M., The Chronology of the Athenian New Style Coinage, NC 2, 1962, 275–300
Mommsen, A., Feste der Stadt Athen im Altertum, Leipzig 1898
Nikitsky, A., 'Ανεπιβασία, Hermes 38, 1903, 406–413
Queyrel, F., Art pergaménien, histoire, collections: Le Perse du Musée d'Aix et le petit ex-voto attalide, RA 1989, 253–296
Rocchi, G. Daverio, Frontiera e confini nella Grecia antica, Rom 1988
Schalles, H.-J., Untersuchungen zur Kulturpolitik der pergamenischen Herrscher im dritten Jahrhundert vor Christus, Tübingen 1985
Simon, E., Festivals of Attica. An Archaeological Commentary, Madison 1983
Thompson, M., The New Style Silver Coinage of Athens, 2 Bände, New York 1961
Tracy, St.V. – Habicht, C., New and Old Panathenaic Victor Lists, Hesperia 60, 1991, 187–236
Virgilio, B., Gli Attalidi di Pergamo, fama, eredità, memoria, in Studi Ellenistici, hg. v. B. Virgilio, 5, Pisa 1993
Wilhelm, Ad., Urkunde aus dem Jahre des Archon Nikosthenes 164/3 v.Chr., SAWW 1916, 23–30

Kapitel 10

Baslez, M.-F. – Vial, C., La diplomatie de Délos dans le premier tiers du IIe s., BCH 111, 1987, 281–312
Boussac, M.-F., Sceaux déliens, RA 1988, 307–340
Bruneau, Ph., Recherches sur les cultes de Délos à l'époque hellénistique et à l'époque impériale, Paris 1970
Bruneau, Ph. – Ducat, J., Guide de Délos, Paris ^{3}1983
Chapouthier, F., Le sanctuaire des dieux de Samothrace, Exploration archéologique de Délos 16, 1935
Engelmann, H., The Delian Aretalogy of Sarapis, Leiden 1975
Gross, W.-H., Die Mithradates-Kapelle auf Delos, Antike und Abendland 4, 1954, 105–117
Habicht, C., Zu den Epimeleten von Delos 167–88 v.Chr., Hermes 119, 1991, 194–216
Kreeb, M., Zur Basis der Kleopatra auf Delos, Horos 3, 1985, 41–61
Laidlaw, W.A., A History of Delos, Oxford 1933
Meyer, H., Zur Chronologie des Poseidoniastenhauses in Delos, AM 103, 1988, 203–220

Müller, H., Königin Stratonike, Tochter des Königs Ariarathes, Chiron 21, 1991, 393–424
Rauh, N. K., The Sacred Bonds of Commerce. Religion, Economy, and Trade Society at Hellenistic Roman Delos, Amsterdam 1993
Robert, L., Monnaies et textes grecs, II: Deux tétradrachmes de Mithridate V Éuergète, roi du Pont, JS 1978, 151–163 (OMS 7, 283–295)
Roussel, P., Délos, colonie Athénienne, Paris 1916, ergänzter Nachdruck Paris 1987
Roussel, P., Les cultes égyptiens à Délos du IIIe au Ier siècle av. J.-C., Nancy 1916
Vial, C., Délos indépendante, Paris 1984

Kapitel 11

Baronowski, D. W., The Provincial Status of Mainland Greece after 146 B. C.: A Criticism of Erich Gruen's Views, Klio 70, 1988, 448–460
Bélis, A., Les Hymnes à Apollon, Corpus des inscriptions de Delphes 3, 1992
Boëthius, A., Die Pythais. Studien zur Geschichte der Verbindungen zwischen Athen und Delphi, Uppsala 1918
Franke, P. R., Die antiken Münzen von Epirus, 2 Bände, Wiesbaden 1961
Garbarino (Hg.), G., Roma e la filosofia greca dalle origini alla fine del II secolo A. C., 2 Bände, Turin 1973
Kirchhoff, A., Zur Geschichte der attischen Kleruchie auf Lemnos, Hermes 1, 1866, 217–228
Klaffenbach, G., Zur Geschichte von Ost-Lokris, Klio 20, 1925–6, 68–88
Lehmann, G. A., Untersuchungen zur historischen Glaubwürdigkeit des Polybios, Münster 1967
Pöhlmann, E., Griechische Musikfragmente, Nürnberg 1960
Pöhlmann, E., Denkmäler altgriechischer Musik, Nürnberg 1970
van Effenterre, H., La Créte et le monde grec de Platon à Polybe, Paris 1948

Kapitel 12

Audiat, J., Le gymnase. Exploration archéologique de Délos 28, Paris 1970
Candiloro, E., Politica e cultura in Atene da Pidna alla guerra mitridatica, Studi classici e orientali 14, 1965, 134–176
Daly, L. W., Roman Study Abroad, AJPh 71, 1950, 40–58
Day, J., An Economic History of Athens under Roman Domination, New York 1942
Doria, L., Breglia Pulci, Per la storia di Atene alla fine del II sec. a. C. Il decreto sui pesi e misure, IG II^2 1013, MEFRA, Antiquité 97, 1985, 411–430
Dow, St., A Leader of the Anti-Roman Party in Athens in 88 B. C., CP 37, 1942, 311–314
Giovannini, A., Rome et la circulation monétaire en Grèce au IIe siècle avant Jésus-Christ., Basel 1978
Habicht, C., Ehrung eines thessalischen Politikers in Athen, ZPE 20, 1976, 193–199
Herrmann, P., Milesier am Seleukidenhof. Prosopographische Beiträge zur Geschichte Milets im 2. Jhdt. v. Chr., Chiron 17, 1987, 171–192
Tracy, St. V., IG II^2 2336, Contributors of First Fruits for the Pythais, Meisenheim 1982
Tracy, St. V., IG II^2 937: Athens and the Seleucids, GRBS 29, 1988, 383–388
Tracy, St. V., Inscriptiones Deliacae: IG XI 713 and IG XI 1056, AM 107, 1992, 303–314
Vanderpool, E., An Athenian Decree in Phocian Stiris, AAA 4, 1971, 439–443
Viedebantt, O., Der athenische Volksbeschluss über Maß und Gewicht, Hermes 51, 1916, 120–144

Kapitel 13

Badian, E., Rome, Athens and Mithridates, AJAH 1, 1976, 105–128
Barr-Sharrar, B., The Hellenistic and Early Imperial Decorative Bust, Mainz 1987
Bernhardt, R., Polis und römische Herrschaft in der späten Republik (149–31 v. Chr.), Berlin 1985
Boffo, L., Grecità di frontiera: Chersonasos Taurica e i signori del Ponto Eusino (SIG³ 709), Athenaeum 67, 1989, 211–259; 369–405
Bol, P. C., Die Skulpturen des Schiffsfundes von Antikythera, AM-Ergänzungsheft 2, 1972
Bugh, R., Athenion and Aristion of Athens, Phoenix 46, 1992, 108–123
Desideri, P., Posidonio e la guerra mitridatica, Athenaeum 51, 1973, 3–29; 237–269
Dontas, G., La grande Artémis du Pirée: une oeuvre d'Euphranor, Antike Kunst 25, 1982, 15–34
Dumont, J. C., Ferrary, J. L., Moreau, Ph. und Nicolet, C. (Hg.), Insula sacra. La loi Gabinia Calpurnia de Délos (58 av. J. C.), Paris 1980
Fuchs, W., Der Schiffsfund von Mahdia im Musée Alaoui zu Tunis, Tübingen 1963
Geagan, D., Roman Athens. Some Aspects of Life and Culture, I, 86 B. C. – A. D. 267, ANRW II 7, 1 (Berlin 1979) 371–437
Glew, D. G., Mithridates Eupator and Rome. A Study of the Background of the First Mithridatic War, Athenaeum, NS 55, 1977, 380–405
Gottschalk, H. B., Aristotelian Philosophy in the Roman World; the Revival of Aristotelianism, ANRW 36, 2 (Berlin 1987) 1083–1088
Habicht, C., Zur Geschichte Athens in der Zeit Mithridates' VI., Chiron 6, 1976, 127–142
Hellenkemper-Salies, G., Der antike Schiffsfund von Mahdia, BJb 192, 1992, 507–536
Hind, J. G. F., Mithridates, CAH IX² (1994) 129–165
Hoepfner, W., Das Pompeion und seine Nachfolgerbauten, Berlin 1976
Kapetanopoulos, E., Salamis and Julius Nikanor, Ἑλληνικά 33, 1981. 217–237
Kidd, I. J., Posidonius, II The Commentary, 2 Bände, Cambridge 1988
Kleiner, F., The Agora Excavations and Athenian Bronze Coins, 200–88 B. C., Hesperia 45, 1976, 1–40
Kroll, J. H., The Greek Coins. Athenian Bronze Coinage, 4th-1st Centuries B. C., Agora XXVI, Princeton 1993
Malitz, J., Die Historien des Poseidonios, München 1983
McGing, B. C., The Foreign Policy of Mithridates VI Eupator, King of Pontus, Leiden 1986
Pape, M., Griechische Kunstwerke aus Kriegsbeute und ihre öffentliche Aufstellung in Rom. Von der Eroberung von Syrakus bis in augusteische Zeit, Diss. Hamburg 1975
Reinach, Th., Mithridates Eupator, König von Pontos, deutsche Ausgabe von A. Goetz, Leipzig 1895
Rostovtzeff, M. – Ormerod, H. A., Pontus and its Neighbours: the First Mithridatic War, CAH 9, 1932, 211–260
Waurick, G., Kunstraub der Römer. Untersuchungen zu seinen Anfängen anhand der Inschriften, JRGZ 22, 1975 [1977], 1–46
Weinberg, G. D., Glass Vessels in Ancient Greece, Athen 1992

Kapitel 14

Geagan, D., The Athenian Constitution after Sulla, Hesperia-Suppl. 12, 1967
Geagan, D., A Family of Marathon and Social Mobility in Athens of the First Century B. C., Phoenix 46, 1992, 29–44
Geagan, D., Greek Inscriptions. A Law Code of the First Century B. C., Hesperia 40, 1971, 101–108
Graindor, P., Chronologie des archontes athéniens sous l'empire, Brüssel 1922
Hoff, M. C., Civil Disobedience and Unrest in Augustan Athens, Hesperia 58, 1989, 267–276
Migeotte, L., L'emprunt public dans les cités grecques, Québec 1984
Millar, F., Cornelius Nepos, ‹Atticus› and the Roman Revolution, G&R 35, 1988, 40–55
Münzer, F., Memmius, RE Band X, 1931, 609–615
Perlwitz, O., Titus Pomponius Atticus, Stuttgart 1992
Raubitschek, A. E., Phaidros and his Roman Pupils, Hesperia 18, 1949, 96–103
Rawson, E., Cicero and the Areopagus, Athenaeum 73, 1985, 44–67
Sarikakis, Th., The Hoplite General in Athens, Diss. Princeton, 1951
Thompson, H. A., The Impact of Roman Architects and Architecture on Athens: 170 B. C. – A. D. 170, in: Roman Architecture in the Greek World, Hg. S. Macready und F. H. Thompson, London 1987, 1–17
Touloumakos, J., Der Einfluß Roms auf die Staatsform der griechischen Staaten des Festlandes und der Inseln im ersten und zweiten Jahrhundert v. Chr., Diss. Göttingen 1977
von Freeden, J., Οἰκία Κυρρήστου. Studien zum sogenannten Turm der Winde in Athen, Rom 1983

Kapitel 15

Bowersock, G. W., Augustus and the Greek World, Oxford 1965
Broneer, O., Some Greek Inscriptions of Roman Date from Attica, I, AJA 36, 1932, 393–397
Broughton, T. R. S., The Magistrates of the Roman Republic, 3 Bände, 1–2 New York, 3 Atlanta 1951–1986
Errington, R. M., Aspects of Roman Acculturation in the East under the Republic, in Alte Geschichte und Wissenschaftsgeschichte, Festschrift K. Christ, Darmstadt 1988, 140–157
Gelzer, M., Caesar, der Politiker und Staatsmann, Wiesbaden [6]1960
Graindor, P., Athènes sous Auguste, Brüssel 1927
Gruen, E., Roman Politics and the Criminal Courts, 149–78 B. C., Cambridge 1968
Hatzfeld, J., Les trafiquants italiens dans l'Orient hellénique, Paris 1919
Hölscher, T., Die Geschlagenen und Ausgelieferten in der Kunst des Hellenismus, Antike Kunst 28, 1985, 120–136
Hoff, M. C., Augustus, Apollo, and Athens, MH 49, 1992, 223–232
Hoff, M. C., The so-called Agoranomion and the Imperial Cult in Julio-Claudian Athens, AA 1994, 93–117
le Roy, Ch., Richesse et exploitation en Laconie au Ier siècle av. J.-C., Ktema 3, 1978, 261–266
O'Brien-Moore, A., M. Tullius Cratippus, Priest of Rome. CIL III 399, Yale Classical Studies 8, 1942, 25–49

Oliver, J. H., The Descendants of Asinius Pollio, AJPh 68, 1947, 147–160
Pelling (Hg.), C. B. R., Plutarch, Life of Antony, Cambridge 1988
Pečirka, J., The Formula for the Grant of Enktesis in Attic Inscriptions, Prag 1966
Raubitschek, A. E., Brutus in Athens, Phoenix 11, 1957, 1–11
Raubitschek, A. E., The Brutus Statue in Athens, in Atti del terzo congresso internazionale di epigrafia Greca e Latina, 1959, 15–21
Raubitschek, A. E., Epigraphical Notes on Julius Caesar, JRS 44, 1954, 65–75
Raubitschek, A. E., Octavia's Deification at Athens, TAPhA 77, 1946, 146–150
Reinmuth, O., IG II^2, 1006 and 1031, Hesperia 41, 1972, 185–191
Shear, Jr., T. L., Athens: From City-state to Provincial Town, Hesperia 50, 1981, 356–377
Syme, R., The Roman Revolution, Oxford 1939
Wilson, A. J. N., Emigration from Italy in the Republican Age of Rome, Manchester 1966

Register

Geographisches Register

Könige und Machthaber

Athener

Griechen, Makedonen und andere

Römer